# भारतीय मुक्ति-आन्दोलन और प्रेमचन्द

# भारतीय मुक्ति-आन्दोलन और प्रेमचन्द

**डॉ. सरोज सिंह**
एसोशिएट प्रोफेसर, हिन्दी विभाग
टी.डी. कॉलेज, जौनपुर

**लोकभारती प्रकाशन**
पहली मंजिल, दरबारी बिल्डिंग, महात्मा गाँधी मार्ग, इलाहाबाद-1

**लोकभारती प्रकाशन**
पहली मंजिल, दरबारी बिल्डिंग, महात्मा गाँधी मार्ग
इलाहाबाद-211 001
वेबसाइट : www.lokbhartiprakashan.com
ईमेल : info@lokbhartiprakashan.com

**शाखाएँ** : 1-बी, नेताजी सुभाष मार्ग, दरियागंज
नयी दिल्ली-110 002
अशोक राजपथ, साइंस कॉलेज के सामने
पटना-800 006
36-ए, शेक्सपियर सरणी
कोलकाता-700 017

**मूल्य** : ₹ 800

**प्रथम संस्करण** : 2017



ग्राफिक क्रिएशन्स प्रा.लि.
टैगोर टाउन, इलाहाबाद द्वारा मुद्रित

BHARTIYA MUKTI-ANDOLAN AUR PREMCHAND
by Dr. Saroj Singh

ISBN : 978-93-5221-182-1

कथाकार मार्कण्डेय
की स्मृति को
सादर समर्पित

# अनुक्रम

# दो शब्द

कु. सरोज सिंह पिछले 2 वर्षों से मेरे साथ 'भारतीय मुक्ति-आन्दोलन और प्रेमचन्द' विषय पर शोध कार्य कर रही हैं। इलाहाबाद विश्वविद्यालय के हिन्दी विभाग से प्रथम श्रेणी में सर्वोच्च स्थान प्राप्त करने के बाद काफ़ी विस्तृत अध्ययन के आधार पर उसने अपना कार्य आरम्भ किया है। एक से अधिक अध्यायों का लेखन हो चुका है, जिनसे उसके मौलिक चिंतन का पूर्ण प्रमाण मिल जाता है। अपने उत्कृष्ट शोध-कार्य के लिए उसे इस विभाग की 'डॉ. शैलकुमारी छात्रवृत्ति' भी प्रदान की जा चुकी है। शीघ्र ही शोध-कार्य पूरा हो सकने पर प्रेमचन्द विषयक अध्ययन में नया दिवस संधान संभव हो सकेगा, इसकी पूरी आशा है। कु. सिंह स्वभाव से अत्यन्त परिश्रमी और सुशील हैं। उनके उज्ज्वल भविष्य के लिए शुभकामनाएँ।

2-6-'83

**रामस्वरूप चतुर्वेदी**
प्रोफेसर, हिन्दी विभाग

# प्राक्कथन

1980 की बात है—उस समय मैं एम. ए. की छात्रा थी और सारे देश में प्रेमचन्द का शतवार्षिकी मनायी जा रही थी। पत्र-पत्रिकाओं में प्रेमचन्द पर केन्द्रित विशेषांक निकल रहे थे। प्रेमचन्द को पूरा पढ़ने की आकांक्षा उन्हीं दिनों मेरे मन में पैदा हुई लेकिन वह परमान चढ़ी उस विशिष्ट गोष्ठी के बाद जो उसी वर्ष हिन्दुस्तानी एकेडेमी में हुई। नयी-पुरानी अनेक पीढ़ियों के साहित्यकार उसमें हिस्सा ले रहे थे। मैंने वहाँ पाया कि प्रेमचन्द के रचनात्मक सरोकारों को लेकर आलोचकों और लेखकों में भारी मतभेद हैं। मेरे मन में बड़ी जिज्ञासा इसलिए भी हुई कि इन विज्ञजनों की बातों में एक आन्तरिक तारतम्य जरूर था। किसी ने प्रेमचन्द को आदर्शवादी कहा, किसी ने उन्हें साम्यवादी बताया तो किसी ने गाँधीवादी। अज्ञेय जी ने उन्हें महाकरुणा का कथाकार कहा। उस समय बस इतनी ही मेरी समझ में आया कि प्रेमचन्द के साहित्य में देश-प्रेम और दीन-हीन जनों के प्रति गहरी सहानुभूति होने के कारण लोग अपनी-अपनी तरह उन्हें व्याख्यायित कर रहे थे। इसी के साथ प्रेमचन्द पर विशेष अध्ययन करने की इच्छा मेरे मन में जागृत हुई। मैंने निश्चय कर लिया कि यदि मुझे अवसर मिला तो मैं प्रेमचन्द पर शोध-कार्य करूँगी।

एम.ए. की परीक्षा समाप्त होने पर मैं आदरणीय प्रोफेसर एवं ख्यातिप्राप्त समीक्षक डॉ. रामस्वरूप चतुर्वेदी जी से मिली। उन्होंने कृपापूर्वक मुझे प्रेमचन्द पर काम कराने का आश्वासन दे दिया और समझाया कि शोधार्थी को वस्तुगत दृष्टि अपनानी चाहिए, तभी वह अपने मन्तव्यों तक सफलतापूर्वक पहुँच सकता है, साथ ही यह भी कि प्रेमचन्द एक ऐसे लेखक हैं जिनके रचनाकार व्यक्तित्व को समझने के लिए बहुत दूर नहीं जाना है। उनके अपने लेखन और सम्पादकीय टिप्पणियों और लेखों में वह सब मौजूद है जो हमारे शोध-प्रबन्ध की वैचारिक पुष्टि के लिए जरूरी होगा।

मैंने काम शुरू कर दिया। एक वर्ष में ही सामग्री संकलन के बाद पहला अध्याय लिखकर उन्हें डरते-डरते दिखाया। उनके प्रोत्साहन और निर्देश के अनुसार मुझे सामाजिक सन्दर्भों के बीच प्रेमचन्द के साहित्यिक विकास की समझ प्राप्त हो सकी। मेरे अन्दर आत्मविश्वास पैदा हुआ। मैं अच्छी तरह जानती हूँ कि बिना इसके मैं यह काम

कभी भी पूरा नहीं कर पाती। शोध-कार्य करते हुए ही तिलकधारी कॉलेज जौनपुर में प्रवक्ता पद पर नियुक्ति होने के बाद प्राध्यापकीय जिम्मेदारियों के दबाव के साथ वैवाहिक और पारिवारिक जिम्मेदारियों से इतना अवरोध होता गया कि मैं निराश होने लगी थी कि शायद शोध-कार्य पूरा नहीं कर पाऊँगी। निराशा के ऐसे दौर में भी निरन्तर स्नेहपूर्ण सहयोग और परामर्श के लिए मैं गुरुवर प्रोफेसर रामस्वरूप चतुर्वेदी जी के प्रति हृदय से आभारी हूँ।

शोध की विस्तृत रूपरेखा के निर्धारण से लेकर शोध सामग्री संकलन और अध्ययन में डॉ. शिवकुमार मिश्र से बड़ी सहायता मिली। स्वतन्त्रता-संग्राम के इतिहास के सम्बन्ध में और हिन्दी साहित्य में उपनिवेशवाद विरोधी और राष्ट्रवादी प्रवृत्तियों के विकास से जुड़ी सामग्री के संचयन में भी अयोध्या सिंह के प्रति मैं अपनी कृतज्ञता ज्ञापित करती हूँ।

मान्यवर श्री अमृतराय जी ने प्रेमचन्द का सारा साहित्य और महत्त्वपूर्ण सामग्री ही मुझे नहीं दी वरन् प्रेमचन्द के बारे में कई महत्त्वपूर्ण जानकारियाँ देकर मुझे प्रोत्साहित किया। मैं उनकी बहुत आभारी हूँ।

आदरणीय मौसा जी (श्री मार्कण्डेय) और परम आदरणीय बाबू जी (स्व. श्री कृष्णदास) का स्मरण इस अवसर पर सर्वोपरि है जिनके कारण लेखकों, प्राध्यापकों, इतिहासकारों का सहज सम्पर्क मुझे सदा सुलभ रहा। उन सबकी शुभाशंसाओं को मैं कभी भुला नहीं सकती।

मौसी (विद्या जी) और उनकी बेटी डॉ. स्वस्ति सिंह, डॉ. सस्या ठाकुर और बेटे सौमित्र सिंह, जिनके साथ ही बचपन से मेरी पढ़ाई हुई। मौसी की सतत निष्ठा हमारे लिये अलभ्य है, वे मेरी आदर्श हैं। मैं उनके प्रति अपना आभार कैसे व्यक्त करूँ, यह समझ नहीं पाती।

मेरे प्राध्यापक हो जाने के बाद भी इस काम को पूरा करने के लिए निरन्तर टोकनेवाली माँ निर्मला सिंह की आकांक्षाएँ भी इससे पूरी हुई हैं। इस अवसर पर अपने स्वर्गवासी पिता (श्री रामचन्द्र सिंह) का भी स्मरण मुझे आज बार-बार हो रहा है।

अपने पति और समानधर्मा डॉ. सत्येन्द्र प्रताप सिंह के सतत सहयोग और प्रोत्साहन का उल्लेख इसलिए और जरूरी है कि उनके बिना मैं पारिवारिक जिम्मेदारियों और अध्यापन के साथ यह काम कभी भी पूरा न कर पाती। बेटी स्पृहा सिंह और बेटे स्मित सिंह को मैं कैसे भूल सकती हूँ, जिनके बालसुलभ प्रश्नों और नन्हीं-नन्हीं उँगलियों से निरन्तर अनगिनत प्रश्नों का उत्तर तलाशते और पन्नों को सहेजते हुए। इस कार्य को पूरा किया। कभी-कभी इन्हें घर से बाहर खेलने के लिए भेजा तो कभी एकान्त की तलाश में स्वयं को कमरे में बन्द कर लिया। इस चुनौतीपूर्ण कार्य को पूरा करने में अनेक पारिवारिक और सुहृज्जनों के प्रति मैं आभारी हूँ।

अपनी बात साझा करते हुए मुझे बार–बार मौसा जी (कथाकार मार्कण्डेय) का स्मरण हो रहा है। क्योंकि डी.फिल्. की उपाधि प्राप्त करने के पश्चात् जब उन्होंने इस शोध–प्रबन्ध को देखा तो उन्हें यह लगा कि प्रेमचन्द पर यह शोध–प्रबन्ध निश्चित रूप से मौलिक स्थापनाओं पर आधारित है। हिन्दी के जिज्ञासु पाठकों के लिए इसे पुस्तक के रूप में अवश्य प्रकाशित किया जाना चाहिए। इस कार्य के लिए अपने जीवन–काल में निरन्तर विचार ही नहीं प्रयास भी करते रहे। मुझे दुख इस बात का है कि मेरी शिथिलता के कारण यह शोध–प्रबन्ध पुस्तक के रूप में प्रकाशित नहीं हो सका। कैन्सर जैसी असाध्य बीमारी से जूझते हुए अन्तिम समय तक उनकी चिन्ता का विषय था। आज मुझे इस बात की प्रसन्नता है कि पुस्तक के रूप में हिन्दी के सुविज्ञ पाठकों के हाथों में जाने से कथाकार मार्कण्डेय की आकांक्षा पूरी हो रही है। पुस्तक के रूप में प्रकाशित होने से गुरुवर स्वर्गीय रामस्वरूप चतुर्वेदी जी के प्रति सच्ची श्रद्धांजलि होगी क्योंकि उनके पत्र से (जो प्रकाशित है) शायद यही लक्षित हो रहा है।

अन्त मैं रमेश ग्रोवर (अंकल जी) की आभारी हूँ जिन्होंने मार्कण्डेय जी एवं प्रो. रामस्वरूप चतुर्वेदी जी की भावनाओं का सम्मान करते हुए पुस्तक के प्रकाशन में सहयोगी बने।

अप्रैल, 2016 **—सरोज सिंह**

# भारतीय नवजागरण तथा मुक्ति-आन्दोलन

## (प्रथम चरण)

### (अठारह सौ सत्तावन के भारतीय स्वाधीनता-संग्राम का अध्ययन)

किसी भी साहित्यकार का मूल्यांकन करते समय उसके समकालीन सामाजिक सन्दर्भों तथा ऐतिहासिक परिदृश्य के सर्वाधिक महत्त्व से इन्कार नहीं किया जा सकता। यहाँ तक कि वैयक्तिक अनुभव तन्त्र तथा पात्रगत मनोवैज्ञानिक कथा-शिल्प के सृजन की व्याख्या में भी तत्कालीन सामाजिक संरचना के तन्तुओं की खोज की जा सकती है लेकिन दुनिया के महान् स्त्रष्टाओं का प्रथम सरोकार ही उनका निकट वर्तमान सन्दर्भ होता है, जिसके सुखद भविष्य के विस्तार और विकास की वे अपनी रचना का मूलाधार इसलिए बनाते हैं कि मनुष्य को हर प्रकार की रूढ़ियाँ अथवा बन्धनों से चाहे वे धार्मिक, सामाजिक अथवा राजनीतिक हों—वे मुक्त देखना चाहते हैं। प्रेमचन्द उन्हीं महान् स्त्रष्टाओं में हैं, जिन्होंने अपनी रचनाओं द्वारा भारतीय समाज की गुलामी, अन्धविश्वास, आर्थिक एवं सामाजिक शोषण से मुक्त करने का अथक प्रयास किया।

हिन्दी गद्य के रचनात्मक विकास के साथ उपनिवेशवाद विरोधी स्वर आरम्भ से ही जुड़ा हुआ था। भारतेन्दु हरिश्चन्द्र की रचनाओं के पीछे देश तथा भाषा का प्रेम मुख्य प्रेरक शक्ति के रूप में वर्तमान था। ध्यान देने की बात है कि हिन्दी गद्य के विकास के इस प्रथम उत्थान में सक्रिय लेखकों का ध्यान अपने समकालीन समाज की कुरीतियों और अकर्मण्यताओं को स्पष्ट रेखांकित कर रहा था। हिन्दी नवजागरण के इस प्रथम उत्थान के दौर के सारे लेखक अपनी सामाजिक एवं धार्मिक चिन्ताओं को प्रमुखता दे रहे थे लेकिन पुनरुत्थानवादी दृष्टि की अन्तर्धारा के कारण तत्कालीन समाज की वर्गीय संरचना पर उनका ध्यान नहीं गया था। वे समाज-सुधार तथा धार्मिक रूढ़ियों के खिलाफ संघर्ष करके भारतीय समाज की मुक्ति की कल्पना कर रहे थे। भारत की बहुसंख्यक शोषित, पीड़ित किसान जनता के जीवन को उन्होंने या

तो देखा नहीं और देखा भी था तो उसे आत्मगत आदर्श और भावुकता से मुक्त होकर नहीं देखा। यह कहना शायद गलत नहीं होगा कि भारतीय आजादी के अधिकांश भूखे, नंगे लोगों के लिए विधवा विवाह अथवा हिन्दू नवजागरण के अनेक कार्यक्रम एक हद तक सारहीन थे। इनकी मुख्य समस्या तो रोटी की थी और वे दुहरे-तिहरे शोषण के शिकार थे। भूस्वामियों और महाजनों की मार से त्रस्त इन दीन-हीन लोगों की जिन्दगी भारतीय सामाजिक जीवन की वह मुख्यधारा थी जिसकी मुक्ति की समस्या ही भारतीय मुक्ति आन्दोलन की वास्तविक समस्या थी। प्रेमचन्द ने भारतीय समाज की वर्गीय संरचना को गइराई से पहचाना था। मुक्ति के सम्बन्ध में उनकी परिकल्पना को स्पष्ट करते हुए उनकी कहानी 'आहुति' का नायक कहता है :

यदि धन-दौलत की ताकत और शिक्षित वर्गों की स्वार्थपरता, जैसी आज हम देखते हैं वैसी आजादी के बाद भी बनी रही, तो मैं कहूँगा कि इससे बेहतर है कि देश को ऐसी आजादी कभी न मिले। ब्रिटिश पूँजीपतियों की धनलिप्सा और शिक्षित वर्गों का स्वार्थ हमें मारे दे रहा है। जिन बुराइयों के विरुद्ध हम जान जोखिम में डालकर लड़ रहे हैं, क्या वे लोगों को इसलिए स्वीकार्य होंगी कि वे सब विदेशी न होकर देशी होंगी? कम-से-कम मेरे लिये स्वराज्य का अर्थ यह नहीं है कि जान का स्थान गोविन्द ले लें।

प्रेमचन्द ऐसे अकेले रचनाकार हैं जिन्होंने भारतीय राष्ट्रवाद और सामाजिक संरचना के यथार्थ तक पहुँचने के लिए जीवन भर अथक परिश्रम किया। उनकी रचनाओं का अनुक्रमिक अध्ययन उस सोपान की तरह है जो हर पड़ाव के बाद भारतीय सामाजिक जिन्दगी के तत्कालीन यथार्थ से साक्षात्कार के लिए नयी मंजिल की ओर बढ़ जाता है। प्रेमचन्द अपनी समसामयिक राजनीतिक, सामाजिक, आर्थिक और धार्मिक परिस्थितियों से इतनी गहराई से जुड़े हुए थे कि उनके साहित्य के माध्यम से तद्‌युगीन राजनीतिक मुक्ति आन्दोलनों, समाजसुधार आन्दोलनों तथा भारत की बदहाली का इतिहास लिखा जा सकता है।

प्रेमचन्द का जन्म 1880 ई. में हुआ था। उनके लेखन की शुरुआत 1900 ई. से हुई। प्रेमचन्द जिस तरह एक सफल कथाकार थे उसी तरह एक उत्साही कथा-श्रोता भी थे। बचपन में बहुत कहानियाँ सुना करते थे। 1857 का प्रथम स्वाधीनता-संग्राम प्रेमचन्द के जन्म के कुछ वर्ष पूर्व ही घटित हुआ था। बालक प्रेमचन्द ने अपने बुजुर्गों से गदर की कहानी अवश्य सुनी होगी और बाद में चलकर उसके बारे में पढ़ा भी होगा। प्रेमचन्द के मानस-पटल पर सन् सत्तावन की जनक्रान्ति का प्रभाव अवश्य पड़ा होगा। उन्होंने इस क्रान्तिकारी घटना का उल्लेख प्रत्यक्ष और अप्रत्यक्ष रूप से अपनी रचनाओं में किया है, जिसका विवेचन इस अध्याय में यथास्थान किया जायेगा। प्रेमचन्द 'अमावस्या की रात्रि' नामक कहानी में एक सूक्ष्म संकेत के द्वारा

बताते हैं कि सन् सत्तावन की क्रान्ति के पहले रजवाड़ों और बड़े-बड़े ताल्लुकेदारों का चरित्र और ईमान बहुत ऊँचा था। सादे पत्रों पर लाखों की बातें हो जाती थीं। इस क्रान्ति ने देशी रजवाड़ों की ही नहीं, साधारण जनता को भी तहस-नहस कर दिया।

पण्डित देवदत्त के पूर्वजों का कारोबार बहुत विस्तृत था। वे लेन-देन किया करते थे। अधिकतर उनके व्यवहार बड़े-बड़े चकलेदारों और रजवाड़ों के साथ थे। उस समय ईमान इतना सस्ता नहीं बिकता था। सादे पत्रों पर लाखों की बातें हो जाती थीं। मगर सन् सत्तावन के बलवे ने कितनी ही रियासतों और राज्यों को मिटा दिया उनके साथ तिवारियों का यह अन्न-धन-पूर्ण परिवार भी मिट्टी में मिल गया। खजाना लुट गया, बही-खाते पन्सारियों के काम आये। जब कुछ शान्ति हुई, रियासतें फिर सँभलीं तो समय पलट चुका था। बचन लेख के अधीन हो रहा था, तथा लेख में भी सादे और रंगीन का भेद होने लगा था।[1]

अठारह सौ सत्तावन की क्रान्ति, भारतीय मुक्ति आन्दोलन की पहली शृंखला है। सन् सत्तावन की क्रान्ति का अध्ययन किये बिना आगे के मुक्ति आन्दोलनों को समझना कुछ कठिन होगा। अत: सन् सत्तावन की क्रान्ति का एक संक्षिप्त अध्ययन आवश्यक है। सन् सत्तावन की राज्यक्रान्ति भारतीय मुक्ति आन्दोलन की सर्वाधिक महत्त्वपूर्ण और प्रथम घटना है। कालान्तर में भारतीय जनता के सामाजिक और सांस्कृतिक विकास पर इस क्रान्ति का प्रभाव स्पष्ट लक्षित किया जा सकता है। इसने भारतीय देशभक्तों की बाद की पीढ़ियों के समक्ष ऐतिहासिक उदाहरण का काम किया। यह महान् जन-विद्रोह भारत के इतिहास और उसके मुक्ति संघर्ष की एक महत्त्वपूर्ण मंजिल बन गया। 1857 के जन-विद्रोह ने पहली बार उपनिवेशी शासन पर गहरी चोट की, सामन्तवाद के विघटन को त्वरित कर दिया तथा भारत में राष्ट्रीय मुक्ति संघर्ष के विस्तार और विकास के लिए परिस्थितियाँ पैदा कर दीं। दूसरे शब्दों में भारतीय समाज के स्थिर और यथास्थितिवादी चरित्र में हरकत पैदा करके उसे गत्यात्मकता प्रदान की।

इन्हीं कारणों से उस विद्रोह की ओर अनेक देशों के प्रगतिशील लोगों का ध्यान आकृष्ट हुआ और उसे उनकी सहानुभूति मिली। गैरीवाल्डी, अर्नेस्ट, जोन्स, कार्ल मार्क्स और एंगेल्स तथा चीनी जनता की सन् सत्तावन की क्रान्ति के प्रति पूर्ण सहानुभूति थी। मार्क्स और एंगेल्स ने उस संघर्ष की प्रेरक शक्तियों और दिशा का बड़े गौर से अध्ययन किया। मार्क्स ने 1857 की भारत की घटनाओं को ब्रिटिश प्रभुत्व के प्रति महान् एशियाई राष्ट्रों में बढ़ते हुए आम असन्तोष की अभिव्यक्ति कहा। सन् सत्तावन के जन-विद्रोह में एक महत्त्वपूर्ण नया तत्त्व था, जिसने भारत की भावी मुक्ति की पूर्व सूचना दी। 1857 का सिपाही विद्रोह 19वीं सदी में भारत में विदेशी

सत्ता के प्रति जन-विरोध का सबसे बड़ा तथा सर्वाधिक महत्त्वपूर्ण प्रकट रूप बन गया। आधुनिक इतिहास में इसे एक प्रमुख घटना के रूप में सदा याद किया जायेगा। उस समय यद्यपि भारत में जनता का कोई राजनीतिक संगठन नहीं बन पाया था फिर भी उपनिवेशी दासता के विरुद्ध बढ़ता हुआ जनाक्रोश सिपाही सेना के रूप में एक संगठित शक्ति बन गया, जिसकी स्थापना भारत को गुलाम बनाने के लिए की गयी थी। कार्ल मार्क्स ने 1853 में, यानी भारत के प्रथम स्वतन्त्रता-संग्राम के चार वर्ष पूर्व ही अपनी स्वाभाविक तीक्ष्ण बुद्धि से यह भविष्यवाणी कर दी थी कि भारत 'स्वदेशी सेना', जो उसके दमन का एक साधन होते हुए भी, अपने देश की मुक्ति के लिए अपरिहार्य अपेक्षा थी। चार वर्ष बाद वही सेना भारतीयों की पहल से क्रान्तिकारी सेना बन गयी।

1857 ई. के महाविद्रोह के चरित्र, व्यापकता, औचित्य आदि को समझने के लिए मार्क्स का यह कथन उल्लेखनीय है—

पहली ही नजर में यह साफ जाहिर हो जाता है कि भारतीय जनता का फर्माबरदारी का आधार देशी सेना की स्वामिभक्ति है। देशी सेना की सृष्टि कर ब्रिटिश शासन ने साथ-ही-साथ प्रतिरोध का ऐसा प्रथम साधारण केन्द्र संगठित कर दिया जैसा भारतीय जनता के हाथ में कभी न था।—इसके पहले भी भारतीय सेना में बगावतें हुई हैं, लेकिन वर्तमान विद्रोह लाक्षणिक और सांघातिक विशेषताओं के कारण उनसे भिन्न है। यह पहली मर्तबा है कि देशी फौजों ने अपने यूरोपीय अफसरों को मार डाला है, कि मुसलमान और हिन्दू, परस्पर घृणा को छोड़कर अपने एक ही मालिक के खिलाफ एक हो गये हैं, कि हिन्दुओं से आरम्भ होनेवाली अशान्ति की परिणति दिल्ली के राजसिंहासन पर एक मुसलमान सम्राट् का आरोहण हुआ है, कि बगावत सिर्फ कुछ स्थानों तक ही सीमित नहीं है, और अन्तिम यह कि आंग्ल भारतीय सेना का विद्रोह उस वक्त हुआ है कि जबकि अंग्रेजों के प्रभुत्व के खिलाफ महान् एशियाई राष्ट्र आम असन्तोष प्रकट कर रहे हैं, बंगाल सेना के विद्रोह का गहरा सम्बन्ध फारस और चीन के युद्धों से है।[2] (न्यूयार्क डेली ट्रिब्यून में 1857 में प्रकाशित) हिन्दुस्तान के विद्रोह के बारे में यूरोप में एक ही राय होनी चाहिए। संसार के इतिहास में जो सबसे न्यायपूर्ण, भव्य और आवश्यक विद्रोह हुए हैं, उनमें से यह एक है। (अर्नेस्ट जोन्स, 5 सितम्बर, 1857 की 'पीपुल्स पेपर' में प्रकाशित 'भारतीय संघर्ष' शीर्षक लेख)।[3]

उपर्युक्त उद्धरण 1857 ई. के महाविद्रोह के चरित्र, व्यापकता, औचित्य पर प्रकाश डालते हैं। ब्रिटिश शासकों और उनसे अधिक कुछ भारतीय इतिहासकारों ने उसे सिपाही विद्रोह, प्रतिक्रान्ति, अप्रगतिशील कहने की कोशिश की है। वैसे तो यह विवाद का विषय है लेकिन अब बहुत-से प्रतिनिधि इतिहासकारों ने यह सिद्ध कर

दिया है कि यह एक जन-आन्दोलन था, जिस पर पूरी दुनिया के मुक्ति-आन्दोलन के चिन्तकों ने अपने विचार व्यक्त किये।

## प्रेरक परिस्थितियाँ

वे कौन-से कारण थे जिन्होंने इस देश के विभिन्न वर्गों को अंग्रेजों को मार भगाने के संग्राम के मैदान में उतार दिया था। इस विद्रोह में सिपाही, किसान, तालुकदार-जमींदार, राजा-रानी, नवाब-बेगम, कारीगर, सेठ-साहूकार, हिन्दू-मुसलमान आदि विभिन्न वर्गों और धर्मों के लोग संग्राम के मैदान में उतरे थे। इतने व्यापक रूप में भारतीय जनता का क्रान्ति में भाग लेना यथोचित ही था। इसका प्रधान कारण फिरंगियों की लूट और धन बटोरकर हिन्दुस्तान से ब्रिटेन ले जाने की लालसा थी। सन् '57 के विप्लव की नींव वास्तव में सन् 1757 में प्लासी के मैदान में रखी गयी थी। जो अनेक तरह की आवाजें सन् 1857 के संग्रामों में असंख्य भारतीय सिपाहियों के मुख से निकलती हुई सुनायी देती थीं, उनमें एक आवाज यह भी थी—

"आज हम प्लासी का बदला चुकानेवाले हैं।"

सुन्दरलाल ने इस घटना का उल्लेख इस प्रकार किया है—

"मई और जून के महीनों में दिल्ली के हिन्दुस्तानी अखबारों में यह पेशीनगोई छपी थी कि ठीक प्लासी की शताब्दी के दिन अर्थात् 23 जून, सन् 1857 को भारत के अन्दर अंग्रेजी राज का अन्त हो जायेगा। इस पेशीनगोई का उत्तर से दक्खिन और पूर्व से पच्छिम तक समस्त भारत में ऐलान कर दिया गया, और इसमें कोई भी सन्देह नहीं कि विप्लव में भाग लेनेवाले भारतवासियों के दिलों पर इसका बहुत भारी प्रभाव पड़ा।"[4]

1857 का विद्रोह सिपाहियों के असन्तोष की उपज मात्र नहीं था। वस्तुत: वह कम्पनी के प्रशासन के विरुद्ध जनता की संचित शिकायतों और विदेशी राज के प्रति उनकी घृणा का परिणाम था। एक सदी से भी अधिक समय से अंग्रेज धीरे-धीरे इस देश पर विजय प्राप्त करते आ रहे थे। इससे भारतीय समाज के विभिन्न समुदायों में विदेशी शासन के प्रति जन-असन्तोष और घृणा बढ़ती जा रही थी। क्लाइव के समय से लेकर डलहौजी के समय तक कम्पनी के प्रतिनिधियों ने अपने वादों और हस्ताक्षर किये गये सन्धि-पत्रों को बड़ी सफाई से झुठलाकर अनेकों राजकुलों को पढ़दलित किया और उनकी रियासतों को एक-एक कर अंग्रेजी राज में शामिल किया।

जन-आन्दोलन का शायद सबसे महत्त्वपूर्ण कारण देश के प्राचीन उद्योगधन्धों को नष्ट कर लाखों भारतवासियों से उनकी जीविका छीन लेना था, अंग्रेजों ने भारत के पारम्परिक आर्थिक ढाँचे का पूर्णतया विनाश कर दिया। किसानों, दस्तकारों और हस्त-शिल्पकारों तथा बड़ी संख्या में परम्परागत जमींदारों और प्रधानों को दरिद्र बना दिया। मोटे तौर पर सन् 1857 की क्रान्ति के मुख्य कारण निम्नलिखित हैं—

दिल्ली सम्राट् के साथ अंग्रेजों का लगातार अनुचित और विश्वासघातपूर्ण व्यवहार पहला कारण है जिससे सत्तावन की क्रान्ति सम्भव हो सकी। सम्राट् शाह आलम ने सबसे पहले 1765 में क्लाइव को बंगाल और बिहार की दीवानी के अधिकार प्रदान किये। दरबार में अंग्रेजों की साजिशों के परिणामस्वरूप दिल्ली सम्राट् का बल घटता गया और अंग्रेज कम्पनी का बल बढ़ता गया। लार्ड वेल्सली ने शाह आलम और उसके दरबार को दिल्ली के लाल किले से हटाकर मुँगेर के किले में रखने की तजवीज की। शाह आलम इसको सुनते ही क्रोध से भर गया। अंग्रेजों ने उस तजवीज को वापस लेने में ही कुशल समझा। किन्तु अनेक दिल्ली निवासियों के चित्त उसी समय से अंग्रेजों की ओर से सशंक हो गये। दिल्ली के अन्दर 1857 के विप्लव का एक प्रकार से यही बीजारोपण था।

शाह आलम के बाद अकबर शाह दिल्ली के तख्त पर बैठा। रेजीडेण्ट चार्ल्स मेटकाफ ने अनेक ऐसी हरकतें करनी शुरू कर दीं जो सम्राट् और उनके दरबार के लिए अपमानजनक थीं। दिल्ली में अंग्रेजों के विरुद्ध असन्तोष फैलने का यह दूसरा कारण था। अकबर शाह की मृत्यु के पश्चात् बहादुर शाह दिल्ली के सिंहासन पर बैठा। सम्राट् बहादुर शाह से अंग्रेजों ने कहा कि यदि आप अपने और अपने वंशजों के समस्त रहे–सहे अधिकार कम्पनी को सौंप दें तो खर्च की रकम बढ़ा दी जायेगी। बहादुर शाह ने इसे अस्वीकार कर दिया। दिल्ली में अंग्रेजों के विरुद्ध असन्तोष के बढ़ने का यह तीसरा कारण था।

प्रत्येक ईद और सम्राट् के सालगिरह के दिन अंग्रेज गवर्नर–जनरल और कमाण्डर–इन–चीफ दोनों दरबार में हाजिर होकर सम्राट् के सामने नजरें पेश किया करते थे लेकिन कुछ समय बाद ये नजरें पेश किया जाना बन्द कर दिया गया। यह नजर का बन्द किया जाना असन्तोष का चौथा कारण था। इसी तरह की और भी बातों से अंग्रेजों ने पग–पग पर दिल्ली सम्राट् को अपमानित करना शुरू कर दिया। इन सब घटनाओं से सम्राट् बहादुर शाह और दिल्ली निवासियों के दिलों में क्रोध की आग भड़क उठी। वे विप्लव के लिए कटिबद्ध हो गये, और जिस तरह भी हो, अंग्रेजों के पंजे से देश को आजाद करने के उपाय सोचने लगे। इसके अगले वर्ष ही भारत में एक ओर से दूसरी ओर तक आग लगी हुई दिखायी दी।

क्रान्ति का दूसरा मुख्य कारण था अवध के नवाब और अवध की प्रजा के ऊपर कम्पनी का अत्याचार। विप्लव से केवल एक वर्ष पूर्व किसी बहाने से अवध की समस्त सल्तनत को अंग्रेजी राज में मिला लिया गया और नवाब वाजिदअली शाह को निर्वासित कर कलकत्ते भेज दिया। महल को लूटा और बेगमों को अपमानित किया गया। अवध के नवाब के अधीन अधिकांश बड़े–बड़े जमींदार और ताल्लुकेदारों की पैतृक जमींदारियाँ बिना किसी कारण छीन ली

गयीं। नवाब से लेकर किसान तक सभी अंग्रेजों के अत्याचारों से दु:खी थे। अवध निवासियों के साथ लार्ड डलहौजी के अत्याचारों ने समस्त अवध और सेना दोनों में गहरे असन्तोष का बीज बो दिया।

विलियम एडवर्ड्स नामक एक ब्रिटिश अफसर ने विद्रोह के कारणों की चर्चा करते हुए 1859 में लिखा कि, "पुलिस जनता के लिए चाबुक की तरह है और उसका उत्पीड़न और बलपूर्वक उगाही हमारी सरकार के प्रति असन्तोष के मुख्य कारणों में से थे।[5]

मार्क्स ने जमींदारों और भारतीय सैनिकों के असन्तोष के कारणों पर अपना विचार इस प्रकार व्यक्त किया है—

"सिन्ध और पंजाब की फतह के बाद ऐंग्लो-इण्डियन साम्राज्य न केवल अपनी स्वाभाविक सीमाओं तक फैल गया था बल्कि स्वतन्त्र भारतीय राज्यों के अन्तिम चिह्नों को भी पैरों तले कुचलकर उसने नष्ट कर दिया था। तमाम लड़ाकू देशी जातियों को वश में कर लिया गया था। देश के अन्दर के तमाम बड़े झगड़े खत्म हो गये थे। और हाल में अवध के अंग्रेजी सल्तनत में मिला लिये जाने की घटना ने सन्तोषप्रद रूप से इस बात को सिद्ध कर दिया था कि तथाकथित स्वतन्त्र भारतीय राज्यों के अवशेष केवल अंग्रेजों की दया पर ही जिन्दा हैं। इसलिए ईस्ट इण्डिया कम्पनी की स्थिति में एक जबर्दस्त परिवर्तन आ गया था अब वह भारत के एक भाग की मदद से दूसरे भाग पर हमला नहीं करती थी। वह अब उनके शीर्ष स्थान पर आसीन हो गयी थी, और सारा भारत उसके चरणों में पड़ा था। अब वह फतह करने का काम नहीं कर रही थी, वह सर्वविजेता बन गयी थी। उसकी मातहत सेनाओं को अब उसके साम्राज्य का विस्तार करने का नहीं, बल्कि उसे केवल बनाये रखने की जरूरत थी। बीस करोड़ भारतवासियों को अंग्रेज अफसरों की मातहती में 2 लाख देशी फौज की मदद से दबाकर रखा जा रहा है, और इस देशी फौज को केवल 40 हजार अंग्रेज सैनिकों की सहायता से काबू में रखा जा रहा है। प्रथम दृष्टि में ही यह स्पष्ट हो जाता है कि भारतीय जनता की फर्माबरदारी उस देशी फौज की नमकहलाली पर आधारित है। जिसे संगठित करके ब्रिटिश शासन ने साथ-ही-साथ भारतीय जनता के प्रतिरोध के एक प्रथम आम केन्द्र को भी संगठित कर दिया है। उस देशी फौज पर कितना भरोसा किया जा सकता है, यह हाल की उसकी उन बगावतों से बिलकुल स्पष्ट है जो, फारस के साथ युद्ध के कारण बंगाल, प्रेसीडेन्सी के यूरोपियन सैनिकों से खाली होते ही वहाँ पर प्रारम्भ हो गयी थीं।[6] पुन: मार्क्स कहते हैं कि हिन्दुस्तान पर अभी तक जितनी भी मुसीबतें आयी हैं उन सबमें अंग्रेजों का भारत की जनता पर अत्याचार सबसे बढ़कर है। वह इस प्रकार है—

"किन्तु इस बात में कोई सन्देह नहीं हो सकता कि हिन्दुस्तान पर जो मुसीबतें अंग्रेजों ने ढायी हैं, वे हिन्दुस्तान ने इससे पहले जितनी मुसीबतें उठायी थीं, उनसे मूलत: भिन्न और अधिक तीव्र किस्म की हैं।"[7] भारत में ब्रिटिश शासन में अवध की जनता से लगान वसूल करने में बड़ी सख्ती बरती जाती थी। सूखा पड़े चाहे बाढ़ आये अंग्रेजों के राज में कोई सुनवायी न होती थी। किसानों को गर्मी में धूप में खड़ा रखा जाता था या उलटा टाँग दिया जाता, उनका घर-द्वार कुड़क कर लिया जाता। मार-पीट और अत्याचार से औरतों को भी छोड़ा न जाता था।

एक अंग्रेज व्यापारी डब्ल्यू. डी. कोहलहौफ ने भारतीय जनता पर अंग्रेजों ने किस प्रकार अमानवीय व्यवहार किया इसका वर्णन उस अंग्रेज व्यापारी ने एक भारतीय किसान के शब्दों में इस प्रकार कहा—

"पिछले साल, बारिश की कमी के कारण, धान की हमारी फसल बर्बाद हो गयी, इसलिए हमेशा की तरह हम मालगुजारी नहीं दे सके। जब जमाबन्दी की गयी, तो मिस्टर ईडेन की कलक्टरी के जमाने में 1837 में, हमने जो समझौता किया था, उसकी शर्तों के अनुसार हमने माँग की कि नुकसान की वजह से मालगुजारी में हमें कुछ छूट दी जाये। जब छूट नहीं दी गयी, तो हमने अपने पट्टे लेने से इन्कार कर दिया। तब जबरदस्ती मालगुजारी वसूल करने के लिए जून के महीने से अगस्त तक तहसीलदार ने हमें बहुत सख्ती के साथ दबाया। मुझे और दूसरे लोगों को ऐसे लोगों के हाथों में सौंप दिया गया जो हमें धूप में ले जाते थे। वहाँ हमें झुकाया जाता था और हमारी पीठ पर पत्थर रख दिये जाते थे और हमें जलती हुई रेत में खड़ा रखा जाता था। 8 बजे के बाद हमें अपने चावल के पास जाने के लिए छोड़ दिया जाता था। इस तरह का दुर्व्यवहार तीन महीने तक जारी रखा गया था। इस दरमियान कभी-कभी अपनी अर्जियाँ लेकर हम कलक्टर के पास गये, जिन्होंने उन्हें लेने से इन्कार कर दिया। इन अर्जियों को लेकर हम सेशन अदालत में गये और वहाँ अपील की। उसने उन्हें कलक्टर के पास भेज दिया। फिर भी हमें न्याय नहीं मिला। सितम्बर महीने में हमें एक नोटिस दी गयी, और पच्चीस दिन के बाद हमारी जायदाद कुर्क कर ली गयी और बाद में बेच दिया गया। मैंने जो कुछ कहा है, उसके अलावा हमारी औरतों के साथ भी दुर्व्यवहार किया गया था। उनकी छातियों पर चिल्लियाँ लगा दी गयी थीं।"[8] (भारत में किये गये अत्याचारों की जाँच)

उपर्युक्त कथन अंग्रेजों के अमानवीय अत्याचार और निर्दयता की कारुणिक कहानी है जिसने भारतीय रैयतों को क्रान्ति का साथ देने के लिए प्रेरित किया। भारतीय इतिहासकारों की अनेकानेक पुस्तकें अंग्रेजों के अत्याचार की कहानी तो कहती हैं लेकिन बहुत-से अंग्रेज इतिहासकारों ने भी इस दु:खद सत्य को स्वीकार किया है। नीचे हम मद्रास के अत्याचार कमीशन की रिपोर्ट के अनुसार उद्धरण दे

रहे हैं जिससे इस बात का पता चलता है कि मालगुजारी न देनेवाले व्यक्तियों को हिंसा का शिकार बनाया जाता है। करीब-करीब उतने ही व्यक्तियों को जुर्म के अपराध में सजा दी जाती है।

"मालगुजारी न देने के लिए हर साल जितने व्यक्तियों को हिंसा का शिकार बनाया जाता है उतने के आस-पास की संख्या में ही लोगों को जुर्म करने के अपराधों की सजा दी जाती है।"

कार्ल मार्क्स ने अंग्रेजों की धूर्तता पर टिप्पणी किया कि किस प्रकार अंग्रेज इस बात को स्वीकार भी करते हैं कि भारतीय जनता पर अत्याचार किया जा रहा है लेकिन अपनी सरकार पर आँच नहीं आने देना चाहते हैं।

इस बात को सरकारी तौर पर मंजूर किया गया है कि यातना देना पूरे ब्रिटिश भारत में एक वित्तीय संस्था के रूप में सब जगह मौजूद है, लेकिन इस चीज को मंजूर इस तरह किया जाता है कि स्वयं ब्रिटिश सरकार पर कोई आँच न आये।[9]

सन् सत्तावन की क्रान्ति का तीसरा मुख्य कारण लार्ड डलहौजी की व्यापक अपहरण नीति थी। एक दूसरे के बाद सतारा, पंजाब, झाँसी, नागपुर, पगु, सिक्किम, सम्बलपुर इत्यादि रियासतों का अपहरण कर लिया और अंग्रेजी राज्य में मिला लिया। राजाओं द्वारा निःसन्तान होने पर गोद लेने की प्रथा समाप्त कर दी और ऐसे राजाओं की रियासतों का भी अपहरण किया। इस व्यापक अपहरण नीति ने सामन्त राजाओं को भी अंग्रेजों के विरुद्ध कर दिया। इन रियासतों के अपहरण का जिक्र करते हुए इतिहास लेखक लडली लिखता है—

"निस्सन्देह यदि इस तरह के हालात में जिन नरेशों की रियासतें अंग्रेजी राज में मिला ली गयीं, उनके पक्ष में अंग्रेजों के विरुद्ध भारतवासियों के भाव न भड़क उठते तो भारतवासियों को मनुष्यत्व से गिरा हुआ कहा जाता। निस्सन्देह एक स्त्री ऐसी न होगी जिसे इन रियासतों के अपहरण ने हमारा शत्रु न बना दिया हो, एक भी बच्चा ऐसा न होगा जिसे हमारे इन कार्यों के कारण फिरंगीराज के विरुद्ध आरम्भ से घृणा की शिक्षा न दी जाती हो।"[10]

निस्सन्देह 1857 तक भारतवासी मनुष्यत्व से इतने गिरे हुए न थे, उनके दिलों में बदले की आग भड़कने लगी थी, उसी का परिणाम था कि सन् सत्तावन के गदर को व्यापक जन-समर्थन प्राप्त था। लार्ड डलहौजी ने 10 वर्ष के अन्दर भारत की

21 हजार प्राचीन जमींदारियाँ जब्त कर लीं और सम्पूर्ण भारत के अन्दर सहस्त्रों पुराने घराने बरबाद कर दिये।

चौथा कारण पेशवा बाजीराव के दत्तक पुत्र सुप्रसिद्ध नाना साहब के साथ कम्पनी का अन्याय था। पेशवा बाजीराव की मृत्यु के पश्चात् उनके राज के बदले

में नाना साहब को आठ लाख रुपये सालाना पेन्शन देते थे। डलहौजी ने इसे भी देना बन्द कर दिया जिसके कारण जनता अंग्रेजों के विरुद्ध हो गयी।

जन-असन्तोष का शायद सबसे महत्त्वपूर्ण कारण देश का अंग्रेजों द्वारा आर्थिक शोषण और उसके पारम्परिक आर्थिक ढाँचे का पूर्णतया विनाश था। बुनकर उद्योग और हथकरघा उद्योग को नष्ट कर दिया गया। देश का कच्चा माल रूई और लोहा सस्ते दाम पर इंग्लैण्ड जाने लगा और वहाँ से तैयार माल अधिक मूल्य पर भारतीय जनता के ऊपर थोपा जाने लगा। भारत पर हमेशा से विदेशियों के आक्रमण होते रहे हैं इसलिए भारत के अतीत का राजनीतिक स्वरूप ऊपरी तौर पर बदलता हुआ दिखलायी देता है लेकिन प्राचीन काल से लेकर 19वीं शताब्दी के पहले दशक तक उसकी सामाजिक स्थिति अपरिवर्तित ही बनी रही। कर्घा और चर्खा ही उस समाज के ढाँचे की धुरी थे। अंग्रेजी राज और विज्ञान ने सारे हिन्दुस्तान में खेती और उद्योग की एकता को नष्ट कर दिया। हिन्दुस्तान से इतनी दूर बैठे मार्क्स की नजरों से अंग्रेजों की धूर्ततापूर्ण नीति नहीं छिप सकी और उन्होंने उस प्राचीन ढहते हुए आर्थिक ढाँचे तथा भारत के विनाश की कहानी बहुत दु:ख के साथ इन शब्दों में कही है—

"हिन्दुस्तान में जितने भी गृहयुद्ध छिड़े हैं, आक्रमण हुए हैं, क्रान्तियाँ हुई हैं, देश को विदेशियों द्वारा जीता गया, अकाल पड़े हैं—वे सब चीजें ऊपर से देखने में चाहे जितनी विचित्र रूप से जटिल, जल्दी-जल्दी होनेवाली और सत्यानाशी मालूम होती हों, किन्तु वे उसकी सतह से नीचे नहीं गयी हैं, पर इंग्लैण्ड ने भारतीय समाज के पूरे ढाँचे को ही तोड़ डाला है और उसके पुनर्निर्माण के कोई लक्षण अभी तक दिखलायी नहीं दे रहे हैं। उसके पुराने संस्कार के इस तरह छिन जाने और किसी नये संसार के प्राप्त न होने से हिन्दुस्तान के वर्तमान दु:खों में एक विशेष प्रकार की उदासी जुड़ जाती है, और ब्रिटेन के शासन के नीचे, हिन्दुस्तान अपनी समस्त प्राचीन परम्पराओं तथा अपने सम्पूर्ण पिछले इतिहास से कट जाता है।"[11]

आगे पुन: मार्क्स ने हिन्दुस्तान के आर्थिक और सामाजिक ढाँचे के विध्वंस होने और पुनर्रचना के कार्य न होने की बात इस प्रकार कही—

"भारत में उनके शासन के इतिहास के पन्नों में इस विनाश की कहानी के अतिरिक्त और लगभग कुछ नहीं है। विध्वंस के खँडहरों में पुनर्रचना के कार्य का मुश्किल से ही कोई चिह्न दिखलायी देता है। फिर भी यह कार्य शुरू हो गया है।"[12]

आर्थिक ढाँचे में परिवर्तन के परिणामस्वरूप आमतौर से सारे भारत में और खासतौर से अवध में व्यापक रूप से नाराजगी जाहिर की गयी। आम आदमी को पहले की अपेक्षा भूराजस्व और खाद्य सामग्रियों, मकानों, नौकाओं, अफीम तथा न्याय पर अधिक कर देने पर मजबूर किया गया। जमीन किसानों और पुराने जमींदारों के हाथों से निकलकर नये जमींदारों और महाजनों के पास जाने लगी। जमींदारों

के यहाँ काम करनेवाले नौकर–चाकर, किसान सभी बेरोजगार हो गये। बहुसंख्यक जमींदारों की सम्पत्ति छीन ली गयी। सम्पत्तिविहीन जमींदार ब्रिटिश शासन के अत्यन्त खतरनाक विरोधी हो गये। भारत में प्राचीन युग से कमी भी धरती पर शासन का अधिकार नहीं था। ग्रामसमाज अथवा किसान ही धरती का मालिक हुआ करता था। हिन्दू शासकों की बात दूर रही मुस्लिम शासकों ने भी भारत की इस प्राचीन भूमि-व्यवस्था को विच्छिन्न नहीं किया।

भारत में जमीन जनजाति या उसके किसी प्रतिभाजन विशेष जैसे ग्राम समुदाय, जैसे गोत्र या बिरादरी की होती थी। वह कभी राजा की सम्पत्ति नहीं मानी गयी।[13] इसे महावीरप्रसाद द्विवेदी ने और भी स्पष्ट शब्दों में इस प्रकार व्यक्त किया—

"यहाँ की गवर्नमेण्ट ने जमीन पर अपना दखल कर लिया है। वह कहती है यहाँ की जमीन उसी की है। वही उसका मालिक है।"[14]

भारतीय कृषि समुदाय के पारम्परिक अधिकारों पर ब्रिटिश शासकों का यह सबसे क्रूर हमला था जिसने पूरी समाज-व्यवस्था को शोषण के शिकंजे में जकड़ लिया। चूँकि सत्ता सारी जमीन की मालिक बन बैठी थी इसलिए उसने अपने इस अधिकार का प्रयोग कर जमींदारों और भूस्वामियों का एक नया वर्ग देश में स्थापित कर दिया, जो ब्रिटिश शासकों के दलाल के रूप में भारतीय जनता का शोषण करने लगे। प्रसिद्ध समाजशास्त्री ए.आर. देसाई का कहना है—

"राजा किसी प्रकार का हो, दयालु या क्रूर, परोपकारी या निरंकुश, हिन्दू, बौद्ध या मुस्लिम, कभी यह कोशिश नहीं हुई कि ग्राम समुदाय को जमीन से वंचित किया जाये या जमींदारों का कोई वर्ग स्थापित किया जाये।"[15]

रजनी पामदत्त ने भी इस स्थिति का वर्णन अपनी प्रसिद्ध पुस्तक 'आज का भारत' में किया—

"इंग्लैण्ड की जमींदारी प्रथा अंग्रेजों ने भारत में लागू की और इस परिवर्तन द्वारा ब्रिटिश विजेताओं की राजसत्ता व्यवहार में जमीन की आखिरी मालिक बन बैठी और किसान असामियों के बराबर कर दिये गये, जिन्हें लगान न अदा करने पर बेदखल किया जा सकता था या उनकी जमीन उनसे छीनकर सरकार के नामजद जमींदारों को दी जा सकती थी और इन जमींदारों को भी अपना हक राज्य से मिला था और मालगुजारी न देने पर इन्हें भी वैसे ही बेदखल किया जा सकता था।"[16]

"भारत में ब्रिटिश राजसत्ता पूँजीपति कम, जमींदारी ज्यादा थी। वह इस देश में उद्योगपति की हैसियत से कम, जमींदार की हैसियत से यहाँ की जनता का शोषण अधिक करती थी।"[17]

भारतीय ग्रामसमाज की प्राचीन बनावट को छिन्न-भिन्न करने में अंग्रेजों ने कुछ भी उठा नहीं रखा। जमीन पर से उनका अधिकार पहले ही छीना जा चुका था फिर

उन्होंने समीपवर्ती वनों और चरागाहों की जमीन भी एक कानून बनाकर छीन ली। जलावन की लकड़ी तथा जानवरों के चारे के लिए किसानों को दुस्सह कष्ट भोगना पड़ा। जिस जंगल कानून के जरिये किसानों का यह अधिकार छीना गया था इसके बारे में पट्टाभिसीतारमैया ने लिखा है—

"कलम की एक ही चोट से सरकार ने रैयत के चिरकालीन सामुदायिक अधिकारों को समाप्त कर दिया।"[18]

ये मूलभूत आर्थिक कारण थे, जिससे किसान और जमींदार दोनों अंग्रेजों के कट्टर शत्रु हो गये। विद्रोह की आग उसी समय से उनके मन में जलने लगी थी। इसीलिए जब सन् 1857 में सिपाहियों ने विद्रोह किया तो किसानों ने भी उनका पूरा साथ दिया। दोनों का प्रधान उद्देश्य था अंग्रेजों को देश से बाहर निकालना। ये देशी सिपाही इन्हीं किसानों की सन्तानें थीं। इसलिए सिपाहियों में विद्रोह की भावना पैदा हुई थी। किसानों पर अत्याचार के कारण इन्हीं दोनों वर्गों ने मिलकर सन् सत्तावन की क्रान्ति का नेतृत्व किया।

विप्लव का छठा कारण था भारतवासियों को ईसाई बनाने की आकांक्षा और विशेषकर हिन्दुस्तानी सेनाओं में अंग्रेज अफसरों का ईसाई मत प्रचार। तत्कालीन ब्रिटिश शिक्षा-प्रणाली की जड़ में भी ईसाई धर्म के तत्त्व विद्यमान थे। उस समय भारतवासियों को सबसे अधिक अभिमान अपने धर्म का था। धर्म ही उनकी मुख्य जान थी। इसलिए भारतवासियों को धर्मच्युत कर देना, उनके राष्ट्रीय अभिमान और हौसले को एक दीर्घकाल के लिए समाप्त कर देना अंग्रेज नीतिज्ञों का प्रमुख कार्य था। अनन्त काल तक उन्हें विदेशी राज के भगत और उसकी विनीत प्रजा बनाये रखने का यह सबसे अच्छा उपाय था। भारतीय समाजसुधारकों की सलाह से सरकार ने जो थोड़े-से मानवतावादी कदम उठाये थे उनसे अनेक लोगों में रूढ़िवादी धार्मिक भावनाएँ उभरीं। उनकी धारणा थी कि एक विदेशी ईसाई सरकार को उनके धर्म और रीति-रिवाजों में हस्तक्षेप करने या सुधार लाने का कोई अधिकार नहीं है।

सरकार ने 1850 में एक कानून बनाया जिसके अनुसार ईसाई बननेवाले आदमी अपनी पैतृक सम्पत्ति को प्राप्त कर सकते थे। जब 1857 में भारतवासियों ने पढ़ा कि आर. डी. मेंग्लस ने हाउस आफ कामन्स में कहा है कि—

"विधाता ने हिन्दुस्तान का विशाल साम्राज्य इंग्लैण्ड को इसलिए सौंपा है कि ईसा मसीह का झण्डा भारत के एक छोर से दूसरे छोर तक शान से फहराये। प्रत्येक आदमी को अपनी सारी ताकत जरूर लगानी चाहिए जिससे कि भारत को ईसाई बनाने का शानदार काम जारी रहे।"[19]

यह वक्तव्य सुनकर भारतीय जनता बौखला गयी, इसके अलावा अंग्रेजी राज की स्थापना होने के साथ-साथ असंख्य प्राचीन मन्दिरों और मस्जिदों की माफी

की जागीरें छिन गयीं। कैदियों के लिए जेलखाने में अपने धर्म का पालन कर सकना असम्भव कर दिया गया। लार्ड डलहौजी ने भारतवासियों को गोद लेने की प्राचीन धार्मिक प्रथा को नाजायज करार दिया, और भी इस तरह के अनेक काम अंग्रेजों ने किये जो भारतीयों के धार्मिक नियमों और उनके धार्मिक रस्म-रिवाज के स्पष्ट विरुद्ध थे। स्वयं लार्ड कैनिंग ने लाखों रुपये ईसाई मत प्रचारकों में वितरण किये। भारतीय खजाने से पादरी बिशपों और आर्क बिशपों को बड़ी-बड़ी तनखाहें मिलने लगीं। दफ्तरों के अन्दर अनेक अंग्रेज अफसर अपने भारतीय मातहतों पर ईसाई होने के लिए जोर देने लगे। कम्पनी की सेना के अनेक अंग्रेज अफसर खुले तौर पर अपने सिपाहियों का धर्म परिवर्तन करने लगे। सिपाहियों को तरह-तरह से लालच दिया जाने लगा। इसका परिणाम यह हुआ कि भारतीय सिपाहियों में बहुत बड़ा असन्तोष फैलने लगा जिसके परिणामस्वरूप जनता में प्रचार किया जाने लगा कि अंग्रेज भारत के धर्मों की जड़ें खोदने की कोशिश कर रहे हैं। 1856 में एक नया कानून बना जिसके अनुसार हर नये रँगरूट को आवश्यकता पड़ने पर समुद्र पार जाकर काम करने का वादा करना पड़ा था। इससे सिपाहियों की भावनाओं को ठेस पहुँची क्योंकि हिन्दुओं की प्रचलित धार्मिक धारणाओं के अनुसार समुद्र पार जाने की मनाही थी और समुद्र पार जाने से जाति और धर्मभ्रष्ट हो जाने का खतरा था। इन कारणों से सिपाही भी अंग्रेजों के सख्त खिलाफ हो गये।

एक अंग्रेज ने भारतवासियों के साथ उस समय के ब्रिटिश शासकों के सुलूक का वर्णन करते हुए भूमिका में लिखा है—

"समाज के सदस्यों की हैसियत से हम दोनों, अर्थात् अंग्रेज और हिन्दुस्तानी एक-दूसरे से अनभिज्ञ हैं, हमारा एक-दूसरे से वही सम्बन्ध रहा है जो कि मालिकों और गुलामों में होता है। हमने हर एक चीज पर अपना अधिकार जमा लिया है, जिससे कि देशवासियों का जीवन सुखमय हो सकता था, प्रत्येक ऐसी वस्तु जो कि देशवासियों को समाज में उभार सकती थी या मनुष्य की हैसियत से उन्हें ऊँचा कर सकती थी, हमने उनसे छीन ली है। हमने उन्हें जातिभ्रष्ट कर दिया है। उनके उत्तराधिकार के नियमों को हमने रद्द कर दिया है, उनकी विवाह की संस्थाओं को हमने बदल दिया है। उनके धर्म के पवित्रतम रिवाजों की हमने अवहेलना की है। उनके मन्दिरों की जायदादें हमने जब्त कर ली हैं। अपने सरकारी उल्लेखों में हमने उन्हें काफिर कहकर कलंकित किया है। उनके देशी नरेशों के राज हमने छीन लिये हैं और उनके अमीरों और रईसों की जायदादें जब्त कर ली हैं। अपनी लूट-खसोट से हमने देश को बरबाद कर दिया है, और लोगों को सता-सताकर उनसे मालगुजारी वसूल की है। हमने संसार के सबसे प्राचीन राज्य कुलों को निर्मूल कर देने और उन्हें गिराकर पैरिया बना देने का प्रयत्न किया है।"[20]

सैनिकों के प्रति अफसरों का व्यवहार समानता का न था। उनके असन्तोष का एक तत्कालीन कारण वह ताजा आदेश था जिसमें कहा गया था कि उन्हें सिन्ध या पंजाब में काम करने पर विदेशी सेवा भत्ता नहीं दिया जायेगा। इस आदेश के फलस्वरूप अनेक सिपाहियों के वेतन में अधिक-से-अधिक कटौती हो गयी। अनेक सिपाहियों के निवास-स्थान अवध के अंग्रेजी राज में मिलाये जाने के कारण उनकी भावनाएँ भड़क उठीं।

इस तरह भारतीय जनता और कम्पनी की सेना के सिपाहियों के एक बड़े भाग में विदेशी शासन के प्रति व्यापक तथा घोर नापसन्दगी और यहाँ तक कि घृणा फैली हुई थी। इस भावना को सैय्यद अहमद खाँ ने अपनी पुस्तक 'काज़ेज़ आफ दी इण्डियन म्युटिनी' (हिन्दुस्तान के गदर के कारण) में संक्षेप में इस प्रकार रखा—

"आखिरकार भारतीयों को यह सोचने की आदत लग गयी कि सारे कानून उनको गर्त में गिराने तथा बर्बाद करने और उन्हें तथा उनके देशवासियों को उनके धर्म से वंचित करने के लिए बनाये गये हैं। अन्ततोगत्वा वह समय भी आ गया जब सब लोग अंग्रेजी सरकार को धीरे-धीरे दिया जानेवाला जहर—तथा आग की जोखिम भरी लपट समझने लगे। उन्होंने धीरे-धीरे यह विश्वास करना शुरू कर दिया कि अगर वे आज सरकार के चंगुल से बच भी जायें तो कल उसमें जरूर फँसेंगे या कल भी बच निकले तो परसों अपना सर्वनाश जरूर देखेंगे—लोगों ने सरकार में परिवर्तन की कामना की, और इस विचार से कि ब्रिटिश शासन को हटाकर उसकी जगह पर दूसरा कोई शासन आयेगा, उनको हार्दिक आनन्द हुआ।"[21]

भारतीय जनता के दिलों में अंग्रेजों के प्रति घृणा की भावना पैदा हो चुकी थी। इस घृणा का मूल कारण उसका विदेशीपन था। अंग्रेज भारत में हमेशा विदेशी बने रहे। अंग्रेजों और भारतीयों के बीच कोई सामाजिक कड़ी नहीं थी और न ही कोई सम्पर्क था। अंग्रेजों में जातिगत श्रेष्ठता की भावना थी और वे भारतीयों को तिरस्कार और अहंकार भरी निगाह से देखते थे। अंग्रेज भारत में रहने के लिए और भारत को अपना घर बनाने के लिए नहीं आये थे। उनका मुख्य लक्ष्य अपने को समृद्ध बनाना और धन लेकर ब्रिटेन वापस जाना था। भारत के लोगों को नये विदेशी लुटेरों के मूल विदेशी चरित्र के बारे में पूरी तरह पता था। उन्होंने अंग्रेजों को अपना हितैषी मानने से इनकार कर दिया और वे उनके हर काम को सन्देह की नजर से देखते थे। इस प्रकार अंग्रेज विरोधी भावना दिन-पर-दिन बढ़ती जा रही थी।

वी.डी. सावरकर का विचार है कि 1857 का गदर स्वराज्य और स्वधर्म के लिए था। जब अंग्रेजों ने दिल्ली को घेर लिया था और युद्ध अपनी चरमसीमा पर पहुँच चुका था, तब बादशाह ने सभी भारतीयों को सम्बोधित कर एक घोषणा की थी; वह थी—

"परमात्मा ने सम्पत्ति, सत्ता और स्वदेश क्यों दिया है? इसलिए नहीं कि केवल हम अपने लिये उनका उपभोग करें; बल्कि स्पष्ट है कि हम उनका उपयोग धर्म की रक्षा के लिए ही करें।"[22]

स्वयं वी.डी. सावरकर के शब्दों में—

"धर्मरक्षा के सभी साधन गँवाने से प्रभु की इस पवित्र भूमि में हम धर्मनाश के पातक में सामग्री हो रहे हैं। यह बात लोगों को इस वर्णन से प्रतीत कराने का खास हेतु था। क्योंकि, प्रभु की यही आज्ञा है कि पहले स्वराज्य हासिल करो! क्योंकि, वही स्वदेश की रक्षा का मूलमन्त्र है। जो स्वराज्य प्राप्त करने के लिए जतन नहीं करता, जो गुलामी में बेखबर सोता है, वह धर्म का शत्रु और पाखण्डी है। इसलिए धर्म के लिए उठो और स्वराज्य प्राप्त करो।"[23]

उपर्युक्त विवरण से स्पष्ट है कि अठारह सौ सत्तावन तक आम उथल-पुथल के लिए पृष्ठभूमि तैयार थी, उसे प्रज्वलित करने के लिए केवल एक चिनगारी की जरूरत थी। जनता के अन्दर दबे हुए असन्तोष को एक केन्द्रबिन्दु—तात्कालिक कारण की आवश्यकता थी। चरबी लगे कारतूसों की घटना ने सिपाहियों में असन्तोष को भड़काने के लिए चिनगारी का काम किया और उनकी बगावत ने साधारण जनता को भी विद्रोह में शामिल होने का अवसर दिया।

नयी एनफील्ड राइफल फौज को पहली बार दी गयी थी। उसके कारतूसों पर चिकनाई लगा कागज होता था जिसके किनारों को दाँतों से काटना पड़ता था। चिकनाई में गोमांस और सूअर की चरबी लगी होती थी। हिन्दू और मुसलमान सिपाही इसे देखकर गुस्से से भड़क उठे। चिकनाई मिले कारतूसों से उनकी धार्मिक-भावना को ठेस लगी थी। सिपाहियों का यह विश्वास था कि सरकार जान-बूझकर उनके धर्म को नष्ट करने की कोशिश कर रही है। अत: भारतीय सिपाहियों ने इसी समय विद्रोह करने का निश्चय किया। लेकिन यह एक तात्कालिक कारण था, मुख्य कारण तो आर्थिक और राजनीतिक थे।[24]

कारतूसों के कारण विद्रोह हुआ, इस मनगढ़न्त कहानी पर अनेक अंग्रेज लेखकों को भी विश्वास नहीं है। मैलीसन ने उन लेखकों की आलोचना की है जो विद्रोह के कारणों की छानबीन करते हुए कारतूसों के उल्लेख से सन्तुष्ट हो जाते हैं। अधिकांश सेना को चर्बी लगे कारतूस दिये भी नहीं गये थे। यदि यह कहा जाये कि हिन्दू धर्म या इस्लाम की रक्षा के लिए सिपाहियों ने विद्रोह में भाग लिया तो इस तथ्य की व्याख्या करनी होगी कि धर्म के लिए इतना ही जोश दक्षिण में क्यों नहीं था। जेम्स लीसर ने ठीक ही लिखा है—

"विद्रोह उन कारतूसों की प्रसिद्ध घटना से स्वत: फूट पड़नेवाली आकस्मिक घटना न थी जिनके बारे में सिपाहियों को विश्वास था कि उनमें गाय और सुअर की

चर्बी लगी है। घटनाओं की श्रृंखला में यह एक कड़ी थी लेकिन निस्सन्देह सबसे महत्त्वपूर्ण कड़ी नहीं थी।''[25]

श्री रमेशचन्द्र मजूमदार ने सन् सत्तावन के विद्रोह पर अपनी विख्यात पुस्तक में लिखा है—

''शीघ्र ही यह स्थानीय विद्रोह न रह गया। सारा प्रदेश विद्रोह कर बैठा और यह उथल-पुथल अवध और बिहार में फैल गयी।''

हिन्दुस्तानी फौज अंग्रेजी राज से बहुत पहले से ही असन्तुष्ट थी और उसे उसके स्थायित्व में विश्वास न था। सिपाहियों ने सबसे अधिक असन्तोष भत्ते और तनख्वाह को लेकर प्रकट किया था। उनका यह आन्दोलन जोर पकड़ता गया, यहाँ तक कि तत्कालीन सेनापति नेपियर को विश्वास हो गया कि उत्तर भारत की देशी पलटनें विद्रोह करने पर तुली हैं। नेपियर ने अंग्रेजों को चेतावनी दी थी कि—

''वह अभी वफादार हैं लेकिन हम उसे वफादार बनाये रखने के लिए कुछ भी नहीं करते। मुझे इससे क्या करना है। जो आगे होनेवाला है, उसे मैं देख रहा हूँ। जब वह होगा तब मैं मर चुका हूँगा लेकिन वह होगा जरूर।''[26]

इस प्रकार यह स्पष्ट हो जाता है कि यदि कारतूसों की घटना न भी होती तो भी विद्रोह होता। प्लासी के युद्ध के बाद से नेपियर के विदा होने तक की सारी घटनाएँ एक ही तथ्य की ओर संकेत करती हैं, वह है भारतीय सिपाहियों और जनता का बढ़ता हुआ असन्तोष। अंग्रेजों के व्यवहार से दिन-पर-दिन सिपाहियों का असन्तोष बढ़ता ही गया था और वे अंग्रेजी राज को खात्म करने की तैयारी करने लगे थे।

## आधारभूत चरित्र

अठारह सौ सत्तावन के विद्रोह की चारित्रिक विशेषताओं को समझने के लिए सर्वप्रथम भारतीय और अंग्रेज इतिहासकारों के दृष्टिकोण का उल्लेख करना आवश्यक है। सत्तावन के मूल चरित्र के सम्बन्ध में भारतीय इतिहासकारों की दो भिन्न विचारधाराएँ हैं। पहला वर्ग उन इतिहासकारों का है जिन्होंने इस क्रान्ति को 'भारत का प्रथम स्वतन्त्रता-संग्राम' तथा जनक्रान्ति के रूप में देखा है। उनमें डॉ. रामविलास शर्मा प्रमुख हैं। विपिनचन्द्र का भी विचार बहुत कुछ यही है। दूसरा खेमा उन इतिहासकारों का है जो सन् सत्तावन की क्रान्ति को सिपाही-विद्रोह की संज्ञा देते हैं और यह मानते हैं कि अंग्रेजों का भारत आगमन देश के हित में था। अंग्रेजों ने ही भारतीयों को प्रगतिशील बनाया। ऐसे इतिहासकारों पर आक्षेप करते हुए डॉ. शर्मा ने अपना मत इन शब्दों में व्यक्त किया है, ब्रिटेन के लोग भारतवासियों के सौभाग्य से सभ्यता का प्रसार करने इस देश में आये। कुछ अंग्रेजों ने यहाँ अत्याचार किये और देश को लूटा भी, लेकिन कुल मिलाकर अंग्रेजी राज से हमारा हित ही हुआ। इस कारण सन् 1857 में कुछ सामन्त, उनके साथ जहाँ-तहाँ कुछ किसान

और धार्मिक भावनाओं को ठेस लगने से फौज के सिपाही लड़े। आज हम देशभक्ति के आवेश में उनको स्वाधीनता के सैनिक भले कह लें; किन्तु सत्य यह है कि यदि सौ साल पहले गदर करनेवाले जीत जाते तो देश की सामाजिक, राजनीतिक और सांस्कृतिक प्रगति रुक जाती। इस तरह के विचार बहुत-से अंग्रेज लेखकों की कृतियों में ही पढ़ने को नहीं मिलते वरन् भारतीय इतिहासकारों की रचनाओं में भी मिलते हैं। 1857 की राज्यक्रान्ति के महत्त्व पर विचार करते हुए प्रोफेसर हबीब ने लिखा है कि उस समय के भारत के बारे में बुनियादी बात यह है कि यूरोप की तुलना में वह पिछड़ा हुआ था। ब्रिटेन ऐसी शक्ति था जो यूरोप के सभी राज्यों से अपनी उत्पादन-व्यवस्था में बढ़ा-चढ़ा था, उसकी जनतान्त्रिक संस्थाएँ उच्चकोटि की थीं और औपनिवेशिक मामलों में वह अपनी शासन-क्षमता का परिचय दे चुका था। हिन्दुस्तान के लोग परिस्थिति को समझे बिना इस शक्तिशाली ब्रिटेन से टकरा गये। उनका हारना अवश्यम्भावी था। और यदि जीत जाते तो? प्रोफेसर साहब का विचार है कि "1857 की जो विचारधारा थी और उसका जो प्रतिक्रियावादी उद्देश्य था, उसे देखते हुए कहना पड़ता है कि जीत जाने का मतलब होता—सत्यानाश।"[27]

प्रसिद्ध भारतीय इतिहासकार श्री मजूमदार, श्री सेन तथा पूरनचन्द जोशी ने स्वतन्त्र भारत पर पुस्तकें लिखी हैं। ये सभी सन् सत्तावन के संघर्ष को राष्ट्रीय स्वाधीनता-संग्राम नहीं मानते। श्री सेन तो यहाँ तक कहते हैं कि लोग व्यक्ति की स्वाधीनता को जानते ही न थे; फिर स्वाधीनता-संग्राम कहाँ से होता। पूरनचन्द जोशी तथा आर.सी. मजूमदार का मत भी यही है।

श्री तल्मीज़ खाल्दुन (एक भारतीय इतिहासविद्) के लेख में अंग्रेजी राज की प्रगतिशील भूमिका पर विशेष प्रकाश डाला गया है। अवध के ताल्लुकदार क्या करते थे? नवाब-वजीर के दुर्बल शासन-काल में सब स्वतन्त्र थे। वे संगीन के बल पर मालगुजारी वसूल करते थे। देश में बराबर अव्यवस्था बनी रहती थी। उन्होंने अंग्रेजी राज की प्रशंसा में यह वाक्य लिखा है,

"नयी शासन-व्यवस्था में टैक्स और अन्य प्रकार की वसूली जो महाराजा रणजीत सिंह की मृत्यु के बाद की अराजकता के बाद बेहद बढ़ गयी थी, कम कर दी गयी थी।[28]

श्री तल्मीज़ खाल्बुन के इस वक्तव्य पर रामविलास शर्मा ने अपना विचार इस प्रकार व्यक्त किया है—

"यह कहना कि यह दृष्टिकोण अंग्रेज इतिहासकारों की नकल है, उनके साथ अन्याय करना होगा। अंग्रेजों में जो जनवादी विचारों के लोग थे, उन्हें छोड़ देने पर जो विद्रोहियों को लुच्चा और बदमाश, हत्यारा और डाकू कहते थे, उन्होंने भी अंग्रेजी

राज की प्रशंसा करने के बाद अपने अन्त:करण की रक्षा के लिए कहीं दो-चार शब्द यहाँ के सामन्तों के शासन की प्रशंसा में भी लिख दिये हैं। ऐसी चरम अराजकता का चित्र उन्होंने भी नहीं सोचा। रानी लक्ष्मीबाई के सिलसिले में के. ने लिखा था, "उनके बारे में बुरी बातें कही जाती थीं क्योंकि हम लोगों में यह प्रथा है कि किसी देशी राजा का राज्य ले लें और फिर उस राज्य से अलग किये हुए शासक अथवा उसके सम्भाव्य उत्तराधिकारी को गालियाँ दे"।[29]

प्रसिद्ध इतिहासकार एण्आरण देसाई ने भी बहुत-कुछ वैसा ही कहा है जैसा सेन और मजूमदार कहते हैं—

"1857 के विद्रोह को आधुनिक अर्थ में राष्ट्रीय नहीं माना जा सकता। इसके पीछे मूल भावनाएँ विदेशियों के खिलाफ थीं, लेकिन इस विद्रोह का कोई निश्चित राष्ट्रीय स्वरूप नहीं था। इस विद्रोह में जिन विभिन्न तत्त्वों ने भाग लिया, उन्हें कभी यह बोध नहीं हुआ कि वे एक ऐसे राष्ट्र के अंग हैं जिसका सम्मिलित आर्थिक और राजनीतिक अस्तित्त्व हो सकता है। विद्रोह के सामन्ती नेताओं के राजनीतिक कार्यक्रम का बस एक ही नकारात्मक उद्देश्य था, विदेशियों को निकाल बाहर करना। उन्होंने सारे देश के लिए राष्ट्रीय राज्य-तन्त्र की स्थापना की न तो कोई योजना बनायी और न वे ऐसा कर ही सकते थे। वैसे ही, भारतीय समाज के निर्माण के लिए उन्होंने न तो कोई कार्यक्रम तैयार किया और न वे ऐसा कर ही सकते थे। उनमें राष्ट्रीय चेतना का अभाव था। वस्तुत: उनमें केवल विदेशियों को निकाल बाहर करने के सवाल पर ही एकता थी। इसके बदले में वे फिर पुराने प्राक् ब्रिटिश खण्डित भारत वापस लाना चाहते थे, या सम्भवत: दिल्ली के सम्राट् के अधीनस्थ सामन्ती राज्यों का राज्य संघ बनाना चाहते थे।"[30]

इसी अध्याय में देसाई यह स्वीकार करते हैं कि अंग्रेजों द्वारा भारत पर राजनीतिक विजय के परिणामस्वरूप उत्पन्न आर्थिक दिक्कतों तथा नये शासन द्वारा प्रवर्तित नये आचार-व्यवहार से भारतीय समाज के आक्रान्त लोगों का असन्तोष इस विद्रोह का कारण था। उन्होंने स्वयं तो नहीं लिखा, लेकिन प्रसिद्ध अंग्रेज इतिहासकार डॉ. डफ का उद्धरण देते हुए वे कहते हैं कि, सत्तावन का विद्रोह महज सिपाहियों का विद्रोह था—यह कहना गलत होगा। इसका सामाजिक आधार अधिक व्यापक था। डॉ. डफ कहते हैं—

"अगर यह फौजी बलवा भर होता, और जनता की इसके प्रति सहानुभूति नहीं होती और इसे जनता की मदद नहीं मिली होती तो जिस तरह की कुछ निर्णायक जीतें हमें मिलीं, वे इसे खतम कर देने के लिए काफी थीं—और सच यह है कि यह फौजी बलवा भर नहीं था, वरन् था जन-विद्रोह, जनक्रान्ति।"[31]

एक दूसरे अंग्रेज इतिहासकार बख का कथन इस प्रकार है—

"प्रारम्भ से ही यह धीरे-धीरे जन-विद्रोह का रूप लेता गया है, सिपाहियों की फौज के बाहर से हजारों-लाखों के जनसमुदाय का ब्रिटिश प्रभुत्व और सत्ता के विरुद्ध विद्रोह।"[32]

1857 की क्रान्ति का आधारभूत चरित्र मात्र सिपाही विद्रोह का नहीं था, वरन् यह एक जन-आन्दोलन था, जिसमें सम्पूर्ण भारत के सभी वर्गों ने हिस्सा लिया। इस विद्रोह में सिपाही, किसान, ताल्लुकेदार-जमींदार, राजा-रानी, नवाब-बेगम, कारीगर, सेठ-साहूकार, हिन्दू-मुसलमान आदि विभिन्न वर्गों और धर्मों के लोग शरीक थे।

27 जुलाई, 1857 को ब्रिटिश संसद 'हाउस आफ कामन्स' में तीन घण्टे के भाषण में डिजरेली ने तरह-तरह से तथ्य पेश करते हुए कहा था कि उसे सिर्फ सिपाही विद्रोह कहना गलत है। यह राष्ट्रीय विद्रोह है, जिसमें सिपाही तो सिर्फ हथियार है। ब्रिटेन में चार्टिस्ट आन्दोलन के नेता अर्नेस्ट जीन्स ने इसे एक सबसे न्यायपूर्ण और आवश्यक विद्रोह कहकर इसका स्वागत किया था और अपने देशवासियों से इसका समर्थन करने की अपील की थी। इतिहासकार जस्टिस मैकार्थी ने इस महाविद्रोह के बारे में लिखा—

"सच्चाई यह थी कि भारतीय प्रायद्वीप के उत्तरी-पश्चिमी प्रदेशों के अधिकांश हिस्से में अंग्रेज सत्ता के विरुद्ध, भारतवासियों ने विद्रोह किया था। सिर्फ सिपाहियों ने ही विद्रोह नहीं किया था,—यह किसी भी तरह सिर्फ सिपाही विद्रोह न था। यह भारत पर अधिकार करनेवाले अंग्रेजों के खिलाफ राष्ट्रीय घृणा, धार्मिक उग्रता और सिपाहियों की शिकायत का संयुक्त रूप था—। देशी राजा-नवाब और देशी सिपाही इसमें शामिल हुए थे। मुसलमानों और हिन्दुओं ने अपनी पुरानी धार्मिक घृणा को भूलकर ईसाइयों के खिलाफ हाथ मिलाया था। अगर इस चिनगारी ने आग न लगायी होती तो किसी दूसरे ने यह काम कर दिया होगा।—मेरठ के सिपाहियों ने एक क्षण में एक नेता, एक झण्डा और एक उद्देश्य प्राप्त कर लिया और बगावत ने एक क्रान्तिकारी युद्ध का रूप धारण कर लिया।—जब वे बिना बाधा सुबह की रोशनी में चमकती जमुना के किनारे पहुँचे—उन्होंने अनजाने ही इतिहास का एक संकटजनक क्षण हस्तगत कर लिया और सिपाही विद्रोह को राष्ट्रीय और धार्मिक युद्ध में बदल दिया।"[33]

इस इतिहासकार ने इस आन्दोलन के लिए 'क्रान्तिकारी युद्ध' और 'राष्ट्रीय युद्ध' की संज्ञा दी है। वास्तव में यह विद्रोह भारत का पहला सशस्त्र राष्ट्रीय महाविद्रोह था। यह स्वाधीनता के लिए प्रथम प्रयास था। भारतीय इतिहासकार विपिनचन्द्र ने इस आन्दोलन की व्यापकता और आम जनता की साझेदारी और उसके चरित्र को बहुत सफाई और सच्चाई के साथ उभारा है—

"विद्रोह का दायरा जितना बड़ा था उतनी ही उसकी जड़ें भी गहरी थीं। उत्तर और मध्य भारत में हर जगह सिपाहियों की बगावत के होते ही जनता ने भी विद्रोह कर दिया। सिपाहियों द्वारा ब्रिटिश सत्ता नष्ट किये जाने के बाद आम जनता हथियार लेकर उठ खड़ी हुई और भालों, कुल्हाड़ियों, तीर-कमानों, लाठियों, हँसियों और यहाँ तक कि अनगढ़ बन्दूकों से अंग्रेजों के खिलाफ लड़ने लगीं। मगर अनेक स्थानों पर जनता ने सिपाहियों के बगावत करने से पहले ही विद्रोह कर दिया। कई ऐसी जगहों में भी जनता ने विद्रोह कर दिया जहाँ सिपाहियों की कोई भी रेजीमेण्ट उपस्थित नहीं थी। विद्रोह में किसानों तथा दस्तकारों के बड़े पैमाने पर भाग लेने के कारण ही उसे वास्तविक ताकत मिली तथा उसे जनविद्रोह का चरित्र प्राप्त हुआ। ऐसा खासकर उन इलाकों में हुआ जो अभी उत्तर प्रदेश और बिहार में शामिल है। इन इलाकों में किसानों और जमींदारों ने महाजनों और उन नये जमींदारों पर हमले किये जिन्होंने उन्हें उनकी जमीन से बेदखल कर दिया था। इस प्रकार उन्होंने अपनी शिकायतों को खुलेआम जाहिर किया। उन्होंने विद्रोह का सहारा लेकर महाजनों की लेखा-बहियों तथा कर्ज के प्रमाणों को नष्ट कर दिया। उन्होंने अंग्रेजों द्वारा स्थापित न्यायालयों, तहसीलों और राजस्व अभिलेखों तथा थानों को नष्ट कर दिया। यह उल्लेखनीय बात है कि अनेक लड़ाइयों में आम आदमी सिपाहियों से ज्यादा संख्या में थे। एक अनुमान के अनुसार अवध में अंग्रेजों के साथ लड़ाई में 1,50,000 लोग मारे गये जिनमें 1,00,000 से अधिक नागरिक थे।"[34]

अठारह सौ सत्तावन के विद्रोह के मुख्य केन्द्र दिल्ली, कानपुर, लखनऊ, बरेली, झाँसी और बिहार थे। अठारह सौ सत्तावन के विद्रोह के जन-आन्दोलन का स्वरूप इससे और भी स्पष्ट हो गया जब अंग्रेजों ने उसे कुचलने की कोशिश की। उन्हें न केवल विद्रोही सिपाहियों के खिलाफ बल्कि दिल्ली, अवध, उत्तर-पश्चिम प्रान्तों और आगरा, मध्य भारत, पश्चिमी बिहार के नागरिकों के विरुद्ध भी भीषण और बेरहम लड़ाई छेड़नी पड़ी। उन्होंने गाँवों को जला दिया और ग्रामीण एवं शहरी जनता का कत्लेआम किया। खुलेआम फाँसी पर लटकाकर तथा बिना मुकदमा चलाये मृत्यु दण्ड देकर उन्होंने लोगों को डराने की कोशिश की। इससे यह स्पष्ट होता है कि इन हिस्सों में विद्रोह की जड़ें कितनी गहरी थीं। सिपाहियों और जनता ने अन्त तक बड़ी दृढ़ता और बहादुरी से लड़ाई की। हार जाने के बाद भी उनका मनोबल नहीं टूटा।

यह उल्लेखनीय है कि जहाँ जनता ने विद्रोह नहीं किया था, वहाँ भी उसने विद्रोहियों के साथ सहानुभूति जताया, विद्रोहियों की सफलता पर खुशियाँ मनायीं और उन सिपाहियों को घृणा के साथ देखा जो अंग्रेजों के प्रति वफादार रहे। उन्होंने ब्रिटिश

फौजों के प्रति सक्रिय शत्रुता व्यक्त की, उन्हें सहायता देने अथवा भारतीय विद्रोहियों के कार्यक्रम की सूचना देने से इनकार किया। बहुत-से देशभक्तों ने तो अंग्रेजों को गलत सूचना देकर गुमराह भी किया।

बहुत-सी देशी रियासतों, जैसे ग्वालियर के सिन्धिया, इन्दौर के होल्कर, हैदराबाद के निजाम, जोधपुर के राजा तथा अन्य राजपूत शासकों, भोपाल के नवाब, पटियाला, नाभा, जिन्द और कश्मीर के शासकों, नेपाल के राणाओं और अनेक अन्य शासक सरकारों तथा बड़ी संख्या में बड़े जमींदारों ने अंग्रेजों को सक्रिय समर्थन दिया लेकिन उनके सैनिकों ने विद्रोह कर दिया था, विद्रोह पर उतारू हो गये। इन्दौर से अनेक सैनिकों ने विद्रोह कर दिया और सिपाहियों के साथ चल पड़े। इसी प्रकार ग्वालियर के 20,000 से भी अधिक सैनिक तात्या टोपे और झाँसी की रानी से जा मिले। राजस्थान और महाराष्ट्र के अनेक छोटे सरकारों ने जनता के समर्थन से अंग्रेजों के खिलाफ विद्रोह कर दिया।

मेरठ में फिरंगी अधिकारियों ने जब चर्बीवाले कारतूस सैनिकों को जबरदस्ती देना चाहा तो पाँच को छोड़कर सभी ने राइफल लेने से इनकार कर दिया। इसी बीच पल्टन ने बगावत का झण्डा बुलन्द कर दिया। नागरिक और आस-पास के किसान सिपाहियों की मदद के लिए आ पहुँचे। इसके बाद जो भी अंग्रेज उनके हाथ आया, मारा गया। बँगलों में आग लगा दी गयी और पक्के घरों को गिरा दिया गया। सारे शहर में फिरंगियों को मारो की आवाज गूँज रही थी। जब ये विद्रोही दिल्ली पहुँचे तब वहाँ पर देशी पल्टनों के अलावा दिल्ली के नागरिकों और आस-पास के किसानों ने भी हिस्सा लिया।

दिल्ली के बाद पंजाब और सीमान्त प्रदेश में भी विद्रोह की आग भड़क उठी। देशी पल्टनों के अलावा फिरोजपुर के निवासी भी विद्रोह में शामिल हुए। फिरोजपुर से विद्रोही जब आगे बढ़े तब लुधियाना के सिपाहियों ने साथ दिया। वहाँ के नागरिकों ने भी विद्रोहियों का साथ दिया।

पूर्वी उत्तर प्रदेश में गाँवों और शहरों की आम जनता ने इसमें हिस्सा लिया। अंग्रेजों द्वारा किसानों पर लाये गये नये जमींदार मार भगाये गये। पुराने जमींदारों को फिर लाकर बिठाया गया। अंग्रेजों को लगान और कर देना बन्द कर दिया गया। तार काट डाले गये। रेल की लाइनें उखाड़ डाली गयीं। गाँव-गाँव में नौजवान पहरा देने लगे। बनारस की खबर इलाहाबाद में पहुँची। इलाहाबाद प्रान्त में भी सभी वर्गों ने विद्रोह में हिस्सा लिया। इस प्रान्त के निवासियों ने फिरंगियों के साथ पूर्ण असहयोग की नीति अपनायी। सिक्खों ने इस आन्दोलन में गद्दारी की लेकिन यह उल्लेखनीय है कि बनारस में हिन्दुओं, मुसलमानों और सिक्खों को एक साथ एक ही उद्देश्य के लिए लड़ते हुए देखा गया। बनारस में आजादी के लिए विद्रोह हो गया है, यह

सुनते ही सारा देश आजादी के लिए किस प्रकार तत्पर हो गया, इसका उल्लेख ब्रिटिश सरकार के ही कागजात में इस प्रकार है—

"ज्यों ही जिलों में मालूम हुआ कि बनारस में आजादी के लिए विद्रोह हो गया है, सारा देश एक आदमी की तरह खड़ा हुआ। पड़ोस की छावनियों के साथ यातायात के साधन काट दिये गये। ऐसा लगता था कि रैय्यत और जमींदार उस योजना को पूरा करने की चेष्टा करनेवाले हैं जिसे बनारस में पूरा करने में सिपाही असफल हुए थे।" (रेड पैम्फ्लेट : पृ. 91)।

इस समय के एक अंग्रेज अफसर ने एक गाँव के अपने अनुभव को लिखा—

"मजिस्ट्रेट ने विद्रोहियों के नेता के, जिसे गाँववाले अच्छी तरह जानते हैं, सर या लाश के लिए एक हजार रुपये के इनाम का वादा किया, फिर भी हमारे प्रति उनकी घृणा इतनी प्रबल है कि कोई भी उसे हमारे हवाले करना नहीं चाहता।"[35]

प्रसिद्ध भारतीय इतिहासकार अयोध्या सिंह ने अपनी पुस्तक 'भारत का मुक्ति संग्राम'[36] में भारतीय नागरिकों ने किस तत्परता से विद्रोह का साथ दिया, उसका उल्लेख इन शब्दों में किया है—

"कोई भी फिरंगियों को खाने-पीने का सामान, बैलगाड़ी, डोली आदि न देता था। अपना सामान अंग्रेजों के हाथ बेचना भी गुनाह माना जाता था। अगर कोई गद्दारी कर अंग्रेजों की मदद करता तो गाँववाले उसकी दुर्गति करते। एक रोटीवाले ने अंग्रेजों को कुछ रोटियाँ दीं तो उसे अपने दोनों हाथों और नाक से हाथ धोना पड़ा। आम जनता के इस असहयोग का परिणाम था कि जून के अन्त तक जनरल नील इलाहाबाद से आगे नहीं बढ़ सका।"[37]

कानपुर पर नाना साहब ने अधिकार कर लिया। नाना साहब ने बड़ी उदारतापूर्वक अंग्रेजों को इलाहाबाद जाने की इजाजत दे दी। अंग्रेज जैसे ही नावों में सवार हुए, सिपाहियों ने उन पर धावा बोल दिया। जो कुछ लोग बचकर निकल गये आगे किसानों और जमींदारों ने उन पर आक्रमण किया।

बुन्देलखण्ड में रानी लक्ष्मीबाई ने सब जातियों के नौजवानों और नवयुवतियों को सैनिक शिक्षा देने की कोशिश की थी। इसलिए उनकी सेना में एक तरफ देश के लिए मर मिटने को तैयार सभी जातियों के नौजवान थे और दूसरी तरफ अनेक नवयुवतियाँ। उस जमाने में उनकी नारी सेना हर हिन्दुस्तानी के लिए गर्व की बात है।

एक के बाद एक प्रान्त और शहर विद्रोह की ज्वाला से धधकने लगा था। इसके बाद तो सारे अवध में विद्रोह फैल गया। सब जगह हिन्दू-मुसलमान, सिपाही और नागरिक, किसान और ताल्लुकेदार विद्रोह के मैदान में कूद पड़े। इस विद्रोह की व्यापकता का अन्दाज एक अंग्रेज द्वारा लिखे गये निम्नलिखित शब्दों में मिल सकता है—

"सारा अवध हथियार लेकर हमारे खिलाफ खड़ा हो गया है। सिर्फ नियमित पल्टनें ही नहीं, बल्कि भूतपूर्व नवाब की फौज के साठ हजार आदमी, जमींदार और उनके आश्रित अढ़ाई सौ किले, जिनमें से अधिकांश तोपों से लैस हैं, हमारे खिलाफ हैं। उन्होंने कम्पनी के राज को अपने राजाओं की प्रभुता के साथ तौला है और प्राय: सर्वसम्मति से अपने राजाओं का राज बेहतर समझा है। खुद उन पेन्शन पानेवालों ने, जिन्होंने सेना में नौकरी की है, हमारे खिलाफ घोषणा कर दी है और एक-एक आदमी मुक्ति-विद्रोह में शामिल हो गया है।"[38] जी.बी. मैलसन : रेड पैम्फ्लेट

ग्वालियर के राजा जयाजी राव सिन्धिया के देश के प्रति गद्दारी करने के बावजूद, ग्वालियर राज्य की जनता और सेना ने विद्रोह किया। आगरा और इन्दौर दोनों ही स्थानों पर रेजीडेन्सी के भारतीय सिपाहियों ने अंग्रेजों की तरफ से अपने देशी भाइयों पर गोली चलाने से इनकार कर दिया। भारतीय समाचार-पत्रों ने खुलेआम लेख लिखकर विद्रोह के साथ हमदर्दी जाहिर करना और उसे प्रोत्साहित करना आरम्भ किया[39]—

कलकत्ता और बंगाल में भी विद्रोह की आग भड़क उठी थी। अंग्रेजों ने स्वयं इस बात को स्वीकार किया है कि कलकत्ते की आस-पास जनता ने विद्रोह कर दिया है। जिस समय सारे हिन्दुस्तान में स्वतन्त्रता का झण्डा बुलन्द किया जा रहा था, उस वक्त बिहार भी किसी से पीछे न था। यहाँ के विद्रोह का संगठन बड़े-बड़े मौलवियों के हाथ में था। बड़े-बड़े धनी, सेठ-साहूकार और जमींदार भी इसमें शामिल थे। यहाँ की पुलिस और आम जनता तथा सिपाहियों ने मौलवियों के नेतृत्व को स्वीकार कर लिया था। बाद में यहाँ मुक्ति-आन्दोलन कुँवर सिंह के नेतृत्व में चलाया गया।[40]

सिंहभूमि और मानभूमि आदिवासियों का अंचल था। वह भी महाविद्रोह में पीछे न रहा। असम में भी विद्रोह की लपटें उठने लगी थीं। दक्षिण भारत भी इस जनक्रान्ति से अछूता न रह सका। गोदावरी जिले के सुव्वा रेड्डी ने अंग्रेजों के खिलाफ विद्रोह किया और लड़ा।

सत्तावन के मुक्ति-आन्दोलन के पीछे महज धर्म के आवेश में आये सिपाहियों ही का हाथ नहीं था वरन् भारत के हिन्दू-मुसलमान, नरेशों और भारतीय जनता की ओर से देश को विदेशियों की राजनीतिक आधीनता से मुक्त कराने का एक महान् और व्यापक प्रयत्न था। जिन इतिहासकारों ने इस क्रान्ति के चरित्र को धुँधला करने का प्रयत्न करना चाहा है, उन्हें यह बात गौर से सोचनी चाहिए कि यदि यह मात्र धार्मिक भावों के ठेस लगने के कारण कुछ सिपाहियों का विद्रोह होता अथवा कारतूसों की घटना ही इसका मुख्य कारण होती, तो हमें वही सिपाही उन्हीं कारतूसों

को अंग्रेजों के विरुद्ध दाँत से काटकर चलाते हुए नहीं दिखायी पड़ते। प्रसिद्ध इतिहासकार सुन्दरलाल ने अपनी विख्यात पुस्तक 'भारत में अंग्रेजी राज' में कहा—

"आज़ादी की लगन ने उस समय भारत के हिन्दू और मुसलमानों को कितना बेचैन कर रखा था इसकी एक सुन्दर मिसाल यह है कि गाय और सुअर की चरबी के जो कारतूस युद्ध का एक ख़ास सबब थे, एक बार शुरू हो जाने पर युद्ध के अनेक मैदानों में लाखों हिन्दू और मुसलमान सिपाही विदेशियों से लड़ते समय, उन्हीं कारतूसों को खुशी के साथ अपने दाँतों से काटते हुए दिखायी दिये।"[41]

प्रसिद्ध चिन्तक और दार्शनिक कार्लमार्क्स ने भी इसे जन-आन्दोलन ही माना—"धीरे-धीरे और भी ऐसे तथ्य सामने आयेंगे जी स्वयं जॉन बुल तक को इस बात का विश्वास दिला देंगे कि जिसे वह एक फौजी बगावत समझता है, वह वास्तव में एक राष्ट्रीय विद्रोह है।"[42] (भारत से आनेवाले समाचार)

जिस समय भारत क्रान्तिकारी आन्दोलन की भीषण लपटों में जल रहा था, उसी समय इंग्लैण्ड निवासी मजदूर अपने हितों के लिए लड़ रहे थे। इस आन्दोलन के नेता अर्नेस्ट जोन्स ने भारतीय जनता और सन् 1857 के आन्दोलन के प्रति पूर्ण सहानुभूति व्यक्त की थी। अर्नेस्ट जोन्स ने अपने पत्र 'पीपुल्स पेपर' द्वारा ब्रिटिश मजदूर वर्ग में भारतीय स्वाधीनता-संग्राम के लिए जनमत तैयार करने में बहुत परिश्रम किया। 4 जुलाई को उन्होंने मजदूरों को चेतावनी दी कि भारत पर अंग्रेजों के अन्याय और पूर्ण अधिकार के लिए उन्हें अपना और रक्त देना पड़ेगा। एक अगस्त को उन्होंने लिखा कि 'भारतीय संघर्ष' न तो सैनिक विद्रोह है, न कुछ राजाओं की लड़ाई है। यह राष्ट्रीय विद्रोह है। अंग्रेज शासक भारत की तमाम जनता से लड़ रहे हैं।

कुछ विद्वान् इतिहासकारों ने इसे इसलिए भी जन-आन्दोलन या राष्ट्रीय आन्दोलन स्वीकार करने से इनकार किया, क्योंकि अधिकांश सामन्तों ने इस आन्दोलन में अंग्रेजों का साथ दिया तथा कुछ तटस्थ रहे। लेकिन उन्हें यह भूल नहीं जाना चाहिए कि जगह-जगह सामन्तों, रजवाड़ों तथा जमींदारों ने आन्दोलन का नेतृत्व भी किया। बादशाह बहादुर शाह दिल्ली में इस एकता के प्रतीकात्मक नेता थे। बख्त खाँ ने बरेली में विद्रोह का नेतृत्व किया था। बहादुर शाह की पत्नी रानी जीनतमहल तथा उनके बेटों ने भी महत्त्वपूर्ण सहयोग किया था। कानपुर में विद्रोह का नेतृत्व अन्तिम पेशवा बाजीराव द्वितीय के दत्तक पुत्र नाना साहब ने किया। तात्या टोपे और अजीमुल्ला नाना साहब के स्वामिभक्त और देशभक्त सेवक थे। ये दोनों सन् '57 की क्रान्ति के प्रमुख चरित्रनायक हैं।

इसी प्रकार लखनऊ में विद्रोह का नेतृत्व अवध की बेगम हजरतमहल ने किया। अठारह सौ सत्तावन की एक महान् नेता तथा भारतीय इतिहास की महानतम वीरांगना झाँसी की रानी लक्ष्मीबाई थीं।

बिहार के विद्रोह का नेतृत्व कुँवर सिंह ने किया। उनकी उम्र 80 वर्ष की थी फिर भी शायद विद्रोह के महानतम सैनिक नेता तथा युद्ध कौशल में सबसे आगे वही थे। हिन्दुस्तान के वे सामन्त जो अंग्रेजों के विरुद्ध चाहे अपने स्वार्थों के संरक्षण के लिए ही लड़े, निश्चित रूप से प्रगतिशील थे। प्रतिक्रियावादी तो वे थे, जिन्होंने प्रत्यक्ष या अप्रत्यक्ष रूप से अंग्रेजों की सहायता की।

भारतीय सामन्तों के अतिरिक्त अंग्रेजी राज के विरुद्ध यहाँ के किसान और शिल्पकार लड़े। उनकी लड़ाइयाँ अंग्रेजी राज कायम होने के आरम्भ से ही छिड़ गयी थीं। इन लड़ाइयों का सम्बन्ध किसानों के सामन्ती शोषण से था, जिसे अंग्रेजों की पुलिस और उनकी न्याय-व्यवस्था ने और तीव्र कर दिया था। इन संघर्षों ने अनेक जगहों पर सशस्त्र संग्राम का रूप ले लिया था और अंग्रेज उसे फौज के द्वारा ही दबा सके थे।

ऊपर दिये गये उद्धरणों और सम्पूर्ण विवरण से यह बात साफ जाहिर होती है कि 1857 के आन्दोलन में शहरों और गाँवों की जनता ने देशी सेना का साथ दिया था, उसने सेना को विद्रोह करने के लिए प्रेरित किया था। अनेक स्थानों का विद्रोह करने में जनता ने स्वयं ही अगुवाई भी की थी। ये सब लक्षण इस लोकप्रिय राज्यक्रान्ति के थे। इसे जनता के सभी स्तर के लोगों से हार्दिक समर्थन प्राप्त था। इस विशाल संघर्ष का प्रतीक दिल्ली था। जहाँ-जहाँ विद्रोह हुए, देशी सत्ता ने अपने को दिल्ली का नायब घोषित किया। अंग्रेजी राज के विरुद्ध देश की स्वाधीनता के लिए यह एक जन-युद्ध था, इसका सबसे बड़ा प्रमाण यह है कि कहीं भी किसी राजा या नवाब ने जो विद्रोह के साथ था, अपने को स्वतन्त्र घोषित नहीं किया। यदि अंग्रेजों को कुछ सामन्तों से सहायता न मिली होती तो आज भारत का इतिहास कुछ और ही होता।

प्रसिद्ध आलोचक और साहित्यकार डॉ. रामविलास शर्मा ने अपनी पुस्तक 'सन् सत्तावन की राज्यक्रान्ति' में इस आन्दोलन के लिए 'जनक्रान्ति', 'राष्ट्रीय आन्दोलन' और 'भारतीय मुक्ति का प्रथम संग्राम' इत्यादि विशेषणों का प्रयोग किया है। उनका कहना है कि आम जनता का समर्थन ही जनक्रान्ति का प्रथम सोपान है। उन्होंने इसी बात को इस प्रकार कहा, किसी भी क्रान्ति की लोकप्रियता इस बात से सिद्ध होती है कि उसे आम जनता का समर्थन प्राप्त है या नहीं। यह समर्थन कभी सक्रिय सहयोग का रूप लेता है, कभी उपयुक्त अवसर, नेतृत्व और संगठन के अभाव में निष्क्रिय रहता है। यह असम्भव है कि नेपाल के सरदारों को विद्रोह से सहानुभूति होती, मद्रास और बंगाल की जनता उसकी ओर से उदासीन रहती या उसका विरोध करती। — साधारण जनता ने अंग्रेजी राज से घृणा ही की। इसलिए उससे लड़नेवालों से उसकी सहानुभूति होना स्वाभाविक था।

उपर्युक्त विवरण से स्पष्ट होता है कि सन् 1857 के आन्दोलन का मूल चरित्र जन-आन्दोलन अथवा राष्ट्रीय आन्दोलन का था। यह जनक्रान्ति इसलिए था क्योंकि इसमें विभिन्न धर्मों, वर्णों और वर्गों की जनता ने सक्रिय रूप से भाग लिया था। अनेक प्रदेशों में किसानों ने अंग्रेजी सरकार को लगान देना बन्द कर दिया था। इस क्रान्ति की मूलधारा अंग्रेजी राज के विरुद्ध थी। उनका समान रूप से एक उद्देश्य, अंग्रेजों को अपने देश से निकालकर देश में अपनी सत्ता कायम करना था। सिपाहियों में अधिकांश किसान थे। सेना और किसान दोनों ने मिलकर क्रान्ति के जनतान्त्रिक चरित्र को और भी स्पष्ट कर दिया था।[43]

**उपलब्धियाँ**

सत्तावन के मुक्ति आन्दोलन की उपलब्धियों की चर्चा से पहले यहाँ यह स्पष्ट कर देना आवश्यक है कि हमारे शोध-प्रबन्ध का मुख्य सरोकार उन उपलब्धियों के कारण परवर्ती भारत के सामाजिक और राजनीतिक जीवन-सन्दर्भों में प्रस्फुटित उस चेतना से है, जो तत्कालीन समाज के यथार्थ और कथाकार प्रेमचन्द की जीवनदृष्टि का मुख्य आधार बनी।

अब लगभग यह मान्य हो चला है कि प्रेमचन्द की समस्त रचना-शक्ति का मूलस्रोत साम्राज्यवाद, सामन्तवाद और पूँजीवाद का प्रबल विरोध है। इस विरोध को कार्यान्वित करने में जितनी भी बाधाएँ हैं, प्रेमचन्द उन पर निरन्तर आक्रमण करते हैं। वे साम्राज्यवादियों द्वारा पैदा की गयी साम्प्रदायिकता के खिलाफ हिन्दू-मुस्लिम एकता के लिए लिखते हैं। वे सामन्ती अवशेषों, जैसे जातिवाद, धार्मिक अन्धविश्वास, छुआछूत जैसी पतनशील प्रवृत्तियों का विरोध करते हैं। वे शोषण अन्याय के विविध आयामों का उद्घाटन करते हैं और शोषकों के घिनौने चेहरे अनावृत्त करते हैं। निश्चय ही यह प्रेमचन्द का आत्मपरक आदर्शवाद नहीं है। अपने समकालीन सामाजिक जीवन की कटु सच्चाइयों में वे शामिल हैं—जैसे कि उनकी रचनाओं से ही नहीं वरन् उनके विविध लेखों, सम्पादकीय टिप्पणियों और पत्रों से अब पूरी तरह स्पष्ट है और आगामी अध्यायों में इसकी विस्तृत चर्चा आयोजित है लेकिन फिलहाल यहाँ हमारा अभीष्ट यह देखना है कि सत्तावन के इस प्रथम स्वतन्त्रता-संग्राम ने भारतीय समाज को क्या दिया, जो प्रेमचन्द की आगामी रचनात्मक संघर्ष का सम्बल बना।

सत्तावन की क्रान्ति की सबसे उल्लेखनीय देन यह थी कि भारतीय जनता ने पहली बार धर्म, वर्ण, जाति, भाषा आदि की सीमाओं से ऊपर उठकर और एकजुट होकर अपने देश को अंग्रेजों के चंगुल से मुक्त कराने का प्रयास किया। मार्क्स ने आश्चर्य और सच्चाई के साथ रेखांकित किया था कि प्रतिरोध और जनता की एकता

ने एक बेमिसाल हालत पैदा कर दी थी। ''भारतीय सेना में इससे पहले भी बगावत हुई थीं किन्तु वर्तमान विद्रोह उनसे भिन्न है। उसकी कुछ विशिष्ट तथा घातक विशेषताएँ हैं। यह पहली बार है जबकि सिपाहियों की रेजीमेण्टों ने अपने यूरोपीय अफसरों की हत्या कर दी है, जबकि अपनी आपसी विद्वेषों को भूलकर, मुसलमान और हिन्दू अपने सामान्य स्वामियों के खिलाफ एक हो गये हैं, जबकि हिन्दुओं द्वारा आरम्भ की गयी उथल-पुथल ने दिल्ली के राजसिंहासन पर वास्तव में एक मुसलमान बादशाह को बैठा दिया हैं, जबकि बगावत केवल कुछ थोड़े-से स्थानों तक ही सीमित नहीं रही है, और अन्त में जबकि ऐंग्लोइण्डियन सेना का विद्रोह अंग्रेजों के प्रभुत्व के विरुद्ध महान् एशियाई राष्ट्रों के असन्तोष के आम प्रदर्शन के साथ मिलकर एक हो गया है। इसमें रत्ती भर भी सन्देह नहीं है कि बंगाल की सेना का विद्रोह फारस (ईरान) और चीन के युद्धों के साथ अभिन्न रूप से जुड़ा हुआ है।''[44]

जिस प्रकार हिन्दू और मुसलमान आपसी मतभेद भुलाकर विद्रोह के लिए कटिबद्ध हो गये थे, उसी प्रकार सिक्खों ने भी विद्रोहियों का साथ दिया था। जुलाई, 1857 में लिखित 'भारत से आने वाले समाचार' शीर्षक लेख में मार्क्स ने इस धटना का इस तरह उल्लेख किया, 'बनारस में एक देशी रेजीमेन्ट से हथियार छीनने की कोशिश का सिक्खों के एक दल तथा 13 वीं अनियमित घुड़सवार सेना ने विरोध किया है। यह तथ्य बहुत महत्त्वपूर्ण है, क्योंकि इससे यह मालूम होता है कि मुसलमानों की ही तरह सिक्ख भी ब्राह्मणों के साथ मिलकर एक आम मोर्चा बना रहे है।''[45]

के. दामोदरन ने अपनी विख्यात पुस्तक 'भारतीय चिन्तन परम्परा' में लिखा है— ''अंग्रेजों ने हिन्दुओं और मुसलमानों के बीच वैमनस्य पैदा करके जनता की कतारों को तोड़ने की कोशिश की। किन्तु इसमें वे सफल नहीं हुए कारण यह कि देशभक्ति के ज्वार ने जनता की एकता को सुदृढ़ बना दिया था। बहादुरशाह ने बड़े साहस के साथ उन षड्यंत्रों का भण्डाफोड़ किया, जो ब्रिटिश विरोधी भावनाओं को हिन्दुओं के खिलाफ मोड़ने के लिए रचे जा रहे थे। उन्होंने घोषणा की, यह पवित्र युद्ध अंग्रेजों के खिलाफ है। मैं आज्ञा देता हूँ कि इसे हिन्दुओं के खिलाफ नहीं मोड़ा जायेगा।''[46]साम्प्रदायिक और जातीय एकता के इन उद्धरणों से स्पष्ट है कि ब्रिटिश शासन के विरुद्ध विभिन्न सम्प्रदायों और जातियों में एक व्यापक एकता की स्थापना हो रही थी। हिन्दुओं, मुसलमानों और सिक्खों ने मिलकर फिरंगियों का जिस तरह मुकाबला किया, वह भारतीय इतिहास में एक गौरव का प्रसंग है। सचमुच वह एक युगान्तरकारी घटना थी जब सारे देश के विद्रोहियों ने बहादुरशाह को अपना बादशाह माना। यही कारण था कि सत्तावन में स्थापित हिन्दू-मुसलमान एकता को बाद में एक वरिष्ठ ब्रिटिश अधिकारी एचिसिन ने अप्रत्यक्ष रूप से स्वीकार किया था ''इस

स्थिति में हम मुसलमानों को हिन्दुओं से नहीं भिड़ा सके।'' इस क्रान्ति से अंग्रेजों ने आगे आनेवाले समय के लिए सबक सीखा। उन्हें स्पष्ट हो गया कि अब उनको फूट डालो और शासन करो वाली नीति का भण्डा फूट चुका है। उनके मन में धीरे-धीरे यह बात घर करने लगी कि भारत में उनकी सत्ता अब थोड़े दिनों की ही मेहमान है। प्रसिद्ध इतिहासकार के अनुसार, अप्रैल का महीना खत्म होने के पहले ही लार्ड कैनिंग को मालूम पड़ गया होगा कि एशियाई जातियों के परस्पर विरोध से अब कोई आशा नहीं है, जिस विरोध को हमने अपनी शक्ति और सुरक्षा का मुख्य आधार समझा था। स्पष्ट ही हिन्दू और मुसलमान हमारे विरुद्ध एक हो गये थे।''[47]

सत्तावन की घटनाओं से यह तथ्य और भी उजागर होता है कि मध्यकाल में और अठारह सौ अठावन के पहले भारत की जनता और राजनीति साम्प्रदायिक नहीं थी।

साम्प्रदायिकता का जहर अंग्रेजों ने फैलाया था। ब्रिटिश साम्राज्यवाद के विरुद्ध स्वतन्त्रता के लिए यह भारतीय जनता का पहला महान् संघर्ष था। उसने आधुनिक राष्ट्रीय आन्दोलन के उदय के लिए मार्ग प्रशस्त किया। इस वीरता और देशभक्ति पूर्ण संघर्ष ने भारतीय जनता के दिमाग पर एक अविस्मरणीय छाप छोड़ी और उसके बाद के स्वतन्त्रता-संघर्ष के लिए शाश्वत प्रेरणा-स्रोत का काम किया। विद्रोह के नायकों के नाम जल्द ही घर-घर में याद किये जाने लगे और लोकगायकों ने उनका यशोगान शुरू कर दिया।

आन्दोलन की ऐसी विशद उपलब्धियों और व्यापक प्रचार-प्रसार के बाद भी कुछ लोग इसके जातीय स्वरूप पर सन्देह व्यक्त करते हैं। उनका कहना है कि यह आन्दोलन मूलत: हिन्दी प्रदेश में सिमटकर रह गया था। दिल्ली, लखनऊ, कानपुर, मेरठ और आगरा के अलावा इसने कहीं भी अपना प्रभाव स्थापित नहीं किया। वे यह भी कहते हैं कि मुट्ठीभर सामन्त इसके पीछे थे जिसके कारण इसे जनता का व्यापक समर्थन और प्रतिनिधित्व नहीं मिल सका। ये सामन्त खुद ही जनता द्वारा उपेक्षित थे और चूँकि अंग्रेजों ने इनकी रियासतें जब्त कर ली थीं इसलिए वे अपने स्वार्थ की लड़ाई लड़ रहे थे। लेकिन वास्तविकता इसके एकदम विपरीत थी। भारतीय इतिहास का सामान्य विद्यार्थी भी इस तथ्य से अवगत है कि भारतीय सामन्तवाद सत्तावन के विद्रोह के पहले अपने विघटन के दौर से गुजर रहा था। शासन और सत्ता के लिए सारे देश में बन्दरबाँट मची हुई थी। छोटे-छोटे स्वतन्त्र रियासतों के मालिक बन बैठे थे जो सदा आपसी झगड़ों में उलझे रहते थे। वे अपनी प्रजा से बुरा सुलूक करते थे और उनका सारा जीवन गरीब जनता के निरन्तर शोषण पर टिका हुआ था। इसलिए विद्रोह के नेतृत्व का कोई सवाल ही उनके सामने नहीं था। हाँ, यह जरूर था कि भारतीय

सेना के वीर सिपाहियों की एकजुटता से वे परेशान थे। सेना के अधिकांश सिपाही किसानों के बेटे थे। यही कारण था कि किसानों का व्यापक सहयोग आन्दोलनकारियों को मिल रहा था। इस तरह किसानों, कारीगरों और सिपाहियों का एक व्यापक मोर्चा इस आन्दोलन का आधार था। इस दबाव के कारण भी कई सामन्त विद्रोह की कतारों में घुस गये थे।

राष्ट्रीय एकता और जातीय चरित्र के विकास का इससे बड़ा प्रमाण क्या हो सकता था कि इन लोगों ने देश के छोटे नवाबों और राजाओं को बहादुरशाह के अधीन रहने की बात स्वीकार करवा दी थी। इस तरह विभिन्न शक्तियों को एक झण्डे के नीचे इकट्ठा करने की पहल को राष्ट्रीय एकता का प्रयास न मानना इतिहास को झुठलाना होगा। इतना ही नहीं, भारतीय सेना ने बहादुर शाह को बादशाह जरूर बना दिया था लेकिन उसकी स्थिति को इंग्लैण्ड के बादशाह के ही समान माना था। वास्तविक सत्ता सेना की चुनी हुई एक 'कोर्ट' के ही हाथ में रखी गयी थी। इसलिए यह मान लेना कि इस आन्दोलन का आधार सामन्तों ने तैयार किया था, नितान्त गलत है।

सामन्तों की शिरकत इस आन्दोलन में जरूर थी लेकिन इतने मात्र से यह मान लेना कि इस आन्दोलन का चरित्र राष्ट्रीय नहीं था, गलत होगा, सामान्य जन-किसान, सैनिक और कारीगर—इस संघर्ष में पूरे प्राण-पण से कूदे थे और उनकी अडिग वीरता एक ऐसा महत्त्वपूर्ण तत्त्व थी, जिसने सामन्ती सरदारों और राजाओं को ब्रिटिश सत्ता को चुनौती देने के लिए प्रेरित किया। इनमें से अधिकांश नेता ईस्ट इण्डिया कम्पनी के प्रशासन की देशी रजवाड़ों की ब्रिटिश शासन में मिलाने की नीति से असन्तुष्ट थे और अपनी सत्ता को पुन: प्राप्त करने की अभिलाषा से उत्प्रेरित थे। किन्तु, 1857 के विद्रोह के राष्ट्रीय स्वरूप से केवल इस कारण ही इनकार नहीं किया जा सकता कि इसके नेतृत्व में सामन्ती तत्त्व थे। ऐसे विरोधाभास विश्व इतिहास के लिए अज्ञात नहीं हैं। जैसा कि मार्क्स ने कहा था, "फ्रांसीसी सम्राट्शाही पर पहली चोटें किसानों ने नहीं, बल्कि कुछ सामन्ती प्रभुओं ने की थी। भारत में भारतीय सेना के सिपाहियों ने 1857 के विद्रोह का सूत्रपात किया था। तो भी, यह केवल सेना का विद्रोह नहीं था वरन् व्यापक राष्ट्रीय स्वरूपवाला एक शक्तिशाली संघर्ष था। यह संघर्ष अंग्रेजों के भारत पर आधिपत्य के विरुद्ध और भारतीय स्वतन्त्रता के हित में चलाया गया था।।[18]

जहाँ तक आन्दोलन के हिन्दी प्रदेश में सिमटकर रह जाने की बात है उस पर डॉ. रामविलास शर्मा का यह कथन अत्यन्त युक्तियुक्त है, यदि हिन्दी-भाषी प्रदेश के अलावा अन्य किसी भी प्रदेश के लोगों ने उसमें भाग न लिया होता, तब भी यह युद्ध राष्ट्रीय स्वाधीनता-संग्राम कहलाने का अधिकारी होता। कारण यह कि हिन्दी

जनता केवल अपने प्रदेश के लिए नहीं लड़ रही थी। उसका उद्देश्य सारे देश को स्वाधीन करना था। इसीलिए बहादुर शाह की ओर से अनेक देशी नरेशों को पत्र भेजे गये थे। इसीलिए नाना साहब और तात्या टोपे ने दक्षिण में जनता को युद्ध में सक्रिय रूप से योग देने के लिए आह्वान करते हुए अपने दूत भेजे थे। इसीलिए सैनिक अपने प्रदेश के बाहर भी जनता को युद्ध में भाग लेने के लिए आमन्त्रित करते थे और एक प्रदेश से हटाये जाने पर दूसरे प्रदेश में भी प्राणप्रण से युद्ध करते थे।[49]

अंग्रेजों ने कभी यह कल्पना भी न की थी कि देश में एक ऐसी राष्ट्रीय एकता की भावना भी फैल सकती है, जिसमें सतलज और गंगा की सीमाएँ गौण हो जायें और सभी जातियों के लोग अपने को एक राष्ट्र का नागरिक समझने लगें। वह काम यद्यपि स्वतन्त्रता-प्राप्ति के पैंतीस वर्ष पश्चात् आज एक बड़ी समस्या के रूप में देश के सामने उपस्थित है जो सत्तावन की राज्यक्रान्ति के समय सर्वथा सम्भव हो गया था।

सत्तावन के बाद ब्रिटिश उपनिवेशवाद का विकृत चेहरा खुलकर सामने आ गया। कहने को तो 1858 में महारानी विक्टोरिया ने एक घोषणा जारी की जिसके अनुसार भारतवासियों को अंग्रेजों के समान दर्जा दिये जाने की बात कहकर भारत के असन्तुष्ट लोगों को झूठा विश्वास दिलाया गया कि अब से वे ब्रिटिशराज के सम्मानित नागरिक हैं और उन्हें निश्चिन्त होकर समाज में जीवन व्यतीत करने का अधिकार दिया जाता है। साथ ही यह भी कहा गया कि अब से भारतीय लोगों के धार्मिक विश्वासों के मामले में सरकार का कोई हस्तक्षेप नहीं होगा। इस तरह पुराने रूढ़िग्रस्त भारतीय समाज में नये विचारों और विश्वासों के प्रवेश के पुराने प्रयत्नों से सरकार ने अपने को पीछे हटा लिया। भारत के शिक्षित वर्ग ने बहुत ध्यानपूर्वक इस घोषणा का विवेचन करके यह अर्थ निकाला कि ब्रिटिश साम्राज्यवाद अब से अपने पूरे घिनौने रूप में भारत की गरदन पर सवार होने को कटिबद्ध हो गया है। क्योंकि सत्तावन के विद्रोह के बाद ही अंग्रेजों ने भारतीय जनता के मतभेदों का अध्ययन करने और उसे बढ़ाने की नीति अपना ली थी। मुसलमानों से अलग चुनाव-क्षेत्रों की माँग करवाकर उसे विचार का गम्भीर मुद्दा बनाया गया और फिर बहस-मुबाहसे के बाद अलग चुनाव-क्षेत्रों का विचार भारतीय जनता के गले से नीचे उतार देने की प्रक्रिया भी पूरी हो गयी। अब से भारतवासियों और ब्रिटिश शासकों के बीच पूरा अलगाव हो गया और परस्पर एक- दूसरे के बीच अविश्वास की खाईं खुद गयी।

"इस प्रकार ब्रिटेन में और दुनिया के पैमाने पर पूँजीवाद के सामान्य स्वरूप में जो परिवर्तन हुआ था, पूँजीवाद का प्रारम्भिक काल की प्रगतिशील भूमिका के स्थान पर जिस प्रकार एक अधिक प्रतिक्रियावादी और पतनोन्मुख भूमिका का

श्रीगणेश हो गया था, उसी प्रकार भारत में अंग्रेजी राज के स्वरूप में भी परिवर्तन हो गया था। जब पूँजीवाद ने आधुनिक साम्राज्यवाद अथवा मरणोन्मुख पूँजीवाद की अन्तिम अवस्था में प्रवेश किया, तो उसकी यह प्रतिक्रियावादी भूमिका विशेष रूप से स्पष्ट हो गयी।[50]

यह सत्तावन के विद्रोह की सबसे बड़ी उपलब्धि थी कि भारत की शिक्षित जनता जिसने अपने को विद्रोह से लगभग अलग ही रखा था, अपनी गलती को समझ सकने में समर्थ हुई। उसने ब्रिटिश साम्राज्यवाद के पतनशील मन्सूबों को साम्राज्यवादी रूप धारण करते देखकर उसके साथ संघर्ष करने का निश्चय कर लिया, और आगामी स्वतन्त्रता-संग्राम में नेतृत्वकारी भूमिका निभाने के लिए मैदान में उतर आयी।

किन्तु इसमें सन्देह नहीं कि यदि 57 की क्रान्ति न हुई होती तो उसका वही अर्थ था कि भारतवासियों में से साहस, आत्मगौरव, कर्त्तव्यपरायणता और जीवन-शक्ति का अन्त हो चुका। अंग्रेज शासकों के हौसले फिर सहस्त्रों गुने बढ़ गये होते और भारतवासियों के जीवन में आशा का छटा तक नहीं दिखायी देती। उसमें कुछ भी सन्देह नहीं कि फिर हिन्दू या मुसलमान एक भी देशी रियासत भारत में बाकी न बची होती। भारतवासियों की अवस्था इस समय तक करीब-करीब वैसी ही होती जैसे अफ्रीका और अमरीका के उन आदिम निवासियों की, जिनके सहस्त्रों वर्षों के अस्तित्त्व को यूरोपियन जातियों ने संसार से मिटा दिया और जिनके प्रदेशों में अब यूरोपियन जातियों के उपनिवेश बने हुए हैं। इस सब दृष्टि से सन् 1857 के क्रान्तिकारियों का भीषण बलिदान व्यर्थ नहीं गया। उन लोगों के असफल प्रयत्नों ने, जबकि एक ओर अंग्रेज शासकों की आँखें खोल दीं और उन्हें सावधान कर दिया, दूसरी ओर उन्होंने भारतवासियों के राष्ट्रीय जीवन में आशा और आत्मविश्वास की वह झलक पैदा कर दी जो सौ वर्ष तक भी कमी फीकी नहीं पड़ सकती।[51]

सन् सत्तावन के संघर्ष के दौर में जनसाधारण में नया आत्मविश्वास उत्पन्न हुआ था। वे देख रहे थे कि जिस प्रतापी ब्रिटिश साम्राज्यवाद के सामने उनके देश के बड़े-बड़े राजे-महाराजे सिर झुका चुके थे, उसे कुछ सामन्तों के साथ उनके जैसे सिपाही चुनौती दे रहे थे। अंग्रेजों का साथ देनेवाले सामन्तों के प्रति जनसाधारण के मन में घृणा और क्रोध के भाव उत्पन्न हो गये थे। अनेक लोकगीतों में जनता ने अपना सामन्त विरोधी दृष्टिकोण व्यक्त किया। इससे जनता के साहस और उत्साह का पता चलता है। एक लोकगीत में जनता की राजनीतिक समझ इस रूप में प्रकट हुई है। राजा लोग अंग्रेजों से मिल गये। अंग्रेजों ने नेपाल की मदद से सूबे को जीत लिया तथा शाही मकान खोदकर उन्होंने सड़कें बना लीं, फिर भी अंग्रेज भारतीय सिपाहियों के डर से हथियार लिये घूमता था। आश्चर्य की बात यह थी कि, डर जनता में नहीं था; डर था तोपों-राइफलों से लैस शस्त्रबल से लड़नेवाले अंग्रेजों में। शस्त्रबल से

परास्त होकर भी जनता का मनोबल टूटा नहीं।

*"सूबे के राजवार फिरंगी से मिल गये।*
*जितने लड़े समर में सब उत्तर चले गये।*
*वो एक निमक हराम किरिस्तान हो गये।*
*सबही लड़ाई मारि कै राना निकल गये।*
*अंग्रेज मारे ख़ौफ के हथियार ले लिया।*
*क्या पूछते हो यार ज़माना बदल गया।*
*बुढ़वल के जा किला पर बेगम किया मुकाम।*
*उस पार घाघरा के फिरंगी ने बाँधी लाम।*
*ऐसा हुई लड़ाई कि अफसर भी आये काम।*
*लन्दन तलक हो गया विरजिस कदर का नाम।।"*[52]

इसी तरह बहुत-से लोककवियों ने गीतों में सत्तावन की क्रान्ति का उल्लेख किया है। इन लोकगीतों से सत्तावन के संघर्ष के प्रति जनता के दृष्टिकोण का पता चलता है। अंग्रेजों के खूनी आतंक से जनता आतंकित न होकर, उनसे लड़नेवालों के प्रति अपना स्नेह और आदर प्रकट करती रही। डॉ. रामविलास शर्मा ने सत्तावन की उपलब्धियों को इस नजर से देखा है, "अंग्रेज न तो यूरोप की जागरूक जनता को धोखा दे सके, न यहाँ की जनता को त्रस्त और आतंकित कर सके। सन् सत्तावन की राज्यक्रान्ति देश की प्रगति के लिए चिरन्तन प्रेरणा बन गयी। बीसवीं सदी के राष्ट्रीय आन्दोलन में सुभद्राकुमारी चौहान की लोकप्रिय रचना 'खूब लड़ी मर्दानी वह तो झाँसीवाली रानी थी' जन-जन के कण्ठ में बस गयी। नये जनतान्त्रिक चीन के लेखक 1857 में चीन और हिन्दुस्तान की जनता के एक साथ चलनेवाले संघर्ष को इन दो देशों की मैत्री के लिए प्रेरणा रूप में स्वीकार करते हैं। पिछले सौ वर्ष में भारतीय वीरों का अमर बलिदान इस देश की जनता को स्वाधीनता के लिए और भी दृढ़ता से लड़ने का उत्साह और आत्मबल देता रहा है; आज वह स्वाधीनता की रक्षा करके एशिया की जनता की एकता दृढ़ करने और विश्वशान्ति की रक्षा करने की प्रेरणा देता है। इतिहास ने अंग्रेजों की रणनीति को व्यर्थ सिद्ध कर दिया। अन्त में जनता की रणनीति की ही विजय हुई।[53]

उपनिवेशों में फूटनेवाले तमाम संघर्षों में सत्तावन की भारतीय राज्यक्रान्ति एक विशाल ज्योति-स्तम्भ के समान है। भारत वह धुरी था जिसके सहारे अंग्रेज दक्षिण-पूर्वी एशिया में अपना साम्राज्य फैला रहा है। हमारा संग्राम उपनिवेशों की जनता के विद्रोह का अभिन्न अंग था। वह इंग्लैण्ड के मजदूरों के मुक्ति-संघर्ष का मित्र और

सहायक था। अंग्रेजों के क्रान्तिविरोधी अभियान से लड़ना ही सबसे बड़ी उपलब्धि थी।

किसी भी देश की कोई महान् घटना संसार के अन्य देशों पर अपना प्रभाव डाले बिना नहीं रह सकती। उस समय एशिया और यूरोप में जहाँ भी लोग अपनी राष्ट्रीय एकता और स्वाधीनता के लिए संघर्ष कर रहे थे, वहाँ वे इस क्रान्ति के समाचारों को उत्सुकता से सुनते थे। वहाँ की जनता को विदेशी आततायियों से लड़ने की सीख मिलती थी। इटली की एक जनवादी पत्रिका ने चीन और भारत की जनता के एक ही समय होनेवाले क्रान्तिकारी संघर्षों के बारे में लिखा था, "भारत में ब्रिटिश साम्राज्य चाहे जल्दी चाहे देर में, चाहे आंशिक रूप से चाहे पूर्णत: बहाल हो, यह सदा के लिए सत्य है कि पीली नदी और गंगा के तट पर क्रान्ति का अभ्युदय एक विराट् घटना है और किसी भी तरह देखें, वह स्वाधीनता की चेतना के नये उद्वेलन की सूचक है।"[54]

इस क्रान्ति का एशिया के देशों पर कितना ज्यादा प्रभाव पड़ा, उसे प्रसिद्ध इतिहासकार पं. सुन्दरलाल ने अपनी पुस्तक में इन शब्दों में कहा है, "भारतीय क्रान्ति के 11 वर्ष बाद जापानी देशभक्तों ने, 273 सैकड़ों वर्षों की रियासतों को अन्त कर, देश में एक प्रधान शासन कायम किया। सन् 1868 के इस महान् परिवर्तन से ही जापान की समस्त जागृति का प्रारम्भ हुआ। —कौन कह सकता है कि यदि चीन और जापान दोनों देश पाश्चात्य कौमों के अधीन होने से बचे रहें तो इसका श्रेय किसी दरजे तक सन् '57 की क्रान्ति के उन प्रवर्तकों और संचालकों को मिलना चाहिए, जिन्होंने एशियाई जीवन के उस नाजुक मौके पर ब्रिटिश महत्त्वाकांक्षा को कुछ दिनों के लिए एक जबरदस्त धक्का पहुँचाया, और अन्य एशियाई देशों को पाश्चात्य कूटनीति की ओर से सावधान हो जाने का मौका दिया।[55]

भारतीय क्रान्ति के प्रति जनता की उत्सुकता पूर्व के देशों तक ही सीमित न थी। यूरोप के लोग जानते थे कि सत्तावन की भारतीय जनक्रान्ति उनके लिए निर्णायक साबित होगी। एशिया में ब्रिटिश साम्राज्य के भविष्य का वारा-न्यारा हो रहा है। इसे यूरोप तथा एशिया की तमाम स्वाधीनता प्रेमी जनता की सहानुभूति प्राप्त थी। भारत यद्यपि सामरिक रूप से असफल रहा लेकिन नैतिक विजय भारतीयों के हाथ लगी। इस क्रान्ति ने भारतीय जनता के स्वाधीनता-संग्राम और यूरोप, के समाजवादी मजदूरों की मैत्री कायम की। उसने चीन और भारत-जैसे बड़े देशों की साम्राज्य-विरोधी मैत्री की भी नींव डाली। ब्रिटेन में अभिजात वर्ग को बहुत जल्दी सत्ता की बागडोर छोड़नी पड़ी। इस क्रान्ति ने मुख्य प्रेरणा यह दी कि जनता के संगठन और संचालन के बल पर जो युद्ध चलाया जायेगा, उसकी विजय निश्चित है। भारतवासियों को भावी संघर्षों में सत्तावन के वीरों की याद सदा प्रेरणा देती रही।

अब हमें यह देखना है कि सत्तावन की इन सारी भव्य उपलब्धियों का भारतीय

सामाजिक जीवन के मूल ढाँचे पर क्या असर हुआ! सामन्तवाद और भी सुस्थित हो गया, क्योंकि अब वह पूरी तरह से अंग्रेजों का गुर्गा बन गया था इसलिए भारतीय किसान, कारीगर और गरीब जनता का उत्पीड़न और बढ़ गया। विद्रोह के समय जिन महाजनों की बहियाँ विद्रोहियों ने छीनकर जला दी थीं, उन्हें मनमाना सूद वसूल करने की छूट मिल गयी। जिन जमींदारों के कागजात जला दिये गये थे उन्हें किसानों से मनमाना लगान वसूल करने और काश्तकारों को बेदखल करने का अधिकार मिल गया। धार्मिक पुरोहितों-पण्डों और लुटेरों को मनमानी करने की छूट मिल गयी। शोषण, अन्याय को और भी स्थायी तथा कानूनी रूप प्रदान कर दिये गये लेकिन जो स्पष्ट अन्तर देखने को मिलता है, वह यह कि अब से गरीबी और अन्याय के जुए के नीचे पिसती जनता अपने अधिकारों के बारे में सोचने-विचारने और संघबद्ध होने लगी। प्रतिरोध और संघर्ष की इस भावना को निश्चय ही सत्तावन के विद्रोह ने बल पहुँचाया था। अब वे अंग्रेजों से लड़ना सीख गये थे और उनके मन में अंग्रेजों के खिलाफ अपार घृणा भर गयी थी। यहाँ एक ब्रिटिश इतिहासकार रसेल का यह कथन शायद हमारी बात को और भी स्पष्ट कर सके, "वाह! वह आँखों की भाषा! कौन उस पर सन्देह कर सकता है? कौन उसका दूसरा अर्थ निकाल सकता है? इस भाषा से ही मैंने जाना है कि बहुत-से लोग हमारी जाति से अक्सर डरते भी नहीं हैं और सभी उससे घृणा करते हैं। ईश्वर करे, मैंने उसे गलत समझा हो।"[56]

अभिप्राय यह कि सत्तावन के विद्रोह ने हमारे सामने स्वतन्त्रता को एकमात्र मंजिल के रूप में स्थापित कर दिया था और देश की जनता अपने समस्त उच्च भावों के साथ उसे प्राप्त करने के लिए बढ़ चली थी। क्योंकि अब से भारतीय समाज में वही गायक, नायक के सम्मान का अधिकारी था जो स्वतन्त्रता के गीत गा सके। वही वैज्ञानिक, वही समाजशास्त्री, वही अध्यापक, वही कवि, वही लेखक, श्रेष्ठ और आदरणीय हो सकता था जो स्वतन्त्रता का पक्षधर हो वर्ना उसका सारा ज्ञान, सारी विद्या और अस्मिता गद्दारी के कलंक से लांछित होने के खतरे में फँस सकती थी। निश्चय ही देश का यह महान् भावोत्कर्ष जिसने जनता की सांस्कृतिक चेतना को सर्वाधिक प्रभावित किया; सत्तावन के विद्रोह की मुख्य देन थी।

## सीमाएँ

सत्तावन का मुक्ति आन्दोलन एक प्रखर झंझावात की तरह भारतीय मानस और ब्रिटिश सत्ता को झिंझोरकर गुजर गया। पीछे छूट गयी इस आन्दोलन की उपलब्धियाँ और सीमाएँ जो तब से आज तक इतिहास के लिए व्याख्या का विषय बनी हुई हैं।

अंग्रेज इतिहासकारों ने भारत के इस प्रथम मुक्ति संग्राम की सीमाओं का विवरण बहुत बढ़ा-चढ़ाकर प्रस्तुत किया। दुर्भाग्य की बात है कि कालान्तर में भारतीय इतिहासकार सच्चाइयों को सामने लाने में समर्थ नहीं हो पाये। इसका कारण निश्चय ही यह नहीं था कि भारतीय इतिहासकारों के मन में स्वदेशी प्रेम की कमी थी अथवा देश की जनता को वे अंग्रेजों की आँखों से देखते थे वरन् सामाजिक विकास के प्रति सुसम्पन्न दृष्टि न होने के कारण वे विदेशी इतिहासकारों द्वारा निर्मित घटना-चक्र और उसके विश्लेषणों के जंगल से बाहर नहीं निकल पाये। सामान्यत: दृष्टिवान् इतिहासकारों के विश्लेषण भविष्य के सामाजिक विकास में फलित होते हुए दिखायी पड़ते हैं। धूल-धूसरित, भूखी-नंगी जनता, अन्याय और शोषण के बावजूद भी न्याय की लड़ाई में विजयी और गर्वोन्नत होकर अपने समाज का निर्माण कर सकती हैं। लेकिन सामाजिक परिवर्तन की ध्रुव-प्रक्रिया के प्रति उदासीन इतिहासकार भ्रमवश इतिहास के पहियों को सुस्थिर मान लेते हैं और परिवर्तन की दिशा को नहीं पहचान पाते अथवा कहें कि भविष्य की नियति को भूल जाते हैं।

डॉ. रामविलास शर्मा की अपनी पुस्तक सत्तावन की राज्यक्रान्ति में उन विदेशी और स्वदेशी इतिहासकारों की तीव्र आलोचना का उल्लेख पहले हो चुका है, जिन्होंने भारतीय जनता के इस क्रान्तिकारी आन्दोलन को विदेशी नज़रिये से देखा है अथवा इसे सिपाही विद्रोह जैसे सीमित परिभाषा से अभिहित किया है।

डॉ. शर्मा ने भारतीय संघर्ष कर्मियों की बुद्धि तथा युद्ध क्षमता के साथ ही आन्दोलन की व्यापकता और उपलब्धियों का व्यापक विवरण प्रस्तुत किया है। असफलताओं और तत्कालीन सामाजिक परिस्थितियों के विश्लेषण को शायद जान-बूझकर एक सीमा तक उन्होंने छोड़ दिया है, क्योंकि यह पुस्तक 57 की सौवीं वर्षगाँठ के अवसर पर लिखी गयी है और इसका उद्देश्य इस आन्दोलन की सीमाओं अथवा असफलताओं का निदर्शन करना नहीं वरन् उसका ऐतिहासिक विवरण प्रस्तुत करना और सम्पूर्ण घटना चक्र को भारतीय जनता के सामने लाना है।

राजनीतिक और सैनिक कारणों की ओर दृष्टि-निक्षेप करते हुए डॉ. शर्मा लिखते हैं :

"उनकी जीत का राजनैतिक कारण भारत के अनेक सामन्तों और नेपाल के जगबहादुर द्वारा उनकी सहायता थी; सैनिक कारण उनके पास भारी तोपखाने और एनफील्ड राइफलों का होना था। इनमें भी तोपखाना मुख्य था।"[57]

वस्तुत: इस बात की छानबीन होनी चाहिए थी, जिसके कारण, ग्वालियर के सिन्धिया, इन्दौर के होल्कर, हैदराबाद के निजाम, जोधपुर के राजा तथा अन्य राजपूत शासकों, भोपाल के नवाब, कश्मीर के गुलाब सिंह, पटियाला, नाभा और जिन्द के

शासकों, नेपाल के राणाओं और अन्य अनेक शासक सरदारों तथा बड़ी संख्या में बड़े जमींदारों ने अंग्रेजों को सक्रिय समर्थन दिया।[58]

सच्चाई तो यह है कि भारतीय शूरमाओं की व्यक्तिगत बहादुरी और स्थानीय रणनीति के बखान से भविष्य के सामाजिक विकास और राजनीतिक स्थितियों पर कोई ऐसा तात्कालिक प्रभाव नहीं पड़ा जिससे इस महान् आन्दोलन के वर्गीय आधारों का स्पष्टीकरण होता। उलटे स्थितियाँ और भी घालमेल हो गयीं। भारतीय सामन्तों के खूनी पंजे जनता की गर्दनों पर और भी कस गये। समाज के सामन्ती ढाँचे में और भी जकड़बन्दी बढ़ गयी। जाति-धर्म तथा रूढ़ियों का जैसा-का-तैसा घिनौना रूप बना ही नहीं रहा वरन् कालान्तर में और भी विकराल होता गया। परम्परागत हिन्दू-मुस्लिम एकता और निकट वर्तमान में भारतीय शासक होने का मनोभाव जिसने मुसलमानों को उस आन्दोलन में सर्वाधिक सक्रिय बना रखा था।[59] इस आन्दोलन के समाप्त होते ही ध्वस्त हो गया।

अंग्रेजों ने हिन्दू-मुसलमान एकता नष्ट करने तथा भारतीय सामन्तशाही को बरकरार रखने का सबक इसी आन्दोलन से सीखा। विद्रोह की व्यापकता तथा किसानों और जनता के भारी सहयोग के कारण अंग्रेजों को जब भारत से बाहर निकालकर निष्कण्टक शासक बने रहने की स्थितियाँ सामने थीं तो सामन्तों ने अंग्रेजों का साथ क्यों दिया! क्या यह भारतीय गरीब जनता के विरुद्ध दो भिन्न प्रमुख शोषक और अत्याचारी शक्तियों का मिलन नहीं था? और इसे थोड़ी देर के लिए नजरअन्दाज भी कर दें तो क्या सामन्तों को यह मालूम नहीं था कि कालान्तर में विदेशी शासक उन्हें भी उनकी रियासतों से अलग कर सकते हैं? क्या उनके कारनामों से वे अपरिचित थे। यहाँ इतिहास के साक्ष्य का हवाला न देकर, सहज सामाजिक समझ के आधार पर ही यह कहा जा सकता है कि भारत के सामन्तों को किसान-मजदूरों के और उन सिपाहियों के—जो अधिकांश गरीब किसानों के परिवारों के थे—उठ खड़े होने से भयानक खतरा पैदा हो गया था। वस्तुत: सामन्तों ने अपने लम्बे शासनकाल में भारतीय जनता का भयानक शोषण किया था। शासक होने की क्षमताओं से च्युत ये देशी राजे-रजवाड़े आराम-आसाइश के अलावा कुछ और जानते ही न थे। सामाजिक कल्याण अथवा जनहित का इन्होंने नाम ही भुला दिया था। इनके जघन्य अत्याचारों से भारत की सामान्य जनता ऊब चुकी थी। उन्हें मालूम था कि अंग्रेजों को उखाड़ फेंकने के बाद यह शोषित-पीड़ित जनता उनका भी विनाश कर देगी।

उधर अंग्रेज शासक भी किसानों के पिछले दिनों से उठ रहे स्थानीय आन्दोलनों से बेखबर नहीं थे। ब्रिटिश आधिपत्य और सामन्ती अत्याचारों के विरुद्ध भारत में

जो अनेकानेक कृषि-विद्रोह तथा संघर्ष हुए, वे 1757 में प्लासी के युद्ध और 1857 के स्वातन्त्र्य संग्राम के बीच के काल में हुए थे। अठारहवीं शताब्दी के उत्तरार्द्ध में बंगाल में ऐतिहासिक संन्यासी विद्रोह हुआ, जिसने बंकिमचन्द्र चटर्जी जैसे महान् साहित्यकारों को अपने कुछेक श्रेष्ठतम रचनाओं के लिए प्रेरणा प्रदान की। उन्नीसवीं शताब्दी के प्रारम्भिक वर्षों में बरेली, सहारनपुर, दिल्ली, मेरठ, मुरादाबाद तथा अन्य क्षेत्रों में किसान विद्रोह हुए। पूना में 1822 और 1827 के बीच रामसी विद्रोह हुए। 1831 से 1832 के बीच कोल संघर्ष हुए। 1831 और 1841 के बीच बंगाल में नील के खेतिहारों के विद्रोह हुए। 1844 में सामन्तवाड़ी विद्रोह हुआ। 1847, 1851, 1852 और 1853 में केरल में किसान विद्रोह हुए। 1855-1856 में संथाल विद्रोह हुआ। ये विद्रोह उत्पीड़कों और उनके गुर्गों का विरोध करने की जनता की इच्छा की स्वत: स्फूर्त अभिव्यक्ति थे।[60]

इन्हीं यथार्थ सामाजिक सन्दर्भों ने दो सर्वथा भिन्न व्यवस्थाओं और विचारोंवाले परस्पर विरोधी, अत्याचारी शासकों को आपस में समझौता करने के लिए बाध्य किया। भारतीय सामन्तवाद का सबसे बड़ा दुश्मन ब्रिटिश बुर्जुवा तन्त्र अपनी सुरक्षा के लिए भारत के सामन्तों से गठबन्धन कर बैठा।

भारतीय परिस्थितियों की उपर्युक्त सच्चाई और प्रेमचन्द का सम्बन्ध ही हमारे प्रबन्ध का मूल विषय है, क्योंकि यह गठबन्धन कालान्तर में ब्रिटिश शासन के भारत में स्थापन का मुख्य आधार बन गया। किसानों, मजदूरों, बुद्धिजीवियों तथा सामान्य जनता को एक लम्बे समय के लिए गुलामी के जुए में डाले रहने के लिए भारतीय सामन्तों ने ब्रिटिश साम्राज्यशाही की जी-तोड़ मदद की। आगे चलकर भारत में जब स्वतन्त्रता संग्राम तीव्र हुआ तो अंग्रेजों ने भारत के सामन्तों और मुसलमानों को स्वाधीनता के नेतृत्व के आमने-सामने ला दिया, और साम्प्रदायिकता तथा सामन्ती संस्कारों का सहारा लेकर जनता का दमन करते रहे। सामन्ती सामाजिक अवधारणाओं को धीरे-धीरे तीव्र किया गया और धर्म तथा जाति की रूढ़ियों को हर तरह से बल पहुँचाया गया।

1857 के बाद अंग्रेजों की नीति और अंग्रेजी राज्य के स्वरूप में एक महत्त्वपूर्ण परिवर्तन हुआ। इसके बाद अंग्रेजों की नीति अधिकाधिक इस बात पर खास जोर देने लगी कि जनता के खिलाफ अपना पक्ष मजबूत करने के लिए किसी तरह भारत के प्रतिक्रियावादी तत्त्वों का समर्थन प्राप्त किया जाये। इसके साथ-साथ, भारत के नवजात पूँजीपति वर्ग का प्रतिनिधित्व करनेवाली, नयी प्रगतिशील शक्तियों के साथ अंग्रेज शासकों के सम्बन्धों में भी एकदम परिवर्तन हो गया। पहले दोनों में मैत्रीपूर्ण घनिष्ठता थी; अब उसका स्थान उदासीनता, सन्देह और यहाँ तक कि शत्रुता ने ले लिया। उसमें थोड़ी कमी कभी आती भी थी तो केवल उस समय जब अंग्रेज शासक

मौके से मजबूर होकर जनता के खिलाफ उनसे भी अस्थायी गठबन्धन कर लेते थे''[61]

लेकिन फिलहाल तो हमें यहाँ यह देखना है कि भारत की इस प्रथम राज्यक्रान्ति की असफलता के वे कौन-से मुख्य कारण थे। इस सम्बन्ध में लगभग सारे भारतीय इतिहासकार एक मत हैं कि कुशल, केन्द्रीय नेतृत्व का अभाव इस विद्रोह की असफलता का सबसे बड़ा कारण था लेकिन और विस्तार में जाने पर दूसरे इतिहासकारों ने जिन अन्य कारणों की चर्चा की है वे कम महत्त्वपूर्ण नहीं। जैसे एक सर्वमान्य, प्रगतिशील कार्यक्रम का न होना जो सत्ता-प्राप्ति के बाद कार्यान्वित किया जाता। इसका फल यह हुआ कि भिन्न-भिन्न मन्तव्योंवाले लोग अंग्रेजों के विरोध के कारण एक जगह इकट्ठे हो गये, जिनकी शिकायतों के भिन्न-भिन्न और कहीं-कहीं तो परस्पर विरोधी आधार थे। इतना ही नहीं इनमें स्वतन्त्र भारत की भावी राजनीति को लेकर कभी भी मतैक्य नहीं हो सकता था क्योंकि इनके वर्गीय आधार सर्वथा भिन्न-भिन्न थे।

अनेक ब्रिटिश इतिहासकारों से अलग हटकर मार्क्स और एंगेल्स ने इस राज्यक्रान्ति में गहरी दिलचस्पी दिखायी थी और उस समय की उन तमाम छोटी-छोटी घटनाओं पर उनकी निगाहें तथा आशाएँ टिकी हुई थीं, जो इस आन्दोलन को राष्ट्रीय स्वरूप प्रदान कर सकती थी। जातीय एकता और किसानों तथा कारीगरों के व्यापक सहयोग और समर्थन को वे बड़ी आशाभरी निगाह से देख रहे थे। उन लोगों ने लगातार उन आर्थिक और राजनैतिक कारणों की ओर संकेत किया, जो विद्रोह की घटनाओं के पीछे काम कर रहे थे। मार्क्स सच्चाइयों से इस सीमा तक जुड़े हुए थे कि उन्होंने 1857 के सम्बन्ध में लिखे गये अपने लेखों में 135 कस्बों का नाम लेकर उल्लेख किया है।

दिल्ली पर विप्लवियों के कब्जे की चर्चा करते हुए वे उस नेतृत्व की योग्यता पर सन्देह प्रकट करते हैं जो विप्लव का संचालन कर रहा था—

ऐसा कोई ख्याल मन में रखना कि भारत की प्राचीन राजधानी पर, अंग्रेजी फौजों के विरुद्ध विप्लवकारी अधिकार बनाये रह सकेंगे, निरर्थक होगा। विद्रोही सिपाहियों की एक ऐसी असंगठित भीड़ जिसने स्वयं अपने अफसरों को मार डाला है, अनुशासन के बन्धनों को तोड़कर टुकड़े-टुकड़े कर दिया है और जो अभी तक ऐसा कोई आदमी ढूँढ़ने में सफल नहीं हुई है जिसको वह अपना सर्वोच्च सेनापति बना सके, निश्चित रूप से उनके पास ऐसी शक्ति नहीं है जो किसी गम्भीर और दीर्घकालीन प्रतिरोध का संगठन कर सके।[62]

अपनी प्रसिद्ध पुस्तक 'भारत में अंग्रेजी राज' में पण्डित सुन्दरलाल देशी नरेशों और बड़े सामन्तों को, दिल्ली में पराजय का मुख्य कारण बताते हुए लिखते हैं—

दिल्ली के मोहासरे के दिनों में दिल्ली के अन्दर एक योग्य शक्तिशाली और प्रभावशाली नेता का अभाव जो नगर के अन्दर की समस्त शक्तियों को अपने वश में कर, उन्हें एक महान् प्रयत्न के लिए अग्रसर कर सके। यही एकमात्र कारण था कि दिल्ली के भीतर की विशाल वीर सेना बाहर निकलकर, बाहर की अंग्रेजी सेना को, जिसकी संख्या कहीं कम थी, महीनों तक समाप्त न कर सकी। यही त्रुटि एक दरजे तक लखनऊ में भी थी इसी के कारण कभी-कभी ऐन नाजुक मौके पर क्रान्तिकारियों में व्यवस्था और आज्ञापालन की कमी दिखायी देती थी।

दूसरा कारण था सिन्धिया, होल्कर और राजपूताने के नरेशों का केवल संकोच और अविश्वास के कारण उस राष्ट्रीय विप्लव में भाग न ले सकना। यदि महाराजा जयाजी राय सिन्धिया या कोई प्रमुख राजपूत नरेश समय पर अपनी सेना सहित दिल्ली पहुँच जाता तो कम्पनी की सेना के लिए ठहर सकना सर्वथा असम्भव होता और राजधानी के अन्दर प्रभावशाली नेता की कमी भी पूरी हो जाती। सम्राट् बहादुर शाह ने इन लोगों को क्रान्ति की ओर करने का प्रयत्न भी किया किन्तु उसे सफलता न मिल सकी।[63]

लखनऊ पर हमले का वृत्तान्त शीर्षक अपने लेख में एंगेल्स अवध में विद्रोह की घटनाओं का व्यापक विवरण प्रस्तुत करते हैं। लखनऊ में अंग्रेज सेनाओं के प्रवेश पर विद्रोहियों से जनता की असम्पृक्तता का चित्र भी वे अपने इसी लेख में प्रस्तुत करते हैं। हमलावर सेनाएँ ज्यों ही आगे बढ़ती हैं, त्यों ही पीछे की तरफ आम भगदड़ मच जाती है, और वहाँ से भागने के चूँकि कुछ इने-गिने ही सँकरे रास्ते हैं, इसलिए यह सारी बेतहाशा भागती भीड़ वहीं ठस जाती है। एकदम भेड़ियाधसान ढंग से लोग एक-दूसरे के ऊपर गिरते-पड़ते नजर आते हैं और जरा भी प्रतिरोध किये बिना बढ़ते हुए अंग्रेजों की गोलियों और संगीनों के शिकार बन जाते हैं। घबराये हुए देशियों के ऊपर किये जानेवाले इन खूनी हमलों में से किसी भी एक में 'अंग्रेजों को संगीन' ने जितने लोगों की जानें ली हैं, उतने लोगों की जानें यूरोप और अमरीका दोनों में अंग्रेजों द्वारा लड़ी गयी सारी लड़ाइयों में मिलाकर भी उसने नहीं ली थीं।[64]

कुल मिलाकर नेतृत्व और संगठन की त्रुटियों और रणनीति तथा सामान्य स्वीकृत उद्देश्यों के अभाव ने इस पूरे आन्दोलन को स्वत: स्फूर्त विद्रोह का स्वरूप प्रदान कर दिया था। नतीजा यह हुआ कि धीरे-धीरे विद्रोही अकेले पड़ते गये और छोटे-छोटे दलों में बिखर गये। उनमें आपसी संघर्ष की भी अनेक घटनाओं का उल्लेख इतिहासकारों ने किया है। एंगेल्स एक जगह लिखते हैं कि, "इसमें सन्देह नहीं कि इन दलों को तितर-बितर करने और डकैतों के गिरोह में बदल देने के लिए अगला जाड़ा काफी होगा। ऐसा होने पर वे अपने देशवासियों की नजरों में पीले मुँहवाले आक्रमणकारियों से अधिक घृणा के पात्र बन जायेंगे।[65]

विद्रोह के बिखराव का सबसे गहरा प्रभाव उन थोड़े-से सामन्तों पर सर्वाधिक पड़ा जो विद्रोहियों का साथ दे रहे थे, अथवा उनसे किसी-न-किसी तरह जुड़े हुए थे। सच्चाई तो यह थी कि विद्रोहियों के साथ उनका कोई वर्गीय सामंजस्य नहीं था। अधिकांश सिपाही और किसान विद्रोही उन्हीं लोगों के द्वारा एक लम्बे अर्से से शोषित और उत्पीड़ित थे। इन सामन्तों ने विद्रोहियों की पराजय को समीप पाकर अंग्रेज अधिकारियों से गुप्त भेंट, मन्त्रणाएँ और पत्र-व्यवहार शुरू कर दिये, और विद्रोहियों से मुक्ति पाने के लिए अंग्रेज प्रभुओं को सहायता देनी शुरू कर दी तथा विद्रोहियों को पकड़वाने में मदद करने लगे।

अंग्रेजों के हित में यदि यह था कि गर्मी के मौसम में वे आराम करें, तो विप्लवकारियों के हित में यह था कि वे उन्हें अधिक-से-अधिक परेशान करें। परन्तु इसके बजाय कि वे सक्रिय रूप से छापेमार युद्ध का संगठन करें, दुश्मन ने जिन शहरों पर अधिकार कर रखा है उनके बीच के उसके संचार-साधनों को छिन्न-विच्छिन्न करें, उसकी छोटी-छोटी टुकड़ियों को घात लगाकर रास्तें में ही साफ कर दें, दाने-चारे की खोज करनेवाले उसके दलों को हलकान कर दें, रसद की सप्लाई के काम को नामुमकिन बना दें, अर्थात् उन सब चीजों का आना-जाना एकदम रोक दें जिनके बिना अंग्रेजों के कब्जे का कोई भी बड़ा शहर जिन्दा नहीं रह जाता है—इन सब चीजों को करने के बजाय, देशी लोगों ने लगान वसूल करने और उनके दुश्मनों ने थोड़ी-सी मोहलत उन्हें दे दी है, उसका उपयोग करने में ही प्रसन्न हैं। इससे भी बुरी बात यह है कि, मालूम होता है, वे आपस में लड़ भी गये हैं। न ही ऐसा मालूम होता है कि इन चन्द शान्तिपूर्ण हफ्तों का उपयोग उन्होंने अपनी शक्तियों को पुनः संगठित करने, गोले-बारूद के अपने भण्डारों को फिर से भरने, अथवा नष्ट हो गयी तोपों की जगह दूसरी तोपें इकट्ठा करने के ही काम में किया है। इसी बीच अधिकांश राजे-रजवाड़ों और ब्रिटिश अफसरों के बीच गुप्त पत्र-व्यवहार चल रहा है। ब्रिटिश सरकार ने, आखिर, देख लिया है कि अवध की पूरी सरजमीन को हड़प जाना उनके लिए एक अव्यावहारिक-सा काम है और इसलिए इस बात के लिए वह अच्छी तरह राजी हो गयी कि उचित शर्तों पर उसे फिर उसके पुराने स्वामियों को लौटा दिया जाये।[66]

अवध के ताल्लुकेदारों में अंग्रेजों को प्रसन्न करने का जिक्र सुन्दरलाल ने भी अपनी पुस्तक 'भारत में अंग्रेजी राज' में बड़े विस्तार से किया है। वे एक जगह लिखते हैं कि, "यह बात खासतौर पर ध्यान देने योग्य है कि अवध के जिन जमींदारों और ताल्लुकेदारों ने इस अवसर पर स्वाधीनता के संग्राम में खुलेआम भाग लिया उनमें से अनेक ने अपने महलों के अन्दर अंग्रेज अफसरों और बच्चों को पनाह देने में बड़ी उदारता दिखायी।[67]

प्रेमचन्द ने इस परिस्थिति की सच्चाई को और भी गहराई से समझा था। वे 'प्रेमाश्रम' में अपने एक पात्र की जुबानी यह कहते हैं कि, "इसे रियासत कहना भूल है। यह निरी दलाली है। *** नवाबों के जमाने में किसी सूबेदार ने इस इलाके की आमदनी वसूल करने के लिए मेरे दादा को नियुक्त किया था। मेरे पिता पर भी नवाबों की कृपादृष्टि बनी रही। इसके बाद अंग्रेजों का जमाना आया और यह अधिकार पिता जी के हाथ से निकल गया लेकिन राज-विद्रोह के समय पिता जी ने तन-मन से अंग्रेजों की सहायता की। शान्ति स्थापित होने पर हमें वही पुराना अधिकार फिर मिल गया। यही इस रियासत की हकीकत है।[68]

एंगेल्स, सुन्दरलाल और प्रेमचन्द के उपर्युक्त उद्धरणों से स्पष्ट है कि लखनऊ की पराजय के बाद अवध के ताल्लुकेदारों और जमींदारों ने अच्छी तरह समझ लिया था कि अंग्रेजों के विरोध का मतलब है अपनी सम्पत्ति और सत्ता को हमेशा के लिए समाप्त कर देना। उनकी स्थिति कुछ विचित्र इस मायने में थी कि उन्हें विद्रोहियों और अंग्रेजों दोनों से खतरा महसूस हो रहा था। वे यह भी सोचते थे कि यदि विद्रोह सफल हुआ तो विद्रोही नेतृत्व उनकी रियासतों और ताल्लुकेदारों को समाप्त कर सम्पत्ति और सत्ता के पूरे ढाँचे को जरूर बदल देगा। लम्बे अर्से से चले जा रहे उनके शोषण और अन्याय से गरीब जनता बेहद ऊबी हुई थी लेकिन विद्रोह के पहले इस खतरे का साक्षात्कार उन्हें कभी नहीं हुआ था। धार्मिक सामाजिक रूढ़ियों में जकड़े हुए गरीब लोग इस हद तक भाग्यवादी बन चुके थे कि उन्होंने अपनी स्थिति को ईश्वर प्रदत्त मान रखा था। उधर विद्रोह के पहले से ही अंग्रेजों ने अवध को हड़प करने की योजना बना रखी थी। वे इन ताल्लुकेदारों की रियासतों पर रियासतें इसलिए जब्द करते जा रहे थे कि वे मालगुजारी की नयी पद्धति लागू होने पर उसका पालन करने में असमर्थ सिद्ध हो रहे थे। उन्हें अंग्रेज शासकों से सदा भय बना हुआ था। इसी कारण अवसर मिलते ही ताल्लुकेदारों और जमींदारों का एक हिस्सा विद्रोहियों के साथ मैदान में कूद पड़ा था। लेकिन एक-पर-एक पराजय की घटनाओं के कारण इनका मनोबल टूट गया। इसी कारण लखनऊ के पतन के बाद अंग्रेजों के सामने घुटने टेकने और उन्हें अपनी वफादारी दिखाने के लिए इनमें होड़ लग गयी।

अंग्रेज भी इस व्यापक जनउभार से कम आतंकित नहीं थे। वे विजयी जरूर हो गये थे लेकिन उन्हें मालूम हो गया था कि असन्तुष्ट शक्तियाँ कभी भी मिलकर उन्हें भारत से खदेड़ सकती हैं। उन्होंने अवध के ताल्लुकेदारों से मित्रता के लिए हाथ ही नहीं बढ़ाया वरन् उन्हें प्रसन्न करने के लिए खिताब और पुरस्कार भी प्रदान किये। विद्रोह ने उन्हें अच्छी तरह सिखा दिया था कि भारतीय सामन्तों को नाराज करके वे भारत में नहीं टिक सकते। फलत: भारतीय गरीब जनता के शोषण और अन्याय

में अब एक के बजाय दो भागीदार हो गये—भारत के सामन्त और उपनिवेशवादी अंग्रेज।

भारत का सामन्ती ढाँचा जैसा-का-तैसा बना रह गया। फर्क यह हुआ कि, अवध प्रान्त की भूमि की मिल्कियत के अधिकार को ब्रिटिश सरकार ने अपने हाथ में ले लिया है; इस अधिकार का उपयोग वह जिस तरह से ठीक समझेगी उस तरह से करेगी।[69]

मार्क्स इस पर टिप्पणी करते हुए लिखते हैं कि, "कलम के एक ही झटके ने सिर्फ कुछ अमीरों की अथवा एक शाही परिवार की रियासत को, बल्कि एक पूरे लम्बे-चौड़े राज को जो लगभग आयरलैण्ड के बराबर बड़ा है, इंग्लैण्ड ने हड़प लिया है। जैसा कि लार्ड एलेनबरी स्वयं कहते हैं, उसने एक पूरी कौम की विरासत को छीन लिया है।[70]

ध्यान देने की बात है कि भारतीय भूमि व्यवस्था के इतिहास में पहली बार अंग्रेज शासकों ने सम्पूर्ण भूमि का अधिग्रहण कर भूमि सम्बन्धों की परम्परागत मान्यताओं को छिन्न-भिन्न कर दिया। वस्तुत: अब से ताल्लुकेदार तथा काश्तकार दोनों भू-सम्पत्ति के अधिकार से वंचित हो गये। लेकिन प्रत्यक्ष प्रबन्ध के लिए उन्होंने ताल्लुकेदारियों तथा जमींदारियों को बरकरार रखा और उन्हें भूमि का प्रबन्ध करने, किसानों को उस पर से बेदखल करने तथा मनमाना लगान वसूल करने का अधिकार दे दिया। लेकिन अन्तर्निहित एक शर्त उनके सामने सदा के लिए रख दी गयी थी कि वे अब से उन रियासतों के मालिक नहीं हैं। यह उनसे कभी भी छीनी जा सकती है इसलिए अंग्रेज मालिकों की फरमाइश पर उन्हें वे सारे काम अपनी रियासतें बचाये रखने के लिए करने होंगे जो कितने ही जनविरोधी क्यों न हों।

नतीजा यह हुआ कि अवध की ताल्लुकेदारियाँ जनता के शोषण का सबसे निकृष्ट हथियार बन गयीं। लगान की वसूली के लिए उन्हें मनमाना अत्याचार करने की छूट मिल गयी।

सामन्ती अत्याचार अब पहले से भी बढ़ गये, क्योंकि अब देशी राजा और नवाब एकदम मुफ्तखोर और जनता का खून चूसनेवाला जोंक बनकर रह गये थे। यह उसे नयी नीति का ही नतीजा था कि अंग्रेजों ने भारत के नक्शे में छोटी-छोटी रियासतों के ऐसे पैबन्द लगा रखे थे जिनका कोई सिर-पैर नहीं था। अंग्रेजी राज के हाल के दौर में इन राजाओं और नवाबों को, जो उस समय तक एकदम भ्रष्ट हो गये थे और अपने साम्राज्यवादी आकाओं के इशारों पर नाचनेवाली कठपुतलियाँ बन गये थे, फिर एक बार भारत के वैज्ञानिक विकास के मामले में राष्ट्रीय स्वतन्त्रता की शक्तियों का विरोध करने के लिए सामने लाया गया। 1857 के बाद अंग्रेजों ने समाज सुधार के रास्ते पर भी चलना बन्द कर दिया। उसकी जगह वे हर

प्रतिक्रियावादी धार्मिक प्रथा और रीति का जोरों से समर्थन करने लगे, और दिन-ब-दिन यह बात अधिक स्पष्ट होती गयी। 1858 में महारानी विक्टोरिया की तरफ से जो घोषणा की गयी, उसमें एक तरफ तो भारत के लोगों और अंग्रेजों को बराबरी का दर्जा देने का रूपक रचा गया था कि आगे से वह धार्मिक विश्वास और उपासना के मामले में कभी किसी तरह का हस्तक्षेप नहीं करेगी और भारत की दकियानूसी ताकतों को यह विश्वास दिलाया गया कि भारत के प्राचीन अधिकारों रीतियों और रिवाजों का पूरा ध्यान रखा जायेगा।[71]

अब लोगों के दिल से अंग्रेजों का विश्वास उठ गया था। वे उनके हर कदम को सन्देहभरी निगाह से देखने लगे थे। देश का शिक्षित वर्ग जो सत्तावन की क्रान्ति पर समय रहते कोई निर्णय नहीं ले सका था, और उसने अंग्रेजों को यह विज्ञापित करने का अवसर दिया था कि भारत के आधुनिक शिक्षित बुद्धिजीवी उनके साथ हैं, निश्चय ही उन अपनढ़ विद्रोहियों की अपेक्षा नासमझ सिद्ध हुआ, जिन्होंने अंग्रेजों को भारत से खदेड़कर साम्राज्यवादी जुए को उतार फेंकने का निर्णय लिया था। परतन्त्रता और गुलामी के समान दूसरा अभिशाप मनुष्य जीवन में नहीं हो सकता इसलिए विकास और सामाजिक परिवर्तन के नाम पर विदेशी सत्ता की गुलामी बर्दाश्त करना किसी भी तरह बुद्धिमानी नहीं मानी जायेगी। इतना जरूर था कि यह वर्ग सामन्तशाही का विरोधी था और भारत की सड़ी-गली परम्पराओं और पिछड़ेपन को मिटाना चाहता था। यही कारण था कि सत्तावन के बाद भारत के बुद्धिजीवियों ने अंग्रेजों और सामन्तों के घनिष्ठ सम्पर्क और सहयोग की नीति का लगातार विरोध किया। प्रसिद्ध इतिहासकार विपिनचन्द्र ने अपनी पुस्तक 'आधुनिक भारत' में इस स्थिति का अच्छा विश्लेषण प्रस्तुत किया है, आधुनिक शिक्षाप्राप्त भारतीयों ने भी विद्रोह का समर्थन नहीं किया। विद्रोहियों द्वारा अन्धविश्वासों की दुहाई तथा प्रगतिशील सामाजिक कदमों का विरोध करने के कारण वे उनसे दूर हट गये। जैसा कि हम देख चुके हैं, शिक्षित भारतीय देश का पिछड़ापन खत्म करना चाहते थे। उनमें यह गलत धारणा थी कि ब्रिटिश शासन उन्हें आधुनिकीकरण के इन कामों को पूरा करने में सहायता देगा, जबकि विद्रोही देश के पीछे की ओर ले जायेंगे। बाद में चलकर इन्हीं शिक्षित भारतीयों ने अपने अनुभवों से सीखा कि विदेशी शासन देश को आधुनिक बनाने में सक्षम नहीं है बल्कि वह उसे दरिद्र बनायेगा और पिछड़ा हुआ बनाये रखेगा। इस सम्बन्ध में 1857 के क्रान्तिकारी अधिक दूरदर्शी साबित हुए। उनमें विदेशी शासन में बुराइयों और उससे मुक्ति पाने की आवश्यकता की बेहतर सहज समझदारी थी। दूसरी ओर शिक्षित बुद्धिजीवियों की तरह वे इस बात को नहीं समझ सके कि देश विदेशियों का शिकार इसलिए हो गया कि वह सड़ी और घिसी-पिटी प्रथाओं, रिवाजों और संस्थानों से चिपका हुआ था। वे इस बात को समझने में

असफल रहे कि राष्ट्रीय मुक्ति सामन्ती राजतन्त्र को अपने से नहीं, बल्कि एक आधुनिक समाज, एक आधुनिक अर्थव्यवस्था, वैज्ञानिक शिक्षा और आधुनिक राजनीतिक संस्थानों की ओर बढ़ने से ही मिल सकती है। किसी भी तरह, यह नहीं कहा जा सकता कि शिक्षित भारतीय राष्ट्रविरोधी या विदेशी राज के प्रति निष्ठावान् थे। जैसा कि 1858 की घटनाओं ने स्पष्ट कर दिया। उन्होंने जल्दी ही ब्रिटिश शासन के विरुद्ध एक शक्तिशाली और आधुनिक राष्ट्रीय आन्दोलन का नेतृत्व किया।[72]

देश का धनिक वर्ग जिसमें गाँव के महाजन, सौदागर और देशी-विदेशी सामान का व्यापार करनेवाले शहरी धनिक थे सत्तावन के विद्रोह के विरुद्ध हो गये थे। इन्हें विद्रोही और शासकीय दोनों सेनाएँ मौका पाते ही लूट लेती थीं। विद्रोहियों ने लड़ाई चलाने के लिए इनके ऊपर कर लगा रखा था। कर न दे पाने की हालत में विद्रोही उनकी गोदामें लूट लेते थे। इसी कारण देश के धनिक वर्ग ने विद्रोह के समय अपना धन छिपाना शुरू कर दिया था। मार्क्स ने धनिकों की तत्कालीन प्रवृत्ति का उद्घाटन करते हुए लिखा, "अगर भारतीय पूँजीपति वास्तव में ब्रिटिश शासन के वैसे ही प्रेमी होते, जैसा कि उन्हें बताना हर सच्चा अंग्रेज अपना धर्म समझता है, तो अपनी वफादारी को जाहिर करने का तथा अपनी चाँदी से मुक्ति पाने का इससे बेहतर मौका उनको नहीं प्राप्त हो सकता था। लेकिन भारतीय पूँजीपतियों ने अपने संचयों को चूँकि छिपा रखा है, इसलिए जान-बूझकर यह मानने के लिए मजबूर होना पड़ रहा है कि, कम-से-कम आरम्भ में, भारतीय विद्रोह के खर्च को देशी लोगों को बिना किसी सहायता के उसे स्वयं पूरा करना पड़ेगा।[73]

बहुत कोशिश के बाद भी ईस्ट इण्डिया कम्पनी को कलकत्ता के बाजार से ऋण नहीं मिल सका और बम्बई में, देशी पूँजीपतियों के अन्दर फौरन जबरदस्त घबराहट फैल गयी है, बैंकों से बहुत भारी-भारी रकमें निकाल ली गयी हैं, सरकारी हुण्डियों का बिकना लगभग असम्भव हो गया है, और बड़े पैमाने पर न सिर्फ बम्बई में, बल्कि उसके आस-पास भी रुपयों को गाड़कर छिपाना आरम्भ हो गया है।[74]

यह वर्गीय स्वार्थों का ही तकाजा था कि सत्तावन के विद्रोह ने शोषकों और शोषितों को अलग-विलग कर दिया। देश के पढ़े-लिखे शिक्षित लोग, किसान, मजदूर, कारीगर और एक हद तक धनिक वर्ग ब्रिटिश शासन की प्रतिक्रियावादी नीतियों के विरोध में एकमत होने लगे। यही प्रगतिशील इतिहासकारों के एक बहुत बड़े वर्ग के इस विश्लेषण को याद करना दिलचस्प होगा कि भारत को वैचारिक और राजनीतिक संघर्ष के इस कगार पर पहुँचने में ब्रिटिश साम्राज्यवादियों को एक कारण के रूप में स्वीकार किया जाना चाहिए। ऐसा नहीं कि अंग्रेजों के बिना भारत में सामाजिक परिवर्तन की प्रक्रिया शुरू ही नहीं होती, लेकिन जब यह प्रक्रिया अपनी परिपक्व अवस्था में पहुँच रही थी, आगे के परिवर्तन और नये के निर्माण के लिए

उपस्थित व्यवस्था का विनाश जरूरी था तब साम्राज्यवादियों ने इसे बखूबी पूरा किया। नयी समाज-व्यवस्था के आधार का निर्माण करने में अंग्रेजों ने उतनी तत्परता नहीं दिखायी जैसी पुराने को तहस-नहस करने में दिखायी थी लेकिन नयी परिस्थितियों के तकाजे के कारण वे परिवर्तन के कारक के रूप में याद किये जायेंगे। मार्क्स इन्हीं दो कार्यों को स्पष्ट करते हुए बताते हैं कि, घोर स्वार्थी तथा नीचतम उद्‌देश्यों से प्रेरित होकर भी अनजाने में उन्होंने भारत के विकास के लिए इतिहास के साधन का काम किया।

लेकिन भारतीय जनता को इन कार्यों से आजादी तो नहीं मिल सकती। आजादी के लिए तो उन्हें साम्राज्यवाद के खिलाफ खुद ही संघर्ष करना पड़ेगा। मार्क्स व्यक्त करते हैं कि यह काम तभी पूरा होगा जब भारत की संगठित जनता, अंग्रेजी जुए को एकदम उतार फेंकने के लिए तैयार हो जाये।

इसी तरह कुल मिलाकर अपनी सीमाओं के बावजूद सत्तावन की राज्यक्रान्ति ने भारत के सामाजिक, सांस्कृतिक तथा राजनैतिक परिदृश्य में परिवर्तन तथा गति का श्रीगणेश किया। देश को भविष्य की सम्भावनाओं के द्वार तक पहुँचाने का काम किया, जो भारत की प्राचीन, यथास्थितिवादी समाज-रचना के लिए मुक्ति के प्रथम सन्देश से कम नहीं मानी जानी चाहिए। एक ओर जहाँ साम्राज्यवादियों का सम्बन्ध देशी रजवाड़ों से पुख्ता हुआ, वहीं दूसरी ओर साम्प्रदायिक एकता तथा जाति, धर्म और भाषागत मतभेदों को भुलाकर साम्राज्यवाद के खिलाफ संघर्ष में एकजुट होने की प्रवृत्ति विकसित हुई। निश्चय ही सत्तावन के मुक्ति संग्राम की यह महान् उपलब्धियाँ थीं। लेकिन समय के साथ इन उपलब्धियों की रक्षा नहीं की जा सकी। देश में विकसित होनेवाले स्वतन्त्रता-संग्राम का पूँजीवादी नेतृत्व, इस एकता की रक्षा नहीं कर पाया। 14 अप्रैल, 1983 को मार्क्स की सौवीं बरसी पर, बर्लिन सेमिनार में बोलते हुए ई.एम.एस. नम्बूदिरीपाद ने भारतीय राजनीति के आगामी विकास को सत्तावन की राज्यक्रान्ति की उपलब्धियों के सन्दर्भ में इस तरह व्याख्यायित किया, पूँजीपति वर्ग विदेशी सत्ता के खिलाफ भारत के अवाम की इस एकता को (जो '57 के विद्रोह में कायम हुई थी) बरकरार नहीं रख सका—जिस पर मार्क्स को बड़ी खुशी थी। दूसरी तरफ अवाम के भीतर साम्राज्यवादविरोधी संघर्ष के दौरान जाति, सम्प्रदाय, जातीयता, भाषा आदि के मतभेदों को भुलाकर जो एकता बनी थी, पूँजीपति वर्ग ने खुद ही उस एकता को खण्डित करने के लिए जमीन तैयार की। सच्चाई तो यह है कि पूँजीपति वर्ग के एक हिस्से ने स्वतन्त्र भारत की तस्वीर अतीत के 'हिन्दू भारत की भव्यता' या 'रामराज्य' को फिर से स्थापित करने की कोशिश के रूप में पेश की। जबकि दूसरे हिस्से ने आजाद भारत के गुजरे जमाने का दिल्ली सल्तनत और मुगल राज्य के माडल को फिर से बहाल करने के सपने के रूप में देखा। इस

आन्दोलन से जो मतभेद पैदा हुए, उनका बड़ी चालाकी से उन ब्रिटिश शासकों ने इस्तेमाल किया। जिनके खिलाफ लड़ने के लिए पूँजीपति वर्ग के पास कोई असरदार अस्त्र नहीं था।

यही वह स्थिति थी जिसकी परिणति भारत में दो परस्पर शत्रुतापूर्ण देशों के जन्म में हुई—एक भारत देश रहा, दूसरा पाकिस्तान बना। आजादी के बाद के वर्षों में भाँति-भाँति के विघटनकारी ताकतों की बढ़ोत्तरी भी इसी सिलसिले के जारी रखने का नतीजा है।

सत्तावन के बाद का यही सामाजिक, राजनीतिक अन्तर्द्वन्द्व प्रेमचन्द का रचनाकाल है लेकिन किसी भी सृजनात्मक लेखक के सामने समकालीन परिस्थितियों के मूल्यांकन के लिए उतना ही काफी नहीं होता जितना राजनीति के क्षेत्र में काम करनेवाले विचारक के लिए। रचनाकार व्यक्तिगत अनुभवों और उनके साक्ष्यों के पैमाने से भी स्थितियों को मापता है। अपने चारों ओर के समाज की सजीव सच्चाइयों से तादात्म्य हासिल करता है, क्योंकि अपने अनुभव-क्षेत्र की प्रयोगशाला से बाहर आते ही उनके लिए इतिहासकार, राजनीतिज्ञ अथवा एक घटिया लेखक बन जाने की सम्भावनाएँ पैदा हो जाती हैं।

साम्राज्यवाद, सामन्तवाद के विरोधी प्रेमचन्द कालान्तर में अपने समकालीन अनुभवों और सामाजिक साक्ष्य के सहारे ही पूँजीवाद के विरोधी बन गये थे। उन्होंने ब्रिटिश सत्ता की साम्राज्यवादी नीतियों को गहराई से समझने के साथ ही अपने समकालीन समाज की वस्तुगत परिस्थितियों से अपने को निरन्तर जोड़े रखा था। यही कारण है कि कालान्तर में उनके विचारों और उनकी रचनाओं में साम्राज्यवाद, सामन्तवाद, पूँजीवाद, जातिवाद और सम्प्रदायवाद के विरुद्ध अथक संग्राम की दुन्दुभी का स्वर तेज होता गया। आगामी अध्ययन में भारतीय जनता की मुक्ति के इन विविध आयामों को व्याख्यायित करने का प्रयत्न किया जायेगा।

### सन्दर्भ

1. प्रेमचन्द : मानसरोवर भाग-4, अमावस्या की रात्रि, पृ. 219
2. कार्लमार्क्स : भारत का प्रथम स्वतन्त्रता-संग्राम, भारतीय सेना में विद्रोह, पृ. 34-35
3. डॉ. रामविलास शर्मा : सन् सत्तावन की राज्यक्रान्ति, पृ. 26
4. सुन्दरलाल : भारत में अंग्रेजी राज, तीसरी जिल्द, पृ. 1353, द्वि.सं.
5. विपिनचन्द्र : आधुनिक भारत, पृ. 108
6. कार्ल मार्क्स और फ्रेडरिक एंगेल्स : भारत का प्रथम स्वतन्त्रता-संग्राम, पृ. 34-35
7. वही, पृ. 9
8. वही, पृ. 70-71
9. वही, पृ. 69

10. सुन्दरलाल : भारत में अंग्रेजी राज, तीसरी जिल्द, पृ. 1367
11. मार्क्स और एंगेल्स : भारत का प्रथम स्वतन्त्रता-संग्राम, पृ. 10
12. कार्ल मार्क्स और फ्रेडरिक एंगिल्स : भारत का प्रथम स्वतन्त्रता-संग्राम, पृ. 27
13. राधा कुमुद मुखर्जी : हिन्दू सभ्यता, पृ. 16
14. महावीर प्रसाद द्विवेदी : सम्पत्तिशास्त्र, पृ. 109
15. ए.आर. देसाई : भारतीय राष्ट्रवाद की सामाजिक पृष्ठभूमि, पृ. 31
16. रजनी पामदत्त : आज का भारत, पृ. 189
17. डॉ. रामविलास शर्मा : द्विवेदी युग की सामाजिक चेतना और कविता ऐतिहासिक परिप्रेक्ष्य के शीर्षक निबन्ध, हिन्दी कविता की प्रगतिशील भूमिका नामक पुस्तक, पृ. 100
18. पट्टाभिसीतारमैय्या : कांग्रेस का इतिहास, पृ. 62
19. विनायक दामोदर सावरकर : 1857 का भारतीय स्वतन्त्रता समर, पृ. 23
20. सुन्दरलाल : भारत में अंग्रेजी राज, पृ. 1378-1379
21. विपिनचन्द्र : आधुनिक भारत, पृ. 112, प्र.सं.
22. वी.डी. सावरकर : 1857 का स्वतन्त्रता समर, पृ. 10
23. वही, पृ. 11
24. डॉ. रामविलास शर्मा : सन् सत्तावन की राज्यक्रान्ति, पृ. 119
25. वही, पृ. 119, विनोद पुस्तक मन्दिर आगरा, प्र.सं. 1957
26. वही, पृ. 142
27. वही, पृ. 1-2
28. वही, पृ. 468
29. वही, पृ. 468-469
30. ए.आर. देसाई : भारतीय राष्ट्रवाद की सामाजिक पृष्ठभूमि, पृ. 259-60
31. वही, पृ. 260
32. अयोध्या सिंह : भारत का मुक्ति संग्राम, पृ. 265-269
33. विपिनचन्द्र : आधुनिक भारत, पृ. 114-115
34. अयोध्या सिंह : भारत का मुक्ति संग्राम, पृ. 317
35. वही, पृ. 320
36. वही, पृ. 320
37. वही, पृ. 324-325
38. सुन्दरलाल : भारत में अंग्रेजी राज, पृ. 1658
39. कार्ल मार्क्स और फ्रे. एंगेल्स : भारत का प्रथम स्वतन्त्रता-संग्राम, पृ. 51
40. वही, पृ. 35 (हिन्दी अनुवाद : रमेश सिन्हा)
41. सुन्दरलाल : भारत में अंग्रेजी राज
42. कार्ल मार्क्स और फ्रेडरिक एंगोल्स : भारत का प्रथम स्वतन्त्रता-संग्राम (भारत से आने वाले) समाचार
43. के. दामोदरन : भारतीय चिन्तन परम्परा, पृ. 348

44. वही
45. वही
46. वही, पृ. 50–51
47. डॉ. रामविलास शर्मा : सन् सत्तावन की राज्यक्रान्ति, पृ. 350
48. के. दामोदरन : भारतीय चिन्तन परम्परा, पृ. 350
49. डॉ. रामविलास शर्मा : सन् सत्तावन की राज्यक्रान्ति, पृ. 333
50. रजनी पामदत्त : भारत वर्तमान और भावी, पृ. 121
51. सुन्दरलाल : भारत में अंग्रेजी राज, तीसरी जिल्द, पृ. 1663–1664
52. डॉ. रामविलास शर्मा : सन् सत्तावन की राज्यक्रान्ति, पृ. 459–460
53. वही, पृ. 462
54. वही, पृ. 442
55. सुन्दरलाल : भारत में अंग्रेजी राज, पृ. 1665
56. डॉ. रामविलास शर्मा : सन् सत्तावन की राज्यक्रान्ति, पृ. 437 पर उद्धृत
57. वही, पृ. 288–289
58. विपिनचन्द्र : आधुनिक भारत, पृ. 119
59. हिन्दुओं की अपेक्षा मुसलमान सरकारी कर्मचारी की बहुत बड़ी संख्या गदर के सिपाहियों का साथ दे रही थी और मुसलमानों को अधिक सन्देह की दृष्टि से देखा जा रहा था।
60. के. दामोदरन : भारतीय चिन्तन परम्परा, पृ. 339–347
61. रजनी पामदत्त : भारत वर्तमान और भावी, पृ. 120
62. कार्ल मार्क्स व फ्रेडरिक एंगेल्स : भारत का प्रथम स्वतन्त्रता-संग्राम, (1857–1859); (हिन्दी अनुवाद : रमेश सिन्हा), पृ. 38
63. सुन्दरलाल : भारत में अंग्रेजी राज, तीसरा जिल्द, पृ. 1652–1653
64. कार्लमार्क्स व फ्रेडरिक एंगेल्स : भारत का प्रथम स्वतन्त्रता संग्राम, पृ. 143
65. वही, पृ. 179
66. वही, पृ. 185–186
67. सुन्दरलाल : भारत में अंग्रेजी राज, तीसरी जिल्द, पृ. 1459
68. प्रेमचन्द : प्रेमाश्रम, पृ. 265
69. भारत के गवर्नर जनरल लार्ड कैनिंग की 8 मई, 1858 को प्रकाशित घोषणा-पत्र से।
70. कार्ल मार्क्स : भारत का प्रथम स्वतन्त्रता-संग्राम, पृ. 150
71. रजनी पामदत्त : भारत वर्तमान और भावी, पृ. 120
72. विपिनचन्द्र : आधुनिक भारत, पृ. 119
73. कार्ल मार्क्स : भारत का प्रथम स्वतन्त्रता-संग्राम, पृ. 125
74. वही, पृ. 41

# भारतीय नवजागरण और प्रेमचन्द

## (द्वितीय चरण)

यह सर्वमान्य सत्य है कि भारत का सामाजिक ढाँचा अत्यन्त जटिल और बहुआयामी है। विश्व के प्राचीन समाजों में इसे अद्वितीय माना गया है। विभिन्न भाषाओं, धर्मों, रीति-रिवाजोंवाला यह एक विशाल देश है। सम्पूर्ण हिन्दू समाज जातियों और उपजातियों में विभक्त है। ऐसे परिवेश में भारतीय मुक्ति-आन्दोलन के विकास की पृष्ठभूमि की व्याख्या अत्यन्त दुरूह है क्योंकि यह एक विभाजित समाज है जिसके अपने-अपने हितों का परिप्रेक्ष्य सर्वथा भिन्न-भिन्न है। इसी कारण भारतीय-मुक्ति-आन्दोलन का अध्ययन तत्कालीन सामाजिक, राजनैतिक सन्दर्भों के साथ ही सामाजिक संरचना की गहरी समझ के बिना सम्भव नहीं।

अंग्रेजों ने अपने हित में भारतीय समाज के आर्थिक ढाँचे का आमूल परिवर्तन किया। केन्द्रीभूत राज्यव्यवस्था की स्थापना की, आधुनिक शिक्षा-पद्धति की नींव डाली, आवागमन के नये साधन तथा अन्य नयी संस्थाओं का निर्माण किया फलस्वरूप नये सामाजिक वर्गों का जन्म हुआ। ये नये सामाजिक तत्त्व अपनी अपरिहार्य प्रकृति के कारण ब्रिटिश साम्राज्यवाद से टकराये और भारतीय राष्ट्रवाद के विकास की आधारशिला ही नहीं बने वरन उसके लिए प्रेरणादायक भी सिद्ध हुए। इस तरह भारतीय मुक्ति-आन्दोलन जटिल और विशिष्ट सामाजिक पृष्ठभूमि में जन्मा और सयाना हुआ।

इसमें सन्देह नहीं कि ये विभिन्न वर्ग अपने अलग-अलग आर्थिक और राजनीतिक स्वार्थ लेकर राष्ट्रीय स्वाधीनता की लड़ाई में शामिल हुए थे लेकिन सबका लक्ष्य था राजनीतिक स्वाधीनता की प्राप्ति। जिस प्रकार बुर्जवावर्ग और उच्च मध्य वर्ग की आर्थिक लड़ाई ब्रिटिश पूँजी और ब्रिटिश साम्राज्यवाद से थी और यह लड़ाई देश की राष्ट्रीय स्वाधीनता की लड़ाई का महत्त्वपूर्ण अंश थी उसी प्रकार भारत के

मजदूर वर्ग, किसान और निम्न मध्य वर्ग की रोजी-रोटी और बेहतर जिन्दगी की लड़ाई भी स्वाधीनता की लड़ाई की आवश्यक अंग थी।

मजदूर, किसान और राष्ट्र के सामान्य लोगों के निरन्तर एकीकृत होते जाने के कारण यह आन्दोलन शक्ति सम्पन्न होता गया।

भारतीय जनता की मुक्ति चेतना और राष्ट्रीय आन्दोलन की पृष्ठभूमि में राष्ट्रीय सन्दर्भों के साथ ही अन्तरराष्ट्रीय घटनाओं का भी योगदान था। संयुक्त राष्ट्र अमरीका की स्वाधीनता की घोषणा, 1789 की फ्रांसीसी राज्यक्रान्ति, दक्षिण अमरीका के विभिन्न देशों की स्पेनी और पुर्तगाली साम्राज्यवाद से मुक्ति, यूनान का तुर्की से स्वाधीनता-संग्राम जैसी अनेक ऐसी घटनाएँ थीं जो भारतीय मानस पर अपना प्रभाव डाल रही थीं। यद्यपि ब्रिटिश शासकों ने भारत के चारों तरफ चारदीवारी-सी खड़ी करके उसे अन्य देशों के जनतान्त्रिक और राष्ट्रीय आन्दोलनों के प्रभाव से दूर रखने की कोशिश की लेकिन उन्हें सफलता नहीं मिली। 'युवा इटली' आन्दोलन के उन्नायक मेजिनी और गैरीबाल्डी ने भारत के बुद्धिजीवियों और नौजवानों को बहुत प्रभावित किया। मेजिनी के अनुकरण पर 1870 के बाद तत्कालीन बंगाल—खासकर कलकत्ता में कितने ही गुप्त संगठन कायम किये गये।

इण्डियन एसोसिएशन के निर्माण और नामकरण में मेजिनी और उनके 'यंग इटली' के आन्दोलन का प्रभाव काम कर रहा था। भारतीय राष्ट्रीय आन्दोलन के विकास में अंग्रेजी भाषा और शिक्षा ने भी काफी हद तक सहायता की।

राजा राममोहन राय ने सर्वप्रथम राष्ट्रीयता के बीज बोये। पुनरुत्थानवादी, सुधारवादी आन्दोलनों ने उसके अंकुर उगाने में मदद की लेकिन सही मायने में राष्ट्रीय नवजागरण का आरम्भ 1870 के बाद हुआ। जब ब्रिटिश बुर्जुवा वर्ग के साथ खासतौर पर नये बुर्जुवा वर्ग और आम तौर पर भारतीय जनता के सम्बन्धों ने क्रमश: ज्यादा कटु रूप धारण करना आरम्भ किया। 1857 के महाविद्रोह के पहले ब्रिटिश शासकों की नीति आमतौर पर सामन्त सरदारों के खिलाफ थी। 1857 के पहले उन्होंने भारतीयों के सामाजिक जीवन में प्रबल हस्तक्षेप किया। सती प्रथा जैसी क्रूर सामाजिक प्रथाओं पर कानून बनाये गये लेकिन 1857 के बाद सामाजिक मामलों में निष्पक्षता की नीति अपना ली गयी। राजा राममोहन राय और अन्य लोगों द्वारा चलाये गये समाज-सुधार आन्दोलनों और रूढ़िग्रस्त समाजिक संस्थाओं और प्रथाओं के बीच चल रहे संघर्ष को पहले सरकार का समर्थन मिला था। 1857 के बाद ऐसे लोगों को अपने प्रगतिशील लक्ष्य की पूर्ति के लिए प्रतिक्रियावादियों के साथ सरकार की भी उदासीनता का भी सामना करना पड़ा। सरकार के इस रुख के कारण परम्परागत रूढ़िवादी तत्त्वों को बल मिला।

भारत में राष्ट्रीय भावना का बीज बोने में राजा राममोहन राय के बाद जिस व्यक्ति का नाम लिया जाना चाहिए, वह है लुईचिवियन डिरोजियो। वह पढ़ते 'टामपेन' की प्रसिद्ध पुस्तक 'तर्क का युग', प्रशंसा करते फ्रांस की क्रान्ति की, घृणा करते ब्रिटिश टोरियो से, कविताएँ लिखते अपनी मातृभूमि की दुर्दशा पर और सपना देखते स्वतन्त्र और स्वशासित भारत का।[1]

पराधीन भारत की जिस दुर्दशा पर डिरोजियों ने आँसू बहाये थे, उसी दशा पर पचास साल बाद भारतेन्दु, हाली, आजाद आँसू बहाते हैं। डिरोजियो ने भारत के सामन्ती समाज के अन्धविश्वासों, कुरीतियों आदि के खिलाफ और ब्रिटेन के टोरियो की नीतियों के खिलाफ आन्दोलन आरम्भ किया। डिरोजियो ने ब्रह्मसमाज, आर्यसमाज, प्रार्थना समाज के आन्दोलनों के लिए जमीन तैयार की।

1857 की असफल क्रान्ति के बाद अंग्रेजों ने सामन्तों और जमींदारों को अपने शासन का स्तम्भ और सलाहकार बनाया और भारत के बुर्जुवा वर्ग पर ब्रिटिश शासकों ने आक्रमण आरम्भ किया। सरकारी खर्च को पूरा करने के लिए अंग्रेजों ने व्यापारियों, वकीलों, डॉक्टरों को लाइसेन्स टैक्स देने का प्रस्ताव किया। इस मुद्दे को लेकर भारत के इतिहास में पहली बार सभी वर्ग और जातियाँ एक हो गयीं।

स्वदेशी आन्दोलन भी राष्ट्रीय आन्दोलन का अभिन्न अंग था। इस आन्दोलन ने भारतीय उद्योगपतियों के कारखानों के माल के लिए बाजार तैयार करने और राष्ट्रीय भावना बढ़ाने में बड़ा काम किया। भारतेन्दु और प्रेमचन्द ने लेखों और टिप्पणियों के माध्यम से स्वदेशी का प्रचार किया। प्रेमचन्द का विपुल साहित्य स्वदेशी आन्दोलन और राष्ट्रीय नवजागरण में सहायक हुआ। प्रेमचन्द साहित्य में कई बार उनके साहित्यकार का स्वर धीमा पड़ जाता है और नवजागरण के उन्नायक का स्वर प्रधान हो उठता है क्योंकि प्रेमचन्द साहित्य और साहित्यकार के दायित्व को मुक्ति से जोड़ते हैं। उनकी दृष्टि में 'साहित्यकार या कलाकार स्वभावत: प्रगतिशील होता है।'

देशी भाषाओं में प्रकाशित भारतीय पत्र–पत्रिकाएँ राष्ट्रीय भावना को विकसित करने और उसे आन्दोलन का रूप देने में बड़ी सहायक साबित हो रही थीं। भारतेन्दु हरिश्चन्द्र द्वारा प्रकाशित 'कवि वचन सुधा' तथा बँगला और मराठी के पत्र अंग्रेज शासकों की आलोचना करने में बहुत आगे थे।

नवजागरण की चेतना के पुरोधा साहित्यकार प्रेमचन्द द्वारा सम्पादित 'हस' और 'जागरण' भी राष्ट्रीय नवजागरण के विकास में योगदान दे रहे थे। पत्रकार के दायित्व को प्रेमचन्द भलीभाँति समझते थे। हंस में राष्ट्रीय भावना के प्रसार पर लिखते हैं, वर्तमान साहित्य पर राष्ट्रभावना का आधिपत्य है और आगे भी रहेगा। सभी प्रान्तीय कृतियाँ एक विशाल राष्ट्रीय एकता की ओर उत्तरोत्तर बढ़ती जा रही हैं और अगर

भारत को अपनी राष्ट्रीयता सम्पूर्ण रीति से प्राप्त करना है तो एक राष्ट्रीय साहित्यिक संघ भारत के लिए आवश्यक है।[2]

1878 में देशी भाषाओं के समाचार-पत्रों का गला घोटने के लिए 'वर्नाक्यूलर प्रेस ऐक्ट' पास हुआ। वर्नाक्यूलर ऐक्ट के साथ ही आर्म्स ऐक्ट का भी व्यापक विरोध हुआ। 1878 तक भारत में नवजागरण का प्रभाव दूसरी भाषाओं में भी दिखायी पड़ने लगा। परिणामत: राष्ट्रीय साहित्य का जन्म हुआ जो भारतवासियों के बढ़ते राष्ट्रप्रेम का आह्वान था। आधुनिक हिन्दी के निर्माता भारतेन्दु हरिश्चन्द्र (1850-1885) मात्र साहित्यकार न थे, वह स्वदेशी आन्दोलन के अग्रदूत और प्रसिद्ध समाज सुधारक भी थे। उन्होंने 'भारत दुर्दशा' नाटक में भारत की दुर्दशा का हृदयविदारक चित्र प्रस्तुत किया। इस युग का सम्पूर्ण हिन्दी साहित्य देश-प्रेम और समाज-सुधार की भावना से ओतप्रोत है। उर्दू साहित्य में अन्य कई भाषाओं के साहित्य की तरह राष्ट्रीय भावना 1870 के बाद मुखरित हुई। मुहम्मद हुसैन आजाद और हाली ने देशभक्ति की चेतना को काव्य-वस्तु के रूप में स्वीकार किया।

सारे भारत में एक केन्द्रीय राजनीतिक संगठन की स्थापना की भावना भारतवासियों में बहुत दिनों से काम कर रही थी। 1870 के बाद राजनीतिक चेतना में वृद्धि के कारण यह भावना और प्रबल हुई। 1876 में सुरेन्द्रनाथ बनर्जी तथा आनन्दमोहन बसु ने 'इण्डियन एसोसिएशन' नाम का संगठन बनाया। 1880 के पहले 'कर विरोधी आन्दोलन', 'आर्म्स ऐक्ट विरोधी आन्दोलन' तथा स्थानीय स्वायत्त शासन आन्दोलन भारतवासियों को एकसूत्र में बाँधने में बड़े सहायक सिद्ध हुए। 1880 के बाद सुरेन्द्रनाथ बनर्जी की गिरफ्तारी के विरोध में सिख-मुसलमान-जैन तथा हिन्दू सभी शामिल हुए। 15 दिसम्बर, 1883 को 'इण्डियन एसोसिएशन' के सचिव आनन्दमोहन बसु ने देश के विभिन्न संगठनों और प्रमुख व्यक्तियों के पास राष्ट्रीय सम्मेलन में शामिल होने के लिए निमन्त्रण भेजा। राष्ट्रीय नेताओं को एक मंच पर लाने और एक संयुक्त अखिल भारतीय संगठन की स्थापना की तरफ यह पहला कदम था।

### भारतीय राष्ट्रीय कांग्रेस की स्थापना

कांग्रेस का जन्म इन्हीं परिस्थितियों में हुआ। ब्रिटिश शासकों और उनके समर्थकों को एक ऐसे संगठन की जरूरत थी। भारत के राष्ट्रीय आन्दोलन को एक सूत्र में बाँधने के लिए एक शक्तिशाली केन्द्रीय संगठन खड़ा करने की पूर्ति हुई जबकि भारत के राष्ट्रीय आन्दोलन में हस्तक्षेप के लिए ही ब्रिटिश शासकों ने इस संगठन के निर्माण में सहयोग दिया था। ह्यूम ने कांग्रेस की स्थापना से पहले लार्ड डफरिन से सलाह ली थी और डफरिन ने इसका समर्थन किया था। वस्तुत: कांग्रेस की स्थापना राष्ट्रीय आन्दोलन को बढ़ाने के लिए नहीं बल्कि भारतीय क्रान्ति को रोकने के लिए एक

अस्त्र के रूप में की गयी थी। लेकिन राष्ट्रीय आन्दोलन की धारा इतनी प्रबल साबित हुई कि ब्रिटिश शासक कांग्रेस को देश-प्रेम और स्वतन्त्रता की माँग के रास्ते पर जाने से रोक न सके। नतीजा यह हुआ कि 1888 आते-जाते ब्रिटिश शासक कांग्रेस के विरोधी बन गये। कांग्रेस की स्थापना के लक्ष्य के सम्बन्ध में स्वयं मि. ह्यूम का यह कथन ऐतिहासिक बन गया, "A safety valve for the escape of great and growing forces generated by own section, was urgently needed and no more efficacious safety valve than own congress movement could possibily be desired."[3]

राजाओं-महाराजाओं तथा ताल्लुकेदारों का एक हिस्सा कांग्रेस की सक्रिय मदद कर रहा था। फिर भी वाइसराय और गवर्नरों की कौन्सिलों के सदस्यों की कटु आलोचना कांग्रेस के मंच से आरम्भ हो गयी और इण्डियन नेशनल कांग्रेस राष्ट्रीय आन्दोलन का मुख्य संगठन बन गया।

### उदारवादी नेतृत्व की विचारपद्धति और कार्यप्रणाली

1885 से 1905 तक कांग्रेस में जिन उदारवादी बुद्धिजीवियों का प्रभुत्व था वे भारतीय नवजागरण के प्रथम चरण के नेता थे। भारत के उदारपन्थियों की ब्रिटिश जनतन्त्र में असीम आस्था थी। 1887 के मद्रास अधिवेशन में कांग्रेस को जनता के पास ले जाने का जो प्रस्ताव किया गया उसके कारण वे उससे पीछे हटने लगे। उनका रास्ता राष्ट्रीय मुक्ति का नहीं, अपने लिये कुछ पदों की प्राप्ति का था। उन नेताओं ने बार-बार स्पष्ट कहा कि वे क्रान्ति नहीं चाहते। वे विकास की धीमी प्रक्रिया में विश्वास करते हैं—"भारत के लोगों को आकस्मिक परिवर्तन और क्रान्ति से प्रेम नहीं। वे ऐसे नये विधान नहीं माँगते जो विधायिका सभाओं रूपी जुपिटर के सिद्धान्त मिनर्वा की तरह निकले हों—वे वर्तमान सरकार को मजबूत करना चाहते हैं और उसे जन-जीवन के अधिक समीप लाना चाहते हैं। वह सेक्रेटरी ऑफ स्टेट की कौन्सिल में भारतीय कृषि और उद्योग के प्रतिनिधि के रूप में कुछ भारतीयों को देखना चाहते हैं।[4]

उदारवादी सोचते थे कि दैवयोग से भारत में अंग्रेजों का शासन स्थापित हुआ है। अंग्रेज देश को स्वतन्त्र, प्रगतिशील, प्रजातान्त्रिक अस्तित्व प्रदान करेगा। ब्रिटेन सामाजिक और सांस्कृतिक पिछड़ेपन को दूर करने और भारतीयों को प्रतिनिधि सरकार के कार्य में प्रशिक्षित करने में भारतीय जनता का पथ-प्रदर्शन करेगा। 1895 में सुरेन्द्रनाथ बनर्जी ने कहा, इंग्लैण्ड से हमें प्रेरणा और पथप्रदर्शन की आशा है—इंग्लैण्ड से वह महान् आदेश आयेगा जिससे हमारी जनता को मताधिकार मिलेगा। इंग्लैण्ड हमारा राजनीतिक नेता है।[5]

इन उदारवादियों ने यह भी माना कि कांग्रेस जनसाधारण का प्रतिनिधित्व नहीं वरन् उनकी शिकायतों की व्याख्या मात्र कर रही है। इस सन्दर्भ में फिरोजशाह मेहता का कथन इस प्रकार है, कांग्रेस वस्तुत: जनसाधारण की आवाज बुलन्द नहीं कर रही थी, लेकिन शिक्षित देशवासियों का यह कर्त्तव्य अवश्य है कि वे साधारण जनता की तकलीफों की व्याख्या करें और उनके समाचार के लिए राय दें।[6]

उपर्युक्त कथन से हमारा तात्पर्य यह नहीं है कि उदारवादी नेताओं की भारतीय नवजागरण में कोई भूमिका थी ही नहीं। वे ही तो प्रथम अखिल भारतीय राजनीतिक राष्ट्रीय संगठन के संस्थापक थे। उन्होंने भारतीय जनता के कुछ हिस्सों में राष्ट्रीय चेतना का प्रादुर्भाव किया, उनके बीच प्रजातान्त्रिक विचारों का प्रचार किया और प्रतिनिधि संस्थाओं के विचार को लोकप्रिय बनाया। उन्होंने प्राक ब्रिटिश काल की मध्ययुगीन, पुराणपन्थी एवं निरंकुश सामाजिक संरचना के खिलाफ जमकर संघर्ष किया।

1885 से 1905 तक भारतीय उदारवादियों के नेतृत्व में कांग्रेस के सुधार कार्यक्रमों तथा स्वदेशी के प्रश्न पर 1905 के 'जमाना' में हकीम बरहम की कांग्रेस की नीतियों के सन्दर्भ में कही गयी बेतुकी बातों का जवाब देते हुए प्रेमचन्द लिखते हैं, इण्डियन नेशनल कांग्रेस अकेला ऐसा जरिया है कि जो तमाम हिन्दोस्तानियों का हाल इंग्लैण्ड की पार्लियामेण्ट तक कबूलियत के लिए पहुँचाता है। एक या दो फिर्कों का रोना-धोना नक्कारखाने में तूती की आवाज की तरह होती है। लेकिन वक्त आ गया है कि मुल्क के तमाम बेटे एक होकर एक आवाज से अपने दुख-दर्द की गुहार लगायें। एक ऐसी जबर्दस्त गरज जो सारी दुनिया को घेर ले—अगरचे गये साल कांग्रेस की मुराद पूरी नहीं हुई लेकिन इण्डियन नेशनल कांग्रेस ने तहजीब-याफ्ता दुनिया की नजर में एक एतबार हासिल कर लिया है और उसके कुर्बानियों की कोशिश अकारथ नहीं हुई।[7]

यहाँ प्रेमचन्द कांग्रेस के प्रति पूरी तरह आस्थावान् हैं। इसी बीच पहला बड़ा राजनीतिक आन्दोलन शुरू हुआ। यहीं यह संकेत करना आवश्यक है कि अगस्त, 1905 को कलकत्ता के टाउन हाल में बायकाट और स्वदेशी का नारा बुलन्द किया गया। इससे पहले ही प्रेमचन्द ने जून, 1905 के जमाना में लेख लिखा, देशी चीजों का प्रचार कैसे बढ़ सकता है। इसमें प्रेमचन्द ने देश की व्यापारिक और औद्योगिक उन्नति के लिए गाँवों की ओर मुखातिब होने की सलाह दी। पढ़े-लिखों की सहानुभूति और संरक्षण मात्र को उन्नति का सही उपाय नहीं माना हमारी आबादी का बहुत बड़ा हिस्सा देहातों में आबाद है, जिसमें बिना किसी अतिरंजना के निन्यानबे फीसदी तो ऐसे हैं जो अलिफ बे का नाम भी नहीं जानते और जिनको शहर में बहुत कम आने का इत्तफाक होता है। लिहाजा शहरों में स्वदेशी दुकानों का खुलना, चाहे वह कैसे ही अच्छे वसूलों पर क्यों न था व्यापार को बहुत लाभ नहीं पहुँचा सकता।

कांग्रेस नेतृत्व की आवेदन-निवेदन की असफलता ने देश और खुद कांग्रेस के अन्दर असन्तोष पैदा किया। कांग्रेस में लड़ाकू राष्ट्रीय तत्त्वों का दवाब कम हो रहा था। 1895 में पूना कांग्रेस के समय तिलक ने तत्कालीन नेतृत्व पर आरोप लगाया कि वह कांग्रेस को आम जनता तक नहीं ले जाना चाहती। इन कारणों से उदारवादियों ने अब अपने कार्यक्रम में शुद्ध प्रशासनिक सुधार की जगह स्वराज्य की माँग को भी स्थान दिया। 1906 के कलकत्ता कांग्रेस में दादा भाई नौरोजी के सभापतित्व में स्वराज्य का नया कार्यक्रम स्वीकृत हुआ। कांग्रेस ने विदेशी बहिष्कार, स्वदेशी राष्ट्रीय शिक्षा आदि कार्यक्रमों को भी अपनाया और उदारवादियों ने उनका समर्थन किया।

कांग्रेस के कार्यकर्त्ताओं में ही कुछ लोगों का धीरे-धीरे उदारवादियों के सिद्धान्तों और तरीकों से राजनीतिक मोहभंग हुआ। कई कारणों से उन्नीसवीं सदी के अन्त में यह दल, जिसे गरम दल के नाम से जाना जाता है, बड़ी तेजी से बढ़ा।

उन्नीसवीं सदी के अन्त में देश में सांघातिक दुर्भिक्ष और उसके फलस्वरूप गम्भीर आर्थिक संकट आया। प्लेग के प्रकोप से काफी लोग मरे। परिणामत: बीसवीं सदी के प्रारम्भ में खासकर बंगाल में शिक्षित लोगों के बीच बेकारी बढ़ी। ये बेकार शिक्षित नौजवान नरम दल से विमुख होकर गरम दल की ओर झुके, जिसके प्रमुख नेता थे तिलक, विपिनचन्द्र पाल, अरविन्द, वारीन्द्र घोष और लाला लाजपत राय। मुक्ति आन्दोलन जो पहले उच्चवर्गीय शिक्षित समाज और व्यापारिक बुर्जुवाजी के कुछ हिस्सों तक ही सीमित था 1905 के बाद इसका सामाजिक आधार अधिक व्यापक हुआ और उसमे निम्न-मध्यवर्गीय लोग भी आ जुटे।

आर्थिक एवं राजनीतिक माँगों को मानने से सरकार ने इनकार कर दिया। बढ़ते हुए राष्ट्रीय आन्दोलन के विरुद्ध दमनात्मक कार्यवाही शुरू हो गयी। फलस्वरूप उदारवादी राष्ट्रवाद की विचारधारा और कार्यपद्धति में अधिकाधिक लोगों की आस्था समाप्त होने लगी। वे लड़ाकू राष्ट्रवादियों के इर्द-गिर्द इकट्ठा होने लगे।

इन लड़ाकू राष्ट्रवादियों ने भारत के अतीत से प्रेरणा लेकर इतिहास की महान् उपलब्धियों के विवरणों द्वारा लोगों को जगाने और उनमें राष्ट्रगौरव और आत्मसम्मान की भावना भरने का प्रयास किया। इनका लक्ष्य था ब्रिटिश शासन से मुक्ति और प्रजातान्त्रिक एवं नये पूँजीवादी आर्थिक आधार पर भारतीय समाज और राज्य की स्थापना। तिलक ने दोनों दलों के वैचारिक अन्तर को स्पष्ट किया—राजनीतिक अधिकारों के लिए संघर्ष करना होगा, नरम दलवाले सोचते हैं कि अनुनय से ये जीते जा सकते हैं, हम सोचते हैं कि ये अधिकार सरकार पर अधिकाधिक दबाव डालकर ही हासिल किये जा सकते हैं।

इन लड़ाकू राष्ट्रवादियों की स्वदेशी में बड़ी आस्था थी। इन लोगों ने बड़े उत्साह के साथ लोगों में इसका प्रचार किया। स्वदेशी के महत्त्व पर लाला लाजपत राय की

टिप्पणी इस प्रकार है—मैं इसी में अपने देश की मुक्ति निहित मानता हूँ। स्वदेशी आन्दोलन से आत्मसम्मान, आत्मविश्वास, आत्मनिर्भरता और पुरुषोचित गुण मिलेंगे। इस आन्दोलन से हम धर्म अथवा जाति का विचार किये बिना समस्त भारतीयों के अन्यतम कल्याण के लिए अपनी पूँजी, अपने साधन, अपने श्रम, अपनी शक्तियाँ, अपनी प्रतिभा का सुचारु रूप से सदुपयोग करना सीखेंगे। सारे धार्मिक और साम्प्रदायिक मतभेद के बावजूद हम स्वदेशी आन्दोलन के माध्यम से एकताबद्ध हो सकेंगे। मेरे ख्याल से स्वदेशी को सारे संयुक्त भारत का सम्मिलित धर्म होना चाहिए।[8]

इन नये नवजागरण के उन्नायकों के मतानुसार स्वदेशी देश के औद्योगिक और साधारण आर्थिक पुनर्जन्म और विकास के लिए आवश्यक थी। दूसरी तरफ बहिष्कार आन्दोलन जिसे उग्र राष्ट्रवाद ने वैचारिक और सांगठनिक रूप दिया, उसमें केवल ब्रिटिश माल के परित्याग की ही बात नहीं की, वरन् उपाधियों, सरकारी ओहदों और काउन्सिलों के बहिष्कार का भी नारा दिया।

लड़ाकू राष्ट्रवादियों में स्वतन्त्रता के लिए अतीव आत्मोत्सर्ग और कष्ट झेलने की असीम शक्ति थी। वे मुक्ति आन्दोलन के पहले शहीद थे। उन्होंने सरकार से सीधी टक्कर ली। वे जेल गये, उन्हें देश निकाला मिला। तिलक, विपिनचन्द्र पाल, अरविन्द घोष, लाला लाजपत राय इस नये राष्ट्रवाद के जुझारू योद्धा थे। तिलक जिन्होंने सबसे अधिक तकलीफ उठायी, स्वतन्त्रता के आदर्श के लिए राजनीतिक भावना के प्रतीक थे।

नये नवजागरण ने भारतीय मुक्ति आन्दोलन में स्वाधीनता की प्रबल भावना, गौरवशील अहं, आत्मनिर्भरता की भावना का सम्प्रेषण किया। यह नया नवजागरण निम्न मध्यवर्ग और कुछ हद तक आम जनता के भी कुछ हिस्सों को अपनी परिकक्षा में समेट सका। 1908 में बम्बई के टेक्स्टाइल मजदूरों ने तिलक की गिरफ्तारी के विरोध में आम हड़ताल की और यह भारतीय मजदूर वर्ग का पहला राजनीतिक कार्यक्रम था।

इन दिनों प्रेमचन्द कानपुर में शिक्षक थे। जिन्दगी के नये दौर के साथ कौम की जिन्दगी का भी एक नया दौर शुरू हुआ था। अब प्रेमचन्द को देश और संसार की घटनाओं से पूरी तरह वाकिफ होने पर ही चैन आता था। देश एक नयी करवट ले रहा था। प्रेमचन्द के दिलोदिमाग में राष्ट्रीयता की चेतना का एक नया ज्वार उठ रहा था। उसमें व्यापक विस्तार और गुणात्मक परिवर्तन भी होने लगा था।

प्रेमचन्द के विचारों की पहली सीढ़ी आर्यसमाज है जिसमें आगे चलकर कुछ रंग गोखले और रानाडे के सोशल रिफार्म लीग का घुल गया। 1905 से 1909 के बीच की राजनीतिक घटनाओं ने प्रेमचन्द के विचारों को समाजसुधार से आगे राजनीतिक सत्ता, स्वराज्य चेतना, स्वदेशी आन्दोलन तक की लम्बी छलाँग लगाने

के लिए विवश कर दिया। लेकिन उनकी कहानियों तथा उपन्यासों में इन सबके आगमन में दो वर्ष लग गये।

तिलक को अपना राजनीतिक गुरु मान लेने के बाद भी गोखले का असर बहुत बाद तक, शायद पूरी जिन्दगी उन पर बना रहा। पर इसमें कोई सन्देह नहीं कि प्रेमचन्द ने देशप्रेम की राजनीति का पहला पाठ गोखले से ही सीखा था। 1905 के जमाना में उन्होंने गोखले पर एक लेख लिखा। उसमें गोखले के एक भाषण का उल्लेख है जिसमें गोखले की राजनीति में उनकी आस्था परिलक्षित होती है, लेकिन यह आस्था तिलक के प्रभाव के कारण टिक न सकी।

1907 में 'दुनिया का सबसे अनमोल रतन', 'शेख मखमूर' आदि कहानियों में देशभक्ति की भावना ही प्रधान है। इसी बीच खुदीराम की फाँसी ने प्रेमचन्द को पूरी तरह से बदल दिया। इस सन्दर्भ में निगम साहब लिखते हैं—'प्रेमचन्द का राजनीतिक झुकाव गरम दल की तरफ था। अहमदाबाद कांग्रेस देखने हम लोग साथ-ही-साथ गये और एक जगह ठहरे लेकिन वे मिस्टर तिलक के तरफदार थे और मैं मिस्टर गोखले और सर फिरोज शाह का हामी था हर वक्त बहस रहती थी, मगर दोनों अपनी जगह कायम रहे। छोटे-मोटे सुधारों को वह काफी न समझते थे और मिण्टो-मार्ले और माण्टेग्यू चेम्सफोर्ड की स्कीम से आश्वस्त न थे। उनके विचारों में आये परिवर्तन के कारणों के सन्दर्भ में निगम साहब लिखते हैं।

प्रेमचन्द नाबराबर की लड़ाई में समझौते के ख्याल को शुबहे की नजर से देखते थे। उनका ख्याल था कि कड़ी जद्दोजहद के बगैर कुछ हासिल न होगा और वह इसके लिए अवाम को जल्द-से-जल्द तैयार करने की तरफ थे। उनका ख्याल था कि हुकूमत से सख्त टक्कर लिये बगैर काम न चलेगा।

कांग्रेस के भीतर तिलक का आन्दोलन और कांग्रेस के बाहर क्रान्तिकारियों की गतिविधियों और उन दोनों पर होनेवाला जुल्म प्रेमचन्द को विद्रोही बनाता जा रहा था। 1908 में खुदीराम की फाँसी ने उनके दिल से समझौते की बात हमेशा के लिए निकाल दी।

### आतंकवादी और क्रान्तिकारी आन्दोलन का उदय

उदारवादियों के कार्यक्रम और कार्यरीति की असफलता से हुए मोहभंग, यूरोपीय देशों के क्रान्तिकारी आन्दोलन तथा रूसी राज्यवादियों द्वारा आगनागे गये षड्यन्त्रकारी आतंकवादी तरीकों के अध्ययन ने कुछ भारतीयों को हिन्दुस्तान में भी आतंकवादी संगठन बनाने और वैसी ही कार्यप्रणाली अपनाने की प्रेरणा दी।

लार्ड कर्जन के शासनकाल में सरकार द्वारा उठाये गये कदम और राष्ट्रीय आन्दोलन के विरुद्ध की गयी दमनात्मक कार्यवाही के कारण उदारवादी लोग भी

लड़ाकू बहिष्कार आन्दोलन का समर्थन करने लगे। बंगाल, पंजाब और महाराष्ट्र इन क्रान्तिकारी आतंकवादी कार्यवाहियों के मुख्य केन्द्र थे। इनके कार्यक्रमों में राजनीतिक हत्याएँ भी शामिल थीं। कुछ ऐसे क्रान्तिकारी दलों का भी जन्म हुआ जिनका कार्यक्रम अधिक व्यापक था। वे फौज में विद्रोह और किसानों की बगावत भी चाहते थे।

इस सिलसिले में यह बताना आवश्यक है कि प्रेमचन्द क्रान्तिकारी आन्दोलन के रास्ते को सही नहीं समझते थे लेकिन वह भी विवेकानन्द और मेजिनी और गैरीबाल्डी की ओर झुक रहे थे जिनकी ओर क्रान्तिकारी नौजवानों की पीढ़ी झुक रही थी।

जुलाई, 1907 में गैरीबाल्डी का एक छोटा-सा जीवन-चरित्र उन्होंने 'जमाना' में लिखा। बहादुरी के कार्यक्रमों से भरी हुई उसकी रोमांचकारी जिन्दगी का बखान करने के बाद प्रेमचन्द ने एक जगह पर लिखा—सच है, 'स्वदेश की सेवा सहज काम नहीं है। उसके लिए ऊँचा हौसला, फौलाद की दृढ़ता, दिन-रात मरने-पिसने का अभ्यास और हर समय जान हथेली पर लिये रहने की जरूरत है। जब तक यह गुण अपने स्वभाव में न समा जाये, स्वदेश-सेवा का व्रत जबानी ढकोसला है।

मेजिनी की जिन्दगी को कहानी के रूप में 'इश्के दुनिया और हुब्बे वतन' के नाम से 1908 के 'जमाना' में लिखा। इटली और मेजिनी तो बहाना मात्र थे, बात वह अपने देश की उसी रव में कर रहे थे, जिसमें देश की वह तमाम नौजवान पीढ़ी कर रही थी जिसने विद्रोह का रास्ता अपनाया था।

इस पीढ़ी ने विवेकानन्द से बेहद मनोबल पाया था, फिर कैसे सम्भव कि प्रेमचन्द विवेकानन्द की ओर न खिंचते। एक सच्चे हिन्दू के रूप में, अच्छे देशसेवी और स्वाधीनता प्रेमी के रूप में उन्होंने विवेकानन्द को अपना आदर्श बनाया।

सामाजिक सुधारों के बारे में विवेकानन्द के दृष्टिकोण का उल्लेख करते हुए उन्होंने जो बात लिखी है, वह उनकी चेतना की नयी गहराई और गम्भीर मानसिक क्रान्ति का परिचय देती है। देश में उस समय चारों ओर उथल-पुथल मची हुई थी। राष्ट्रीय आन्दोलन को लोकमान्य तिलक से जो नेतृत्व मिल रहा था उसमें प्रेमचन्द ने अपने विचारों की लम्बी यात्रा का लम्बा सफर तय किया था। उनकी बाद की रचनाओं में उभरते क्रान्तिकारी अंकुर को यहीं से खुराक मिली थी।

बंगभंग के बाद उत्पन्न परिस्थितियों का एक प्रत्यक्ष परिणाम यह हुआ कि इण्डियन नेशनल कांग्रेस के अन्दर माडरेटों और राष्ट्रवादियों के बीच अन्तर्विरोध तीव्र हो गया। 1907 में कांग्रेस के दो टुकड़े हो गये। उन दोनों ने अलग-अलग रास्तों पर चलना शुरू किया। नौ साल तक अलग-अलग काम करते रहे। माडरेट को मजबूर होकर 1916 में राष्ट्रवादियों को कांग्रेस में लेना पड़ा। 1916 में इस संयुक्त

कांग्रेस के अध्यक्ष माडरेट नेता नहीं राष्ट्रवादी नेता तिलक बने। उसके बाद दो साल में ही माडरेटों को कांग्रेस छोड़कर भागना पड़ा। तिलक की गिरफ्तारी और 6 वर्ष की सजा के प्रतिवाद में बम्बई के मजदूरों की हड़ताल का स्वागत करते हुए लेनिन ने कहा था कि यह घटना स्पष्ट संकेत करती है कि भारत में ब्रिटिश शासन बहुत दिन न रह सकेगा। भारतीय मुक्ति-आन्दोलन की पहली उत्ताल तरंग को दबाने के लिए ब्रिटिश सरकार ने कठोर दमन का सहारा लिया। दमन और कुचालों के बावजूद 1911 में बंगभंग रद्द कर दिया गया।

1907 के मुक्ति आन्दोलन की पहली उत्ताल तरंग से साम्राज्यवादियों में डर पैदा हो गया। भारतीयों के राष्ट्रीय आन्दोलन को दुर्बल करने के लिए साम्राज्यवादियों ने 'फूट डालो और राज करो' की नीति अपनाकर मुसलमानों को हिन्दुओं के खिलाफ खड़ा किया। सैय्यद अहमद ने यह सिद्ध करने की कोशिश की कि हिन्दू और मुसलमान दो अलग-अलग राष्ट्र हैं। मुसलमानों को राष्ट्रीय आन्दोलन से अलग करने और उसे दुर्बल करने के लिए 1906 में एक कदम और उठाया गया। यह था 30 दिसम्बर, 1906 को आल इण्डिया मुस्लिम लीग का गठन। मुस्लिम लीग और कांग्रेस के जन्म और उद्देश्यों में समानता सचमुच आश्चर्यजनक है। दोनों जन्मदाता ब्रिटिश सरकार के वफादार चाकर थे। दोनों को ब्रिटिश हुकूमत को हमेशा के लिए हिन्दुस्तान में बनाये रखने के लिए जन्म दिया गया था। दोनों के जन्म का लक्ष्य राष्ट्रीय आन्दोलन को राष्ट्रीय जनतान्त्रिक क्रान्ति का रूप धारण करने से रोकना था लेकिन ब्रिटिश साम्राजियों को सफलता नहीं मिली।

इन राजनीतिक हलचलों का प्रभाव प्रेमचन्द भी ग्रहण कर रहे थे। 'जलवएईसार' 1912 में प्रकाशित हुआ। 4 मार्च, 1914 को निगम साहब को लिखा था मुझे अभी तक यह इत्मीनान नहीं हुआ कि कौन-सा तर्जेतहरीर अख्तियार करूँ। कभी तो बंकिम की नकल करता हूँ, कभी आजाद के पीछे चलता हूँ। आजकल काउण्ट टालस्टाय के किस्से पढ़ रहा हूँ। तब से कुछ उसी रंग की तरफ तबीयत माइल है। यह अपनी कमजोरी है और क्या।[9]

काउण्ट टालस्टाय की ओर झुकाव अनायास ही नहीं था, इसके पीछे बदलते राजनीतिक परिदृश्य की छाया थी। यद्यपि सक्रिय राजनीति में प्रेमचन्द ने कभी कोई हिस्सा नहीं लिया, कोई पद नहीं सँभाला, लेकिन राजनीति का मतलब प्रेमचन्द के लिए पद और प्रभुत्व से नहीं वरन् आजादी और मनुष्य के कल्याण से था। वह चाहे अपने देश में हो चाहे दुनिया के किसी कोने में, प्रेमचन्द की उसमें गहरी दिलचस्पी थी। महोबे का जीवन प्रेमचन्द को पसन्द नहीं आ रहा था, वहाँ एक कमी थी जो रह-रहकर मन को कचोटती थी।

18 मार्च, 1910 को उन्होंने निगम साहब को लिखा—"जी चाहता है नये-नये वाकयात पर कुछ नोटिस लिखा करूँ। मगर वाकयात का इल्म मुझे उस वक्त होता है जब वह अखबारात में निकल चुकते हैं और उनके देर-अज-वक्त हो जाने का खौफ रहता है।[10]

13 अक्टूबर, 1915 को फिर बस्ती से लिखा था—"जब तक करेण्ट अफेयर्स से लगाव न रहे किसी मजमून पर लिखने की तहरीक नहीं होती और मजमून भी मुश्किल से सूझता है।"[11]

इसी तरह के बहुत-से पत्र मिलते हैं जिससे जाहिर होता है कि बीहड़-से-बीहड़ जगह में भी प्रेमचन्द अपने को पत्र-पत्रिकाओं और लेखन से जीवन्त बनाये हुए थे। स्वराज्य की बात और तिलक ने बहुत मजबूती से उनके दिल को पकड़ लिया था। सन् 1914 आते-आते देश पूरी तरह निष्प्राण हो चुका था। उन्नीसवीं सदी के अन्त और बीसवीं सदी के आरम्भ में विश्व पूँजीवाद ने साम्राज्यवाद का रूप धारण कर लिया था। पूँजीवादी विकास की होड़ लग गयी थी। असमान विकास का परिणाम यह हुआ कि दुनिया के फिर से बँटवारे के लिए उनके बीच टकराहट शुरू हो गयी। इसी टकराहट का परिणाम था प्रथम विश्वयुद्ध। यह युद्ध साम्राज्यवादी भावना से प्रेरित था। कांग्रेस और मुस्लिम लीग के माडरेटों और नेशनलिस्टों के राजे-रजवाड़ों ने इस साम्राज्यवादी युद्ध की वफादार गुलामी की। 1914 के कांग्रेस अधिवेशन में एक बार फिर ब्रिटिश साम्राज्य के अन्तर्गत औपनिवेशिक स्वायत्त शासन की माँग उठायी, लेकिन जो चीज माँगी गयी और जिस तरह गिड़गिड़ाकर माँगी गयी, दोनों से पता चलता है कि 1908 में तिलक को माण्डले जेल भेजे जाने के बाद नरमदली राजनीति ने देश को कितना पीछे ढकेल दिया था।

कांग्रेस नेताओं ने इस युद्ध का पूर्णतया समर्थन किया। उस वक्त के सबसे बड़े माडरेट नेता सर फिरोजशाह मेहता ने युद्ध आरम्भ हो जाने पर कहा था, हम इसलिए इकट्ठा हुए हैं कि अपने पवित्र स्वामी, अपने प्यारे सम्राट् के चरणों में अपनी निष्काम भक्ति, अटल निष्ठा और जोशीली वन्दना उपस्थित करें।[12]

राष्ट्रीय आन्दोलन की इसी विकट स्थिति में तिलक 1914 में जेल से छूटकर आये। उन्होंने ब्रिटिश साम्राज्य के अन्तर्गत स्वराज्य पाने के लिए युद्ध के दौरान होमरूल का आन्दोलन चलाया। होमरूल आन्दोलन ने भारतीय मुक्ति आन्दोलन में नयी जान डाल दी। कांग्रेस का लखनऊ अधिवेशन, मुस्लिम लीग का अधिवेशन, लखनऊ पैक्ट इसके प्रमाण हैं।

अधिवेशन असाधारण रूप से सफल हुआ। कांग्रेस और लीग के बीच समझौता, गरम और नरम दल के बीच समझौता हुआ। मंच पर माडरेट नेता सुरेन्द्र बनर्जी, रासबिहारी घोष के साथ तिलक और खापर्डे बैठे। मिसेज बेसेण्ट भी मौजूद थीं। और

मौजूद थे मोहनदास करमचन्द गाँधी। यह सब नवजागरण आन्दोलन के विकास के शुभ संकेत थे।

लखनऊ अधिवेशन की समाप्ति के बाद तिलक और एनी बेसेण्ट ने देश के विभिन्न भागों का दौरा कर होमरूल का प्रचार किया। यह आन्दोलन आग की तरह फैल गया। होमरूल आन्दोलन की व्यापकता और माडरेटों के हाथ से कांग्रेस तथा मुक्ति आन्दोलन के नेतृत्व को नेशनलिस्टों के हाथ में जाता देखकर ब्रिटिश शासक बहुत चिन्तित हो गये। एनी बेसेण्ट को ब्रिटिश शासकों ने नजरबन्द किया था, फिर भी 1917 के कांग्रेस अधिवेशन का उन्हें अध्यक्ष बनाया गया। यह खुद कांग्रेस के अन्दर आये परिवर्तन का सूचक था। इसी समय रूस में क्रान्तिकारियों ने जारशाही का तख्ता पलट दिया। इस क्रान्ति का असर भारत पर किस तरह पड़ रहा था, वह होमरूल की बढ़ती ताकत और स्वराज्य की दिन-ब-दिन बुलन्द होती माँग से स्पष्ट है।

इस तरह जब राष्ट्रीय आन्दोलन में गरम दलवालों के असर से गरमी आ रही थी, तभी ब्रिटिश साम्राज्यवादियों ने फिर उसमें हस्तक्षेप किया। जुलाई, 1918 को माण्टेग्यू चेम्सफोर्ड रिपोर्ट प्रकाशित हुई। तिलक ने इसे स्वीकार करने के पूर्णतः अयोग्य बताया। माडरेटों ने ब्रिटिश शासकों की मदद इस उम्मीद से की थी कि बदले में वे भारत को स्वायत्त शासन देंगे लेकिन युद्ध की समाप्ति जैसे-जैसे करीब आती गयी उनकी आशा पर पानी फिरता गया। ब्रिटिश साम्राज्यवादियों के प्रति तिलक वगैरह का मोहभंग तेजी के साथ हो रहा था लेकिन गाँधी का मोहभंग होने में अब भी बहुत देर थी। वह जुलाई, 1918 में भी ब्रिटिश शासकों की मदद के लिए फौज में भारतीय सिपाही भर्ती करते घूम रहे थे और गुजराती किसानों को सलाह दे रहे थे कि फौज में भर्ती होकर स्वराज लाओ।

## गाँधी और गाँधीवाद का दौर

लखनऊ अधिवेशन में बिहार के कुछ लोग गाँधी जी से मिले और उनसे चम्पारन के किसानों की करुण कथा सुनी। निलहे साहबों के अत्याचार के खिलाफ सत्याग्रह का पहला प्रयोग गाँधी जी के प्रयत्न से हुआ—जो कि असाधारण रूप से सफल हुआ।

असहयोग आन्दोलन से भारतीय राष्ट्रीय आन्दोलन के नये दौर की शुरुआत होती है। इस दौर में आन्दोलन के सर्वप्रमुख नेता गाँधी थे और गाँधीवाद इसका दर्शन था। भारतीय मुक्ति आन्दोलन में जनसाधारण और जन-आन्दोलन का महत्त्वपूर्ण भूमिका की समझनेवाले वे पहले राष्ट्रीय नेता थे।

गाँधी ने संघर्ष का ऐसा कार्यक्रम बनाया जिससे जनसाधारण राष्ट्रीय आन्दोलन के प्रति जागरूक हो सके और मजदूर, किसान, पूँजीपति, विद्यार्थी आदि सब तरह

के लोग इस आन्दोलन में भाग ले सकें। अपने विचारतन्त्र की सीमाओं, खामियों, कमजोरियों के बावजूद, पहली बार गाँधी ने ही राष्ट्रीय आन्दोलन को जनसाधारण का बहुवर्गीय आधार प्रदान किया। उनके नेतृत्व में भारतवासी राष्ट्रीय स्वातन्त्र्य संग्राम के वीर, देशभक्त, निर्भीक योद्धा सिद्ध हुए। बड़ी तादाद में लोग जेल गये और बहादुरी से साम्राज्य की पुलिस और सेना की गोलियों और लाठियों का सामना किया। अपनी समझौतापरस्त नीति के बावजूद गाँधी ने लोगों में शैतानस्वरूप ब्रिटिश सरकार के प्रति अजर-अमर घृणा और स्वराज्य की अदमनीय पिपासा भर दी।

यह बड़ा उत्साहवर्द्धक दृश्य था कि हजारों-लाखों की तादाद में औरतें, जो सदियों से घरेलू जीवन की शृंखला में आबद्ध थीं और जिन्हें सत्तावादी सामाजिक व्यवस्था ने घर में गुलामों की तरह रखा था, सड़कों पर आ निकलीं और उन्होंने अपने पुरुष साथी देशभक्तों के साथ कन्धे-से-कन्धा मिलाकर गैर कानूनी प्रदर्शनों में भाग लिया।

गाँधी जी ने अपने पूर्ववर्ती काल के बायकाट और स्वदेशी जैसे तरीके अपनाये और उनका इस्तेमाल किया, लेकिन उन्होंने ब्रिटिश सरकार पर दबाव डालने के और भी अधिक कारगर नये तरीके अपनाये, सत्याग्रह, असहयोग, नागरिक अवज्ञा, कर नहीं देना, कानूनों का खुला उल्लंघन, जान-बूझकर जेल जाना, सार्वजनिक प्रदर्शन और जुलूस, भूख हड़ताल आदि नये अस्त्र उन्होंने राष्ट्रीय मुक्ति आन्दोलन को दिये।

यह सब राष्ट्रीय नवजागरण के नये अध्याय थे, जिन्हें प्रेमचन्द राजनीति की दुनिया से दूर बैठे बड़े ध्यान से देख रहे थे। गाँधी जी के आने के साथ प्रेमचन्द की पैनी दृष्टि ने उन्हें पहचान लिया था। सत्य, अहिंसा, अपरिग्रह के जो आदर्श गाँधी जी ने देश के सामने रखा था वह समग्रत: प्रेमचन्द के मन में स्थिर हो चुका था। जिस रास्ते पर चलकर गाँधी जी ने उसे पाया था उसी रास्ते पर चलकर प्रेमचन्द भी उन्हें पा चुके थे।

प्रेम, दया, क्षमा, परोपकार, अहिंसा, त्याग, अपरिग्रह, आत्मशुद्धि की शिक्षा दोनों ने टालस्टाय से पायी थी। टालस्टाय के प्रभाव में 'सेवामार्ग' और 'उपदेश' जैसी कहानियाँ लिखीं जिसमें सेवा को ही सबसे बड़ी सिद्धि बताया।

प्रेमचन्द के लिए ये कोरे सिद्धान्त न थे। उनके सत्य को उन्होंने अपने चिन्तन-मनन-अनुभव से पुन: उपलब्ध किया था। इन सिद्धान्तों का सत्य उनकी जीवन-दृष्टि का अंग था। तभी वह उनके साहित्य में निरन्तर रक्त की भाँति प्रवाहित है। 'शंखनाद', 'पंच-परमेश्वर' और 'महातीर्थ' कहानियों के पीछे यही जीवन-दृष्टि काम कर रही थी।

इन्हीं दिनों प्रेमचन्द ने 'पुराना जमाना : नया जमाना' नाम से 'जमाना' में लेख लिखा। माण्टग्यू चेम्सफोर्ड जैसे छोटे-मोटे सुधारों से प्रेमचन्द सन्तुष्ट होनेवाले नहीं थे। स्वराज्य के जबानी जमा खर्च से वे बहकनेवाले न थे। उसकी बुनियाद जड़ों में है—हमारे स्वराज्य के नेताओं में वकील और जमींदार ही सबसे ज्यादा हैं। हमारी कौन्सिलों में भी यही दो समुदाय आगे-आगे दिखायी पड़ते हैं। मगर कितने शर्म और अफसोस की बात है कि उन दोनों में से एक भी जनता का हमदर्द नहीं। वे अपने ही स्वार्थ और प्रभुत्व की धुन में मस्त हैं। वह अधिकार और शासन की माँग करते हैं और धन और वैभव के इच्छुक हैं, जनता की भलाई के नहीं।...आप स्वराज्य की हाँग लगाइये, सेल्फ गवर्नमेण्ट की माँग कीजिए, कौन्सिलों को विस्तार देने की माँग कीजिये, उपाधियों के लिए हाथ फैलाइये, जनता को इन चीजों से कोई मतलब नहीं है बल्कि अगर कोई अलौकिक शक्ति उसे मुखर बना सके तो वह और जोरदार आवाज में, शंख बजाकर आपकी इन माँगों का विरोध करेगी। कोई कारण नहीं है कि वह दूसरे देश के हाकिमों के मुकाबले में आपकी हुकूमत को ज्यादा पसन्द करे।[13]

इन्हीं दिनों दयानारायण निगम को लिखे पत्र में वे लिखते हैं, 'मैं अब करीब-करीब वोल्शेविक वसूलों का कायल हो गया हूँ।' पत्र में लिखी गयी इन पंक्तियों और 'पुराना जमाना : नया जमाना' में लिखी गयी निम्नलिखित पंक्तियों से प्रेमचन्द के मानसिक विकास के धरातल को समझा जा सकता है। वे लिखते हैं, "आनेवाला जमाना अब किसानों और मजदूरों का है। दुनिया की रफ्तार इसका साफ सबूत दे रही है। हिन्दुस्तान इस हवा से बेअसर नहीं रह सकता। हिमालय की चोटियाँ उसे इस हमले से नहीं बचा सकतीं।"[14]

इन्हीं दिनों रौलट ऐक्ट 1919 में कानून के रूप में पास हो गया। इसके माध्यम से किसी व्यक्ति पर राजद्रोह का सन्देह होने पर बगैर मुकदमा चलाये कहीं भी नजरबन्द रखने तथा उसकी जमानत और गतिविधि पर बन्दिश आदि लगाने का अधिकार सरकार को प्राप्त हो गया। यह सभी भारतीयों के लिए साम्राजियों की खुली चुनौती थी। रौलट ऐक्ट के विरोध में भारतीय जनता ने गाँधी के नेतृत्व में हड़ताल की। बहुत-से लोग हताहत हुए। इस तरह भारतवासियों के स्वाधीनता-आन्दोलन का नया अध्याय शुरू हुआ।

13 अप्रैल छुट्टी का दिन था। उस दिन अमृतसर के जलियाँवाला बाग में

डॉ. सत्यपाल और डॉ. किचलू के निर्वासन के विरोध में विराट् सभा बुलायी गयी थी। जनरल 'ओडायर' ने गोलियाँ चलवाकर हजारों नागरिकों को हताहत कर दिया। अमृतसर की इन घटनाओं ने पंजाब को ब्रिटिश साम्राज्यवादियों के खिलाफ विद्रोह के द्वार पर ला खड़ा किया। डायर ने पंजाब के साम्राज्यवाद विरोधी आन्दोलन

को खून का नदी में डुबोकर भारत के मुक्ति संग्राम को दुर्बल कर देना चाहा था किन्तु हुआ बिलकुल उलटा। उसके कामों की आलोचना करते हुए अंग्रेज लेखक गिलवर्ट स्लेटर ने लिखा, "डायर ने पंजाब बचा लिया और भारत खो दिया।"[15]

प्रेमचन्द सक्रिय राजनीति से आबद्ध नहीं थे लेकिन उनका ध्यान निरन्तर उसी ओर लगा था। जलियाँवाला बाग हत्याकाण्ड उन्हें कुछ लिखने के लिए आन्दोलित कर रहा था। जबान पर बन्दिश थी मगर जी सुलग रहा था। इन सबको वाणी मिलती है। बाप-बेटे मनोहर और बलराज के रूप में। दोनों अक्खड़ और दिलेर हैं। जमींदार या उनके गुर्गों को कुछ नहीं समझते।

प्रेमचन्द के भीतर ब्रिटिश साम्राज्यवाद के खिलाफ विद्रोह की आग दिन-पर-दिन बढ़ती ही जा रही थी। 1919 में प्रथम विश्व युद्ध की समाप्ति पर देश भर में उत्सव मनाया गया। प्रेमचन्द के स्कूल में भी मनाया गया लेकिन वह उसमें शरीक नहीं हुए, इसको लेकर गोरेशाही के आतंक से उनकी टकराहट हुई।

अमृतसर के कांग्रेस अधिवेशन में शरीक होने की उत्कट इच्छा प्रेमचन्द के मन में थी लेकिन अस्वस्थ होने के कारण सम्भव नहीं हो सका। इस अधिवेशन में गाँधी जी द्वारा दिया गया वक्तव्य प्रेमचन्द को बहुत रास आ रहा था। गाँधी जी की कर्मनिष्ठा की भावना दूसरे नेताओं से उन्हें अलग करती थी। सच पूछिये तो इसी जगह आकर प्रेमचन्द हृदय से कर्मयोगी गाँधी के प्रति प्रणत हुए। विचार और दर्शन के क्षेत्र में उन्हें जो कुछ नया गाँधी से मिल सकता था उसे वह पहले ही टालस्टाय से पा चुके थे।

गाँधी का ही रास्ता उन्हें ठीक लगने लगा था। इसीलिए वे 'प्रेमाश्रम' के प्रेमशंकर के माध्यम से अहिंसा, असहयोग के द्वारा संघर्ष का मार्ग अपनाते हैं। गाँधी के लिए प्रेमचन्द के मन में गहरी भक्ति इस कदर है कि वे कभी-कभी संशय में पड़ जाते हैं कि प्रमाण किसे मानें, जीवन के अपने अनुभव को या गाँधी को।

असहयोग की तैयारी हो रही थी लेकिन उसका रूप क्या हो, यह स्पष्ट नहीं था। देशबन्धु चितरंजनदास, लाला लाजपत राय यहाँ तक कि मोतीलाल नेहरू के मन में भी संशय की स्थिति थी। अहमदाबाद के अधिवेशन में स्वदेशी का विकास, विदेशी चीजों का बहिष्कार, अदालत कचहरी का बहिष्कार, सरकारी स्कूलों का बहिष्कार, राष्ट्रीय विद्यालयों की स्थापना, कौन्सिल और उसके चुनावों का बहिष्कार, छूत-अछूत के भेद को मिटाना, हिन्दुओं और मुसलमानों के बीच एकता करना और भाईचारा कायम करना तथा और भी बहुत-सारे मुद्दे असहयोग के रूप और विस्तार को सुनिश्चित कर रहे थे, साथ ही उसे मजबूत भी बना रहे थे।

असहयोग आन्दोलन की मशाल जलाये हुए गाँधी जी सारे देश का दौरा कर रहे थे। 8 फरवरी को वे गोरखपुर पहुँचे। गाँधी जी की सभा में प्रेमचन्द भी मौजूद

थे। गाँधी जी के असहयोग आन्दोलन का ही प्रभाव था कि वे 1921 की 15 तारीख को 21 वर्ष की सरकारी नौकरी से कार्यमुक्त हो गये। नौकरी से मुक्त होने के बाद प्रेमचन्द 'विचित्र होली' कहानी में ब्रिटिश साम्राज्यवाद के प्रतिनिधि मिस्टर क्रास का मजाक उड़ाते हैं और सेठ उजागरमल का हृदय परिवर्तन कराकर उन्हें पक्के असहयोगियों की जमात में ला खड़ा करते हैं।

इन्हीं दिनों आजादी का लुत्फ उठाते हुए 'लालफीता' कहानी में एक मजिस्ट्रेट का हृदय परिवर्तन और इस्तीफा दिखाते हैं जो इस्तीफा देने के बाद अपने गाँव चला जाता है और चर्खे का प्रचार करने लगता है। यह सब-कुछ प्रेमचन्द के अपने जीवन की अभिव्यक्ति और साथ ही असहयोग आन्दोलन का प्रचार भी हो रहा था।

प्रेमचन्द के सामने कितनी ही समस्याएँ क्यों न हों लेकिन भारतीय नवजागरण की कोई भी गतिविधि उनकी पैनी दृष्टि से ओझल नहीं हो पाती थी। जितनी गहराई से प्रेमचन्द अपने समसामयिक नवजागरण के परिवेश को समझते थे शायद उतनी गहराई से उस आन्दोलन के बड़े-बड़े नेता भी नहीं समझ पा रहे थे। उसी समय प्रेमचन्द ने जमाना में 'वर्तमान आन्दोलन के रास्ते में रुकावटें' शीर्षक लेख लिखकर समय से आगे की बातें कहीं।

स्वराज्य का वर्तमान आन्दोलन अभी तक तो कामयाबी के साथ जारी ही हैं लेकिन अब हालतें रोज-ब-रोज ज्यादा खतरनाक होती जा रही हैं। यों कुछ लोगों की दृष्टि में तो असहयोग आन्दोलन को सिरे से ही कोई कामयाबी हासिल न हुई।— और जब ख्याल कीजिये कि अभी दो साल पहले यहाँ की राजनीतिक हालत क्या थी—लोग खुशामद और व्यर्थ के आडम्बर को राजनीति का मुख्य अंश समझते थे, यहाँ तक कि मजहबी जलसों और मुशायरों में भी राजभक्ति पर प्रस्ताव पास करना एक मुख्य कर्त्तव्य हो गया था, सरकारी नौकरियों के लिए कितनी दौड़धूप, कितनी छीनाझपटी और कितनी गुप्त कार्रवाइयाँ की जाती थीं तो ऐसी हालत में यह उम्मीद करना कि किसी जादूमन्तर से कौम का हरेक व्यक्ति अपने निजी फायदे को, अपनी जिन्दगी को कौम पर कुर्बान कर देगा, असलियत की तरफ से आँखें बन्द कर लेना है। इसलिए हम यह दावा करना अपने तईं ठीक समझते हैं कि स्वराज्य का आन्दोलन अब तक कामयाब हुआ।[16]

दुनिया के दूसरे कई देशों में क्रान्ति की लहर फैली थी। पराधीन देशों की जनता साम्राजी लुटेरों पर वार कर रही थी, भारतीय जनता भी राष्ट्रीय मुक्ति के लिए क्रान्ति का रास्ता अपना रही थी। उसे एक क्रान्तिकारी नेतृत्व की आवश्यकता थी। उसे लेनिन जैसे नेता की आवश्यकता थी। गाँधी समेत कांग्रेस के नेता ऐसा नेतृत्व नहीं कर पा रहे थे। मालाबार के मोपला विद्रोह ने ब्रिटिश साम्राज्यवादियों तथा भारतीय सामन्तों, दोनों के विरुद्ध विद्रोह व्यक्त किया। मालावार के किसान राष्ट्रीय और कृषि क्रान्ति

का संयुक्त रास्ता अपनाकर चल रहे थे। भारत की मुक्ति का रास्ता यही था लेकिन कांग्रेस के नेता इसके लिए तैयार न थे।

संयुक्त प्रदेश में असहयोग आन्दोलन की प्रधान शक्ति किसान थे। कांग्रेस स्वयंसेवक दल में हजारों की संख्या में भर्ती होकर उन्होंने पूरे राष्ट्रीय आन्दोलन को शक्तिशाली बनाया। इसके साथ ही उन्होंने लगानबन्दी आदि का रास्ता भी अपनाया था। यहाँ भी राष्ट्रीय आन्दोलन के बुर्जुवा नेताओं ने अहिंसात्मक आत्मसमर्पण का पाठ पढ़ाया।

1921 तक भारत का क्रान्तिकारी आन्दोलन उच्च शिखर पर पहुँच गया था। इसी समय युवराज प्रिन्स आफ वेल्स भारत आये थे। भारतवासियों ने उसका स्वागत हड़ताल और विरोधी प्रदर्शनों के साथ किया। इस घटना पर गाँधी जी ने पाँच दिन का उपवास कर प्रायश्चित्त किया। उन्होंने स्पष्ट मत प्रकट किया कि हालात ऐसे आन्दोलन के अनुकूल नहीं है। गाँधी जी ने जनशक्ति को तो जमा किया था लेकिन अब उसके आन्दोलन को अहिंसा की परिधि के अन्दर सीमित रखना असम्भव हो रहा था। खुद गाँधी जी के सहयोगी मुस्लिम नेता 'अहिंसा' की धारा को हटा देने और पूर्ण स्वाधीनता की माँग पर जोर दे रहे थे। चौरी-चौरा की घटना घटते ही गाँधी जी ने देश में चल रहे हर प्रकार के राष्ट्रीय आन्दोलन को बन्द कर देने का आदेश दिया। रचनात्मक काम जैसे चरखा कातो, खद्दर बुनो, लोगों की नशा करने की आदत छुड़ाओ, शिक्षा का प्रचार करो, अस्पृश्यता दूर करो। आन्दोलन के इस तरह बन्द कर देने पर खुद कांग्रेसजनों और नेताओं के अन्दर असन्तोष और निराशा व्याप्त हो गयी। इस सम्बन्ध में सुभाषचन्द्र बोस ने लिखा है, "डिक्टेटर का फरमान उस वक्त मान लिया गया लेकिन कांग्रेस शिविर में नियमित विद्रोह फैल गया। कोई न समझ सका कि महात्मा ने चौरी-चौरा की विच्छिन्न घटना का इस्तेमाल सारे देश के आन्दोलन का गला घोट देने के लिए क्यों किया।"[17]

जवाहरलाल नेहरू ने अपनी जीवनी में लिखा, "ऐसे समय जबकि लगता था कि हम अपनी स्थिति मजबूत कर रहे हैं और सब मोर्चों पर आगे बढ़ रहे हैं, संघर्ष के बन्द कर दिये जाने का समाचार हमें मिला तो हम बहुत नाराज हुए।"[18]

कांग्रेस द्वारा क्रान्ति के उफनते ज्वार को हठात् रोक देने के कई परिणाम सामने आये। 1922 में असहयोग आन्दोलन को पूरी तरह वापस ले लिया गया था। फिर भी ब्रिटिश साम्राजियों ने अपना नग्न रूप दिखाया। राष्ट्रीय मुक्ति आन्दोलन की शक्तियों पर साम्राजियों के भयंकर आक्रमण का एक रूप साम्प्रदायिक दंगे थे। 1923-28 तक के प्राय: छह वर्ष बड़े-बड़े साम्प्रदायिक दंगों के वर्ष हैं। जब तक आन्दोलन का ज्वार रहा, साम्राजियों की 'फूट डालो राज करो' की नीति पूरी तरह नाकाम रही लेकिन आन्दोलन बन्द करते ही ब्रिटिश साम्राजी अपनी नीति में कामयाब हो गये। नेहरू जी ने अपनी जीवनी में यह स्वीकार किया है।

"यह सम्भव है कि एक महान आन्दोलन को इस तरह एकाएक बन्द कर देने से देश में दुखद घटनाएँ घटीं। राजनीतिक संघर्ष में यदा-कदा तथा व्यर्थ हिंसा की ओर प्रवाह रुक गया। लेकिन दबी हिंसा के लिए बाहर निकलने का कोई रास्ता चाहिए था। आगामी वर्षों में इसने सम्भवत: साम्प्रदायिक गोलमाल बढ़ा दिया था।"[19]

राष्ट्रीय आन्दोलन के ज्वार के समय कायम हुई हिन्दू-मुस्लिम एकता टूट गयी और जैसा ऊपर कहा गया है बड़े-बड़े साम्प्रदायिक दंगों का दौर चल पड़ा। प्रेमचन्द इन दिनों 'रंगभूमि' लिख रहे थे। विवश होकर उनकी चेतना कुछ समय के लिए साम्प्रदायिक ज्वाला में जलते देश की ओर लौट आती है।

इन्हीं दिनों जमाना में 'मनुष्यता का अकाल' शीर्षक लेख लिखा, जिसमें प्रेमचन्द की विप्लवी दृष्टि ने हिन्दू-मुस्लिम खींचतान के पीछे काम करनेवाले हाथों को पहचान लिया था, "इन धार्मिक आदेशों को भड़काने का इल्जाम सबसे ज्यादा कौन्सिलों की माँग करनेवालों की गर्दनों पर है। चाहे वह हिन्दू हो या मुसलमान। कांग्रेस ने लिबरल नेताओं का पर्दाफाश कर दिया था। रईस और ताल्लुकेदार भी जनता की नजरों से गिर चुके थे। वह हजरात जिन्होंने देशभक्ति के अपने तमाम दावों के बावजूद वकालत या सरकारी नौकरी न छोड़ी थी, पब्लिक की निगाहों में अपनी प्रतिष्ठा खो बैठे थे। इससे बेहतर और कौन मौका हाथ आ सकता था? 'हिन्दू कौम खतरे में है' का नारा मारकर वह लोग हिन्दुओं के हितैषी बनना चाहते थे।"[20]

इसी बीच प्रेमचन्द ने स्वराज्य और एकता पर एक कहानी 'बौड़म' तथा 'कर्बला' नाटक लिखा। साम्प्रदायिक उन्माद को रोकने के लिए प्रेमचन्द अपनी पूरी ताकत के साथ लगे हुए थे। कर्बला की लड़ाई में उनको अपनी मनचाही विषयवस्तु मिल गयी। हजरत हुसैन कर्बला के मैदान में शहीद हुए थे। मुहर्रम उसी की याद और उसी का मातम है। अक्सर दंगे मुहर्रम के मौके पर ही हुआ करते थे और इसे एक व्यंग्य ही कहना चाहिए कि उसी मुहर्रम की विषयवस्तु में प्रेमचन्द को एकता का आधार मिल गया।

इस समय प्रेमचन्द की कलम से एक-से-एक कहानियाँ निकल रही थीं जिसका सम्बन्ध किसी-न-किसी रूप में स्वराज्य से था। 'बौड़म', 'स्वत्वरक्षा', 'अधिभार चिन्ता' आदि इसी दौर की कहानियाँ हैं।

इन्हीं दिनों असहयोग आन्दोलन की पृष्ठभूमि पर नाटक लिखा। वही समस्याएँ इसमें चित्रित हैं। मन दूसरी तरफ जाने को तैयार नहीं।

बोल्शेविक क्रान्ति की ओर झुकाव उनका पहले से था। देश में भी आतंकवादी गतिविधियाँ जारी थीं। इन सबका प्रभाव प्रेमचन्द के लेखन में निरन्तर इस धारा के रूप में प्रवाहित हो रहा था। 'संग्राम' नाटक में आतंकवादी गतिविधियों को मुखर बनाते हुए वे लिखते हैं—"कुकरम क्या हमीं करते हैं, यही कुकरम तो संसार कर

रहा है। सेठ जी रोजगार के नाम पर डाका मारते हैं, अमले घूस के नाम पर डाका मारते हैं, वकील मेहनताना के नाम से डाका मारते हैं।''[21]

प्रेमचन्द ने अपने समय की समाज व्यवस्था से पूरी तरह विद्रोह कर दिया था। दूसरे स्वराज्यवादियों के मन में स्वराज्य की तस्वीर भले न साफ रही हो लेकिन उनके मन में आईने की तरह साफ थी। उनके लिए स्वराज्य का मतलब था, अन्यायपूर्ण समाज व्यवस्था में आमूल परिवर्तन। अंग्रेजी हुकूमत से मुक्ति केवल उसकी पहली सीढ़ी थी।

स्वाधीनता आन्दोलन ठण्डा पड़ा हुआ था। साम्प्रदायिक दंगों ने मनुष्यता को खून में डुबो दिया था। दंगों की आग तभी शांत हुई जब देश की क्रान्तिकारी शक्तियों ने पुनः आगे बढ़कर ब्रिटिश साम्राजियों से लोहा लेना शुरू किया। बाद में चलकर कांग्रेस में परिवर्तन के पक्षधरों और यथास्थितिवादियों में विभाजन हो गया। परिवर्तनकारी असेम्बलियों में चुनाव के माध्यम से घुसकर अपनी माँगों को बुलन्द करना चाहते थे। यथास्थितिवादी गाँधी जी के साथ उसी पुराने जनसेवा और जन-आन्दोलन के रास्ते पर चलना चाहते थे। परिवर्तनवादियों ने आगे चलकर स्वराज्य पार्टी बना ली थी, और इनकी ताकत बराबर बढ़ती ही जा रही थी। गाँधी जी ने इतना जरूर भाँप लिया था कि हवा का रुख किधर है! इसलिए उन्होंने स्वराजियों को मुक्त होकर अपना प्रयोग करने को छूट देना ही ठीक समझा और ऐसा रुख अपनाया कि उनके सम्बन्ध में कोई दुर्भावना पैदा न हो। गाँधी और चितरंजन दास के बीच समझौता हुआ। एक तरह से गाँधी जी ने स्वराजियों के सामने आत्मसमर्पण कर लिया।

इन्हीं दिनों दयानारायण निगम के सवाल का जवाब देते हुए प्रेमचन्द ने लिखा, ''आपने मुझसे पूछा, मैं किस पार्टी में हूँ, तो मैं किसी भी पार्टी में नहीं हूँ। इसलिए कि दोनों पार्टी में से कोई पार्टी कुछ अमली काम नहीं कर रही है। मैं तो उस आनेवाली पार्टी का मेम्बर हूँ जो कोतुहुन्नास की सियासी तालीम को अपना दस्तूर-उल-अमल बनाये।''[22] इस कथन के पीछे एक गहरी अनास्था है। श्रमिकों, अंग्रेजी पढ़े-लिखों और उनकी राजनीति के प्रति अनास्था का इतिहास बहुत पुराना है। यह अनास्था उनमें बराबर बढ़ती गयी और समय-समय पर उसका विस्फोट होता रहा। 'स्वराज्य में किसका अहित होगा' शीर्षक लेख में वे लिखते हैं—

''गरीबों की छाती पर दुनिया ठहरी हुई है, यह कठोर सत्य है। हरेक आन्दोलन में गरीब लोग ही आगे बढ़ते हैं, यह भी अमर सत्य है। इस आन्दोलन में गरीब ही आगे-आगे हैं और उन्हीं को रहना भी चाहिए, क्योंकि स्वराज्य में सबसे ज्यादा फायदा उन्हीं को होगा भी। हाँ उनको अवश्य हानि होगी जो खुशामद और लूट तथा

अन्याय के मजे उड़ा रहे हैं। वे अगर स्वराज्य के बाहर रहें, तो उनका फायदा है, लेकिन जो नीति-धर्म और सत्य के माननेवाले हैं, उनके लिए स्वराज्य से चौंकने का कोई कारण नहीं। उन्हें दिल खोलकर निर्भय रूप से इस संग्राम में सम्मिलित होना चाहिए।''[23]

1930 के आन्दोलन के समय शिक्षित, पूँजीपति और बुर्जुवा नेता वर्ग के प्रति असन्तोष दयानारायण निगम को लिखे पत्र में इस प्रकार व्यक्त है, जब मालूम है और उसके लिए सबूत और दलील की जरूरत नहीं कि सरकार कोई रिफार्म उस वक्त तक नहीं करती जब तक कि उसे यह यकीन न हो जाये कि इस तहरीक के पीछे कितनी ताकत है, तो तालीमयाफ्ता जमात का उससे किनारे रहना कितना दिलशिकन है। कानूनपेशा, तबीबपेशा (डॉक्टर), प्रोफेसर और सरकार मुलाजिमान जितनी गुलामाना जेहनीयत का सबूत दिया है, उसकी मुझे उम्मीद न थी। यह तबका अपनी खैरियत गवर्नमेण्ट का इक्तदार कायम रहने में समझता है।[24]

सोवियत संघ की प्रगति, चीन की क्रान्ति सारी दुनिया में साम्राज्यवाद विरोधी और राष्ट्रीय मुक्ति आन्दोलन, देश की बिगड़ती आर्थिक हालत और बढ़ते साम्राज्यवादी शोषण, मजदूरों, किसानों और कम्युनिस्टों के आन्दोलन की वृद्धि आदि ने मिलकर कांग्रेस पर प्रभाव डाला और उसके अन्दर गरम दल का उदय हुआ। इस गरम दल के नेता जवाहरलाल नेहरू और सुभाषचन्द बोस हुए। 1927 के मद्रास अधिवेशन में पुनः गरम दलवालों ने पूर्ण स्वाधीनता की माँग पेश की और वह पास भी हो गया। साइमन कमीशन के बायकाट का नारा मद्रास अधिवेशन में ही दिया गया। 3 फरवरी, 1928 को साइमन कमीशन बम्बई आ पहुँचा। भारतभूमि पर पैर रखते ही उसका स्वागत देशव्यापी आम हड़ताल से हुआ। कम्युनिस्टों ने सब जगह साइमन कमीशन के खिलाफ हड़ताल और प्रदर्शनों का आह्वान किया। अंग्रेजों ने डरकर साइमन कमीशन को दिल्ली रवाना कर दिया लेकिन वहाँ भी उसका स्वागत काले झण्डों और गो बैक साइमन के नारों के साथ किया गया। कमीशन लाहौर पहुँचा तो वहाँ लाला लाजपत राय के नेतृत्व में विशाल जन-समूह ने उसके खिलाफ प्रदर्शन किया। अंग्रेजों ने प्रदर्शनकारियों पर लाठीचार्ज किया।

लखनऊ में भी कमीशन पहुँचा। यहाँ प्रदर्शनकारियों के साथ वरिष्ठ नेता जवाहरलाल नेहरू और गोविन्दवल्लभ पन्त की भी पिटाई की गयी। लेकिन इन हैवानी जुल्मों से भी लोग नहीं डरे। पट्टाभिसीतारमैय्या लिखते हैं, ''केसरबाग में कुछ ताल्लुकदारों ने केसरबाग को घेर रखा था। जिन पर प्रदर्शनकारी होने का सन्देह होता उन्हें केसरबाग की तरफ जाने न दिया जाता। फिर भी साइमन कमीशन विरोधी प्रदर्शन को ठीक दावत के स्थान पर होने से रोका न जा सका। ज्यों ही दावत शुरू

हुई अनगिनत काली पतंगें और वैलून आकाशमार्ग से वहाँ आ पहुँचे। उन पर लिखा था, 'साइमन वापस जाओ'। भारत, भारतवासियों का है।''[25]

पूरा शहर हँस रहा था, उन हँसनेवालों में प्रेमचन्द भी थे। प्रेमचन्द उन दिनों वहाँ रहते थे। यह सब उनकी आँखों के सामने हो रहा था। कभी-कभी उन्हें जोश भी आ जाता था।

देश तेजी से एक नये संग्राम की ओर बढ़ रहा था। प्रेमचन्द की लेखनी भी जोरों पर थी। 'निर्मला' उपन्यास धारावाहिक रूप में चाँद में निकलकर बेहद कामयाब हुआ था। 'प्रतिज्ञा' भी छप चुका था। अब 'गबन' की तैयारी हो रही थी। गुजरात में बारदोली के किसानों ने लगान वृद्धि के विरुद्ध मोर्चा लगाया। सरकार ने कठोरता से उसे वसूल करने का आदेश दिया। बारदोली की घटनाओं के समाचार सारे देश में बड़ी तेजी से फैले। विधानसभा के सदस्यों, समाचार-पत्रों, मजदूरों, नौजवानों और बुद्धिजीवियों के संगठनों के नेताओं ने माँग की कि किसानों पर लगान का बोझ कम किया जाये। गाँधी जी की अपील पर 12 जून, 1928 को सारे देश में 'बारदोली दिवस' मनाया गया। अन्तत: किसानों की विजय हुई। वल्लभ भाई पटेल को सरदार का खिताब दिया गया। बारदोली सत्याग्रह से कांग्रेस गाँधी जी और उनके अनुयायियों की जनप्रियता सारे देश में बहुत बढ़ गयी। इसने गाँधी जी के लिए राजनीति में पुन: प्रवेश करने और कांग्रेस की बागडोर फिर से अपने हाथ में लेने का रास्ता साफ कर दिया।।

देश तेजी से एक नये संग्राम की ओर बढ़ रहा था। नवम्बर, 1828 में 'आल इण्डिया इण्डिपेण्डेन्स लीग' की स्थापना हुई। उसके नेता 'जवाहरलाल नेहरू' और 'सुभाषचन्द बोस' थे। इण्डिपेण्डेन्स लीग' ने देश के मध्य वर्ग को, खासकर नौजवानों और छात्रों को राजनीति की ओर खींचा और ब्रिटिश राज के खिलाफ प्रगतिशील शक्तियों को संगठित करने में बड़ा काम किया।

## भारतीय नवजागरण का तीसरा दौर

भारत में नवजागरण का तीसरा दौर 1930-32 में आया। एक तरफ विश्व के महान् आर्थिक संकट ने और दूसरी तरफ सोवियत संघ की समाजवादी सफलताओं और चीन की क्रान्ति के प्रभाव ने दुनिया के विभिन्न देशों में क्रान्ति की परिस्थिति पैदा कर दी थी। सारी दुनिया में मन्दी का भयानक दौर चल रहा था। यह सम्भव न था कि हिन्दुस्तान उससे बच पाता। उसने कल-कलखानों को ही नहीं कृषि क्षेत्रों को भी अपनी चपेट में ले लिया। आर्थिक संकट के कारण सारी भारतीय जनता और ब्रिटिश साम्राजियों के बीच, भारतीय पूँजीपति और मजदूर वर्ग के बीच, किसानों और जमींदारों के बीच अन्तर्विरोध बढ़ गया। किन्तु इन सबमें निर्णायक था सारी

भारतीय जनता और ब्रिटिश साम्राजियों के बीच का अन्तर्विरोध, जिसने भारत के नवजागरण की चेतना को नया आयाम दिया।

## मेरठ षड्यन्त्र केस

कम्युनिस्टों के बढ़ते प्रभाव को रोकने के लिए ब्रिटिश शासकों ने चार कदम उठाये। जन सुरक्षा कानून का विरोध कई बार भारतीयों ने डटकर किया। इस बिल के पास होने की इजाजत न मिलने पर उसे अध्यादेश के रूप में सारे देश में लागू किया गया। इसी बीच 1929 में सारे देश में कम्युनिस्टों को गिरफ्तार किया गया।

1928 में भारत में मजदूर आन्दोलन की बढ़ती शक्ति तथा बदलते चरित्र को देखकर ब्रिटिश शासकों ने कम्युनिस्टों का असर कम करने के लिए ह्विटली कमीशन भेजा। इसके विरोध में मजदूरों ने देश की पूर्ण स्वाधीनता और शोषण के अन्त के नारे बुलन्द किये। 1929 में 'ट्रेड डिस्प्यूट्स बिल' केन्द्रीय विधान सभा में पास हो गया। इसका उद्देश्य हड़ताल और मजदूरों की राजनीतिक गतिविधियों पर अंकुश लगाना था। बिल पास होते ही सरदार भगतसिंह और बटुकेश्वरदत्त ने विधान सभा के सरकारी पक्ष पर बम फेंककर मजदूर वर्ग के आन्दोलन के साथ अन्याय के प्रति विरोध प्रकट किया। 20 मार्च, 1929 को भारत के सभी बड़े-बड़े नेताओं को गिरफ्तार कर लिया गया। उन पर मेरठ षड्यन्त्र केस नाम से साढ़े चार साल लम्बा मुकदमा चलाया गया। ब्रिटिश साम्राजियों ने कम्युनिज़्म का नामोनिशान मिटा देने, उन्हें देशवासियों से काट देने की गरज से यह सब-कुछ किया था लेकिन उनकी सारी आशाओं पर पानी फिर गया।

प्रेमचन्द इन दिनों 'गाल्सवर्दी' के नाटक 'स्ट्राइक' का अनुवाद कर रहे थे जिसमें पूँजी और श्रम का वही संघर्ष था जो देश में छिड़ा हुआ था। उन्हीं दिनों 'गबन' की शुरुआत सामाजिक उपन्यास के रूप में हुई लेकिन देश में छिड़े हुए नये राजनीतिक संघर्ष ने उसे राजनीतिक उपन्यास के रूप में बदलने को विवश कर दिया।

इन्हीं दिनों वाइसराय के पत्र का जवाब गाँधी जी ने बड़े उग्र स्वर में दिया है। महाभारत आरम्भ होने वाला है। जब देश में आग लगी हुई हो तो देश की हर धड़कन को सुननेवाले प्रेमचन्द कब शान्त बैठनेवाले थे। गाँधी जी की डाण्डी यात्रा 25 मार्च को शुरू हुई। प्रेमचन्द उससे 15 दिन पहले ही हंस का पहला अंक लेकर उपस्थित हो गये। हंस के प्रथम अंक में हंस की स्वतन्त्रता आन्दोलन में सहभागिता पर प्रेमचन्द लिखते हैं, "हंस के लिए यह परम सौभाग्य की बात है कि उसका जन्म ऐसे शुभ अवसर पर हुआ है जब भारत में एक नये युग का आगमन हो रहा है, जब भारत पराधीनता की बेड़ियों से निकलने के लिए तड़पने लगा है। इस तिथि की यादगार एक दिन देश में विशाल रूप धारण करेगी।"

"कहते हैं, जब श्री रामचन्द्र जी समुद्र पर पुल बाँध रहे थे उस वक्त छोटे-छोटे पशु-पक्षियों ने मिट्टी लाकर समुद्र को पाटने में मदद की थी। इस समय देश में उससे कहीं विकट संग्राम छिड़ा हुआ है। भारत ने शान्ति-समर की भेरी बजा दी है। हंस भी मानसरोवर की शान्ति छोड़कर, अपनी नन्हीं-सी चोंच में चुटकी भर मिट्टी लिये हुए समुद्र पाटने—आजादी में जंग में योग देने चला है। समुद्र का विस्तार देखकर उसकी हिम्मत छूट रही है, लेकिन संघ-शक्ति ने उसका दिल मजबूत कर दिया है।"[26]

25 मार्च, 1930 को गाँधी जी ने प्रसिद्ध डाण्डी यात्रा शुरू की। 6 अप्रैल से नमक बनाकर कानून तोड़ना शुरू किया। 5 अप्रैल को गाँधी ने आदेश दिया, हमारा पथ हमारे लिये निर्धारित हो चुका है। प्रत्येक गाँव अवैध नमक लाकर बनाये। बहनों को शराब की दुकानों, अफीमों के अड्डों और विदेशी वस्त्र विक्रेताओं की दुकानों पर धरना देना चाहिए। हर घर के नौजवान और बूढ़ों को तकली चलानी और सूत कातना चाहिए।—और जल्दी ही हम देखेंगे कि पूर्ण स्वराज्य आकर हमारे दरवाजे को खटखटाने लगेगा।[27]

गाँधी जी ने आन्दोलन को इन्हीं सीमाओं के अन्दर रखने की कोशिश की लेकिन आन्दोलन जल्दी ही इन सीमाओं को पार कर गया। ब्रिटिश साम्राजियों के हैवानी राज को खत्म कर देने के लिए वे नाना मोर्चों पर आगे बढ़े। नमक सत्याग्रह सिर्फ पक्के गाँधीवादियों तक सीमित न रहा। वह देश के कोने-कोने में फैल गया। छात्र स्कूल छोड़कर आन्दोलन में कूद पड़े। मजदूरों ने हड़तालों और किसानों ने लगानबन्दी का रास्ता अपनाया।

1930 में सशस्त्र संग्राम के जरिये देश को मुक्त करने का रास्ता चटगाँव में राष्ट्रवादी क्रान्तिकारियों ने अपनाया। घोर दमन के बावजूद जन-आन्दोलन की व्यापकता और उग्रता को देखकर एक तरफ ब्रिटिश साम्राज्यवादियों के शिविर में और दूसरी तरफ भारत के निहित स्वार्थों के शिविर में घबराहट फैल गयी। लम्बे वार्त्तालाप के बाद 4 मार्च को गाँधी-इरविन पैक्ट हो गया। इसके अनुसार सविनय अवज्ञा आन्दोलन एकदम बन्द कर दिया गया। बदले में सरकारी दमन की कार्यवाही बन्द करने की बात कही गयी। लेकिन ब्रिटिश शासकों से इतना भी नहीं हुआ कि देश की भावनाओं का, गाँधी जी और कांग्रेस के आग्रह का खयाल करके भगतसिंह की फाँसी माफ कर देते।

प्रेमचन्द 24 मार्च,1931 को दयानारायण निगम को पत्र लिखते हैं, कराँची का इरादा था, मगर आज भगतसिंह की फाँसी ने हिम्मत तोड़ दी। अब किस उम्मीद पर जाऊँ। वहाँ गाँधी का मजाक उड़ेगा, कांग्रेस गैरजिम्मेदार, शोखीपसन्द तबके के हाथ में आ जायेगी और हम लोगों के लिए उसमें जगह नहीं है। आइन्दा

क्या तर्जे अमल अख्तियार करना पड़े, कह नहीं सकता मगर फिलहाल दिल बैठ गया है।[28]

कांग्रेस ने जिन माँगों के लिए आन्दोलन चलाया था उसमें से एक भी माँग पूरी नहीं हुई। दूसरी गोलमेज कान्फ्रेन्स से गाँधी खाली हाथ लौटे। यहाँ गाँधी-इरविन पैक्ट को अंग्रेज ताक पर रखकर दमन का नंगा नाच कर रहे थे। उन्होंने राजनीति में दिलचस्पी लेना छोड़कर, हरिजन समस्या पर अधिक ध्यान देना शुरू कर दिया।

इस प्रकार प्रथम महायुद्ध के बाद राष्ट्रीय मुक्ति क्रान्ति को सफल बनाने का यह दूसरा अवसर भी हाथ से जाता रहा। एक शानदार लड़ाई हार में बदल गयी। इसका कारण था राष्ट्रीय आन्दोलन का सुधारवादी और समझौतावादी नेतृत्व।

'गोलमेज सभा का विसर्जन' शीर्षक लेख में प्रेमचन्द अपना गुस्सा व्यक्त करते हुए लिखते हैं, 'गोलमेज सभा' जिस तरह पहली बार गपशप करके समाप्त हो गयी, उसी तरह दूसरी बार भी गपशप करके समाप्त हो गयी। समाप्त क्यों हुई, अभी कुछ और गपशप होगी और यह सिलसिला शायद दो-चार साल चलेगा। कमेटियों और तहकीकातों से असली बात को टालते रहना राजनीति की पुरानी चाल है।[29]

दूसरे गोलमेज के तुरन्त बाद सभी बड़े नेताओं को कैद कर दिया गया। जवाहरलाल नेहरू की माँ के साथ घटी घटना पर अपने मित्र दयानारायण निगम के पत्र में प्रेमचन्द साम्राज्यवादी शक्तियों के प्रति आक्रोश व्यक्त करते हुए लिखते है।— "...गवर्नमेण्ट की ज्यादतियाँ अब नाकाबिले बर्दाश्त हो रही हैं। पण्डित जवाहरलाल की जईफ माँ के साथ कितनी बिदअतें की गयीं। अब बाहर रहना मुझे भी बेहयाई मालूम हो रही है।"

उन्हीं दिनों 'दमन की सीमा' शीर्षक लेख में स्वराज्य और गाँधी के प्रति अविश्वास उठता है लेकिन तत्काल ही उनका संशय विश्वास में बदल जाता है।

'कांग्रेस स्वराज्य माँगती है। सरकार स्वराज्य देने को तैयार है। तो यह दमन क्यों? यह सत्याग्रह क्यों? या तो कांग्रेस स्वराज्य नहीं कुछ और माँगती है या सरकार स्वराज्य नहीं कुछ और देना चाहती है।[30]

इसी लेख में कांग्रेस की तरफदारी करते हुए लिखते हैं, "गोलमेज सभा में भी विधाताओं को इसकी फिक्र न थी कि प्रजा की दशा क्योंकर सुधारी जाये, बल्कि यह फिक्र था कि कांग्रेस की शक्ति कैसे तोड़ी जाये।"

1934 के बाद का जो दौर आरम्भ हुआ, वह राष्ट्रीय क्रान्ति की शक्तियों के पुनर्गठन, शक्ति संचयन और अपनी नवीन कार्य-नीति के निर्धारण का दौर था। 1922 में राष्ट्रीय आन्दोलन की विफलता का परिणाम स्वराज्य पार्टी थी तो 1934 का परिणाम कांग्रेस सोशलिस्ट पार्टी का जन्म हुआ। उसके संस्थापकों में जयप्रकाश नारायण, आचाय नरेन्द्रदेव, अशोक मेहता आदि थे।

इन्हीं दिनों किसान सभा और अन्य जनसंगठनों का भी निर्माण हुआ। किसानों ने माँग की कि जमींदारी खत्म की जाये, जमीन का मालिक किसानों को बनाया जाये। सूदखोरों का कर्ज रद्द किया जाये, सरकारी जमीन भूमिहीन किसानों को दी जाये। किसान कौन्सिल ने माँग की थी कि कांग्रेस किसानों की इन माँगों को अपनी माँगों में शामिल कर लें। इस माँग-पत्र के आधार पर किसानों ने पहचाना कि उनके शत्रु दो हैं—विदेशी साम्राज्यवादी तथा देशी जमींदार और साहूकार। भारत के इतिहास में पहली बार किसानों ने देशभर में 1936 के मई, दिवस के उत्सव में हिस्सा लिया। दूसरी तरफ जब सितम्बर में सारे देश में किसान-दिवस मनाया गया तो मजदूरों ने किसानों की माँगों का समर्थन किया।

सम्भवत: इन्हीं परिस्थितियों में 'गोदान' के प्रमुख चरित्र 'होरी' और खेतों पर काम करनेवाली धनिया का जन्म हुआ होगा। कई वर्षों तक भारतीय राजनीतिक में सन्नाटा छाया रहा लेकिन जब अकाल और साम्प्रदायिकता जैसी भयंकर समस्याओं को देश भुगत रहा था तो, प्रेमचन्द की दृष्टि इनकी ओर कैसे नहीं जाती। 1936 में अखिल भारतीय किसान सभा बनी और प्रगतिशील लेखक संघ की स्थापना हुई जिसके अध्यक्ष किसानों के पक्षधर प्रेमचन्द थे। यह सब घटनाएँ एक-दूसरे से सम्बद्ध और सम्पृक्त हैं। इस सम्पृक्ति के पीछे प्रेमचन्द की दृष्टि और सामाजिक, राजनीतिक दृष्टि की जीवन्तता ही काम कर रही थी।

## सामाजिक, धार्मिक और सांस्कृतिक नवजागरण की दिशाएँ

नवजागरण का दूसरा पक्ष समाज सुधार, धार्मिक और सांस्कृतिक नवचेतना से जुड़ा था। इसके पीछे, बुद्धिवादी और व्यक्तिवादी प्रवृत्तियाँ थीं। यह दोनों प्रवृत्तियाँ यूरोप से आयी थीं। इनका सम्बन्ध फ्रांसीसी राज्यक्रान्ति और उससे उत्पन्न नवीन जागृति से था। भारतवर्ष में 12वीं शताब्दी के बाद अगले छह सौ वर्षों तक सामाजिक और सांस्कृतिक क्षेत्र में किसी प्रकार की नवीन चेतना नहीं आयी। शताब्दियों से सामाजिक, सांस्कृतिक, धार्मिक रूढ़ियों में आबद्ध भारतीयों की चेतना पोषण तत्त्व के अभाव में सूख-सी गयी थी। इसी सूखी हुई नवचेतना की जागृति उन्नीसवीं शताब्दी का सांस्कृतिक नवजागरण है।

यद्यपि मुसलमानों के आने के बाद सामन्तवाद की जड़ें हिल गयी थीं। मध्यकाल में सन्त साहित्य और सूफी पन्थ सामन्ती अत्याचारों के विरुद्ध एक धार्मिक प्रतिरोध के रूप में उठ खड़े हुए थे। सोलहवीं शताब्दी में 'रोशनिया आन्दोलन' धार्मिक आचरण में सामन्तवाद के शिकंजे से मुक्ति के लिए चलाया गया था। भक्ति आन्दोलन ने दो शताब्दियों से अधिक समय तक समूचे देश को आन्दोलित किया था।

अंग्रेजी शासन के दिनों में भारत में समाज और धार्मिक सुधार सम्बन्धी जो आन्दोलन शुरू हुए वे भारतीय जनता की नवपल्लवित राष्ट्रीय चेतना और पश्चिम के विचारों के प्रसार के परिणाम थे। इन आन्दोलनों ने धीरे-धीरे सामाजिक और धार्मिक नवनिर्माण का कार्यक्रम अपनाया और सारा देश इन आन्दोलनों के प्रभाव में आ गया। सामाजिक क्षेत्र में जाति प्रथा की समाप्ति, औरतों के लिए समानाधिकार, बाल-विवाह के उन्मूलन, विधवा विवाह के समर्थन, सामाजिक और कानूनी असमानता के विरोध जैसे प्रश्नों पर आन्दोलन हुए। धार्मिक क्षेत्र में जो आन्दोलन हुए उन्होंने धार्मिक अन्धविश्वास और मूर्तिपूजा, बहुदेववाद, वंशानुगत पुरोहिती आदि का विरोध किया। इन आन्दोलनों ने कमोबेश मात्रा में व्यक्ति स्वातन्त्र्य, सामाजिक एकता और राष्ट्रवाद के सिद्धान्तों पर जोर दिया और उनके लिए संघर्ष किया।

उदारवादी पाश्चात्य संस्कृति में दीक्षित नये प्रबुद्ध वर्ग ने इन जरूरतों को पहचाना और सुधारवादी आन्दोलन शुरू किया। इन सुधार आन्दोलनों में भारतीय जनता के जागरूक और प्रगतिशील वर्गों की नयी सामाजिक आवश्यकताओं के परिप्रेक्ष्य में पुराने धार्मिक दृष्टिकोणों के परिमार्जन और सामाजिक संस्थाओं के प्रजातन्त्रीकरण की इच्छा का प्रतिफलन हुआ। 19वीं शताब्दी के समाज और धर्म सुधार के आन्दोलन भारत के राष्ट्रीय नवजागरण के सूचक थे और उनका उद्देश्य था मध्ययुगीन सामाजिक संरचना और धार्मिक दृष्टिकोण का परिशोधन।

## जाति-प्रथा के विरुद्ध धर्मयुद्ध

समाज सुधार आन्दोलनों ने जाति-प्रथा के उन्मूलन को अपना प्रमुख लक्ष्य बनाया। जाति-प्रथा हिन्दू धर्म का लौह ढाँचा है। जाति-प्रथा व्यक्तिगत क्षमता और प्रतिभा के उपयोग और विकास में बाधक थी जो राष्ट्रीय भावना के विकास में बाधक थी। छुआछूत की समस्या जाति व्यवस्था का ही परिणाम है।

शिक्षित भारतीयों ने जाति व्यवस्था पर आघात किया क्योंकि उन्होंने नये भारत के सन्दर्भ में इसकी असंगति को पहचाना। राष्ट्रीय स्वतन्त्रता और देश की राजनीतिक, सामाजिक, आर्थिक और सांस्कृतिक प्रगति के लिए जातिगत संरचना का सुधार या उन्मूलन आवश्यक था।

समाजसुधारकों ने समाज व्यवस्था के आधारभूत विचारों पर ही आघात किया। उन्होंने सामाजिक वैषम्य और पार्थक्य पर चोट की और समानता और सहयोग का समर्थन किया। 'ब्रह्मसमाज' के संस्थापक राजा राममोहन राय ने हिन्दुओं के प्राचीन समाजशास्त्रीय धर्मग्रन्थ, 'महानिर्वाण तन्त्र' की मदद से यह सिद्ध किया कि अब जाति व्यवस्था की कोई आवश्यकता नहीं है। ब्रह्मसमाज ने इन शब्दों में जातिजन्य सामाजिक विभाजनों की निन्दा की—"ये हानिकर विभेद जो हमारे जन-जीवन का

खून पी रहे हैं, कब समाप्त होंगे। देवों ने इस देश के लिए जिस श्रेष्ठ, उत्कृष्टतम नियति का विधान किया है उसे पूरा कर सकने के लिए यह देश कब संगठित और शक्तिशाली हो सकेगा। इससे बड़ा सत्य कोई नहीं है कि जाति व्यवस्था, जो हमारी समाज की सारी बुराइयों के मूल में है, के उन्मूलन के बिना इस नियति की पूर्ति नहीं हो सकती।''[31]

केशवचन्द सेन ने धर्मग्रन्थों की मदद के बिना ही, बड़े साफ शब्दों में जाति व्यवस्था की घोरतम निन्दा की। राजा राममोहन राय ने सामाजिक विद्रोह की जिस भावना का उद्घाटन किया उनकी चरम परिणति हुई केशवचन्द सेन के नेतृत्व में।

'ब्रह्मसमाज' ने जाति विरोधी आन्दोलनों की जो शुरुआत की, उसके बाद प्रार्थनासमाज ने जाति विरोधी आन्दोलन लगभग उसी तौर पर चलाया। इसके विपरीत स्वामी दयानन्द ने चार वर्णों पर आधारित वैदिक काल के हिन्दू समाज को पुनर्जीवित करना चाहा। वे भी उपजातियों के उन्मूलन के द्वारा जाति व्यवस्था में सुधार लाने के पक्ष में थे। इनके अतिरिक्त तेलंग, रानाडे और फूले ने भी जाति व्यवस्था का जमकर विरोध किया। वामपन्थी नेताओं ने जाति-प्रथा के उन्मूलन को राष्ट्रीय मुक्ति के प्रश्न से जोड़ा।

## अस्पृश्यता के विरुद्ध नवजागरण

हिन्दू समाज में सदियों से अस्पृश्यता का प्रचलन रहा है। बुद्ध, रामानुज, रामानन्द, चैतन्य, कबीर, नानक, तुकाराम और अन्य लोगों द्वारा चलाये गये व्यापक और आधारभूत मानवीय एवं धार्मिक सुधार आन्दोलनों का भी युगों पुरानी अमानुषिक प्रथा पर कोई प्रभाव नहीं पड़ा।

हिन्दू समाज में अछूतों के साथ जैसा हुआ, वैसा शारीरिक पृथक्करण शायद ही किसी अन्य समाज में रहा हो। अछूत का स्पर्शमात्र जघन्य पाप और जुगुप्सा का कारण माना जाता था।

हिन्दू समाज में मुर्दा जानवर हटानेवालों और इस तरह के अन्य नीच कार्य पुश्तैनी अछूतों के जिम्मे होते थे। उन्हें पठन-पाठन या मन्दिर में प्रवेश का अधिकार नहीं था। जिन सार्वजनिक कुओं और तालाबों का उपयोग ऊँची जातियों के हिन्दू किया करते थे, उनके इस्तेमाल का अछूतों का कोई अधिकार न था।

अस्पृश्यता जैसे क्रूर सामाजिक तत्त्व का उन्मूलन भारत के सभी समाज-सुधार आन्दोलनों का प्रमुख लक्ष्य था। ब्रह्मसमाज, आर्यसमाज, समाजसुधार-सम्मेलन, इण्डियन नेशनल कांग्रेस जैसे राजनीतिक संगठन और गाँधी जी द्वारा 1932 में स्थापित 'अखिल भरतीय हरिजन संघ' जैसी गैर-राजनीतिक संस्थाओं ने प्रचार,

शिक्षा और व्यावहारिक उपायों द्वारा अछूतों को सामाजिक और धार्मिक अधिकार दिलाने की चेष्टा की।

शिक्षा के प्रसार से उनके बीच भी डॉ. अम्बेदकर जैसे लोग पैदा हो रहे थे। अम्बेदकर ने उनकी तकलीफों के खिलाफ आवाज बुलन्द की और उनके मूलभूत मानवीय अधिकारों के लिए जमकर संघर्ष किया।

सावरकर जो हिन्दू और हिन्दूराज की माँग करते थे उन्होंने भी दलित जातियों की स्थिति में सुधार की चेष्टा की।

नवजागरण की चेतना के उन्नायक प्रेमचन्द भी इस समय अपनी साहित्यिक रचनाओं में हिन्दू समाज व्यवस्था में अभिशप्त अछूतों के दर्द को वाणी दे रहे थे। 'ठाकुर का कुआँ' शीर्षक कहानी में प्रेमचन्द अछूतों के प्रति होनेवाले अन्याय के बारे में अछूत जोखू के मुँह से ही इस प्रकार कहलवाते हैं, ''हाथ-पाँव तुड़वा आयेगी और कुछ न होगा। बैठ चुपके से। ब्राह्मन देवता आशीर्वाद देंगे, ठाकुर लाठी मारेंगे, साहू जी एक के पाँच लेंगे। गरीबों का दर्द कौन समझता है! हम तो मर भी जाते हैं, तो कोई दुआर पर झाँकने नहीं आता, कन्धा देना तो बड़ी बात है। ऐसे लोग कुएँ से पानी भरने देंगे।[32]

इतने से ही प्रेमचन्द सन्तुष्ट होनेवाले न थे। आगे हिन्दू धर्म के सवर्णों के पाखण्डी चरित्र का पर्दाफाश करते हुए लिखते हैं—''गंगी का विद्रोही दिल रिवाजी पाबन्दियों और मजबूरियों पर चोटें करने लगा—हम क्यों नीच हैं और ये लोग क्यों ऊँच हैं? इसलिए कि ये लोग गले में तागा डाल लेते हैं? यहाँ तो जितने हैं, एक-से-एक छँटे हैं? चोरी ये करें, झूठे मुकदमें ये करें? अभी इस ठाकुर ने तो उस दिन बेचारे गड़रिये की एक भेड़ चुरा ली थी और बाद को मारकर खा गया। इन्हीं पण्डित जी के घर में तो बारहों मास जुआ होता है। यही साहू जी तो घी में तेल मिलाकर बेचते हैं। काम करा लेते हैं, मजदूरी देते नानी मरती है। किस बात में हैं ये हमसे ऊँचे!''[33]

जिस समय महात्मा गाँधी अछूतोद्धार आन्दोलन को मात्र मन्दिर-प्रवेश, सामाजिक सम्मान से जोड़कर चल रहे थे, उस समय प्रेमचन्द अछूतोद्धार आन्दोलन के आर्थिक पक्ष की सबलता की माँग कर रहे थे। 1932 में 'पावनतिथि' शीर्षक लेख में लिखते हैं—''हरिजनों की समस्या केवल मन्दिर-प्रवेश से हल होनेवाली नहीं है। उस समस्या की आर्थिक बाधाएँ धार्मिक बाधाओं से कहीं कठोर हैं। आज शिक्षित हिन्दू-समाज में ज्यादा-से-ज्यादा पाँच फीसदी रोजाना मन्दिर में पूजा करने जाते होंगे—असल समस्या तो आर्थिक है। यदि हम अपने हरिजन भाइयों को उठाना चाहते हैं तो हमें ऐसे साधन पैदा करने होंगे जो उन्हें उठने में मदद दें।''[34]

सामाजिक नवजागरण का प्रारम्भिक प्रयास समाज सुधार आन्दोलनों के प्रजातान्त्रिक आधार पर सवर्णों और अछूतों को एकजुट करना था। दूसरी ओर मुक्ति आन्दोलन के दरम्यान सवर्णों और अछूतों के बीच विभेद धीरे-धीरे समाप्त होने लगा था। नवजागरण की चेतना से ओतप्रोत प्रेमचन्द का विशाल साहित्य नवजागरण की चेतना का अगाध भण्डार है। उनकी प्रारम्भिक रचनाओं में आर्यसमाज के जन्मदाता स्वामी दयानन्द सरस्वती की विचारधारा का प्रभाव है। अपने लेखन के अन्तिम दौर की रचनाओं में भी उन्होंने सामाजिक कुरीतियों और रूढ़ियों के खिलाफ संघर्ष जारी रखा है। सम्भवत: इन्हीं स्थितियों में प्रेमचन्द के पुत्र अमृतराय 'कलम के सिपाही' में लिखते हैं, 'सोशल रिफार्म' में तो उनकी जान बसती थी।

हिन्दू समाज की अशिक्षाजन्य जड़ता का सबसे भयंकर परिणाम हिन्दू नारियों को भुगतना पड़ता है। हिन्दू समाज में नारी को अपने पति से भिन्न कोई स्थिति है। इसे स्वीकार नहीं किया जा रहा था। परिणामत: पति की मृत्यु के बाद पत्नी को साथ जिन्दा जला दिया जाता था। संयुक्त परिवार में विधवा स्त्रियों के सामने अनेकानेक समस्याएँ थीं।

''राजा राममोहन राय नयी वैचारिक क्रान्ति के नेताओं में अग्रणी थे और इसलिए यह स्वाभाविक था कि इस कुत्सित प्रथा के अन्त के लिए जो भी प्रयास होता उसकी शुरुआत उनसे ही होती। उन्होंने स्वयं अपने परिवार में इस अमानुषिक कृत्य को सम्पन्न होते हुए सन् 1811 में देखा था।''[35]

भारतीय स्त्रियों की अशक्तता का उन्मूलन और विभिन्न प्रकार के उत्पीड़न से मुक्ति की प्रक्रिया काफी लम्बी थी। एक जमाने में भारतीय नारी सती और बालहत्या जैसी बर्बर क्रूर प्रथाओं की शिकार थी। विधवाओं को अनेकानेक प्रताड़नाओं से गुजरना पड़ता था। पर्दा-प्रथा और मन्दिरों में वेश्यावृत्ति जैसी बुराइयाँ भी प्रचलित थीं।

राजा राममोहन राय जैसे समाजसुधारकों ने सती-प्रथा को समाप्त करने का प्रयास किया और अन्त में लार्ड बैंटिंग ने इसे समाप्त कर दिया। बाद में बालहत्या को भी अपराध करार दिया गया। शिक्षा एवं उदारवादी और वृद्धिवादी विचारों के प्रचार से पर्दा-प्रथा भी मिटने लगी। प्रेमचन्द भी किसी से पीछे रहनेवाले न थे। उन्होंने 'पर्दा थोड़े दिनों का मेहमान है' शीर्षक लेख में पर्दा-प्रथा की कुरीतियों का पर्दाफाश किया।

बाल-विवाह भी हिन्दू-समाज की प्रमुख बुराई थी। इस हानिकर प्रथा के खिलाफ ईश्वरचन्द विद्यासागर के प्रयत्न को निर्माण स्वरूप 1929 में मिला। परिणामत: विवाह की न्यूनतम आयु बढ़ाकर लड़कियों के लिए चौदह वर्ष और लड़कों के लिए अट्ठारह वर्ष कर दी गयी।

समाज-सुधार के सभी संगठनों ने अपने कार्यक्रम में विधवा-विवाह को प्रमुख स्थान दिया। जनमत विधवा-विवाह के विरुद्ध था फिर भी सामाजिक नवजागरण की दिशा में यह प्रयत्न स्वागत योग्य था। इस सन्दर्भ में प्रेमचन्द का विचार इस प्रकार है, "विधवा-विवाह का बिल पास हो जाने से सभी विधवाएँ विवाह तो नहीं करने लगीं। शारदा कानून ने भी तो बाल-विवाह बन्द नहीं कर दिया, हाँ उसमें कुछ रुकावट अवश्य डाल दी। सबसे बड़ा कानून जनमत है। फिर भी ऐसे कानूनों का हमें स्वागत करना चाहिए, जिनका उद्देश्य सामाजिक अत्याचारों को दूर करना है।

वेश्या समस्या की ओर भी समाजसुधारकों का ध्यान गया। वेश्या समस्या को लेकर प्रेमचन्द ने सेवासदन जैसा यथार्थवादी उपन्यास और कई कहानियाँ लिखीं जिसमें इस सामाजिक बुराई के प्रति अपना आक्रोश व्यक्त किया और इस दिशा में किये जानेवाले प्रयत्नों को भी संकेतित किया।

ब्रह्मसमाज, आर्यसमाज आदि सुधार संगठनों ने स्त्री-शिक्षा की दिशा में पथ-प्रदर्शन किया। स्त्रियों में शिक्षा का प्रचार उनकी राजनीतिक स्वतन्त्रता और आर्थिक प्रगति के प्रश्न से जुड़ा हुआ था। प्रेमचन्द के विचार इससे भिन्न नहीं थे। 1933 में 'एक दुखी बाप' शीर्षक टिप्पणी में वे लिखते हैं—"हमें तो इसका एक ही इलाज नजर आता है और वह यह है, कि लड़कियों को अच्छी शिक्षा दी जाये और उन्हें संसार में अपना रास्ता आप बनाने के लिए छोड़ दिया जाये, उसी तरह जैसे हम अपने लड़कों को छोड़ देते हैं।"[36]

राजनीतिक में स्त्रियों का तीव्र प्रवेश 1919 के बाद होता है। एक ही बार में भारतीय औरतें अपनी सदियों पुरानी सीमाओं का अतिक्रमण कर आगे बढ़ गयीं। उन्होंने राजनीतिक आन्दोलनों में भाग लेना शुरू किया। निचले तबके की स्त्रियाँ भी अशिक्षा और दारिद्रय के बावजूद अपने अधिकारों के प्रति जागरूक हो रही थीं। इस नवीन जागृति पर प्रेमचन्द अपनी प्रसन्नता का इजहार करते हुए लिखते हैं—"भारतीय महिलाओं ने अपने कार्यक्रम से सिद्ध कर दिया है कि वे सामाजिक क्षेत्र में पुरुषों से कितनी आगे निकल गयी हैं। विशेषकर जिन बन्धनों से पुरुषों ने उन्हें जकड़ रखा था और उन पर शासन करते थे, उन बेड़ियों को तोड़ फेंकने के लिए वह बहुत विकल हो रही हैं। राजनैतिक क्षेत्र में भी महिलाओं ने अपने परिष्कृत सद्विचार का परिचय दिया है। वे सार्वजनिक निर्वाचनाधिकार चाहती हैं, जायदाद या शिक्षा की कोई कैद उन्हें पसन्द नहीं, और राष्ट्रीय एकता का तो जितने जोरों से स्त्रियों ने हरेक अवसर पर समर्थन किया है, उस पर बहुमत से हिन्दू और मुसलमान पुरुषों को लज्जित होना पड़ेगा। जिन महानुभावों को हमारी देवियों की विचारशीलता पर सन्देह था उन्हें अब अपने विचारों में

तरमीम करनी पड़ेगी। भारतीय महिलाओं ने घर की चारदीवारी के अन्दर जिस तरह अपनी दक्षता प्रमाणित की है, उसी तरह राष्ट्र के विस्तृत क्षेत्र में वे पुरुषों से आगे रहेंगी।''[37]

### धर्मसुधार आन्दोलन : नवजागरण की ही अभिव्यक्ति

भारतीय जनता के राष्ट्रीय नवजागरण का प्रतिफलन धार्मिक क्षेत्र में भी हुआ। पुराने धार्मिक दृष्टिकोण, रीति-रिवाज और संगठन एवं नये सामाजिक, आर्थिक यथार्थ के पारस्परिक विरोध के कारण देश में धर्मसुधार के आन्दोलनों का जन्म हुआ।

राजा राममोहन राय, देवेन्द्रनाथ टैगोर, केशवचन्द सेन, तेलंग, रानाडे, दयानन्द सरस्वती, फुले आदि ने धर्म के क्षेत्र में राष्ट्रीयता के अलावा प्रजातन्त्र के सिद्धान्त का भी प्रवेश कराया। भारत के प्रारम्भिक धर्मसुधार आन्दोलनों ने ऐसे धार्मिक दृष्टिकोण को विकसित करने की कोशिश की जो हिन्दू, मुसलमान, पारसी आदि सभी सम्प्रदायों की एकता कायम कर सके, और इस तरह भारत के नवीन आर्थिक विकास, जाति व्यवस्था का उन्मूलन, ब्राह्मणों की हैसियत का खात्मा आदि सम्मिलित उद्देश्यों और लक्ष्यों की पूर्ति में सहायक हो सके।

इस प्रकार से प्रारम्भिक धर्मसुधार आन्दोलन भारतीय जनता के प्राथमिक राष्ट्रीय नवजागरण के परिणाम थे। एक यह भी विशिष्टता थी कि इन धर्मसुधार-आन्दोलनों का लक्ष्य धर्मसुधार ही नहीं रहा बल्कि उन्होंने सामाजिक संस्थाओं और सम्बन्धों के नवनिर्माण का भी कार्य किया।

भारत में धर्म व्यक्ति के जीवन को दूसरे देशों से अलग ढंग से प्रभावित कर रहा था। यहाँ व्यक्ति का आर्थिक क्रियाकलाप, उसका सामाजिक जीवन, उसका जन्म, ब्याह और देहान्त इन सब पर पूरी तरह धर्म का नियन्त्रण था।

प्रारम्भ में धार्मिकता का जामा पहनकर बंगाल में नवजागरण की ज्योति प्रज्ज्वलित हुई। भारतीय समाज में सर्वाङ्गीण क्रान्ति के लिए धार्मिक आचार-विचार में क्रान्ति होना आवश्यक माना जाता था। इसी बात को प्रसिद्ध इतिहासकार डॉ. भण्डारकर ने इस प्रकार व्यक्त किया—'पहले आत्मा की उन्नति होनी चाहिए। क्योंकि आत्मिक उन्नति के बिना सामाजिक और राजनैतिक प्रगति सम्भव नहीं थी। इस बात की पुष्टि 'स्वराज्य मेरा जन्मसिद्ध अधिकार है' का नारा लगानेवाले तिलक जी कहते हैं। उनकी नजरों में ब्रिटिश आधिपत्य से मुक्त होना एक धार्मिक कर्तव्य था, 'स्वराज्य के बिना हमारा जीवन और हमारा धर्म निरर्थक है।''

इस काल की विशिष्टता यह थी कि न केवल प्रतिक्रियावादी, वरन् प्रगतिशील और उदीयमान वर्ग भी अपनी आकांक्षाओं की अभिव्यक्ति के एक माध्यम के रूप

में धर्म को अपनाये हुए था। केवल राजनीतिक नेता ही नहीं वरन् लेखक और विचारक भी अपनी-अपनी सृजनात्मक कार्रवाइयों को धर्म तथा आदर्शवाद पर आधारित करते थे।

धार्मिकता के जामे में राष्ट्रीय नवजागरण का सन्देशवाहक 'गणपति पूजनोत्सव' भी था, 'तिलक ने 1893 में गणपति पूजनोत्सव फिर शुरू किया। इन उत्सवों की आड़ में व्यापक राष्ट्रीय आन्दोलन संगठित हुआ।'

इस प्रकार भारतीय जनता के प्रथम राष्ट्रीय जागरण का स्वरूप प्रधानत: धार्मिक था। बाद के दशकों में जागरण की अवधारणा गहरी और व्यापक होती गयी और उसका स्वरूप धर्मनिरपेक्ष होता गया। राजा राममोहन राय के अनुसार उन्नीसवीं शताब्दी और बीसवीं शताब्दी के आरम्भ में सामन्तवाद विरोधी और उपनिवेशवाद विरोधी संघर्षों में धर्म ने महत्त्वपूर्ण भूमिका अदा की। राष्ट्रीय जागरण की अभिव्यक्ति धार्मिक जागरण के प्रतिबिम्ब के रूप में हुई। प्रारम्भिक अवस्था में स्वयं धार्मिक चेतना राष्ट्रीय चेतना का प्रतिबिम्ब थी। सामाजिक तथा राजनीतिक धारणाएँ, जनतान्त्रिक तथा देशभक्तिपूर्ण आकांक्षाएँ, एक श्रेष्ठतर जीवन के लिए आशायें, ये सभी धार्मिक रूपों में प्रकट हुई थीं। इसी प्रकार उन्नीसवीं शताब्दी के समाजसुधारकों ने जिस भारतीय नवजागरण का सूत्रपात किया, उसका लक्ष्य धर्म से पूर्णत: सम्बन्ध विच्छेद कर लेना नहीं था। यह नवजागरण एक ओर पुराने धार्मिक रीति-रिवाजों और कर्मकाण्डों का विरोध करने, और दूसरी ओर, नयी परिस्थितियों के अनुरूप धर्म की नयी व्याख्या करने पर आधारित था।

समाजसुधारक धार्मिक परम्पराओं का सम्मान करते थे। किन्तु वे संस्थागत धर्म के उन सड़े-गले तत्त्वों के सामने सिर झुकाने को तैयार नहीं थे, जो नयी उत्पादन शक्तियों के विकास में आड़े आ रहे थे। वे पूरी गम्भीरता से यह मानते थे कि विभिन्न समाज और धर्मसुधार कार्यक्रमों द्वारा पुराने धर्म को ही पुनरुज्जीवित कर रहे हैं किन्तु असलियत यह है कि वे ऐसे नये धार्मिक विचारों तथा नये सामाजिक सम्बन्धों के लिए जमीन तैयार कर रहे थे, जो नवीन युग के अनुरूप हो। यह ऐसा काल था, जब प्रत्येक राजनीतिक तथा सामाजिक क्रियाकलाप के पीछे धार्मिक प्रेरणा निहित थी।

राजा राममोहन राय इस आन्दोलन के प्रथम उल्लेखनीय नेता थे। यही कारण है कि उन्हें आधुनिक भारतीय राष्ट्रीयता का पिता कहकर उनका सम्मान किया जाता है। रवीन्द्रनाथ ठाकुर ने कहा है—"राजा राममोहन राय ने ही भारत में आधुनिक युग का सूत्रपात किया।"[38]

राजा राममोहन राय ईसाई धर्म के नैतिक सिद्धान्तों को स्वीकार करने को तैयार थे, किन्तु मिशनरियों द्वारा दूसरों का धर्म-परिवर्तन करना उन्हें पसन्द न था। इसके

साथ ही वे पतनोन्मुख समाज व्यवस्था के बहुत-से आचार-विचारों और मान्यताओं के कट्टर विरोधी थे। वह हिन्दुओं के बहुदेववाद और कर्मकाण्ड, पुनर्जन्म और अवतारों की अवधारणा, मूर्ति-पूजन, पशु बलि और सती-प्रथा जैसी कुप्रथाओं को स्वीकार करने को तैयार न थे। वह यह चाहते थे कि हिन्दू धर्म को एक ऐसे सच्चे राष्ट्रीय धर्म के रूप में पुनरुज्जीवित किया जाये, जो सामाजिक जीवन की नयी परिस्थितियों के अनुरूप हो। इस सन्दर्भ में राजा राममोहन राय लिखते हैं—''मुझे यह कहते हुए दुख हो रहा है कि हिन्दू धर्म की जिस वर्तमान प्रणाली पर हम लोग चल रहे हैं वह हमारे राजनीतिक हितों को बढ़ावा देनेवाली नहीं। जात-पाँत के भेदभावों ने, जनता को कितने ही छोट-छोटे टुकड़ों में बाँट रखा है। हमें राजनीतिक भावनाओं से शून्य कर दिया है। मेरा विचार है कि इस हिन्दू धर्म में कुछ-न-कुछ परिवर्तन होना चाहिए।''[39]

उनके नये विचारों का व्यापक रूप में विरोध हुआ। अपने आत्मकथात्मक लेख में राजा राममोहन राय ने स्वयं स्मरण किया है कि उनकी गतिविधियों के विरुद्ध समाज के रूढ़िवादी तत्त्व किस तरह से उबल पड़े थे।

''ब्राह्मणों से मेरे विवादों तथा मूर्तिपूजा और अन्धविश्वासों पर बहसों ने, विधवाओं को जलाने की उनकी प्रथा तथा अन्य ऐसे ही घृणित कार्यों को रोकने में मेरे हस्तक्षेप ने, मेरे विरुद्ध उनके क्रोध को भड़का दिया।''

उन्होंने 1821 में बंगाली पत्रिका 'संवाद कौमुदी' और 1822 में फारसी 'अलं अकबर' की स्थापना की। ये दोनों ही पत्र राष्ट्रीय नवजागरण के सन्देशवाहक थे। अंग्रेजों ने इन पत्रों को आशंका की दृष्टि से देखा और दमन करना शुरू कर दिया। राजा राममोहन राय ने इन प्रतिबन्धों और कानूनों के विरुद्ध सशक्त आन्दोलन चलाया और अन्तत: उनकी विजय हुई।

इस प्रकार ब्रह्मसमाज केवल एक धार्मिक सुधार आन्दोलन न था। उन दिनों की सामाजिक और राजनीतिक प्रगति धार्मिक सुधारों से अविच्छिन्न रूप से जुड़ी थी। व्यक्ति-स्वातन्त्र्य, राष्ट्रीय एकता और सामाजिक संस्थाओं तथा सामाजिक सम्बन्धों को बन्धनमुक्त करने के आदर्शों को लोकप्रिय बनाकर ब्रह्मसमाज आन्दोलन ने राष्ट्रीय नवजागृति की शक्तियों को सबल बनाने में निस्सन्देह अत्यन्त महत्त्वपूर्ण भूमिका अदा की। इन्हीं शक्तियों ने आगे चलकर राष्ट्रीय कांग्रेस के रूप में आकार ग्रहण किया।

### प्रार्थनासमाज

भारत के सामाजिक और धार्मिक सुधारों के इतिहास में महादेवगोविन्द रानाडे का प्रमुख स्थान है। उन्होंने बह्मसमाज के आदर्श पर 1867 में बम्बई में प्रार्थना

समाज की स्थापना की। इनके नेतृत्व में प्रार्थना समाज ने सामाजिक और धार्मिक कुरीतियों के विरुद्ध जीवन्त भूमिका अदा की। वे धर्मसमाज, राजनीति दोनों को परस्पर सम्बद्ध मानते थे। इस सन्दर्भ में लिखते हैं, यदि आपके धार्मिक विचार निम्न स्तर के और तुच्छ हैं, तो आप सामाजिक, आर्थिक और राजनीतिक क्षेत्र में सफलता नहीं प्राप्त कर सकते। यह पारस्परिक निर्भरता आकस्मिक नहीं है। यह हमारी प्रकृति का नियम है।

## आर्यसमाज

इसकी स्थापना स्वामी दयानन्द सरस्वती ने 1875 में की थी। स्वामी जी ने भी राष्ट्रीय एकता की आवाज उठायी। उन्होंने सभी भारतवासियों द्वारा वेदों की सत्ता और हिन्दू धर्म को स्वीकार करने पर बल दिया। आर्यसमाज ने जनता में देशभक्ति की भावनाएँ इस पुनरुत्थानवादी नारे के आधार पर जगाने की कोशिशें कीं कि, ''वेदों की और लोटो!'' राजा राममोहन राय तथा अन्य आधुनिक सुधारकों की गतिविधियों के विपरीत, स्वामी दयानन्द ने यज्ञों तथा अन्य वैदिक कर्मकाण्डों को पुनरुज्जीवित किया। वे वर्णाश्रम प्रथा और चातुर्वर्ण्य व्यवस्था का भी पुनरुत्थान करना चाहते थे। उन्होंने अन्तर्जातीय विवाह के विरुद्ध भी आवाज उठायी।

इसका तात्पर्य यह नहीं कि दयानन्द सरस्वती का प्रत्येक कार्य पुराने ढर्रे का और प्रतिक्रियावादी था। उनके विचारों का सकारात्मक महत्त्व था। उन्होंने बहुदेववाद को अस्वीकार किया, निराकार ईश्वर की आराधना का समर्थन किया, परम्परागत ब्राह्मण पुरोहितों की अन्य कट्टरता की आलोचना की, मूर्तिपूजा और बाल-विवाह का विरोध किया। शिक्षा के प्रसार द्वारा नीची जाति के हिन्दुओं और स्त्रियों के स्तर को ऊँचा उठाने का प्रयत्न किया।

धार्मिक नवजागरण की दिशा में आर्यसमाज ने ब्राह्मणों की सत्ता का खण्डन, निरर्थक कर्मकाण्डों की भर्त्सना की। विभिन्न देव-देवताओं की मूर्तियों की जिस उपासना के कारण समाज परस्पर विरोधी पन्थों में बट गया था उनकी निन्दा की। जिन धार्मिक अन्धविश्वासों के कारण सदियों से हिन्दू जनमानस आध्यात्मिक पतन के गर्त में पड़ा था, उसके विरुद्ध संघर्ष; आर्यसमाज के कार्यक्रम का मुख्य उद्देश्य था।

आर्यसमाज के सामाजिक, धार्मिक क्रिया-कलाप राष्ट्रीयता और प्रजातन्त्र की भावना से अनुप्रेरित थे। गुलाम देश की प्रजा होने के नाते भारतीयों में जो हीन भावना घर कर गयी थी, उसे समाप्त करने की आर्यसमाज ने काफी कोशिश की। एक जमाने में तो आर्यसमाज सरकार की दमन नीति का मुख्य लक्ष्य था। एक अंग्रेज पत्रकार ने आर्यसमाज को इंग्लैण्ड और राज्यसत्ता के लिए बहुत ही खतरनाक बताया। इन्हीं

दिनों बहुत-से भारतीय आर्यसमाज के प्रभाव में आये। उन आनेवालों में प्रेमचन्द भी थे। उनके प्रारम्भिक जीवन में आर्यसमाज के सामाजिक, धार्मिक सुधार आन्दोलनों का बहुत अधिक प्रभाव पड़ा। आखिर क्यों न पड़े? उन सब बुराइयों का भुगतान स्वयं अपनी जिन्दगी में उन्हीं दिनों कर रहे थे, जब आर्यसमाज उन सारी बुराइयों के खिलाफ लड़ रहा था। पिता ने बुढ़ापे में विवाह किया था और विधवा माँ की जिम्मेदारी प्रेमचन्द को निभानी पड़ रही थी। बेमेल विवाह के शिकार स्वयं प्रेमचन्द भी थे।

उनकी प्रारम्भिक दौर की रचनाओं पर सुधार आन्दोलनों का पूरा-पूरा प्रभाव दिखायी पड़ता है। 'देवस्थान रहस्य', 'प्रेमा', 'किशना' जैसे उपन्यास सामाजिक सुधार की धारा से पूरी तरह जुड़े हैं।

इस काल के एक अन्य पुनरुत्थानवादी आन्दोलन थियोसाफिकल सोसाइटी की स्थापना 1882 व्लावट्सकी ने की। श्रीमती एनी बेसेण्ट ने इसका प्रचार किया। यह आन्दोलन इस अर्थ में बेजोड़ था कि यह हिन्दू धर्म के महान् प्रशंसक एक गैर भारतीय द्वारा शुरू किया गया था। इसने भारतीयों में राष्ट्रीय भावना के विकास के प्रयत्न किये।

श्रीमती बेसेण्ट ने घोषणा की—'विश्व के महान् धर्मों में मैं किसी भी अन्य धर्म को इतना पूर्ण, इतना वैज्ञानिक, इतना दार्शनिक और इतना आध्यात्मिक नहीं पाती हूँ जितना हिन्दू धर्म को। आप जितना ही इसके बारे में जानते हैं उतना ही अधिक उसे प्यार करने लगते हैं, जितना ही अधिक उसे समझते हैं, उतनी ही गहरायी से आप उनके मूल्य की श्रेष्ठता को जानने लगते हैं।''

फिर भी थियासोफी हिन्दुस्तान में जड़ न जमा सकी।

### समाजसुधार और धर्मसुधार की दिशा में प्रमुख राजनीतिक नेताओं का कार्य

इस तरह धार्मिक पुनर्जागरण के लिए संगठित, राष्ट्रीय आन्दोलन तो हुए ही, साथ में विपिनचन्द्र पाल, अरविन्द घोष, तिलक और गाँधी जैसे महान् राजनीतिक नेताओं ने भी धर्मसुधार के कार्य किये। यद्यपि इन लोगों ने इसके लिए कोई आन्दोलन-विशेष संगठित नहीं किया। बंगाल में राष्ट्रवाद की भावना अधिकाधिक धर्मनिरपेक्ष हो रही थी लेकिन शुरू में कुछ दिनों तक इसका रूप धार्मिक था और स्वामी विवेकानन्द के नववेदान्तवाद का इस पर बड़ा गहरा प्रभाव था। विवेकानन्द, स्वामी रामकृष्ण परमहंस के शिष्य थे। उन्होंने भारतीयों की आध्यात्मिकता को झकझोरा—''भारतवासियो उठो और अपनी आध्यात्मिकता से एक बार फिर विश्व को जीत लो।''

तिलक ने गीता की फिर से व्याख्या की और बतलाया कि कर्म इसकी मूल शिक्षा है। तिलक ने पुरातन भारतीय धर्म की नवीन व्याख्या द्वारा राष्ट्रवाद को जागरूक जीवन-दर्शन प्रदान करने की चेष्टा की।

इस तरह राष्ट्रीय आन्दोलन कई अर्थों में सर्वव्यापक धार्मिक आन्दोलन का प्रतिफलन भी था। नवजागरण की प्रारम्भिक चेतना धार्मिक शब्दावली में निरूपित हुई और धार्मिक रहस्यवाद से परिवेष्ठित थी। लेकिन जैसे-जैसे मुक्ति की भावना विकसित होती गयी वैसे-वैसे वह धार्मिक तत्त्वों से मुक्त होकर अधिकाधिक धर्मनिरपेक्ष होती गयी।

शुरू के दिनों में भारतीय नवजागरण की चेतना का अंकुरण धार्मिक रूप में हुआ था। अपनी कमजोरियों के बावजूद इन धर्मसुधार आन्दोलनों की अपनी प्रगतिशील भूमिका रही। मध्ययुगीन संस्थाओं के विशाल दुर्भेद्य दुर्ग में इन आन्दोलनों ने मानो पहली दरार बनायी। बाद में जब मुक्ति की चेतना बढ़ी और राष्ट्रीय मुक्ति आन्दोलन मजबूत और लड़ाकू हुआ तब भी पाल और अरविन्द जैसे कुछ वामपन्थी राष्ट्रवादियों द्वारा इस बात के लिए प्रयास किये गये कि पुरातन हिन्दू धर्म के रहस्यवादी दर्शन को इस आन्दोलन का आधार बनाया जाये। गाँधी के नेतृत्व में भी धर्म का पुट मिला रहा।

प्रेमचन्द आर्यसमाज के सदस्य थे। ऐसी स्थिति में आर्यसमाज के सुधार आन्दोलनों से अप्रभावित रहना नामुमकिन था। उस युग के राजनीतिक नेता भी धर्मसुधार को राजनीति का एक अंग मानते थे। ऐसी स्थिति में युगीन चेतना के उन्नायक प्रेमचन्द की दृष्टि भी इस पर टिकी रही।

एक समय ऐसा भी था कि भारत के लोग जब विदेश से लौटते थे तो उन्हें प्रायश्चित्त-स्वरूप बहुत-से कर्मकाण्ड करने पड़ते थे। यह सब देखकर प्रेमचन्द का विद्रोही स्वर फूट पड़ा था, इस बीसवीं सदी में ऐसा ढकोसला भारत-जैसे पाखण्ड-प्रधान देश के सिवा और कहाँ हो सकता है, और भारत अध्यात्मवाद का केन्द्र है। आज भी यहाँ के अध्यात्मवादी लोग विदेश जाना पाप समझते हैं और उसके प्रायश्चित्त-स्वरूप गोबर खाते हैं। सिर मुँड़ाते हैं और भोजन देते हैं। इस धर्मान्धता और पाखण्डलिप्सा पर आँसू बहाने की इच्छा होती है।[40]

बहुदेववाद और धार्मिक कर्मकाण्डों से अपनी असहमति व्यक्त करते हुए लिखते हैं, ईश्वर मन की एक भावना है। उसके लिए मन्दिरों-मस्जिदों या गिरजाघरों की जरूरत नहीं। वह घर-घर व्यापी है, एक-एक अणु में उसकी ज्योति है।—जो लोग ईश्वर भक्ति की धुन में बड़े-बड़े महल बनवाते हैं कि ईश्वर इसमें रहेगा, वे असीम को चारदीवारी में बन्द करके व्यापक ईश्वर का अपमान करते हैं और जो

लोग उसकी प्रतिभा बनाकर उसका शृंगार करते हैं, भोग लगाते हैं, उसका विवाह करते हैं और उसके नाम की माला जपते हैं वे तो ईश्वर को खिलौना बनाकर ऐसा पाप करते हैं जिसका कोई प्रायश्चित्त नहीं।[41]

1934 में 'हिन्दू समाज के वीभत्स दृश्य' शीर्षक लेख में उनकी आत्मा अन्धविश्वास के कुएँ में डूबते भारतीय दलित वर्ग को देखकर चीत्कार कर उठती है। वे उन धार्मिक ठेकेदारों के चरित्र को इस प्रकार उद्घाटित करते हैं—"जिस समाज पर एक करोड़ कोतल मूसलचन्दों के भरण-पोषण का भार हो, वह न कंगाल रहे तो दूसरा कौन रहे। गरीबों पर भी धर्म का जितना बड़ा टैक्स है, उतना शायद सरकार का भी नहीं।[42]

यह प्रेमचन्द के जीवनानुभवों के प्रमाण तो हैं ही साथ ही उनके समकालीन समाजसुधार और धर्मसुधार आन्दोलनों के प्रभाव के परिणाम भी हैं।

## नवजागरण की सांस्कृतिक दिशाएँ

उन्नीसवीं शताब्दी भारतवर्ष के लिए ही नहीं, सम्पूर्ण विश्व के लिए उत्साह की शताब्दी है। इन सौ वर्षों में मनुष्य ने मानव-जीवन, प्रकृति और परोक्ष को देखने की एक नितान्त अभिनव दृष्टि प्राप्त की और विज्ञान तथा बुद्धिवाद के विकास के द्वारा मानव चेतना का एकदम नये ढंग से पुनर्निर्माण किया। भारतीय सांस्कृतिक नवजागरण का जन्म बंगाल में हुआ। भारतीय राजनीति और राष्ट्रीय चेतना का केन्द्रीय स्थल भी वही था। इसलिए बँगला का साहित्य नयी प्रवृत्तियों का उन्नायक और नवदृष्टि सम्पन्न होने के कारण हिन्दी और अन्य भारतीय भाषाओं के लिए प्रेरणाप्रद बन गया।

उन्नीसवीं शताब्दी का नवजागरण भारतीय संस्कृति की मध्ययुग से आधुनिक युग में प्रवेश की भूमिका है। डॉ. सर जदुनाथ सरकार ने इसे यूरोपीय रेनेसाँ से भी अधिक महत्त्वपूर्ण माना।

वास्तव में नये भारत के सांस्कृतिक अग्रदूत राजा राममोहन राय ने एक ऐसी बौद्धिक जिज्ञासा को जन्म दिया जिससे रूढ़िग्रस्त मान्यताओं के प्रति विद्रोह का स्वर पैदा हुआ। 1870 तक समस्त भारतवर्ष नवजागरण की चेतना से ओतप्रोत हो चुका था। राजा राममोहन राय से महाकवि रवीन्द्रनाथ ठाकुर तक बंगाल के नवजागरण का इतिहास डेढ़ शताब्दी के विस्तार में फैला हुआ है।

हिन्दी भाषा और साहित्य को राजा राममोहन राय जैसा व्यक्तित्व भारतेन्दु हरिश्चन्द्र के रूप में बहुत बाद में मिला। भारतेन्दु के असमय निधन के कारण उनके द्वारा विकसित नयी साहित्यिक परम्पराएँ पूर्ण विकास प्राप्त नहीं कर सकीं। एक प्रकार से हिन्दी प्रदेश में नवजागरण की गति शिथिल ही रही।

हिन्दी प्रदेश में स्वामी दयानन्द (1824-1883) के आर्यसमाज को विशेष प्रश्रय मिला। राजनीतिक क्षेत्र में हिन्दी प्रदेश को अग्रगामिता गाँधीयुग में मिलती है। इसी युग में हमें मध्यप्रदेश में सच्चे नवजागरण के दर्शन होते हैं। बीसवीं शताब्दी के पहले बीस वर्षों में मध्यदेश, बंगाल के साहित्य और उसकी नव्य संस्कृति से पूर्ण परिचय प्राप्त कर सर्जना की दिशा में अग्रसर हुआ है। प्रेमचन्द बंगाल की साहित्यिक और सांस्कृतिक चेतना से पूर्णतः परिचित थे। इनका साहित्य मध्यदेश की प्रकृति के अनुरूप नयी चेतना के साथ आया। बँगला साहित्य की कोमलता एवं भावुकता की जगह वस्तुपरकता और बौद्धिकता के कारण यह युगीन चेतना का संवाहक बन गया।

भारतीय नवजागरण का केन्द्रीय ग्रन्थ उपनिषद् और भगवद्गीता है। राजा राममोहन राय ने उसकी आधुनिक व्याख्या की। स्वामी विवेकानन्द-आध्यात्मिक चेतना को लोकोन्मुख किया और वेदान्त को मायावाद से मुक्त करके कर्म की ओर उन्मुख किया। पश्चिमी भौतिकता को छोड़कर त्याग और करुणा की ओर मोड़ा। इस परम्परा की तीसरी कड़ी योगी अरविन्द हैं जो उन्नीसवीं शताब्दी की भारतीय आध्यात्मिक चेतना के चरमोत्कर्ष हैं। हम उन्हें पूर्व और पश्चिम का सबसे बड़ा सेतु कह सकते हैं। लेकिन इस परम्परा का अत्यन्त सशक्त रूप महात्मा गाँधी की सत्य साधना में प्रतिफलित हुआ। यद्यपि उनके सत्य के प्रयोग का व्यापकतम क्षेत्र राजनीति है फिर भी उनका सांस्कृतिक योगदान अत्यन्त महत्त्वपूर्ण है।

साहित्य के क्षेत्र में बंकिमचन्द्र चटर्जी और रवीन्द्रनाथ ठाकुर दोनों ने भारतीय संस्कृति की नयी व्याख्या की। महाकवि रवीन्द्रनाथ का साहित्य अपने गाम्भीर्य, सौन्दर्योपासना एवं सांस्कृतिक विस्तार में अप्रतिम है।

प्रेमचन्द का साहित्य नवजागरण का प्रतीक है। उन्होंने नवजागरण के उत्कर्ष-अपकर्ष के सभी आयामों को आत्मसात् करते हुए अपने सम्पूर्ण साहित्य को नवजागरण से सम्पृक्त किया। वह जनशक्ति का प्रतीक बन गया। मध्ययुगीन अभिजातवर्गीय चेतना को पीछे छोड़कर वह सच्चे अर्थों में नवजागरण का प्रतिनिधित्व करने लगा।

1870 तक समस्त देश नवजागरण की चेतना से ओतप्रोत हो चुका था। शिक्षा, सुधार और राजनीति इन तीनों के परिवर्तन से साहित्य, धर्म और दर्शन प्रमाणित हुए। हिन्दी साहित्य की अनेक गतिविधियों का केन्द्र कलकत्ता बना। 1886 में हिन्दी का प्रथम पत्र 'उदन्त मार्तण्ड' का प्रकाशन कलकत्ता से हुआ। 'समाचार-सुधा वर्षण' भी यहीं से निकला।

नवजागरण की चेतना के प्रसार ने ही हिन्दी को राष्ट्रभाषा का दर्जा दिया। शिक्षा और राजकाज के लिए हिन्दी को स्वीकार करने पर विशेष बल दिया गया। 1900 ई. में हिन्दी भाषा को अदालतों में स्थान मिल गया, लेकिन व्यावहारिक दृष्टि से अधिक लाभ न हो सका। आर्यसमाज शास्त्रार्थों और व्याख्यानों में हिन्दी का प्रयोग कर रहा था। वह अपने ढंग से हिन्दी की प्रगति में योग दे रहा था। राजनीतिक आन्दोलनों में हिन्दी भाषा की ओर ध्यान हमारे देश के राजनीतिज्ञों ने बहुत बाद में दिया।

प्रेमचन्द के पूर्ववर्ती साहित्यकारों ने संस्कृति और राष्ट्रभाषा हिन्दी के प्रचार के लिए अथक प्रयत्न किया। उसी परम्परा को प्रेमचन्द ने आगे बढ़ाया। राष्ट्रभाषा हिन्दी के प्रचार को राष्ट्रीय नवजागरण, साहित्य और संस्कृति का अभिन्न अंग बताते हुए 1833 में लिखा—"भारत की राष्ट्रीयता एक राष्ट्रभाषा पर निर्भर है और दक्षिण के हिन्दी-प्रेमी राष्ट्रभाषा का प्रचार करके राष्ट्र का निर्माण कर रहे हैं। राष्ट्रभाषा के बिना राष्ट्र का बोध हो ही नहीं सकता। जहाँ राष्ट्र है, वहाँ राष्ट्रभाषा का होना लाजिमी है। अगर सम्पूर्ण भारत को एक राष्ट्र बनाना है, तो उसे एक भाषा का आधार लेना पड़ेगा। अंग्रेजी भाषा का व्यवहार आपद्धर्म है, इसे हम राष्ट्रभाषा का पद नहीं दे सकते। भाषा ही राष्ट्र, साहित्य और संस्कृति का निर्माण करती है, आदर्शों की सृष्टि करती है। संस्कृति में एकरूपता होते हुए भी, एक राष्ट्रभाषा का आधार न रहे, तो राष्ट्र स्थायी नहीं हो सकता।"[43]

ब्रिटिश शासकों और भारतीय नेताओं के भाषा-सम्बन्धी उदासीन रवैये और हिन्दी के उज्ज्वल भविष्य पर टिप्पणी करते हुए वे लिखते हैं—"हिन्दी से भारतवर्ष के हर प्रकार के शत्रुओं को सच्चा भय है। जिसको सन्देह हो, वह दक्षिण भारत के हिन्दी कार्य का निरीक्षण करके अपना सन्देह मिटा सकता है। जहाँ-जहाँ हिन्दी की छत्रच्छाया है, वहाँ-वहाँ, ब्राह्मण-अब्राह्मण, शिक्षित-अशिक्षित, नागरिक, ग्रामीण छोटे-बड़े के भेद टूट गये हैं। भाषा के प्रचार के साथ-ही-साथ एकदम सच्चा ऐक्य स्थापित होने लगा है। आश्चर्य तो यह है कि एक भाषा का आन्दोलन इतनी देर लगाकर क्यों शुरू किया गया।—आप विश्वास रखें, भविष्य उज्ज्वल है।"[44]

1934 में 'हिन्दी का दावा' शीर्षक लेख में भाषा, साहित्य, संस्कृति के अन्योन्याश्रित सम्बन्ध पर टिप्पणी करते हुए लिखते हैं—"किसी राष्ट्र को बनाने के लिए संस्कृति की समानता जरूरी होती है। भाषा और साहित्य संस्कृति के मुख्य अंग हैं। जब तक एक भाषा और एक साहित्य न हो, एक राष्ट्र की कल्पना नहीं हो सकती। जब तक कौम में अपने विचारों के फैलाने की कोई एक भाषा न हो, वह कौम नहीं कहला सकती।[45]

अपने पूर्ववर्ती समाजसुधारकों की परम्परा के अनुरूप सांस्कृतिक नवजागरण का सन्देश देते हुए वे लिखते हैं—"हमारी संस्कृति जो सनातन से चली आती है, उसी के आधार पर हमें चलना होगा, क्योंकि संस्कृति केवल इन्हीं परिस्थितियों का समन्वय-मात्र है। यों कहना चाहिए कि संस्कृति का जो कुछ रूप है, वह इन्हीं परिस्थितियों का बनाया हुआ है। जब हम उस संस्कृति पर विचार करते हैं, तो हमें मालूम होता है वह कर्तव्यप्रधान, धर्मप्रधान, अहिंसाप्रधान, व्रत और नियमप्रधान संस्कृति है। उसमें व्यक्ति और समष्टि के सामंजस्य का ऐसा विधान है कि एक दूसरे का शत्रु न होकर सहायक बनी रहे। व्यक्ति के लिए और शौर्य प्राप्त करने की पूरी स्वाधीनता है, पर उसका उपयोग समाज और राष्ट्र के हित के लिए होना चाहिए, भोग-विलास अथवा निर्बलों पर प्रभुत्व जमाने के लिए नहीं। 'अहिंसा परमोधर्मः' और 'वसुधैव कुटुम्बकम्' यह दो हमारी संस्कृति के मूल तत्त्व हैं और इस अधोवस्था में हम उन्हें अपनाये हुए हैं।"[46]

## 2. नवजागरण की चेतना और प्रेमचन्द पूर्वोत्तर साहित्य

नये भारत के उदय के लिए उन्नीसवीं शताब्दी भविष्य के इतिहासकारों को सदा आकृष्ट किये रहेगी। इस शताब्दी के क्रान्तिकारी चिन्तनों और परिवर्तनों ने देशवासियों के विचार और जीवन को नयी रोशनी दी। इस नये परिवर्तन का मुख्य केन्द्र बंगाल था। लेकिन ध्यान देने की बात है कि अन्य प्रान्तों में यह चेतना अलग-अलग समय में उद्‌भूत हुई और उसके विकास की प्रकृति में भी पर्याप्त भिन्नताएँ थीं। महाराष्ट्र, गुजरात और तमिल प्रदेश के नवजागरण में स्थानीय प्रवृत्तियों और प्रादेशिक आन्दोलनों के प्रभाव भी परिलक्षित होते हैं। इस दृष्टि से तत्कालीन हिन्दी प्रदेश में नवजागरण की गति धीमी थी। शायद यही कारण था कि हिन्दी साहित्य में नवजागरण की चेतना दुर्बल थी। आगे चलकर 1910 के बाद जब पुनरुत्थानवादी और सुधारवादी विचारों की भूमिका कमजोर पड़ी तो नवजागरण की सांस्कृतिक अभिव्यक्ति मुखर हुई।

इसका पहला कारण यह था कि अंग्रेजी शासन बंगाल में पहले आया। अंग्रेजी शिक्षा का प्रचार भी वहाँ बहुत पहले 1817 ई. में शुरू हुआ। 1861 ई. से बँगला साहित्य में नवजागरण की रूपरेखा साफ उभरने लगी। जबकि हिन्दी प्रदेश में अंग्रेजी सत्ता का प्रवेश 1805 ई. से शुरू होता है। 1856 में वह अवध प्रदेश को अपने अधिकार में ले सकी। इतना ही नहीं, मध्यदेश का एक बड़ा भाग राजस्थान, मध्यभारत और बुन्देलखण्ड देशी राज्यों के रूप में 1947 तक बने रहे। इन राज्यों में मध्ययुगीन जीवनचर्या और प्राचीन परम्पराएँ अब तक चलती रही हैं। इस प्रकार यह विस्तृत क्षेत्र नवजागरण की चेतना से अछूते रह गये।

एक अन्य कारण भाषा-सम्बन्धी समस्या है। उन्नीसवीं शताब्दी में गद्य की भाषा खड़ीबोली हिन्दी थी और पद्य की ब्रज। इस प्रकार साहित्य-क्षेत्र में हिन्दी के दो रूप चलते रहे। दो भाषा की परम्पराओं के कारण एक प्रकार की अनिश्चिन्तता साहित्य-साधना में बनी रही। इसके अतिरिक्त हिन्दी प्रदेश, हिन्दी और उर्दू भाषी दो समानान्तर समाजों में बँटा रहा, जिसके कारण नवजागरण की सम्यक् अभिव्यक्ति हिन्दी प्रदेश में थोड़ी देर से हुई।

स्वामी दयानन्द सरस्वती के आर्यसमाज को हिन्दी प्रदेश का ही आन्दोलन कहा जा सकता है। वे पौराणिक हिन्दू धर्म के विरोधी थे परन्तु सामाजिक सुधारों और पश्चिमी ज्ञान-विज्ञान के कट्टर समर्थक थे। शुद्धि आन्दोलन के द्वारा उन्होंने ईसाइयों और मुसलमानों के धर्म प्रसार से मोर्चा लिया और बौद्धिक चेतना द्वारा धार्मिक तेजस्विता का एक नया उदाहरण हिन्दू जनता के सामने प्रस्तुत किया। लगभग पचास वर्षों तक आर्यसमाज का आन्दोलन हिन्दी क्षेत्र का प्रमुख आन्दोलन बना रहा। 'हिन्दी, हिन्दू और हिन्दोस्तान' को अभिन्न इकाई मानकर उन्होंने आर्यभाषा, धार्मिक सुधार तथा स्वराज्य की भावना का हिन्दी क्षेत्र में बीज बोया।

उन्नीसवीं शताब्दी के अन्तिम दो दशकों में बँगला साहित्य के अनुवाद प्रकाशित होने लगे। जिसके परिणामस्वरूप हिन्दी क्षेत्र के शिक्षितजन बंकिमचन्द, शरच्चन्द्र और रवीन्द्रनाथ के साहित्य से उतने ही परिचित थे जितना भारतेन्दु हरिश्चन्द्र या प्रेमचन्द के साहित्य से। बंगाल के नवजागरण से हिन्दी क्षेत्र भारतेन्दु युग में ही परिचित हो गया था लेकिन भारतेन्दु से पहले कोई सशक्त व्यक्तित्व मध्यदेश को प्राप्त नहीं हुआ। जहाँ तक राजनीति का सम्बन्ध है, मध्यदेश ने महामना मदनमोहन मालवीय और पण्डित मोतीलाल नेहरू जैसे कुछ नेता उन्नीसवीं शताब्दी के अन्त में अवश्य उत्पन्न किये परन्तु उनका कार्यकाल बीसवीं शताब्दी में पड़ता है। राजनीतिक क्षेत्र में हिन्दी प्रदेश की अग्रगामिता गाँधीयुग में ही मिलती है। इस युग में ही हमें मध्यदेश में सच्चे नवजागरण के दर्शन होते हैं।

### भारतेन्दु हरिश्चन्द्र

भारतीय नवजागरण से हिन्दी साहित्य अविच्छिन्न रूप से जुड़ा हुआ है। वास्तविकता तो यह है कि नवजागरण की चेतना के विकास और प्रसार की आवश्यकताओं ने ही आधुनिक हिन्दी साहित्य को जन्म दिया। हिन्दी भाषा और साहित्य को राजा राममोहन राय जैसा विशाल व्यक्तित्व भारतेन्दु हरिश्चन्द्र में मिला। एक प्रकार से हम भारतेन्दु-युग और द्विवेदी-युग के साहित्य को नवजागरण की समर्थ भूमिका कह सकते हैं। वैसे तो नवजागरण की राजनीतिक अभिव्यक्ति 1885 ई. में कांग्रेस की स्थापना के साथ हुई परन्तु साहित्य में नवयुग का उन्मेष भारतेन्दु

के रचनाकाल से ही प्रारम्भ हो गया था। उनका साहित्य नवयुग की विचारधारा का प्रतिनिधि है। इस दृष्टि से उनके साहित्य का स्थान बहुत महत्त्वपूर्ण है। 1900 ई. के पूर्व के साहित्य पर, प्रेमचन्द के साहित्य की पूर्वपीठिका के रूप में एक विहंगम दृष्टि डालना अत्यन्त आवश्यक है। इस काल के साहित्य के अध्ययन से यह ज्ञात हो सकता है कि साहित्य में किन विचारधाराओं और भावनाओं की अभिव्यक्ति प्रेमचन्द के पूर्ववर्ती साहित्यकार कर चुके थे।

भारतेन्दु का जन्म एक अंग्रेज-भक्त महाजन परिवार में हुआ था। इतिहास विख्यात अमीचन्द के घराने में देशभक्त, हिन्दी खड़ीबोली के स्थापक भारतेन्दु जैसा अप्रतिम व्यक्तित्व कीचड़ में कमल की तरह उदीयमान हुआ।

भारतेन्दु ने उत्तर भारत की अच्छी तरह यात्रा की। उन्होंने शहर ही नहीं, गाँवों में साधारण जनता को भी देखा। उन्होंने कलकत्ता का भी भ्रमण किया। निःसन्देह बंगाल की यात्रा का गहरा असर उन पर पड़ा होगा और वहाँ के नवजागरण और साहित्यिक प्रगति से उन्हें कम प्रेरणा न मिली होगी।

अपनी इन यात्राओं में उन्होंने अंग्रेजी राज्य की न्यामतें अपनी आँखों देखीं जिससे जनता की निरक्षरता, अन्धविश्वास और गरीबी दूर करने के लिए उनका विचार और भी दृढ़ हुआ। उन्होंने केवल यही नहीं देखा कि हिन्दुस्तानी अंग्रेजों के मुकाबले आर्थिक और वैज्ञानिक प्रगति में पिछड़े हुए हैं, बल्कि यह भी देखा कि भारत के ही दूसरे प्रान्तों के मुकाबले हिन्दी प्रदेश के लोग पिछड़े हुए हैं। उन्होंने बंगाल की तुलना में हिन्दी जनता को विशेष रूप से कला और साहित्य के क्षेत्र में पिछड़ा हुआ पाया। वे हिन्दी माध्यम से हिन्दी प्रदेश की जनता को जागृत करना चाहते थे। इन विचारों को जन्म देने और पुष्ट करने में उनकी यात्राओं का बहुत बड़ा हाथ था।

भारतेन्दु का गद्य साहित्य नवजागरण की चेतना का संवाहक है। विशेष रूप से 'भारत-दुर्दशा' के द्वारा भारतेन्दु जी ने भारतवर्ष के प्राचीन गौरव तथा वर्तमान दुर्व्यवस्था को दृष्टि में रखकर तथा नवीन भारतोदय की हार्दिक इच्छा रखते हुए दुखान्त रूपक लिखा। भारत दुर्दशा का भोगी अंग्रेजी-राज में विदेश धन जाने के कारण महँगी, रोग, टैक्स आदि विपत्तियाँ देखता है, लेकिन उसे इससे बचने का रास्ता नहीं दिखायी देता। पहले अंक में योगी यह प्रसिद्ध गीत गाता है—

*"रोअहु सब मिलिकै आवहु भारत भाई।*
*हा हा! भारत दुर्दशा न देखी जाई।।"*[47]

आखिरी अंक में भारत भाग्य कहता है "हा भारत! तेरी क्या दशा हो गयी। हे करुणासागर भगवान् इधर भी दृष्टि कर। हे भगवती राजराजेश्वरी इसका हाथ पकड़ो।"[48]

जब भारत भाग्य पुकार लगाकर थक जाता है और न तो कोई भारत का हाथ पकड़ता है, न कोई भारत भाग्य का हाथ पकड़ता है। वह निराश होकर अपनी छाती में कटार भोंक लेता है। भारत दुर्दशा के इस निराशापूर्ण अन्त ही में जबर्दस्त आशा छिपी हुई है।

भारतेन्दु की इस निराशा में उनका तीव्र असन्तोष छिपा हुआ है। उनकी निराशा अंग्रेजी राज्य के लिए किये जानेवाले लम्बे-चौड़े दावों पर सबसे गम्भीर टिप्पणी है। पुस्तकों से मन न बहलाया जा सकता था। अंग्रेजी राज में सुख से दिन बिताने के मन्सूबे बेकार थे। यथार्थवादी हरिश्चन्द्र इस कटु परिणाम पर पहुँच गये थे। तीसरे अंक में भारत दुर्दैव कहता है—

*'मरी बुलाउंन देस उजाड़ूँ, महँगा करके अन्न।*
*सबके ऊपर टिकस लगाऊँ, घन है मुझको घन्न।।*[49]
*मुझे तुम सहज न जानो जी, मुझे इक राक्षस मानो जी।'*

यहाँ यह देखना मुश्किल नहीं कि सब काम भारत में अंग्रेजी राज कर रहा है। वास्तव में भारत दुर्दैव अंग्रेजी राज का ही दूसरा नाम है।

भारतेन्दु की महानता इस बात में है कि वे अंग्रेजी राज के सच्चे और कटु आलोचक थे। उनके नाटकों और निबन्धों ने जनता को अंग्रेजी राज के अन्याय और शोषण के प्रति सचेत किया। अंग्रेजों ने हिन्दुस्तानियों को राजभक्ति सिखायी, उनके अन्दर फूट की आग सुलगायी, उन्हें एक-दूसरे का खून बहाना सिखाया, यहाँ की संस्कृति और भाषाओं को पैरों तले रौंदा। भारतेन्दु के साहित्य की प्रखर चेतना सम्पन्नता पर रामविलास शर्मा लिखते हैं—"हिन्दुस्तान की राष्ट्रीय चेतना सीधे अंग्रेजी डाकुओं के कारनामों का विरोध करके बढ़ी। इसलिए हिन्दुस्तान की तमाम भाषाओं का नया राष्ट्रीय साहित्य अंग्रेजी राज का विरोधी साहित्य है। अंग्रेज साम्राज्यवादियों ने भारतीय जनता को गुलामी की शिक्षा दी, भरसक उसके राष्ट्रीय सम्मान और उसकी प्रतिशोध भावना को कुचलने की कोशिश की। इसके बावजूद जनता के समर्थ लेखक देश की संस्कृति की रक्षा और विकास के लिए आगे बढ़े। ऐसे लेखकों में ही भारतेन्दु हरिश्चन्द्र थे।"[50]

भारतेन्दु ब्रिटिश विरोधी ऐतिहासिक 'लेवी प्राण लेवी' लेख में पश्चिमोत्तर देशवासियों को अपनी कायरता छोड़कर दूसरे प्रान्तों की तरह जागृति का सन्देश देते हैं। यह सन्देश उनके हिन्दी भाषी जनता से लगाव का द्योतक है।

'कवि वचन सुधा' में स्वदेशी के व्यवहार का प्रचारात्मक उद्घोष प्रतिज्ञा के रूप में भारतीय जनजागृति का संवाहक बन गया। इस सन्दर्भ में डॉ. रामविलास शर्मा लिखते हैं—"हिन्दी भाषी जनता इस बात पर गर्व कर सकती है कि उसके

नवजागरण के वैतालिक हरिश्चन्द्र ने चौबीस वर्ष की अवस्था में स्वदेशी के व्यवहार की यह गम्भीर प्रतिज्ञा की थी। उस दिन तरुण हरिश्चन्द्र ने न केवल हिन्दी प्रदेश के लिए वरन् समूचे भारत के लिए एक नये युग का द्वार खोल दिया था। उस दिन राष्ट्रीय स्वाधीनता के पावन उद्देश्य से हिन्दी साहित्य का अटूट गठबन्धन हो गया था। उस दिन हरिश्चन्द्र की कलम से भारतीय जनता ने अंग्रेजी राज्य के नाश का वारण्ट लिख दिया था।''[51]

हिन्दी भाषा की उन्नति के लिए उनमें विशेष आग्रह था। हिन्दी भाषा की महत्ता इन प्रेरणाप्रद शब्दों में अभिव्यक्त हुई है।

*''निज भाषा उन्नति अहै, सब उन्नति को मूल।*
*बिन निज भाषा ज्ञान के, मिटत न हिय को सूल।।''*[52]

हिन्दी भाषा के प्रति हिन्दी लेखकों और कवियों का आग्रह प्रारम्भ से ही था। उर्दू और अंग्रेजी का विरोध भी उन्होंने इसी कारण किया कि ये भाषाएँ हिन्दी की उन्नति के मार्ग में बाधक बन रही थीं। हिन्दी प्रचार का आन्दोलन आर्य समाज से भी प्रभावित था।

भारतेन्दु साहित्य में भी स्त्रियों की विविध समस्याओं का उद्घाटन आर्यसमाज तथा ब्रह्मसमाज आन्दोलनों के फलस्वरूप ही हुआ। 'भारत दुर्दशा' नाटक में धार्मिक रूढ़ियों और परम्पराओं पर चोट करते हुए वे एक पात्र से कहलवाते हैं, ''हमने बहुत-से धर्म फैलाये और छुआछूत बढ़ा दिया। शैव, शक्ति, वैष्णव आदि अनेक मत फैले। बाल-विवाह, बहु-विवाह, विधवा-विवाह-निषेध आदि सामाजिक कुरीतियाँ फैलीं। विलायत गमन वर्जित करने से जनता कूपमण्डूक हो गयी। अनेक देवी-देवताओं और भूत-प्रेतादि की पूजा प्रारम्भ हो गयी।

भारतेन्दु हरिश्चन्द्र ने देश की दरिद्रता तथा भारतीयों के विदेशी-वस्तु-प्रेम का उल्लेख किया है। भारतवासी मारकीन और मलमल के गुलाम हो गये हैं। यहाँ का कच्चा माल विदेश चला जाता है और वहाँ से जो वस्तुएँ बनकर आती हैं उस पर टैक्स लग जाता है। इन तमाम मूलभूत आर्थिक अवनति के कारणों पर भारतेन्दु का दृष्टि कांग्रेस की स्थापना के पूर्व ही चली गयी थी।

अंग्रेजों की कथनी और करनी के अन्तर को समझने की वही पैनी दृष्टि यहाँ भी मौजूद है जो हमें प्रेमचन्द साहित्य में दृष्टिगत होती है। 1874 की 'कवि वचन-सुधा' में भारतेन्दु 'क्या हमारे देशबान्धव अब भी सचेत न होंगे?' लेख में अंग्रेजों के चरित्र का उद्घाटन करते लिखते हैं—कुछ काल पहले अंग्रेज लोग जब हिन्दुस्तान के विषय में व्याख्यान देते थे तब यही प्रकट करते थे कि हम केवल इस देश के लाभ-अर्थ राज करते हैं। यही चिल्ला-चिल्ला कर सर्वदा कहा करते हैं कि हम सदैव

हिन्दुस्तान की वृद्धि के निमित्त विचार करते हैं कि हम लोग इस देश की वृद्धि करेंगे और यहाँ के निवासियों को विद्यामृत पिलावेंगे और राज्य का प्रबन्ध किस भाँति करना है यह ज्ञान जब प्रजा को स्वत: हो जाये तब हम लोग हिन्दुस्तान का सब राज्य-प्रबन्ध यहाँ के निवासियों के स्वाधीन कर देंगे और अन्त में राम-रामकर जहाज पर पैर रखकर स्वदेश गमन करेंगे।

बहुमुखी प्रतिभासम्पन्न भारतेन्दु के साहित्यिक व्यक्तित्व की प्रशंसा करते हुए पण्डित रामचन्द्र शुक्ल लिखते हैं, "अपनी सर्वतोमुखी प्रतिभा के बल से एक ओर तो वे पद्माकर और द्विजदेव की परम्परा में दिखायी पड़ते थे, दूसरी ओर बंगदेश के माइकेल और हेमचन्द की श्रेणी में एक ओर राधाकृष्ण की भक्ति में झूमते हुए नयी भक्तमाल गूँथते हुए दिखायी देते थे, दूसरी ओर मन्दिरों के अधिकारियों और टीकाधारी भक्तों के चरित्र की हँसी उड़ाते और स्त्री-शिक्षा, समाज-सुधार आदि पर व्याख्यान देते पाये जाते थे।"[53]

प्रेमचन्द भी उनकी प्रतिभा के कायल थे। जमाना में 'भारतेन्दु बाबू हरिश्चन्द्र' शीर्षक लेख में उनके द्वारा हिन्दी भाषा के प्रचार-प्रसार की प्रशंसा करते हुए लिखते हैं, "उन्नीसवीं सदी में हिन्दी भाषा ने हरिश्चन्द्र जैसा समर्थ, उन्नत विचार और उमंग से भरपूर कवि पैदा किया। और जो अब भाषा की चर्चा दिन-ब-दिन ज्यादा हो रही है मगर अभी बहुत अर्सा गुजरेगा जब हमको साहित्य की गद्दी पर हरिश्चन्द्र का कोई उत्तराधिकारी दिखायी देगा।"[54]

भारतेन्दु ने अपनी साहित्यिक रचनाओं और लेखों में जिस संस्कृति का निर्माण किया, वह जनवादी संस्कृति थी। उनके साहित्य का उद्घोष नवजागरण की चेतना से ओतप्रोत था। नवजागरण का यह उद्घोष सम्पूर्ण भारत के लिए तो था ही लेकिन हिन्दी भाषी जनता के लिए उसका विशेष महत्त्व था। उन्होंने अंग्रेजी, संस्कृत और अरबी, फारसी के मुकाबले में हिन्दी का महत्त्व प्रतिष्ठित किया। उनके अनेक निबन्धों में हिन्दी प्रदेश की जनता के उद्धार और नवजागरण की चेतना के प्रसार की चिन्ता झलकती है।

## 2. बालमुकुन्द गुप्त और अन्य हिन्दी साहित्यकार

भारतेन्दु आधुनिक हिन्दी गद्य के निर्माता थे। अपने जीवन-काल में ही उन्होंने भारतेन्दु मण्डल की स्थापना की। हिन्दी सहित्य के अभ्युदय-काल में प्रतापनारायण मिश्र, बालकृष्ण भट्ट, लाला श्रीनिवासदास, पण्डित राधाचरण गोस्वामी इत्यादि कई प्रौढ़ और प्रतिभाशाली लेखकों ने हिन्दी साहित्य में अपना योगदान दिया। नूतन हिन्दी साहित्य का वह प्रथम उत्थान भारतीय जनता के लिए बड़ा जीवन्त था। भारतेन्दु के सहयोगी लेखकों का वह मण्डल किस जोश और जिन्दादिली से अंग्रेजी शासन के बीच नवजागरण का सन्देश दे गया, यह उल्लेखनीय है।

जिस हिन्दी भाषा को भारतेन्दु हरिश्चन्द्र ने जन्म दिया, नया रूप दिया, उसी कार्य को बाबू बालमुकुन्द गुप्त ने और दृढ़ता प्रदान की। अपने बाल्यकालीन जीवन-काल में ही हिन्दी की अकथनीय सेवा की। गुप्त जी ने 'अखबारे चुनार' और 'कोहनूर' तथा मुरादाबाद से प्रकाशित 'भारत-प्रताप' (उर्दू पत्र) का भी सम्पादन किया। पण्डित मदनमोहन मालवीय द्वारा सम्पादित एकमात्र दैनिक पत्र 'हिन्दोस्थान' में भी दो वर्ष तक गुप्त जी ने काम किया। गुप्त जी अंग्रेज सरकार पर बड़ी सख्त टिप्पणियाँ लिखते थे, जिसके कारण 1891 में उन्हें 'हिन्दोस्थान' से अलग होना पड़ा। 'भारत मित्र' के सम्पादक के रूप में उन्हें पूरे देश में जाना जाने लगा।

स्वदेश-विरोधी कार्यों और विचारों के प्रति गुप्त जी ने किसी भी कीमत पर समझौता नहीं किया। अंग्रेजी सभ्यता और विदेशी भावनाओं के समर्थक भारतीयों के वे कटु आलोचक थे। उन्होंने साहित्य की मर्यादा, धर्म की मर्यादा, समाज की मर्यादा और भारत देश की मर्यादा पर आक्षेप करनेवालों को मुँहतोड़ जवाब दिया। गुप्त जी ने अपने निबन्धों में भारत के अतीत का गौरवगान भी किया है। 'उन्नीसवीं शताब्दी' नामक निबन्ध में लिखते हैं, "अंग्रेजों के पूर्व भारत कितना सुखी था और उनके आने के बाद किस तरह देश की अवनति होती जा रही थी। आगे पुनः लिखते हैं, "सुख गया, स्वच्छन्दता गयी, बेफिक्री गयी। मौत निकट आयी, पर वह पुराना दृश्य फिर आँखों के सम्मुख न आया। आज पाँच वर्ष के बालक को अन्न की चिन्ता पड़ती है, वह दियासलाई की डिबिया लिये घर-घर बेचता फिरता है। घर के जितने लोग हैं, सब कमाते हैं पर पेट नहीं भरता। किन्तु तब बीस साल के लड़के गलियों में खेलते फिरा करते थे।"[55]

इस काल के साहित्यकारों ने हिन्दी भाषा के ऊपर भी विचार किया था। हमारी भाषा, हमारी संस्कृति का एक अंग है। वह विचारों और भावनाओं की अभिव्यक्ति का माध्यम है और देश के संगठित रूप का बोध कराती है। इस काल में हिन्दी-उर्दू विरोध उग्र रूप धारण कर चुका था। 1900 ई. में हिन्दी भाषा को अदालतों में स्थान मिल गया था लेकिन व्यावहारिक दृष्टि से अधिक लाभ न हो सका।

इस काल के सभी कवियों ने हिन्दी की दीन-दशा पर दुःख प्रकट किया है। प्रतापनारायण मिश्र ने एक स्थान पर लिखा है कि, "सब तरह की दुर्दशा तो हो गयी, एक भाषा थी वह भी जाना चाहती है।"

हिन्दी भाषा की उन्नति कैसे हो इस विषय पर गुप्त जी ने बहुत-कुछ लिखा है। हिन्दी भाषा पर उनका यह कथन हिन्दी के प्रति उनके लगाव को सूचित करता है। "जो लोग उर्दू के अच्छे कवि और ज्ञाता हैं, वह हिन्दी की ओर ध्यान देना कुछ आवश्यक नहीं समझते। इसी से देवनागरी अक्षर भी नहीं सीखते और भारतवर्ष के साहित्य से निरे अनभिज्ञ हैं। अरब और फारस के साहित्य की ओर खिंचते हैं।

साथ-साथ भारतवर्ष के साहित्य से घृणा करते और चुराते हैं। उधर हिन्दी के प्रेमी भी उर्दू की ओर कम दृष्टि रखते हैं और उर्दूवालों को अपनी ओर की बातें ठीक-ठीक समझाने की चेष्टा नहीं करते। यदि दोनों ओर से चेष्टा हो तो इस भाषा की बहुत-कुछ उन्नति हो सकती है। मैं इस पुस्तक के द्वारा दोनों ओर के लोगों को एक-दूसरे की बातें ठीक-ठीक समझा देने की चेष्टा करूँगा। इसमें मेरा अधिक श्रम हिन्दीवालों के लिए होगा।''[56]

समाज-सुधार को कांग्रेस ने प्रारम्भिक वर्षों में कोई स्थान नहीं दिया। इसके विपरीत इस काल के साहित्यकारों ने समाज-सम्बन्धी प्रश्नों को स्वतन्त्र रूप से उठाया, बाल-विवाह, विधवा-विवाह, सती-प्रथा जैसे सामाजिक कुरीतियों के खिलाफ संघर्ष किया। किशोरीलाल गोस्वामी ने 'स्वर्गीय कुसुम' उपन्यास में देवदासी प्रथा जैसी सामाजिक कुरीति का घोर विरोध किया।

बालमुकुन्द गुप्त ने 'शिव शम्भु के चिट्ठे और खत' शीर्षक से शिवशम्भु शर्मा के नाम से अत्यन्त चुभती हुई व चुटीली टिप्पणियाँ लिखी थीं। उनमें उन्होंने तत्कालीन अंग्रेजी राज्य के वैभव और आतंकपूर्ण व्यक्तित्ववाले लार्ड कर्जन, लार्ड मिण्टो, सर कुलर तथा मार्ले जैसे अंग्रेज अधिकारियों की जिस निर्भीकता से आलोचना की, उसे आज क्या, कभी भी नहीं भूला जा सकता।

लार्ड कर्जन को सम्बोधित करते हुए, प्रजा की वास्तविक स्थिति से अंग्रेजी शासकों को अवगत कराने के लिए व्यंग्यात्मक शैली में वे लिखते हैं, ''इसी कलकत्ते में इसी इमारतों के नगर में माई लार्ड की प्रजा में हजारों आदमी ऐसे हैं, जिनको रहने को सड़ा झोपड़ा भी नहीं है। —नित्य इनकी दो-चार लाशें जहाँ-तहाँ से पड़ी पुलिस उठाती है। भला माई लार्ड तक उनकी बात कौन पहुँचाये? दिल्ली दरबार में जहाँ सारे भारत का वैभव एकत्र है, सैकड़ों ऐसे लोग दिल्ली की सड़कों पर पड़े दिखायी देते थे, परन्तु उनकी ओर देखनेवाला कोई न था। यदि एक बार माई लार्ड इन लोगों को देख पाते तो पूछने की जगह हो जाती कि वह लोग भी ब्रिटिश राज्य के सिटिजन हैं या नहीं? यदि हैं तो कृपापूर्वक पता लगाइये कि उनके रहने के स्थान कहाँ हैं और ब्रिटिश राज्य से उनका क्या नाता है। क्या कहकर वह अपने राजा और उसके प्रतिनिधि को सम्बोधित करें? किन शब्दों में वह ब्रिटिश राज्य को असीस दें। क्या यों कहें कि जिस ब्रिटिश राज्य में हम अपनी जन्मभूमि में एक अंगुल के अधिकारी नहीं, जिसमें हमारे शरीर को फटे चिथड़े भी नहीं जुड़े और न कभी पापी पेट को पूरा अन्न मिला, उस राज्य की जय हो! उसका राजप्रतिनिधि हाथियों का जुलूस निकालकर सबसे बड़े हाथी पर चँवर छत्र लगाकर निकले और स्वदेश में जाकर प्रजा के सुखी होने का डंका बजावे?''[57]

इस काल के साहित्यकारों ने देश की आर्थिक समस्याओं में विशेष रूप से रुचि ली थी। आर्थिक क्षेत्र में राजनीति तथा साहित्य की धाराएँ समानान्तर चलती हैं। राजनीति और साहित्य दोनों में देशी उद्योग-धन्धों और कारीगरी के विनाश को चिन्ताजनक दृष्टि से देखा गया है।

इस काल की राजनीति में राजभक्ति की भावना प्रमुख थी। पट्टाभिसीतारमैय्या ने तो यहाँ तक लिखा है कि, "पुराने जमाने में कांग्रेसी लोगों को अपनी राजभक्ति की परेड दिखाने का शौक था।" राजनीतिज्ञों की राजभक्ति की भावना के विपरीत बालमुकुन्द गुप्त अंग्रेज शासकों की चालों को बखूबी समझ रहे हैं। उन्होंने इसका जवाब बड़ी निर्भयता के साथ 'राजभक्ति' नामक लेख में दिया है। अंग्रेजों के मनमाने अत्याचार के खिलाफ आवाज बुलन्द करते हुए वे लिखते हैं, "सबसे अधिक दुःख की बात है कि प्रजा की कातर-से-कातर पुकार पर भी ध्यान नहीं दिया जाता, पर उसके विरुद्ध चाहे कैसा ही, तूफान उठाया जाये, उसके सुनने और स्वीकार करनेवाले विलायत में भी कान लगाये बैठे रहते हैं। भारत सचिव मार्ली साहब के हृदय पर प्रजा की किसी पुकार का असर न हुआ। आप तो हमें पीसते चले जायेंगे और हम आपको राजभक्ति दिखावें यह कैसे हो सकता है?"[58]

इस काल के प्रमुख साहित्यकार—प्रतापनारायण मिश्र, बालमुकुन्द गुप्त तथा 'प्रेमघन' ने अपनी रचनाओं में अंग्रेजी राज की पुलिस, कचहरी, शिक्षा, प्रेस की स्वतन्त्रता, नौकरियों में भारतीयों की स्थिति आदि के प्रति असन्तोष व्यक्त किया है। समकालीन घटनाओं, समस्याओं तथा व्यक्तियों का उल्लेख भी इन साहित्यकारों ने किया है। ये सभी साहित्यकार हिन्दी-प्रदेश के थे इसलिए उनका लगाव इस प्रदेश के प्रति ज्यादा था—यह आक्षेप कुछ साहित्यशास्त्रियों का है लेकिन हमारी समझ यह है कि इन साहित्यकारों की दृष्टि हिन्दी प्रदेश के नवजागरण तक ही सीमित नहीं थी। इस काल में हिन्दू से तात्पर्य सम्पूर्ण भारतवासियों से तथा हिन्दू राष्ट्र का मतलब भारत देश से था।

इस समय के साहित्यकारों ने देशभक्ति को सार्थक अभिव्यक्ति दी तथा उपाध्याय बदरीनारायण चौधरी समाजसुधार और धर्म-सुधार आन्दोलन के विविध पक्षों को साहित्यिक मुखरता प्रदान की। इनमें बालमुकुन्द गुप्त की सजग राजनीतिक चेतना तथा नवजागरण के बहुआयामी सन्दर्भों की व्याख्या, उन्हें समकालीनों से अलग स्थान प्रदान करती है। जिस नवजागरण की चेतना का शंखनाद बाद में प्रेमचन्द-साहित्य में मुखर हुआ, उसकी ऊर्जा सम्भवत: यहीं से ग्रहण की गयी होगी।

### 3. महावीरप्रसाद द्विवेदी

हिन्दी नवजागरण का तीसरा काल महावीरप्रसाद द्विवेदी और उनके सहकर्मियों का काल है। जून, 1900 में सरस्वती का प्रकाशन शुरू हुआ और 1920 में द्विवेदी

जी सरस्वती से अलग हुए। इन दो दशकों के समय को द्विवेदी-युग की संज्ञा दी जाती है। महावीरप्रसाद द्विवेदी का काल  हिन्दी नवजागरण के सन्दर्भ में एक कड़ी का काम करता है जो एक ओर उसे सन् सत्तावन के गदर और भारतेन्दु युग से जोड़ता है तो दूसरी ओर छायावादी-युग से। इस तरह द्विवेदी जी नवजागरण की चेतना को अपने पूर्ववर्ती भारतेन्दु-युग से ग्रहण करते हैं और परवर्तियों को विरासत के रूप में प्रदान करते हैं। हिन्दी साहित्य में उनका यह अवदान एक युगान्तरकारी घटना है।

साहित्य-इतिहासकारों ने बार-बार इस बात को दोहराया है कि द्विवेदी जी ने भाषा का परिष्कार किया। फरवरी, 1939 की 'सरस्वती' में श्यामसुन्दरदास ने लिखा था, "द्विवेदी जी का महत्त्व उनके लेखों में नहीं है। उनका महत्त्व विशेषकर इसी बात में है कि उन्होंने भाषा को परिमार्जित और सुन्दर रूप देने का सफलतापूर्वक उद्योग किया।

लेकिन कुछ लोग ऐसे भी थे जिन्होंने द्विवेदी जी के साहित्य की प्रखरता को समझा और उसे उचित महत्त्व प्रदान किया। फरवरी, 1939 में प्रकाशित 'सरस्वती विशेषांक' में द्विवेदी जी के लेखों की सामाजिक अर्थवत्ता को रेखांकित किया गया है। उनके मौलिक चिन्तन का महत्त्व नवजागरण की चेतना के सन्दर्भ में विशेष रूप से ध्यान देने योग्य है। एक उद्धरण इस प्रकार है, "यूरोप के कुछ मदान्ध मनुष्य समझते हैं कि परमेश्वर ने एशिया के निवासियों पर आधिपत्य करने के लिए ही उनकी सृष्टि की है। जिस एशिया ने बुद्ध, राम, कृष्ण, ईसा और कन्फ्यूसियस, रवीन्द्रनाथ और जगदीशचन्द्र बसु को उत्पन्न किया है, उसने दूसरे की गुलामी का ठेका नहीं ले रखा है।[59]

इस उद्धरण से साफ पता चलता है कि नवजागरण की चेतना अपने पूर्ववर्तियों से गुजरते हुए महावीरप्रसाद द्विवेदी के जेहन में आ बसी थी। इसी कारण द्विवेदी जी दिलेरी के साथ, शक्ति के नशे में चूर साम्राज्यवादी यूरोप की पुरानी शान का नवजागृत एशिया से व्यक्त करवाते हैं। यह मदान्ध आततामी यूरोप को नवजागरण एशिया की ललकार है। भारतीय नवजागरण और हिन्दी नवजागरण इसी एशियाई नवजागरण का अंग है।

द्विवेदी जी हिन्दी के पहले लेखक हैं, जो साहित्यकार होने के साथ-ही-साथ अर्थशास्त्र में गहरी दिलचस्पी रखते थे। उनकी प्रसिद्ध पुस्तक 'सम्पत्तिशास्त्र' 1908 में प्रकाशित हुई। इसका उद्देश्य तत्कालीन भारत की आर्थिक स्थितियों का अध्ययन करना था। हिन्दी प्रदेश में नवीन सामाजिक चेतना के प्रसार के लिए उन्होंने कठिन परिश्रम किया। उनके कार्य का मूल्यांकन व्यापक हिन्दी नवजागरण के सन्दर्भ में ही सम्भव है। सरस्वती के माध्यम से द्विवेदी जी ने लेखकों का ऐसा दल तैयार किया जिसने नवीन चेतना के प्रचार-प्रसार में उनकी सहायता किया।

उन्होंने एक युग का निर्माण किया तथा वैज्ञानिक ढंग से अनेक समस्याओं पर विचार व्यक्त किया।

द्विवेदी जी ने अन्य दूसरे साहित्यकारों की तरह देश की आर्थिक अवनति का विवेचन किया। उनकी विवेचना के केन्द्र में थी भारत की निर्धन जनता।

'सम्पत्तिशास्त्र' में बार-बार वह भारत की गरीबी का मुख्य कारण अंग्रेजी राज को बताते हैं। इसके पीछे उनका उद्देश्य देश की स्थिति से शिक्षितजनों को जागृत करना है। भारतेन्दु हरिश्चन्द्र तथा उनके युग के लेखकों ने विदेशी वस्तु प्रसार को शंका की दृष्टि से देखा था। उसी तरह द्विवेदी जी भारत की गरीबी का मुख्य कारण अंग्रेजी राज को मानते हैं और सम्पत्ति के विदेश-गमन पर शंका व्यक्त करते हैं। वे लिखते हैं, "इस देश में अंग्रेजों के पधारते ही—उनकी सत्ता का सूत्रपात होते ही—यहाँ की स्थिति में फेरफार शुरू हो गया। जो बातें सम्पत्तिशास्त्र की उत्पत्ति का कारण मानी गयी हैं वे उपस्थित होने लगीं। यहाँ की सम्पत्ति इंग्लैण्ड गमन करने लगी। हुकूमत के बल पर इस देश की व्यापार की जड़ में कुठाराघात होने लगा।[60]

किसानों की विपन्नता का भी चित्रण द्विवेदी जी ने किया है। जमीन पर अंग्रेजों का अधिकार होने से परिणाम यह हुआ कि उन्होंने किसानों से मनमाना लगान वसूल किया जिससे किसानों की आर्थिक स्थिति पहले से भी ज्यादा दयनीय हो गयी। भारत के नेता बार-बार कहते थे, मालगुजारी बेहिसाब बढ़ायी गयी है, अंग्रेज कहते थे, मालगुजरी ज्यादा नहीं बढ़ायी गयी है। इस पर द्विवेदी जी ने लिखा था, "यदि मालगुजारी जियादह नहीं बढ़ी तो फिर क्या कारण है जो हजारों-लाखों कृषकों के बैल बधिये बिक जाते हैं और लाखों एकड़ जमीन नीलाम होती जाती है? आप देहात में जाकर देखिये, 100-50 किसानों में कहीं एकआध आपको ऐसा मिलेगा जिसे रोटी, कपड़े की तकलीफ न हो। यह हम समय-सुकाल की बात कहते हैं। अकाल में तो जो दृश्य देहात में देख पड़ता है वह बहुत ही हृदयद्रावक होता है। यदि यह मान भी लिया जाये कि लगान की अधिकता अकाल की भीषणता का कारण नहीं तो यह प्रश्न उठता है कि अंग्रेजी राज के पहले भी तो कभी-कभी अकाल पड़ता था पर उस समय प्रजा में इतना हाहाकार क्यों न मचता था? एक भी फसल मारी जाने या खराब होने से क्यों न उस समय लाखों आदमी दाने-दाने के लिए तड़पते फिरते थे?"[61]

भारतेन्दु-युग के लेखकों के गद्य-पद्य में एक बात जो बार-बार दोहरायी जाती थी, वह थी अंग्रेजी शासनकाल में बार-बार दुर्भिक्ष का पड़ना। हरिश्चन्द्र ने तो भुखमरी के लिए सीधे अंग्रेजी राज को जिम्मेदार ठहराया है। द्विवेदी जी ने भी 'सरस्वती' में कई ऐसे लेख छापे जिसमें अंग्रेजी राज को दुर्भिक्षों के लिए जिम्मेदार ठहराया गया है।

भारत में अंग्रेज व्यापारी के रूप में आये थे। पहले तो उन्होंने यहाँ के व्यापार, का नाश करके यहाँ के कारीगरों को बेरोजगार कर दिया उसके बाद यहाँ के बाजारों पर अपना इजारा कायम किया। द्विवेदी जी ने अंग्रेजों की व्यापार नीति की विस्तृत आलोचना की। उन्होंने लिखा, ''शुरू-शुरू में इंगलिस्तान की गवर्नमेण्ट ने यहाँ के कपड़े की रफ्तनी को, विलायत में कड़ा महसूल लगाकर बिलकुल रोक दिया। यहाँ का व्यापार—यहाँ का कला-कौशल मारा गया। अब जब उसके पुनर्जीवन की ओर लोगों का ध्यान गया है तब यथेष्ट कर लगाकर विलायती वस्तुओं की आमदनी रोकी नहीं जाती। यदि किसी विलायती चीज पर कुछ महसूल है भी तो इतना कम है कि न होने के बराबर है।''[62]

द्विवेदी जी ने सरस्वती के माध्यम से उस समय के समाज में फैली हुई सामाजिक बुराइयों का भी विरोध किया। ईश्वर में उनका विश्वास था लेकिन ईश्वर से सम्बन्धित कर्मकाण्डों का और समाज में प्रचलित रूढ़ियों का वे विरोध करते थे। द्विवेदी जी ने उस प्राचीन यथार्थवादी परम्परा की डोर पकड़ी थी जिसकी शुरुआत चार्वाक और बृहस्पति ने वेदों के विरोध से शुरू की थी। इसी विरोध के कारण चार्वाक आदि नास्तिक कहलाये थे। इसी विरोध के कारण द्विवेदी जी को भी लोग सरस्वती सम्पादक बनने से पहले ही नास्तिक कहने लगे थे, इससे पहले, लोग भारतेन्दु हरिश्चन्द्र को किरिस्तान कहने लगे थे।

सामन्ती समाज-व्यवस्था के ढाँचे में परिवर्तन लाना अत्यन्त कठिन है। वह भी भारत-जैसे देश में तो और भी कठिन है। भारत में सामन्ती व्यवस्था पुरानी है, उसकी जड़ें भारतीय जनता के दिलो-दिमाग में बहुत गहराई में उतर चुकी हैं। ऐसी विकट परिस्थिति में द्विवेदी जी ने भारतीय जनता को जागृत करने का प्रयास किया। उन्होंने देवी-देवताओं, स्वर्ग-नरक की कल्पनाओं को मिथ्या करार किया। वर्णव्यवस्था तथा पुरोहित वर्ग की तीव्र आलोचना की।

द्विवेदी जी नीति और सदाचार को ही धर्म का मूल-आधार मानते थे। कर्मकाण्ड, देवपूजा आदि उनकी दृष्टि में मिथ्या है। ईश्वर सर्वत्र विद्यमान है, इसलिए मूर्तिपूजा में विश्वास नहीं करते थे। दिसम्बर, 1898 में उन्होंने संस्कृत में कविता लिखी—'कथमहं नास्तिक:'। हे जगदीश! प्रतिदिन, प्रात:काल, हाथ को कपड़े में छिपाकर, अनेक प्रकार के मन्त्र जप करने के मिस, जो लोग दूसरों को पीड़ा पहुँचाने ही का चिन्तन करते हैं, उनको हमारा दूर ही से नमस्कार! हे देव! यदि इसी प्रकार की धार्मिकता से लोगों को सन्तोष होता हो तो, बहुत अच्छी बात है; वह भलीभाँति सन्तुष्ट होवें। परन्तु हम तो प्राण जाने तक भी इस प्रकार की धार्मिकता की अभिलाषा नहीं रखते। लोग हमको भले ही नास्तिक कहें। संसार में 'काले से भी काले कर्म करके, जो लोग ललाट पर चन्दन का सफेद लेप

लीपते हैं, वे भी धार्मिक माने जाते हैं, यह देखकर हँसी आती है। संसार में जितने धर्म हैं, उनका सारतत्त्व है दया। हे ईश, इस प्रकार, यथामत, सब सन्दर्भों का सार समझकर, शोकार्त्त बालविधवाओं के ऊपर हमें दया आती है तो क्या इससे हम नास्तिक हो गये? देखिये तो सही; संसार की इस जड़ता का कहीं ठिकाना है? जो भी मनुष्य रूढ़ि से जरा भी बाहर जाना चाहता है, लोक उसे ऐसे लाल-लाल आँखों से देखते हैं जैसे शेर, हिरन को देखता है। सारा संसार परिवर्तनशील है, तब आधार ही कैसे अपरिवर्तित रह सकता है? 'हे देव, हमने भूल से भी कभी गोमुखी में हाथ नहीं डाला, यही नहीं यथासमय सन्ध्योपासना भी नहीं किया।' पवित्र सत्य का ही जप करते हैं, और सत् पुरुषों में जो हमारी भक्ति है, उसी को, हे प्रभो, हमारी देव पूजा मानिए।''[63]

नवजागरण की चेतना के प्रसार और रूढ़िवाद से संघर्ष में द्विवेदी जी की भूमिका प्रमुख थी। उनके सहयोगियों ने भी समय-समय पर 'सरस्वती' में लेख लिखे। द्विवेदी जी के उत्कृष्ट सहयोगी रामावतार शर्मा थे। प्राचीन अन्ध विश्वासों पर प्रहार करने और वैज्ञानिक चिन्तन का प्रसार करने में उन्होंने 'सरस्वती' के माध्यम से प्रमुख भूमिका निभायी थी। उन्होंने 'भूगोल विद्या' पर 'सरस्वती' में लेख लिखा था। उसी का छोटा-सा अंश नीचे दिया जा रहा है। उस समय के समाज में ऐसी मान्यता थी कि जो शिक्षा पाने के लिए समुद्र पारकर विदेश जाता था वह जाति से बहिष्कृत कर दिया जाता था। समाज उसको उसी स्थिति में स्वीकार करता था जब वह तरह-तरह से प्रायश्चित्त करके शुद्ध होता था। रामावतार शर्मा लिखते हैं, ''अजी विलायत की कौन कहे, आजकल के विद्वानों की चलती तो अंग या भागलपुर, बंग या बंगाल और कलिंग या बालासोर के आस-पास की भूमि में जाने पर बिना दस रोज गोबर खिलाये और बिना दस रुपया आपसे लिये जात-भाई के साथ न भट्ठी में घुड़की लगाने देते न घर पर उतना चावल खाने की इजाजत देते। इन लोगों का तो यह मत है कि मगह में भी न जाना चाहिए क्योंकि कदाचित् वहाँ मरे तो मरने पर धोबी की लादी धोनी पड़ेगी।''[64]

इस प्रकार द्विवेदी जी और उनके सहयोगियों द्वारा समाज को नयी दिशा दिखाने का प्रयास नवजागरण के सन्दर्भ में अत्यन्त महत्त्वपूर्ण है। पुराने तथा नये पनपते हुए अन्धविश्वासों को जड़ से निर्मूल करने का प्रयत्न किया गया। हिन्दी भाषी प्रदेश की जनता को पुराने भारतीय वैज्ञानिक चिन्तन का पुनरुद्धार करके उसको परिचित कराने का प्रयास किया गया। समाज में ऊँच-नीच के भेदभाव का तीव्र विरोध किया गया।

अतीत का गौरवगान हिन्दी के साहित्यकारों ने बार-बार किया है। पराधीन देश की जनता को जागृत करने का एक तरीका यह भी था कि देश के स्वर्णिम अतीत का वर्णन किया जाये जिससे सदियों से पराधीनता की जंजीरों में जकड़ी सोती हुई

जनता जाग उठे। द्विवेदी जी ने भी प्राचीन संस्कृति का उल्लेख उपर्युक्त सन्दर्भ में ही किया है। यह उन्हें अच्छी तरह मालूम था कि प्राचीन संस्कृति पर गर्व एवं राष्ट्रीय आत्मसम्मान की भावना अत्यन्त मूल्यवान् है। 'वेद' शीर्षक निबन्ध में उन्होंने लिखा था, ''वेद हम लोगों का सबसे श्रेष्ठ और सबसे पुराना ग्रन्थ है। वह इतना पुराना है कि किरिस्तानों की बाइबिल, मुसलमानों का कुरान, पारसियों का जेन्द-अवेस्ता और बौद्धों के त्रिपिटक आदि सारे धर्मग्रन्थ प्राचीनता में उनकी बराबरी नहीं कर सकते।''[65]

द्विवेदी जी ने वेदों के पठन-पाठन पर जोर देते हुए अपनी चेतना को रूढ़ियों से मुक्त रखने का आग्रह किया था। हम कौन थे क्या हो गये हैं—यह स्वर द्विवेदी जी के लेखन में सर्वत्र दिखायी पड़ता है। उन्होंने अतीत गौरव के ऊपर अनेकानेक लेख लिखे थे। जैसे प्राचीन हिन्दुओं की समुद्र-यात्रा, सुमात्रा और जावा आदि द्वीपों में प्राचीन हिन्दू सभ्यता, कम्बोडिया में प्राचीन हिन्दू राज्य, अफगानिस्तान में बौद्धकालीन चिह्न, मध्य एशिया के खँडहरों की खुदाई का फल, द्रविड़ जातीय भारतवासियों की सभ्यता की प्राचीनता, तक्षशिला की कुछ प्राचीन इमारतें, प्राचीन भारत में नाट्यशालाएँ आदि। ये सब लेख 'पुरातत्त्व प्रसंग' में संकलित हैं। इस पुस्तक की भूमिका में द्विवेदी जी ने दो-टूक शब्दों में पराधीनता के लिए ईश्वर को दोषी न मानकर देशवासियों को दोषी ठहराया है। अतीत-गौरव का गान उस समय चल रहे भारतीय मुक्ति आन्दोलन से किस तरह जुड़ा हुआ है, इसका प्रमाण 'पुरातत्त्व प्रसंग' की भूमिका में मिलता है। उनका कथन है, ''भारत जिस गति या दुर्गति को इस समय ही नहीं बहुत पहले ही से प्राप्त हो रहा है, उसका कारण दैव-दुर्विपाक नहीं। कारण तो स्वयंमेव भारत ही की अकर्मण्यता है। जिस भारत ने समुद्र पार 'दूरवर्ती' देशों और शत्रुओं तक में अपने उपनिवेश स्थापित किये, जिसने दुर्ल्लंघ्य पर्वतों और पार्वत्य उपत्यकाओं का लंघन करके अन्य देशों पर अपनी विजय-वैजयन्ती फहरायी और जिसने कितने ही असभ्य और अर्द्ध-सभ्य देशों की शिक्षा और सभ्यता सिखायी, वही भारत आज औरों का मुखापेक्षी हो रहा है। जिस भारत के जहाज महासागरों को पार करके अपने वाणिज्य की वस्तुओं से दूसरे देशों को पाटते रहते थे वही भारत आज सुई और दियासलाई तक के लिए विदेशों का मुँहताज हो रहा है। यह सब उसी के कृत कर्मों का परिपाक है। बेचारे देव का इसमें क्या दोष?''[66]

द्विवेदी जी ने जो कुछ भी लिखा है उसका अधिकांश भाग राष्ट्रीय आत्मसम्मान की भावना से जुड़ा हुआ है। दार्शनिक विषयों की भी चर्चा की है, किन्तु अनेक रहस्यवादियों, वेदान्तियों और पुनरुत्थानवादियों की तरह वह विज्ञान विरोधी नहीं हैं, और न समस्त विज्ञान का स्रोत वह वेद को मान बैठे हैं। हिन्दी प्रदेश का नवजागरण

अन्य प्रदेशों के नवजागरण से कुछ अर्थों में अपना अलग महत्त्व रखता है। वह रहस्यवाद और तर्कविरोधी पुनरुत्थानवाद का समर्थक नहीं है। यह प्राचीन संस्कृति पर गर्व करना सिखाता है किन्तु उसके विवेकपूर्ण पुनर्मूल्यांकन पर जोर देता है। द्विवेदी जी ने इस दिशा में महत्त्वपूर्ण कार्य किया है। हिन्दी साहित्य की मुख्यधारा यथार्थ जगत् की ओर उन्मुख है, वह धार्मिक अन्धविश्वासों का खण्डन करनेवाली है।

द्विवेदी जी ने हिन्दी भाषा की प्रतिष्ठित करने का निरन्तर प्रयत्न किया। भारतेन्दु हरिश्चन्द्र के समय से ही भारतीय भाषाओं के अधिकारों की लड़ाई स्वाधीनता-आन्दोलन की अभिन्न अंग बन गयी थी। द्विवेदी जी के सहयोगियों ने सरस्वती में भाषा प्रेम पर कई लेख लिखे, ऐसे लेखों का गहरा प्रभाव दूसरे हिन्दी लेखकों पर पड़ा। राजनीति के क्षेत्र में गाँधी जी अंग्रेजी की जगह राजभाषा, केन्द्रीय भाषा अथवा सम्पर्क भाषा के रूप में अखिल भारतीय स्तर पर हिन्दी के प्रयोग के लिए समर्थन दे रहे थे, और प्रादेशिक स्तर पर अंग्रेजी के विरुद्ध भारतीय भाषाओं के व्यवहार का समर्थन कर रहे थे। पर उनसे बहुत पहले महावीरप्रसाद द्विवेदी भाषा समस्या पर वैज्ञानिक और जनतान्त्रिक दृष्टि से अपने विचार प्रकट कर चुके थे। द्विवेदी जी ने 1903 की 'सरस्वती' में 'देशभाषा' शीर्षक लेख लिखा था। इसमें उन्होंने बँगला, मराठी, गुजराती आदि प्रान्तीय भाषाओं को बोलनेवालों से हिन्दी को देशव्यापी भाषा के रूप में अपनाने का आग्रह करते हुए अन्य भाषाओं के अधिकारों की भी चर्चा की थी और कहा था, फिर इसकी आवश्यकता भी नहीं कि और लोग अपनी-अपनी भाषा को बिलकुल भूल जायें। उनमें वे कोई पुस्तक ही न लिखें, उनमें वे अपने विचार ही न प्रकट करें। वे; यह सब कर सकते हैं। देश-व्यापक भाषा के लिए केवल इतना ही आवश्यक है कि इस विस्तीर्ण देश में जितनी भिन्न-भिन्न भाषाएँ प्रचलित हैं उनके उत्तमोत्तम ग्रन्थों का प्रतिबिम्ब देश-व्यापक भाषा में उतारा जाये। किसी भाषा का कोई भी ग्रन्थ हो, उसकी प्रतिभा हिन्दी में आनी चाहिए। ऐसा किये बिना उन ग्रन्थों का सार्वत्रिक प्रचार न होगा। ऐसा किये बिना ज्ञान वृद्धि न होगी। प्रत्येक मनुष्य को अपनी-अपनी भाषा के साहित्य के साथ-साथ हिन्दी के साहित्य के उत्कर्ष के लिए हृदय से प्रयत्न करना चाहिए। हिन्दी पढ़ने का प्रचार सब कहीं होना चाहिए। हिन्दी में अच्छे-अच्छे समाचार पत्र सब प्रान्तों से निकलने चाहिए। ऐसा होने से हिन्दी की शीघ्र ही उन्नति होगी। और वह सुगमता से देश-व्यापक भाषा हो सकेगी।[67]

अन्य भाषाओं की तुलना में हिन्दी का संकट कुछ दूसरे तरह का था। हिन्दी भाषा अनेक अन्तर्विरोधों का सामना कर रही थी जिसमें कुछ तो अन्य प्रदेशों में भी थे, शेष केवल इस प्रदेश में थे। हिन्दी की उन्नति के रास्ते में अंग्रेजी, फारसी, उर्दू, ब्रजभाषा, जनपदीय उपभाषाएँ संस्कृत और बँगला आदि भाषाएँ बहुत बड़ी बाधा थीं। इसके अलावा हिन्दी के स्वरूप निर्धारण की समस्या अलग थी। इन सभी समस्याओं

पर द्विवेदी जी ने विचार किया और लिखा। प्रारम्भ में हिन्दी का जातीय स्वरूप अनिश्चित था। द्विवेदी जी ने हिन्दी को परिनिष्ठित रूप देने का प्रयत्न किया। जातीय विकास और राष्ट्रीय एकीकरण में उनका भाषा-सम्बन्धी कार्य बहुत सहायक रहा।

द्विवेदी जी के हिन्दी भाषा और साहित्य-सम्बन्धी कार्यों का उद्देश्य नवीन सामाजिक चेतना का प्रसार करना था। साहित्य द्वारा वे जनता के पुराने संस्कार बदलकर उनकी चिन्तन-दिशा को नया रूप देना चाहते थे। अपने एक वक्तव्य में जाति और साहित्य के सम्बन्ध में वे कहते हैं, "जिस जाति की सामाजिक अवस्था जैसी होती है उसका साहित्य भी वैसा ही होता है। जिस जाति-विशेष के साहित्य में कोई कमी जान पड़े तो समझिये कि वह जाति पूरी तरह से असभ्य है। द्विवेदी जी अप्रत्यक्ष रूप से हिन्दी प्रदेश के निवासियों को सांस्कृतिक नवजागरण का सन्देश दे रहे थे।

साहित्य की क्रान्तिकारी भूमिका के विषय में द्विवेदी जी कहते हैं, आँख उठाकर जरा और देशों तथा और जातियों की ओर तो देखिये। आप देखेंगे कि साहित्य ने वहाँ की सामाजिक और राजकीय स्थितियों में कैसे-कैसे परिवर्तन कर डाले हैं, साहित्य ही ने वहाँ समाज की दशा कुछ-की-कुछ कर दी है, शासन के प्रबन्ध में बड़े-बड़े उथल-पुथल कर डाले हैं। यहाँ तक कि अनुदार धार्मिक भावों को भी जड़ से उखाड़ फेंका है। साहित्य में जो शक्ति छिपी रहती है वह तोप-तलवार और बम्ब के गोलों में भी नहीं पायी जाती। यूरोप में हानिकारिणी धार्मिक रूढ़ियों का उद्घाटन साहित्य ही ने किया है, जातीय स्वातन्त्र्य के बीज उसी ने बोये हैं, व्यक्तिगत स्वातन्त्र्य के भावों को भी उसी ने पाला, पोसा और बढ़ाया है, पतित देशों का पुनरुत्थान भी उसी ने किया है। पोप की प्रभुता को किसने कम किया है? पादाक्रान्त इटली का मस्तिष्क किसने ऊँचा उठाया है? साहित्य ने, साहित्य ने, साहित्य ने! जिस साहित्य में इतनी शक्ति है, जो साहित्य मुर्दों को भी जिन्दा करनेवाली संजीवनी ओषधि का आकर है, जो साहित्य पतितों को उठानेवाला और उत्थितों के मस्तक को उन्नत करनेवाला है उसके उत्पादन और संवर्धन की चेष्टा जो जाति नहीं करती वह अज्ञानान्धकार के गर्त में पड़ी रहकर किसी दिन अपना अस्तित्व ही खो बैठती है। अतएव समर्थ होकर भी जो मनुष्य इतने महत्त्वशाली साहित्य की सेवा और अभिवृद्धि नहीं करता अथवा उससे अनुराग नहीं रखता वह समाजद्रोही, देशद्रोही है, वह जातिद्रोही है, किंबहुना वह आत्मद्रोही और आत्महन्ता भी है।[68]

द्विवेदी जी ने जिस प्रकार समाज की रूढ़ियों को तोड़ने का प्रयत्न किया था उसी तरह से उस समय प्रचलित हिन्दी साहित्य की रूढ़ियों को समाप्त करने का बीड़ा उठाया। आधुनिक हिन्दी साहित्य के विकास के लिए जरूरी भी था कि उसे दरबारी काव्य की रूढ़ियों से मुक्त किया जाये। मुख्य रूप से ये रूढ़ियाँ चार

थीं। पहली यह कि सरस कविता ब्रजभाषा में ही हो सकती है, खड़ीबोली हिन्दी में नहीं। दूसरी रूढ़ि यह कि शृंगाररस सभी रसों में श्रेष्ठ है और नायिकाभेदी साहित्य में रस का पूर्ण विकास हुआ है। तीसरी समस्यापूर्ति की थी। कवियों को पहले से कोई समस्या दे दी जाती थी और उस पर कविता करनी होती थी। चौथी रूढ़ि रस और अलंकारों को लेकर थी। द्विवेदी जी ने इन चारों साहित्यिक रीतिवादी रूढ़ियों के विरुद्ध लगातार 20 वर्षों तक जमकर संघर्ष किया। सामाजिक व्यवस्था में ऊँच-नीच का भेदभाव भारतीय सामन्तवाद के पतन का मुख्य कारण था, उसी प्रकार साहित्य में नायिकाभेद इस सामन्तवादी संस्कृति के पतन का लक्षण था। उस समय के साहित्य में नायिकाभेद का होंना जरूरी था। किसकी मजाल थी कि कोई उसके विरुद्ध जाये।

दूसरी भाषाओं से हिन्दी की तुलना करते हुए, और हिन्दी में इस ह्रासकालीन संस्कृति का सर्वाधिक प्रसार देखकर, द्विवेदी जी ने लिखा था, हिन्दी के समान बँगला, मराठी, गुजराती, कन्नड़ आदि भाषाएँ भी संस्कृत से निकली हैं, परन्तु इन भाषाओं में नायिकाओं का कहीं भी उतना साम्राज्य नहीं जितना हिन्दी में है। हिन्दी में इनका आधिक्य क्यों? जान पड़ता है, और कहीं भी ठहरने के लिए सुखदायी स्थान न पाकर बिचारे नायिकाभेद ने, विवश होकर, हिन्दी का आश्रय लिया है।''[69]

द्विवेदी जी ने समस्यापूर्तिवाली पद्धति की भी आलोचना की और सरस्वती के माध्यम से व्यापक स्तर पर रीति-विरोधी अभियान चलाया। साहित्य में यह संघर्ष कई तरह के उतार-चढ़ाव के साथ वर्षों तक चला। लोगों के संस्कारों और उनकी अभिरुचि को बदलना कितना कठिन होता है, वह इस संघर्ष के इतिहास से जाना जाता है। किन्तु ये संस्कार शाश्वत नहीं थे, परिवर्तनशील थे। छायावाद ने समस्यापूरक रचनाओं को और भी हास्यास्पद बना दिया। प्रगतिवाद में भी उन्हें जगह न मिली। इस तरह द्विवेदी-युग में और उसके बाद साहित्य की नयी सामन्त-विरोधी परम्परा का विकास हुआ। इस तरह साहित्य में जो जनाभिमुखता का संघर्ष चलाया गया वह भी मुक्ति आन्दोलन का हिस्सा बना क्योंकि यह संघर्ष अखिल भारतीय स्तर पर हो रहा था। द्विवेदी-युग में रूढ़िवाद से जो संघर्ष हुआ था वह वहीं समाप्त नहीं हुआ उसे प्रेमचन्द और निराला ने और भी उग्रता प्रदान की। द्विवेदी-युग के साहित्य में बहुआयामी संघर्ष की झलक रामविलास जी के इस कथन से मिलती है, द्विवेदी-युग की आलोचना अत्यन्त प्रखर है। उसमें उस तीव्र संघर्ष की झलक मिलती है जो साहित्य को रूढ़िवाद से मुक्त करके उसे नयी दिशा में विकसित करने के लिए हो रहा है। यह संघर्ष साहित्य तक सीमित नहीं है। राजनीति, समाजशास्त्र, इतिहास, दर्शन आदि अनेक क्षेत्रों में यह संघर्ष चल रहा है और विभिन्न क्षेत्रों में चलनेवाले ये संघर्ष आपस में जुड़े हुए हैं। इस युग में आलोचना की भूमिका यह है कि साहित्य

और समाज की ठोस तत्कालीन परिस्थितियों को ध्यान में रखते हुए वह उन तमाम रूढ़ियों से संघर्ष करे जो साहित्य के विकास में बाधक हैं। उसने कलात्मक साहित्य के विकास को प्रेरणा दी, उसके साथ-साथ आगे बढ़ी और कहीं-कहीं वह उसके आगे भी चली, भविष्य का पथ प्रशस्त करते हुए। आचार्य रामचन्द्र शुक्ल इसी युग की देन हैं।''[70]

जिस बुद्धिवादी विचारधारा के प्रतिनिधि महावीरप्रसाद द्विवेदी थे वह भीतर से बहुत दृढ़ थी। हिन्दी साहित्य में यह रूढ़ि बन चुकी है कि छायावादी-युग द्विवेदी-युग के विरुद्ध एक क्रान्ति थी। यह ठीक है कि छायावाद अनेक बातों में पूर्ववर्ती साहित्य से भिन्न है, पर इस नवीन छायावादी साहित्य में जो कुछ प्रगतिशील है, उसकी तैयारी द्विवेदी-युग में हो चुकी थी। द्विवेदी जी की विचारधारा को दृढ़ता का अन्दाज इस बात से लगता है कि उनकी विचारधारा आगे चलकर रहस्यवाद की ओर नहीं मुड़ती, कुछ समय बाद रहस्यवादियों को ही अपनी ओर मुड़ने पर विवश करती है। निराला आरम्भ से उसी भूमि पर चलते दिखायी देते हैं जो द्विवेदी जी के चिन्तन की भूमि थी। अंग्रेजी राज, जमींदारी प्रथा, किसान-आन्दोलन, वर्णाश्रम धर्म, नारी की पराधीनता, भाषा की समस्या आदि पर; यदि ध्यान दिया जाये तो पता चलेगा कि हिन्दी नवजागरण के सन्दर्भ में निराला का लेखक महावीरप्रसाद द्विवेदी के ही कार्य की अगली कड़ी है। जहाँ तक रहस्यवादी विचारधारा का सम्बन्ध है वह हिन्दी नवजागरण के विस्तृत सन्दर्भ में अस्थायी सिद्ध हुआ। सन् '30 के बाद जब निराला ने देवी, चतुरी चमार, बिल्लेसुर बकरिहा की रचना की, प्रसाद ने तितली लिखी और पन्त ने 'रूपाभ' का सम्पादन किया, तब छायावादी कवियों ने स्वयं रहस्यवाद को तिलांजलि दे दी।

इस तरह यह कहा जा सकता है कि हिन्दी क्षेत्र में नवजागरण 1857 के प्रथम मुक्ति आन्दोलन से प्रारम्भ हुआ, वह भारतेन्दु-युग में और भी व्यापक बना। उसकी साम्राज्यविरोधी, सामन्त विरोधी प्रवृत्तियाँ द्विवेदी-युग में और पुष्ट हुईं। फिर प्रेमचन्द और निराला के साहित्य में नवजागरण की चेतना का कलात्मक प्रतिफलन हुआ। विशेष रूप से प्रेमचन्द का सम्पूर्ण साहित्य भारतीय नवजागरण और मुक्ति आन्दोलन के परिप्रेक्ष्य में लिखा गया है। द्विवेदी-युग की श्रेष्ठ कलात्मक अभिव्यक्ति प्रेमचन्द थे। उनका रचनाकाल तब शुरू हुआ जब भारतेन्दु-युग समाप्त हो रहा था। द्विवेदी युग में उनकी कला परिपक्वता को प्राप्त हुई। छायावादी-युग में वे रूमानी, कल्पनाशीलता से अलग रहकर भारतीय जीवन के यथार्थवाद की कहानी कहते रहे।

### प्रेमचन्द का मुख्य अवदान

नवजागरण के सन्दर्भ में प्रेमचन्द की देन उनकी प्रखर और प्रचुर रचनात्मक एवं वैचारिक लेखन के कारण अतुलनीय है। उनके वैचारिक लेखों, पत्रों और

सम्पादकीय टिप्पणियों ने उनके रचनात्मक व्यक्तित्व की जन-पक्षधरता को निरन्तर विकसित किया है। स्वतन्त्रता आन्दोलन की राजनीति में भी एक पल को भी वे मानस की वास्तविक स्थितियों की ओर से अपनी दृष्टि ओझल नहीं होने देते। लगता है कि वे किसी भी आन्दोलन में शरीक मनुष्य को धार्मिक एवं सामाजिक रूढ़ियों से मुक्त देखना चाहते हैं। इसी कारण उनकी दृष्टि अपने समय के व्यापक जनसमुदाय पर टिकी रहती है जो अशिक्षा, गरीबी और सामाजिक अन्याय के कारण कुण्ठित है। इसलिए सामाजिक विकास के मार्ग में अवरोधों की तरह विद्यमान कुरीतियों पर वे लगातार चोट करते हैं। समाज में व्याप्त छुआछूत, साम्प्रदायिकता, जातिवाद आदि को वे उसी तरह समाज के लिए घातक समझते हैं जैसे धार्मिक अन्धविश्वास और अन्धपरम्परावाद था। अर्थ यह कि वे भारतीय समाज की यथास्थितिवादिता से निरन्तर टकराते हैं और उसे अपने समय के अनुरूप चिन्तन और विकास के मार्ग पर अग्रसर होते देखना चाहते हैं। आर्यसमाज का प्रभाव उन पर सबसे पहला माना जाता है, किन्तु वे आँख मूँदकर उसका समर्थन नहीं करते वरन् उसकी पुनरुत्थानवादी और रूढ़िवादी मान्यताओं की कड़ी आलोचना करते हैं। इस तरह प्रेमचन्द अपने पूर्ववर्ती साहित्यकारों से भिन्न इस अर्थ में हैं कि वे अपने समय के सामाजिक परिवेश के अनुसार नवजागरण काल के किसी भी आदर्श की समीक्षा करते हैं। उनके प्रतिमान प्राय: जनता के जीवन और सामाजिक सन्दर्भों के यथार्थ से निर्मित होते हैं।

प्रेमचन्द एक सामान्य परिवार में पैदा हुए थे इसलिए गाँव के लोगों के जीवन की सच्चाइयों के वे स्वयं भोक्ता थे। यही कारण है कि उनकी रचनाओं में भारतीय जनसामान्य के जीवन की संवेदनाएँ अत्यन्त गहराई से व्यक्त हुईं और उनकी प्रामाणिकता असंदिग्ध बनी रही। क्योंकि वे संवेदनशील द्रष्टा ही नहीं वरन् अपनी वैचारिक एवं रचनात्मक उपलब्धियों के प्रतीक भी थे। यही कारण है कि जो जातीय संवेदना अन्य लेखकों के यहाँ कोरे आदर्श के रूप में दृष्टिगत होती है, वही प्रेमचन्द के साहित्य में यथार्थ का प्रतिबिम्ब बन जाती है।

डॉ. रामविलास शर्मा नवजागरण की विशिष्टताओं के लिए भारतेन्दु हरिश्चन्द्र, महावीरप्रसाद द्विवेदी, रामचन्द्र शुक्ल, प्रेमचन्द तथा निराला का नाम लेते हैं और बताते हैं कि, उस काल में प्रकाशित 'कवि वचन सुधा', 'सरस्वती', 'मर्यादा', 'प्रताप', 'हंस' तथा 'जगाना' आदि पत्रिकाओं द्वारा नवजागरण का मूलभूत चरित्र उद्घाटित हुआ। लेकिन प्रेमचन्द इस अर्थ में विशिष्ट और अपने समकालीनों से अलग हैं कि उनमें नवजागरण काल के तीसरे चरण का प्रत्यक्ष होता है। 'विविध प्रसंग' का तीसरा भाग इसका साक्षी है जिसमें किसान-मजदूर समस्याओं का ही प्राधान्य है। शायद वे पहले भारतीय लेखक हैं जिन्होंने किसी मजदूर समस्या को अन्तरराष्ट्रीय क्रान्तिकारी आन्दोलन से जोड़कर देखा है। इस तरह उनके विचारों की विकास-यात्रा

दयानन्द सरस्वती के आर्यसमाज से शुरू होकर राष्ट्रीय एवं अन्तरराष्ट्रीय मजदूर वर्ग के क्रान्तिकारी आन्दोलन तक की लम्बी दूरी तय करती है। इस लम्बी विकास-यात्रा को समझने में उनके साहित्य से पर्याप्त सहायता मिलती है।

प्रारम्भ में प्रेमचन्द ने प्राचीन गौरवगाथाओं पर आधारित अनेक रचनाएँ लिखीं। 'राजा हरदौल', 'रानी सारन्धा', 'मर्यादा की बेदी', 'पाप का अग्निकुण्ड', 'जुगनूँ की चमक' आदि कहानियों में पुनर्जागरण का बोध समन्वित था। इसे कुछ लोग भ्रमवश प्रेमचन्द का अन्तर्विरोध बताते हैं और उनकी विकासमान् वैचारिक यात्रा की अनदेखी करते हैं। प्राय: ये लोग रचनात्मक अभिव्यक्ति के लिए सामाजिक सन्दर्भों के महत्त्व को स्वीकार नहीं करते। वे समझते हैं कि रचना-मात्र भावात्मक उत्पादन है। लेकिन प्रेमचन्द तो उसे सामाजिक सन्दर्भों की देन मानते हैं। उनकी सोच यह है कि कथा मूलत: सामाजिक क्रिया की देन है। उसकी विश्वसनीयता का आधार ही समाज का जीवन है। लेकिन उनको इस समझ तक पहुँचने में पर्याप्त रचनात्मक एवं वैचारिक संघर्ष करना है। आर्यसमाज और पुनर्जागरण की आदर्शवादी रचनात्मक प्रक्रिया से वे शीघ्र मुक्ति पा लेते हैं क्योंकि उन्हें तत्कालीन सामाजिक जीवन में उसके आधार में परिवर्तन की आशा के लक्षण दिखायी नहीं पड़ते और उसमें युगबोध का सर्वथा अभाव दिखता है। इसलिए 'प्रेमा', 'किशना', 'रूठी रानी', 'वरदान', 'सेवा सदन' आदि उपन्यासों की भावभूमि को वे शीघ्र छोड़ देते हैं। कल्पना और आदर्श के समन्वय की प्रकृति में उन्हें सामाजिक सच्चाइयों का ऐसा प्रत्यक्ष होता है जो युगसम्मत नहीं जान पड़ता। उन्हें लगता है जैसे उनके रचनात्मक सरोकार इस मार्ग से पूरे नहीं होंगे।

यही समय है जब राष्ट्रीय कांग्रेस द्वारा सामाजिक ढाँचे में आमूल परिवर्तन की माँग की जाने लगी और रचनात्मक कार्यक्रमों को पूरा करने के लिए जोरों का प्रचार शुरू हुआ। 1917 में स्त्री शिक्षा को बढ़ावा देने, सामाजिक कुरीतियों को दूर करने तथा अस्पृश्यता निवारण के लिए तीन प्रमुख प्रस्ताव पास किये गये और इन्हें प्राथमिकता देने का निर्णय लिया गया।

'रंगभूमि' में प्रेमचन्द ने विवाह के सम्बन्ध में क्रान्तिकारी दृष्टिकोण अपनाते हुए जाति-धर्म को तोड़कर सोफिया और विनय के विवाह की बात की। 'निर्मला' में उन्होंने नारी-जीवन की त्रासदी का जीवन्त चित्र खींचा तथा नारी-जीवन से जुड़ी दहेज प्रथा, अनमेल विवाह, अशिक्षा और अन्धविश्वास को अपने कथानकों का मुख्य विषय बनाया। इससे भी आगे बढ़कर प्रेमचन्द ने समाज की आर्थिक संरचना की ओर लोगों का ध्यान आकर्षित किया। क्योंकि वे समाज की अनेक विसंगतियों के पीछे आर्थिक कारणों की पहचान करने लगे थे। उन्होंने जमीन की समस्या को उठाकर किसानों की गरीबी और शोषण को लोगों के सामने प्रस्तुत किया। भारतीय लेखकों

में शायद वे पहले लेखक हैं जिन्होंने अपनी रचनाओं द्वारा भारतीय समाज के सलाका चरित्र के रूप में किसान पात्रों को चुना। वे साम्राज्यवाद और सामन्तवाद के गठबन्धन पर निरन्तर प्रहार करते रहे। सामन्तवाद और उनके चाकरों—पुलिस, महाजन, कानून, कचहरी की कार्यविधियों को उन्होंने अपनी आँखों से देखा था। किसानों की लूट और उनकी तबाही ने ही उन्हें 'प्रेमाश्रम', 'कर्मभूमि' तथा 'गोदान' जैसी महती रचनाएँ लिखने के लिए प्रेरित किया। कहना न होगा कि अपनी इसी वैचारिक दृष्टि के कारण वे आर्यसमाज के प्रभावों से मुक्ति पा लेते हैं। दयानन्द सरस्वती के शुद्धि अभियान का विरोध करते हुए उन्होंने 'जमाना' में लिखा, "वक्त की कमी की वजह से मैंने उर्दू में लिखना तकरीबन बन्द कर दिया है। लेकिन मैं 'मलकानाशुद्धि' पर थोड़ा-सा लिख रहा हूँ। मैं इसके सख्त खिलाफ हूँ। आर्यसमाजी बेशक इससे नाखुश होंगे। लेकिन मुझे उम्मीद है आप इसे जमाना में जगह देंगे।"[71]

'पुराना जमाना, नया जमाना' नामक अपने लेख में वे लिखते हैं, "आज का मजदूर यह जानता है कि पूँजी- शक्ति और मुल्क का वह असली निर्माता है। तमाम विकास और प्रगति उसके हाथों के ही नतीजे हैं। वह अब ज्यादा देर तक हर चीज को मौन स्वीकृति के तौर पर अख्तियार नहीं करेगा।"[72] 1919 में प्रकाशित इस लेख पर सोवियत रूस की क्रान्ति और साम्यवादी विचारों का प्रभाव स्पष्ट लक्षित होता है। क्योंकि माण्टेग्यू चेम्सफोर्ड सुधार पर अपनी प्रतिक्रिया व्यक्त करते हुए प्रेमचन्द स्पष्ट स्वीकार करते हैं कि 'मैं अब करीब-करीब बोल्शेविक वसूल का कायल हो गया हूँ।' यह उनकी निरन्तर विकासमान् चेतना की वह सीढ़ी थी जहाँ वे लम्बी वैचारिक यात्रा के बाद पहुँचे थे।

वस्तुत: प्रेमचन्द के समय में मजदूर वर्ग संगठित नहीं हुआ था। लेकिन प्रेमचन्द विश्व घटना-चक्र पर निरन्तर दृष्टि रखनेवाले व्यक्ति थे। वे साम्राज्यवाद, पूँजीवाद और सामन्तवाद के निरन्तर मजबूत होते हुए सामान्य-जन-विरोधी गठबन्धन को देख और अनुभव कर रहे थे। उनके विचार से किसानों और मजदूरों की संगठन शक्ति से ही इनसे मुक्ति पायी जा सकती थी। निश्चय ही उनका यह चिन्तन भारतीय राजनेताओं और समाजसुधारकों के लिए अनुकरणीय था।

प्रेमचन्द ने अपने समय में चलनेवाले उन सभी समाज, धर्म और राजनीति से सम्बद्ध आन्दोलनों की व्यापक मानवीय संवेदना को ग्रहण किया लेकिन यहीं यह बता देना भी जरूरी है कि चाहे वे किसी भी व्यक्ति, विचारधारा या वाद से सम्पृक्तता की बात करते रहे हों, उन्होंने ग्रहण वही किया जो जनसामान्य के जीवन की मुक्ति, विकास और उत्थान का पक्षधर था। उदाहरण के लिए आर्यसमाज की समाजसुधार की भावना को अपनाते हुए भी उन्होंने उसके मुस्लिम विरोधी पक्ष तथा शुद्धि आन्दोलन का विरोध किया। इसी तरह पूर्व-पश्चिम विवाद और संघर्ष में

उन्होंने पश्चिम के साम्राज्यवादी स्वरूप का डटकर विरोध किया लेकिन लोकतन्त्र और समाजवादी दृष्टि का हमेशा पक्ष लिया। अपनी इसी विकसित चेतना के कारण उन्होंने जापानी साम्राज्यवाद की निन्दा की और अमरीका के कृषक-विद्रोह का समर्थन किया। जर्मनी के फासिज्म का विरोध किया और रूस में बोल्शेविक क्रान्ति का समर्थन किया। उन्होंने राष्ट्रीय नवजागरण के धार्मिक स्वरूप और रूढ़ियों से अपने को हमेशा अलग रखा और समय-समय पर उनके विरोध में लिखते रहे।

गाँधी प्रेमचन्द की चेतना में 1920 के बाद आते हैं। 'पंचपरमेश्वर' जैसी कहानियाँ और 'सेवासदन' जैसे उपन्यास वे गाँधी के प्रभाव से बाहर होकर लिखते हैं। हृदय परिवर्तन अथवा सुधारवाद उनके लेखक के प्रारम्भिक दौर में गाँधी के प्रभाव की देन नहीं हैं। लेकिन उनकी इस दृष्टि में दृढ़ता गाँधी-दर्शन से आती है। लेकिन उनकी क्रान्तिकारी चेतना बीच-बीच में उन सभी विचारधाराओं का निरस्त करती रहती हैं जो उनके समय में प्रचलित थीं। प्रेमचन्द अपने प्रकृत चिन्तन की जमीन को कभी नहीं छोड़ते और अन्तश्चेतना से प्रेरित होते रहते हैं। यही कारण है कि 'प्रेमाश्रम' में गौसखाँ की हत्या, 'गबन' में क्रान्तिकारियों के मुकदमे का चित्रण करते हुए वे गाँधी से हटकर उग्र राष्ट्रीय आन्दोलन को बड़ी सहानुभूति के साथ चित्रित करते हैं।

कुल मिलाकर प्रेमचन्द पहले लेखक हैं जिन्होंने अपने समय की बहुआयामी चिन्तन दिशा का ही नहीं वरन् नवजागरण के सकारात्मक सन्देश को साहित्य और पत्रकारिता के माध्यम से भारतीय जन-मानस तक पहुँचाया। उनकी परम्परा हमें व्यक्तिनिष्ठता और भाववादिता के विपरीत वास्तविक, सामाजिक जीवन और विचार प्रक्रिया से जोड़ती है और समकालीन समाज और विश्व परिवेश में ले जाती है। यही कारण है कि प्रेमचन्द का महत्त्व दिनोंदिन बढ़ता गया है और उनके आलोचक भी उनकी रचना-दृष्टि और उनकी उपलब्धियों को हिन्दी कथा-साहित्य में सर्वोपरि मानते हैं।

प्रेमचन्द के लिए नवजागरण अपने समय की कतिपय विचारधाराओं के सम्मिश्रण से निर्मित होता है और उनके समकालीन सन्दर्भों का वास्तविक प्रतिनिधित्व करता है। गाँधीवादी दृष्टि औद्योगिक क्रान्ति के विरुद्ध और किसान समस्या के सतही, आदर्शवादी समाधान की पक्षधर थी। लेकिन प्रेमचन्द कृषि क्रान्ति के आधार पर बुर्जुवा लोकतान्त्रिक क्रान्ति की सफलता को ही भारतीय जनगण के पक्ष में मानते थे। शिक्षित बुद्धिजीवी मध्यवर्ग के क्रान्तिकारी भविष्य में प्रेमचन्द का विश्वास पहले से ही टूट रहा था। उनके अन्तिम दिनों की टिप्पणियों से इसे अच्छी तरह समझा जा सकता है।

प्रगतिशील लेखक संघ के लखनऊ अधिवेशन के सभापति पद से भाषण देते हुए वे कहते हैं, ''प्रगतिशील लेखक संघ'—यह नाम ही मेरे विचार से गलत है। साहित्यकार या कलाकार स्वभावत: प्रगतिशील होता है। अगर यह उसका स्वभाव न होता तो शायद वह साहित्यकार ही नहीं होता। उसे अपने अन्दर भी एक कमी महसूस होती है और बाहर भी। इसी को पूरा करने के लिए उसकी आत्मा बेचैन रहती है। अपनी कल्पना में वह व्यक्ति और समाज को सुख और स्वच्छन्दता की जिस अवस्था में देखना चाहता है, वह उसे दिखायी नहीं देती। इसलिए वर्तमान मानसिक और सामाजिक अवस्थाओं से उसका दिल कुढ़ता रहता है। वह इन अप्रिय अवस्थाओं का अन्त कर देना चाहता है, जिससे दुनिया में जीने और मरने के लिए इससे अधिक अच्छा स्थान हो जाये। यही वेदना और यही भाव उसके हृदय और मस्तिष्क को सक्रिय बनाये रहता है। उसका दर्द से भरा हृदय सहन नहीं कर सकता कि एक समुदाय क्यों सामाजिक नियमों और रूढ़ियों के बन्धन में पड़कर कष्ट भोगता रहे? क्यों न ऐरो सामान इकट्ठा किये जायें कि वह ग़ुलामी और गरीबी से छुटकारा पा जायें।[73]

साहित्य के क्षेत्र में प्रेमचन्द विश्व साहित्य के प्रमुख और प्रेरक रचनाकारों से एकता स्थापित करनेवाली विचारधारा के पक्ष में हैं। सरशार और शरच्चन्द्र से चलकर मैक्सिम गोर्की, अनातोले, फ्रान्स और रोमारोलां तक उनकी दृष्टि जाती है।

साहित्य के सन्दर्भ में नवजागरण की चेतना का उद्‌बोधन करते हुए प्रेमचन्द का यह कथन ही पर्याप्त होगा, ''अगर हम अन्तरराष्ट्रीय साहित्य सम्मेलनों की रिपोर्ट पढ़ें, तो हम देखेंगे कि ऐसा कोई शास्त्रीय, सामाजिक, ऐतिहासिक, मनोवैज्ञानिक प्रश्न नहीं है जिस पर उसमें विचार-विनिमय न होता हो। इसके विरुद्ध हम अपनी ज्ञान-सीमा को देखते हैं तो हमें अपने अज्ञान पर लज्जा आती है।''

कुल मिलाकर देखें तो प्रेमचन्द का साहित्य नवजागरण का जीवन्त और मूर्तरूप है। अपनी मूलभूत संवेदना, ऐतिहासिक परिप्रेक्ष्य के यथार्थ तथा लोकवादी दृष्टि के कारण वे आज भी हमारे बीच जीवन्त हैं और आगे भी बने रहेंगे।

## सन्दर्भ

1. जे.वी. स्तालिन—मार्क्सिज्म ऐण्ड दि नेशनल क्वेश्चन, खण्ड दो, पृष्ठ 16
2. विविध प्रसंग, पृ. 494
3. ए.डब्ल्यू. ह्यूम, फादर ऑफ दि नेशनल कांग्रेस, पृ. 27
4. ए.आर. देसाई : भारतीय राष्ट्रवाद की सामाजिक पृष्ठभूमि, पृ. 271
5. वही, पृ. 270

6. वही, पृ. 271
7. अमृतराय : कलम का सिपाही, पृ. 62
8. ए.आर. देसाई : भारतीय राष्ट्रवाद की सामाजिक पृष्ठभूमि, पृ. 279
9. अमृतराय : कलम का सिपाही, पृ. 97-98
10. वही, पृ. 121
11. वही, पृ. 122
12. इन्द्र विद्या वाचस्पति : भारतीय स्वाधीनता संग्राम का इतिहास, पृ. 146
13. प्रेमचन्द : विविध प्रसंग, भाग-एक, पृ. 267
14. प्रेमचन्द : पुराना जमाना, नया जमाना, भाग-एक, पृ. 268
15. अयोध्या सिंह : भारत की मुक्ति
16. प्रेमचन्द : विविध प्रसंग, भाग-दो, पृ. 22-23
17. सुभाष चन्द्र बोस, द इण्डियन स्ट्रगल, पृ. 90
18. जवाहरलाल नेहरू : आटोग्राफी, पृ. 81
19. वही, पृ. 86
20. प्रेमचन्द : विविध प्रसंग, भाग-दो, पृ. 356
21. प्रेमचन्द : संग्राम, पृ. 103
22. अमृतराय : कलम का सिपाही, पृ. 324
23. प्रेमचन्द : विविध प्रसंग, भाग-दो, पृ. 45
24. अमृतराय : कलम का सिपाही, पृ. 377
25. पट्टाभिसीतारमैय्याः भारतीय राष्ट्रीय कांग्रेस का इतिहास, पृ. 543
26. अमृतराय : कलम का सिपाही, पृ. 454
27. रजनी पामदत्त : आज का भारत, पृ. 367
28. प्रेमचन्द : विविध प्रसंग, भाग-दो, पृ. 85-86
29. अमृतराय : कलम का सिपाही, पृ. 482
30. प्रेमचन्द : विविध प्रसंग, पृ. 85
31. ए.आर. देसाई : भारतीय राष्ट्रवाद की सामाजिक पृष्ठभूमि, पृ. 211
32. प्रेमचन्द : मानसरोवर, भाग एक, पृ. 140
33. वही, पृ. 141
34. प्रेमचन्द : विविध प्रसंग, भाग-दो, पृ. 455
35. ए सेन्चुरी ऑफ सोशल रिफॉर्म्स इन इण्डियास नटराजन, पृ. 30-31
36. प्रेमचन्द : विविध प्रसंग, भाग-तीन, पृ. 260
37. वही, पृ. 253-254
38. ए.आर. देसाई : भारतीय राष्ट्रवाद की सामाजिक पृष्ठभूमि, पृ. 281
39. के. दामोदरन : भारतीय चिन्तन परम्परा, पृ. 363-364
40. प्रेमचन्द : विविध प्रसंग, भाग-तीन, पृ. 152
41. वही, पृ. 154
42. वही, पृ. 159

43. वही, पृ. 278
44. वही, पृ. 80
45. वही, पृ. 291
46. वही, पृ. 205
47. भारतेन्दु नाटकावली, पृ. 457
48. भा. ना. प्र. भाग, पृ. 457
49. वही, पृ. 463
50. रामविलास शर्मा : भारतेन्दु हरिश्चन्द्र, पृ. 24
51. वही, पृ. 34
52. भारतेन्दु नाटकावली : प्रथम भाग, पृ. 465
53. रामचन्द्र शुक्ल : हिन्दी साहित्य का इतिहास, पृ. 462
54. प्रेमचन्द : विविध प्रसंग, भाग एक, पृ. 192
55. बालमुकुन्द गुप्त के श्रेष्ठ निबन्ध : चिट्ठे और खत : पृ. 30
56. वही, पृ. 60
57. वही, पृ. 104
58. वही, पृ. 60
59. रामविलास शर्मा : महावीरप्रसाद द्विवेदी और हिन्दी नवजागरण, पृ. 17
60. महावीरप्रसाद द्विवेदी : सम्पत्तिशास्त्र, पृ. 3
61. वही, पृ. 36
62. वही, पृ. 182
63. रामविलास शर्मा : महावीरप्रसाद द्विवेदी और हिन्दी नवजागरण, पृ. 116
64. वही, पृ. 119
65. वही, पृ. 120
66. वही, पृ. 120-121
67. वही, पृ. 184
68. वही, पृ. 272
69. वही, 297
70. वही, पृ. 349
71. सचीरानी गुर्टू : प्रेमचन्द और गोर्की, पृ. 26
72. प्रेमचन्द : विविध प्रसंग, भाग-एक, पृ. 264
73. प्रेमचन्द : साहित्य का उद्देश्य, पृ. 16-17
74. वही, पृ. 34

# प्रेमचन्द : व्यक्ति और विचारधारा तथा साहित्य का क्रमबद्ध अध्ययन

**व्यक्तित्व :**

प्रेमचन्द के जीवन और व्यक्तित्व के विषय में जो तथ्य मिलते हैं उनसे स्पष्ट होता है कि उनका जीवन समतल और सपाट था। व्यक्तित्व तो इतना सामान्य था कि प्रेमचन्द जैसे महान् कथाकार की गरिमा के भार को सम्हालने में छोटा पड़ जाता था। उनके जीवन के सन्दर्भ में किसी को भ्रम न रह जाये इसलिए वे पहले ही सबको आगाह कर देते हैं—"मेरा जीवन सपाट, समतल मैदान है, जिसमें कहीं-कहीं गढ़े तो हैं पर टीलों, पर्वतों, घने जंगलों, गहरी घाटियों और खँडहरों का स्थान नहीं है। जो सज्जन पहाड़ों की सैर के शौकीन हैं उन्हें तो यहाँ निराशा ही होगी।'

उनके सामान्य व्यक्तित्व के कारण कई बार आगन्तुकों को भ्रम हो जाता था। इस सन्दर्भ में कुछ उदाहरण उपयोगी होंगे। दक्षिण के एक हिन्दी-प्रेमी चन्द्रहासन प्रेमचन्द से मिलने काशी आये। पता लगाकर शाम के वक्त उनके मकान पर पहुँचे। बाहर थोड़ी देर ठहरकर खाँ-खूँ करने पर भी कोई नजर नहीं आया तो दरवाजे पर आये और झाँककर भीतर कमरे में देखा। एक आदमी, जिसका चेहरा बड़ी-बड़ी मूँछों में खोया हुआ-सा था, फर्श पर बैठकर तन्मय भाव से कुछ लिख रहा था। आगन्तुक ने सोचा, प्रेमचन्द जी शायद इसी आदमी को बोलकर लिखाते होंगे। आगे बढ़कर कहा—"मैं प्रेमचन्द जी से मिलना चाहता हूँ।" उस आदमी ने झट नजर उठाकर ताज्जुब से आगन्तुक को देखा, कलम रख दी और ठहाका लगाकर हँसते हुए कहा—खड़े-खड़े मुलाकात करेंगे क्या! बैठिये और मुलाकात कीजिये।[1]

यह कोई पहली घटना नहीं थी उनके जीवन में। ऐसी घटनाएँ कई बार हुईं। अमृतराय प्रेमचन्द की जीवनी 'कलम का सिपाही' में एक ऐसी ही घटना का जिक्र करते हैं। 'बस्ती के ताराशंकर नाशाद' मुन्शी जी से मिलने लखनऊ पहुँचे। उन दिनों वह अमीनुद्दौला पार्क के सामने एक मकान में रहते थे। मकान के नीचे ही 'नाशाद'

साहब को एक आदमी मिला धोती-बनियान पहने। नाशाद ने उससे पूछा, "मुन्शी प्रेमचन्द कहाँ रहते हैं, आप बतला सकते हैं?" उस आदमी ने कहा—"चलिये, मैं आपको उनसे मिला दूँ।"

वह आदमी आगे-आगे चला, 'नाशाद' पीछे-पीछे। ऊपर पहुँचकर उस आदमी ने 'नाशाद' को बैठने के लिए कहा और अन्दर चला गया। जरा देर बाद कुर्ता पहनकर निकला और बोला—'अब आप प्रेमचन्द से बात कर रहे हैं।"[2]

शायद उनके व्यक्तित्व की इसी सादगी ने उन्हें सामान्य नजर आती जिन्दगी की विविध पहलुओं को उद्‌घाटित करने की शक्ति दी। एक साधारण इनसान स्वयं में कितनी उदात्त और क्षुद्र भावनाओं का पुंज होता है जो उसकी स्वाभाविक जिन्दगी के ताने-बाने को बुनता है। प्रेमचन्द ने शायद खुद अपनी जिन्दगी के अनुभवों से इस सच्चाई को आत्मसात् कर लिया था। यही वजह है कि आम आदमी की जिन्दगी का ऊपरी सहज स्वरूप और उस सहजता को संघटित करनेवाली विभिन्न परस्पर-विरोधी और परस्पर पूरक प्रवृतियों के अन्तर्विरोध और अन्तर्सम्बन्ध उनके सम्पूर्ण लेखन में यथार्थ रूप में अभिव्यक्त हो गये हैं। यही उनके लेखन की मूल शक्ति है।

प्रेमचन्द की रोजमर्रे की जिन्दगी, उनकी चिट्‌ठी-पत्री, उनके साहित्य और उनकी सामाजिक गतिविधियों के बारे में जो कुछ उपलब्ध है उन सबका बखान करके भी इस सामान्य जिन्दगीवाले व्यक्तित्व की विशालता की गहराइयों को मापा जा सकेगा या नहीं। मेहनत और मेहनतकशों के प्रति अडिग आस्था, दिखावे से कोसों दूर, सिद्धान्त और व्यवहार के बीच सामंजस्य बनाये रखने का जीवनपर्यन्त अथक संग्राम, भारतीय मुक्ति के विविध आयामों को जागृत करने का अदम्य संकल्प, सभी पूर्वाग्रहों से मुक्त होकर सत्य के कँटीले रास्ते पर अविराम यात्रा। न्याय-अन्याय की पहचान करानेवाले साहित्य की सामाजिक भूमिका, मेहनतकशों के बीच कृत्रिम विभाजन की दीवारें खड़ी करनेवाली जातिवादी और साम्प्रदायिक ताकतों, दमनकारी अंग्रेजों, हिन्दू समाज के टके पन्थियों और धार्मिक पाखण्डियों के प्रति उनकी तीव्र घृणा, विज्ञान की तरह विज्ञान के सर्वव्यापी स्वरूप की उनकी गहरी समझ को प्रस्तुत किया जा सकेगा या नहीं इसमें सन्देह है। इसी कारण उनकी जीवनसंगिनी शिवरानी देवी को जिन्होंने उनके साथ तीस वर्षों से ऊपर जिन्दगी के हर दुख और सुख में साथ दिया था यह कहना पड़ा, मैं जानती हूँ कि उनके गुणों का बखान करने में मैं तिल का ताड़ भी बनाती, तो भी उनके चरित्र की विशालता का पूरा परिचय न मिल पाता। पर मैंने तो सभी बातें, बगैर अपनी तरफ से कुछ भी मिलाये, ज्यों-की-त्यों कह दी हैं।[3] प्रसिद्ध आलोचक डॉ. इन्द्रनाथ मदान प्रेमचन्द की साधारण असाधारणता का वर्णन इस प्रकार करते हैं, प्रेमचन्द लेखक के नाते तो महान् हैं ही मनुष्य के

नाते और भी महान् हैं। उनकी कला और व्यक्तित्व में अत्यन्त निकट का और घनिष्ठ सम्बन्ध है। उनके जीवन की कहानी का संक्षिप्त अध्ययन, उनके सृजन-कार्य पर बहुत-कुछ प्रकाश डाल सकता है। आरम्भ में ही यह जान लेना चाहिए कि प्रेमचन्द अत्यन्त सीधे और सादो आदमी थे। वह बहुधा खुले गले का खादी का कुर्ता और स्वच्छ किन्तु ढीली-ढाली धोती पहनते थे। देखने में वे किसी प्रकार भी प्रभावशाली नहीं जान पड़ते थे। उनके पीले और धँसे हुए गालों पर झुर्रियाँ पड़ गयी थीं, जो कष्ट और श्रम की सूचक थीं। भाग्य कदाचित् ही उनके अनुकूल रहा हो। उन्होंने सदैव बालकों-जैसा भोलापन और सरलता दिखलायी। उनका दूसरों के हृदय को मोह लेनेवाला आचरण, उनका सीधा-सादा ढंग, उनका स्वाभाविक व्यवहार—इन सब बातों ने उनके नवागन्तुकों और मित्रों की दृष्टि में इन्हें ऊँचा उठा दिया था। उनके मित्रों ने उनके जीवन की बहुत-सी ऐसी घटनाओं का संग्रह किया था, जिनसे उनके चरित्र की इन विशेषताओं का स्पष्टीकरण होता है जो कोई भी उनसे मिलने आता था उसी को वे लुभा लेते थे।—उनको देखते ही ऐसा अनुभव होता था कि यह व्यक्ति अत्यधिक भावुक है और इसने कष्ट और श्रम का अनुभव किया है। उनकी धँसी हुई, स्वप्नदर्शी आँखों में, उनकी करुण और कोमल मुद्रा में, जीवन की दुखद गाथा निहित थी।[4]

किसी भी साहित्यकार के वैचारिक और सर्जनात्मक सरोकार के निर्माण में जीवन की घटनाओं का महत्त्वपूर्ण स्थान होता है। व्यक्ति के जीवन में कभी-कभी एक छोटी-सी घटना महत्त्वपूर्ण परिवर्तन उपस्थित कर देती है। उसकी जीवनधारा ही परिवर्तित कर देती है। इस सच्चाई से भी इन्कार नहीं किया जा सकता कि जीवनधारा को प्रभावित करनेवाली घटनाएँ कुछ गिनी-चुनी ही होती हैं। प्रेमचन्द के जीवन में चाहे अन्य सभी चीजों का अभाव रहा हो किन्तु जीवन और जीवनधारा को प्रभावित करके नये वैचारिक और सर्जनात्मक सरोकारों को बनानेवाली घटनाओं का अभाव नहीं रहा। उनके जीवन में जन्म से लेकर मृत्यु तक अनेक घटनाएँ हुईं जिन्होंने उन्हें अपेक्षाकृत एक नयी दिशा को दिखाया और प्रेमचन्द जैसे जागरूक साहित्यकार ने उन सभी अवसरों का भरपूर लाभ उठाया।

'कलम का सिपाही' में उनके बेटे अमृतराय उस सामान्य व्यक्ति के व्यक्तित्व की महानता का वर्णन करते हुए लिखते हैं, "अपने आस-पास ऐसा एक भी चिह्न वह नहीं रखना चाहता जिससे पता चले कि वह दूसरे साधारणजनों से जरा भी अलग है। कोई तिलक-त्रिपुण्ड से अपने विशेषत्व की घोषणा करता है, कोई रेशम के कुर्ते और उत्तरीय के बीच से झाँकनेवाले अपने ऐश्वर्य से, कोई अपनी साज-सज्जा के अनोखेपन से, कोई अपनी खास अदा या ढंग से, यहाँ तक कि एक यत्नसाधित सतर्क सरलता भी होती है जो स्वयं एक प्रदर्शन या आडम्बर बन जाती है, शायद सबसे

अधिक विरक्तिकर—देखो इतना बड़ा इतना नामी आदमी होकर मैं कितनी सादगी से रहता हूँ। प्रेमचन्द की सरलता सहज है। उसमें कुछ तो इस देश की मिट्टी का संस्कार है, कुछ उसका नैसर्गिक शील है, संकोच है, कुछ उसकी गहरी जीवनदृष्टि है और कुछ उसका सच्चा आत्मगौरव है जो किसी तरह के आत्म-प्रदर्शन या विज्ञापन को उसके नजदीक घटिया बना देता है।''[5]

सतही तौर पर देखने से शायद प्रेमचन्द नामक यह इन्सान घर-गृहस्थी के पचड़े में पड़ा हुआ, एक तंगदस्त मास्टर ही नजर आये। उसके भीतर छिपे हुए मोती को पहचानने के लिए सूक्ष्म दृष्टि की आवश्यकता है तभी हम उस आम आदमी की जिन्दगी को बनानेवाले एक-एक रेशे को अलग-अलग और उनके गुँथे हुए रूप को देखने में सक्षम हो पायेंगे। इसीलिए अमृतराय जी को उनकी जीवनी लिखने से पहले यह लिखना पड़ा, जिस नितान्त साधारण बँधी-टँकी दिनचर्या से उसकी जिन्दगी का साँचा बना था उसको देखते हुए शायद उस मोती के पानी को, उसकी चमक को बराबर बनाये रखने का दूसरा कोई उपाय भी न था। यह गहरी निश्छल सादगी शायद एक कवच बनी जो प्रकृति ने स्वयं उसको बनाकर दिया था ताकि उस मोती की चमक कभी मन्द न हो—वैसे ही जैसे बादाम की मीठी गिरी को बनाये रखने के लिए उस पर एक कड़ा खोल चढ़ाना पड़ा।[6]

उनकी जीवन की घटनाएँ समय-समय पर उनकी विचारधारा और सर्जनात्मकता में निखार और पैनापन लाती रही, जीवन सामान्य था, घटनाएँ सामान्य थीं फिर भी इन घटनाओं की उनके जीवनदृष्टि के निर्माण में महत्त्वपूर्ण भूमिका अवश्य थी। इसलिए उनके जीवन की घटनाओं पर विहंगम दृष्टिपात आवश्यक ही नहीं अनिवार्य है।

प्रेमचन्द जी का जन्म एक निम्नमध्यवर्गीय कायस्थ परिवार में 31 जुलाई, सन् 1880 में भारत के पवित्र नगर बनारस के पास एक छोटे-से गाँव लमही में हुआ था। सामाजिक रूढ़ियों से जूझनेवाले इस महान् साहित्यकार का जन्म स्वयं एक रूढ़ि की छाया में हुआ था। भारतीय समाज में यह मान्यता है कि यदि तीन पुत्रियों के बाद पुत्र होता है तो वह तेंतर होता है। उसका आगमन माँ-बाप के लिए अशुभ होता है। प्रेमचन्द के जन्म के बाद तत्काल तो कोई घटना नहीं घटी किन्तु आठ वर्ष की अवस्था में माँ चल बसीं; 12 वर्ष के होते-होते दादी की मृत्यु और 16 वर्ष पूरा करने के कुछ ही माह बाद पिता की मृत्यु हो गयी।

प्रेमचन्द के पिता डाकखाने में मुलाजिम थे; इसलिए डाकखाने का वातावरण और कर्मचारियों की झाँकी प्रेमचन्द की रचनाओं में प्रायः मिलती है। इन्हीं कहानियों में उनके बचपन के चिह्न भी स्पष्टतया हमारी आँखों के सामने उभर आते हैं। 'कजाकी' शीर्षक कहानी में वे लिखते हैं, ''मेरी बाल स्मृतियों में 'कजाकी' एक न

मिटनेवाला व्यक्ति है। आज चालीस साल गुजर गये, लेकिन कजाकी की मूर्ति अभी तक आँखों के सामने नाच रही है—कजाकी जाति का पासी था। बड़ा ही हँसमुख, बड़ा ही साहसी, बड़ा ही जिन्दादिल।—एक क्षण में कजाकी का कन्धा मेरा सिंहासन बन जाता।—संसार मेरी आँखों में तुच्छ हो जाता और जब कजाकी मुझे कन्धे पर लिये दौड़ने लगता, तब तो ऐसा मालूम होता मानो मैं हवा के घोड़े पर उड़ा जा रहा हूँ।''[7]

जिस हरकारे का कन्धा धनपतराय का सिंहासन बनता था, उसका नाम कजाकी भी हो सकता है; और सम्भव है प्रेमचन्द ने उसे बदल दिया हो। मगर सत्य है कि वह उस डाकखाने का हरकारा था, जिसमें धनपतराय के पिता क्लर्क थे। हवाई किले बनाना बचपन का विशेष गुण है। ये हवाई किले ही बचपन को सुन्दर और आकर्षक बनाते हैं। वे अपनी बाल-सुलभ चंचलता को इस प्रकार याद करते हैं—''हाय बचपन, तेरी याद नहीं भूलती। वह कच्चा, टूटा घर, वह पुआल का बिछौना, वह नंगे बदन, नंगे पाँव खेतों में घूमना, आम के पेड़ों पर चढ़ना—सारी बातें आँखों के सामने फिर रही हैं। चमरौधे जूते पहनकर उस वक्त जितनी खुशी होती थी, अब फ्लैक्स के बूटों से भी नहीं होती, गरम पनुये रस में जो मजा था वह अब गुलाब के शर्बत में भी नहीं, चबैने और कच्चे बेरों में जो रस था वह अंगूर और खीर मोहन में भी नहीं मिलता।''[8]

जब प्रेमचन्द का जन्म हुआ तब इनके पिता को बीस रुपये तनख्वाह मिलती थी। जब वे सात साल के थे तभी उनकी माता का स्वर्गवास हो गया। प्रेमचन्द ने अपनी कहानियों में अपने घर की स्थिति और पिता की जिन्दगी पर भी प्रकाश डाला है। 'कप्तानसिंह' कहानी में जगतसिंह के पिता का जो परिचय है, वह उनके पिता के परिचय से भिन्न नहीं है। मातृप्रेम से वंचित प्रेमचन्द सम्भवत: उस स्नेह को विस्मृत नहीं कर पाये। यह अनुभूति उनके समग्र साहित्य में व्याप्त दिखायी पड़ती है। 'निर्मला', 'कर्मभूमि' उपन्यास 'प्रेरणा', 'घर जमाई', 'सौतेली माँ', 'गृहदाह', 'दूसरी शादी', 'स्मृति का पुजारी', 'अलग्योझा' आदि कहानियों में मातृस्नेह से वंचित बालकों के सजीव चित्र दिखायी पड़ते हैं, जो प्रेमचन्द के अपने ही चित्र प्रतीत होते हैं। 'प्रेरणा' कहानी में प्रेमचन्द एक ऐसे लड़के का उल्लेख करते हैं जिसकी माँ उसे सात साल की अवस्था में ही छोड़कर मर गयी थी। लिखते हैं, बच्चों में प्यार की जो एक भूख होती है—दूध, मिठाई और खिलौने से भी ज्यादा मादक—जो माँ की गोद के आगे संसार की निधि की भी परवाह नहीं करती। मोहन की वह भूख कभी न सन्तुष्ट होती थी। पहाड़ों में टकरानेवाली सारस की आवाज की तरह वह सदैव उसकी नसों में गूँजा करती थी। जैसे भूमि पर फैली हुई लता कोई सहारा पाते ही चिपट जाती है, वही हाल मोहन का था।

मीठे और स्वादिष्ट भोजन प्रेमचन्द की खास कमजोरी था। होली की छुट्टी का नायक माँ के मायके चले जाने पर घर में पड़ा गुड़ चुराकर खाता है। बचपन के अभावों ने उनमें ऐसी दुर्बलता उत्पन्न कर दी थी, जिससे वे आजीवन छुटकारा न पा सके। उन्हें केवल खाने का ही नहीं, कहानी सुनने का भी शौक था। कहानी-कला की चर्चा के अन्तर्गत बचपन के सुनहरे दिनों को इस प्रकार याद करते हैं। हर एक बालक को अपने बचपन की वे कहानियाँ याद होंगी, जो उसने अपनी माँ या बहन से सुनी थीं। कहानी सुनने को वह कितना लालायित रहता था, कहानी शुरू होते ही किस तरह सब-कुछ भूलकर सुनने में तन्मय हो जाता था। कुत्ते और बिल्लियों को कहानियों को सुनकर वह कितना प्रसन्न होता था इसे शायद वह कभी नहीं भूल सकता। बाल जीवन की मधुर स्मृतियों में वह शायद सबसे मधुर है। वह खिलौने, मिठाइयाँ और तमाशा सब भूल गया, पर वे कहानियाँ अभी तक याद हैं।[9] हंसराज रहबर प्रेमचन्द के बचपन के इन्हीं अभावों की कल्पना और सृजनशीलता का मूल कारण बताते हुए आपना विचार इस प्रकार व्यक्त करते हैं, यथार्थ वस्तु का अभाव मनुष्य को कल्पनाशील बना देता है। जीवन में जो पदार्थ प्राप्त नहीं होते, मनुष्य उन्हें कल्पना में ढूँढ़ता है और हवाई किले बनाता है। नन्हा धनपत जिन महलों के स्वप्न देखा करता था, वे उसे सारी उम्र नसीब नहीं हुए। इस कल्पनाशीलता ने प्रेमचन्द को नये और सुन्दर जीवन का निर्माता बना दिया।[10]

प्रेमचन्द के पिता अजायब लाल ने आनन्दी देवी की मृत्यु के पश्चात् दूसरा विवाह कर लिया। इस विवाह के दो वर्ष पश्चात् दादी की मृत्यु हो जाने के कारण प्रेमचन्द को विमाता की शरण में जाना पड़ा। यहाँ प्रेमचन्द को एक साथ दोहरी अनुभूति हुई। एक बार मातृस्नेह का अभाव तथा दूसरी ओर विमाता का पराये ढंग का व्यवहार। दोनों बातों ने प्रेमचन्द की घर के प्रति उदासीन तथा एकान्तप्रेमी बना दिया। बचपन की इस कड़ुवाहट को 'गृहदाह' कहानी में सत्यप्रकाश के माध्यम से करते हुए वे लिखते हैं, सत्यप्रकाश को एकान्त से प्रेम हो गया। अकेला बैठा रहता। वृक्षों में उसे कुछ-कुछ सहानुभूति का अज्ञात अनुभव होता था, जो कि घर के प्राणियों में उसे न मिलती थी। माता का प्रेम था तो सभी प्रेम करते थे, माता का प्रेम उठ गया तो सभी निष्ठुर हो गये पिता की आँखों में भी वह प्रेमज्योति न रही। दरिद्र को कौन भिक्षा देता है।[11]

इस प्रकार माता और दादी दोनों की उनके बचपन में ही मृत्यु हो जाने और विमाता द्वारा मातृस्नेह को न पा सकने के कारण उन्होंने जीवन में जिस कमी को महसूस किया उस कमी ने ही उन्हें कल्पनाशील बना दिया। विमाता खाने की वस्तुएं भी ठीक से नहीं देती थी। इस तथ्य को उन्होंने अपनी पत्नी से बताया था, जिसका उल्लेख शिवरानी देवी ने अपनी पुस्तक में किया है। विमाता के रूखे व्यवहार के

कटु अनुभव ने प्रेमचन्द को इस मनोवैज्ञानिक सत्य से परिचित कर दिया था कि औरत का अपनी सौतेले बेटे से प्यार करना एक असम्भव बात है...औरत चाहे कितनी नेक दिल हो वह कभी अपने सौतेले बच्चे से प्यार नहीं कर सकती।[12] किन्तु इसका कारण क्या है, इसे अन्य सामान्य व्यक्तियों की भांति प्रेमचन्द जी भी नहीं जान सके। वे लिखते हैं, सौत का पुत्र विमाता की आँख में क्यों इतना खटकता है इसका निर्णय आज तक किसी मनोभाव के पण्डित ने नहीं किया। हम किस गिनती में हैं।[13] प्रेम की भूख की मनोव्यथा को सौतेली माँ कहानी में उन्होंने बहुत अच्छी तरह मूर्तिमान किया है जिसके एक-एक शब्द में प्रेमचन्द ने अपने बचपन का दर्द भर दिया है। 'स्मृति का पुजारी' नामक कहानी का पात्र पत्नी की मृत्यु के पश्चात् दूसरा विवाह नहीं करता। इसलिए प्रेमचन्द के लिए श्रद्धा का पात्र है। 'भूत' कहानी में वृद्ध-विवाह का मजाक उड़ाया गया है। विमाता की उपेक्षा और पिता की अनुचित ताड़ना और लापरवाही ने प्रेमचन्द को स्वच्छन्द विचारक बना दिया था।

किशोर और युवा प्रेमचन्द को और भी अनेक अप्रिय मोड़ों से गुजरना था। 15 वर्ष की उम्र तक पहुँचते-पहुँचते घरवालों को धनपतराय की शादी की धुन सवार हुई। शादी हुई तो वह ऐसी कि खुद उनके पिता के शब्दों में, लालाजी ने मेरे लड़के को कुएँ में ढकेल दिया। अफसोस मेरा गुलाब-सा लड़का और उसकी यह स्त्री! मैं तो उसकी दूसरी शादी करूँगा।[14] प्रेमचन्द के अनुसार उनकी पत्नी यथारूप तथा गुणवाली महिला थीं। कुरूप, फूहड़ और उम्र में प्रेमचन्द से बड़ी। सब मिलाकर शादी करके घर पहुँचने से पूर्व ही प्रेमचन्द का मन पत्नी की ओर से भर गया। पत्नी और चाची ने मिलकर घर में ऐसा कलह मचाया कि कुछ दिन की मेहमान रहकर अपने घर चली गयीं। वैसे भी वह जब तक घर में रहीं, प्रेमचन्द का उनके साथ सम्बन्ध नहीं रहा।

पिता की मृत्यु ने उनकी जिम्मेदारियों का बोझ बढ़ा दिया। वे उस बोझ के नीचे पूरी तरह पिस गये लेकिन कभी धैर्य नहीं छोड़ा। वे पहले से इतने गरीब थे कि अपनी स्कूल की पढ़ाई नहीं चला सकते थे। एक बार उन्हें रेल किराया चुकाने के लिए सर्दी के दिनों में अपना ऊनी कोट बेचना पड़ा। जब वे नवें दर्जे में पढ़ते थे तब उनकी गृहस्थी में दो सौतेले भाई, सौतेली माँ और खुद उनकी स्त्री थीं। क्रियाकर्मों में साधारण आदमी को किस तरह ठगा जाता है, उसका कड़ुवा अनुभव प्रेमचन्द को लड़कपन में ही हो गया था। सौतेली माँ का व्यवहार, बचपन में शादी, पण्डे-पुरोहितों का कर्मकाण्ड, किसानों और क्लर्कों का दुखी जीवन—यह सब प्रेमचन्द ने 16 वर्ष की अवस्था में ही देख लिया था

जीवन को सफल बनाने के लिए शिक्षा की जरूरत है, इसलिए आठवें साल में उनकी पढ़ाई शुरू कर दी गयी। कायस्थ परिवारों में उन दिनों पढ़ाई का अपना

अलग ही तौर-तरीका था। उर्दू-फारसी पढ़ना आवश्यक था। अपने चचेरे भाई के साथ दूसरे गाँव में एक मौलवी साहब के यहाँ पढ़ने जाने लगे। थोड़ा-बहुत पढ़ते और सारे दिन मटरगश्ती करते। प्रेमचन्द ने मदरसे जाने का हाल अपनी एक कहानी 'चोरी' में लिखा है। इसी तरह 'कप्तान साहब' कहानी में 'जगतसिंह का लड़कपन इस प्रकार चित्रित किया है, 'जगतसिंह को स्कूल जाना कुनैन खाना या मछली का तेल पीने से कम अप्रिय न था। वह सैलानी, आवारा, घुमक्कड़ युवक था। कभी अमरूद की बागों की ओर निकल जाता और अमरूद के साथ माली की गालियाँ बड़े शौक से खाता।''

स्पष्ट है कि धनपतराय को मदरसे, मौलवी और किताबों में कोई रुचि न थी। वह मदरसे की तोतारटन्त शिक्षा से सहमत न थे। अपनी इस भावना को भावी अनुभव के प्रकाश में उन्होंने प्रेरणा कहानी में भली-भाँति प्रस्तुत किया है। हमारे देश में योग्य शिक्षकों का अभाव है। अर्द्ध शिक्षित और अल्प वेतन पानेवाले अध्यापकों से आप यह आशा नहीं रख सकते कि वे कोई ऊँचा आदर्श अपने सामने रख सकें। अधिक-से- अधिक इतना ही होगा कि चार-पाँच वर्ष में बालक को अपार ज्ञान हो जायेगा। मैं इसे पर्वत खोदकर चुहिया निकालने के तुल्य समझता हूँ। वयस्क होने पर यह मसला एक महीने में आसानी से तय हो सकता है। मैं अनुभव से कह सकता हूँ कि युवावस्था में हम जितना ज्ञान एक महीने में प्राप्त कर सकते हैं, फिर खाहमख्वाह बच्चों को मदरसे में कैद करने से क्या लाभ? मदरसे के बाहर रहकर उसे स्वच्छ वायु तो मिलती, प्राकृतिक अनुभव तो होते। पाठशाला में बन्द करके तो आप उसके मानसिक और शारीरिक दोनों विधानों की जड़ काट देते हैं।

माँ और दादी की मृत्यु के बाद प्रेमचन्द अकेले हो गये थे। लिहाजा जैसे-जैसे समय बीतता गया उम्र के साथ-साथ आवारागर्दी बढ़ती गयी। यह मन:स्थिति ठीक वह थी जिसमें नवाब के बिलकुल बहक जाने का पूरा सामान था, लेकिन प्रकृति जैसे अपने और तमाम जंगली फूल-पौधों को नष्ट होने से बचाती है, उसी तरह वह गुमराह होते हुए प्रेमचन्द को भी बचा रही थी। वह ढंग भी उनकी प्रतिभा से मेल खाता था।

प्रेमचन्द के जीवन में एक हलका-सा मोड़ आया। आवारागर्दी अब भी चल रही थी—मगर मोटी-मोटी किताबों के पन्नों में, जिनका रस उनके भीतर का सृजनशीलता को सींच रहा था। वह भूख उनके भीतर शायद जन्म से पल रही थी, जिसे दादी की कहानियों ने और भी बढ़ा दिया। अब प्रेमचन्द उस भूख के लिए स्वयं पुस्तकों से खुराक जुटा रहे थे। तिलस्में होशरुबा सुनने के बाद कहानियों और किताबों में उनकी दिलचस्पी बढ़ गयी जिसका जिक्र अमृतराय जी इस प्रकार करते हैं, ''और इस तरह फिर वह आवारागर्दी न रह गयी, गुल्ली-डण्डे और मटरगश्ती की जगह तिलिस्म और ऐयारी की मोटी-मोटी किताबों ने ले लिया ऐसी कि पूरी इन्साइक्लोपीडिया

समझ लीजिये। एक आदमी जो अपने आठ वर्ष के जीवन में उनकी नकल भी करना चाहे तो नहीं कर सकता, रचना तो दूर की बात है। 'यह मौलाना फौजी के' तिलिस्म होशरुबा की तारीफ है जिसके पच्चीसों हजार पन्ने तेरह साल के नवाब ने दो-तीन बरस के दौरान पढ़े और भी न जाने कितना कुछ चाट डाला। जैसे रेनाल्ड की 'मिस्ट्रीज आफ द कोर्ट आफ लन्दन' की पच्चीसों किताबों के उर्दू तर्जुमे, मौलाना सज्जाद हुसैन की ही कृतियाँ, 'अमराव जान अदा' के लेखक मिर्जा रुसवा और रतननाथ सरशार के ढेरों किस्से, उपन्यास खत्म हो गये तो पुराणों की बारी आयी। नवलकिशोर प्रेस ने बहुत-से पुराणों के उर्दू अनुवाद छापे थे, उन पर टूट पड़े।[15] आश्चर्य होना स्वाभाविक है कि गरीब प्रेमचन्द किताब खरीद तो सकते नहीं थे और न ही इस छोटी उम्र में कोई दूसरा तरीका ही था लेकिन प्रेमचन्द की यह भूख दिनोंदिन इस कदर बढ़ती जा रही थी कि उन्होंने इसके लिए एक अनूठा प्रयास निकाल लिया था। उन्होंने अपनी इस दिलचस्पी का जिक्र 'मेरी पहली रचना में' विशेष रूप से किया है। लिखते हैं, 'इस वक्त मेरी उम्र तेरह साल की रही होगी। हिन्दी बिलकुल न जानता था। उर्दू का उपन्यास पढ़ने का उन्माद था। मौलाना शरर, पं. रतननाथ शरसार, मिर्जा रुसवा, मुहम्मद अली हरदोई निवासी उस वक्त के सर्वप्रिय उपन्यासकार थे। इनकी रचनाएँ जहाँ मिल जाती थीं, स्कूल की याद भूल जाती थी और पुस्तक समाप्त करके ही दम लेता था। उस जमाने में रेनाल्ड के उपन्यासों की धूम थी। उर्दू में उनके अनुवाद धड़ाधड़ निकल रहे थे और हाथों-हाथ बिकते थे। मैं भी उनका आशिक था।....ये सभी पुस्तकें मैंने उसी जमाने में पढ़ीं और पं. रतननाथ शरसार से तो हमें तृप्ति ही न होती थी। उनकी सारी रचनाएँ मैंने पढ़ डालीं। उन दिनों में पिता गोरखपुर में रहते थे और मैं भी वहीं कि मिशन स्कूल में आठवीं में पढ़ता था, जो तीसरा दर्जा कहलाता था। रेती पर एक बुकसेलर बुद्धिलाल नाम का रहता था। मैं उसकी दुकान पर जा बैठा था और उसके स्टाफ से उपन्यास ले-लेकर पढ़ता था, मगर दुकान पर सारे दिन तो बैठ न सकता था। इसलिए मैं उसकी दुकान से अंग्रेजी पुस्तकों की कुंजियाँ और नोट्स लेकर अपने स्कूल के लड़कों के हाथ बेचा करता था और इसकी एवज में उपन्यास दुकान से घर लाकर पढ़ता था। दो-तीन वर्षों में सैकड़ों ही उपन्यास पढ़ डाले होंगे। जब उपन्यास का स्टॉक समाप्त हो गया तो मैंने नवलकिशोर प्रेस से निकले हुए पुराणों के उर्दू अनुवाद भी पढ़े और तिलस्में होशरुबा के कई भाग पढ़े।' प्रेमचन्द के स्कूल जीवन की झलकियाँ 'आखिरी होली', 'कला-दीक्षा' और 'जीवनसार' जैसी कहानियों में देखी जा सकती हैं।

प्रेमचन्द गाँव में रहते थे, ट्यूशन करते थे। शहर पढ़ने जाते थे और पाँच मील वापस जाकर रात को कुप्पी जलाकर खुद पढ़ने बैठते थे। हाईस्कूल पास करके आप

कालेज में वहाँ तभी भर्ती हो सकते थे जब उनकी फीस माफ हो जाये। बड़ी मुश्किल से कालेज में भर्ती हुए और जैसे-तैसे पढ़ाई जारी रखी लेकिन हिसाब में दो बार फेल हो गये।

प्रेमचन्द अब शहर में रहने लगे थे। अपना खर्च चलाने के लिए पाँच रुपये का ट्यूशन करते थे। एक वकील के लड़के को पढ़ाते थे और उसी के अस्तबल के एक कच्ची कोठरी में रहा करते थे। खुद खाना पकाते थे, बर्तन धोते थे और उपन्यास पढ़ते थे। ये उपन्यास प्रेमचन्द के दुखी बचपन के साथी थे और कुछ देर देने के लिए उन्हें ट्यूशनों, सौतेली माँ और महाजनों की दुनिया से दूर ले जाते थे। इन्हें पढ़ने से उनकी कल्पनाशक्ति प्रखर हुई और खुद भी लिखने की उन्हें प्रेरणा मिली। लेकिन प्रेमचन्द ने तिलिस्म होशरुबा का रास्ता नहीं अपनाया। उन रचनाएँ की भारतेन्दु हरिश्चन्द्र, बालकृष्ण भट्ट और राधाकृष्णदास के कथा-साहित्य का अगला और स्वाभाविक कदम थी। स्कूल में पढ़ते हुए कर्ज लेने और महाजनों की निगाह बचाने का भी अनुभव हो गया था।

उनका जीवन हिन्दुस्तान के औसत गरीब विद्यार्थी का जीवन था। एक बार महाजन से उधार न मिलने पर सिर्फ रोटी का प्रबन्ध करने के लिए उन्हें अपनी किताबें तक बेचनी पड़ी थीं। इसका मार्मिक वर्णन उन्होंने इस तरह किया है, "जाड़ों के दिन थे। पास एक कौड़ी न थी। दो दिन एक-एक पैसे का खाकर काटे थे। मेरे महाजन ने उधार देने से इन्कार कर दिया था। संकोचवश मैं उससे माँग न सका। चिराग जल चुके थे। मैं एक बुकसेलर की दुकान पर एक किताब बेचने लगा। चक्रवर्ती गणित की कुंजी दो साल हुए खरीदी थी, अब तक उसे बड़े जतन से रखे हुए था, पर आज चारों ओर निराश होकर मैंने उसे बेचने का निश्चय किया। किताब दो रुपये की थी; लेकिन एक रुपये पर सौदा तय हुआ।"[16]

किताब बेचते हुए प्रेमचन्द की मुलाकात एक मामूली स्कूल के हेडमास्टर से हो गयी, जिसने अठारह रुपये पर इन्हें अपने यहाँ मास्टर रख लिया। इस तरह प्रेमचन्द ने बीसवीं सदी में प्रवेश किया।

प्रेमचन्द का जीवन देहातियों के बीच में गुजरा था इसलिए त्याग और सेवा उनके जीवन का अंग बन चुकी थी। वे विमाता और उनके बेटों की सहायता हमेशा किया करते थे। जब ट्यूशन में पाँच रुपये पाते थे तो ढाई घर को भेजते थे। अब आधे से अधिक घर भेजने लगे। यह बचत करते समय उन्हें कितनी ही कठिनाई का सामना करना पड़ता था, इसका अनुमान 'माँगे की घड़ी' कहानी के नायक के कठिन जीवन से लगाया जाता है।

प्रेमचन्द स्कूल में मास्टर थे मगर वह इससे सन्तुष्ट न थे, क्योंकि उन्होंने नौकरी स्वेच्छा से नहीं की थी। विरोधी परिस्थितियों ने उन्हें बलात् इस ओर ढकेल दिया।

शिक्षा अधूरी रहने की फाँस मन में अटकी हुई थी। 'होली की छुट्टी' कहानी में शुरू की कैफियत पर इस प्रकार प्रकाश डाला है, ''मैट्रीकुलेशन पास करने के बाद मुझे एक प्राइमरी मदरसे में जगह मिल गयी।''

इस उद्धरण में प्रेमचन्द ने ऐसे काम गिनवाये हैं, जिनमें उन्हें कोई दिलचस्पी न थी। वह इससे अच्छा और बेहतर काम करना चाहते थे। निबन्ध की कापियों में सुधार करने की अपेक्षा एम. ए. पास करके वकील बनना चाहते थे। 'बोझ' कहानी में लिखते हैं, ''पं. चन्द्रधर ने प्राइमरी मुदर्रिसी तो कर ली थी, किन्तु सदा पछताया करते कि कहाँ से इस जंजाल में आ फँसे। यदि किसी अन्य विभाग में नौकर होते तो अब तक हाथ में चार पैसे होते, आराम से जीवन व्यतीत होता, यहाँ तो महीने भर प्रतीक्षा करने के पीछे कहीं पन्द्रह रुपये देखने को मिलते हैं। यह भी इधर आये उधर गये। न खाने का सुख, न पहनने का आराम। हमसे तो मजूर ही भले।''

एम. ए. पास करने का अरमान काँटा बनकर मन में लटकता रहा और उन्होंने मानसिक रूप से परिस्थितियों के विरुद्ध संघर्ष जारी रखा। अपनी एक कहानी 'लाल-फीता' में लिखते हैं, ''मगर हरिविलास के मन में पढ़ने की जो उत्कट अभिलाषा थी, वह गर्मी-सर्दी की परवाह न करती थी। उस दृढ़ निश्चय के साथ जो प्राय: निर्धन विद्यार्थियों का विशेष गुण है, वह कालेज में भरती हो गया था। वह एक रईस के लड़के को पढ़ाकर शिक्षा का खर्च पूरा कर लिया करता था।''

अन्त में उसके दृढ़ निश्चय की जीत होती है। यही हरिविलास हमें 'हार की जीत' कहानी में मिलता है। उस समय वह पढ़ाई समाप्त कर चुका है। एम. ए. पास करके कालेज में प्रोफेसर है और सम्पन्न जीवन बिता रहा है।

प्रेमचन्द को सम्पन्न जीवन बिताना सारी उम्र नसीब न हुआ लेकिन वे अपने लिये और देश की जनता के लिए सदा सम्पन्न और समृद्ध जीवन के स्वप्न देखते रहे।

मुन्शी जी को चुनार कुछ खास पसन्द नहीं आया। क्वीन्स कालेज के बेकन साहब की कृपा से 2 जुलाई, 1900 को बहराइच के जिला स्कूल में मास्टरी के लिए नियुक्त हो गये। चुनार की मास्टरी मुदर्रिसी के इस लम्बे ड्रामे का रिहर्सल थी। बहराइच से प्रतापगढ़ तबादला हो गया। वहाँ की आबोहवा प्रेमचन्द के अनुकूल थी।

1907 में उन्होंने उर्दू-हिन्दी में ओरियण्टल इलाहाबाद यूनिवर्सिटी का स्पेशल वर्नाक्युलर इम्तहान पास किया। इसके बाद 1905 में ट्रेनिंग कॉलेज से पढ़ाने की सनद पायी। उनके सर्टीफिकेट पर खास रूप से हिसाब पढ़ाने की अयोग्यता अंकित कर दी गयी। 1910 में अंग्रेजी, फारसी, दर्शन, इतिहास लेकर इण्टर किया और 1919 में अंग्रेजी, फारसी और इतिहास लेकर बी. ए. किया।

इलाहाबाद, कानपुर, गोरखपुर कई जगह रहकर प्रेमचन्द ने अध्यापन का काम किया। वे लड़कों से बेहद प्यार करते थे।

उन्हें किस्से-कहानियाँ पढ़ने का शौक था ही। यह शौक सदा बढ़ता ही रहा। किस्से-कहानियाँ उनके शुष्क और दरिद्र जीवन में रोमांस और रस भरती थीं। उन्होंने कहानियाँ कब से लिखनी शुरू कीं इसे जानने के लिए प्रेमचन्द के शब्दों में प्रस्तुत है, "मैंने पहले-पहल 1907 में गल्प लिखना शुरू किया। डॉक्टर रवीन्द्रनाथ के कई गल्प मैंने अंग्रेजी में पढ़े थे, जिनका उर्दू अनुवाद कई पत्रिकाओं में छपवाया था। उपन्यास तो मैंने 1901 ही में लिखना शुरू किया। मेरा एक उपन्यास 1902 में निकला और दूसरा 1904 में, लेकिन गल्प सन् 1907 से पहले मैंने एक भी नहीं लिखी। मेरी पहली कहानी का नाम था 'संसार का सबसे अनमोल रतन' वह 1907 में 'जमाना' उर्दू में छपी। उसके बाद मैंने 'जमाना' में चार-पाँच कहानियाँ और लिखीं।"

एक बात स्पष्ट है कि प्रेमचन्द ने कहानियों से पहले उपन्यास लिखना शुरू किया लेकिन उनका साहित्यिक जीवन इससे भी पहले आरम्भ हो चुका था। प्रेमचन्द ने पहली रचना अपने मामू के ऊपर लिखी है। उनके प्रेम-प्रसंग का भण्डाफोड़ किया और इसी नींव के चलते वे सारी उम्र सामाजिक बुराइयों और निर्मम सत्ता पर चोट करते रहे।

प्रेमचन्द 1905 में कानपुर आये तो बहुत दिनों तक मुन्शी दयानारायण निगम के साथ एक ही मकान में रहे और फिर पड़ोस में दूसरा मकान किराये पर ले लिया। दयानारायण निगम प्रेमचन्द के अभिन्न मित्र थे।

सन् 1905 में विश्वव्यापी आर्थिक संकट फैला। पूँजीवादी व्यवस्था का यह सबसे पहला भयानक संकट था। उपनिवेशों का विभाजन पूरा हो चुका था। आगे चलकर यही विरोध सन् 1914 में विश्वयुद्ध में परिणत हो गया।

इस आर्थिक संकट के साथ ही सन् 1905 में दुनिया भर में बेकारी फैल गयी। नतीजा यह हुआ कि एशिया के देशों में पश्चिमी साम्राज्यवादियों के विरुद्ध स्वतन्त्रता- संग्राम संगठित और तेज होने लगा। हिन्दुस्तान में इस स्वतन्त्रता-संग्राम ने बंग-भंग के विरुद्ध आन्दोलन का रूप धारण किया। इसी समय प्रेमचन्द 'सोज़े-वतन' की कहानियाँ एक-एक कर लिख रहे थे। इतिहास एक शस्त्रगृह होता है, जहा से शासित जातियों को अपने विदेशी शासकों के विरुद्ध लड़ने के लिए संघर्ष की प्रेरणा मिलती है। प्रेमचन्द ने भी शायद इसी उद्‌देश्य के लिए कहानियाँ लिखी थीं। इस संग्रह की पाँच कहानियों से अंग्रेज शासक घबरा गये। 'सोज़े-वतन' का उनके जीवन में विशेष महत्त्व था। यहीं से उनके संघर्ष के सफर की शुरुआत होती है। अन्त में यह संघर्ष हर प्रकार के राजनीतिक और सामाजिक शोषण और प्रतिक्रियावाद के विरुद्ध संघर्ष बन गया। 'सोज़े-वतन' जब्त हो गया और सारी प्रतियाँ प्रेमचन्द के सामने कलक्टर ने जला दी। अंग्रेज अपने साम्राज्यवादी हितों की रक्षा के लिए भारत

के जन आन्दोलन को ही नहीं कुचल देना चाहते थे, बल्कि उसकी अगुवाई करनेवाले साहित्य का भी गला घोट देना चाहते थे। दयानारायण निगम ने उस दमन को इन शब्दों में लिखा है 'संकीर्ण हृदय अफसर का वश चलता तो आज हिन्दुस्तानी साहित्य में प्रेमचन्द का वजूद ही न होता, मगर नदी का प्रवाह किसने रोका है।''

मामला रफा-दफा हो गया लेकिन प्रेमचन्द ने अच्छी तरह समझ लिया कि अंग्रेज यों ही नहीं नाराज होता। साहित्य स्वतन्त्रता-संग्राम को आगे बढ़ाने का जबर्दस्त हथियार है। और उन्होंने इस हथियार को पहले से अधिक तेज और प्रभावशाली बनाकर लड़ने का दृढ़ निश्चय कर लिया।

प्रेमचन्द ने अब नवाबराय नाम छोड़कर प्रेमचन्द नाम से लिखना शुरू किया। पिछले वर्षों में नवाबराय के नाम से जो शोहरत मिली थी वह समाप्त हो गयी और उन्हें नये सिरे से नया नाम लेकर साहित्य के मैदान में कूदना पड़ा।

वे जनता से उत्पन्न हुए थे और जनता के लिए संघर्ष को आगे बढ़ाना चाहते थे। इसलिए इतिहास के बारे में उनका दृष्टिकोण नेताओं से भिन्न था। उन्होंने अपनी ऐतिहासिक कहानियों में जनता को मुखातिब किया है। 'सोजे-वेतन' की कहानियाँ देश-प्रेम की तड़प को अपने अन्दर समेटे हुए है 'वरदान' का आरम्भ भी बहुत कुछ 'सोज़े-वतन' के तर्ज पर ही होता है।

युद्धकाल ही में उन्होंने अपना पहला श्रेष्ठ उपन्यास 'सेवासदन' लिखा और युद्ध खत्म होने पर 'प्रेमाश्रम' पूरा किया। इस दौर में प्रेमचन्द के मस्तिष्क में संघर्ष चल रहा था। 'सेवासदन' में वे सुधारवादी थे। सारा कांग्रेस आन्दोलन सुधारवादी था। गाँधी से पहले भी कांग्रेस के जो नेता थे वे भी समाज को बदलना नहीं चाहते थे। उनकी लड़ाई समाज के वर्गीय शोषण के विरुद्ध नहीं बल्कि केवल अंग्रेजी साम्राज्य के विरुद्ध थी। उनकी धारणा थी कि सिर्फ अंग्रेजों को हटा लेने से ही सभी समस्याओं का निदान हो जायेगा। लेकिन प्रेमचन्द मात्र इतने से परिवर्तन को इस रोग का इलाज न समझते थे। उनमें उस समय सर्वथा नयी चेतना उत्पन्न हो रही थी। वह विद्रोह के मार्ग पर चल रहे थे। उनमें जो मानसिक परिवर्तन आ रहे थे, उसे उन्होंने प्रेमाश्रम में दिखाया है।

प्रेमचन्द की पुरानी मान्यताएँ टूट रही थीं। उन्होंने समझ लिया था कि समाज के सिद्धान्त सृष्टि से बँधे नहीं हैं। समाज की आर्थिक व्यवस्था के साथ वे बनते-बिगड़ते रहते हैं।

घटनाक्रम की इसी कड़ी में 1906 में शिवरानी देवी के साथ उनका विवाह हो गया। उनका विवाह स्वयं में हिन्दू समाज में प्रचलित कुप्रथाओं और कुसंस्कारों को एक जवाब था। विधवाओं की जिन्दगी के प्रति विगलित भावुकता के घड़ियाली आँसू बहाने तथा इनके विवाह के पक्ष में जबानी जमा खर्च

करनेवाले अनेक प्रबुद्ध उस समय तक तैयार हो गये थे, लेकिन प्रेमचन्द ने इन सबसे आगे बढ़कर अपने उपन्यासों और निबन्धों में ही नहीं बल्कि खुद अपनी जिन्दगी में विधवा विवाह किया था। यह कोई संयोग मात्र न था। पहले से सोच-समझकर तय किया हुआ मामला था। जिन्दगी और विचारों के बीच दोहरापन उन्हें पसन्द न था।

प्रेमचन्द ने जिला बोर्ड के सब-इन्स्पेक्टर की हैसियत से छह साल महोबे में बिताये और उसके बाद तीन साल बस्ती के सरकारी स्कूलों में नौकरी की। इन दोनों जगहों का रहना उनके जीवन में काफी महत्त्व रखता था।

जलियाँवाला बाग के हत्याकाण्ड के बाद असहयोग आन्दोलन छिड़ने पर प्रेमचन्द ने बीस साल पुरानी नौकरी से इस्तीफा देकर हिन्दी लेखकों की स्वाधीनता-प्रेमी परम्परा का अनुसरण करते हुए एक मिशाल कायम की। विचारों और जिन्दगी के बीच इस अनूठी एकता का बुनियादी कारण उनके जिन्दगी जीने के अपने तौर-तरीके थे। शान-शौकत या ऊँचे ओहदेवालों की दिखावे से भरी जिन्दगी उन्हें कभी भी अपनी ओर नहीं खींच सकी। यही वजह है कि सरकारी नौकरी छोड़कर अपनी कलम के बूते पर जीने का अहम् फैसला लेते वक्त जिन्दगी में सम्भावित अस्थिरता की आशंका उनके राह में बाधा नहीं बन पायी।

प्रेमचन्द के साहित्य की शैली ही उनके जीवन की शैली है—स्पष्ट, निर्भीक, बेबाक, अटपटी मन से कोसों दूर, चरित्रों में गहरे तक पैठनेवाला स्वरूप ही प्रेमचन्द के स्वयं के व्यक्तित्व का वास्तविक रूप है।

नौकरी छोड़ने पर जब कुछ लोगों ने चिन्ता जाहिर की तो बौखलाकर वे कहते हैं, ''मैंने नौकरी छोड़ी है कलम के बल पर। मैंने किसी के आसरे काम किया ही नहीं। मैं हमेशा अपने बाजुओं पर भरोसा रखता हूँ।''[17]

सरकारी नौकरी से अलग होने के बाद प्रेस खोलने और अखबार निकालने की धुन लग गयी। पास में पूँजी बहुत कम थी। गोरखपुर से लमही लौट आये थे। लमही में रहते हुए सूरदास की कहानी लिख रहे थे पर देश में आग लगी हुई थी। प्रेस और मकान के झमेले में रंगभूमि की गति धीमी चल रही थी तभी साम्प्रदायिक विद्वेष की भड़कती आग ने उनके सब किये दिये पर पानी फेर दिया।

इसमें सन्देह नहीं कि बहुत बुरा समय था। चारों तरफ दंगे हो रहे थे। क्या हिन्दू, क्या मुसलमान, सबके दिमागों पर उन्हीं दंगों का जहर फैल रहा था। इसी समय मुन्शी जी ने एकता पर एक सुन्दर कहनी 'बौड़म' और नाटक 'कर्बला' लिखा। प्रेमचन्द को कई पत्रिकाओं के सम्पादन का अच्छा अनुभव था। 'जमाना' के सम्पादन का कार्य कर ही चुके थे। हिन्दी में 'मर्यादा', 'माधुरी', 'जागरण' आदि पत्रों के सम्पादन का कार्य भी उन्होंने किया। माधुरी ने हिन्दी की अपूर्व सेवा की, लेकिन

प्रेमचन्द की खास ख्वाहिश थी प्रेस खोलने और एक ऐसी पत्रिका निकालने की जो राष्ट्रीय आन्दोलन का साथ दे सके और जनवादी विचारों की वाहक हो।

1933 में प्रेस खुल गया। उसका नामकरण भी हो गया। साल भर बीत गया लेकिन नफा कौन कहे घाटा ही हाथ लग रहा था। उनकी परेशानियों का अन्दाजा इस कथन से लगाया जा सकता है—''प्रेस मुझे इस कदर परेशान कर रहा है कि मैं तंग आ गया हूँ। वह बुरा वक्त था जब मेरे सर में यह 'सौदाए-खाभ' समाया।''[18]

1930 के अवज्ञा आन्दोलन के शुरू होते-होते उन्होंने 'हंस' का प्रकाशन आरम्भ कर दिया। उनकी आशाओं का केन्द्र 'हंस' था। इसलिए वह सबसे दुलारा भी था। 'हंस' का जन्म स्वाधीनता-आन्दोलन की मुहिम को तेज और तेज करने के लिए हुआ था इसलिए अंग्रेजों की कोपदृष्टि से वह भी वंचित नहीं रह सका। प्रेमचन्द किस बहादुरी के साथ अंग्रेजी सरकार से अपने प्रिय पत्र 'हंस' के लिए लड़े थे। इसका जिक्र जैनेन्द्र जी के इस पत्र में मिलता है। हंस पर जमानत लगी। मैंने समझा आर्डिनेन्स के साथ जमानत भी समाप्त हो जायेगी। पर नया आर्डिनेन्स आ गया और उसी के साथ ज़मानत भी बहाल कर दी गयी।

सन् '36 में हंस से फिर जमानत माँगी गयी। तब वह हिन्दी साहित्य परिषद् की देख-रेख में निकलता था। परिषद् ने जमानत देने के बदले पत्र को बन्द कर देना ही उचित समझा। प्रेमचन्द ने बीमारी की हालत में भी जमानत देने की व्यवस्था की और 'हंस' को जिन्दा रखा। प्रेमचन्द ने 'हंस' को स्वाधीनता-संग्राम का एक सबल सैनिक बना दिया था। उनके जीवन की बड़ी-बड़ी आकांक्षाएँ इस पत्र के साथ जुड़ी हुई थीं। हाथ-पैर हिला सकने में भी असमर्थ जब प्रेमचन्द रोगशय्या पर पड़े थे तब भी उन्हें हंस की चिन्ता थी। हंस के भावी जीवन की कल्पना करते हुए प्रेमचन्द ने अपनी जीवन-यात्रा समाप्त की। जबकि प्रेस और हंस दोनों ने उन्हें बेहद कष्ट पहुँचाया था। अपनी गलती का एहसास तो उन्हें हो चुका था। 18 फरवरी, सन् '34 को उन्होंने जैनेन्द्र जी को लिखा—''...सारी विपत्ति की जड़ तो यह प्रेस है। न जाने किस बुरी साइत में इसकी बुनियाद पड़ी थी। 10 हजार रुपये, 11 साल की परेशानियाँ अकारथ हो गयीं। इसी प्रेस के पीछे कितने मित्रों से बुरा बना, कितनों से वायदा-खिलाफी की, कितना बहुमूल्य समय जो लिखने-पढ़ने में कटता, बेकार प्रूफ देखने में कटा! मेरी जिन्दगी की यह सबसे बड़ी गलती है।''[19]

प्रेमचन्द बड़े साहसी व्यक्ति थे। जीवन-भर संघर्षों में जूझते रहे। मृत्यु-शय्या पर भी भयंकर तकलीफ में रहने के बावजूद उफ तक नहीं किया। जहाँ व्यक्तित्व में कठोरता थी वहीं पर दुख-कातरता भी थी। कठिनाइयों को चुनौती देकर उनका मुकाबला करना तथा जोरदार हास्य के बीच उस कठिनाई के वजन को हलका कर

देना उनका सहज स्वभाव बन गया था। प्रेमचन्द और नवाबराय इन नामों को लेकर सुदर्शन जी से उनकी बातचीत इस तरह से हुई—

"आपने नवाबराय नाम क्यों छोड़ दिया?"

"नवाब वह होता है जिसके पास कोई मुल्क हो। हमारे पास मुल्क कहाँ?"

"वे मुल्क नवाब भी होते हैं?"

यह कहानी का नाम हो जाये तो बुरा नहीं, मगर अपने लिये यह नाम घमण्डपूर्ण है। चार पैसे पास नहीं और नाम नवाबराय। इस नवाबी से प्रेम भला, जिसमें ठण्डक भी है, सन्तोष भी है।[20]

परिस्थिति की गम्भीरता को हास्य से सहज बना लेना उनके व्यक्तित्व की विशेषता थी। उनका हास्य मिलनेवाले आगन्तुकों के संकोच और गर्व को समाप्त कर देता था। काम में व्यस्त होते हुए भी मिलनेवालों के लिए समय निकाल लेते थे। प्रेमचन्द से मिलनेवालों ने जो संस्मरण लिखे हैं उनसे प्रेमचन्द सरलता, सहजता तथा कर्मठता एवं हास्यपूर्ण व्यक्तित्व का परिचय मिलता है।

प्रेमचन्द बड़े स्वाभिमानी व्यक्ति थे लेकिन अपने सम्मान से ज्यादा उन्हें देश के सम्मान का ध्यान था। मुन्शी दयानारायण निगम ने अपने घर पर एक समारोह में जब कुछ अंग्रेजों को भी बुलाया तो प्रेमचन्द ने उनके इस कार्य का विरोध किया। हिन्दुओं और मुसलमानों के बीच तनाव को दृष्टि में रखते हुए दोनों के बीच भाई-चारे की भावना बनाये रखने के लिए उन्होंने बहुत कुछ लिखा। केवल सैद्धान्तिक स्तर पर ही नहीं बल्कि व्यावहारिक स्तर पर भी वे हिन्दुओं और मुसलमानों में कोई अन्तर नहीं मानते थे। शिवरानी देवी ने इसका उल्लेख किया है, "मैं एक इनसान हूँ, जो इन्सानियत रखता हो, इनसान का काम करता हो, मैं वहीं हूँ, और उन्हीं लोगों को चाहता हूँ। मेरे दोस्त अगर हिन्दू हैं तो मेरे कम दोस्त मुसलमान नहीं हैं।" इन दोनों में मेरे नजदीक कोई खास फर्क नहीं है, मेरे लिए दोनों बराबर हैं।[21]

प्रेमचन्द के ऐसे विचारों और लेखों से हिन्दू खेमें में नाराजगी यहाँ तक बढ़ गयी कि लोग मारने की धमकी तक देने लगे। शिवरानी देवी यह कहने पर कि, ऐसा लेख आप क्यों लिखते हैं कि लोग दुश्मन बनें। कभी गवर्नमेण्ट, कभी पब्लिक कोई-न-कोई तुम्हारा दुश्मन रहता ही है। आप ढाई हड्डी के तो आदमी हैं। प्रेमचन्द जवाब देते हैं, लेखक को पब्लिक और गवर्नमेण्ट अपना गुलाम समझती है। आखिर लेखक भी कोई चीज़ है। वह सभी की मर्जी के मुताबिक लिखे तो लेखक कैसा? लेखक का भी अस्तित्व है। गवर्नमेण्ट जेल में डालती है, पब्लिक मारने की धमकी देती है, इससे लेखक डर जाये और लिखना बन्द कर दे?[22]

'जागरण' के बन्द होने पर उन्होंने कहा था कि, 'मजदूरों की आवाज बन्द हो गयी।' अपनी किताबों से होनेवाली आय को भी प्रेस चलाने में स्वाहा कर देते थे।

यही नहीं जीवन के अन्तिम वर्षों में विचारों से तालमेल न होने पर भी बम्बई गये और सिनेमा की कहानियाँ लिखीं। यह 'हंस' के लिए ही था। उन्हें वहाँ रहते हुए पग-पग पर अनुभव हुआ कि वहाँ लेखक स्वाधीन नहीं है। उसे कलम बेचकर अनैतिक रचनाओं से पूँजीपतियों के मुनाफे का साधन बनना पड़ता है। फिल्मी जीवन के कड़ुवे अनुभवों का जिक्र करते हुए उन्होंने जैनेन्द्र जी को लिखा था, 'मैं जिन इरादों से आया था उनमें एक भी पूरा होता नजर नहीं आता। ये प्रोड्यूसर जिस ढंग की कहानियाँ बनाते आये हैं, उस लीक से जी भर भी नहीं हट सकते। Vulgarity को ये Entertainment value कहते हैं। अद्‌भुत में ही इनका विश्वास है। राजा-रानी, उनके मन्त्रियों के षड्यन्त्र, नकली लड़ाई, बोसेबाजी ये ही उनके मुख्य साधन हैं।

वह बम्बई से लौट आये। मुनाफा कमानेवाले ठेकेदारों के यहाँ लेखक की इज्जत नहीं हो सकती थी। गरीबी में रहना उन्हें स्वीकार था लेकिन आत्मसम्मान बेचने के लिए वे तैयार न थे।

प्रेमचन्द की वैचारिक दृढ़ता चट्टान जैसी थी। मृत्यु-शय्या पर पड़े हुए भी उन्होंने ईश्वर में अविश्वास व्यक्त किया। संक्रामक रोग ने उनकी शक्ति को समाप्त कर दिया था लेकिन उनकी कार्य करने की इच्छा उनके क्षीण शरीर से अधिक शक्तिशाली सिद्ध हुई। उनके मृत्यु के कुछ सप्ताह पहले गोर्की की मृत्यु हो गयी। दोनों के जीवन में बहुत कुछ समानताएँ थीं। शान्तिप्रिय द्विवेदी ने लिखा था—'गोर्की की भाँति ही उन्होंने छुटपन से ही कठिनाइयों की कड़वी घूँट पी। उनका दुख ही उनके लिए अमृत बन गया। गोर्की की स्मृति में उन्होंने अन्तिम श्रद्धांजलि लिखी और 8 अक्टूबर, 1936 को अपनी तमाम अधूरी आकांक्षाएँ अपने साथ लिये वे इस दुनिया से विदा हो गये।

**विचारधारा :**

साहित्य मनुष्य की सर्जनात्मक वृत्ति से निर्मित होता है। प्रत्येक साहित्यिक कृति में विशिष्ट जीवन यथार्थ व्यक्त होता है। यह यथार्थ रचनाकार दैनन्दिन जीवनानुभवों से आता है। रचनाकार के विवेक के निर्माण में समाज में व्याप्त विचारधारात्मक संघर्ष की निर्णायक भूमिका रहती है। वैसे तो विचारधारा कला, रचना का बाह्य तत्त्व है; लेकिन रचनाकार के जीवन-विवेक का रूप धारण करके विचारधारा कला रचना के केन्द्र में पहुँच जाती है।

साहित्य में रचनाकार जीवन की पुनर्रचना करता है। इसकी पृष्ठभूमि में विचारधारा सक्रिय होती है। साहित्य के विकासक्रम में अक्सर यह देखने को मिलता है कि किसी लेखक पर एक विचारधारा का स्पष्ट प्रभाव न पड़कर, उसके सम्पूर्ण वैचारिक संघर्ष का प्रभाव पड़ता है। कई बार विरोधी विचारधाराओं का प्रभाव एक

ही रचनाकार या रचना पर दिखायी देता है। रचनाकार के वस्तुगत अध्ययन में भी उसको आलोचक अपने विचारधारात्मक संघर्षों के आलोक में ही देखता है। ऐसे विश्लेषणों में आलोचना का विचारधारात्मक संघर्ष सक्रिय रहता है। प्रेमचन्द की विचारधारा के विश्लेषण में यह समस्या सामने आती है।

कुछ रचनाकार प्रचलित विचार-प्रणालियों का मन्थन कर अपने लिये नया दर्शन निर्मित कर लेते हैं या प्रचलित विचार-प्रणालियों में से किसी एक को पूरी तरह से आत्मसात् कर लेते हैं। ऐसे लेखकों की विचारधारा के विश्लेषण में सुविधा होती है। इन लेखकों की विचारधारा और उनके साहित्य में अन्तर्विरोध हो सकता है, लेकिन उनकी विचारधारा स्पष्ट होती है। जयशंकर प्रसाद और यशपाल इस कोटि के रचनाकार हैं। कुछ रचनाकार वैचारिक संघर्ष से अलग रहकर परम्परागत रचनाधर्मिता का निर्वाह करते रहते हैं। रीतिकालीन कवि तथा अन्य कलावादी रचनाकार प्रचलित विचारधारा को यथावत् स्वीकार कर विचारधारा के संघर्ष की समस्या में नहीं उलझे। जो साहित्यकार साहित्य को दिलबहलाव का साधन न मानकर उसे सामाजिक परिवर्तन से सम्पृक्त करते हैं, उनके सामने इस संघर्ष से बचने का कोई रास्ता नहीं है। प्रेमचन्द ऐसे ही रचनाकार हैं, जिन्होंने विचारधारात्मक संघर्ष को ही साहित्य का उत्स माना था।

प्रेमचन्द ने अपने विचारों के लिए संघर्ष किया। उन्होंने अपने असंगत विचारों को छोड़ा और नये विचारों को ग्रहण किया है। स्पष्ट है कि प्रेमचन्द की विचारधारा का क्रमश: विकास हुआ है। उनकी उपलब्ध रचनाओं में इस विकास को स्पष्ट रेखांकित किया जा सकता है। उन्हें अपने विचारों से कभी मोह नहीं रहा; वह तुरन्त अपने गलत विचारों को त्याग देते हैं। इस प्रक्रिया की अन्तिम परिणति के पहले ही प्रेमचन्द की मृत्यु हो जाती है और इस तरह उनके विचारों का विकास रुक जाता है। इस रुकी हुई विचार-प्रक्रिया से हम उनके विचारों की मुख्य दिशा को समझ सकते हैं। उनकी विचारधारा के विश्लेषण में उनकी मृत्यु भी बाधा बनकर आड़े आती है।

सर्जनात्मक साहित्यकार के अलावा प्रेमचन्द पत्रकार भी थे। उन्होंने जमाना, मर्यादा, माधुरी, हंस, जागरण आदि कई पत्रिकाओं में लगातार लेख और सम्पादकीय टिप्पणियाँ लिखीं। इन टिप्पणियों में प्रेमचन्द ने व्यवस्थित रूप से अपने विचारों को व्यक्त नहीं किया है वरन् उन्होंने अपने समय में चल रही कुछ तात्कालिक बहसों में हिस्सा लिया है, कुछ सामयिक घटनाओं पर अपनी प्रतिक्रिया व्यक्त की है। इन टिप्पणियों में असम्बद्धता और अन्तर्विरोध भी है। समय की माँग और पत्रकार के दायित्व को ध्यान में रखते हुए प्रेमचन्द ने ये टिप्पणियाँ लिखी हैं। इनमें जहाँ एक ओर हमें प्रेमचन्द के विचारों को समझने में मदद मिलती है, वहीं दूसरी ओर इनकी

असम्बद्धता से बाधा भी उपस्थित होती है। बड़े लेखकों की अनिश्चित विचारधारा के निर्धारण में ऐसा संघर्ष अक्सर देखने में आता है। प्रेमचन्द की विचारधारा को निर्धारित करने में भी परेशानी होती है।

प्रेमचन्द की विचारधारा पर विचार करने से पूर्व विचार और विचारधारा के अन्त:सम्बन्ध पर भी विचार करना आवश्यक है। प्रेमचन्द की भाषा बहते नीर के समान है। उनकी विचारधारा जलधारा की तरह गगनचुम्बी चोटियों से उतरकर जमीन से चिपकी उसकी गहराइयों को टटोलती हुई मिट्टी से एकाकार होती हुई, तरह-तरह के झाड़-झंखाड़ को अपने साथ बहाती हुई, निरन्तर आगे और आगे की ओर बढ़ती हुई जलधारा की तरह है। प्रारम्भिक लेखन से लेकर अन्तिम रचनाओं तक प्रेमचन्द की विचारधारा अपनी मिट्टी से जुड़ी हुई आगे की ओर बहती है और इसी अर्थ में वह प्रगतिशील भी है। इसी अर्थ में उसकी अन्तिम परिणति मार्क्सवाद के सागर में गुणान्तरित हो जाने की प्रक्रिया में निहित है। 'महाजनी सभ्यता' शीर्षक उनके अन्तिम दिनों के लेख में इसका प्रमाण प्रस्तुत है। 'महाजनी सभ्यता' के ह्रासोन्मुख हो जाने पर नयी समाजवादी-साम्यवादी सभ्यता का आविर्भाव हो जाने की घोषणा करते हुए 'सेवासदन' से 'मंगलसूत्र' तक अपनी प्रगतिशील विचारधारा के गुणान्तरण की प्रक्रिया को वे स्वयं अपने शब्दों में इस प्रकार रेखांकित करते हैं। 'महाजनी सभ्यता' शीर्षक अपने अन्तिम दिनों में लेख में वे साफ-साफ कहते हैं कि, 'परन्तु अब एक नयी सभ्यता का सूर्य सुदूर पश्चिम से उदय हो रहा है, जिसने इस नाटकीय महाजनवाद की जड़ खोदकर फेंक दी है। जिसका मूल सिद्धान्त यह है कि प्रत्येक व्यक्ति, जो अपने शरीर या दिमाग से मेहनत करके कुछ पैदा कर सकता है, राज्य या समाज का परम सम्मानित सदस्य हो सकता है, और जो केवल दूसरों की मेहनत या बाप-दादों के जोड़े हुए धन पर रईस बना फिरता है, वह पतित प्राणी है। उसे राज्य प्रबन्ध में राय देने का हक नहीं है और वह नागरिकता के अधिकारों का भी पात्र नहीं है।[23]

जो व्यक्ति दूसरों के श्रम पर जीवित है उसे राज्य में वोट देने का भी हक न हो, उसे नागरिकता का भी अधिकार न दिया जाये ऐसे लोकतन्त्र का स्वप्न प्रेमचन्द देखने लगे थे। तात्पर्य यह कि प्रेमचन्द की विचारधारा इस हद तक गुणान्तरित हो चुकी थी। प्रेमचन्द का 'महाजनी सभ्यता' शीर्षक लेख इस ऐतिहासिक तथ्य का दस्तावेज है कि बूर्जुवा लोकतन्त्र के प्रति उनका मोहभंग हो चुका था।

प्रेमचन्द की विचारधारा के गुणान्तरण की प्रक्रिया-रातोंरात सम्पन्न नहीं हुई थी। इसके पीछे प्रेमचन्द की एक मामूली जीवनचर्या और गैर मामूली साहित्य-साधना का लम्बा इतिहास है। उनके उपन्यासों, कहानियों और संक्षिप्त लेखों का आकलन

किये बिना प्रेमचन्द की विचारधारा के साथ न्याय नहीं किया जा सकता और न ही उसे ठीक-ठीक समझा तथा आत्मसात् किया जा सकता है।

अपनी प्रारम्भिक महत्त्वपूर्ण कृति 'सेवासदन' में प्रेमचन्द नारी की सामाजिक मुक्ति का प्रश्न बड़ी गहरायी और विस्तार से उठाते हैं। नारी के सामाजिक और शारीरिक शोषण के खिलाफ आदर्श की शरण लेते हैं।

सेवासदन के रूप में वे एक अनाथालय की परिकल्पना करते हैं। सुमन के रूप में वे एक ऐसे नारी पात्र की सृष्टि करते हैं जो वेश्यालयों से लायी गयी परित्याक्ताओं को वात्सल्य की छाया में जीवन का प्रकाश दे सके। उस समय प्रेमचन्द की विचारधारा आदर्शवाद और आर्यसमाज के सिद्धान्तों को अंगीकार कर आगे बढ़ती हुई दिखायी पड़ती है।

प्रेमचन्द के साहित्य और उनकी विचारधारा को समझने के लिए राष्ट्रीय जागरण की प्रकृति और उसमें प्रेमचन्द की भूमिका को समझना अत्यन्त आवश्यक है। राष्ट्रीय जागरण की चेतना की शुरुआत तत्कालीन भारत के अध:पतन के कारणों की खोज से होती है। भारतीय बुद्धिजीवियों ने भारतीय मुक्ति के ऊपर मतभेद प्रकट किये हैं। यही नहीं अध:पतन की प्रकृति, उसके कारण और उससे उबरने के उपायों को लेकर भी उन्होंने तीन प्रकार की मान्यताएँ स्थापित की हैं।

कुछ लोग मानते हैं कि तत्कालीन अध:पतन सामाजिक अध:पतन है। विशेष रूप से इसका कारण सामाजिक रूढ़ियाँ हैं। अत: इस श्रेणी के बुद्धिजीवियों ने बहु-विवाह, सती-प्रथा जैसी प्रथाओं का विरोध किया, विधवा-विवाह का समर्थन किया। इस कार्य के लिए उन्होंने जहाँ आवश्यक समझा, वहाँ अंग्रेजों का भी सहयोग प्राप्त किया। वे परम्परागत भारत के स्थान पर आधुनिक भारत का निर्माण करना चाहते थे। राजा राममोहन राय से लेकर अन्य सभी समाजसुधार आन्दोलन इसी श्रेणी में आते हैं।

कुछ विद्वानों ने भारत के अध:पतन के कारणों को धार्मिक नजरिये से देखा उनके अनुसार धार्मिक पुनरुत्थान द्वारा ही भारत को पतन के गर्त से निकालकर मुक्ति की दिशा में अग्रसर किया जा सकता है।

कुछ लोग समकालीन अध:पतन को राष्ट्रीय अध:पतन मानते हैं। उनके अनुसार वर्तमान अध:पतन का मुख्य कारण अंग्रेजी राज्य है। अंग्रेजों को हटाकर ही देश को इस पतन से बचाया जा सकता है। मध्य वर्ग के बुद्धिजीवियों ने अंग्रेजी और अंग्रेजी सभ्यता के हर पहलू को विरोध किया। उसकी तुलना में भारतीय सभ्यता और संस्कृति की वकालत की। भारतीय सभ्यता और संस्कृति की पक्षधरता ने भारतीयों को अंग्रेजों के विरुद्ध स्वाधीनता-आन्दोलन के लिए ऊर्जा प्रदान की। इस धारणा का व्यापक प्रभाव सम्पूर्ण भारतीय मुक्ति की चेतना में देखने को मिलता है। और शायद

ही कोई बुद्धिजीवी उस युग में बचा हो; जिस पर इस विचार-प्रणाली का प्रभाव न पड़ा हो।

इस वर्ग के बुद्धिजीवियों में भी दो दल थे। एक के अनुसार पूर्व-पश्चिम संघर्ष में पूर्व की सभी बातें एकदम ठीक हैं और पश्चिम की अग्राह्य। दूसरे वर्ग के बुद्धिजीवियों ने पश्चिम की निन्दा करते हुए पूर्व की भी कुछ बातों के लिए निन्दा की। प्रेमचन्द इस दूसरे दल के बुद्धिजीवी हैं। उनके साहित्यिक और वैचारिक गद्य के अनेक स्थानों पर पश्चिम का इन्हीं तर्कों से विरोध किया गया है। उन्होंने भारत की सड़ी-गली परम्पराओं का जमकर विरोध किया। पुनरुत्थानवादियों की तरह असंगत परम्पराओं को गौरवान्वित नहीं किया। पश्चिम और तर्कहीन का जहाँ तक साम्राज्यवादी है प्रेमचन्द वहीं तक उसके विरोधी हैं। जिस तरह प्रेमचन्द ने आर्यसमाज के समाज-सुधार की भावना को अपनाते हुए भी उसके मुस्लिम विरोध पक्ष को नहीं अपनाया, उसी तरह उन्होंने पूर्व-पश्चिम संघर्ष में पश्चिम के साम्राज्यवादी रूप का तो विरोध किया, लेकिन जनतान्त्रिक-समाजवादी रूप का पक्ष लिया। यही कारण है कि उन्होंने जापानी साम्राज्यवाद की निन्दा की। अमरीका के कृषक व्रिदोह का समर्थन किया। जर्मनी में फासिज्म का विरोध किया और रूस में बोल्शेविक क्रान्ति का समर्थन किया। उन्होंने भारतीय समाज की कुछ रूढ़ियों का विरोध राष्ट्रीयता के आधार पर किया। सामाजिक समस्याएँ प्रेमचन्द के लिए सदा राष्ट्रीय समस्याएँ बनी रहीं।

'सेवासदन' में वेश्या समस्या को नारी-जीवन की एक प्रमुख सामाजिक समस्या मानकर उसका उद्‌घाटन और आदर्शात्मक समाधान प्रस्तुत करने के पश्चात् 'प्रेमाश्रम' में ग्रामीण भारत में चले रहे संघर्ष का चित्रण किया। यहाँ तक कि मनोहर द्वारा की गयी गौस खाँ की हत्या को भी जायज माना। इस संघर्ष को प्रेमचन्द साम्राज्यवाद विरोधी संघर्ष का आधार मानते हैं। उस समय के अन्य बुद्धिजीवी साम्राज्यवाद विरोधी तो थे लेकिन वे सामन्तवाद विरोधी किसान संघर्ष को टालना चाहते थे। महात्मा गाँधी जैसे नेता भी इसी मत के थे। प्रेमचन्द किसानों के पक्षधर थे इसलिए इस बिन्दु पर वे कोई समझौता नहीं कर सके और हमेशा साम्राज्यवाद तथा सामन्तवाद विरोधी बने रहे।

धर्म, भक्ति, मुक्ति, प्रेम और ज्ञान के नाटक की आड़ में जो छद्म और पाखण्ड छिपा था, प्रेमचन्द की पैनी नजर उसे बेनकाब करती रही। वे अध्यात्म की चाह में छिपी भौतिक वासनाओं और कमजोरियों का पर्दाफाश करते हैं। प्रेमाश्रम में उनकी विचारधारा यथार्थवाद के नजदीक आती जा रही थी। इतना ही नहीं, वे साम्यवाद की चर्चा भी करने लगे थे। स्मरणीय है कि साम्यवाद की चर्चा के साथ वे जमींदारों, ताल्लुकेदारों और गरीब किसानों के हितों के टकराव को अपने युग और परिवेश के

वास्तविक अन्तर्विरोधों के रूप में चित्रित करते हैं। विश्व की साम्राज्यवादी ताकतों के अधीन लगातार कुचले जानेवाले एक गुलाम देश में, उस समय बलराज और मायाशंकर जैसी सोच रख पाना कम महत्त्वपूर्ण न था।

'कायाकल्प' में लेखक ने साम्प्रदायिकता की उस विभीषिका का चित्रण प्रस्तुत किया है, जिसमें भारत अंग्रेजों की पराधीनता से लेकर आज तक जलता आ रहा है। अहिल्या को दंगाई उठा ले जाते हैं। उसके वापस आने पर चक्रधर उसे अपना लेते हैं। इसका विरोध समाज और परिवार में होता है। बाद में पुत्र-प्रेम की आतुरता में चक्रधर की माँ अहिल्या को स्वीकार कर लेती हैं लेकिन उनके पिता वज्रधर अपने निश्चय पर अड़े रहते हैं। उनकी इस दकियानूसी दृढ़ता की भर्त्सना करते हुए माँ कहती है, "अच्छा बस मुँह बन्द करो, बड़े धर्मात्मा बनकर आये हो। रिश्वतें लेकर हड़पते हो, तो धर्म नहीं जाता, शराबें उड़ाते हो तो मुँह में कालिख नहीं लगती झूठ के पहाड़ खड़े करते हो तो पाप नहीं लगता, लड़का एक अनाथिनी की रक्षा करने जाता है तो नाक कटती है। तुमने कौन-सा कुकर्म नहीं किया? अब देवता बनने चले हो।"[24]

इसी उपन्यास में धर्म के बारे में मनोरमा के ये विचार भी प्रेमचन्द की आगे बढ़ती हुई विचारधारा का परिचय देते हैं, प्रेय बन्धन न हो पर धर्म तो बन्धन है।[25]

'गबन' में प्रेमचन्द ने आभूषण-प्रेम की सामन्ती रुचि का विरोध किया। प्रारम्भ से प्रेमचन्द का स्वभाव अलंकरण विरोधी था। उनकी कला का भी सौन्दर्य अलंकार रहित सहजता और स्वाभाविकता में निहित है। एक निम्नवर्गीय या निम्न-मध्यमवर्गीय नारी का आभूषण-प्रेम उसके पारिवारिक जीवन के लिए कहाँ तक घातक हो सकता है, जालपा के चरित्र द्वारा प्रेमचन्द ने इसी का उद्घाटन किया है। सामन्ती रुचियों के विरोध की अभिव्यक्ति के पीछे प्रेमचन्द की विचारधारा ही कार्य कर रही थी।

निर्मला उपन्यास दहेज-प्रथा और अनमेल विवाह की त्रासदी है। यहाँ भी प्रेमचन्द की विचारधारा का प्रगतिशील दृष्टिकोण और अव्यवस्था उन्हें ऐसे अनमेल विवाह के कारण परिवार में उत्पन्न सिलसिलेवार दुर्घटनाओं को चित्रित करने में सक्षम बना देता है।

'रंगभूमि' का प्रारम्भ भी प्रेमचन्द के विचारात्मक अहसास का परिचायक है। ढहते हुए सामन्तवाद और उभरते हुए पूँजीवाद की स्थिति को ग्रामीण और शहरी कथावस्तु के ताने-बाने में बुनकर उन्होंने अपनी विकासशील विचारधारा का परिचय दिया है। 'कर्मभूमि' से गोदान तक आते-आते प्रेमचन्द की विचारधारा अत्यन्त विकसित हो चुकी थी। रजवाड़ों, ताल्लुकेदारों, जमींदारी अफसरशाहों और पूँजीपतियों की मिलीभगत द्वारा चलाये जा रहे शोषण-चक्र के एक-एक दाँव को वे पहचानने लगे हैं। 'सेवासदन' से 'गोदान' तक प्रेमचन्द की प्रगतिशील विचारधारा का इतिहास

फैला हुआ है। वे क्रमश: आदर्शवादी संस्कारों से मुक्त होते हुए, समाजवादी यथार्थवाद के निकटतम और निकटतम होते जाते हैं।

लेकिन उनके अधूरे और अन्तिम उपन्यास 'मंगलसूत्र' के प्रारम्भिक पृष्ठों से ही पता चलने लगता है कि प्रेमचन्द सभी तरह के आदर्शवादी संस्कारों को पीछे छोड़ आये हैं और पूर्णतया यथार्थवादी रचनाकार के रूप में हमारे सामने उपस्थित 'मंगलसूत्र' के प्रमुख पात्र देवकुमार को झुकाना असम्भव था, मगर तर्क के सामने उनकी गर्दन अपने-आप झुक जाती थी। इन दिनों वह यही पहेली सोचते रहते थे कि संसार में कुव्यवस्था क्यों है? क्यों एक आदमी जिन्दगी भर कड़ी-से-कड़ी मेहनत करके भी भूखों मरता है, और दूसरा आदमी हाथ-पाँव न हिलाने पर भी फूलों की सेज पर सोता है।[26]

ऐसा आत्ममन्थन स्वयं प्रेमचन्द के जीवन में कभी न हुआ था। मंगलसूत्र के देवकुमार सोचते हैं—"जिस राष्ट्र में तीन-चौथाई प्राणी भूखों मरते हों, वहाँ किसी एक को बहुत-सा धन कमाने का कोई नैतिक अधिकार नहीं है, चाहे इसकी उसमें सामर्थ्य ही क्यों न हो।"[27]

'मंगलसूत्र' उपन्यास में वे उस बढ़ते हुए अर्थवाद के संकट का चित्रण करना चाहते थे जो महाजनी सभ्यता तथा पूँजीवाद का एक अपरिहार्य परिणाम होता है। बढ़ती हुई सम्पत्ति की ललक किस तरह मानव सम्बन्धों की आत्मीयता को नष्ट कर देती है। प्रेमचन्द इसे पूरी जागरूकता के साथ पहचान चुके थे। मंगलसूत्र उपन्यास में देवकुमार का बड़ा बेटा अपने पिता के बारे अपने दोस्त से कहता है—"जी चाहता है इन्हें गोली मार दूँ, मैं इन्हें अपना बाप नहीं शत्रु मानता हूँ।"

प्रेमचन्द ने अपने पहले कहानी-संग्रह की भूमिका में लिखा है कि, 'कहानियों का सम्बन्ध बुनियादी तौर पर सामाजिक परिवर्तन से है।' उन्होंने लिखा है कि 'भावी पीढ़ी के भीतर देशभक्ति की भावना जागृत करने के लिए ऐसी किताबों की सख्त जरूरत है।' इन स्वीकारोक्तियों के बाद तो वैचारिक प्रतिबद्धता से इनकार नहीं किया जा सकता है। उनकी प्रतिबद्धता मामूली आदमियों के प्रति थी, जो दिशाहीन, सर्वहारा, हतचेता और शोषित-पीड़ित थे। उनका सम्पूर्ण साहित्य इन्हीं लोगों की पीड़ा, शोषण और संघर्ष का अभिलेख है। यह किसी राजनीतिक प्रतिबद्धता के तहत न होकर जीवन प्रतिबद्धता के तहत है। वे किसी दलीय राजनीति से जुड़े न होकर स्वतन्त्र चिन्तन और दृष्टि को विकसित कर रहे थे। उन्होंने अपने मित्र दयानारायण निगम को एक पत्र में लिखा था, "मैं तो उस आनेवाली पार्टी का मेम्बर हूँ जो कौतहुन्नास (छोटे लोगों) की सियासी तालीम को दस्तूर-उल-अलम बनाये।"[28]

इससे स्पष्ट है कि उस समय का राजनीति और राजनीतिक दलों से वे सन्तुष्ट नहीं थे। उस समय क्रांगेस दो हिस्सों—'नो चेन्जर्स' और 'प्रो चेन्जर्स' में बँटी थी।

वे दोनों से ही खुश न थे। लेकिन रूसी क्रान्ति से उन्हें आभास होने लगा था कि कुछ बदलेगा।

प्रेमचन्द राजनीति में उस तरह नहीं थे जिस तरह अन्य बहुत-सारे लोग थे। वे राजनीति की तात्कालिक धर्म की तरह ग्रहण कर रहे थे, जिसमें देश स्वतन्त्र होगा, आम लोगों की मुक्ति होगी। यही कारण है कि आजादी की लड़ाई के प्रारम्भिक दिनों में वे कांग्रेस के साथ थे। इसके लिए उनके पास तर्क थे। वे अपने को देश की राजनीति, उसके बदलते तेवर तथा रफ्तार से बराबर जोड़े रखना चाहते थे।

प्रेमचन्द के समय में समाज-सुधार ने एक ज्वलन्त समस्या का रूप अपना लिया था। राष्ट्रीय स्तर के कार्यक्रमों की शक्ल में अनेक सामाजिक-धार्मिक आन्दोलनों की शुरुआत देश में हो चुकी थी। सामान्य अर्थ में यह तमाम आन्दोलन भारतीय समाज और हिन्दू धर्म की विकृति के विरोध में हो रहे थे।

धार्मिक क्षेत्र में अन्धविश्वास और रूढ़िवादिता, बहुदेववाद और वंशानुगत पुजारी समाज के विरुद्ध कई संघर्ष चल रहे थे, जिनमें ब्रह्मसमाज, आर्यसमाज, प्रार्थनासमाज, रामकृष्ण मिशन और थियोसोफिकिल सोसाइटी आदि प्रमुख आन्दोलन थे। इन आन्दोलनों ने प्रेमचन्द की विचारधारा को प्रभावित किया। 1934 ई. में मद्रास में दिये गये एक भाषण में उन्होंने कहा था, "आदर्शवाद भी होना चाहिए, लेकिन उसमें यथार्थवाद और प्रकृतिवाद के प्रति विरोध नहीं होना चाहिए। इसलिए एक यथार्थवादी के लिए यह बेहतर होगा कि वह आदर्शवाद को न भुलाये जो श्रेष्ठ और आदर्शपूर्ण आकांक्षाओं को चित्रित करता है। वरना साहित्य का क्या उपयोग होगा।"[29]

प्रेमचन्द की विचारधारा जिस समय साहित्य की गरिमा को इतनी गहराई से समझ रही थी उसी समय ऐसा साहित्य लिखा जा रहा था जिसका सम्बन्ध मनोरंजन, विस्मय, ऐयारी, भूत-प्रेत और राजकुमारियों और परियों से था। इसी परिवेश में हिन्दी उपन्यास और कहानी की परम्परा से अलग हटकर प्रेमचन्द ने तेरह वर्ष की अवस्था में एक व्यक्ति की तस्वीर पेश की जो अपने आस-पास के पतनशील सामाजिक ढाँचे के प्रति बहुत गहराई से जागरूक है। यह कहानी जाति प्रथा पर आधारित समाज के घृणास्पद आचरण का पर्दाफाश करती है।

'असरारे मआविद' शीर्षक उपन्यास की कथावस्तु भी समाजसुधार से सम्बन्धित है। यह प्रारम्भिक रचना पतित, भ्रष्ट मन्दिरों के मठाधीशों, सन्तों और पवित्रता के ठेकेदारों पर प्रहार करती है। सरस्वती, रामकली सभी इन आध्यात्मिक ठेकेदारों की शिकार होती हैं। प्रेमचन्द इनके जरिये यथार्थवाद की सूक्ष्म समझ के साथ वेश्यावृत्ति

तथा जातिभेद जैसी सामाजिक बुराइयों और धर्म के आवरण में मन्दिरों में होनेवाले भ्रष्टाचार का उद्घाटन करते हैं।

अमृतराय के अनुसार, उनके दृष्टिकोण पर सबसे पहला प्रभाव आर्यसमाज का पड़ा जिसमें आगे चलकर गोखले और रानाडे के समाजसुधार संघों के प्रभाव भी सम्मिलित होते गये।[30]

उनका दूसरा उपन्यास प्रेमा भी समाजसुधारों के प्रभाव के अन्तर्गत ही लिखा गया है। कहानी के केन्द्र में एक ऐसा व्यक्ति है जो अपने देश और जनता की सेवा का संकल्प करता है अन्त में उस नायक का विवाह विधवा प्रेमा से हो जाता है। इस उपन्यास में वे विधवा पुनर्विवाह के सम्बन्ध में एक उपदेशात्मक निष्कर्ष प्रस्तुत करते हैं। यह उपन्यास सामाजिक परिवर्तन के अस्त्र के रूप में एक अनिवार्य उद्देश्य की पूर्ति करता है।

1907 में प्रेमचन्द की सबसे पहली कहानी 'दुनिया का सबसे अनमोल रत्न' प्रकाशित हुई। यह कहानी देशभक्ति से ओतप्रोत है। पाँच देशभक्तिपूर्ण कहानियों का संग्रह 'सोज-ए-वतन' 1908 में प्रकाशित हुआ।

1912 में 'जलवा-ए-ईसार' 1948 आया जब प्रेमचन्द आर्यसमाज के एक सक्रिय कार्यकर्त्ता के रूप में हमीरपुर में रहते थे।

'सेवासदन' या 'बाजार-ए-हुस्न' 1918 में प्रकाश में आया। इसमें पाखण्ड से जकड़े हुए समाज पर तीखा प्रहार है। इसमें व्यवस्था के दबाववश सुमन को वेश्यावृत्ति करने के लिए विवश किया जाता है। इस केन्द्रीय कथावस्तु के अतिरिक्त इसमें कुछ सहायक कथाएँ भी हैं, जिनका सम्बन्ध दहेज-प्रथा, रिश्वतखोरी, पाश्चात्य शिक्षा और बेमेल विवाह आदि दूषित प्रवृत्तियों से है। प्रेमचन्द इन वास्तविक समस्याओं का काल्पनिक समाधान नहीं खोजना चाहते। उनका विश्वास था कि इस निर्दय समाज में वेश्यावृत्ति का अन्त सामाजिक ढाँचे और लोगों के जीवन और दृष्टिकोण में मौलिक परिवर्तन के बिना सम्भव नहीं है।

यहाँ तक पहुँचते-पहुँचते प्रेमचन्द गाँधी से व्यापक रूप में प्रभावित लगते हैं। महात्मा गाँधी ने 1921 में वेश्यावृत्ति की समस्या का एक आदर्श हल प्रस्तुत किया था, "हिन्दुस्तान में आपके वर्ग की अगर तमाम बहनें इस गन्दे व्यवसाय को त्यागकर चरखा कातना शरू कर दें तो देश शीघ्र ही इस मौजूदा पतन की स्थिति से उबर सकता है।"[31]

हालाँकि आर्यसमाज की सुधारवादी गतिविधियों का 'सेवासदन', 'सत्याग्रह', 'बेटोंवाली विधवा', 'पं. मोटेराम शास्त्री', 'ठाकुर का कुआँ', 'मन्दिर' आदि सैकड़ों कहानियों में प्रभाव है लेकिन असहयोग आन्दोलन के बाद आर्यसमाजियों का व्यापक स्तर पर शुद्ध अभियान चला तो उन्होंने राष्ट्रीय हित को ध्यान में रखते हुए इस

अभियान का विरोध किया। इसके पूर्व भी हमने उल्लेख किया है कि प्रेमचन्द की विचारधारा निरन्तर विकसित होती रही है। नये विचारों को ग्रहण करने और पुराने विचारों को छोड़ने में उन्हें जरा भी संकोच नहीं हुआ है। इसका प्रमाण मुन्शी दयानारायण निगम को लिखे गये इस पत्र में है, "वक्त की कमी की वजह से मैंने उर्दू में लिखना तकरीबन बन्द कर दिया है। लेकिन मैं मलकाना शुद्धि पर थोड़ा-सा लिख रहा हूँ, मैं इसके सख्त खिलाफ हूँ....आर्यसमाजी इससे बेशक नाखुश होंगे, लेकिन मुझे उम्मीद है आप इसे जमाना में जगह देंगे।"[32]

भारतीय राजनीति में कांग्रेस के भीतर नरम दल और गरम दल नाम से दो विचारधाराएँ थीं जिनका प्रतिनिधित्व क्रमशः गोखले और तिलक कर रहे थे। प्रेमचन्द का झुकाव तिलक की तरफ था। यह उनकी बदलती हुई विचारधारा का परिचायक है। वे सुधारवादी विचारधारा से अनास्थावान् दिखायी पड़ते हैं। दयानारायण निगम ने इसका उल्लेख इस प्रकार किया है, प्रेमचन्द का राजनीतिक झुकाव गरम दल की तरफ था। अहमदाबाद कांग्रेस देखने हम लोग साथ-ही-साथ गये और एक ही जगह ठहरे मगर वह मिस्टर तिलक के तरफदार थे, मैं मिस्टर गोखले और सर फीरोज शाह का हामी था। हर वक्त बहस रहती थी मगर दोनों अपनी जगह कायम रहे। छोटे-मोटे सुधारों को वह काफी न समझते थे और मिण्टो-मार्ले और माण्टेग्यू चेम्सफोर्ड की स्कीम से आश्वस्त न थे। इसका कारण वे बतलाते हैं कि 'प्रेमचन्द नाबराबर की लड़ाई में समझौते के ख्याल को सुबहे की नजर से देखते थे। उनको ख्याल था कि हुकूमत से सख्त टक्कर लिये बगैर काम न चलेगा। यही कारण है कि क्रान्तिकारी आन्दोलनों में जाती तौर पर हिस्सा लिये बगैर भी वे विवेकानन्द, मैजिनी और गैरीबॉल्डी के क्रान्तिकारी विचारों से प्रभावित थे।

प्रेमचन्द की सैद्धान्तिक राजनीति में गहरी अभिरुचि थी। सक्रिय राजनीति में भी उनको सफलता मिल सकती थी लेकिन उनकी अपनी सीमाएँ थीं। एक पूरा परिवार उन्हीं पर आश्रित था फिर प्रेमचन्द का स्वभाव ऐसा था जो राजनीति के गोरखधन्धों के उपयुक्त न था। राजनीति में तो वही सफल हो सकता है जिसे दाँव-पेच में रस मिलता हो। यह प्रेमचन्द के स्वभाव के प्रतिकूल था। समसामयिक राजनीति की जितनी गहरी समझ प्रेमचन्द को थी उतनी राजनीति के बड़े-बड़े खिलाड़ियों को भी नहीं रही होगी। व्यावहारिक राजनीति से दूर रहने के बावजूद वे उसकी हर हलचल से अपने को परिचित रखते थे।

1919 से प्रेमचन्द ने बोल्शेविक विचारों को तरजीह देना शुरू कर दिया था। उस समय के समाचार-पत्रों में रूसी क्रान्ति और नयी सरकार को लेकर अनेकों भ्रान्तियाँ थीं। लेकिन प्रेमचन्द स्पष्ट देख रहे थे, अब एक फाकाकश मजदूर भी अपनी अहमियत समझने लगा और धन-दौलत की ड्योढ़ी पर सर

झुकाना पसन्द नहीं करता। ....आज का मजदूर जानता है कि पूँजी, शक्ति और मुल्क का वह असली निर्माता है। तमाम प्रगति और विकास उसके हाथों के ही नतीजे हैं। वह अब ज्यादा देर तक हर चीज को एक मौन स्वीकृति के तौर पर अख्तियार नहीं करेगा।[33]

माण्टेग्यू-चेम्सफोर्ड सुधार पर अपनी प्रतिक्रिया व्यक्त करते हुए 1919 में प्रेमचन्द ने अपने घनिष्ठ मित्र दयानारायण निगम को लिखा था, "हालाँकि इन इसलाहों में अगर कोई खूबी है तो सिर्फ यह कि तालीम याफ्ता जमाअत को कुछ आसनियाँ ज्यादा मिल जायेंगी और जिस तरह यह जमाअत वकील बनकर रिआया का खून पी रही है उसी तरह आइन्दा यह हाकिम होकर रिआया का गला काटेगी....मैं अब करीब-करीब बोल्शेविक उसूलों का कायल हो गया हूँ।"[34]

1920 ई. तक भारतीय राजनीति संवैधानिक पद्धति की जड़ता से बगावत कर चुकी थी और स्वाधीनता आन्दोलन गाँधी के हाथों में आ चुका था। प्रेमचन्द गाँधी के व्यक्तित्व से प्रभावित थे और अपने को उनका स्वाभाविक अनुयायी मानते थे। यह आस्था गाँधी की कथनी और करनी की एकता के कारण थी। कर्मयोगी गाँधी उन्हें प्रिय थे। गाँधी का शेष दर्शन तो उन्हें तालस्ताय द्वारा गाँधी के भारतीय राजनीति में आगम के पूर्व ही मिल गया था। तालस्ताय की 23 कहानियों को 'प्रेम प्रभाकर' शीर्षक से हिन्दी में उन्होंने अनूदित किया।

सामाजिक परिवर्तन को लेकर क्रान्ति में जनसमूह की व्यापक सम्बद्धता की भावना प्रेमचन्द की चेतना में स्थान पा चुकी थी तथा तालस्ताय के साहित्य के प्रभाव ग्रहण करते हुए यह चेतना और अधिक वस्तुनिष्ठ हो गयी थी। गाँधी जी इसी समय राजनीति के क्षितिज पर पहुँच चुके थे। स्वयं गाँधी भी तालस्ताय से कहीं-न-कहीं प्रेरणा लेते थे। उन्होंने अपनी मातृभाषा गुजराती में तालस्ताय की कहानियों का अनुवाद किया था। अतएव प्रेमचन्द के गाँधी में अपनी निजी चेतना की प्रतिध्वनि महसूस होती थी। उस समय प्रेमचन्द गोरखपुर में शिक्षक थे और एकदम साधन-विहीन थे फिर भी उन्होंने 16 फरवरी, 1921 को अपने पद से इस्तीफा दे दिया। एक सप्ताह पूर्व महात्मा गाँधी ने 8 फरवरी, 1921 को चौरी-चौरा दुर्घटना के बाद का इस आन्दोलन का व्रत लिया था। अहिंसावादी गाँधी के वक्तव्य में कितनी उग्रता है 'चावल खानेवाले हजारों-हजार विपन्न भारतीय किसी प्रकार संरक्षण और हथियारों के अभाव में अपना स्वतन्त्र राज्य प्राप्त करने के लिए कृतसंकल्प हैं। भारत ढिठाई से न उत्तर दे सकता है, न देगा.......लेकिन वह अपनी प्रतिज्ञा में सच्चा है तो ईश्वर के प्रति उसकी प्रार्थनाएँ व्यर्थ नहीं जायेंगी। कोई भी शासक सत्ता की सुर्ख शराब में मस्त नहीं रह सकता और कमजोर वर्ग दुनिया में बहुत पहले से रहता आया है। यह अंग्रेजी साम्राज्य दुनिया में भौतिक रूप से टूटे हुए वर्ग के संगठित शोषण

पर आधारित है। लेकिन यदि न्याय का पक्ष लेनेवाला ईश्वर दुनिया का मालिक है तो पाशविक शक्ति का यह निरन्तर शोषण अधिक दिन तक नहीं चल सकता।[35]

इसका तात्पर्य यह नहीं कि प्रेमचन्द गाँधी के अन्धभक्त थे। प्रेमचन्द की विशिष्टता थी कि उन्होंने विचारों के बोझ कभी नहीं ढोये। वे विचारों को अपने अनुभव और तर्क की कसौटी पर कसकर ही स्वीकारते-अस्वीकारते थे। यही कारण है कि गाँधी के कई विचारों से वे सहमत नहीं थे। वैसे गाँधी की अहिंसा में वे राष्ट्र की समस्याओं का सही समाधान देखते थे।

गाँधी के बहुत-से विचारों को लेकर प्रेमचन्द के मन में अन्तर्द्वन्द्व था, बावजूद इसके कि गाँधी के विचार उन्हें प्रभावित करते थे। यही कारण है कि गाँधी जी का भाषण सुनकर उन्होंने लगी-लगायी नौकरी छोड़ी थी।

प्रेमाश्रम की रचना के समय प्रेमचन्द की मजदूर और किसानों द्वारा बनायी गयी क्रान्तिकारी भविष्य दृष्टि शेष हो चुकी थी। इसका स्थान गाँधी के आदर्शवाद से प्रभावित सुधारों ने ले लिया था।

'प्रेमाश्रम' में पूरबी और पश्चिमी मूल्यों के फर्क को रेखांकित किया गया। ज्ञानशंकर भौतिकवाद पाश्चात्य चेतना का प्रतिनिधि है। वह पग-पग पर असफल होता हुआ दिखाया गया है। इसके विपरीत प्रेमशंकर आध्यात्मिकता के गुण से युक्त भारतीय संस्कारों का व्यक्ति है, और मानवीय प्रकृति की सच्चाई में विश्वास रखता है। बलराज एक बोल्शेविक-प्रेरित क्रान्तिकारी है।

उपन्यास में गाँधी के हृदय परिवर्तन के सिद्धान्त का भी प्रभाव है। लखनपुर में रामराज्य के समान आदर्श गाँव का एक चित्र उपस्थित किया गया है। जमींदार मायाशंकर प्रेमचन्द के स्वप्नों का आदर्श पात्र है।

वस्तुतः सम्पूर्ण रूप से प्रेमाश्रम की रचना के पीछे एक दुविधा की स्थिति है। प्रेमचन्द ने गाँधी के परिवर्तन के आदर्श को बोल्शेविक विचारों के नजदीक लाने की कोशिश की है। प्रेमचन्द ने सत्याग्रह को अन्याय को पराजित करनेवाले एक अस्त्र के रूप में स्वीकार किया है लेकिन यहाँ स्पष्ट रूप से वे गाँधी के खिलाफ खड़े हुए प्रतीत होते हैं। दूसरी ओर दक्षिण अफ्रीका से लौटकर महात्मा गाँधी ने जिस तरह सम्पूर्ण भारत का भ्रमण किया था, मायाशंकर के दौरे की प्रेरणा का वही आधार है। जिस तरह गाँधी ने साबरमती की स्थापना की ठीक उसी तरह मायाशंकर ने प्रेमाश्रम को स्थापित किया।

1930 तक आते-आते यथार्थ और आदर्श के द्वन्द्व के दौरान यथार्थ का पक्ष ही प्रबल होता हुआ प्रतीत होता है। सम्भवतः प्रेमचन्द को अन्त में महसूस हुआ कि व्यापक जनसमूह की दृष्टि में गाँधी की नीतियाँ किसी नतीजे पर पहुँचने में असमर्थ है। सन् '30 के बाद का जो तीखा अवसाद था उसने फिर जनता के शोषण का रूप

अख्तियार कर लिया। कांग्रेस गाँधी के हृदय-परिवर्तन को अभी तक पकड़े हुए थी लेकिन प्रेमचन्द का यथार्थबोध गाँधीवादी नीतियों के प्रति अनास्थावान् हो चला था।

आलोक राय प्रेमचन्द की विचारधारा में होनेवाले परिवर्तन का उल्लेख इन शब्दों में करते हैं, "यह तय है कि तीसरे दशक के दौरान प्रेमचन्द के गाँधी के प्रति आत्यन्तिक आकर्षण की वजह यह थी कि उस समय यह महसूस किया जा रहा था कि गाँधी की राजनीति धार्मिक अवमानना के भय से त्रस्त और पीड़ित अछूतों, ग्रामीण निर्धनों और कल्पना से परे दुखीजनों के हित में कुछ बेहतर करेगी। प्रेमचन्द इस वास्तविकता को बखूबी जानते थे। वस्तुत: सिर्फ यही वह यथार्थ था जिसे वे सचमुच में समझ चुके थे।[36]

राष्ट्रीय स्वाधीनता की माँग के सन्दर्भ में वे गाँधी के निकट आते हैं, पर वे गाँधी की ईश्वर, धर्म, अहिंसा, वर्ग-सहयोग, ट्रस्टीशिप और ऐसी ही कुछ विशेष अवधारणाओं से स्वयं को सहमत करने की स्थिति में नहीं थे। 1934 में महात्मा गाँधी के 'सत्याग्रह' की नाकामयाबी पर अपनी प्रतिक्रिया व्यक्त करते हैं, 'सत्याग्रह' की नाकामयाबी के लिए महात्मा गाँधी कांग्रेस कार्यकर्त्ताओं को दोषी ठहराते हैं और कांग्रेस कार्यकर्त्ता महात्मा गाँधी को....गाँधी जी को यह तीन वर्ष पहले सोचना चाहिए था कि वे जिन कार्यकर्त्ताओं के हाथ में सत्याग्रह का अस्त्र दे रहे हैं वे उसे चला भी सकेंगे या नहीं? उस समय उन्होंने यदि कार्यकर्त्ताओं की सीमाओं को नहीं समझा तो इसके लिए कार्यकर्त्ताओं को कैसे जिम्मेदार ठहराया जा सकता है? क्या वे सब लोगों से ईश्वर होने की अपेक्षा रखते थे? यदि उन्हें मानवीय स्वभाव की इतनी कम समझ थी तो यह उनकी भूल है और यह राष्ट्र के किसी नेता की एक गम्भीर भूल मानी जायेगी।...

यह बात भी अब स्वीकार की जा चुकी है कि जिसे महात्मा गाँधी की अन्तरात्मा की आवाज कहा जाता था, जिसे उस समय अचूक समझा जाता था वह भी वास्तव में ऐसी नहीं थी कि उस पर निर्भर रहा जा सके...भविष्य में हमें अपनी राजनीति के बारे में राष्ट्रीय हितों की दृष्टि से विचार करना है।[37]

प्रेमचन्द के इस वैचारिक परिवर्तन का कारण गाँधी के आदर्शवादी दर्शन की अव्यावहारिकता नहीं है वरन् इसके पीछे समाजवाद की विजय और वर्गहीन समाज की स्थापना में विश्वास का ठोस आधार है।

1917 की रूसी क्रान्ति ने प्रेमचन्द की विचारधारा को इस तरह प्रभावित किया था कि भारतीय राजनीति में होनेवाले छोटे-मोटे सुधारों को हिकारत की नजर से देखते थे। उन पर बोल्शेविज्म का असर होने लगा था, जिससे उनकी दृष्टि और भी प्रखर हो चली थी। उन्हें स्पष्ट दिखायी पड़ रहा था, "अब एक फाकाकश मजदूर अपनी अहमियत समझने लगा और धन-दौलत की ड्योढ़ी पर सर झुकाना पसन्द

नहीं करता। वह भी अच्छे मकानों में रहना चाहता है, अच्छे खाना खाना चाहता है और मनोरंजन के लिए अवकाश की माँग करता है। वह पूँजी का दुश्मन है, व्यक्तिगत सम्पत्ति की जड़ खोदनेवाला और व्यापारियों की जत्थेदारी का हत्यारा। सबकी एकता उसका जेहाद का नारा है। वह ऊँच-नीच को मिटाकर सारी जमीन को समतल बनाने की कोशिश करता है। वह एक ऐसी राज्यव्यवस्था स्थापित करना चाहता है जो धनोपार्जन के समस्त साधन अपने हाथ में रखे और व्यक्ति को उसकी मेहनत और योग्यता के अनुसार बाँटे। वह जमींदारों को एक गन्दी और बेकार चीज समझता है और उनकी सम्पत्ति को उनके कब्जे से निकालकर जनता के कब्जे में रखना चाहता है।''

वह ऐसा ही परिवर्तन अपने देश में भी देखने के आग्रही थे। लेकिन उन्हें इस बात से निराशा थी कि देश की राजनीति में वकीलों और जमींदारों का ही बोलबाला था। और इन दोनों वर्गों में कोई भी जनता का हमदर्द नहीं था। वे अपने ही स्वार्थों और अधिकारों के फेर में थे। जनता को उनके स्वार्थों से कोई लेना-देना नहीं था। वह उनकी विरोधी थी। अगर आजादी के बाद विदेशी हाकिमों की जगह देशी जमींदार हाकिम बनकर आ जाते हैं तो उनकी नियति में क्या बदलाव आ पायेगा। प्रेमचन्द राजनीति में सक्रिय ऐसे तत्त्वों को बराबर शंका की नजर से देखते थे। उन्होंने उस वर्ग को जनता का हितू नहीं बल्कि उनका विरोधी, स्वार्थी, लोभी और कमीना पाया था। आजादी के बाद जो कुछ भी हुआ उससे प्रेमचन्द की यह आशंका शत-प्रतिशत ठीक उतरी।

रूस की क्रान्ति को वे किसानों-मजदूरों की विजय मानते हैं लेकिन इसके लिए जमीन तैयार की थी तालस्ताय ने, तुर्गनेव ने चेखव और गोर्की ने। यहीं से प्रेमचन्द के भटकाव का अन्त होता है। दिशा मिलती है, दलितों और शोषितों की जीवन-पद्धति और जीवनधारा को अभिव्यक्ति देने की। इसी वैचारिक धरातल पर पहुँचकर प्रेमचन्द लिखते हैं, ''शोषकों से जनता की दुखद स्थितियों के शोषण को बन्द करने की उम्मीद करना, एक कुत्ते से खाल की रखवाली करने की उम्मीद जैसा ही होगा। इस खूँखार जानवर से अपनी आत्मरक्षा के लिए हमें हथियारों से लैस होना जरूरी है।''[38]

उनकी यह वस्तुपरक यथार्थवादी दृष्टि 'ठाकुर का कुआँ', 'बलिदान' और 'सवा सेर गेहूँ' कहानियों में व्यक्त हुई है। 'बलिदान' का गिरधारी निर्दयता के साथ भूमिहीन लोगों की पंक्ति में खड़ा यातनाएँ सहता है। कोई ऐसा हितैषी भू-स्वामी नहीं मिलता जो उसका नजराना माफ कर दे। मृत्यु के बाद उसकी बेचैन प्रेतात्मा खेत के आस-पास मँडराने के लिए विवश है। अँधेरा होते ही मेंड़ पर आकर बैठ जाता है और कभी-कभी रात को उधर से उसके रोने की आवाज सुनायी पड़ती है।

इसी तरह 'पूस की रात' में भी मुन्नी के प्रश्न में कटु सत्य निहित है : "न जाने कितनी बाकी है जो किसी तरह चुकने ही नहीं आती। मैं कहती हूँ कि तुम क्यों नहीं खेती छोड़ देते? मर-मरकर काम करो, उपज तो बाकी दे दो, चलो छुट्टी हुई। बाकी चुकाने के लिए ही तोह मारा जन्म हुआ है।"

'कफन' में भी घीसू और माधव की सर्जना भूख और पीड़ा से सन्त्रस्त व्यक्ति का भावनात्मकता और पारिवारिक सम्बन्धों से शून्य होना दर्शाने के लिए ही की गयी है। कर्मकाण्डी समाज की विडम्बना भी आँखों के सामने साकार हो जाती है, जब घीसू कहता है, "क्या रूढ़ प्रथा है, जीते जी जिसे पहनने के लिए फटा कपड़ा नसीब नहीं हुआ मरने के बाद उसे नया कफन दिया जाता है।"

मृत्यु के कुछ माह पूर्व उन्होंने 'महाजनी सभ्यता' नामक लेख लिखा! यह पूँजीवादी संस्कृति के विरुद्ध एक लम्बा निन्दापूर्ण भाषण है, जिसमें पूँजीवाद द्वारा उत्पन्न की गयी विकृति को बलपूर्वक रेखांकित किया गया है। वे उस नयी सभ्यता की बात करते हैं जिसका सुदूर पश्चिम में उदय हो रहा है। समाज के भविष्य के प्रति उनका दृष्टिकोण स्पष्ट है। "धन्य है वह सभ्यता, जो मालदारी और व्यक्तिगत सम्पत्ति का अन्त कर रही है, और जल्दी या देर में दुनिया उसका पदानुसरण अवश्य करेगी। यह सभ्यता अमुक देश की समाज-रचना अथवा धर्म-मजहब से मेल नहीं खाती या उस वातावरण के अनुकूल नहीं—यह तर्क नितान्त असंगत है।....जो शासन और विधान और समाजव्यवस्था एक देश के लिए कल्याणकारी है, वह दूसरे देशों के लिए भी हितकर होगी। हाँ महाजनी सभ्यता और उसके गुर्गे अपनी शक्ति भर उसका विरोध करेंगे, उसके बारे में भ्रमजनक बातों का प्रचार करेंगे, जनसाधारण को बहकावेंगे, उनकी आँखों में धूल झोंकेंगे, पर जो सत्य है एक-न-एक दिन उसकी विजय होगी और अवश्य होगी।"[39]

कहना न होगा कि 'असरारे मआविद' से लेकर 'मंगलसूत्र' तक, 'अनमोल रत्न' से लेकर 'कफन' तक, 'नया जमाना : पुराना जमाना' से लेकर 'महाजनी सभ्यता' तक प्रेमचन्द की विचारधारा निरन्तर विकसित और गुणान्तरित होती हुई तथा अपने देश- काल की बदलती हुई परिस्थितियों के साथ कदम मिलाकर आगे बढ़ती हुई प्रगतिशील विचारधारा है।

प्रेमचन्द मात्र कहानी के लिए कहानी नहीं लिख रहे थे। इसलिए उन्हें कहानियों की शिल्पगत तराश की विशेष चिन्ता थी। उन्होंने लिखा भी है कि "कोई बात नहीं, अगर इससे कहानी की मिट्टी खराब होती है। किसने कहा कि मैं कहानी लिख रहा हूँ, मैं तो कहानी के बाने में लपेटकर स्वराज्य का सन्देश घर-घर पहुँचा रहा हूँ। कहानी के बनने-बिगडने की फिक्र कौन करे, देखना यह है कि आन्दोलन का कोई मुद्दा छूटने न पाये।" और आन्दोलन के मुद्दे थे—विदेशी चीजों का बहिष्कार और

स्वदेशी का प्रचार जिसका सबसे बड़ा अंग खादी है, सरकारी स्कूलों का बहिष्कार और राष्ट्रीय विद्यालयों की स्थापना, अदालतों का बहिष्कार और उनके स्थान पर पंचायतें कायम करना। इतना ही नहीं, उन्होंने हिन्दी पुस्तक एजेन्सी से निकलनेवाली 'असहयोगमाला' के लिए 'स्वराज्य के फायदे' नामक पैम्फलेट भी लिखा जिससे स्वाधीनता के सम्बन्ध में प्रेमचन्द के विचारों और उनकी मानसिकता का परिचय मिलता है।

प्रेमचन्द-साहित्य में भूमिहीन मजदूरी से लेकर धनाढ्य और जमींदारों तक समाज के विभिन्न वर्गों के लगभग छह हजार पात्र हैं। साथ ही सरकारी मशीनरी की एक क्रमबद्ध परम्परा भी उसमें मौजूद है। उनके पूरे लेखन में शोषित और दलित मानवता के प्रति गहन सम्पृक्तता है तथा भारतीय समाज की प्रतिक्रियावादी और जन-विरोधी शक्तियों के खिलाफ अपराजेय संघर्ष है। इसी कारण वे व्यक्ति और समाज की विभिन्न स्तरीय समस्याओं का हल खोजने में सक्षम हो सके हैं और इन्हीं माध्यमों से उनकी वैज्ञानिक विचारधारा का विकास एवं दृढ़ीकरण सम्भव हुआ।

### प्रेमचन्द साहित्य का क्रमबद्ध अध्ययन

प्रेमचन्द के लेखन-काल को दो हिस्सों में बाँटा जा सकता है। सन् 1900-1917 का काल उनके लेखन का प्रारम्भिक काल था या निर्माणकाल माना जा सकता है। हिन्दी में लिखना आरम्भ करने के पूर्व प्रेमचन्द उर्दू में लिखते थे। सन् 1900 ई. के आस-पास उन्होंने उर्दू में तीन उपन्यासों—'असरारे मआविद उर्फ देवस्थान रहस्य', 'हमखुर्मा व हमसबाब' तथा 'किशना' की रचना की थी। इन उपन्यासों की रचना-तिथि का ठीक-ठीक पता नहीं चलता। पर प्रकाशन-तिथि के हिसाब से 'असरारे मआविद' को ही प्रेमचन्द का प्रथम उपन्यास मानना उपयुक्त होगा। यह उपन्यास वाराणसी के उर्दू साप्ताहिक 'आवाज-ए-खल्क' में अक्टूबर, 1903 से फरवरी, 1905 तक धारावाहिक रूप में प्रकाशित हुआ।

इस उपन्यास में एक महन्त जी और उनके शिष्यों के विलासमय कुत्सित जीवन का वर्णन है। मन्दिरों में धर्म के नाम पर होनेवाले व्यभिचारों और पाखण्डों का चित्रण उपन्यास का लक्ष्य है। कहीं-कहीं वेश्याओं और चरित्रहीन स्त्रियों के कपट आचरण का वर्णन भी उपन्यास में प्रसंगवश आ गया है। लेकिन इन कथा-योजनाओं की भूमिका सामाजिक आलोचक और सुधारक की है, जिसके परिणामस्वरूप इन उपन्यासों में जीवन के विश्वसनीय चित्रण का आग्रह कम, हिन्दू समाज की बुराइयों का अतिरंजित वर्णन प्रमुख हो गया है। ये उपन्यास प्राचीन फारसी किस्सागोओं की शैली में रचित है जिसका पर्याप्त प्रभाव सरशार पर भी पड़ा था। उन्हीं के प्रभाव को प्रेमचन्द ने ग्रहण किया था। गद्य में कहीं-कहीं तुकबन्दी भी है जो 'रानी केतकी

की कहानी' की याद दिलाती है। ऐसा ही एक अंश प्रस्तुत है, "वाह-वाह की सदा बुलन्द है। हर शख्स का दिल सुखन्द है। महफिल के लोग संगीत की शराब से मखमूर हैं। जलसे के श्रीमन्त अंगूरी शराब से चूर हैं। महफिल का चिराग दिल की तड़प के मारे बेकरार है। परवाना उस पर जान से निसार है। तमाम नेचर बेअसर बदहोश हैं। दीवार भी हयात आगोश है।"[40]

इन उपन्यासों में प्रेमचन्द की औपन्यासिक कला का बिलकुल प्रारम्भिक और अविकसित रूप दिखायी पड़ता है। इनमें जीवन का विश्वसनीय निर्माण नहीं हो पाया है, फिर भी लेखक प्राचीन कहानियों के अविश्वसनीय क्षेत्रों को छोड़कर सामान्य जीवन की भूमि पर उतर आया है और किसी तिलस्म या परीलोक की कहानी न सुनाकर मन्दिरों और बाजारों की कहानी सुनाता है। अतः जटिल और सुगठित कथानक, जीवन के सर्वथा विश्वसनीय चित्रण और उसके उपयुक्त यथार्थवादी भाषा के आविष्कार में यद्यपि लेखक को सफलता नहीं मिली है, पर इस असफलता के भीतर एक महान् उपन्यासकार की सम्भावना दिखायी पड़ती है। इन उपन्यासों पर टिप्पणी करते हुए अमृतराय लिखते हैं—"सरशार को मुन्शी जी जिस तरह घोलकर पी गये थे, वही अब उनके लिखने में उतर आया था। सरशार के किस्से जिस तरह गली-कूचे, मेले-ठेले, यहाँ-वहाँ, सब जगह रुकते-ठहरते और तसवीर उतारते हुए चलते हैं, वही चीज यहाँ है। समाज के विभिन्न अंगों की वही चित्रमय पकड़ अन्तर इतना ही है और वह बड़ा अन्तर है, कि मुन्शी जी में विद्रोही तत्त्व अधिक है। मगर ढंग उन्होंने सोलहों आने सरशार का ही अपनाया है।"[41]

औरतों की टोली शिवरात्रि के मेले में जा रही है। उसका वर्णन प्रेमचन्द कितना रस लेकर करते हैं, 'तमाम औरतें कपड़े-लत्ते से लैस हैं, नाक चोटी से दुरुस्त, जेवरों से मोरनी की तरह लदी हुई, मारे जेवरों वे जिस्म पर तिल रखने की जगह नहीं।'[42]

'असरारे मआविद' तो आवाज-ए-खल्क में क्रमशः छप ही रहा था, इन्हीं दिनों प्रेमचन्द ने अपना अगला उपन्यास 'हमखुर्मा व हमसबाब' लिखा। 'असरारे मआविद' की कमियों को इसमें सुधारने का प्रयास किया। घटनाओं का ताना-बाना खूब कसकर बुना गया है। कथावस्तु आकस्मिक संयोगों से संगठित है। अपने लेखन की इस कमजोरी से सम्भवतः प्रेमचन्द वाकिफ़ थे तभी तो इम्तयाज़ अली 'ताज' को लिखते हैं—'नौमश्क़ी के सारे अयूब उनमें मौजूद हैं। 'मगर जहाँ नौसिखियेपन के दोष हैं वहीं उन सब गुणों के सशक्त बीज भी हैं जो आगे की रचनाओं में विकसित हुए—जैसे सामाजिक प्रश्नों की मजबूत पकड़ के साथ-साथ समाज के विभिन्न वर्गों और समूहों के सोचने-विचारने और बोल-चाल की भाषा में नये तेवर के साथ पेश करने का तरीका हिन्दी में पहली बार देखने को मिलता है।

मुहल्ले की स्त्रियाँ पूर्णा को, जिसका पति अभी हाल में मरा है, उपदेश देते हुए कहती हैं—"अब तो तुम विधवा हो गयीं। तुमको कम-से-कम साल भर तक घर से पाँव बाहर नहीं निकालना चाहिए। यह नहीं कि तुम दर्शन को न जाओ, असनान को न जाओ, असनान, पूजा तो अब तुम्हारा धरम ही है। हाँ किसी सुहागिन या कुँआरी कन्या के ऊपर तुमको अपना साया नहीं डालना चाहिए।"[43]

एक खामोश हुई तो दूसरी फ़रमाने लगी—"सो बेटा, अब तुम सोहागिनों या कन्याओं के साथ बैठने जोग नहीं रही। अरे ईश्वर ने तो तुम पर बिपत डाल दी। अब तुम्हारा धर्म यही है कि चुपचाप अपने घर में पड़ी रहो जो कुछ मयस्सर हो खाओ-पियो और सरकार का बेटा जिये, जहाँ तक हो सके धर्म के काम करो।"[44]

पूर्णा ने चाहा कि अबकी कुछ जवाब दूँ कि चौबाइन साहबा ने नसीहतों का दफ्तर खोला—"भला उनसे पूछो कि अभी तुम्हारे दुल्हे को उठे तीन महीने भी नहीं बीते और तुमने अभी से आईना, कंघी, चोटी सब करना शुरू कर दिया। क्या नाम कि तुम अब विधवा हो गयीं। तुमको अब आईना, कंधी से क्या सरोकार है। क्या नाम कि हजारों औरतों को देखो जो पति के मरने के बाद गहना-पाती नहीं पहनतीं। हँसना-बोलना तक छोड़ देती हैं। न कि आज तो सोहाग उठा और कल सिंगार-पिटार होने लगा। क्या नाम कि मैं लल्लो-चप्पो की बात नहीं जानती। कहूँगी सच चाहे किसी को तीता लगे या मीठा।"[45]

समाज के यही सब सवाल, यही सब दर्द और बेचैनी प्रेमचन्द की इस दौर की रचनाओं में नज़र आती हैं। आज से पच्चासी वर्ष पूर्व इस उपन्यास में अमृतराय और विधवा पूर्णा की शादी कराना सामाजिक मुक्ति की दिशा में छेड़ा गया क्रान्तिकारी कदम है। आज भी विधवा विवाह आम चीज नहीं है लेकिन अगर कोई करना ही चाहे तो शायद प्रेमचन्द के पात्र अमृतराय के समान अपने समाज से बाकायदा जंग नहीं करनी होगी।

1905 तक भारतीय राजनीतिक स्थितियों ने जन-मानस में कुछ ऐसा तूफान भर दिया कि देश की जवान पीढ़ी पर, चाहे वह कांग्रेस के भीतर हो, चाहे कांग्रेस के बाहर एवं सिरे से दूसरे सिरे तक तिलक का प्रभाव पड़ा। वह आवाज किसी एक व्यक्ति की नहीं, हमारी बलवान होती राष्ट्रीयता की आवाज थी, युग की आवाज थी।

समय से आगे चलनेवाले प्रेमचन्द इस आवाज से बेअसर कैसे रह सकते थे, व्यावहारिक राजनीति से दूर कानपुर में रहते हुए तिलक के विचारों के साथ छलाँग लगाते तो अवश्य थे लेकिन कहानियों में उनका नया तेवर आते-आते दो वर्ष का समय लग गया। प्रेमचन्द के विचारों की पहली सीमा आर्यसमाज है जिसमें आगे चलकर कुछ रंग शायद गोखले और रानाडे के सोशल रिफ़ार्म्स का भी घुल गया

था। तिलक को अपना राजनीतिक गुरु मान लेने के बाद भी गोखले का असर बहुत बाद तक बना रहा।

प्रेमचन्द को किस्से-कहानियाँ पढ़ने का शौक था ही। शौक सदा बढ़ता ही रहा। कारण कि किस्से-कहानियाँ उनके शुष्क और दरिद्र जीवन में रोमांस और रस भरती थीं। 'तिलस्मे होशरुबा' और 'चन्द्रकान्ता सन्तति' के कल्पित पात्र उन्हें निष्ठुर और विषम परिस्थितियों के विरुद्ध संघर्ष करने पर बाध्य करते थे। उनकी क्रिया शक्ति को सजग और सचेत रखते थे। उनके भीतर जो आग छिपी हुई थी, उसे एक बिन्दु पर केन्द्रित करके प्रचण्ड ज्वाला का रूप देते थे।

उन्होंने कहानियाँ कब से लिखनी शुरू कीं इसके लिए कोई दूसरा प्रमाण आवश्यक नहीं। स्वयं उनके ही शब्दों में, "मैंने पहले-पहल 1907 में गल्प लिखना शुरू किया। डॉक्टर रवीन्द्रनाथ के कई गल्प मैंने अंग्रेजी में पढ़े थे, जिनके उर्दू अनुवाद कई पत्रिकाओं में छपवाये थे। उपन्यास तो मैंने 1901 ही में लिखना शुरू किया। मेरा एक उपन्यास 1902 में निकला और दूसरा 1904 में, लेकिन गल्प सन् 1907 से पहले मैंने एक भी न लिखी। मेरी पहली कहानी का नाम था 'संसार का अनमोल रतन'। वह 1907 में जमाना उर्दू में छपी, उसके बाद मैंने जमाना में चार-पाँच कहानियाँ और लिखीं।'

'जलवा-ए-ईसार' नाम का उपन्यास (जो हिन्दी में बहुत साल बाद वरदान नाम से आया) उन्होंने कानपुर में ही लिखना शुरू कर दिया था। इसका प्रकाशन 1912 में हुआ। इस उपन्यास में ये बंकिम के रग में रँगे हुए हैं, लेकिन अपने रंग की तलाश भी मौजूद है। पहली बार अपने गाँव से बहुत दूर होते हुए भी उनकी कथाकार दृष्टि अपने गाँवों की ओर गयी जहाँ हिन्दुस्तान बसता है। इसी उपन्यास में वे पहली बार भूख, गरीबी, अशिक्षा, अन्धविश्वास जैसे पक्षों का पर्दाफाश करते हुए दिखायी पड़ते हैं।

कथा की नायिका विरजन भारतीय दलित-शोषित जनमानस के दैन्य को इस प्रकार बयान करती है—

"क्या सुनती थी और क्या देखती हूँ। टूटे-फूटे फूस के झोपड़े, मिट्‌टी की दीवारें, घरों के सामने कूड़े-करकट के बड़े-बड़े ढेर, कीचड़ में लिपटी हुई भैंसें, दुर्बल गायें—जी चाहता है कि कहीं चली जाऊँ। आदमियों को देखो तो उनकी शोचनीय दशा है। हड्डियाँ निकली हुई हैं। वे विपत्ति की मूर्तियाँ और दरिद्रता के जीवनचरित्र हैं। किसी के शरीर पर बेफटा वस्त्र नहीं है और कैसे भाग्यहीन कि रात-दिन पसीना बहाने पर भी कभी भरपेट रोटियाँ नहीं मिलतीं।"

भूख, गरीबी, बीमारी और जहालत का यही गड्ढा है जिसमें से हिन्दुस्तान के गाँवों को निकालना है। इसकी चेतना पहली बार प्रेमचन्द को 'जलवा-ए-ईसार' में हुई।

यह सब तो ठीक था लेकिन एक कमी थी जो उनके मन को कचोटती थी, तभी 4 मार्च, 1914 को प्रेमचन्द ने निगम साहब को लिखा था—"मुझे अभी तक यह इत्मीनान नहीं हुआ कि कौन-सा तर्जे तहरीर अख्तियार करूँ। कभी तो बंकिम की नकल करता हूँ, कभी आजाद के पीछे चलता हूँ। आजकल काउण्ट तालस्ताय के किस्से पढ़ रहा हूँ। तब से कुछ उसी रंग की तरफ़ तबीयत माइल है। यह अपनी कमजोरी है और क्या।"[46]

महोबे में रहते हुए प्रेमचन्द निरन्तर पत्र-पत्रिकाओं के अभाव से क्षुब्ध थे। इसी बीच गोरखपुर तबादला हो गया। नये शहर और नये वर्ष में ही उन्होंने 'बाज़ारे-हुस्न' तेजी से लिखना शुरू कर दिया था। 'बाज़ारे हुस्न' में प्रेमचन्द की अपनी जानी-पहचानी जमीन मिल गयी थी। समाज में जितनी बेईमानी है, गन्दगी है, अन्याय है, ढोंग है, ढकोसला है, उन सब पर वे तीव्र प्रहार करते हुए दिखायी पड़ते हैं।

ऐसा नहीं कि प्रेमचन्द से पूर्व व्यंग्य और प्रहार की परम्परा नहीं थी। इस तरह का व्यंग्य भारतेन्दु-युग की अपनी विशेषता है और प्रेमचन्द उसके सच्चे उत्तराधिकारी थे लेकिन भारतेन्दु-युग के निबन्धों और उपन्यासों के पढ़नेवाले बहुत थोड़ी संख्या में थे। 'चन्द्रकान्ता' और 'तिलिस्म होशरुबा' के पढ़नेवाले लाखों थे। प्रेमचन्द की मौलिकता इसमें है कि, उन्होंने इन लाखों पाठकों को 'सेवासदन' का पाठक बनाया। प्रेमचन्द की लोकप्रियता का जिक्र करते हुए डॉ. रामविलास शर्मा लिखते हैं, "इन पाठकों की संख्या का अन्दाज़ किताबों की बिक्री और संस्करणों से नहीं लगाया जा सकता। शहर या कस्बे के किसी पुस्तकालय में जाकर प्रेमचन्द की किताबों की हालत देखिये। तरकारी काटनेवाली स्त्रियों के हाथों से लेकर लाठी को तेल पिलानेवाले दरबानों की उँगलियों तक से उनके सेफे पलटे जाने से वे किस खस्ता हालत में दिखायी देती हैं।"[47]

प्रेमचन्द ने 'चन्द्रकान्ता' के पाठकों को अपनी तरफ ही नहीं खींचा, चन्द्रकान्ता में अरुचि भी पैदा की। उन्होंने नया पाठकीय मापदण्ड भी कायम किया। यह उनकी महान् सफलता थी। यह सफलता उन्हें इतनी आसानी से नहीं मिली। उपन्यास को जनता तक पहुँचाने में काफी समय लगा।

'सेवासदन' में वेश्या-समस्या मुख्य विषय नहीं है। 'सेवासदन' की मुख्य समस्या भारतीय नारी की पराधीनता है। अन्याय का नाम लेते ही उनका ध्यान सबसे पहले स्त्री जाति पर जाता है। उससे ज्यादा जुल्म का शिकार और कौन है। सम्भवत: प्रेमचन्द ने इसीलिए तमाम पुरानी सांस्कृतिक परम्पराओं को तोड़ते हुए वर्तमान समाज में नारी की पराधीनता के निष्ठुर और वीभत्स रूप को चित्रित किया है। इतना ही नहीं, कबीर के बाद किसी ने इतनी सच्चाई से, हिन्दू और इस्लाम धर्म के कठमुल्लेपन से ग्रस्त पाखण्डियों का पर्दाफाश नहीं किया था।

'सेवासदन' की नायिका सुमन के बारे में डॉ. रामविलास शर्मा लिखते हैं, "केवल होरी से सुमन की तुलना की जा सकती है। गोदान एक दु:खान्त उपन्यास है, प्रेमचन्द की सबसे यथार्थवादी कृति, जीवन के सत्य को पूरे प्रकाश में व्यक्त करते हुए। होरी का मृत्युपर्यन्त संघर्ष और उसका अन्त पाठक के हृदय को झकझोर देते हैं। वह मनुष्य के दु:खों की यह मर्मस्पर्शी गाथा सुनकर चकित रह जाता है। 'सेवासदन' उसी लेखक का पहला महान् उपन्यास है। सुमन के संघर्ष और दु:खों की गाथा कम रोमांचकारी नहीं है। वह नारी है, इसलिए उसके कष्ट, उसका संघर्ष होरी से दूसरी तरह के हैं। हिन्दी कथा-साहित्य की वह पहली नारी है जो आत्म-सम्मान की रक्षा के लिए संघर्ष की डगर पर पाँव उठाती है। बचपन में वह सीधी और निस्सहाय है। उसकी इच्छाओं को आसानी से कुचलकर उसे एक अवांछित पुरुष के हवाले किया जा सकता है। लेकिन उसके भीतर कहीं वीर नारी का दर्प सो रहा था, वह दर्प जो भारतीय नारी की विशेषता है, और ठोकर खाकर वह जाग उठता है।"[48]

'सेवासदन' समाप्त करने के तीन महीने के भीतर 2 मई, 1918 को प्रेमचन्द ने प्रेमाश्रम के मूल उर्दू रूप 'गोशए-आफ़ियत' पर काम शुरू कर दिया, जिसका प्रकाशन 'प्रेमाश्रम' नाम से हिन्दी में सन् 1921 के पूर्वार्द्ध में हुआ।

इस बीच भारतीय राजनीति में ऐसे हादसे हुए कि प्रेमचन्द का दिल अपमान और जिल्लत से धिक्कार उठा। उनके दिल में माण्टेग्यू रिफार्म स्कीम, जलियाँवाला बाग का हत्याकाण्ड, मार्शल लॉ, रोलेट ऐक्ट जैसे हादसों को लेकर गुस्सा है, एक विप्लव है जो न जाने कब से अन्दर-ही-अन्दर पकता रहा है, उन सबको वाणी देना जरूरी है और उसे वाणी मिलती है। बाप-बेटे मनोहर और बलराज के रूप में। दोनों ही अक्खड़ हैं, जान पर खेलना जानते हैं। बलराज में अगर जवानी के खून की गर्मी है तो मनोहर में घनघोर निराशा के भीतर से निकलनेवाला साहस, जिसका कहीं ओर-छोर नहीं है।

'प्रेमाश्रम' पहले महायुद्ध के बाद के दौर का उपन्यास है। यूरोप की बड़ी-बड़ी ताकतों ने युद्ध के जरिये अपना संकट हल करने की कोशिश की, लेकिन युद्ध से संकट हल नहीं हुआ। गुलाम देशों की हालत और बुरी हो गयी। साम्राज्यवादी ताकतों ने गुलाम देशों की जनता पर जोर-जुल्म और भी अधिक बढ़ा दिया। लेकिन दूसरों को गुलाम बनानेवाले अब पहले जैसे ताकतवर न थे। उन्हें डरानेवाला एक और देश रूस पैदा हो चुका था। उस देश में मजदूरों और किसानों ने जमींदारों और पूँजीपतियों का राज ख़त्म कर दिया था। यह खबर दुनिया के सभी देशों में फैल चुकी थी। इस नये ज़माने की आहट हिन्दुस्तानी किसान मजदूरों को भी हो चुकी थी। तभी तो प्रेमचन्द इस आहट को सुन सके। वे लिखते हैं, "आनेवाला ज़माना अब किसानों

और मजदूरों का है। दुनिया की रफ्तार इसका साफ सबूत दे रही है, हिन्दुस्तान इस हवा से बेअसर नहीं रह सकता। हिमालय की चोटियाँ उसे इस हमले से नहीं बचा सकतीं, जल्द या देर से, शायद जल्द ही, हम जनता को केवल मुखर ही नहीं, अपने अधिकारों की माँग करनेवाले के रूप में देखेंगे और तब वह अपनी किस्मतों की मालिक होगी। तब आपको अपनी बेइन्साफियाँ याद आयेंगी और आप हाथ मलकर रह जायेंगे।''[49]

प्रेमचन्द साहित्यकार की तटस्थता के हामी न थे। साहित्यकार के दायित्व की बात करते हुए लिखते हैं—''हमारी कसौटी पर वही साहित्य खरा उतरेगा जिसमें उच्च चिन्तन हो, स्वाधीनता का भाव हो, सौन्दर्य का सार हो, सृजन की आत्मा हो, जीवन की सच्चाइयों का प्रकाश हो—जो हममें गति, संघर्ष और बेचैनी पैदा करे, सुलाये नहीं क्योंकि अब और ज्यादा सोना मृत्यु का लक्षण है।''[50]

प्रेमचन्द की दृष्टि में राष्ट्रीय स्वाधीनता का आन्दोलन तभी सफल हो सकता था जब वह करोड़ों किसानों की अपनी माँगों का आन्दोलन बन जाये। हिन्दुस्तान की सामन्ती ताकतें विदेशी प्रभुत्व का आधार थीं, इसलिए प्रेमचन्द साम्राज्यवाद के साथ-साथ सामन्तवाद के आधार को भी जड़ से समाप्त कराना चाहते हैं।

जमींदार अर्थात् सामन्तवादी ताकतें अंग्रेजों अर्थात् साम्राज्यवादी शक्तियों की दलाल हैं। प्रेमचन्द ने 'प्रेमाश्रम' में राय कमलानन्द के माध्यम से सामन्तों को बेनकाब किया है। राय साहब ज्ञानशंकर से कहते हैं, ''यह जायदाद नहीं है, इसे रियासत कहना भूल है, यह निरी दलाली है। इस भूमि पर मेरा क्या अधिकार है। मैंने इसे बाहुबल से नहीं लिया। नवाबों के जमाने में किसी सूबेदार ने इलाके की आमदनी वसूल करने के लिए मेरे दादा को नियुक्त किया था। मेरे पिता पर भी नवाबों की बड़ी कृपा-दृष्टि रही। इसके बाद अंग्रेजों का ज़माना आया और यह अधिकार पिता जी के हाथ से निकल गया। लेकिन राजद्रोह के समय पिता जी ने तन-मन से अंग्रेजों की सहायता की। सत्ता स्थापित होने पर उनसे हमें वही पुराना अधिकार फिर मिल गया। यही इस रियासत की हकीकत है।''

प्रेमचन्द ने प्रेमाश्रम में किसान वर्ग की समस्याओं को समग्रता में प्रस्तुत किया है। इस उपन्यास में किसी विशिष्ट व्यक्ति को नायक के रूप में उपस्थित न करके सारे गाव को ही उपन्यास का नायक बना दिया है। कुछ आलोचकों ने प्रेमाश्रम में नायक न होने पर खेद प्रकट किया है। उन्हें प्रेमचन्द ने एक वाक्य में उत्तर दे दिया था, ''आजाद-री आदमी हूँ मसलहतों का गुलाम नहीं।''

प्रेमाश्रम किसान जीवन का महाकाव्य है। उसमें उस जीवन का मात्र एक पहलू ही नहीं दिखाया गया है। वह तो एक विशाल नदी की तरह है जिसमें मूल धारा के साथ और भी छोटी-छोटी बहुत-सी धाराएँ बहती हुई दिखायी पड़ती हैं।

प्रेमचन्द के शब्दों में, "अधिकारी वर्ग और उनके कर्मचारी विरहिणी की भाँति इस सुख काल के दिन गिना करते हैं। शहरों में तो उनकी दाल नहीं गलती, या गलती है तो बहुत कम। वहाँ हर चीज के लिए उन्हें जेब में हाथ डालना पड़ता है मगर देहातों में जेब की जगह उनका हाथ अपने सोटे पर होता है या किसी दीन किसान की गर्दन पर। जिस घी–दूध, साग–भाजी, मांस–मछली आदि के लिए शहर से तरसते थे, जिनका स्वप्न में भी दर्शन नहीं होता था, उन पदार्थों का यहाँ केवल जिह्वा और बाहु के बल से रेल–पेल हो जाती है। जितना खा सकते हैं, खाते हैं, बार–बार खाते हैं, और जो नहीं खा सकते वह घर भेजते हैं। घी से भरे कनस्तर, दूध से भरे हुए मटके, उपले और लकड़ी, घास और चारे से लदी हुई गाड़ियाँ शहरों में आने लगती हैं। घरवाले हर्ष से फूले नहीं समाते, अपने भाग्य को सराहते हैं, क्योंकि अब दुख के दिन गये और सुख के दिन आये। देहातवालों के लिए बड़े संकट के दिन होते हैं, उनकी शामत आ जाती है, मार खाते हैं, बेगार में पकड़े जाते हैं, दासत्व के दारुण निर्दय आघातों से आत्मा का भी ह्रास हो जाता है।"

सामन्तवादी व्यवस्था के शोषकों की एक कतार दिखायी पड़ती है, जिसके कारण किसानों के लिए खेती पर निर्वाह करना कठिन हो गया है। कोई एक जून चबैना खाता है तो दूसरी जून रोटी–साग। किसी को वह भी नहीं मिल पाता। गाँव में सुक्खू चौधरी को छोड़कर और किसी के घर दोनों बेला चूल्हा नहीं जलता।

इस उपन्यास में पहली बार प्रेमचन्द बलराज के माध्यम से काश्तकारों की अहमियत पर प्रकाश डालते हुए रूसी क्रान्ति के परिणामस्वरूप किसानों और मजदूरों के नये तरह के पंचायती राज, जिसे दुनिया में कायम हुए कुछ ही महीने हुए हैं, प्रकाश डालते हुए लिखते हैं—"तुम लोग तो ऐसी हँसी उड़ाते हो मानो काश्तकार कुछ होता ही नहीं, वह जमींदार की बेगार ही भरने के लिए बनाया गया है। लेकिन मेरे पास जो अखबार आता है उसमें लिखा है कि इस देश में काश्तकारों का ही राज है। वह जो चाहते हैं, करते हैं। उसी के पास कोई और देश बलगारी है। वहाँ हाल की बात है, काश्तकारों ने राजा को गद्दी से उतार दिया है और अब किसानों और मजदूरों का पंचायत राज करती है।[51]

बलराज मनोहर का बेटा है, स्वभाव से अक्खड़ है, जमींदार की धौंस बर्दाश्त करने को तैयार नहीं है। जमींदार के घर वरसी है, जिसके लिए किसानों से बाजारभाव से बहुत कम में घी वसूला जा रहा है। इस पर गाँव के सुक्खू, दुखरन तुरन्त तैयार हो जाते हैं। मनोहर शुरू में तो अकड़ता है लेकिन बहुत कुछ आगा–पीछा सोचकर घी देने के लिए तैयार हो जाता है लेकिन मनोहर का बेटा बलराज बड़े साहस के साथ जमींदार के कारिन्दे को ललकारता है, "कोई हमसे क्यों घी माँगे? किसी का दिया खाते हैं कि किसी के घर माँगने जाते हैं? अपना तो एक पैसा

नहीं छोड़ते, तो हम क्यों धौंस सहें? न हुआ मैं नहीं तो दिखा देता....सुन लेगा तो क्या किसी से छिपा के कहते हैं। जिसे बहुत घमण्ड हो आकर देख ले। एक-एक का सिर तोड़ के रख दें। यही न होगा, कैद होकर चला जाऊँगा। इससे कौन डरता है? महात्मा गाँधी भी तो कैद हो आये हैं।[52]

पुराने जमींदार जटाशंकर के जमाने से उसके बेटे ज्ञानशंकर के जमाने में जोर-जुल्म और बढ़ गया है। दोनों के व्यवहार, दोनों के चरित और नियम-कायदे में बड़ा अन्तर है। इस अन्तर को प्रेमचन्द की पैनी दृष्टि पहचानने लगी थी। पुराने जमाने के जमींदार जटाशंकर को अपनी इज्जत का बड़ा खयाल रहता था। लड़कियों का विवाह हो तो ठाट-बाट से, उत्सव मनाये जायें तो धूमधान से, लेकिन ज्ञानशंकर के लिए पैसा ही इज्जत है। वह एक नये जमाने के जमींदार हैं। वह अपने पिता का श्राद्ध करता है तो भी सोच-समझकर कहीं पैसा ज्यादा न खर्च हो जाये। अपनी रियासत का इन्तजाम करने के मामले में चाचा से बेअदबी करने में भी नहीं हिचकता। उसका भाई अमेरिका पढ़ने गया था। जब वह वहाँ से लौटकर आगा तो ज्ञानशंकर डर गया कि कहीं जायदाद में हिस्सा न बाँटना पड़े। वह अपने ससुर का जमींदारी भी हड़पना चाहता है। वह उसे जहर देने में भी नहीं हिचकता। उसके एक विधवा साली है। उसकी जमींदारी के साथ उस पर भी दृष्टि लगाये है।

ज्ञानशंकर नये जमींदारों का प्रतिनिधि पात्र है। वह कपटी, छली, ईर्ष्यालु और दगाबाज है। वह जितना कायर है, उतना ही कठोर और निर्दयी है। लखनपुर के किसानों पर तरह-तरह का अत्याचार करता है। इसके लिए कानून और पुलिस का सहारा भी लेता है।

प्रभाशंकर पुराने जमींदार हैं, उनकी मान्यताएँ ज्ञानशंकर से अलग हैं। घर में दो चूल्हे जलें, यह उनकी प्रतिष्ठा का हनन है। उनके हृदय की पीड़ा को अभिव्यक्त करते हुए प्रेमचन्द लिखते हैं—"मकान बाँटने को कहते हैं। इससे बड़ा अनर्थ और क्या होगा? घर का पर्दा खुल जायेगा, सम्बन्धियों में घर-घर चर्चा होगी! हाँ दुर्भाग्य! घर में दो चूल्हे जलेंगे! जो बात कभी न हुई थी, वह अब होगी! मेरे और मेरे प्रिय भाई के पुत्र के बीच केवल पड़ोसी का नाता रह जायेगा।"[53]

प्रेमचन्द आगे प्रभाशंकर और ज्ञानशंकर के जीवन सिद्धान्तों के अन्तर को स्पष्ट करते हुए लिखते हैं—"आपके और मेरे जीवन सिद्धान्तों में बड़ा अन्तर है। आप भावों की आराधना करते हैं, मैं विचार का उपासक हूँ। आप निन्दा के भय से प्रत्येक आपत्ति के सामने सिर झुकायेंगे, मैं अपनी विचार स्वतन्त्रता के सामने लोकमत की लेशमात्र भी परवाह नहीं करता! जीवन आनन्द से व्यतीत हो, यह हमारा अभीष्ट है। यदि संसार स्वार्थपरता कहकर हँसी उड़ाये, निन्दा करे तो मैं उसकी सम्मति को पैरों तले कुचल डालूँगा। आपकी शिष्टता का आधार ही आत्मघात है। आपके घर में चाहे

उपवास होता हो, किन्तु कोई मेहमान आ जाय तो आप ऋण लेकर उसका सत्कार करेंगे। मैं ऐसे मेहमान को दूर से ही प्रणाम करूँगा।''[54]

बलराज को प्रेमचन्द ने हिन्दुस्तान के नौजवान किसानों का प्रतिनिधि बनाया है। वह एक नये आदर्श से प्रभावित है, जिसके अनुसार हर इन्सान को इन्सान की तरह रहने का हक़ मिलना चाहिए। वह किसी भी तरह का अन्याय बर्दाश्त करने के लिए तैयार नहीं है। अपने पिता मनोहर को फटकारते हुए कहता है, ''तुम खाँ साहब से डरो, यहाँ उनके दबैल नहीं हैं। खेत में चाहे कुछ उपज हो या न हो, बेसी होती चली जाये ऐसा क्या अन्धेर है? सरकार के घर कुछ तो न्याय होगा, किस बात पर बेसी मंजूर करेगी।''[55]

प्रेमचन्द यह जानते थे कि इन्साफ और नयी जिन्दगी के लिए दुनिया की आम जनता जो लड़ाई लड़ रही है, भारतीय मुक्ति आन्दोलन उसी की एक कड़ी है। वे भारतीय जनमानस में एक नया भाव पैदा होते देख रहे थे। बलराज में उन्होंने इसी नयी चेतना की किरणें प्रस्फुटित होते हुए दिखाया है। बलराज दुनिया के तमाम मेहनत करनेवालों को अपना भाई समझता है। इसलिए वह खुद हिन्दुस्तान के गरीब किसानों और खेत मजदूरों की मुक्ति के लिए लड़ने-मरने के लिए तैयार है।

इसी तरह के बदलते तेवर के माध्यम से सम्पूर्ण उपन्यास का ताना-बाना बुना गया है, जहाँ बलराज और मनोहर जैसे पात्र अपने हक के लिए लड़ते हुए देखे जा सकते हैं। अपनी मर्यादा की रक्षा के लिए जान की भी परवाह नहीं करते। अपमानित विलासिया अनजाने में ही भारत का प्रतीक बन जाती है। उसका अपमान भारत माँ के अपमान जैसा है।

14 फरवरी, 1922 के अपने खत में मुन्शी जी ने ताज साहब को लिखा था कि आजकल खुद भी एक ड्रामा लिखने की कोशिश कर रहा हूँ। यह उनका नाटक 'संग्राम' था जो कि शायद उनकी पहली बड़ी रचना थी जो पहले हिन्दी में लिखी जा रही थी।

असहयोग आन्दोलन की पृष्ठभूमि पर नाटक लिखा जा रहा था। सबल सिंह पक्के सुराजी आदमी हैं। बेगार न खुद लेते हैं और न अमलों को लेने देते हैं। झगड़ों को निपटाने के लिए जगह-जगह पंचायतें खुलवाते फिरते हैं। उनके खिलाफ़ अंग्रेज हुक्काम को यही खास शिकायत है। पंचायतों के कायम होने में उन्हें अपनी मौत की घण्टी बजती सुनायी पड़ती है। उधर सबल सिंह कहते हैं—अदालतें सबलों के अन्याय की पोषक हैं। ''जहाँ रुपयों के द्वारा फरियाद की जाती हो, वहाँ गरीबों की कहाँ पैठ। यह अदालत नहीं न्याय की बलिवेदी है।''[56]

किसानों में जागृति के सारे संकेत इस नाटक में मौजूद हैं। जमींदारों की हरी-बेगारी, पुलिस का जुल्म, अमलों की घूसखोरी, झूठे मुकदमें और उनकी झूठी शहादतें जिनमें गवाहों को तोते की तरह उनका सबक रटाया जाता है, खानातलाशी के नाम पर मनमानी लूट, सुराजी कहकर किसी को भी कानून के जाल में फाँस लेना सब-कुछ मौजूद है।

स्वाधीनता-संग्राम चल रहा था। प्रेमचन्द का संग्राम भी लिखा जा रहा था, लेकिन इस संग्राम के जो सैनिक हैं, साधारण किसान मेहनतकश। उनके बुद्धि विवेक पौरुष को जगाने के लिए नाटक का अन्त होते-होते हलधर अपने संवाद में हमारे पौरुष को ललकारते हैं।

'...जिस आदमी के दिल में इतना अपमान होने पर भी क्रोध न आये, मरने-मारने पर तैयार न हो जाये, उसका खून न खौलने लगे, वह मर्द नहीं हिजड़ा है। हमारी इतनी दुर्गति क्यों हो रही है? जिसे देखो वही तुम्हें चार गालियाँ सुनाता है, ठोकर मारता है।''[57]

रंगभूमि-रंगभूमि 1 अक्टूबर, 22 को लिखना शुरू हुआ और एक अप्रैल सन् 24 को रंगभूमि का उर्दू मसौदा 'चौगाने हस्ती' के नाम से खत्म हुआ।

सामयिकता प्रेमचन्द के रचनाकार मन की प्रधान वृत्ति कृति रही है। 'रंगभूमि' लिखने के आठ महीने से ही आन्दोलन बन्द था। गाँधी जी छह बरस के लिए जेल में डाल दिये गये थे। परिणामत: जन-आन्दोलन को छोड़ कौन्सिलों में दाखिल होने की ओर लोगों का झुकाव बढ़ रहा था। इस बीच खराब स्वास्थ्य के कारण गाँधी जी जेल से छोड़ दिये गये। आन्दोलन ठण्डा पड़ा हुआ था। लोगों पर एक मुर्दनी छायी हुई थी। ऐसे कार्यक्रम की जरूरत थी जो उनकी इस मुर्दनी को तोड़े और एक बार फिर उनमें प्राण का संचार करे। आजादी की लम्बी लड़ाई में तरह-तरह के उतार-चढ़ाव आते हैं। जीत का मुँह एक ही बार देखना नसीब होता है। बीच में न जाने कितनी बार हार होती है। हारने में बुराई भी नहीं है। ठीक यही भाव इन दिनों गाँधी जी के मन का था, इसी मन:स्थिति में रचा-बसा 'रंगभूमि' का नायक सूरदास है जो बार-बार हारकर भी जीतने की आकांक्षा नहीं छोड़ता।

'रंगभूमि' की मुख्य कथा अन्धे भिखारी सूरदास को लेकर रची गयी है, जो अपनी और गाँव की जमीन के लिए मरते दम तक लड़ता है। उसकी जमीन पर जान सेवक अपना कारखाना बनाना चाहता है, लेकिन सूरदास वह जमीन बेचने से इनकार करता है क्योंकि वह ज़मीन गाँव के जानवरों की चरागाह है। सूरदास का विचार है कि वहाँ कारखाना बनेगा तो गाँव में दुराचार फैलेगा। सूरदास अत्यन्त सहृदय और परोपकारी है तो जान सेवक कठोर और स्वार्थी पुरुष है। लोगों में फूट डालने और अपना काम बनाने में निपुण है।

धोखे और फरेब से ज़मीन छीन ली जाती है। अब पाण्डेपुर की बस्ती में मजदूरों का जमाव होता है। सूरदास अपनी झोंपड़ी छोड़ने से इनकार कर देता है। चारों तरफ से जनता इकट्ठी हो जाती है और पुलिस को मजबूर होकर गोलियाँ चलानी पड़ती हैं। कई आदमी मारे जाते हैं, कई घायल होते हैं। इस तरह साम्राज्यवादी ताकतें किसानों की जमीन उन्हीं के खून से तर करके अपने वफादार दोस्त जान सेवक को भेंट करती है।

सूरदास का चरित्र एक संघर्षशील चरित्र है। कठिनाइयों से जूझता हुआ उसके चरित्र को दृढ़ता का अन्दाजा सूरदास और मिठुआ के संवाद में इस तरह व्यक्त हुआ है।

मिठुआ-दादा, अब हम रहेंगे कहाँ?

सूरदास—दूसरा घर बनायेंगे।

मिठुआ—और जो कोई फिर आग लगा दे?

सूरदास—तो फिर बनायेंगे।

मिठुआ—और फिर लगा दें?

सूरदास—तो हम फिर बनायेंगे।

मिठुआ—और जो कोई हजार बार लगा दे?

सूरदास—तो हम हजार बार बनायेंगे।

मिठुआ—और जो कोई सौ लाख बार लगा दे?

सूरदास—तो हम भी सौ लाख बार बनायेंगे।

सूरदास की यह प्रतिज्ञा मात्र उच्छ्वास नहीं है, उसके पीछे एक गम्भीर जीवन-दृष्टि है, जो एक दिन की उपलब्धि नहीं है। सूरदास क्री वाणी में प्रेमचन्द की जीवन-पीड़ा बोल रही है, उन्हीं का जीवन-बोध अभिव्यक्ति पा रहा है। अपने हृदय के रक्त से प्रेमचन्द ने सूरदास की रचना की है। सूरदास के अस्थिपंजर जैसी देह में स्पन्दित हृदय प्रेमचन्द का है। न्याय-अन्याय, सत्य-असत्य, सुन्दर-असुन्दर—जीवन की सारी मीमांसा जो सूरदास के माध्यम से प्रस्तुत है, प्रेमचन्द की अपनी है।[58]

सूरदास को गर्व है कि वह कायरों की तरह मैदान छोड़कर नहीं भागा। उसे दृढ़ विश्वास है कि वह जीतेगा। वह कहता है, "तुम मँजे हुए खिलाड़ी हो, दम नहीं उखड़ता, खिलाड़ियों को मिलाकर खेलते हो और तुम्हारा उत्साह भी खूब है। हमारा दम उखड़ जाता है, हाँफने लगते हैं और खिलाड़ियों को मिलाकर नहीं खेलते, आपस में झगड़ते हैं, गाली-गलौज, मार-पीट करते हैं, कोई किसी की नहीं मानता। तुम खेलने में निपुण हो, हम अनाड़ी हैं। बस इतना ही फरक है। तालियाँ क्यों बजाते हो, यह तो जीतनेवालों का धरम नहीं है? तुम्हारा धरम तो है हमारी पीठ ठोकना।

हम हारे तो क्या, मैदान से भागे तो नहीं, रोये तो नहीं, धाँधली तो नहीं की। फिर खेलेंगे, जरा दम ले लेने दो, हार–हारकर तुम्हीं से खेलना सीखेंगे। एक–न–एक दिन हमारी जीत होगी, जरूर होगी।[59]

सोफिया और विनय का प्रेम–कहानी की मुख्य कथा से कोई सम्बन्ध नहीं है। सोफिया मानवतावादी विचारोंवाली एक आदर्श लड़की है। वह धर्म को बन्धन नहीं मानती। प्रेमचन्द प्रेम–सम्बन्ध को धार्मिक पाबन्दियों से ऊँची चीज समझते हैं इसलिए इस उपन्यास में इसाई लड़की और हिन्दू लड़के का प्रेम दिखाते हैं।

सोफिया और विनय के प्रेम–सम्बन्धों को दूरी से कम किया जा सकता था, इसलिए विनय की माँ उसे, राजस्थान भेज देती है। यहाँ प्रेमचन्द को साम्राज्यवादी और सामन्तवादी शक्तियों के दो पाटों के भीतर पिसती रियासतों की प्रजा के प्रति अपनी पक्षधरता की अभिव्यक्ति का बखूबी अवसर मिल जाता है।

प्रेमचन्द इस उपन्यास में दिखाते हैं कि पूँजीपति और जमींदारों का गठबन्धन किसानों और मजदूरों के लिए कितना घातक है। सूरदास इन सबकी ताकत को चुनौती देता है। सन् 1924 में प्रेमचन्द लखनऊ आ पहुँचे। सरशार चकबस्त और दयाशंकर नसीम की कृतियों के माध्यम से वे लखनऊ की सैर बहुत पहले ही कर चुके थे। इस समय उनकी कलम जोरों से चल रही थी। 'रंगभूमि' के साथ–साथ 'कर्बला' पर भी काम हो रहा था। 'कर्बला' ऐतिहासिक पृष्ठभूमि पर लिखा गया है। इतिहास से यह पता चलता है कि कर्बला के संग्राम में कुछ हिन्दू योद्धाओं ने भी हजरत हुसैन का पक्ष लेकर प्राणोत्सर्ग किया था। सम्भवत: तत्कालीन सामाजिक परिवेश की माँग को देखते हुए उन्होंने इस नये, अछूते विषय को नाटक की कथा के लिए चुना था। इसके तत्काल बाद 'कायाकल्प' में भी हिन्दू–मुस्लिम विद्वेष को समाप्त कर एकता की नयी रोशनी से दोनों कौमों को आलोकित करना उनका प्रथम उद्‌देश्य प्रतीत होता है।

**कायाकल्प :**

कायाकल्प की रचना के समय देश साम्प्रदायिक दंगों की आग में झुलस रहा था। इन दंगों के पीछे अंग्रेजों का हाथ था। अंग्रेज इस देश में बने रहने के लिए 'फूट डालो और राज करो' की नीति सन् 1888 से ही अपनाये हुए थे। 'कायाकल्प' की रचना की तात्कालिक प्रेरणा सन् 1924 के सितम्बर माह में होनेवाले कोलहाट के दंगे से उन्हें प्राप्त हुई थी। 'कायाकल्प' में साम्प्रदायिक दंगों का जो अन्तिम परिणाम दिखाया गया है, वह संकेत करता है कि सरकार की ओर से शह पाकर दोनों सम्प्रदायों के नेताओं के परस्पर द्वेष, घृणा और उत्तेजना का प्रतिफल ही साम्प्रदायिक दंगों के रूप में परिणत होता है।

'कायाकल्प' की रचना के थोड़े ही दिन बाद एक मुसलमान अब्दुल रशीद के हाथों छल से स्वामी श्रद्धानन्द की हत्या हुई। स्वामी जी की हत्या के बाद गाँधी जी ने कांग्रेस के एक प्रस्ताव में कहा था, "मैं तो उसे स्वामी जी की हत्या का दोषी नहीं ठहराता। दोषी तो असल में वे हैं जिन्होंने एक-दूसरे के विरुद्ध घृणा को उत्तेजित किया।"[60]

'कायाकल्प' की कथा दो खेमों में बँटी हुई है—एक तरफ जागीरदार और रानियाँ और दूसरी तरफ किसान हैं। जगदीशपुर की रानी देवप्रिया के तीन जन्मों की काल्पनिक कथा से उपन्यास का मूल सरोकार नहीं है। प्रेमचन्द की कलम भी उसमें जान नहीं डाल सकती है। प्रेमचन्द की कलम की ताकत यथार्थ जीवन को आँकने से पैदा हुई थी, जहाँ गलत आदर्शों या विचारों के प्रभाव से उन्होंने यह रास्ता छोड़ दिया, वहाँ उनकी कला प्रभावहीन हो गयी है।

विशाल सिंह का राजतिलक है, अंग्रेज हाकिमों की दावतें करनी हैं, दूसरे राजाओं का आदर-सत्कार करना है, इन सबके लिए जोर-जबरदस्ती से रुपया इकट्ठा किया जाता है। प्रेमचन्द को यहाँ मनोनुकूल विषय मिल जाता है और वे दिखलाते हैं कि इन रियासतदारों की हुकूमत आतंक पर ठहरी हुई है। चक्रधर जो जनता का नेता था उसका पतन भी जमींदारी व्यवस्था के चलते हो जाता है। इस उपन्यास में पहली बार प्रेमचन्द यह दिखलाते हैं कि जनता दमन से आतंकित न होकर उसका मुकाबला करने के लिए आगे बढ़ती है।

कायाकल्प के रचनाकाल में देश का सक्रिय राजनीति का नियमन देशबन्धु चितरंजन दास कर रहे थे। वे कौन्सिल में सरकार की नीति के विरुद्ध बाधा डालकर गतिरोध उत्पन्न करने में लगे हुए थे। गाँधी जी उस राजनीति से तटस्थ रहकर अनपढ़ जनता के करीब आने का उद्योग कर रहे थे।

'कायाकल्प' का चक्रधर कहता है कि "नेताओं में बड़ा ऐब यही है कि वे भारत के गाँवों की परिस्थिति से अनभिज्ञ हैं। शहर में रहनेवाले इन नेताओं का भारत की जनता पर इसी कारण प्रभाव नहीं पड़ता है।"[61]

सन् 1924 से 1926 तक का काल जिसके बीच 'कायाकल्प' की रचना हुई राष्ट्रीय आन्दोलन की दृष्टि से शिथिलता का काल है। 'कायाकल्प' में भी देश की राजनीति की यह शिथिलता परिलक्षित होती है। चक्रधर के जीवन में भी वही शैथिल्य और अनिश्चय है जो देश के बड़े-बड़े नेताओं के जीवन में था। चक्रधर का अन्ततः साधु हो जाना और पक्षियों से प्रेम करने लगना उसके पलायन का द्योतक है।

**निर्मला :**

कई वर्षों से सहगल इलाहाबाद से 'चाँद' का प्रकाशन कर रहे थे। यह महिलाओं की पत्रिका के रूप में ख्याति अर्जित कर रही थी। उनके तकाजों पर प्रेमचन्द वर्षों नारी-जीवन से सम्बन्धित कहानियाँ 'चाँद' को भेजते रहे।

लखनऊ से प्रेमचन्द पहली सितम्बर, 1925 को बनारस पहुँचे और नवम्बर के महीने में 'निर्मला' क्रमश: चाँद में छपने लगा। साल भर बाद चाँद प्रेस से ही पहली बार 1927 के आरम्भ में यह पुस्तक के रूप में प्रकाशित हुई।

औरत की जिन्दगी का दर्द जिस तरह का इस किताब में निचुड़कर सिमट आया है, शायद इसके पहले किसी दूसरे उपन्यास में सम्भव नहीं हुआ था। समाज के जालिम अत्याचार, विधवा की परवशता, अकेलापन, अनमेल विवाह की उलझनें तथा नारी की बेचारगी का 'निर्मला' ज्वलन्त दस्तावेज है।

सन् 1926 में देश में एक भयानक निष्क्रियता, एक प्रकार की जड़ता की-सी स्थिति थी। प्रेमचन्द निष्क्रिय परिवेश में भी जीवन तलाश लेनेवाले कथाकार थे। अत: अँधेरे में रोशनी का जो छोटा-सा दीप टिमटिमा रहा था, उसी को उन्होंने सम्बल बनाया और उसे 'निर्मला' द्वारा देश-काल को अभिव्यक्त किया।

'निर्मला', 'गबन', 'सेवासदन' यह तीनों उपन्यास नारी समस्या प्रधान हैं। 'सेवासदन' की अपेक्षा 'निर्मला' की कहानी का क्षेत्र सीमित है, लेकिन कई स्थल 'निर्मला' में ज्यादा करुण और मर्मस्पर्शी हैं।

प्रेमचन्द के उपन्यासों की नारियाँ हिन्दी उपन्यासों और शरच्चन्द की नारियों से भिन्न हैं। प्रेमचन्द अपने उपन्यासों में नये ढंग के ऐसे नारी पात्रों की सर्जना करते हैं जो अन्याय और दुख सहती हैं लेकिन उनका विरोध भी करती हैं। 'निर्मला' की 'कल्याणी' और 'सुधा' ऐसी ही नारियाँ हैं जो पति का प्रतिकार करती हैं।

प्रेमचन्द का यह एक ऐसा उपन्यास है जिसमें किसी प्रेमाश्रम या सेवासदन का निर्माण कर वे स्वनिर्मित समाधान प्रस्तुत नहीं करते। यह असहयोग आन्दोलन की असफलता के बाद लिखा गया था, जिसका स्पष्ट प्रभाव इस पर परिलक्षित होता है। इस उपन्यास में यथार्थवाद का पूरी तरह निर्वाह किया गया है। सम्भवत: यह उनका पहला दुखान्त उपन्यास है।

'निर्मला' में स्त्री के प्रतिकारों की अभिव्यक्ति द्वारा नारी की परवशता और दैन्य के प्रति विरोध प्रकट करते हुए लेखक राष्ट्रीय मुक्ति की दिशा में एक कारगर कदम उठाता है।

**प्रतिज्ञा :**

निर्मला की असाधारण लोकप्रियता के कारण चाँद के सम्पादक के आग्रह पर प्रेमचन्द ने एक महीने बाद ही जनवरी, 1927 से एक दूसरा उपन्यास लिखना प्रारम्भ कर दिया। इसका नाम 'प्रतिज्ञा' था। 20 वर्ष पूर्व लिखे गये उपन्यास 'प्रेमा' का ही थोड़ा परिवर्तित रूप है। चरित्र वही है। हाँ, कथानक में कुछ अन्तर जरूर आ गया।

### ग़बन :

ग़बन का प्रकाशन सन् 1931 के आरम्भ में हुआ, तथापि उसका लेखन कार्य 1929 से ही आरम्भ हो चुका था। भारतीय मुक्ति आन्दोलन के इतिहास में सन् 1929 से लेकर 1931 तक का समय अत्यन्त महत्त्वपूर्ण है। उथल-पुथल के इस महत्त्वपूर्ण काल का प्रेमचन्द पर प्रभाव पड़ना स्वाभाविक था।

मूल रूप में निम्न मध्यम वर्ग का सहज जीवन, उसी की सहज कथाएँ उन्हीं के नैतिक-सामाजिक प्रश्न को लेकर चलनेवाला यह उपन्यास आगे चलकर सामाजिक उपन्यास के वृत्त से आगे निकलकर नयी राष्ट्रीय चेतना की अभिव्यक्ति करनेवाला उपन्यास बन जाता है।

### कर्मभूमि :

'जुलूस', 'समर-यात्रा', 'पत्नी से पति', 'शराब की दुकान', 'मैकू' जैसी कहानियों तथा सम्पादकीय टिप्पणियों में राष्ट्रीय आन्दोलन के बदलते परिदृश्य का हल्का-सा प्रारूप ही दिखायी पड़ता है। स्वाधीनता-आन्दोलन के गहराते सन्दर्भ तथा सम्पूर्ण भारतीय जनमानस के परिवेश और उसकी चेतना का दस्तावेज तो 'कर्मभूमि' बना जिसमें विद्यार्थी, किसान, अछूत, स्त्रियाँ, शिक्षक, व्यापारी, मजदूर—सभी पिछले उपन्यासों से अलग दिखायी पड़ते हैं।

उपन्यास के नायक अमरकान्त अच्छे खाते-पीते घराने के आदमी हैं। विद्यार्थी जीवन में अमरकान्त अपने दोस्त सलीम के साथ गाँवों की आर्थिक स्थिति का अध्ययन करने जाता है। उनकी दुरवस्था देखकर उसकी आँखें खुल जाती हैं। प्रेमचन्द शोषण की तेहरी प्रक्रिया को इस तरह अनावृत करते हैं, "इन टके के सैनिकों की इतनी हिम्मत क्यों हुई यह गोरे सिपाही इंग्लैण्ड के निम्नतम श्रेणी के मनुष्य होते हैं। इनका इतना साहस कैसे हुआ? इसीलिए कि भारत पराधीन है। यह लोग जानते हैं कि यहाँ के लोगों पर उनका आतंक छाया हुआ है। वह जो अनर्थ चाहें, करें, कोई चूँ नहीं कर सकता। यह आतंक दूर करना होगा। इस पराधीनता की जंजीर को तोड़ना होगा।"[62]

प्रेमचन्द प्रासंगिकता तथा राजनीतिक मुक्ति के साथ-साथ सामाजिक मुक्ति का दामन कहीं भी नहीं छोड़ते। उन्हें इस उपन्यास में वह विस्तृत फलक मिल गया था। इसलिए उपन्यास के प्रारम्भ में ही ये तत्कालीन शिक्षा-प्रणाली की दोरंगी नीति की कटु आलोचना शान्तिकुमार के द्वारा कराते हैं, "हमने तालीम को व्यापार बना लिया है। व्यापार में ज्यादा पूँजी लगाओ ज्यादा नफा होगा। तालीम में खर्च ज्यादा करो ज्यादा ऊँचा ओहदा पाओगे। मैं चाहता हूँ, ऊँची-से-ऊँची तालीम सबके लिए मुआफ़ हो, ताकि गरीब-से-गरीब आदमी भी ऊँची-से-ऊँची लियाकत हासिल कर सके

और ऊँचे से ऊँचा ओहदा पा सके। यूनिवर्सिटी के दरवाजे मैं सबके लिए खुले रखना चाहता हूँ। सारा खर्च गवर्नमेण्ट पर पड़ना चाहिए। मुल्क को तालीम की उससे कहीं ज्यादा जरूरत है, जितना फौज की।''[63]

गरीबी देहात तक ही सीमित नहीं है। शहर के अन्दर गरीब और अमीर दोनों हैं। प्रेमचन्द की पक्षधरता गरीबों के लिए ही रही है इसलिए हिन्दुस्तान की आजादी की लड़ाई में गरीबों की शिरकत को वे बड़ी पैनी दृष्टि से देखते हैं। मुन्नी जब अंग्रेज फौजियों को अपने अपमान के बदले में मार डालती है तब उसको छुड़ाने के लिए शहर में चन्दा होता है और पठानिन भी उसे चन्दे में सहयोग करना चाहती है। गरीबों का यह उत्साह देखकर अमरकान्त की आँखें खुल जाती हैं।

यह उपन्यास स्वाधीनता-आन्दोलन के उस दौर का है जब लोग ब्रिटिश साम्राज्यवाद के अन्याय और अत्याचार को बर्दाश्त करने के लिए तैयार न थे। इस उपन्यास में पहली बार मजदूरों और विद्यार्थियों को एकजुट होकर साम्राज्यवाद का मुकाबला करते दिखाया गया है। यह कल्पना पर आधारित नहीं है। हमारे देश का इतिहास गवाह है कि नौजवानों ने साम्राज्यवाद को समाप्त करने के लिए किसानों और मजदूरों को एकजुट कर अंग्रेजों से मोर्चा लिया था। यही वह बिन्दु है जहाँ से प्रेमचन्द ने राष्ट्रीय मुक्ति आन्दोलन की महत्त्वपूर्ण कड़ी को पहचाना और पकड़ा था।

अछूतों की समस्या को रेखांकित करने के लिए कथावस्तु में वे एक ऐसा मोड़ देते हैं जो शिल्प की दृष्टि से सुनियोजित न लगने पर भी घटनाओं के विकास और विस्तार की दृष्टि से उचित जान पड़ता है। हरिद्वार में जहाँ अछूतों की बस्ती में मुन्नी पहुँची हुई है, वहीं अमरकान्त भी पहुँच जाता है। ये समाज के वे लोग हैं, जिन्हें ऊँची जाति के लोग मनुष्य नहीं समझते। इनके इलाके के मालिक एक महन्त जी हैं, जो धर्म के ठेकेदार हैं।

'कर्मभूमि' के लेखन की पृष्ठभूमि भारतीय राष्ट्रीय आन्दोलन से और आगे बढ़कर विश्व स्तर पर मन्दी के दौर पर भी आधारित है। प्रेमचन्द संसार के आर्थिक संकट के भारत पर पड़नेवाले प्रभाव से अच्छी तरह वाकिफ थे। वे लिखते हैं, ''लेकिन इस साल अनायास ही जिन्सों का भाव गिर गया। इतना गिर गया जितना चालीस साल पहले था। जब भाव तेज था किसान अपनी उपज बेच-बाचकर लगान देता था; लेकिन जब दो और तीन के जिन्स एक में बिके, तो किसान क्या करे? कहाँ से लगान दे, कहाँ से दस्तूरियाँ दे, कहाँ से कर्ज चुकाये! विकट समस्या आ खड़ी हुई; और यह दशा कुछ इस इलाके की न थी। सारे प्रान्त, सारे देश, यहाँ तक कि सारे संसार में यही मन्दी थी।...किसानों ने एक-एक दाना बेच डाला, भूसे का एक तिनका भी पास न रखा, लेकिन यह सब-कुछ करने पर भी चौथाई लगान से ज्यादा

न अदा कर सके लेकिन ठाकुरद्वारे में वही उत्सव थे, वही जल-विहार थे। नतीजा यह हुआ कि हलके में हाहाकार मच गया।''

इस वर्णन से प्रेमचन्द के गम्भीर चिन्तन और अध्ययन का अनुमान तो होता ही है साथ ही समसामयिक सचेतन दृष्टि जो उनके कथा-लेखन की महत्त्वपूर्ण विशेषता है, हमारे सामने उजागर होती है।

इस उपन्यास में प्रेमचन्द ने जाति-प्रथा, धार्मिक अन्धविश्वासों और जमींदारी-प्रथा की बर्बरता का ऐसा जीवन्त चित्र खींचा है, जैसा इसके पूर्व हिन्दी-कथा-साहित्य में दुर्लभ था। अछूतों की समस्या को उपन्यास में कई रूपों में प्रस्तुत किया गया है। मन्दिर-प्रवेश अछूतों के लिए वर्जित था, फिर भी मिठुआ रोज ठाकुरद्वारे जाता था। एक दिन ब्रह्मचारी जी को पता चला तो उनकी प्रतिक्रिया को प्रेमचन्द इस प्रकार लिखते हैं, ''ब्रह्मचारी जी ने माथा पीट लिया। ये दुष्ट यहाँ रोज आते थे। इसका छुआ हुआ प्रसाद लोग रोज खाते थे। इससे बढ़कर अनर्थ क्या हो सकता है? धर्म पर इससे बढ़कर आघात और क्या हो सकता है? धर्मात्माओं के क्रोध का पारावार न रहा। कई आदमी जूते ले लेके उन गरीबों पर पिल पड़े। भगवान के मन्दिर में, भगवान के भक्तों के हाथों भगवान के भक्तों पर पादुका प्रहार होने लगा।''[64]

जब ब्रह्मचारी तथा अन्य बहुत-से लोग उन गरीबों को मारने लगे तो प्रेमचन्द की कलम से निकलनेवाले शब्द उन महन्तों और ब्रह्मचारियों को तिलमिला देनेवाले हैं। ''आप लोगों ने हाथ क्यों बन्द कर लिये? लगाइये कस-कसकर! और जूतों से क्या होता है, बन्दूकें मँगाइये और धर्मद्रोहियों का अन्त कर डालिये। सरकार कुछ नहीं कर सकती, और तुम धर्म-द्रोहियो! तुम सब-के-सब बैठ जाओ और जितने जूते खा सको, खाओ। तुम्हें इतनी खबर नहीं कि यहाँ सेठ महाजनों के भगवान रहते हैं! तुम्हारी मजाल कि इन भगवान के मन्दिरों में कदम रखो! तुम्हारे भगवान कहीं किसी झोपड़े में या पेड़ तले होंगे। यह भगवान रत्नों के आभूषण पहनते हैं, मोहनभोग-मलाई खाते हैं। चीथड़े पहननेवालों और चबेना खानेवालों की सूरत वह नहीं देखना चाहते।''[65]

रूढ़िवादी, पुरातनपन्थी सिद्धान्तों पर आधारित सामन्ती व्यवस्था के कोढ़ धर्म के ठेकेदारों को अपने वाले ज़माने से आगाह करते हुए प्रेमचन्द लिखते हैं, ''अन्धे भक्तों की आँखों में धूल झोंककर यह हलवे-बहुत दिन खाने को न मिलेंगे महाराज, समझ गये? अब यह समय आ रहा है, जब भगवान भी पानी में स्नान करेंगे, दूध में नहीं।''

'कर्मभूमि' तक पहुँचकर प्रेमचन्द की यथार्थवादी दृष्टि और भी निखर गयी थी। वे दलितों, शोषितों और अछूतों के प्रति सहानुभूति ही नहीं व्यक्त करते हैं, बल्कि उनकी पक्षधरता बड़े गर्व के साथ करते हैं। ''अजी यह तो एक दिन होना ही है। यह

अमीरों की हुकूमत अब थोड़े दिनों की मेहमान है। इस मुल्क में अंग्रेजों का राज है, इसलिए हममें जो अमीर हैं और जो कुदरती तौर पर अमीरों की तरफ खड़े होते हैं, वह गरीबों की तरफ खड़े होने में खुश हैं, क्योंकि गरीबों के साथ उन्हें कम-से-कम इज्जत मिलेगी, उधर तो यह डौल भी नहीं है। मैं अपने को इसी जमात में समझता हूँ।''

**गोदान :**

'गोदान' तक आते-आते प्रेमचन्द के राजनीतिक चिन्तन में एक बेचैनी और छटपटाहट दिखायी देती है। उनके कुछ पुराने मूल्य टूटते हैं और नये मूल्य ग्रहण करने में उन्हें कठिनाई होती है। ये एक ओर कांग्रेस के अहिंसात्मक कार्यक्रम के समर्थक तो दूसरी ओर 1917 की रूसी क्रान्ति के समर्थक थे और साम्यवादी व्यवस्था को भारत के लिए आदर्श मानते थे। लेकिन वे साम्राज्यवाद के साथ औद्योगिक सभ्यता का भी विरोध करते थे। मानव की सहज प्रकृति पर उन्हें आस्था थी लेकिन तर्कपूर्ण बुद्धि और आलोचनापरक दृष्टि पर उन्हें प्रकृति प्रवाह में बहने नहीं दिया। गोदान में यही आलोचनापरक दृष्टि जीवन के कड़वे अनुभवों की तल्खी के साथ अभिव्यक्त हुई है।

गोदान लिखने के पूर्व प्रेमचन्द खुद कर्ज के बोझ से दबे हुए थे। गोदान की मूल समस्या ऋण की समस्या है। उन्होंने किसानों की इसी समस्या पर प्रकाश डाला है।

गोदान सेमरी और बेलारी नामक अवध प्रान्त के दो गाँव की कहानी है। जमींदार रायसाहब अमरपाल सिंह सेमरी में रहते हैं और होरी बेलारी में रहता है। एक तरफ़ जमींदार रायसाहब, मालिक खन्ना, मालती और मेहता की दुनिया है, दूसरी तरफ होरी, धनिया, गोबर, सोभा, हीरा की दुनिया है। इस उपन्यास में दोनों वर्गों का विरोध पूरी तल्खी के साथ चित्रित हुआ है। इस उपन्यास में जहाँ कृषक के प्रतिनिधि होरी के प्रति लेखक की सहानुभूति पहले के उपन्यासों की अपेक्षा अधिक गहरी होती प्रतीत होती है, वहीं रायसाहब के प्रति जो सामन्तवादी व्यवस्था के प्रतिनिधि हैं; उन्होंने अपने तरकश के व्यंग्य-बाणों को और पैना किया है। वे अंग्रेजी राज के शोषण-चक्र के साथ ही रायसाहब जैसी मीठी बोली बोलने सामन्तों को भी जड़ से उखाड़ फेंकना चाहते थे।

होरी का लड़का गोबर अपने पिता से भिन्न है। होरी रायसाहब के व्यवहार से बहुत प्रभावित है लेकिन गोबर इन शोषक पात्रों के दोहरे चरित्र को बहुत अच्छी तरह समझता है। जहाँ होरी राजा को देव-कृपा मानता है वहीं गोबर अपने तर्कों से होरी को निरुत्तर कर देता है। होरी हार जाता है और यही कहकर सन्तोष करता है, ''अब तुम्हारे मुँह कौन लगे भाई, तुम तो भगवान की लीला में भी टाँग अड़ाते हो।''

सम्भवत: गोबर जैसे अनपढ़ मजदूर द्वारा शोषक वर्ग की आलोचना करने से प्रेमचन्द को मानसिक परितोष न होता इसीलिए उन्होंने प्रो. मेहता जैसे बुद्धिजीवी की सर्जना की। मेहता भी शोषकों से घृणा करते हैं। गोबर की तरह वह भी रायसाहब के दोहरे चरित्र का पर्दा उठा देते हैं। "मानता हूँ, आपका आपके असामियों के साथ बहुत अच्छा बर्ताव है, मगर प्रश्न यह है कि उसमें स्वार्थ है या नहीं। इसका एक कारण क्या यह नहीं हो सकता कि मद्धिम आँच में भोजन स्वादिष्ट पकता है। गुड़ से मारने वाला जहर से मारनेवाले की अपेक्षा कहीं ज्यादा सफल हो जाता है। मैं तो केवल इतना जानता हूँ, हम या तो साम्यवादी हैं या नहीं हैं। हैं तो उसका व्यवहार करें, नहीं हैं तो बकना छोड़ दें।"

मिस्टर खन्ना जिनकी दोस्ती राय साहब से है जो एक बैंक मैनेजर और शक्कर मिल के मैनेजिंग डाइरेक्टर हैं। उनके चरित्र का उद्‌घाटन प्रेमचन्द इन शब्दों में करते हैं, "खन्ना ने शिकारी सूट डाटा था, जो शायद आज ही के लिए बनवाया गया था क्योंकि खन्ना को असामियों के शिकार से इतनी फुरसत कहाँ थी कि जानवरों का शिकार करे।"

होरी धर्मभीरु, परम्परावादी, कमजोर व्यक्तित्व का किसान है। वह रायसाहब के मायावी बहकावे में बड़ी आसानी से आ जाता है। किसान की मर्जाद और परिवार की जिम्मेदारियों ने उसे स्वार्थी बना दिया है। वह यह सब सोचकर खुश होता है और धनिया से कहता है, "यह इसी मिलते-जुलते रहने का परसाद है कि अब तक जान बची हुई है, नहीं तो कहीं पता न लगता कि किधर गये। गाँव में इतने आदमी तो हैं, किस पर बेदखली नहीं आयी, किस पर कुड़की नहीं आयी। जब दूसरे के पाँवों तले अपनी गर्दन दबी है, तो उन पाँवों को सहलाने में ही कुशल है।"[66]

होरी में वे तमाम अन्धविश्वास भी हैं जो अपने पुरखों से विरासत में मिले हैं। गोबर अपने नाम के विपरीत तर्क-बुद्धि-सम्पन्न है। होरी की रूढ़िग्रस्त दलीलों को बड़ी आसानी से तोड़ देता है। राय साहब के सन्दर्भ में पिता-पुत्र का यह संवाद दोनों के विपरीत चरित्र का परिचायक है—

"तुम्हारी समझ में हम और वह बराबर हैं?"

"भगवान ने तो सबको बराबर ही बनाया है।"

"यह बात नहीं है बेटा, छोटे-बड़े भगवान के घर से बनकर आते हैं। सम्पत्ति बड़ी तपस्या से मिलती है। उन्होंने पूर्वजन्म में जैसे कर्म किये हैं, उनका आनन्द-भोग रहे हैं। हमने कुछ नहीं संचा तो भोगें क्या?"

"यह सब मन को समझाने की बातें हैं। भगवान सबको बराबर बनाते हैं। यहाँ जिसके हाथ में लाठी है, वह गरीबों को कुचलकर बड़ा आदमी बन जाता है।"

"यह तुम्हारा भरम है। मालिक आज भी चार घण्टे रोज भगवान का भजन करते हैं।"

"किसके बल पर यह भजन-भाव और दान-धर्म होता है?"

"अपने बल पर।"

"नहीं, किसानों के बल पर और मजदूरों के बल पर। यह पाप का धन पचे कैसे? इसीलिए दान-धर्म करना पड़ता है। भगवान का भजन भी इसीलिए होता है। भूखे-नंगे रहकर भगवान का भजन करें, तो हम भी देखें। हमें कोई दोनों जून खाने को दे, तो हम आठों पहर भगवान का जाप ही करते रहें। एक दिन खेत में ऊख गोड़ना पड़े तो सारी भक्ति भूल जाये।"[67]

स्त्रियों के सम्बन्ध में उसके विचार एकदम पिछड़े हुए हैं। धनिया को पीटने में उसे रंचमात्र भी संकोच नहीं लगता। उसकी इच्छाएँ सामान्य हैं। किसान की मर्यादा की रक्षा में आजीवन लगा रहता है लेकिन किसान से मजदूर बनते हुए उसके जीवन का दुखद अन्त होता है। एक गाय पालने की इच्छा रखता है। शहर के महाजन और पुरोहित उसकी यह साध भी पूरी नहीं होने देते। उसकी अपनी कमाई ही नहीं, बाप-दादों से जो कुछ मिला था, वह भी उन्हीं का हो जाता है। महाजनी सभ्यता के दुश्चक्र का उद्घाटन होरी इस प्रकार करता है, "अनाज तो सब-का-सब खलिहान में तुल गया। जमींदार ने अपना लिया, महाजन ने अपना लिया। मेरे लिये पाँच सेर अनाज बच रहा। यह भूसा तो मैंने रातोंरात ढोकर छिपा दिया था, नहीं तो तिनका भी न बचता। जमींदार तो एक ही है मगर महाजन तीन-तीन हैं, सहुआइन अलग और मँगरू अलग और दातादीन पण्डित अलग। किसी का ब्याज पूरा न हुआ।"[68]

**कहानियाँ :**

प्रेमचन्द की कहानियों की चर्चा करते हुए अक्सर हम कुछ महत्त्वपूर्ण कहानियों की चर्चा तक ही सीमित रह जाते हैं। प्रेमचन्द की कहानियों की दुनिया कोई समतल नहीं हैं। डॉ. रामविलास शर्मा के अनुसार, "उनके उपन्यासों के बीच उतना बड़ा फासला नहीं है जितनी उनकी कहानियों के बीच है।" फिर वे यह भी कहते हैं कि "प्रेमचन्द की लगभग पचास कहानियाँ ऐसी होंगी जो हिन्दी में अपना अमर स्थान बना चुकी हैं।"

प्रेमचन्द कहानी को कला मानते हैं पर कहानी-कला के बारे में उनकी टिप्पणियाँ प्रमाण हैं कि कहानी की कलात्मकता के विपरीत जीवन के यथार्थ और मानव मनोविज्ञान की अनिवार्यता में उन्हें आनन्द मिलता है। प्रेमचन्द कहानी को भाषा के अधीन बताते हैं, "वहाँ तो एक शब्द, एक वाक्य भी ऐसा न होना चाहिए, जो गल्प के उद्देश्य को स्पष्ट न करता हो।" कहानी के स्वरूप को स्पष्ट करते हुए

लिखते हैं, "कहानी ध्रुपद की वह तान है, जिसमें गायक महफिल शुरू होते ही अपनी सम्पूर्ण प्रतिभा दिखा देता है, जितना रात भर गाना सुनने से भी नहीं हो सकता।" प्रेमचन्द की दृष्टि में कहानी की सफलता मनोवैज्ञानिक विश्लेषण और जीवन के यथार्थ को स्वाभाविक ढंग से उद्घाटित करने में है। प्रेमचन्द की सभी कहानियाँ उनकी अपनी कसौटी पर भी खरी नहीं उतरती। बड़ी संख्या उन कमजोर कहानियों की है जहाँ प्रेमचन्द का वक्तव्य बिखर जाता है।

यहाँ हमारा उद्देश्य प्रेमचन्द की कहानी-कला सम्बन्धी विचारों के परिप्रेक्ष्य में उनकी कहानियों का आकलन नहीं है। प्रेमचन्द का कथाशिल्प भले ही उनके द्वारा व्यक्त प्रतिमानों पर खरा न उतरता हो लेकिन एक युगद्रष्टा, सचेतन व्यक्तित्व की अभिव्यक्ति उन्हें हिन्दी कहानीकारों में शीर्ष पर बैठा देती है।

प्रेमचन्द की आरम्भिक कहानियाँ कहानी को पहली बार राष्ट्रीय मुक्ति आन्दोलन से जोड़ने को कोशिश करती है। 1910 से पूर्व का कथा-लेखन राजनीतिक न होते हुए भी खतरनाक समझा गया। 'सोज़े-वतन' में संकलित 'दुनिया का सबसे अनमोल रतन', 'शेख मखमूर', 'यही मेरा वतन है', 'सांसारिक प्रेम और देश-प्रेम', 'राष्ट्र का सेवक', 'क़ातिल', 'क्रिकेट मैच' जैसी कहानियों में ब्रिटिश साम्राज्यवाद की जड़ों को उखाड़ फेंकने की आकांक्षा तो है ही, साथ ही भारतीय मुक्ति की दिशा में एक युगान्तरकारी कदम भी हिन्दी कहानी में पहली बार दिखायी देता है। प्रथम दौर की कुछ कहानियाँ नवजागरण की चेतना से ओतप्रोत हैं। 'राजा हरदौल' कहानी में राजपूती वीरता तथा मर्यादा की कथा के माध्यम से भारतीय जनजागरण की चेतना का शंखनाद फूँका गया है। 'सती' कहानी में राजपूत स्त्रियों की गरिमा का चित्र है। इसी प्रकार 'रानी सारन्धा' का चरित्र भारतीय नारी का आदर्श प्रस्तुत करता है। 'मर्यादा की वेदी' इतिहास और हिन्दू पुनरुत्थानवाद से प्रभावित है लेकिन इन अतीतोन्मुख आदर्शप्रधान कहानियों के पीछे राष्ट्रीय घटनाक्रम सर्वप्रधान प्रेरणा है। 1907 से 1920 के बीच का समय प्रेमचन्द की कहानी-कला के विकास का पहला चरण माना जाता है। इसी अवधि में प्रेमचन्द ने 'नमक का दारोगा', 'पंच परमेश्वर', 'महातीर्थ' जैसी कहानियाँ लिखीं जिनमें गाँधी जी के हृदय परिवर्तन के सिद्धान्त का उपयेाग किया गया है।

1920 से 1930 तक का समय प्रेमचन्द की कहानी-कला के विकास का दूसरा चरण है। इस अवधि में प्रेमचन्द के रचनात्मक विकास की गति अधिक तेज है। इन्हीं दस वर्षों में 'बूढ़ी काकी', 'शतरंज के खिलाड़ी', 'मुक्ति मार्ग', 'सवा सेर गेहूँ', 'एक्ट्रेस', 'इस्तीफा', 'आगा-पीछा', 'अलग्योझा', 'गुल्ली-डण्डा', 'पूस की रात', 'जुलूस', 'समर यात्रा' जैसी महत्त्वपूर्ण कहानियाँ लिखी गयीं और प्रेमचन्द को महत्त्वपूर्ण कहानीकार के रूप में प्रतिष्ठा मिली।

प्रेमचन्द जैसा व्यापक सामाजिक जीवन-सन्दर्भ उनके बाद के साहित्य में नहीं लक्षित होता। जो लोग प्रेमचन्द की परम्परा के कथाकार कहे जाते हैं, वे भी उस व्यापक सामाजिक जीवन को अपनी रचनाओं का विषय नहीं बना सके हैं। प्रेमचन्द की कहानियों के माध्यम से वस्तुतः उनके समय का पूरा सामाजिक जीवन प्रतिबिम्बित होता है। भूमिहीन किसान तथा खेतिहर मजदूर-वर्ग से लेकर बड़े भूमिपति तथा जमींदार वर्ग के लोग अपने तमाम सम्बन्धों के साथ प्रेमचन्द की कहानियों में दिखायी देते हैं। जमींदारों के अमले भी हैं, सरकारी तन्त्र के छोटे-बड़े कल-पुर्जे भी। तीसरे दौर की कहानी 'कफ़न' में 'घीसू' और 'माधव' जैसे अर्द्धसामाजिक, परजीवी पात्र दिखायी देते हैं। खेतिहर मजदूर के रूप में सहसा रूपान्तरित होता हुआ। 'पूस की रात' का 'हल्कू' मिलता है, आपसी विद्वेष के चलते मजदूर बन गये 'मुक्तिमार्ग' ने 'बुद्धू' और झींगुर हैं, 'सवा सेर गेहूँ' का शंकर तीन पीढ़ियों तक बेगार करते रहने पर भी सवा सेर गेहूँ के कर्ज को नहीं उतार पाता। एक और सामाजिक स्तर पर तिरस्कृत और सामन्ती वर्णव्यवस्था का शिकार 'मन्दिर' कहानी की सुखिया है तो दूसरी ओर इन्हीं कहानियों में ठाकुर साहब हैं, रायसाहब हैं, चौधरी साहब हैं, गाँव का बनिया है, मन्दिर का पुजारी है। सिर्फ ग्रामीण जीवन के ही नहीं, शहरों के भी निम्न मध्यवर्ग के पात्रों से लेकर उसके ऊपरी सिरे तक के पात्र, छात्र और युवा समुदाय, नौकरी पेशे के भीतर और बाहर के लोग, असहयोग आन्दोलन में शिरकत करनेवाली मृदुला (जेल), नोहरी (समरयात्रा), जयराम (जुलूस) उससे लाभ उठानेवाले सेठ चन्दूमल (चकमा) भी हैं। साथ ही सामन्ती व्यवस्था की परम्पराओं की शिकार कुसुम आधुनिक सभ्यता के प्रभावों के बीच घिरी मिस पद्मा और मिस जोशी भी हैं।

प्रेमचन्द की कहानियों में उपस्थित व्यापक जीवन प्रवाह और अतिशय विस्तृत और वैविध्यपूर्ण कैनवस पर प्रेमचन्द के प्रसिद्ध आलोचक डॉ. रामविलास शर्मा की टिप्पणी ध्यान देने लायक है, "प्रेमचन्द की कहानियों की विभिन्नता, विविध पात्रों का भारी जमाव आश्चर्यजनक है। उनकी कहानियों की विषयवस्तु में जितनी विविधता है, उतनी कम कलाकारों के यहाँ मिलेगी। 'शतरंज के खिलाड़ी' के मिर्जा और मीर साहब से लेकर 'दो बैलों की कथा' के दो बैलों तक उनके पात्रों में ऐसी विविधता है कि प्रेमचन्द की स्मरण-शक्ति, उनकी सर्वग्राही दृष्टि, जिन्दगी का विशद अनुभव पाठक को आश्चर्य में डाल देते हैं। उनके चरित्र-चित्रण की यह बहुत बड़ी सफलता है कि थोड़ी देर के सम्पर्क से ही उनके पात्र बहुत दिनों के परिचित जैसे लगने लगते हैं और कहानी खत्म कर देने पर भी पाठक को बहुत दिनों तक याद रहते हैं।'

प्रेमचन्द की कहानी का तीसरा और अन्तिम काल 1930 से 1936 तक का है। इस दौर की प्रमुख कहानियाँ 'पूस की रात', 'ठाकुर का कुआँ', 'ईदगाह', 'बड़े

भाई साहब', 'नशा' आदि हैं। प्रेमचन्द के कथा-साहित्य के दो छोरों पर स्थित दो कहानियों में एक ओर 'ज़माना' में प्रकाशित 'दुनिया का सबसे अनमोल रतन' (1907) और दूसरी ओर (1936) की रचना 'कफ़न' का फासला अधिक अवश्य है लेकिन दोनों जगह सामाजिक कल्याण और मानवता की भावना का साम्य है।

प्रेमचन्द की अनेक कहानियों का सम्बन्ध पारिवारिक समस्याओं से है। प्रेमचन्द संयुक्त परिवार के हिमायती थे। 'अलग्योझा' कहानी में उन्होंने संयुक्त परिवार के विघटन और एकाकी परिवार के बनने की स्थिति का वर्णन किया है। संयुक्त परिवार को बनाये रखनेवाले पात्र रग्घू के प्रति लेखक की सहज सहानुभूति का उद्घाटन हुआ है। 'दो भाई', 'वैर का अन्त', 'घर जमाई', 'गृहदाह' आदि कहानियों में प्रेमचन्द परिवार के पुराने ढाँचे को आज की परिस्थितियों में टूटता हुआ दिखलाते हैं। इन कहानियों में हृदय-परिवर्तन तथा संयुक्त परिवार के प्रति मोह की प्रधानता रही है।

समाज के दलित, शोषित वर्ग का जीवन प्रेमचन्द की कहानियों का विषय रहा है। उन्होंने कहानियों में महाजनों के अन्यायों के विविध रूपों को चित्रित किया है। 'सवा सेर गेहूँ' कहानी का शंकर कर्ज पटाने के लिए गुलामी करता हुआ मर जाता है, फिर भी वह समाप्त नहीं होता। 'मुक्तिधन' कहानी में उन्होंने महाजनों के अन्याय के सभी रूपों को चित्रित किया है।

प्रेमचन्द की कुछ कहानियाँ स्वराज्य आन्दोलन से जुड़ी हुई हैं। 'माँ' कहानी में स्वराज्य के सम्बन्ध में लेखक अपना आदर्श प्रस्तुत किया है। करुणा का वैधव्य-दुख इसी आशा में कट जाता है कि उसका बेटा प्रकाश बड़ा होकर स्वयंसेवक बनेगा, लेकिन ऐसा हो नहीं पाता। 'लाग-डाट' कहानी का चौधरी स्वराज्य का पक्षधर है और भगत राजभक्ति का, प्रेमचन्द भगत का हृदय-परिवर्तन कराकर उसे भी स्वराज्य प्रेमी बना देते हैं। इस कहानी में स्वराज्य-प्रेमी के प्रति प्रेमचन्द के मन में आदर है। 'चकमा' कहानी में स्वराज्य आन्दोलन के महत्त्वपूर्ण अंग धरना का जिक्र है। सेठ चन्दूमल जैसे गद्दारों के प्रति घृणा का भाव अभिव्यक्ति हुआ है। 'समर यात्रा', 'दुस्साहस', 'जुलूस', 'जेल' आदि कहानियों में उन्होंने अंग्रेजी राज से लड़नेवाली जनता का उत्साह और त्याग दिखाया है। इन कहानियों का मूल स्वर भारतीय राजनैतिक मुक्ति की प्रबल आकांक्षा है।

'मृतकभोज', 'मन्दिर', 'बाबा जी का भोग', 'पं. मोटेराम शास्त्री' जैसी कहानियों में प्रेमचन्द ने समाज में प्रचलित रूढ़ियों की धज्जियाँ उड़ायी हैं।

इस प्रकार स्पष्ट है कि पारिवारिक समस्या से लेकर राजनीतिक आन्दोलन तक फैले विस्तृत आयाम को प्रेमचन्द ने कहानी का विषय बनाया है। साथ ही राजनीतिक,

सामाजिक, आर्थिक, धार्मिक मुक्ति का मूल स्वर भी उनकी कहानियों में विद्यमान है।

## सम्पादक, विचारक और समालोचक प्रेमचन्द :

भारतेन्दु, महावीरप्रसाद द्विवेदी की परम्परा को आगे बढ़ाते हुए प्रेमचन्द ने 'माधुरी' और 'हंस' के माध्यम से हिन्दी साहित्य के विकास की गौरवमयी परम्परा को विकसित करने का अनवरत प्रयास किया। साहित्य, संस्कृति, समाज, राजनीति से सम्बन्धित लेख उनके सम्पादक, विचारक और समालोचक व्यक्तित्व के आईना हैं। प्रेमचन्द के साहित्यिक व्यक्तित्व के आकलन में उनके इन लेखों का उनके साहित्य में कम महत्त्व नहीं है।

प्रेमचन्द की सम्पादकीय टिप्पणियों, लेखों को कालक्रमानुसार उनके पुत्र अमृतराय जी ने संकलित कर प्रेमचन्द के जिज्ञासुओं का बड़ा उपकार किया है। उनके द्वारा संकलित लेख 'विविध प्रसंग' नाम से तीन खण्डों में विभक्त हैं।

दूसरे और तीसरे खण्ड में 1931 से लेकर 1936 तक के लेख टिप्पणियाँ और समीक्षाएँ हैं जो 'राष्ट्रीय राजनीति', 'अन्तरराष्ट्रीय राजनीति', 'हिन्दू-मुसलमान', 'छूत-अछूत', 'किसान मजदूर', 'साहित्य दर्शन', 'धर्म-समाज' 'महिला जगत्', समीक्षाएँ श्रद्धांजलियाँ आदि शीर्षकों के अन्तर्गत प्रस्तुत हैं।

प्रेमचन्द स्वभाव से अत्यन्त दृढ़-प्रतिज्ञ और हृदय से कोमल युग-निर्माता साहित्यकार थे। अपने समसामयिक साहित्यकारों को उन्होंने कभी प्रोत्साहन तो कभी फटकार से उनके दायित्वबोध को जाग्रत किया। कथाकार सुदर्शन को फटकारते हुए कहते हैं, "मैं तो समझता था आप फारग-उल-बाल होकर अदब की ज्यादा खिदमत कर सकेंगे, मगर मेरा ख्याल ग़लत निकला। अब महीनों गुजर जाते हैं और आपका कोई किस्सा अखबार में नजर नहीं आता। चार नहीं दो सही, दो नहीं एक सही, लेकिन कुछ-न-कुछ तो हर महीने लिखते रहिये। इससे तो वह तंगदस्ती ही अच्छी थी जो आपसे कुछ-न-कुछ लिखवा लेती थी।"[69]

यहाँ उनकी लेखकीय दायित्व के प्रति पूर्ण निष्ठा का परिचय मिलता है।

प्रेमचन्द दलितों, शोषितों के पक्षधर थे इसलिए उनके साहित्य में पाखण्ड, धूर्तता, अन्याय, बलात्कार करनेवाले सम्भ्रान्त व्यक्तियों, धर्म के ठेकेदारों के चरित्र का पर्दाफ़ाश किया गया है। हर समाजसुधारक जब कोई सुधार करने चलता है तो उसे निन्दा भी मिलती है, प्रशंसा भी। उसी तरह प्रेमचन्द एक वर्ग के द्वारा उपन्यास सम्राट् कहलाये तो कुछ लोगों ने उन्हें घृणा के प्रचारक के रूप में प्रचारित किया। प्रेमचन्द ने दिसम्बर, 1933 ई. के हंस में 'जीवन में घृणा का स्थान' नाम से एक लेख लिखा। टिप्पणी के प्रारम्भ में ही लिखते हैं, "निन्दा, क्रोध और घृणा ये सभी

दुर्गुण हैं, लेकिन मानव-जीवन में से अगर इन दुर्गुणों को निकाल दीजिये तो संसार नरक हो जायेगा।''[70]

प्रेमचन्द के अनुसार घृणा के बिना बुराइयों से मुक्ति नहीं मिल सकती—''पाखण्ड, धूर्तता, अन्याय, बलात्कार और ऐसी ही अन्य दुष्प्रवृत्तियों के प्रति हमारे अन्दर जितनी ही प्रचण्ड घृणा हो, उतनी ही कल्याणकारी होगी।''

ब्राह्मणत्व को महान् पद बताते हुए ब्राह्मणत्व की आड़ में होनेवाले अन्याय की ओर इस प्रकार संकेत करते हैं। हरेक टके-पन्थी पुजारी को ब्राह्मण कहकर मैं इस पद का अपमान नहीं कर सकता। इस विकृत धर्मोपजीवी आचरण के हाथों हमारा सामाजिक अहित ही नहीं कितना राष्ट्रीय अहित हो रहा है, यह वर्णाश्रम स्वराज्य-संघ के हथकण्डों से जाहिर है। ऐसी असामाजिक, अराष्ट्रीय, अमानुषीय भावनाओं के प्रति जितनी ही घृणा फैलायी जाये, वह थोड़ी है, केवल भावनाओं के प्रति व्यक्ति के प्रति नहीं, क्योंकि वर्णाश्रम धर्म के संचालक हमारे वैसे ही भाई हैं, जैसे आलोचक महोदय के।[71]

प्रेमचन्द की रचनाओं के विविध स्वरों में मुक्ति का स्वर ही प्रधान है। यह और किसी ने नहीं स्वयं प्रेमचन्द ने सन् '30 में लिखा था, ''मेरी अभिलाषाएँ बहुत सीमित हैं। मैं दौलत और शोहरत का इच्छुक नहीं हूँ। खाने को मिल जाता है। मोटर और बंगले की मुझे हविस नहीं है। हाँ यह जरूर चाहता हूँ। कि दो-चार उच्चकोटि की रचनाएँ छोड़ जाऊँ, लेकिन उनका उद्देश्य भी स्वतन्त्रता प्राप्ति ही हो।'[72]

प्रेमचन्द ने साहित्य का उद्देश्य स्वतन्त्रता प्राप्ति घोषित किया था। उन्हें स्वाधीनता-संग्राम का संघर्षशील सैनिक कहा जाये तो अत्युक्ति न होगी। अप्रैल 30 में 'स्वराज में किसका अहित होगा' शीर्षक लेख में उनका यह कथन महत्त्वपूर्ण है, ''इसमें सन्देह नहीं कि स्वराज्य का आन्दोलन गरीबों का आन्दोलन है। अंग्रेजी राज्य में गरीबों, मजदूरों और किसानों की दशा जितनी खराब है और होती जा रही है, उतनी समाज के किसी अंग की नहीं। यों तो सरकार ने किसी को बेदाग नहीं छोड़ा, शिक्षित समुदाय आये दिन अपने हकों को छिनते देखता है, राजों-रईसों की जायदादें और रियासतें, जब्त हो रही हैं, व्यापारियों और मिलों के स्वामियों को मैनचेस्टर लंकाशायर का शिकार बनाया जा रहा है, लेकिन यह सब-कुछ होने पर भी सरकार के हाथों किसी सम्प्रदाय की इतनी बरबादी नहीं हुई जितनी किसानों और मजदूरों की—खासकर किसानों की।''[73]

बदलते हुए परिदृश्य को प्रेमचन्द बड़े गौर से देख रहे थे। उनकी कलम इन दिनों आजादी के दीवानों के प्रोत्साहन के लिए अनवरत चल रही थी। गाँधी जी के आदर्शों के हिमायती प्रेमचन्द ने 1930 में महात्मा गाँधी द्वारा नमक कर सत्याग्रह

प्रारम्भ किये जाने पर जोशीले अन्दाज में लिखा, 'आजादी की लड़ाई शुरू हो गयी। महात्मा गाँधी ने 6 अप्रैल को समुद्र के तट पर डाण्डी में गुलामी की बेड़ी पर पहला हथौड़ा चलाया और उसकी झंकार सारे देश में गूँज उठी। पहले किसी की समझ में नहीं आया कि महात्मा जी क्या करने जा रहे हैं। मजाक भी उड़ाया गया। एक गवर्नर ने खुशामदी टट्टुओं को जमा करके अपने दिल के फफोले फोड़ते हुए इस संग्राम को दुखमय प्रहसन बतलाया। गवर्नर साहब को क्या मालूम था कि यह दुखमय प्रहसन दो सप्ताह ही में आजादी का एक प्रचण्ड प्रवाह सिद्ध हो जायेगा। जिसे नौकरशाही की सारी संगठित शक्ति भी न रोक सकेगी।''[74]

यहाँ प्रेमचन्द के मन में स्वराज्य के प्रति दृढ़ आस्था है। प्रेमचन्द आजादी का अर्थ राजनीतिक मुक्ति के साथ आर्थिक मुक्ति को भी मानते हुए लिखते हैं, ''अधिकांश भारतीय स्वराज्य इसलिए नहीं चाहते कि अपने देश के शासन में उनकी आवाज ही पहले सुनी जाये, पर स्वराज्य का अर्थ उनके लिए आर्थिक स्वराज्य होता है।''

पत्रकारिता प्रेमचन्द के जीवन का अभिन्न अंग बन गयी थी। एक पत्रकार के रूप में देश-विदेश के घटनाक्रम पर निरन्तर दृष्टि गड़ाये, मुक्ति आन्दोलन की रहनुमाई करते हुए प्रेमचन्द ने भारतेन्दु और महावीरप्रसाद द्विवेदी की महान् परम्परा को आगे बढ़ाया।

प्रेमचन्द रूसी साहित्य का आदर करते थे। 'सोवियत रूस में प्रकाशन' नामक टिप्पणी में भारत और रूस के प्रकाशन के अन्तर को उन्होंने बड़े ध्यान से देखा, और भारतवासियों तथा साहित्यकारों को उनके दायित्वबोध के प्रति सचेत किया।

नवम्बर, 1933 में सम्पूर्ण विश्व में पूँजीवाद के फैलाव को देखकर प्रेमचन्द टिप्पणी करते हैं, ''जिधर देखिये उधर पूँजीपतियों की घुड़दौड़ मची हुई है। किसानों की खेती उजड़ जाये, उनकी बला से।''

किसान पहले मूर्ख था। गोरे और काले पूँजीपति में कोई अन्तर नहीं समझता था। साँप और नाग दोनों समान थे। किसान की तुलनात्मक बुद्धि धीरे-धीरे विकसित होने लगी है, अब वह दोनों के अन्तर को समझने लगा है फिर भी प्रेमचन्द किसानों को आगाह करते हुए 'अन्धा पूँजीवाद' शीर्षक टिप्पणी में लिखते हैं, यह आशा करना भी पूँजीपति किसानों की हीन दशा से लाभ उठाना छोड़ देंगे, कुत्ते से चमड़े की रखवाली करने की आशा करना है। इस खूँखार जानवर से अपनी रक्षा करने के लिए हमें स्वयं सशस्त्र होना पड़ेगा।[75]

हंस के आखिरी अंक में प्रेमचन्द का 'महाजनी सभ्यता' नामक लेख उनकी उग्र क्रान्तिकारी चेतना का प्रमाण है। प्रेमचन्द रूस में नयी सभ्यता के उदय से साम्राज्यवादी और पूँजीवादी शक्तियों को आगाह करते हुए लिखते हैं, ''निःसन्देह

इस नयी सभ्यता ने व्यक्ति स्वातन्त्र्य के पंजे, नाखून और दाँत तोड़ दिये हैं। उसके राज्य में एक-एक पूँजीपति लाखों मज़दूरों का खून पीकर मोटा नहीं हो सकता।''

प्रेमचन्द की रुझान प्रारम्भ से ही यथार्थपरक थी। भारतीय राजनैतिक परिवर्तनों के साथ विश्व में होनेवाले परिवर्तनों पर उनकी दृष्टि किस कदर टिकी हुई थी, यह उनके द्वारा लिखे गये पत्रों से भी जाहिर होती है। 21 दिसम्बर,1919 में गोरखपुर से प्रेमचन्द दयानारायण निगम को मौजूदा हालात के विषय में लिखते हैं, ''मैंने अभी तक करेण्ट पालिटिक्स पर कुछ नहीं लिखा। मुझे 'ज़माना' की पॉलिसी पर नजर डालते हुए कुछ लिखना मुनासिब नहीं मालूम होता। मैं पीस डिक्लेरेशन का तो अम्दन (जान बूझकर जिक्र) न करूँगा लेकिन रिफार्म स्कीम का जिक्र न करना ग़ैर मुमकिन है।...मेरे ख़्याल में मोतदिल (माडरेट) पार्टी इस वक्त जरूरत से ज़्यादा मगरूर और नाजा (घमण्ड) से फूली हुई है। हालाँकि इसलहों (सुधारों) में अगर कोई खूबी है तो सिर्फ यह कि तालीम-याफ्ता जमाअत को कुछ आसानियाँ ज्यादा मिल जायेंगी और जिस तरह यह जमाअत वकील बनकर रिआया का खून पी रही है उसी तरह आइन्दा यह हाकिम होकर रिआया का गला काटेगी। इसके सिवा और कोई जदीद (नया) अख्तियार नहीं दिया गया। जो अख्तियार दिये गये हैं उनमें भी इतनी शर्तें लगा दी गयी हैं कि उनका देना न देना बराबर हो गया है। ऐसी हालत में ज़माना में क्या लिखूँगा। मैं अब करीब-करीब बाल्शेविक उसूलों का कायल हो गया हूँ।'[76]

देश की आजादी के प्रति प्रतिश्रुत एक सम्पादक को किन महत्त्वपूर्ण विषयों को अपने पत्र में स्थान देना चाहिए इसकी समझ प्रेमचन्द को बखूबी थी। अपने मित्र 'ज़माना' सम्पादक दयानारायण निगम को सलाह देते हुए पत्र में वे लिखते हैं, ''ख़ामख़ाह तसवीर देने से कोई फायदा नहीं। मैं इसके सख़्त खिलाफ़ हूँ। तसवीर की किफ़ायत काग़ज़ और छपाई की इसलाह में सर्फ कीजिये। और मौजूदा मसाइल पर मज़ामिन लिखाने की फिक्र कीजिये। बाव्सू के बिल पर कोई मज़मून न निकला, गोखले के बिल ने कहाँ तक तरक्की की, मुहम्मडन यूनिवर्सिटी का कान्स्टीट्यूशन वग़ैरह मसले पर कुछ होना चाहिए था। मतलब यह है कि ज़माना अपटूडेट पोलिटिकल पेपर हो। ज़ौक पर आधा परचा भरना मैं अच्छा नहीं समझता।...आप इससे बेहतर काम में मसरूफ हूजिये।'[77]

प्रेमचन्द का मन निरन्तर भारतीय मुक्ति की जड़ों को टटोलता रहा इसीलिए उनके वैचारिक चिन्तन में भी बदलाव आता गया। प्रारम्भिक दौर में नवजागरण की चेतना के उन्नायक, आर्यसमाज के संस्थापक स्वामी दयानन्द सरस्वती की विचारधारा से प्रभावित थे। इसी बीच भारतीय राजनीति में गाँधी जी का पदार्पण प्रेमचन्द के लिए एक नयी आशा की ज्योति के रूप में हुआ। 1917 की रूसी क्रान्ति ने प्रेमचन्द के

मन में गाँधीवाद के प्रति सन्देह उत्पन्न कर दिया। 17 फरवरी, 1924 को बनारस से दयानारायण निगम को लिखा गया पत्र प्रेमचन्द की तत्कालीन राजनीतिक गतिरोध और उनके मन की छटपटाहट को अभिव्यक्त करता है—"आपने मुझसे पूछा मैं किस पार्टी में हूँ। मैं किसी भी पार्टी में नहीं हूँ। इसलिए कि दोनों में से कोई पार्टी कुछ अमली काम नहीं कर रही हैं। मैं तो उस आनेवाली पार्टी का मेम्बर हूँ जो कोतहुन्नास (छोटे लोगों) की सियासी तालीम को अपना दस्तूर-उल-अमल बनाये।'[78]

राजनीति में आनेवाले उतार-चढ़ाव प्रेमचन्द को उतना ही आकर्षित करते थे जितना उनके निजी जीवन के प्रसंग। भगतसिंह की फाँसी से प्रेमचन्द मर्माहत हो गये थे। 24 मार्च, 1931 के पत्र में कितने मायूस होकर लिखते हैं—"कराँची का इरादा था मगर आज भगतसिंह की फाँसी ने हिम्मत तोड़ दी। अब किस उम्मीद पर वहाँ जाऊँ।"[79]

गाँधी जी का समझौतापरक रुख प्रेमचन्द को बाद में अरुचिकर हो गया था। जवाहरलाल नेहरू के सक्रिय राजनीति में आने पर लोगों में इनक़लाबी चेतना के संचार पर प्रेमचन्द लिखते हैं, "जवाहरलाल आजकल कितना जहर उगल रहे हैं इनक़लाब की तैयारी है।"[80]

अंग्रेजी साम्राज्यवाद के तानाशाही रवैये में प्रेमचन्द को भारतीय मुक्ति आन्दोलन के समर में कूदने के लिए विवश कर दिया था। रचनाओं के माध्यम से मुक्ति की दिशा में किये गये प्रयास उन्हें अपर्याप्त लगने लगे थे इसलिए 10 अप्रैल, 1932 के पत्र में लिखते हैं, "यों तो गवर्नमेण्ट की ज्यादतियाँ अब नाकाबिले बर्दाश्त हो रही हैं।...अब बाहर रहना मुझे भी बेहयायी मालूम हो रही है।"

**प्रेमचन्द के सर्जनात्मक सरोकार :**

प्रेमचन्द के सर्जनात्मक सरोकारों को लेकर आलोचकों और विचारकों ने बहुत-कुछ लिखा है। जिसमें बहुत-सारा वैयक्तिक एवं भाववादी प्रतिमानों पर आधारित है। लेकिन हमारे इस वस्तुपरक अध्ययन द्वारा कम-से-कम यह तो स्पष्ट ही हो गया होगा कि उनके लेखन और उनके जीवन में कभी भी वैपरीत्य नहीं रहा। वे कलावादी भावोच्छ्वास के लेखक नहीं हैं। भाषा और शिल्प के स्तर पर अबूझता और उलझाव उन्हें पसन्द नहीं। हाँ इतना अवश्य है कि उन्होंने जीवनानुभवों और सामाजिक सन्दर्भों के प्रति अपनी गहरी प्रतिश्रुति के कारण अपने चिन्तन को खूँटे से कभी नहीं बाँधा। सामाजिक, राजनीतिक सन्दर्भों से प्राप्त अनुभवों के साथ वे निरन्तर विकसित और समकालीन होते गये हैं। हर समय वे आगे रहे हैं—मनुष्य जीवन को सार्थक, समृद्ध और अस्मिता बनाने और उसके लिए संघर्ष करने के लिए जो भी विचार उनके सामने आये, उन्हें प्रेमचन्द ने आगे बढ़कर जाँचा-परखा और उसके जनोपयोगी पक्ष

पर विचार किया। ध्यान से देखें तो प्रेमचन्द नहीं बदले हैं वरन् सन्दर्भों अथवा उनसे जुड़े हुए आन्दोलन में बदलाव आये और जैसे ही प्रेमचन्द को लगा कि अमुक विचार का कोई पक्ष आमूल सामाजिक परिवर्तन की उनकी मान्यताओं के विरुद्ध है—वे उससे अलग होने लगे हैं। हमने आर्यसमाज और गाँधीवाद के उनके अलगाव को स्पष्ट करने का प्रयत्न किया है। वस्तुत: वे भारतीय समाज और मनुष्य की मुक्ति के हिमायती हैं और इसी अपनी एक प्रतिश्रुति पर उन्होंने विचारधाराओं और सामाजिक आन्दोलनों को जाँचा-परखा है।

प्रेमचन्द के सर्जनात्मक सरोकारों के सिलसिले में मुख्य विवाद इस बात पर रहा है कि वे आदर्शवादी कथाकार हैं अथवा यथार्थवादी। हम आगे इसी का परीक्षण करेंगे।

प्रेमचन्द ने साहित्य और कला को जिस रूप में ग्रहण किया और फिर जिस रूप में व्यवस्था की, उसकी चर्चा उनके 'कुछ विचार' के 'उपन्यास' शीर्षक निबन्ध से करें! जिसमें चरित्र-चित्रण पर विचार करते हुए लिखते हैं, "अब यहाँ प्रश्न होता है, उपन्यासकार को इन चरित्रों का अध्ययन करके उनको पाठकों के सामने रख देना चाहिए, उसमें अपनी तरफ से काट-छाँट, कमी-बेशी कुछ न करनी चाहिए, या किसी उद्देश्य की पूर्ति के लिए चरित्रों में कुछ परिवर्तन भी कर देना चाहिए।

यहीं से उपन्यासों के दो गिरोह हो गये हैं? एक आदर्शवादी, दूसरा यथार्थवादी।

आदर्शवाद या यथार्थवाद से प्रेमचन्द क्या समझते थे और किन स्थितियों के तहत आदर्शोन्मुख यथार्थवाद को सर्वश्रेष्ठ कला-दृष्टि मानते थे। यह सब प्रेमचन्द के यहाँ उन्हीं द्वारा व्याख्यायित है। वे लिखते हैं, "यथार्थवादी चरित्र को पाठक के सामने उनके यथार्थ नग्न रूप में रख देता है। उसे इससे कुछ मतलब नहीं कि सच्चरित्रता का परिणाम बुरा होता है या कुचरित्रता का परिणाम अच्छा—उसके चरित्र अपनी कमजोरियाँ या खूबियाँ दिखाते हुए अपनी जीवन-लीला समाप्त करते हैं। संसार में सदैव नेकी का फल नेक और बदी का फल बद नहीं होता, बल्कि इसके विपरीत हुआ करता है, नेक आदमी धक्के खाते हैं, यातनाएँ सहते हैं, मुसीबतें झेलते हैं, अपमानित होते हैं, उनको नेकी का फल उलटा मिलता है, और बुरे आदमी चैन करते हैं, नामवर होते हैं, यशस्वी बनते हैं, उनको बदी का फल उलटा मिलता है। यथार्थवादी अनुभव की बेड़ियों में जकड़ा होता है और चूँकि संसार में बुरे चरित्रों की ही प्रधानता है—यहाँ तक कि उज्ज्वल-से-उज्ज्वल चरित्र में भी कुछ-न-कुछ दाग-धब्बे रहते हैं, इसलिए यथार्थवाद हमारी दुर्बलताओं, हमारी विषमताओं और हमारी क्रूरताओं का नग्न चित्र होता है और इस तरह यथार्थवाद हमको निराशावादी बना देता है, मानव चरित्र पर से हमारा विश्वास उठ जाता है, हमको चारों तरफ बुराई-ही-बुराई नजर आने लगती है।'[81]

जहाँ यथार्थवाद के पक्ष का समर्थन करते हैं, वहीं आदर्श को भी आवश्यक बताते हैं। यथार्थवाद आँखें खोल देता है तो आदर्श मनोरम स्थान पर पहुँचाता है। लेकिन आदर्श सिद्धान्त रूप में लाया जाये, यह प्रेमचन्द को गँवारा न था। इसी मानसिक धरातल पर पहुँचकर प्रेमचन्द को दोनों में सामंजस्य का मार्ग ढूँढ़ना पड़ा। आदर्श और यथार्थ के समन्वय का वर्णन वे इस प्रकार करते हैं—"इसलिए वही उपन्यास उच्चकोटि के समझे जाते हैं, जहाँ यथार्थ और आदर्श का समावेश हो गया है। उसे आप 'आदर्शोन्मुख यथार्थवाद कह सकते हैं। आदर्श को सजीव बनाने के लिए यथार्थ का उपयोग होना चाहिए और अच्छे उपन्यास की यही विशेषता है।"[82]

इसी निबन्ध में साहित्यकार के दायित्व की चर्चा करते हुए लिखते हैं, "साहित्यकार का काम केवल पाठकों का मन बहलाना नहीं है। यह तो भाटों और मदारियों, विदूषकों और मसखरों का काम है। साहित्यकार का पद इससे कहीं ऊँचा है। वह हमारा पथ प्रदर्शक होता है, वह हमारी मनुष्यत्व को जगाता है, हममें सदभावों का संचार करता है, हमारी दृष्टि को फैलाता है। कम-से-कम उसका यही उद्देश्य होना चाहिए।"[83]

इसी निबन्ध में आगे स्वीकार करते हैं कि साहित्य का सबसे ऊँचा आदर्श यह है कि उसकी रचना केवल कला की पूर्ति के लिए की जाये। आज की बदली हुई परिस्थितियों में किसी विचारप्रधान साहित्य का वे समर्थन करते हैं लेकिन शर्त यह है कि विचार पूर्णतः परोक्ष रूप से अभिव्यक्त हों। अपनी बात को प्रमाणित करने के लिए वे विक्टर ह्यूगो, शॉ, वेल्स, ताल्सताय, डिकेन्स आदि का उदाहरण भी देते हैं।

प्रेमचन्द अपने रचनाकाल के किसी दौर में यथार्थ विरोधी नहीं रहे। यथार्थ के प्रति उनकी आस्था बराबर बनी रही। वे यथार्थ के ऐसे रूप से असहमत हैं जो समाज और व्यक्ति के लिए घातक हो। इसी प्रकार आदर्श के प्रति लगाव रखते हुए भी वे उसकी सीमाओं के प्रति भी सजग हैं। ऐसी ही स्थिति में वे आदर्श और यथार्थ के एक समन्वित यथार्थवाद की अवधारणा करते हैं।

वे अव्यावहारिक आदर्शवाद के समर्थक कभी नहीं रहे। उनमें उपयोगी यथार्थवाद और व्यावहारिक आदर्शवाद का अद्भुत समन्वय है। इस सन्दर्भ में लिखते हैं—

"इसलिए वही उपन्यास उच्चकोटि के समझे जाते हैं जहाँ यथार्थ और आदर्श का समावेश हो गया है। उसे आप 'आदर्शोन्मुख यथार्थवाद' कह सकते हैं। आदर्श को सजीव बनाने के ही लिए यथार्थ का उपयोग होना चाहिए।"[84]

कर्मभूमि में अमरकान्त और डॉ. शान्तिकुमार के संवादों में आदर्श और यथार्थ के समन्वय की बात करते हैं—

"तुम आदर्श की धुन में व्यावहारिकता का बिलकुल विचार नहीं करते। कोरा आदर्शवाद खयाली पुलाव है।"[85]

अमर ने चकित होकर कहा—"मैं तो समझता था, आप भी आदर्शवादी हैं।"

शान्तिकुमार ने मानो इस चोट की ढाल पर रोककर कहा—"मेरे आदर्शवाद में व्यावहारिकता का भी स्थान है।" इसी तरह उनके साहित्यिक निबन्धों में शृंगार, आनन्द, आदर्श, यथार्थ कला के लिए कला सौन्दर्यवृत्ति आदि की उन्हीं द्वारा की गयी व्याख्याएँ उनके सर्जनात्मक सरोकारों को स्पष्ट करने में पूर्णत: सक्षम हैं।

साहित्य की अनेक परिभाषाएँ उपलब्ध हैं। प्रेमचन्द साहित्य का वास्तविक जीवन से अविच्छिन्न सम्बन्ध मानते हैं। मनुष्य जीवन ही साहित्य का आधार है, उससे कटकर साहित्य अपना महत्त्व खो देता है। वे लिखते हैं, "साहित्य की बहुत-सी परिभाषाएँ की गयी हैं, पर मेरे विचार से उसकी सर्वोत्तम परिभाषा' जीवन की आलोचना है।"[86]

'जीवन में साहित्य का स्थान' शीर्षक निबन्ध में वे साहित्य का आधार जीवन को बताते हैं। इसी नींव पर साहित्य की दीवार खड़ी होती है। जीवन का उद्देश्य आनन्द को बताते हुए लिखते हैं, "जीवन का उद्देश्य ही आनन्द है। मनुष्य जीवनपर्यन्त आनन्द की खोज में पड़ा रहता है।" आनन्द का आधार सुन्दर और सत्य बताते हुए वे आगे लिखते हैं, "किसी को वह रत्नद्रव्य में मिलता है, किसी को भरे-पूरे परिवार में, किसी को लम्बे-चौड़े भवन में, किसी को ऐश्वर्य में, लेकिन साहित्य का आनन्द, इस आनन्द से ऊँचा है, इससे पवित्र। उसका आधार सुन्दर और सत्य है। वास्तव में सच्चा आनन्द सुन्दर और सत्य से मिलता है, उसी आनन्द को दर्शाना, वही आनन्द उत्पन्न करना साहित्य का उद्देश्य है।"[87]

प्रेमचन्द की साहित्य की परिभाषा में जीवन, आनन्द, सत्य और सुन्दर क्रमबद्ध रूप में स्थित है। वे आनन्द के साथ सत्य का घनिष्ठ सम्बन्ध मानते हैं—

'जहाँ मनुष्य अपने मौलिक यथार्थ और अकृत्रिम रूप में है, वहीं आनन्द है। आनन्द कृत्रिमता और आडम्बर से कोसों दूर भागता है।' प्रेमचन्द का मानना है कि जब किसी समाज का जीवन स्तर गिरने लगता है तो साहित्यकार साहित्य से मनुष्य के भावों को स्पन्दित करके समाज के चरित्र निर्माण में हिस्सा बँटाता है।

"मनुष्य स्वभाव से देवतुल्य है। जमाने में छल-प्रपंच या अन्य परिस्थिति के वशीभूत होकर वह अपना देवत्व खो बैठता है। साहित्य इसी देवत्व को अपने स्थान पर प्रतिष्ठित करने की चेष्टा करता है। उपदेशों से नहीं, नसीहतों से नहीं, भावों को स्पन्दित करके, मन को कोमल तारों पर चोट लगाकर, प्रकृति से सामंजस्य उत्पन्न करता है।"[88]

साहित्य और साहित्यकार के दायित्व को प्रेमचन्द राजनीति के आगे चलनेवाले पथ-प्रदर्शक शक्ति के रूप में स्वीकार करते हुए 'साहित्य का उद्देश्य' शीर्षक निबन्ध में लिखते हैं, ''साहित्यकार का लक्ष्य केवल महफिल सजाना और मनोरंजन का सामान जुटाना नहीं है—उसका दरजा इतना न गिराइये। वह देशभक्ति और राजनीति के पीछे चलनेवाली सच्चाई भी नहीं, बल्कि उनके आगे मशाल दिखाती हुई चलनेवाली सच्चाई है।''[89]

प्रेमचन्द भारतीय मुक्ति आन्दोलन के जुझारू कथाकार हैं। समय-समय पर लिखे गये साहित्यिक लेख उनके साहित्यिक सरोकारों की अभिव्यक्ति करने में पूरी तरह समर्थ हैं। भारतीय जनता की मुक्ति को प्रेमचन्द का साहित्यिक सरोकार माना जा सकता है, क्योंकि उनका सम्पूर्ण साहित्यिक लेखन भारत की राजनैतिक, सामाजिक, धार्मिक, सामन्ती मुक्ति से सम्बद्ध है। यद्यपि प्रेमचन्द 'कला कला के लिए' के सिद्धान्त को साहित्य का सबसे ऊँचा आदर्श बताते हैं लेकिन युग के बदलते परिवेश में उच्च आदर्शों को लेकर चलना मुश्किल है। उपन्यास किसी विचारधारा के प्रसार के लिए लिखा जाये तो मनुष्य की मौलिक प्रवृत्तियों का संघर्ष निभता रहे। राजनैतिक, सामाजिक बन्धनों से जकड़े समाज में 'कला कला के लिए' के सिद्धान्त के हामी रचनाकार अप्रासंगिक सिद्ध होंगे। इस सन्दर्भ में प्रेमचन्द लिखते हैं ''कला के लिए कला' का समय वह होता है, जब देश सम्पन्न और सुखी हो। जब हम देखते हैं कि हम भाँति-भाँति के राजनीतिक और सामाजिक बन्धनों में जकड़े हुए हैं, जिधर निगाह उठती है दु:ख और दरिद्रता के भीषण दृश्य दिखायी देते हैं, विपत्ति का करुण क्रन्दन सुनायी देता है, तो कैसे सम्भव है कि किसी विचारशील प्राणी का हृदय न दहल उठे? हाँ, उपन्यासकार को इसका प्रयत्न अवश्य करना चाहिए कि (उपन्यासकार के) 'उसके विचार' तथा 'विचारधारा' का अन्तर परोक्ष रूप से व्यक्त हों; उपन्यास की स्वाभाविकता में उस विचार के समावेश से कोई विघ्न न पड़ने पाये, अन्यथा उपन्यास नीरस हो जायेगा।''[90]

निष्कर्षत: प्रेमचन्द के साहित्यिक सरोकार यथार्थोन्मुख आदर्शवाद, सत्य, सौन्दर्य, आनन्द, उच्च चिन्तन, मुक्ति की चेतना का उन्मेष आदि को अपने भीतर समाहित किये हुए है। इस सन्दर्भ में प्रेमचन्द का यह कथन उद्धरणीय प्रस्तुत है। ''जी हो जब तक साहित्य का काम केवल लोरियाँ गा-गाकर सुलाना केवल आँसू बहाकर जी हल्का करना था, तब तक उसके लिए कर्म की आवश्यकता न थी। यह एक दीवाना था जिसका गम दूसरे खाते थे। मगर हम साहित्य० केवल मनोरंजन और विलासिता की वस्तु नहीं समझते। हमारी कसौटी पर वही साहित्य खरा उतरेगा जिसमें उच्च चिन्तन हो, स्वाधीनता का भाव हो, सौन्दर्य का सार हो, सृजन की आत्मा हो, जीवन की सच्चाईयों का प्रकाश हो जो हममें गति, संघर्ष और बेचैनी पैदा करे, सुलाये नहीं क्योंकि अब और ज्यादा सोना मृत्यु का लक्षण है।''[91]

## सन्दर्भ


1. अमृतराय : कलम का सिपाही, पृ. 1
2. वही, पृ. 1
3. प्रेमचन्द घर में : शिवरानी प्रेमचन्द भूमिका से
4. इन्द्रनाथ मदान : प्रेमचन्द एक विवेचन, पृ. 24-25
5. अमृतराय : कलम का सिपाही, पृ. 2
6. वही, पृ. 3
7. वही, पृ. 13-14
8. वही, पृ. 14
9. प्रेमचन्द कुछ विचार : कहानी कला
10. प्रेमचन्द जीवन कला और कृतित्व : हंसराज रहबर, पृ. 4
11. मानसरोवर, भाग-6, पृ. 174
12. दूसरी शादी, गुप्तधन, भाग-दो, पृ. 226-227
13. गृहदाह, मानसरोवर, भाग-6, पृ. 175
14. शिवरानी प्रेमचन्द : प्रेमचन्द घर में, पृ. 11
15. अमृतराय : कलम का सिपाही, पृ. 26
16. वही, पृ. 38
17. प्रेमचन्द घर में, पृ. 69
18. अमृतराय : कलम का सिपाही, पृ. 308
19. वही, पृ. 314
20. प्रेमचन्द और उनका युग : डॉ. रामविलास शर्मा, पृ. 23
21. प्रेमचन्द घर में, पृ. 127
22. वही, पृ. 169
23. मंगलसूत्र एवं अन्य रचनाएँ : सरस्वती प्रेस, इलाहाबाद, पृ. 236
24. कायाकल्प, सरस्वती प्रेस, इलाहाबाद, पृ. 211
25. वही, पृ. 147
26. मंगलसूत्र एवं अन्य रचनाएँ
27. वही, पृ. 375
28. चिट्ठी-पत्री, खण्ड-1, पृ. 120
29. 'दक्षिण भारत हिन्दी प्रयाग सभा' में दिया गया दीक्षान्त भाषण, 23 दिसम्बर, 1934, मद्रास
30. अमृतराय, प्रेमचन्द 'कलम का सिपाही' हंस प्रकाशन, पृ. 86
31. चाँद (मासिक पत्र) मार्च 1924, पृ. 321
32. सचीरानी गुर्टू (सम्पादित) प्रेमचन्द और गोर्की, पृ. 26
33. विविध प्रसंग, भाग-एक, पृ. 264
34. चिट्ठी-पत्री, भाग एक, 21 दिसम्बर 1919, पृ. 93
35. दुर्गादास : भारत वर्णन से नेहरू और उसके बाद, पृ. 101

36. आलोक राय ''ए काइण्ड आफ क्राइसिस : गोदान एण्ड लास्ट राइटिंग्स आफ मुंशी प्रेमचन्द''
37. विविध प्रसंग, भाग-दो, 16 अप्रैल, 1934, पृ. 257-258
38. वही, 6 नवम्बर, 1933, पृ. 333
39. अमृतराय (सम्पादित) महाजनी सभ्यता, प्रेमचन्द स्मृति, पृ. 264
40. अमृतराय (सम्पादित) असरारेमआविद, प्रेमचन्द, मंगलाचरण, पृ. 3
41. अमृतराय : कलम का सिपाही, पृ. 53
42. वही, पृ. 53
43. मंगलाचरण—हम खुर्मा व हमशबाब, प्रेमचन्द, पृ. 150-151
44. वही, पृ. 151
45. वही, पृ. 151
46. अमृतराय : कलम का सिपाही, पृ. 119
47. प्रेमचन्द और उनका युग : डॉ. रामविलास शर्मा, पृ. 31
48. वही, पृ. 41
49. वही, पृ. 268
50. प्रेमचन्द : साहित्य का उद्देश्य, पृ. 10
51. प्रेमाश्रम : प्रेमचन्द, पृ. 47
52. वही, पृ. 12
53. वही, पृ. 38
54. वही, पृ. 41
55. प्रेमाश्रम : प्रेमचन्द, पृ. 41
56. वही, पृ. 50
57. रंगभूमि : प्रेमचन्द, पृ. 139
58. वही, पृ. 558
59. कायाकल्प : प्रेमचन्द, पृ. 273
60. कांग्रेस का इतिहास, पृ. 244
61. कायाकल्प : प्रेमचन्द, पृ. 265
62. कर्मभूमि : प्रेमचन्द, पृ. 29
63. वही, पृ. 66
64. वही, पृ. 169-170
65. वही, पृ. 170
66. गोदान : प्रेमचन्द, पृ. 7
67. वही, पृ. 18
68. वही, पृ. 21
69. डॉ. रामविलास शर्मा : प्रेमचन्द और उनका युग, पृ. 117
70. लेखक प्रेमचन्द : विविध प्रसंग, भाग-2, पृ. 55
71. वही, पृ. 56

72. हंसराज रहबर : प्रेमचन्द : जीवन और कृतित्व,
73. प्रेमचन्द 'स्वराज्य में किसका अहित होगा' विविध प्रसंग, भाग-2, पृ. 42
74. आजादी की लड़ाई, पृ. 45
75. अन्धा पूँजीवाद, पृ. 333
76. चिट्ठी-पत्री, भाग-एक, लेखक प्रेमचन्द, पृ. 93
77. प्रेमचन्द : चिट्ठी पत्री, पृ. 12
78. वही, (भाग-एक), पृ. 129
79. वही, (भाग-दो), पृ. 77
80. वही, कुछ विचार, पृ. 61
81. वही, पृ. 61-62
82. वही, पृ. 63
83. वही, पृ. 64
84. वही, पृ. 41
85. प्रेमचन्द : कर्मभूमि, पृ. 110
86. कुछ विचार, पृ. 10
87. प्रेमचन्द : कुछ विचार, जीवन में साहित्य का स्थान, पृ. 27
88. वही, पृ. 79
89. वही, साहित्य का उद्देश्य, पृ. 22
90. वही, उपन्यास, पृ. 65
91. वही, साहित्य का उद्देश्य, पृ. 26

# प्रेमचन्द और भारतीय सामन्तवाद

भारत में सामन्तवाद के प्रथम लक्षण अपने प्रारम्भिक रूप में गुप्तकाल में भूमि-सम्पत्ति पर सामन्ती आधिपत्य से प्रकट हुए। हमारे यहाँ सामन्तवाद का विकास धीरे-धीरे हुआ। किन्तु इसका आगमन सामाजिक उथल-पुथल और वर्ग संघर्षों के परिणामस्वरूप नहीं हुआ।

सामन्तवाद के वैचारिक हितों को शंकराचार्य, रामानुजाचार्य, शैव और वैष्णव सन्तों ने अभिव्यक्ति प्रदान की। भारतीय सामन्तवाद की अपनी कुछ विशिष्टताएँ थीं—युगों पुराने ग्राम समुदाय, कृषि और दस्तकारी का एक-दूसरे से घुला-मिला होना, बिरादरी के कबीली सम्बन्धों का जारी रहना, जाति-प्रथा और अस्पृश्यता का विकास, दास-प्रथा और आदिम साम्यवाद के अवशेषों का जारी रहना आदि।

सामन्तवादी समाज के प्रथम सूत्र के अनुसार किसान का हक जमीन पर खेती करने तक सीमित रहता है। रजनी पामदत्त भारत में ब्रिटिश साम्राज्य के पूर्व की सामाजिक-आर्थिक संरचना का वर्णन इन शब्दों में करते हैं, ''अंग्रेजों के आने के पहले भारत में एक परम्परा थी कि साल भर की उपज का एक हिस्सा 'राजा का भाग' माना जाता था जो साझे में खेती करनेवाले किसान, जिनकी जमीन पर संयुक्त स्वामित्व होता था, या अपने गाँव का खुद प्रबन्ध करनेवाला ग्रामीण समाज, खिराज या कर के रूप में शासक को दे देता था। सालाना पैदावार के घटने-बढ़ने के साथ 'राजा का भाग' भी आपने आप घट-बढ़ जाता था। अंग्रेजों ने इस पुरानी परम्परा को खत्म करके एक निश्चित नकद रकम के रूप में मालगुजारी लेना शुरू किया। यह रकम जमीन के हिसाब से तय की जाती थी।.....इस परिवर्तन के द्वारा व्यवहार में अंग्रेज विजेताओं की हुकूमत की सारी जमीन पर अन्तिम अधिकार कायम हो गया और किसान महज दूसरे की जमीन पर खेती करनेवाला बन गया। लगान न देने पर उसे जमीन से बेदखल किया जा सकता था।''

भारतीय सामन्ती ढाँचे में किसान जमीन का मालिक होता था। जमीन का लगान कर के रूप में लिया जाता था। अंग्रेजों ने जमीन के लगान को किराया बना दिया और जमींदारों को किसानों को बेदखल करने का वैधानिक अधिकार दे दिया। इन जमींदारों ने कानूनी लगान के साथ-साथ बेगार, शगुन, नजराना आदि कई गैर कानूनी कर लेने शुरू किये। इन नये जमींदारों की सृष्टि साम्राज्यवाद की नीति के अन्तर्गत हुई थी। अत: इनका विरोध सामन्तों और साम्राज्यवादियों, दोनों का विरोध बन गया।

विश्व इतिहास इस बात का गवाह है कि सामन्तवाद से पूँजीवाद के संक्रमण के काल में महाजनी तथा व्यावसायिक सभ्यता और नगरीकरण की प्रक्रियाएँ जब तीव्र हुईं तो उनके द्वारा अभिजात वर्ग के प्रभुत्व पर आधारित ग्राम व्यवस्था के विघटन ने राजनीति, अर्थनीति और समाजशास्त्र के क्षेत्र में प्रतिगामी और प्रगतिशील दोनों प्रकार की प्रवृत्तियों को जन्म दिया। इन प्रवृत्तियों में सामन्तवाद के नये स्वरूप का विरोध, किसान-समुदाय के कल्याण की कामना, सामाजिक रूढ़ियों और प्रतिगामी परम्पराओं का विरोध सृजनात्मक लेखन का मूल आधार बना। इस प्रवृत्ति के दर्शन हमें साहित्य के क्षेत्र में फ्रांस में बालाजाक, रूस में तालस्ताय और भारत में प्रेमचन्द के साहित्य में होते हैं। इस तरह प्रेमचन्द का नाम विश्व स्तर के उन गिने-चुने लेखकों में निर्विवाद रूप से लिया जा सकता है जिन्होंने सामन्ती महाजनी साम्राज्यवाद के शोषण की सूक्ष्म प्रक्रिया को पहचाना और उसे साहित्यिक अभिव्यक्ति दी। विश्व स्तर के लेखकों में प्रेमचन्द के अलावा दूसरे किसी साहित्यकार का आसानी से नाम नहीं लिया जा सकता, जिसने सामन्तवाद और साम्राज्यवाद के गहरे गठबन्धन के तहत शोषित भारतीय ग्राम और ग्रामवासी, श्रमजीवी किसान-मजदूर, हिन्दू-मुस्लिम साम्प्रदायिकता की विभीषिका में जलते भारतीय समाज, सदियों से शोषित भारतीय नारी, सामन्ती व्यवस्था की उपज अछूतों की मार्मिक वेदना तथा धर्म के बुनियादी शोषक चरित्र को साहित्यिक सृजन का व्यापक आधार बनाया। अपने साहित्य में साम्राज्यवाद और सामन्ती-शोषण से त्रस्त भारतीय किसानों को प्रतिष्ठित कर प्रेमचन्द भारतीय मुक्ति-आन्दोलन की रहनुमाई करनेवाले, सर्वथा नये यथार्थवाद शिल्प और कला सर्जक के रूप में उभरे।

आगे हम प्रेमचन्द-साहित्य में सामन्ती और साम्राज्यवादी गठबन्धन की गहरी पकड़ और भारतीय समाज की पाताल तक धँसी, सामन्ती मान्यताओं का उद्‌घाटन करने का प्रयास करेंगे। हमारे इस उद्‌देश्य की प्रामाणिकता प्रेमचन्द का सम्पूर्ण सर्जनात्मक लेखन है। उनके साहित्य के अध्ययन से प्रथम दृष्ट्या यह है कि उन्होंने जमींदारों अर्थात् सामन्ती शोषण के विरुद्ध ही जेहाद बोला है। उनके सर्जनात्मक साहित्य में सामन्तवाद-विरोधी स्वर की प्रमुखता और उनकी राजनीतिक-सामाजिक

टिप्पणियों में साम्राज्यवाद विरोधी स्वर की प्रधानता है। प्रेमचन्द यह अच्छी तरह समझ रहे थे कि भारतीय मुक्ति की वास्तविक कल्पना तब तक साकार नहीं हो सकती जब तक सामन्ती और साम्राज्यवादी शोषण से भारत को मुक्त नहीं कराया जाता। उनके साहित्य में सामन्तवाद का विरोध सिर्फ सामन्तवाद का विरोध नहीं वरन् साम्राज्यवाद विरोध भी है। इतिहास इस बात का प्रमाण है कि जमींदारों की सृष्टि अंग्रेजों ने अपने शासन को स्थायी बनाये रखने के लिए की थी। सामाजिक और राजनीतिक समर्थन के लिए जमींदारों का नया वर्ग खड़ा किया गया था जिसने हर संकट के समय ब्रिटिश साम्राज्यवाद का साथ दिया। 'रंगभूमि' के दीवान साहब विनय के सामन्ती और साम्राज्यवादी गठबन्धन की जो झलक पेश करते हैं वह किसी इतिहासकार की नहीं प्रेमचन्द की अपनी समझ का प्रमाण है, "रियासतों को आप सरकार की हरमसरा समझिये, जहाँ सूर्य के प्रकाश का भी गुजर नहीं हो सकता। हम सब इस हरमसरा के हब्शी ख़्वाजा सरा हैं। हम किसी की प्रेम-रसपूर्ण दृष्टि को इधर उठने न देंगे, कोई मनचला जवान इधर कदम रखने का साहस नहीं कर सकता। अगर ऐसा हो, तो हम अपने पद के अयोग्य समझें जायें। हमारा रसीला बादशाह, इच्छानुसार मनोविनोद के लिए, कभी-कभी यहाँ पदार्पण करता है। हरमसरा के सोये भाग्य उस दिन जग जाते हैं।"[1]

हमारे देश के जमींदार और रियासतें ब्रिटिश साम्राज्यवाद के हाथ के खिलौने बने हुए थे। प्रेमचन्द-साहित्य का प्राय: प्रत्येक जमींदार साम्राज्यवाद के दबाव में उसके लिए किसानों का शोषण करता है। जब कभी उसमें कमी आती है तो साम्राज्यवादी ताकतें उनकी हैसियत का एहसास इस प्रकार कराती हैं, "हम तुम्हारा रियासत छीन लेगा। हम तुमको रियासत दिया है तब तुम इतना बड़ा आदमी बना है, और मोटर में बैठा घूमता है। तुम हमारा बनाया हुआ है, हम तुमको अपने काम के लिए रियासत दिया है और तुम सरकार से दुश्मनी करता है। तुम दोस्त बनकर तलवार मारना चाहता है। दग़ाबाज़ है, हमारे साथ पोलो खेलता है, क्लब में बैठता है, दावत खाता है, और हमीं से दुश्मनी रखता है। यह रियासत तुमको किसने दिया।"[2]

'संग्राम' नाटक में सबलसिंह और सुपरिण्टेण्डेण्ट का सवाल-जवाब अंग्रेजों और रियासतदारों के अन्योन्याश्रित सम्बन्धों का पर्दाफाश करता है। यहाँ प्रेमचन्द से मन में सामन्तवाद और साम्राज्यवाद के गठबन्धन की सक्षम पहचान है। साथ ही इसका भी परिचय मिलता है। रियासतें जमींदारों को किसने दिया इसका जवाब जमींदार सबलसिंह इस प्रकार देता है—

"सबलसिंह-मुगल बादशाहों ने। हमारे खानदान में पच्चीस पुश्तों से यह रियासत चली आती है।

सुपरिण्टेण्डेण्ट झूठ बोलता है। मुगल लोग जिसको चाहता था, जागीर देता था। जिससे नाराज हो जाता था, उससे जागीर छीन लेता था। जागीरदार मौरूसी नहीं होता था। तुम्हारा बुजुर्ग लोग मुगल बादशाहों से ऐसा बदख्वाही करता जैसा तुम हमारे साथ कर रहा है तो जागीर छिन गया होता। हम तुमको असामियों से लगान वसूल करने के लिए कमीशन देता है और तुम हमारा जड़ खोदना चाहता है। गाँव में पंचायत बनाता है, लोगों को ताड़ी-शराब पीने से रोकता है, हमारा रसद-बेगार बन्द करता है। हमारा गुलाम होकर हमको आँखें दिखाता है। जिस बर्तन में पानी पीता है, उसी में छेद करता है। सरकार चाहे तो एक घड़ी में तुमको मिट्टी में मिला दे सकता है।''[3]

जमींदारों का अस्तित्व जहाँ ब्रिटिश साम्राज्यवाद के हाथ का खिलौना है, वहीं साम्राज्यवाद की बुनियाद सामन्तों पर ही टिकी हुई है। सबलसिंह साम्राज्यवाद और सामन्तवाद के इस अटूट रिश्ते की याद दिलाता हुआ कहता है, ''अगर मान लिया जाये कि सरकार ने हमको बनाया तो उसने अपनी रक्षा और स्वार्थ-सिद्धि के लिए ही यह पॉलिसी कायम की। जमींदारों की बदौलत सरकार का राज कायम है। जब-जब सरकार पर कोई संकट पड़ा है जमींदारों ने मदद की है। अगर आपका खयाल है कि जमींदारों को मिटाकर आप राज्य कर सकते हैं तो यह भूल है। आपकी हस्ती जमींदारों पर निर्भर है।''[4] सबलसिंह साम्राज्यवादी अस्तित्व की बखिया उधेड़कर रख देते हैं। तब सुपरिण्टेण्डेण्ट विनम्रता से अपने अस्तित्व का मूल कारण जमींदारों को स्वीकार करता हुआ कहता है—''हम तुमसे चाहता है कि जब रैयत के दिल में बदख्वाही पैदा हो तो तुम हमारा मदद करे। सरकार से पहले वही लोग बदख्वाही करेगा, जिसके पास कुछ जायदाद नहीं है, जिसका सरकार से कोई कनेक्शन नहीं है। हम ऐसे आदमियों का तोड़ करने के लिए ऐसे लोगों को मजबूत करना चाहता है जो जायदादवाला है, और जिसकी हस्ती सरकार पर है। हम तुमसे रैयत को दबाने का काम लेना चाहता है।''[5]

साम्राज्यवाद और सामन्तवाद के अटूट रिश्ते प्रेमचन्द की विचारधारा को निरन्तर कटु-से-कटुतर बनाते गये थे। प्रेमचन्द अपने सम्पूर्ण साहित्य में सामन्तवादी शोषण से उतना ही घृणा करते हुए दिखायी पड़ते हैं, जितना साम्राज्यवाद से। प्रेमचन्द स्पष्ट रूप से लिखते हैं—''हमारी लड़ाई केवल अंग्रेज सत्ताधारियों से नहीं, हिन्दुस्तानी सत्ताधारियों से भी है। हमें ऐसे लक्षण नजर आ रहे हैं कि यह दोनों सत्ताधारी इस अधार्मिक संग्राम में वापस में मिल जायेंगे और प्रजा को दबाने की, इस आन्दोलन को कुचलने की कोशिश करेंगे।''

स्वतन्त्र भारत में सत्ता सामन्तों और पूँजीपतियों के हाथ में हो यह बात प्रेमचन्द को स्वीकार्य न थी क्योंकि इन वर्गों की स्वार्थपरता से प्रेमचन्द बखूबी परिचित थे।

'आहुति' कहानी का नायक प्रेमचन्द की इसी क्रान्तिकारी विचारधारा की ओर संकेत करता है—

"यदि धन-दौलत की ताकत और शिक्षित वर्गों की स्वार्थपरता जैसी आज हम देखते हैं; वैसी ही आजादी के बाद भी बनी रही, तो मैं कहूँगा कि इससे बेहतर है कि देश को इस तरह की आजादी कभी न मिले।"

**किसान :**

प्रेमचन्द के चिन्तन के मूल में किसान की हित-कामना है। यही कारण है कि वे जिस किसी भी समस्या पर विचार करते हैं उसी मूल चेतना में कहीं-न-कहीं किसान होता है। स्वाधीनता आन्दोलन पर लिख रहे हों या साहित्यिक समस्याओं पर अथवा सामाजिक रूढ़ियों के बारे में विचार कर रहे हो—बिना किसान के उनकी कलम आगे नहीं बढ़ती। भारतीय किसान की आत्मा प्रेमचन्द की सम्पूर्ण सृजनशीलता पर प्रारम्भ से अन्त तक टिकी हुई दिखायी पड़ती है। प्रेमचन्द से पहले और उनके बाद आज तक किसानों का ऐसा हिमायती साहित्यकार पैदा नहीं हुआ।

प्रेमचन्द-साहित्य में किसान चरित्रों का पदार्पण कब होता है और किस रूप में होता है, इस पर विचार करने से पहले उस समय की भारतीय राजनीति में किसानों की स्थिति का सर्वेक्षण भी जरूरी है। भारतीय राजनीति में किसान छिटपुट ढंग से 1857 के विद्रोह में दिखायी पड़ते हैं। तब से 1920 तक किसान आन्दोलन का स्वरूप सामन्तवाद विरोधी चेतना से ही ओतप्रोत था। 1920 के बाद राष्ट्रीय आन्दोलन के नेताओं ने जब किसानों को संगठित करना शुरू किया, तभी उनमें राजनीतिक चेतना पनपी। किसानों ने अब तक राजनीतिक संघर्ष में भाग नहीं लिया था। धीरे-धीरे बुद्धिजीवियों, राजनीतिज्ञों और साहित्यकारों की दृष्टि किसानों की ओर जाने लगी थी। वे अपने सिद्धान्त और व्यवहार को गाँवों की समस्याओं की कसौटी पर भी कसने लगे थे।

प्रेमचन्द का किसानों की ओर झुकाव का कारण राजनीतिक परिप्रेक्ष्य भी है। 1915 ई. में कांग्रेस ने चम्पारन जिले में किसानों की कठिनाइयों की जाँच करने के लिए कमीशन बैठाने का प्रस्ताव किया। सन् 1917 में कांग्रेस के अब तक के कार्यकलापों की समीक्षा करते हुए कांग्रेस के अध्यक्षीय पद से भाषण देते हुए देशबन्धु चितरंजन दास ने कहा कि, "हम शिक्षित लोग अपनी आत्मा की गहराइयों में अँगरेजियत के शिकार हो गये हैं।...हमारी ओढ़ी हुई अँगरेजियत हमारे असंस्कृत देहाती भाइयों को हमसे घृणा करना सिखाती है।...बदले में हम भी उन्हें घृणा की दृष्टि से देखते हैं। क्या हम उन्हें अपनी सभाओं और सम्मेलनों में आमन्त्रित करते हैं। शायद ऐसा हम तभी करते हैं जब हमें किसी दरखास्त पर उनके हस्ताक्षरों की

जरूरत होती है। लेकिन क्या हम अपने किसी काम में उनके साथ हार्दिक सहयोग का रूप अपनाते हैं? क्या हम सचमुच उनके साथ ईमानदारीपूर्ण और सहयोगपूर्ण रवैया अपनाते हैं। क्या एक भी किसान हमारी समितियों और सम्मेलनों का सदस्य है। क्या हमारे किसी भी निर्णय में उनकी इच्छाएँ और उनकी आवाज शामिल होती है? ....क्या हम कभी इन क्षीण-से-क्षीणतर होती जा रही बस्तियों और उजाड़ गाँवों के बारे में सोचने का भी कष्ट करते हैं? क्या हम एक जून आधे पेट खाकर जिन्दगी को घसीटनेवाले भूख और मलेरिया से पीड़ित उन अस्थिपंजरों की चिन्ता करते हैं, जो व्याधियों के सुनसान जंगल के भुतहे परिवेश में दमतोड़ देते हैं। जिनके घर देखने पर विस्मृत धुँधली आदिम गुफाओं का भ्रम होता है और जिनकी जिन्दगी निरन्तर लम्बी होती जंजीरों में लिपट-घिसट रही है? ....हमारा राजनीतिक आन्दोलन गतिहीन प्राणहीन शक्ति है...वास्तविकताओं से कोसों दूर...अब हमारे राजनीतिक आन्दोलन का आधार ही गायब है, वह जनसामान्य की मुख्यधारा से छूटा हुआ है।''[6]

गाँधी जी ने 1917 में चम्पारन में नील से गोरे जमींदारों के खिलाफ किसानों के आन्दोलन को संगठित किया। 1918 में लगानबन्दी का आन्दोलन चलाया। इन दोनों आन्दोलनों ने राष्ट्रीय नेताओं के राष्ट्रीय समस्या को नवीन परिप्रेक्ष्य में देखने की दृष्टि दी। 1918 के कांग्रेस अधिवेशन में किसान नेता ने जोरदार शब्दों में अपनी माँग रखी, जिसका आशय था कि आप लोग जब तक किसानों को अपने साथ लेकर नहीं चलते तब तक कभी भी स्वराज्य का मिलना सम्भव नहीं है।

वास्तव में भारत की राष्ट्रीय राजनीति में किसानों का प्रवेश गाँधी जी के साथ हुआ। इन सारी घटनाओं के साथ-साथ 1917 की रूसी क्रान्ति ने दुनिया भर के बुद्धिजीवियों और राजनीतिक नेताओं को झकझोर दिया। प्रेमचन्द के ऊपर भी क्रान्ति का प्रभाव स्पष्ट परिलक्षित होता है। इसी कारण 1 दिसम्बर, 1919 को प्रेमचन्द ने निगम साहब को पत्र में लिखा— ''मैं अब करीब-करीब बोल्शेविक वसूलों का कायल हो गया हूँ।''[7] जैसी बात लिखी थी जिसकी चर्चा हम पहले कर आये हैं।

राजनीति में प्रगतिशीलता के प्रवेश के साथ ही साहित्य भी प्रगतिशीलता की ओर अग्रसरित होने लगा था। मैथिलीशरण गुप्त तथा गयाप्रसाद शुक्ल 'सनेही' भारतीय कृषि और किसानों का चित्र पहली बार हिन्दी साहित्य में खींचा। प्रेमचन्द का किसानों के प्रति लगाव उनके प्रारम्भिक लेखकीय जीवन में ही हो गया था। 'आलिवर क्रामवेल' पर उन्होंने जून, 1903 में एक जीवनीपरक लेख लिखा था। इस लेख से प्रेमचन्द की भावी रचनात्मक वस्तुबोध का पता चलता है। इसमें इन्होंने क्रामवेल के किसानी जीवन पर लिखते हुए किसानों के साथ अपने लगाव को इन शब्दों में व्यक्त किया है। ऐसा बहुत कम संयोग हुआ है कि एक साधारण शान्ति प्रेमी किसान के रोजाना हालात विस्तार के साथ लिखे हुए मिल सकते हों या उनमें किस्सों की-सी

दिलचस्पी और अजब अनोखी बातें पायी जाती हों। क्रामवेल की जिन्दगी यहाँ कुछ ऐसी सादगी और खामोशी से बसर होती थी कि उसके बारे में बहुत कम हालात मालूम होते हैं।''[8]

उपर्युक्त उद्धरण से रचनाकार प्रेमचन्द की भीतरी आकांक्षा का पता चलता है। यह सच्चाई उनके लेखकीय व्यक्तित्व के लिए चुनौती बनी। शायद यह प्रश्न उनके मन को बार-बार झकझोरता था कि क्या किस्से-कहानी का नायक साधारण किसान नहीं हो सकता? इसके बावजूद भी उनकी प्रारम्भिक दौर की रचनाओं में किसान का जीवन उभरकर नहीं आ सका है।

उनकी पहली रचना 'असरारे मआविद' उर्फ 'देवस्थान रहस्य' है। यह उपन्यास सुधारवादी चेतना का उपन्यास है। यद्यपि प्रेमचन्द ने इसमें किसानों पर खुले तौर पर तो नहीं लिखा लेकिन किसानों की मेहनत से उत्पन्न धन से समाज का शोषण करनेवाले धर्म के ठेकेदारों का सम्बन्ध जोड़ा है।

'हमखुर्मा व हमसबाब' उपन्यास में भी सुधारवादी चेतना को ही प्रमुख माना है लेकिन इसमें वास्तविक जीवन की घटनाओं और परिस्थितियों का यथेष्ट चित्रण है। इस उपन्यास का सबसे बड़ा महत्त्व उसमें आया हुआ राजनीतिक जीवन है। राजनीतिक गतिविधियों में इतनी गहरी दिलचस्पी प्रेमचन्द की समसामयिक चेतना के व्यापक बोध का पता देती है।

1918 से प्रेमचन्द की जीवन-दृष्टि और रचना-दृष्टि में परिवर्तन दिखायी देता है। रूसी क्रान्ति के बाद एक ओर वे किसान-मजदूरों के समर्थक बनते हैं तो दूसरी ओर कांग्रेस के प्रति आलोचनात्मक रुख अपनाते हैं। कुल मिलाकर प्रेमचन्द अब तक किसानों के करीब आ चुके थे। लेकिन उनके क्रान्तिकारी चरित्र से अभी तक इनका परिचय नहीं हो सकता था। 'पंचपरमेश्वर' कहानी में किसानों की समस्या का वर्णन तो है लेकिन इसमें अलगू चौधरी और जुम्मन शेख का चरित्र आदर्श सामन्ती ग्रामीण किसान का ही चरित्र है। जैसा ऊपर कह आये हैं जब 1917 की रूसी क्रान्ति ने प्रेमचन्द को नयी दृष्टि दी जिससे वे किसानों के क्रान्तिकारी स्वरूप से परिचित हो सके। स्वाधीनता संघर्ष में किसानों की भूमिका निर्णायक है, इस निष्कर्ष तक वे पहुँच चुके थे। 1918 से पहले के साहित्य में किसानों के प्रति प्रेमचन्द का भाव दया और ममता से भरा हुआ है। फरवरी, 1919 में ज़माना में उनका 'पुराना जमाना', नया जमाना' लेख छपा। आगे आनेवाले समय में किसानों की क्रान्तिकारी भूमिका के प्रति उनमें अटूट विश्वास दिखायी पड़ता है। यह बात उन्हीं के कथन से स्पष्ट होती है, ''क्या यह शर्म की बात नहीं कि जिस देश में नब्बे फीसदी आबादी किसानों की हो उस देश में कोई भी किसान सभा, कोई किसानों की भलाई का आन्दोलन, कोई खेती का विद्यालय, किसानों की भलाई का कोई व्यक्तिगत प्रयत्न न हो।...मगर

नये जमाने ने एक नया पन्ना पलटा है। आनेवाले जमाने में अब किसानों और मजदूरों को ही सौंपा है। दुनिया की रफ्तार इसका साफ सबूत दे रही है। हिन्दुस्तान इस हवा से बेअसर नहीं रह सकता। हिमालय की चोटियाँ उसे इस हमले से बचा नहीं सकती। जल्दी या देर से, शायद जल्दी ही, हम जनता को केवल मुखर ही नहीं, अपने अधिकारों की माँग करनेवाले के रूप में देखें। और तब वह आपकी किस्मतों की मालिक होगी।''[9]

भारतीय मुक्ति आन्दोलन भी इन्हीं किसानों और मजदूरों की शक्ति से विजयी हो सकता है। इसी निष्कर्ष पर पहुँचकर प्रेमचन्द ने किसान जीवन पर साहित्य लिखा है और उन्हें ही अपनी रचनाओं में नायक का गौरवशाली पद भी प्रदान किया। डॉ.रामविलास शर्मा प्रेमचन्द द्वारा किसानों को उपन्यास का नायक बनाने पर अपने विचार इन शब्दों में व्यक्त करते हैं। 'एक तो किसानों पर लिखना ही रसराज का अपमान करना था। उस पर किसी खास आदमी को नायक बनाना और भी अनोखा प्रयोग था। प्रेमचन्द ने पाप और पुण्य के राक्षस और देवता नहीं रचे। उन्होंने उस धड़कन को सुना जो करोड़ों किसानों के दिल में हो रही थी। उन्होंने उस अछूते यथार्थ को अपनी कथा का विषय बनाया जिसे भरपूर निगाह से देखने का हियाव ही बड़ों-बड़ों का न था।....प्रेमाश्रम लिखना एक अद्‌भुत साहस का काम था। साहित्य का झण्डा लिये हुये प्रेमचन्द से मार्ग पर चल पड़े, जिसे पहले किसी ने तय न किया था। उनकी प्रतिभा का यह प्रमाण है कि उन्होंने जो साहस किया, वह दुस्साहस साबित नहीं हुआ। प्रेमाश्रम एक अत्यन्त लोकप्रिय उपन्यास के रूप में आज भी जीवित है।''[10]

वास्तव में 'प्रेमाश्रम' के केन्द्र में प्रेमचन्द किसान के महत्त्व को स्थापित करना चाहते हैं। तभी प्रेमचन्द बलराज के मुँह से किसानों की शक्ति में विश्वास व्यक्त करते हैं—

''तुम लोग तो ऐसी हँसी उड़ाते हो मानो काश्तकार कुछ होता ही नहीं। वह जमींदार की बेगार ही भरने के लिए ही बनाया गया है : लेकिन मेरे पास जो पत्र आता है उसमें लिखा है कि रूस देश में काश्तकारों का राज है, वह जो चाहते हैं करते हैं। उसी के पास कोई और देश बलगारी है। वहाँ अभी हाल की बात है, काश्तकारों ने राजा को गद्‌दी से उतार दिया है और अब किसानों और मजदूरों की पंचायत राज करती है।''[11]

प्रेमाश्रम के बाद 'रंगभूमि' लिखा गया। इसमें किसानों की समस्या नाममात्र को आती है। यहाँ प्रेमचन्द की दृष्टि शहर और गाँव के संघर्ष पर टिक गयी है। इसी दौर में किसान जीवन पर तीन महत्त्वपूर्ण कहानियाँ लिखी गयीं। 'मुक्तिमार्ग', 'मुक्तिधन' और 'सवासेर गेहूँ'। अब तक किसान-जीवन पर लिखी गयी कहानियों से ये

कहानियाँ भिन्न हैं। पहले की कहानियों और उपन्यासों में प्रेमचन्द किसानों का शोषण करनेवालों को सदुपदेश दिलवाते हैं अथवा उनकी दीन–दशा का वर्णन उनमें मुख्य स्थान पाता है। 'मुक्तिमार्ग' में न तो सुधार की कामना है और न तो उपदेश का भाव है। यहाँ प्रेमचन्द ने किसान का साधारण और वास्तविक जीवन चित्रित किया है। झींगुर किसान और बुद्धू गड़रिये के आपसी सम्बन्ध और मनमुटाव इस कहानी के केन्द्र में हैं। खेत के पकने के साथ किसानों में गर्व का उदय होता है और फसल नष्ट होने के साथ ही वह दीन हो जाता है।

प्रेमचन्द ने इसी समय 'मुक्तिधन' और 'सवासेर गेहूँ' जैसी किसानों के जीवन पर कहानियाँ लिखी। दोनों कहानियों में किसान अन्त में मजदूर बन जाता है। 'मुक्तिधन' का अन्त आदर्शपरक है जबकि 'सवासेर गेहूँ' में भारतीय समाज में किसान का यथार्थ चित्रित किया गया है।

1930 के पहले की रचनाओं में प्रेमचन्द ने किसान–जीवन को उसी रूप में सामने रखने का प्रयास किया, जैसा वह था। अब प्रेमचन्द किसान जीवन की जटिलता में प्रवेश करते हैं। 'कफ़न', 'गोदान' जैसी रचनाएँ इसी मन:स्थिति की उपज हैं। अब तक प्रेमचन्द ऐसी मंजिल पर पहुँच चुके थे, जहाँ वह अपने को भुलावा नहीं दे सकते थे। होरी जैसे चरित्र की उद्‌भावना ऐसे ही यथार्थ की भावभूमि पर पहुँचकर हो सकती थी। 'गोदान', 'प्रेमाश्रम', 'कर्मभूमि' जैसे उपन्यास और 'सवासेर गेहूँ', 'पंचपरमेश्वर', 'मुक्तिमार्ग', 'पूस की रात', 'कफ़न' जैसी कहानियाँ किसान–जीवन के यथार्थबोध पर आधारित प्रेमचन्द की सर्वोत्तम देन हैं।

प्रेमचन्द का विश्वास है कि किसान भारतीय समाज का आधार–स्तम्भ है। उत्पादन किसान ही करता है इसलिए उसके जीवन स्तर, आर्थिक स्तर और सामाजिक स्तर में सुधार होना चाहिए। किसान की उन्नति से ही देश की उन्नति सम्भव है। लेकिन जिस समय प्रेमचन्द लिख रहे थे उस समय तो यहाँ विदेशियों का शासन था। उस समय किसान की हालत सर्वाधिक दयनीय थी। सभी उसके शत्रु थे। तत्कालीन समाज में किसान की बदहाली का चित्रण वे बड़े मार्मिक शब्दों में करते हैं, "सबका नरम चारा है। पटवारी को नजराना और दस्तूरी न दे तो गाँव में रहना मुश्किल। जमींदार के चपरासी और कारिन्दों का पेट न भरे तो निबाह न हो। थानेदार और कान्सिटिबल तो जैसे उसके दामाद हैं। जब उनका दौरा गाँव में हो जाये, तो किसानों का धरम है, वह उनका आदर–सत्कार करें, नगरनयाज दें, नहीं एक रिपोर्ट में गाँव–का–गाँव बँध जाये। कभी कानूनगो आते हैं, कभी तहसीलदार, कभी डिप्टी, कभी जण्ट, कभी कलक्टर, कमी कमिसनर। किसान को उनके सामने हाथ बाँधे हाजिर रहना चाहिए।....और जो कहो कि इतने महकमों और इतने अफसरों से किसान का कुछ उपकार होता हो तो नाम को नहीं। कभी जमींदार ने गाँव पर हल

पीछे दो-दो रुपये चन्दा लगाया। किसी बड़े अफसर की दावत की थी। किसानों ने देने से इन्कार कर दिया। बस उसने सारे गाँव पर जाफा कर दिया। हाकिम भी जमींदार का ही पक्ष करते हैं। यह नहीं सोचते कि किसान भी आदमी है, उनके भी बाल-बच्चे हैं, उनकी भी इज्जत-आबरू है। और यह सब हमारे दब्बूपन का फल है।''[12]..

प्रेमचन्द की रचनाओं में किसानों की क्रान्तिकारिता का चित्रण उतना नहीं मिलता, जितना उनकी बदहाली का। उन्होंने अपनी रचनाओं में व्यवस्थित और विस्तार से किसानों की बदहाली के कारणों का भी जिक्र किया है।

वैसे तो किसानों का शोषण हर व्यवस्था में होता है लेकिन उपनिवेशवादी व्यवस्था में शोषण का स्वरूप स्पष्ट दिखायी पड़ता है। अंग्रेजों के शोषण का शिकार सारा राष्ट्र था। वे यहाँ का कच्चा माल अपने देश ले जा रहे थे और किसानों की जमीन से मालगुजारी उगाह रहे थे। प्रेमचन्द ने अपनी रचनाओं में साम्राज्यवादियों द्वारा राष्ट्रीय शोषण का चित्रण मुख्य रूप से नहीं किया है। उनकी मुख्य चिन्ता किसानों का शोषण है। उन्होंने अपने साहित्य में किसानों के शोषण में साम्राज्यवाद को एक कड़ी के रूप में देखा है। अपनी रचनाओं में उन्होंने सम्पूर्ण भारत के किसानों के शोषण के विविध रूपों का चित्रण नहीं किया है। उदाहरण के लिए कुछ जगहों पर अंग्रेजों ने किसानों को नील की खेती करने के लिए अथवा कुछ अन्य स्थानों पर जूट और चाय के उत्पादन के लिए बाध्य किया था। रैयतवारी भूमि-प्रबन्ध में साम्राज्यवादियों द्वारा किसानों का सीधा और नग्न शोषण किया गया था लेकिन उनके शोषण के इन भयंकर स्रोतों का उल्लेख प्रेमचन्द ने कहीं भी नहीं किया है। मुख्य रूप से उन्होंने जमींदारी व्यवस्था में रह रहे उत्तरी भारत के किसानों के जीवन और सामाजिक स्थितियों के यथार्थ का ही वर्णन किया।

प्रेमचन्द ने मुख्य रूप से भारतीय किसान के दैनिक जीवन से सम्बद्ध शोषण के रूपों को ही चित्रित किया है। उन्हीं शोषित चरित्रों को अपने कथानकों का पात्र बनाया है जो अनपढ़ किसान को आसानी से समझ में आ जाये। सामन्ती शोषण का स्वरूप उनकी रचनाओं में स्पष्ट है। जबकि साम्राज्यवाद विरोध की ओर इशारा मात्र है। उदाहरण के लिए 'गोदान' में शोषकों की एक लम्बी जमात है। इस जमात में बैंकर खन्ना हैं। बैंक के माध्यम से भी भारतीय किसान का अप्रत्यक्ष रूप से शोषण होता था। इस शोषण से साम्राज्यवादियों को लाभ था। इसी प्रकार कर्मभूमि का किसान महामन्दी के दौर का किसान है। उस मन्दी के कारण साम्राज्यवादी ही थे लेकिन प्रेमचन्द ने साम्राज्यवादियों द्वारा शोषण की जटिल प्रक्रिया की ओर इशारा भर किया है। लेकिन इसका यह अर्थ नहीं है कि प्रेमचन्द साम्राज्यवादियों के चरित्र को समझ नहीं रहे थे।

अंग्रेजों ने एक निश्चित मालगुजारी में सारी जमीन जमींदारों को दे दी थी। इसका परिणाम यह हुआ कि इन जमींदारों ने किसानों से लगान के ही साथ बेगार, शगुन, नजराना आदि कई गैरकानूनी कर लेने शुरू कर दिये। इस भयंकर शोषण से किसानों में क्षोभ होना स्वाभाविक था। इसी कारण उनकी रचनाओं में किसानों का जमींदारों के विरुद्ध संघर्ष राष्ट्रीय मुक्ति-संघर्ष के आधारभूत अंग के रूप में उभरा। प्रेमचन्द ने अपनी रचनाओं में जमींदार को किसानों पर अनावश्यक बोझ के रूप में चित्रित किया है।

सामन्तवादी समाज और औपनिवेशिक समाज के जमींदारों की प्रकृति में बहुत अन्तर होता है। सामन्तवादी व्यवस्था में जमींदार किसानों का वैध और अवैध दोनों तरह का शोषण करता है, फिर भी किसानों के साथ अपनत्व का भाव बनाये रखता है।

औपनिवेशिक समाज में जमींदारों का अस्तित्व साम्राज्यवादियों की कृपा पर निर्भर करता है। फिर भी जमींदार ढोंग रचता है कि वही सब-कुछ है। 'कर्मभूमि' में प्रेमचन्द जमींदार के एक संवाद से इस सच्चाई को इस तरह व्यक्त करते हैं।

"....प्रजा मेरे पैरों की धूल है। मुझे अधिकार है कि उसके साथ जैसा उचित समझूँ, वैसा सलूक करूँ। किसी को हमारे और हमारी प्रजा के बीच बोलने का हक नहीं है।"[13] लेकिन वास्तविकता इसके ठीक विपरीत है। जमींदार किसानों का शोषण तो करते हैं, लेकिन शोषण का यह धन उनके पास ही नहीं रह पाता। जमींदार को हमेशा राज्याधिकारियों को प्रसन्न रखना पड़ता है। 'बलिदान' कहानी का जमींदार औपनिवेशिक समाज में जमींदारों को वास्तविक स्थिति का चित्र इन शब्दों में प्रस्तुत करता है।

"तुम समझते होगे कि हम ये रुपये लेकर अपने घर में रख लेते हैं और चैन की बंशी बजाते हैं। लेकिन हमारे ऊपर जो कुछ गुजरती है, हमीं जानते हैं। कहीं यह चन्दा, कहीं वह इनाम। इनके मारे कचूमर निकल जाता है। बड़े दिन में सैकड़ों रुपये डालियों में उड़ जाते हैं। जिसे डाली न दो, वही मुँह फुलाता है। जिन चीजों के लिए लड़के तरसकर रह जाते हैं, उन्हें बाहर से मँगाकर डालियों में सजाता हूँ। उस पर भी कानूनगो आ गये। कभी तहसीलदार, कभी डिप्टी साहब का लश्कर आ गया। सब मेरे मेहमान होते हैं। अगर न करूँ तो नक्कू बनूँ और सबकी आँखों का काँटा बन जाऊँ। साल में हजार-बारह सौ मोदी को इसी रसद-खुराक के मद में देने पड़ते हैं। यह सब कहाँ से आवे? बस यही जी चाहता है कि छोड़कर निकल जाऊँ। लेकिन हमें तो परमात्मा ने इसीलिए बनाया है कि एक से रुपया सताकर लें और दूसरे को रो-रोकर दें, यही हमारा काम है।"[14]

यही पीड़ा केवल 'बलिदान' कहानी के जमींदार की ही नहीं है बल्कि प्रेमचन्द-साहित्य में जितने भी जमींदार आये हैं, उन सभी की लगभग यही स्थिति है। चाहे

वह गोदान के रायसाहब हों या प्रेमाश्रम के रायसाहब सभी कर्ज में डूबे हुए हैं। भयंकर शोषण के बावजूद भी ये जमींदार कर्ज में डूबे हुए हैं। उसका एकमात्र कारण है साम्राज्यवादी व्यवस्था का आतंक। इस प्रकार प्रेमचन्द अप्रत्यक्ष रूप से साम्राज्यशाही के दमन का पर्दाफाश करते चलते हैं।

प्रेमचन्द की रचनाओं के अध्ययन के इस निष्कर्ष पर पहुँचा जा सकता है कि उनके सम्पूर्ण साहित्य में जमींदार वर्ग जहाँ भी आया है वह पतनशील और कमजोर वर्ग के रूप में है, लेकिन उपनिवेशवाद के अस्त्र के रूप में किसानों का निर्मम शोषण करता है। उनकी रचनाओं में सारे जमींदार अन्त में पराजित होते हुए, नष्ट हो जाते हैं।

प्रेमचन्द ने अपने साहित्य में किसानों की आर्थिक बदहाली के दृश्यों का वर्णन आत्मीय करुणा के साथ किया है। इससे किसानों के प्रति उनकी पक्षधरता साफ जाहिर होती है। होरी के परिवार की जर्जर आर्थिक स्थिति का वर्णन प्रेमचन्द बड़ी ही सहृदयता के साथ करते हैं।

"गोबर को उतनी देर में घर की परिस्थिति का अन्दाज़ हो गया था। धनिया की साड़ी में कई पैबन्द लगे हुए थे। सोना की साड़ी सिर पर फटी हुई थी और उसमें से उसके बाल दिखायी दे रहे थे। रूपा की धोती में चारों तरफ झालरें-सी लटक रही थीं। सभी के चेहरे रूखे, किसी की देह पर चिकनाहट नहीं। जिधर देखो विपन्नता का साम्राज्य था।"[15]

'प्रेमाश्रम' में भी किसानों की आर्थिक तबाही का कारुणिक चित्रण किया है। मायाशंकर—जिसमें मानवीय भावनाएँ मौजूद हैं अपने इलाके का दौरा करता है, जिससे उसे किसानों की स्थिति का ज्ञान होता है। "चारों तरफ तबाही छायी हुई थी। ऐसा बिरला ही कोई घर था जिसमें धातु के बर्तन दिखायी देते हों। कितने घरों में लोहे के तवे तक न थे। मिट्टी के बर्तनों को छोड़कर झोंपड़ी में और कुछ दिखायी न देता था। न ओढ़ना, न बिछौना, यहाँ तक कि बहुत-से घरों में खाटें तक न थीं। और वह घर ही क्या थे! एक-एक, दो-दो छोटी कोठरियाँ थीं। एक मनुष्यों के लिए, एक पशुओं के लिए। उसी कोठरी में खाना, सोना, बैठना—सब-कुछ होता था। बस्तियाँ इतनी घनी थीं कि गाँव में खुली हुई जगह दिखायी ही नहीं देती थी। किसी के द्वार पर सहन नहीं, हवा और प्रकाश का शहरों की घनी बस्तियों में भी उतना अभाव न होगा। जो किसान सम्पन्न समझे जाते थे उनके बदन पर साबित कपड़े न थे, उन्हें भी एक जून पर ही काटना पड़ता था। वह भी ऋण के बोझ से दबे हुए थे। अच्छे जानवरों को देखने को आँखें तरस जाती थीं। जहाँ देखो छोटे-छोटे मरियल, दुर्बल बैल दिखायी देते थे और खेत में रेंगते और चरनियों पर औंघते थे। कितने ही ऐसे गाँव थे जहाँ दूध तक मयस्सर न होता था।"[16]

किसान की आर्थिक बदहाली का मुख्य कारण लगान है। 'पूस की रात' कहानी के हल्कू की व्यथा का कारण लगान है। "न जाने कितनी बाकी है, किसी तरह चुकाने में ही नहीं आती। मैं कहती हूँ, तुम क्यों नहीं खेती छोड़ देते? मर-मर कर काम करो, उपज हो तो बाकी दे दो, चलो छुट्टी हुई। कर्ज को चुकाने के लिए तो हमारा जन्म हुआ है।"[17] यही व्यथा गोदान में धनिया के मन में व्यक्त होती है, "यद्यपि अपने विवाहित जीवन के इन बीस वर्षों में उसे अच्छी तरह अनुभव हो गया था कि चाहे कितनी ही कतर-ब्योंत करो, कितना ही तन काटो, चाहे एक-एक कौड़ी को दाँत से पकड़ो; मगर लगान बेबाक होना मुश्किल होता था।"[18]

प्रेमचन्द अपने उपन्यासों में बार-बार इस बात का उल्लेख करते हैं कि जमींदार किसानों को लगान की रसीद नहीं देते। गोदान का नोखेराम और प्रेमाश्रम का गौस खाँ भी किसानों को लगान की रसीद नहीं देते। नोखेराम जब बेदखली की धमकी देता है तो गोबर उससे कहता है, "....मैं अदालत में तुमसे गंगाजली उठवाकर रुपये दूंगा; इसी गाँव में एक सौ सहादतें दिलाकर साबित कर दूँगा कि तुम रसीद नहीं देते। सीधे-सादे किसान हैं, कुछ बोलते नहीं तो तुमने समझ लिया कि सब काठ के उल्लू हैं।"[19]

जब किसानों से गलत ढंग से दो-तीन बार लगान लिया जाता है तो ऐसा भी समय आता है कि वह रुपये जुटाने में असमर्थ हो जाता है और इस तरह किसान को उसके मौरूसी हक से बेदखल कर दिया जाता है। जमींदार किसानों पर बकाया लगान का दावा ऐसे मौके पर करता है जब उसकी आर्थिक स्थिति बहुत खराब होती है। 'प्रेमाश्रम' में किसानों पर बेदखली का दावा उस समय किया जाता है जब गाँव के सभी किसान आर्थिक रूप से तंग रहते हैं। "इसी की देरी थी नालिश हो गयी; किन्तु गाँव में रुपयों का बन्दोबस्त न हो सका। उज्रदारी करनेवाला भी कोई न निकला। सबको विश्वास था कि एकतरफा डिग्री होगी और सब-के-सब बेदखल हो जायेंगे।"[20]

किसानों के शोषण का यह तो कानूनी रूप हुआ। इसके अलावा कुछ परम्परागत रूप भी हैं जो सदियों से भारतीय किसान पर लदे हुए हैं। प्रेमचन्द की रचनाओं में जमींदारों के उन तमाम शोषण के हथकण्डों का चित्रण मिलता है उत्पादन में जमींदारों का कोई हाथ नहीं होता फिर भी वह ठाट-बाट से रहता है। वह तो परोपजीवी है ही उसके नाते-रिश्तेदार भी कुछ काम नहीं करते और किसानों पर तरह-तरह के अत्याचार करते रहते हैं। इन निकम्मे और निठल्ले लोगों का भरण-पोषण किसानों के शोषण से ही होता है।

गोदान के रायसाहब 'शगुन' के नाम पर किसानों से बीस हजार इकट्ठा करवाते हैं। होरी को भी पाँच रुपये देने हैं, जिसकी चिन्ता उसे सताती है। 'कर्मभूमि' में

जमींदार महन्त जी हैं। उनके यहाँ तो एक-न-एक त्योहार लगा ही रहता है। कभी ठाकुर जी का जन्म है, कभी ब्याह है, कभी यज्ञोपवीत है, कभी झूला है, कभी जल-विहार है। असामियों को इन अवसरों पर बेगार देनी पड़ती थी, भेंट-न्यौछावर, पूजा-चढ़ावा आदि नामों से दस्तूरी चुकानी पड़ती थी। लेकिन धर्म के मामले में कौन मुँह खोलता?''[21]

इनके अलावा किसानों के शोषण का एक तरीका बेगार भी था। जमींदार-किसानों को प्रशासनिक, सामाजिक या घरेलू कार्य के लिए पकड़ा सकता था। 'कायाकल्प' में राजा विशाल सिंह के राजतिलक के अवसर पर हजारों लोगों को बेगार करने के लिए बाध्य किया गया। ऐसे ही जमींदारों द्वारा बेगार लेने का उल्लेख प्रेमचन्द ने कई कहानियों में किया है। इसे जमींदार के अत्यन्त सहज, साधारण और परम्परागत अधिकार के रूप में चित्रित किया है। प्रेमचन्द-साहित्य में जहाँ भी जमींदार आया है, वहाँ बेगार का उल्लेख जरूर मिलता है। शोषण की इस प्रक्रिया में कारिन्दा, मुख्तार, चपरासी भी किसानों के शोषक के रूप में चित्रित है। 'उपदेश' कहानी का एक पात्र कहता है, ''जो किसान कारिन्दों की मुट्ठी गरम करते हैं, उन्हें मालिक के सामने सीधा और जो कुछ नहीं देते, उन्हें बदमाश और सरकश बतलाते हैं। किसानों को बात-बात के लिए चूसते हैं, किसान छान छवाना चाहे तो उन्हें दे, दरवाजे पर एक खूँटा तक गाड़ना चाहे तो उन्हें पूजे, एक छप्पर उठाने के लिए दस रुपये जमींदार को नजराना दे तो दो रुपये मुन्शी जी को जरूर देने ही होंगे। कारिन्दे को घी-दूध मुफ्त खिलाये, कहीं-कहीं तो गेहूँ-चावल मुफ्त में हजम कर जाते हैं। जमींदार तो किसानों को चूसते ही हैं, कारिन्दे भी कम नहीं चूसते। जमींदार तीन पाव के भाव में रुपये का सेर भर घी ले, तो मुन्शी जी को अपने घर अपने साले-बहनोइयों के लिए अठारह छटाँक चाहिए ही। तनिक-तनिक-सी बात के लिए डाँड़ और जुर्माना देते-देते किसानों की नाक में दम हो जाता है।''[22]

सामन्ती व्यवस्था में महाजनों के शोषण से किसान कर्ज में डूब जाता है। रजनी पामदत्त कर्ज के दुश्चक्र में फँसे किसान की व्यथा का वर्णन करते हुए लिखते हैं, ''जैसे-जैसे किसान की कठिनाइयाँ बढ़ती जाती हैं, वैसे वह कर्ज के बोझ के नीचे अधिकाधिक दबता जाता है, जिससे उसकी कठिनाइयाँ और बढ़ जाती हैं। इस तरह वह ऐसे भँवर में फँस जाता जिससे निकलने का कोई रास्ता नहीं है। और अन्त में वह भँवर में डूब जाता है, यानी उसकी जमीन छिन जाती है।''[23]

किसानों के कर्ज के कारणों पर दृष्टिपात करते हुए बहुत-से लोगों ने अनेक प्रकार के विचार व्यक्त किये हैं। कुछ लोगों का कहना है कि किसान के कर्ज में डूबने का कारण किसानों की फिजूलखर्ची है लेकिन रजनी पामदत्त वास्तविकता से परिचित हैं। उनके कर्ज के कारणों पर अपना विचार व्यक्त करते हुए लिखते हैं,

"साहूकार और कर्ज भारतीय समाज के लिए कोई सर्वथा नयी वस्तुएँ नहीं हैं। लेकिन जब से भारत का पूँजीवादी शोषण शुरू हुआ, खास तौर पर साम्राज्य के काल में, साहूकार की भूमिका आकार और विस्तार में बहुत बढ़ गयी है। पहले साहूकार को गाँव के जनमत का ख्याल रखते हुए अपना कारबार चलाना पड़ता था। पुराने-कानूनों के मातहत कोई महाजन कर्जे के एवज में ज़मीन नहीं छीन सकता था। अंग्रेजी राज के आने पर ये सारी बातें बदल गयीं। भारत में इंग्लैण्ड के कानून जारी कर दिये गये, जिनके अनुसार कर्जदारों को जेल में बन्द किया जा सकता है और जमीन एक आदमी के हाथ से निकलकर दूसरे आदमी के हाथ में जा सकती है। इन कानूनों से महाजन या साहूकार की चारों उँगलियाँ घी में हो गयीं और पुलिस और अदालत की पूरी ताकत उसके पीछे-पीछे चलने लगीं। साहूकार पूँजीवादी शोषण की पूरी व्यवस्था की आवश्यक धुरी बन गया। कारण कि न केवल साहूकार की मदद के बिना मालगुजारी जमा नहीं हो सकती, बल्कि आमतौर पर साहूकार सूद पर कर्ज़ देने के अलावा अनाज की खरीद और बिक्री भी करता है। जब फसल कटती है तो किसानों की लगभग सारी उपज साहूकार खरीद लेता है। अक्सर वही फसल के शुरू में किसानों को बीज और हल-बैल आदि देता है। और उसका बही-खाता किसानों के लिए जादू का पिटारा बना रहता है। साहूकार का उन पर कितना चाहिए था और वे उसमें से कितना अदा कर चुके हैं, इसका हिसाब प्रायः किसानों को नहीं मालूम होता है कि दिन-ब-दिन वे उसके गुलाम बनते जाते हैं।"[24]

प्रेमचन्द ने भी किसानों के कर्ज में डूबने के कारणों पर गौर करते हुए महाजनों के शोषण के भीषण हथकण्डों का अनुभव किया था। प्रेमचन्द ने इसे 'महाजनी सभ्यता' का नाम ही दे डाला। इस लेख में महाजनी सभ्यता के प्रति आक्रोश है। महाजनों द्वारा किसानों का शोषण, शोषण का सामन्ती रूप है। उपनिवेशवादी युग में भारत में यह धन्धा खूब फूला-फला। उत्तरी भारत में उस जमाने में शायद ही कोई किसान बचा हो जिस पर कर्ज न हो। जिसके पास कुछ रुपये इकट्ठे हो गये, वही महाजन बन बैठा। स्वयं होरी जो आजीवन महाजनों के चंगुल में फँसा रहा, उसने भी कुछ दिन महाजनी की थी। उसके लड़के गोबर ने भी कुछ दिन ब्याज पर रुपये दिये थे।

'तगादा' के महाजन की मनोवृत्ति का चित्रण प्रेमचन्द ने इन शब्दों में किया है, "लहने का बाप तगादा है। इसी सिद्धान्त के वह अनन्य भक्त थे। जलपान के बाद सन्ध्या तक वह बराबर तगादा करते रहते थे। इसमें एक तो घर का भोजन बचता था। दूसरे असामियों के माथे दूध, पूरी, मिठाई आदि पदार्थ खाने को मिल जाते थे। एक वक्त का भोजन बच जाना कोई साधारण बात नहीं है। एक भोजन का एक आना भी रख लें, तो केवल इसी मद में उन्होंने अपने तीस वर्षों के महाजनी जीवन में कोई

आठ सौ रुपये बचा लिये थे। फिर लौटते समय दूसरी वेला के लिए भी दूध, दही, तेल, तरकारी, उपले-ईंधन मिल जाते थे। बहुधा सन्ध्या का भोजन भी न करना पड़ता था।''[25] 'बेटी का धन' में महाजन की तस्वीर यों उतारी गयी है, ''झगड़ू साहू धागे की कमानों की एक मोटी ऐनक लगाये बही-खाता फैलाये हुक्का पी रहे थे, और दीपक के धुँधले प्रकाश में उन अक्षरों को पढ़ने की व्यर्थ चेष्टा में लगे थे, जिनमें स्याही की किफायत की गयी थी। बार-बार ऐनक को साफ करते और आँख मलते, पर चिराग की बत्ती उकसाना या बाहरी बत्ती लगाना शायद इसलिए उचित नहीं समझते थे कि तेल का अपव्यय होगा।''[26]

प्रेमचन्द-साहित्य का प्रत्येक महाजन कजूंस है। ब्याज की एक पाई भी उससे छुड़वाना असम्भव है। इसके बावजूद उसके जीवन के कुछ सिद्धान्त होते हैं—धार्मिकता और नैतिकता जो उसके शोषण को छिपाने के माध्यम हैं। यह धर्म का आडम्बर महाजन के लिए उस समय और उपयोगी हो जाता है जब कोई व्यक्ति इनके रुपये देने से इन्कार करता है। अगर महाजन ब्राह्मण हुआ तो धर्म उसके लिए ब्रह्मास्त्र के समान उपयोगी साबित होता है। 'सवा सेर गेहूँ' में शंकर रुपये देने में आनाकानी करता है तो विप्र जी शंकर को ईश्वर के घर मरने की धमकी देता है। धर्मभीरु शंकर 60 रुपये देने के लिए तैयार हो जाता है और आजीवन विप्र जी की गुलामी करता है।

गोदान के महाजन दातादीन भी ब्राह्मण हैं। गोबर शहर देख आया है इसलिए होरी की अपेक्षा अग्रगामी है। दातादीन का हिसाब करके 70 रुपये देने के लिए तैयार होता है। होरी धर्मभीरु है अत: होरी की धार्मिकता को जगाने के लिए दातादीन कहते हैं, ''सुनते हो होरी, गोबर का फैसला? मैं अपने दो सौ छोड़ के सत्तर रुपये ले लूँ, नहीं अदालत करूँ। इस तरह का व्यवहार हुआ तो कै दिन संसार चलेगा? और तुम बैठे सुन रहे हो; मगर यह समझ लो, मैं ब्राह्मण हूँ, मेरे रुपये हजम करके तुम चैन न पाओगे। मैंने ये सत्तर रुपये भी छोड़े, अदालत भी न जाऊँगा, जाओ। अगर मैं ब्राह्मण हूँ, तो अपने पूरे दो सौ रुपये लेकर दिखा दूँगा। और तुम मेरे द्वार पर आओगे और हाथ बाँधकर दोगे।''[27] 'सद्‌गति' का दुखी चमार ब्राह्मण की महिमा इन शब्दों में बयान करता है, ''....और सबके रुपये मारे जाते हैं, ब्राह्मण के रुपये भला कोई मार तो ले। घर भर का सत्यानाश हो जाये, पाँव गल-गलकर गिरने लगे।''[28] प्रेमचन्द दिखाने का प्रयत्न करते हैं कि अशिक्षित जनता को महाजन धर्म की आड़ में मूर्ख बनाते हैं और उनका शोषण करते हैं।

'गोदान' में किसानों के शोषण के लिए इन सूदखोरों को ही जिम्मेदार ठहराया गया है। महाजनों से त्रस्त होरी कहता है, ''जमींदार तो एक ही है महाजन तीन-तीन हैं। सहुआइन अलग और मँगरू अलग और दातादीन पण्डित अलग।''[29] झिंगुरी सिंह

सबसे बड़े महाजन थे जिनकी महाजनी पर प्रेमचन्द टिप्पणी करते हैं, "झिंगुरी सिंह के सिवा उसे और कोई न सूझा। वह पक्का कागज लिखाते थे, नजराना अलग लेते थे, दस्तूरी अलग, स्टाम्प की लिखायी अलग, उस पर एक साल का ब्याज पेशगी काटकर रुपया देते थे। पच्चीस रुपये का कागज लिखा तो मुश्किल से सत्रह रुपये हाथ लगते थे।"[30]

भारतीय किसान प्रकृति से धर्मभीरु रहा है। ईश्वर की न्यायप्रियता और दयालुता में उसका पूरा विश्वास रहा है। किसानों की धर्मभीरुता की प्रेमचन्द ने हँसी नहीं उड़ायी है लेकिन आलोचना जरूर की है। प्रेमचन्द के अनुसार ब्राह्मण भारतीय किसान का परम्परागत शोषक है। किसान इस शोषण को शोषण नहीं मानता और न तो ब्राह्मण धर्म ही इसे शोषण मानता है। 'सद्‌गति' के विप्र जी, 'सवा सेर गेहूँ' के विप्र महाजन, 'गोदान' के दातादीन ये सभी किसान का धर्म के नाम पर शोषण करते हैं। गोबर दातादीन पर व्यंग्य करते हुए कहता है, "तुम्हारे घर में किस बात की कमी है, महाराज जिस जजमान के द्वार पर जाकर खड़े हो जाओ, कुछ न कुछ मार ही लाओगे। जन्म में लो, मरन में लो, सादी में लो, गमी में लो, खेती करते हो, लेनदेन करते हो, दलाली करते हो, किसी से कुछ भूल-चूक हो जाये तो डाँड़ लगाकर उसका घर लूटते हो, इतनी कमायी से पेट नहीं भरता?"[31]

धर्म की तरह बिरादरी का भय भी किसान के सिर पर तलवार की धार की तरह लटकता रहता है। बिरादरी भी किसान के लिए शोषण का एक अस्त्र है। होरी का पुत्र गोबर अहीर की बेटी झुनिया से प्रेम करता है। वह माँ बननेवाली है। धनिया भला कैसे उसे अपने घर में शरण न देती। इस बात को लेकर बिरादरी को एतराज है। बिरादरी के पंचों ने होरी पर डाँड़ लगा दिया। होरी को नौ रुपये नकद और तीस मन अनाज देना था। होरी ने अपना घर गिरवी रखा और खलिहान की सारी उपज भी दे दी। बिरादरी के आतंक का वर्णन प्रेमचन्द इस तरह करते हैं, "बिरादरी का भय था कि अपने सिर पर लादकर अनाज ढो रहा था, मानो अपने हाथों अपनी कब्र खोद रहा हो। जमींदार, साहूकार, सरकार किसका इतना रौब था? कल बाल-बच्चे क्या खायेंगे, इसकी चिन्ता प्राणों को सोख लेती थी; पर बिरादरी का भय पिशाच की भाँति सिर पर सवार अंकुश दिये जा रहा था। बिरादरी से पृथक् जीवन की वह कोई कल्पना ही न कर सकता था। शादी-ब्याह, मुण्डन-छेदन, जन्म-मरण सब-कुछ बिरादरी के हाथ में है। बिरादरी उसके जीवन में वृक्ष की भाँति जड़ जमाये हुए थी और उसकी नसें उसके रोम-रोम में बिंधी हुई थीं। बिरादरी से निकलकर इसका जीवन विश्रृंखल हो जायेगा, तार-तार हो जायेगा।"[32]

समाज के शोषक वर्ग और शोषित किसान वर्ग के जीवन से प्रेमचन्द-साहित्य भरा हुआ है। यदि शोषण प्रक्रिया की गहराई में उतरा जाये तो पूरे-के-पूरे प्रेमचन्द-

साहित्य में कुछ अवसरों को छोड़कर, किसान इस सामन्ती शोषण के दुश्चक्र को सिर झुकाकर स्वीकार करता है। उसमें विद्रोह की भावना कम ही दिखायी पड़ती है। लेकिन प्रेमचन्द शोषण को अवैध मानते हुए किसान में जागृति की चेतना भरने के लिए बार-बार ऐसे प्रसंगों की सृष्टि करते हैं जिसमें शोषक वर्ग के पात्रों का हुजूम दिखायी पड़ता है। प्रेमचन्द का एक पात्र कहता है, "वह लोग तो आदमियों पर इसी दावे से शासन करते हैं कि ईश्वर ने आदमियों को उनकी सेवा के लिए ही पैदा किया है। असामी भी यही समझता है कि अगर उसे सुझा दिया जाये कि जमींदार और असामी में कोई मौलिक भेद नहीं है, तो जमींदारों का कहीं पता न लगे।"[33]

प्रेमचन्द के साहित्य में किसानों का केवल आर्थिक पक्ष ही नहीं वरन् सामाजिक और सांस्कृतिक पहलू भी विस्तृत रूप से उजागर हुए हैं। प्रेमचन्द का किसान सिर्फ स्वाधीनता-आन्दोलन में हिस्सा ही नहीं लेता, सिर्फ जमींदार महाजन या नौकरशाही से संघर्ष करते हुए ही नहीं दिखायी देता, बल्कि परिवार में, बिरादरी में और सगे-सम्बन्धियों के साथ व्यवहार करते हुए भी दिखायी पड़ता है। प्रेमचन्द ने किसान-जीवन के सामाजिक पहलुओं का चित्रण करते हुए मूलत: उनमें निहित सामन्ती परम्पराओं, प्रथाओं और मूल्यों की आलोचना की है। किसानों के सांस्कृतिक जीवन का चित्रण करते हुए भी प्रेमचन्द किसानों के आर्थिक पक्ष को भूल नहीं पाते। 'गोदान' में एक-दो स्थलों पर किसानों के सांस्कृतिक परिवेश को चित्रित करने का अवसर मिला है लेकिन वहाँ भी प्रेमचन्द की दृष्टि भारतीय समाज के वर्ग सम्बन्धों और आर्थिक संरचना पर टिकी हुई है।

प्रेमचन्द ने अपने साहित्य में किसान को केन्द्र में रखकर सारे समाज का चित्रण किया है। किसान समाज में रहता है अत: समाज के विभिन्न वर्गों के साथ उसका सम्बन्ध होता है लेकिन इन सम्बन्धों में विभिन्नता होती है। कुछ वर्गों के साथ आर्थिक सम्बन्ध होता है लेकिन कुछ के साथ आर्थिक के साथ-साथ सामाजिक सम्बन्ध भी होता है। प्रेमचन्द मानते हैं कि जमींदार और किसान का यह सामाजिक सम्बन्ध अब क्षीण हो रहा है, और शोषण पर आधारित आर्थिक सम्बन्ध ही प्रमुख होते जा रहे हैं। नये जमींदार ज्ञानशंकर का किसानों के साथ वही सम्बन्ध नहीं है, जो पुराने जमींदार प्रभाशंकर का रहा है। दोनों के अन्तर के माध्यम से हम जमींदार-किसान के बदलते हुए सम्बन्धों को पहचान सकते हैं। 'सभ्यता के रहस्य' में प्रेमचन्द ने बदलते सम्बन्धों और विचारों का जिक्र किया है, 'ऐसी समझ को दूर से सलाम कीजिये। मेरे यहाँ कई पुश्तों से जन्माष्टमी का उत्सव मनाया जाता था। कई हजार रुपयों पर पानी फिर जाता था। गाना होता था, दावतें होती थीं, रिश्तेदारों को न्यौते दिये जाते थे, गरीबों को कपड़े बाँटे जाते थे। वालिद साहब के बाद पहले ही साल मैंने उत्सव बन्द कर दिया। फायदा क्या? मुफ्त में चार-पाँच हजार की चपत पड़ती

थी। सारे कस्बे में बावेला मचा, आवाजें कसी गयीं; किसी ने नास्तिक कहा, किसी ने ईसाई बताया, लेकिन यहाँ इन बातों की क्या परवा : आखिर थोड़े दिनों में सारा कोलाहल शान्त हो गया। अजी, बड़ी दिल्लगी थी। कस्बे में किसी के यहाँ शादी हो, लकड़ी मुझसे ले? पुश्तों से यह रस्म चली आती थी। वालिद तो दूसरों से दरख्त मोल लेकर इस रस्म को निभाते थे। हिमाकत की नहीं? मैंने फौरन लकड़ी देना बन्द कर दिया। इस पर भी लोग बहुत रोये-धोये, लेकिन दूसरों का रोना-धोना सुनूँ, या अपना फायदा देखूँ। लकड़ी से ही कम-से-कम 500 रुपये सालाना की बचत हो गयी। अब कोई भूलकर भी इन चीजों के लिए दिक करने नहीं आता।''[34]

पहले किसान के यहाँ कोई उत्सव पड़ता था तो जमींदार उसकी मदद करता था। इसके बदले में किसान भी मालिक के यहाँ शादी-गमी के अवसरों पर शरीक होते और बेगार आदि के द्वारा उनकी सहायता करते थे। प्रेमचन्द-साहित्य में बुद्धिजीवी और किसान का बहुत निकटतापूर्ण सम्बन्ध मिलता है। वह चाहे 'गोदान' के मेहता और मालती हों या 'कर्मभूमि' के अमरकान्त या 'रंगभूमि' के विनय और सोफिया। अथवा 'कायाकल्प' के चक्रधर सभी किसानों से जुड़े हुए हैं।

प्रेमचन्द ने अपनी रचनाओं में जातिगत किसान का उतना वर्णन नहीं किया जितना कि उनका ध्यान वर्गगत किसान पर केन्द्रित है, उनकी रचनाओं में किसानों के तीन वर्ग दिखायी पड़ते हैं। एक वर्ग बड़े किसानों का है। ये बड़े किसान अधिकतर ऊँची मानी जानेवाली जातियों के हैं। ये खुद खेती का काम नहीं करते। दूसरा वर्ग उन किसानों का है जिनके पास ज़मीन जोतने का अधिकर भी होता है और ये खुद खेती का काम भी करते हैं। मनोहर, कादिर, होरी इसी वर्ग में आते हैं। इनके अलावा कुछ ऐसे किसान भी प्रेमचन्द की रचना में हैं जिनके पास जोतने के लिए जमीन नहीं होती, वे दूसरे की जमीन पर मजदूरी करते हैं। 'कफ़न' के घीसू और माधव इसी श्रेणी के किसान हैं।

प्रेमचन्द के किसान असमानता की परम्परागत संस्कृति के अनुरूप जीवन जी रहे हैं। वे इस असमानता को ईश्वर प्रदत मानकर चलते हैं और इस प्रकार कभी भी उनके मन में इस असमानता से विद्रोह करने का भाव नहीं आता। प्रेमचन्द समानता की आधुनिक संस्कृति के हिमायती थे। उन्होंने असमानता की परम्परागत संस्कृति पर बार बार चोट की और असमानता के शिकार लोगों में उसके प्रति विरोध की चेतना जगायी। असमानता को ईश्वर प्रदत्त माननेवाला प्रत्येक हिन्दू किसान, ब्राह्मण को श्रेष्ठ मानता है। ब्राह्मण ज्ञानी और पवित्र होता है। उसे कष्ट देने से पाप लगता है। ब्राह्मण के रुपये न चुकाने से परलोक बिगड़ता है। इसी तरह की अनेकों भ्रान्तियाँ प्रेमचन्द के किसानों में घर किये हुए हैं। इन्हीं के चलते दातादीन को अधिक रुपये देने के लिए होरी राजी हो जाता है जबकि गोबर इन सब संस्कारों से मुक्त

हो चुका है। 'सद्गति' का दुखी चमार अपनी जान देकर भी पण्डित घासीराम से घृणा नहीं कर पाता। 'सवा सेर गेहूँ' का शंकर ब्राह्मण की श्रेष्ठता और पवित्रता से आतंकित होकर बँधुआ मजदूर हो जाता है।

प्रेमचन्द ने दिखाया है कि भारतीय किसान धर्मभीरु रहा है। भारतीय धर्म-व्यवस्था ने असमानता पर आधारित इस समाजव्यवस्था को जायज करार दिया है। राजा और प्रजा, जमींदार और असामी के बीच की असमानता को धार्मिक कर्त्तव्य का रूप देकर उसे स्थायी बनाने का जो प्रयास यहाँ सदियों से किया जाता रहा है, उसे प्रेमचन्द जैसे आधुनिक राष्ट्रीय बुद्धिजीवियों ने चुनौती दी।

प्रेमचन्द-साहित्य का किसान अपनी चेतना से संयुक्त परिवार का पक्षपाती है। प्रेमचन्द ने यह दिखाया है कि नयी व्यवस्था के दबाव से संयुक्त परिवार टूट रहा है और इस टूटते हुए परिवार को बचाने के लिए किसान अथक प्रयास करता है। इसमें कभी वह सफल होता है, कभी असफल। संयुक्त परिवार, बिखर जाने के बाद भी उन सम्बन्धों को मानता रहता है। प्रेमचन्द-साहित्य में भारतीय किसान परिवार का संक्रमण-काल अभिव्यक्त हुआ है, जब संयुक्त परिवार में विघटन-तीव्र हो गया था। इस विघटनकालीन संयुक्त परिवार में सदस्यों के आपसी सम्बन्धों के ताने-बाने, तनाव, अन्त:संघर्ष, अन्तर्विरोध और टूटन की अभिव्यक्ति प्रेमचन्द की रचनाओं में हुई है।

प्रेमचन्द को इस बात का दर्द है कि संयुक्त परिवार टूट रहा है। इसके टूटने के कारणों में नयी बहू की संकुचित दृष्टि को उन्होंने प्रमुख माना है। जब तक घर में बहू नहीं आयी रहती तब तक पारिवारिक जीवन में सुख-शान्ति रहती है, लेकिन ज्यों ही बहू आती है परिवार के सभी सदस्यों के आपसी सम्बन्ध बदल जाते हैं और आज्ञाकारी बेटा भी अनुशासनहीन होने लगता है। 'गोदान' का होरी भी सोचता है कि दोनों भाइयों की बहुएँ आने से द्वेष की आग भड़की और अलग्योझा हुआ। 'अलग्योझा' कहानी में भी इस परिवार के विघटन की जिम्मेदारी रग्घू की बहू मुलिया को ठहराया गया है। मुलिया सोचती है और कहती भी है कि, "मेरा शौहर छाती फाड़कर काम करे और पन्नारानी बनी बैठी रही, उसके लड़के रईसाजादे बने घूमें। मुलिया से यह बर्दाश्त न होगा। वह किसी की गुलामी न करेगी। अपने लड़के तो अपने होते नहीं, भाई किसके होते हैं।"[35]

किसान की प्रकृति के सम्बन्ध में भी प्रेमचन्द ने कई स्थलों पर अपने विचार व्यक्त किये हैं। गोदान में किसान की प्रकृति का विवरण इस प्रकार मिलता है, "किसान पक्का स्वार्थी होता है, इसमें सन्देह नहीं। गाँठ से रिश्वत के पैसे बड़ी मुश्किल से निकलते हैं, भाव-ताव में भी वह चौकस रहता है, ब्याज की एक-एक पाई छुड़ाने के लिए वह महाजन की घण्टों चिरौरी करता है, जब तक पक्का विश्वास

न हो जाये वह किसी के फुसलाने में नहीं आता, लेकिन उसका सम्पूर्ण जीवन प्रकृति से स्थायी सहयोग है। वृक्षों में फल लगते हैं, उन्हें जनता खाती है, खेती में अनाज होता है, वह संसार के काम आता है। गाय के थन में दूध होता है, वह खुद पीने नहीं जाती, दूसरे ही पीते हैं, मेघों से वर्षा होती है, उससे पृथ्वी तृप्त होती है। ऐसी संगति में कुत्सित स्वार्थ के लिए कहाँ स्थान? होरी किसान था और किसी के जलते हुए घर में हाथ सेंकना उसने सीखा ही न था।''[36]

वास्तविकता यह है कि किसान धर्मभीरु अवश्य होता है, लेकिन आपसी सम्बन्धों में ईर्ष्या और द्वेष की मात्रा भी उसमें कम नहीं होती। किसानों की ईर्ष्या, द्वेष का कारण आर्थिक होता है। एक-दूसरे की उन्नति से आपस में स्पर्द्धा की भावना जागृत होती। इस तरह की स्पर्द्धाभाव प्रेमचन्द-साहित्य में कई स्थलों पर मिलता है। 'मुक्तिमार्ग' कहानी में प्रेमचन्द यही दिखाने का प्रयत्न करते हैं कि किस प्रकार बुद्ध और झींगुर के आपसी द्वेष ने दोनों को किसान से मजदूर में परिवर्तित कर दिया है। 'पंचपरमेश्वर' और 'समरयात्रा' में भी इसी तरह का ईर्ष्याभाव मिलता है।

'गोदान' में भी प्रेमचन्द होरी के भाई को ईर्ष्याभाव से ग्रस्त दिखाते हैं। होरी के घर में इतने दिनों बाद गाय आयी है। उसके परिवार के सदस्यों की खुशी का ठिकाना नहीं है। हीरा को होरी की खुशी से ईर्ष्या हो रही थी, उसने चोरी से गाय को विष खिला दिया। इसी तरह का ईर्ष्याभाव 'लाग-डाट' कहानी में भी मिलता है।

किसानों में आर्थिक विषमता तो मिलती ही है लेकिन इसका यह अर्थ नहीं है कि उनमें आपसी सौहार्द का अभाव होता है। प्रेमचन्द आर्थिक विषमता के साथ आपसी प्रेम का भी वर्णन करते हैं। होरी की गाय की मृत्यु पर पूरा गाँव इकट्ठा हो जाता है। आधी रात तक जमघट रहा। सभी होरी के दुख में दुखी थे और वधिक को गालियाँ देते थे। वह इस समय पकड़ा जा सकता, तो उसके प्राणों की कुशल न थी।''[37]

किसानों के सांस्कृतिक पक्ष का वर्णन प्रेमचन्द सतही ढंग से करते हैं। त्योहारों आदि का वर्णन करते हुए उमंग की स्थिति में भी वे किसान जीवन के कष्टों को भूल नहीं पाते। प्रेमचन्द ने लिखा है, "देहातों में साल में छह महीने किसी-न-किसी उत्सव में ढोल-मँजीरा बजता रहता है। होली के एक महीने पहले से एक महीना बाद तक फाग उड़ती है; आषाढ़ लगते ही आल्हा शुरू हो जाता है और सावन-भादों में कजलियाँ होती हैं। कजलियों के बाद रामायण गान होने लगता है। सेमरी भी अपवाद नहीं है। महाजन की धमकियाँ और कारिन्दे की बोलियाँ इस समारोह में बाधा नहीं डाल सकतीं। घर में अनाज नहीं है, देह पर कपड़े नहीं हैं, गाँठ में पैसे नहीं हैं, कोई परवाह नहीं। जीवन की आनन्दवृत्ति तो दबायी नहीं जा सकती, हँसे बिना तो जिया नहीं जा सकता।''[38]

प्रेमचन्द ने किसानों को भारतीय मुक्ति संग्राम का, आधारस्तम्भ माना है। अपने साहित्य में उन्होंने किसान जीवन की सच्चाइयों का इतना व्यापक और बहुआयामी चित्रण कर यह स्पष्ट करने का प्रयत्न किया है कि मात्र राजनीतिक स्वाधीनता इस देश की जनता की वास्तविक मुक्ति के लिए नाकाफी है। गरीबी, अशिक्षा, अन्याय, और सड़ी-गली परम्पराओं में आकण्ठ डूबा इस देश का किसान मुक्ति का प्रतिफल तभी प्राप्त कर सकता है जब मुक्ति के मार्ग से उन सारी बाधाओं को हटा दिया जाये जिनका उल्लेख ऊपर किया गया है।

**नारी :**

भारतीय नारी के लिए यह उक्ति 'यत्र नार्यस्तु पूज्यन्ते रमन्ते तत्र देवता' बहुत पुरानी पड़ चुकी है। तब से लेकर आज तक के समाज में नारी को अनेक उतार-चढ़ाव के दौर से गुजरना पड़ा है। किसी विद्वान् ने उचित ही कहा है कि किसी समाज की वास्तविक स्थिति का ज्ञान इसमें नारी की दशा से किया जा सकता है। दास-युग से लेकर प्रेमचन्द के समय तक नारी की सामाजिक स्थिति में जो परिवर्तन हुए उसके विषय में चर्चा करना इसलिए महत्त्वपूर्ण है क्योंकि नारी को पूरे एतिहासिक परिप्रेक्ष्य में जाने बिना उसके प्रति सही दृष्टिकोण का निर्धारण नहीं किया जा सकता और न तो नारी के प्रति प्रेमचन्द की पक्षधरता को ही समझा जा सकता है। दास-युग से लेकर पूँजीवादी समाज तक नारी की कैसी स्थिति थी इस विषय में प्रेमचन्द का कथन किसी इतिहासकार से ज्यादा विश्वसनीय है। प्रेमचन्द ने 'कुसुम' कहानी में नारी की ऐतिहासिक स्थिति का विश्लेषण करते हुए लिखा है, "आदिकाल में स्त्री-पुरुष की उसी तरह सम्पत्ति थी, जैसे गाय-बैल या खेती-बारी। पुरुष को अधिकार था स्त्री को बेचे, गिरो रखे या मार डाले। विवाह की प्रथा उस समय यह थी कि वर-पक्ष अपने सूर-सामन्तों को लेकर सशस्त्र आता था और कन्या को उड़ा ले जाता था। कन्या के साथ कन्या के घर में रुपया-पैसा, अनाज या पशु जो कुछ उसके हाथ लग जाता था, उसे भी उठा ले जाता था। वह स्त्री को अपने घर ले जाकर, उसके पैरों में बेड़ियाँ डालकर घर के अन्दर बन्द कर देता था। उसके आत्मसम्मान के भावों को मिटाने के लिए यह उपदेश दिया जाता था कि पुरुष ही उसका देवता है, सोहाग स्त्री की सबसे बड़ी विभूति है। आज कई हजार वर्षों के बीतने पर भी पुरुष के उस मनोभाव में कोई परिवर्तन नहीं हुआ। पुरानी सभी प्रथाएँ कुछ विकृत या संस्कृत रूप में मौजूद हैं।"[39]

नारी की उक्त स्थिति सामन्ती समाज में थी। पूँजीवादी समाज में नारी की बाह्य स्थिति में परिवर्तन हुआ। पूँजीवादी विकास के कारण व्यक्तिगत सम्पत्ति का प्रभुत्व बढ़ा, जिसका परिणाम यह हुआ कि संयुक्त परिवार टूटने लगा और परिवार के

स्थान पर व्यक्ति का महत्त्व बढ़ा। व्यक्ति के महत्त्व के साथ जाति, धर्म, लिंग और वर्ण के आधार पर किये जानेवाले भेदभाव का विरोध किया गया। साथ ही नारी स्वतन्त्रता की आवाज भी उठायी गयी।

19वीं शताब्दी में होनेवाली वैचारिक क्रान्ति के नेताओं को समाज की अशिक्षा समस्त हीनताओं का कारण दिखायी पड़ी। हिन्दू समाज की अशिक्षा जड़ता का सबसे भयंकर परिणाम हिन्दू नारियों को भुगतना पड़ रहा था। हमारे देश में नारियों के साथ अत्याचार की वही परम्परा चलायी गयी जो अन्त्यजों के लिए स्वीकृत हुई थी। उन्हें शास्त्र और शस्त्र के अभ्यास से वंचित रखा गया। स्थिति कुछ ऐसी विषम हो गयी कि नारी को किसी प्रकार की सामाजिक प्रतिष्ठा देना पुरुष समाज को भारी पड़ा, जिसके कारण हिन्दू समाज में नारी को पति से अलग कोई स्थिति नहीं बनती थी। पति की मृत्यु के बाद पत्नी को समाज में जिन्दा रहने का कोई अर्थ नहीं रहा था। इससे एक प्रथा चल पड़ी जिसके अनुसार पति की मृत्यु होने पर पत्नी को उसके शव के साथ जला दिया जाता था। इसी प्रथा को 'सती-प्रथा' कहा गया है। हमारे प्राचीन इतिहास में कुछ ऐसे प्रमाण उपलब्ध हैं कि स्त्री पति के मरणोपरान्त अपनी इच्छा से मृत्यु को वरण करती थी किन्तु सामन्ती समाज में नारी अपने सभी अधिकारों से वंचित हो गयी और स्त्री की इच्छा-अनिच्छा का प्रश्न ही नहीं रह गया। लोग विधवाओं को जबर्दस्ती अत्यन्त क्रूरता के साथ उसके पति की लाश के साथ जला डालते थे।

राजा राममोहन राय के प्रयत्न के परिणामस्वरूप 1829 ई. में सती-प्रथा को अवैध घोषित कर दिया गया। इस प्रकार नारी समाज पर पुरुषों द्वारा जो अमानुषिक व्यवहार हो रहा था उस पर कानूनी रोक लगी।

हिन्दू विधवा को पुनर्विवाह का अधिकार नहीं प्राप्त था। यदि पति की मृत्यु के बाद उसे पुनर्विवाह का अधिकार प्राप्त होता तो वह अपने को परिवार के अनाचार और अत्याचार से आवश्यकतानुसार बचा सकती थी। नये विचारों की प्रतिष्ठा ने इस प्रश्न पर भी गम्भीरता के साथ सोचने की प्रेरणा दी। हिन्दू समाज में पुरुष को अनेकों विवाह करने की छूट थी। जिस समाज ने पुरुषों को इस रूप में अबाध स्वच्छन्दता दे रखी थी, वह किसी नारी को संरक्षण रूप में भी पुनर्विवाह की स्वीकृति न दे यह समाज का स्त्री के ऊपर अत्याचार नहीं तो और क्या कहा जायेगा। ब्रह्मसमाज ने इस सम्बन्ध में आन्दोलन प्रारम्भ किया। इस सन्दर्भ में ईश्वरचन्द विद्यासागर और शशिजय मुखर्जी जैसे लोगों के नाम स्मरण करने योग्य हैं।

पारिवारिक सम्पत्ति पर हिन्दू स्त्रियों का कोई कानूनी हक नहीं था। परिणाम यह हुआ कि नारी-पुरुष वर्ग की मुखापेक्षी हो गयी। कभी-कभी जब पति अपनी पत्नी

के रक्षण के दायित्व से विमुख हो जाता था तो पत्नी को न्यायालय में जाकर संरक्षण की माँग करनी पड़ती थी।

19वीं शताब्दी की नवजागरण की चेतना से हिन्दू स्त्रियों में भी जागरण आया। जैसे-जैसे स्त्री समाज में शिक्षा का प्रचार हुआ वैसे-वैसे हिन्दू स्त्रियों को अपनी हीनता का अनुभव भी हुआ। 19वीं शताब्दी में दहेज-प्रथा इतनी भयंकर हो गयी कि हिन्दू घरों में बिना दहेज के विवाह योग्य कन्याएँ अविवाहित ही रह जाती थीं। कुछ कन्याओं ने माँ-बाप को विवाह की दुश्चिन्ता से मुक्ति के लिए आत्मघात करना शुरू कर दिया। इस सामाजिक कुप्रथा के चलते अनमेल विवाह, वृद्ध-विवाह, कन्या-विक्रय आदि ऐसी सामाजिक विकृतियाँ जन्मीं कि आज तक हमारा समाज इनका हल नहीं ढूँढ़ पाया।

सामन्ती समाज में पर्दे की प्रथा का चलन मुस्लिम शासनकाल में और भी बढ़ गया तथा उसमें जटिलता आ गयी। 19वीं शताब्दी के बाद शिक्षित भारतीय नारियों ने इस प्रथा को सर्वथा अनुचित माना और शिक्षा का प्रचार होने के कारण उसमें राष्ट्रीय मुक्ति की चेतना भी जागृत होने लगी। 1926 में अखिल भारतीय महिला सम्मेलन की स्थापना के साथ नारी-मुक्ति का अभियान शुरू हुआ।

अंग्रेजी साम्राज्य की स्थापना के साथ भारत में औद्योगिकीकरण का प्रारम्भ हुआ जिसका परिणाम यह हुआ कि भारतीय समाज का सामन्ती ढाँचा चरमराने लगा। प्रेमचन्द का समय भी यही है। इस संक्रमण-काल में प्रेमचन्द के सामने तीन विकल्प थे। पहला यह था कि सामन्ती मूल्यों को पुनः स्थापित किया जाये जैसा कि प्रसाद जी ने किया। दूसरा आधुनिक मूल्यों के सामने बिना सोचे-विचारे समर्पण कर देने का था। तीसरा विकल्प यह था कि दोनों युगों के मूल्यों का तत्कालीन भारतीय सामाजिक सन्दर्भों में मूल्यांकन किया जाये, गलत मूल्यों का विरोध एवं सही मूल्यों की स्थापना के लिए प्रयत्न किया जाये। प्रेमचन्द-साहित्य का अध्ययन करने पर यह साफ ज़ाहिर है कि उन्होंने तीसरे रास्ते को ही अपनाया।

अपने प्रसिद्ध एवं लोकप्रिय उपन्यास 'सेवासदन' में वे वेश्या समस्या को लेकर आये हैं। उन्होंने इस उपन्यास में वेश्या समस्या पर इतने विस्तार से विचार किया कि आगे फिर अन्य उपन्यासों में इस विषय को पुनः स्पर्श करने की आवश्यकता उन्हें नहीं पड़ी। वेश्या समस्या के प्रत्येक पहलू पर अनेक दृष्टिकोणों से सेवासदन में विचार किया गया है। वेश्या बनने के मूल कारणों से लेकर हमें इस सामाजिक कुप्रथा को दूर करने के उपायों तक का वर्णन 'सेवासदन' में मिलता है।

इस उपन्यास में प्रेमचन्द ने भारतीय नारी की पराधीनता और बेबसी की कथा कही है। इस सम्बन्ध में रामविलास शर्मा लिखते हैं, "सेवासदन की मुख्य समस्या भारतीय नारी की पराधीनता है। प्रेमचन्द ने किस तरह तमाम पुरानी सांस्कृतिक

परम्पराओं को तोड़ते हुए वर्तमान समाज में नारी की पराधीनता को अपने निष्ठुर और वीभत्स रूप में चित्रित किया है, इस पर सहसा विश्वास नहीं होता। हमारे साहित्य में कितने नाटक, कितने उपन्यास नारी के आत्मबलिदान, उसके सतीत्व, उसकी पतिसेवा पर नहीं लिखे गये। लेकिन कितने लेखकों ने उसकी निस्सहायता, पराधीनता, उसके साथ पशुओं और दासों जैसे व्यवहार पर नजर डाली है।''[40]

इस उपन्यास में प्रेमचन्द की दृष्टि हिन्दू समाज में व्याप्त अनेकानेक समस्याओं पर गयी है। जहाँ एक ओर इसमें वेश्या भोली बाई की समस्याएँ चित्रित हैं, वहीं दरोगा कृष्णचन्द की बेटी सुमन के विवाह में दहेज की समस्या भी उठायी गयी है। अनमेल विवाह के कारण नष्ट-भ्रष्ट हो जानेवाले उसके दाम्पत्य जीवन की करुण कथा भी इसमें कही गयी है। 'सेवासदन', 'ग़बन' और 'गोदान' इन तीनों उपन्यासों में इस प्रश्न पर उन्होंने विचार किया है। किन्तु 'सेवासदन' ही वह उपन्यास है जिसमें वेश्या का प्रश्न मुख्यता के साथ उठाया गया है।

'सेवासदन' में भोली बाई नाम की एक वेश्या है। उसके वेश्या जीवन अपनाने के कारणों पर प्रकाश डालते हुए प्रेमचन्द लिखते हैं, ''मेरे माँ-बाप ने मुझे एक बूढ़े मियाँ के गले बाँध दिया था। उसके यहाँ दौलत थी और सब तरह का आराम था, लेकिन उसकी सूरत से हमें नफरत थी। मैंने किसी तरह छह महीने तो काटे, आखिर निकल खड़ी हुई।''[41] स्पष्ट है कि भोली बाई के अनमेल विवाह का यह परिणाम था। इस जीवन से विद्रोह कर वह अन्ततः वेश्या बनने पर मजबूर हो गयी। वही भोली सुमन के अनमेल विवाह के बाद उससे कहती है, ''मैं जानती थी कि कभी-न-कभी तुमसे खटकेगी जरूर! एक गाड़ी में कहीं अरबी घोड़ा और टट्टू जुत सकते हैं? तुम्हें तो किसी घर की रानी बनना चाहिए था। मगर पाले पड़ी एक खूसट के जो तुम्हारा पैर धोने के लायक भी नहीं है। तुम्हीं हो कि यों निबाह रही हो, दूसरी होती तो मियाँ पर लात मारकर कभी की चली गयी होती।'[42]

ऐसे बेमेल विवाह के सम्बन्ध में भोली बाई के मन का विद्रोह प्रेमचन्द इन शब्दों में व्यक्त करते हैं, ''हम कोई भेड़-बकरी तो नहीं कि माँ-बाप जिसके गले मढ़ दें बस उसी की हो रहें। अगर अल्लाह को मंजूर होता कि तुम मुसीबतें झेलो तो तुम्हें परियों की सूरत क्यों देता? यह बेहूदा रिवाज यहीं के लोगों में है कि औरत को इतना जलील समझते हैं, नहीं तो और सब मुल्कों में औरतें आजाद हैं, अपनी पसन्द से शादी करती हैं और जब उसे रास नहीं आता तो तलाक दे देती हैं। लेकिन हम सब वही पुरानी लकीर पीटे चली जा रही हैं।''[43]

भोली की इज्जत और सुमन की उपेक्षा के कारणों पर रामविलास शर्मा का कथन सच्चाई को प्रस्तुत करता है, ''सुमन भी सुन्दर थी; गला सुरीला था लेकिन उसकी इज्जत करना तो दूर उसके आत्मसम्मान को पग-पग पर ठुकराया जाता था।

इसका कारण क्या था? राशि और वर्ण मिला लिये गये थे। मन्त्रों के साथ भाँवरें पड़ चुकी थीं। फिर भी गृहस्थ नारी का सम्मान क्यों न होता था? इसलिए कि यह विवाह-प्रथा स्वेच्छा से दो मनुष्यों का मिलन नहीं था वरन् स्वामी पुरुष के लिए एक दासी प्राप्त करने का साधन मात्र थी। सत्य यह था कि पुरुष शासक था और स्त्री शासित। अपने दास की वह जितनी और जब चाहता इज्जत करता, जब चाहता उसे ठुकरा देता। इस दास-स्वामी सम्बन्ध को ढकने के लिए उसने जितने आदर्शों के दुपट्टे ओढ़ रखे थे, प्रेमचन्द ने उन्हें खींचकर एक तरफ फेंक दिया। उन्होंने दिखाया कि ये पुरुष-स्वामी उसी स्त्री की इज्जत करते हैं जो किसी एक की दासी नहीं है, जो इस हद तक अपनी स्वामिनी है कि अपना तन बेच सकती है। जिस समाज की स्त्रियों में वेश्याएँ ही स्वाधीन हों और पुरुष उन्हीं को सम्मानित करें, ऐसे समाज के भविष्य की कल्पना की जा सकती है। इस जर्जर समाजव्यवस्था की विडम्बना को प्रेमचन्द ने अच्छी तरह प्रकट किया है।''[44]

बेहद सोच-विचार के बाद सुमन इस परिणाम पर पहुँची कि ''वह स्वाधीन है, मेरे पैरों में बेड़ियाँ हैं।'' एक दिन पद्मसिंह के घर रात हो जाने के मामूली अपराध में सुमन को उसका पति अपने घर से निकाल देता है। पति परित्यक्ता सुमन को समाज का संरक्षण नहीं मिलता। हिन्दूधर्म इस मामले में बहुत अनुदार है। स्त्री से जरा-सी गलती हुई कि उसे हिन्दू समाज ने बहिष्कृत किया। पद्मसिंह उदारमना समाजसुधारक के घर में भी बदनामी के भय से शरण नहीं मिली।

बेसहाय सुमन जीना चाहती थी इसलिए जीने के लिए वह मेहनत-मजदूरी करके भी जी सकती थी लेकिन हमारा समाज इस मामले में इतना विचित्र है कि पति परित्यक्ता को मेहनत-मजूरी करके भी नहीं जीने देना चाहता है। अब सुमन के आगे कोई विकल्प न था। विवश होकर वेश्या जीवन अपनाना पड़ता है। अपने पति गजाधर से बाद में चलकर बताती है, ''तुम्हारे दारिद्रय और उससे अधिक तुम्हारे प्रेम-विहीन व्यवहार ने मुझमें असन्तोष का अंकुर जमा दिया और चारों ओर पाप-जीवन को मान-मर्यादा, सुख-विलास देखकर इस अंकुर ने बढ़ते-बढ़ते भटकटैया के सदृश सारे हृदय को छा लिया। उस समय एक फफोले को फोड़ने के लिए जरा-सी ठेस भी बहुत थी। तुम्हारी नम्रता, तुम्हारा प्रेम, तुम्हारी सहानुभूति उस फफोले पर फाहे का काम देती पर तुमने उसे मसल दिया।''[45]

दहेज की कुप्रथा के कारण एक दुहाजू के गले मढ़ दी जाती है। सुमन को वैवाहिक जीवन से पूर्व जो शिक्षा मिली थी वह आनन्दोपभोग की, सन्तोष की नहीं, इससे जो है, उसमें ही सन्तोष-भाव से गुजर करना उसे आया ही नहीं। फिर आस-पास का वातावरण उसके विद्रोह के भाव को उद्दीप्त करने में और भी सहायक हुआ। सुमन के घर के सामने भोली का आवास और सम्पन्न पड़ोसी स्त्रियों का

पहनावा आदि उसके मन को विचलित करने में सहायक हुए। इस पर भी यदि गजाधर का अच्छा व्यवहार होता तब भी वह वेश्यावृत्ति में नरककुण्ड में जाने से पहले कई बार सोचती।

1916 में वेश्याओं की समस्या के प्रति प्रेमचन्द की समझ की तस्वीर उनके इस कथन से पूरी हाती है—"जिस समाज में अत्याचारी जमींदार, रिश्वती राजकर्मचारी, अन्यायी महाजन और स्वार्थी बन्धु आदर और सम्मान के पात्र हों, वहाँ दालमण्डी क्यों न आजाद हो। हराम का धन हरामखोरी के सिवाय और कहाँ जा सकता है? जिस दिन नजराना, रिश्वत, सूद-दर-सूद का अन्त होगा, उसी दिन दालमण्डी उजड़ जायेगी। वे चिड़ियाँ उड़ जायेंगी, पहले नहीं।[46]

चिन्तन के इस धरातल पर पहुँचकर प्रेमचन्द अपने समय के सुधारवादी आन्दोलनों से आगे निकल जाते हैं और व्यक्ति सम्पत्ति पर आधारित सामाजिक संस्थाओं से वेश्यावृत्ति का सम्बन्ध जोड़ते हैं। "वेश्याएँ क्यों बनती हैं और डाके क्यों पड़ते हैं? इसका कारण सम्पत्ति है...जब तक सम्पति के व्यक्तिवाद का अन्त न होगा, संसार में शान्ति न होगी।"[47]

इस तरह 'सेवासदन' से लेकर 'गोदान' तक प्रेमचन्द की समझ में लगातार विकास हुआ है लेकिन 'सेवासदन' की सीमाएँ हमारे इतिहास की सीमाएँ हैं। इसी कारण प्रेमचन्द कोई क्रान्तिकारी दृष्टि उपस्थित नहीं कर पाते। सुमन के संघर्ष को उत्तरोत्तर बढ़ाने का कोई विकल्प उनके पास नहीं था। वे अपने ही द्वारा उठाये अपेक्षाकृत बड़े-बड़े विचारों के मुकाबले औरतों के लिए केवल प्रेम और आदर की माँग करते हैं।

उनकी इस विवशता को हिन्दी के प्रसिद्ध विद्वान् डॉ. रामविलास शर्मा ने बहुत अच्छी तरह से समझा है, "प्रेमचन्द समस्या का समाधान देना तो चाहते थे, लेकिन उचित समाधान देने में ऐतिहासिक सीमाएँ बाधक थीं। नारी की स्वाधीनता और सम्मान रक्षा का प्रश्न देश की आम सामाजिक और राजनीतिक समस्याओं का ही अंग है। नारी की स्वाधीनता देश में एक स्वाधीन जनतन्त्र कायम हुए बिना सम्भव नहीं। वे शक्तियाँ जिन्होंने पहले सुमन को वेश्या बनाया, पीछे कलंकिनी कहकर उसे गंगा की तरफ ठेला, समाज पर अपना प्रभुत्व जमाये हुए थीं। इनके विरुद्ध संघर्ष की समस्या का यही समाधान हो सकता था। लेकिन पहले महायुद्ध के दिनों में स्वाधीनता-आन्दोलन असंगठित था। इसलिए प्रेमचन्द उसे चित्रित नहीं कर सके। वे समाज की प्रगति रोकनेवाली शक्तियों को देख रहे थे लेकिन पुरानी व्यवस्था को बदलनेवाली शक्तियाँ उनके सामने तब मैदान में आयी न थीं।"[48]

समाज में व्याप्त कुरीतियों के विरुद्ध प्रेमचन्द का साहित्य आवाज उठाता है तो भला हिन्दू समाज में व्याप्त विधवा-प्रथा जैसी कुरीति के विषय में कैसे चुप रह

सकते थे। स्त्रियों को लेकर दूसरी बड़ी समस्या उस समय प्रेमचन्द के सामने विधवाओं की थी जिन्हें उस सभ्य समाज में उपेक्षित, पददलित तथा तिरस्कृत अंग समझनेवाले पोंगापन्थियों तथा उन्हें अपनी कामुकता और वासना का सहज पात्र समझनेवाले दारिन्दों की कमी न थी। प्रेमचन्द ने अपनी रचनाओं में ऐसे लोगों की बखिया उधेड़कर रख दी है। ऐसे लोगों के लिए उनके मन में अपार घृणा है। इसीलिए बहुत-से आलोचकों ने उन्हें 'घृणा के प्रचारक' की उपाधि तक दे डाली। वे ऐसे किसी भी सामाजिक पहलू को जब भी छूते हैं, उसके ऊपरी सतह तक ही नहीं रह जाते, बल्कि विषय की गहराई में जाते हैं और उसके सभी पहलुओं पर उनकी दृष्टि जाती है। विधवा-जीवन के सम्बन्ध में प्रेमचन्द ने अपने 'प्रतिज्ञा' नामक उपन्यास में विस्तार से लिखा है, इसके अतिरिक्त 'वरदान', 'निर्मला' और 'कर्मभूमि' में भी जगह-जगह वैधव्य के सम्बन्ध में चर्चा है। उपन्यासों के अतिरिक्त विधवा जीवन की समस्याओं पर प्रेमचन्द ने समय-समय पर 'माँ', 'बेटोंवाली विधवा', 'स्वामिनी', 'धिक्कार', 'मृतक भोज', 'एक्ट्रेस' जैसी ज्वलन्त कहानियाँ भी लिखी हैं। समय-समय पर लिखी जानेवाली सम्पादकीय टिप्पणियों में 'अभागिनी विधवा', 'विधवाओं के गुजारे का बिल' से विधवाओं के प्रति प्रेमचन्द की पक्षधरता प्रमाणित होती है। ये किसी समस्या को प्रस्तुत करने के साथ ही उसका कोई-न-कोई हल भी प्रस्तुत करते हैं। इसी कारण वेश्या समस्या को लेकर उन्होंने एक पूरा उपन्यास ही लिख डाला। अपने लेखन के प्रारम्भिक दिनों में 'प्रेमा' नामक उपन्यास भी इसी समस्या पर लिखा था। उसी का परिष्कृत रूप 'प्रतिज्ञा' नाम से छपा। यह उपन्यास आद्यन्त विधवाओं की करुण कथा से भरा हुआ है। 'वरदान' और 'निर्मला' में विधवा-समस्या का जिक्र तो है लेकिन वह गौण है। 'कर्मभूमि' की आर्थिक दृष्टि से सम्पन्न विधवा समस्याओं से परे है। आगे चलकर जैसे-जैसे प्रेमचन्द की दृष्टि साफ होती गयी वैसे-वैसे छोटी-छोटी समस्याओं पर लिखना छोड़कर वे उन समस्याओं के मूल पर आघात करने लगे। उन्होंने बार-बार सामन्तवाद और साम्राज्यवाद के गठबन्धन को इसका कारण बताया उस पर लगातार आघात किया। अब स्त्री समस्या के मूल कारणों को ही समाप्त करने की चिन्ता में लगे। उनका इस बात पर धीरे-धीरे विश्वास जमता गया कि जब तक पुरुष की नारी पर प्रभुता रहेगी वह अपने स्वार्थ के लिए कभी भी मुक्त नहीं होने देगा। समूल सामाजिक व्यवस्था में परिवर्तन हुए बिना स्त्री की स्थिति में सुधार नहीं हो सकता। सदियों से चले आ रहे कुसंस्कारों को जड़ से उखाड़ फेंकना होगा। लेकिन प्रेमचन्द अन्ततः सामन्तवादी व्यवस्था को ही नारी दुर्दशा के लिए जिम्मेदार ठहराते हैं और मानते हैं कि विधवा की विपत्तियों का कारण बहुत कुछ आर्थिक है।

कमलाचरण की अकाल मृत्यु पर वृजरानी की स्थिति का वर्णन करते हुए प्रेमचन्द लिखते हैं, ''सौभाग्यवती स्त्री के लिए उसका पति संसार की सबसे प्यारी वस्तु होती है। वह उसी के लिए जीती है और उसी के लिए मरती है। उसका हँसना बोलना उसी के प्रसन्न करने के लिए और उसका बनाव श्रृंगार उसी के लुभाने के लिए होता है। उसका सोहाग उसका जीवन है, और सोहाग का उठ जाना उसके जीवन का अन्त है।''[49]

'प्रतिज्ञा' में पूर्णा की विवशता का वर्णन करते हुए प्रेमचन्द लिखते हैं, ''आश्रयविहीन अबला के लिए इस समय तिनके का सहारा ही बहुत था, तो वह नौका की कैसे अवहेलना करती, पर वह क्या जानती थी कि यह उसे उबारनेवाली नौका नहीं वरन् एक विचित्र जलजन्तु है, जो उसकी आत्मा को निगल जायेगा।''[50]

प्रेमचन्द का विचार था कि आर्थिक पराधीनता उनकी दुर्दशा का प्रमुख कारण है। विधवाओं के गुजारे का बिल पेश किये जाने पर अपनी प्रसन्नता व्यक्त करते हुए लिखते हैं, ''श्रीहरिविलास शारदा ने अपनी सामाजिक सेवा से भारत के इतिहास में अमर पद प्राप्त कर लिया है। अब उन्होंने हिन्दू विधवाओं के गुजारे का बिल असेम्बली में पेश करके समाज की जो सेवा की है उसके लिए उनको समाज का कृतज्ञ होना चाहिए। हिन्दू समाज के पतन का मुख्य कारण अगर जाति-भेद है तो विधवाओं की दुर्दशा भी उसका खास सबब है। वही स्त्री जो पति के जीवन-काल में घर की स्वामिनी थी और जिसने उस गृहस्थी के निर्माण में पति के साथ सारी कठिनाइयाँ झेलीं, पति के मरते ही अनाथ हो जाती है। उसी की गोद के लड़के उससे आँखें फेर लेते हैं और उसकी जो दुर्गति होती है, वह हम नित्य अपनी आँखों से देखते हैं। उसे केवल अपने लड़कों या पति के बन्धुओं की दया का अवलम्बन रह जाता है। पति की छोड़ी हुई सम्पत्ति पर उसका कोई अधिकार नहीं रह जाता। अगर सम्मिलित परिवार है तो, उसकी दशा और भी शोचनीय हो जाती है। वह स्वामिनी से लौंड़ी हो जाती है और सारे घर की सेवा करके अपने दिन काटती है।''[51]

विधवा-विवाह, विधवा समस्या का पूर्णत: नहीं तो आंशिक हल है, ऐसी प्रेमचन्द की धारणा थी, स्वयं प्रेमचन्द ने विधवा-विवाह करके इस आंशिक हल पर अपनी आस्था प्रमाणित की है।

विधवा समस्या के हल का दूसरा उपाय प्रेमचन्द 'वनिता आश्रम' की स्थापना बताते हैं। प्रेमचन्द के आलोचकों ने इसे प्रेमचन्द का आदर्शवादी कदम बताया है। आज के युग में प्रेमचन्द द्वारा बताये गये हल अव्यावहारिक और आदर्शवादी भले ही लगें लेकिन उनके युग के लिए ये सुझाव क्रान्तिकारी स्थितियों के प्रेरक थे। वनिता आश्रम की स्थापना भी कुछ सहज कार्य न था। 'प्रतिज्ञा' में प्रेमचन्द दिखाते हैं कि

जब अमृतराय वनिता-आश्रम खोलने जा रहा है, उस पर समाज के रूढ़िग्रस्त वर्ग द्वारा तरह-तरह की टिप्पणियाँ की जाती हैं। कमलाप्रसाद कहता है, "कमाने का नया ढंग निकाला है।" बदरीप्रसाद ने ज़रा माथा सिकोड़कर पूछा, 'कमाने का ढंग कैसा, मैं नहीं समझा?"[52] कामताप्रसाद, "वही जो और लीडर करते हैं। वनिता-आश्रम में विधवाओं का पालन-पोषण किया जायेगा। उन्हें शिक्षा भी दी जायेगी। चन्दे की रकमें जायेंगी और भाई लोग मौज करेंगे। कौन जानता है, कहाँ से कितने रुपये आये? महीने भर में एक झूठा-सच्चा हिसाब छपवा दिया जायेगा।"[53] लाला बदरीप्रसाद 'वनिता-आश्रम' जैसी संस्थाओं पर और भी घृणित विचार रखता है, "आपको (अमृतराय) कन्हैया बनने की धुन है। दस-बीस जवान विधवाओं को इधर-उधर से एकत्र करके रासलीला रचायेंगे। चार-दीवारी के अन्दर कौन देखता है, क्या हो रहा है।"[54]

प्रेमचन्द अपने साहित्य में रूढ़िवादी विचारों के कायल लोगों की आलोचना करते हैं और प्रगतिशील शक्तियों का साथ देते हैं। वनिता-आश्रम की स्थापना प्रेमचन्द इसलिए करना चाहते हैं कि तत्कालीन समाज को उसकी आवश्यकता है, "यह सभा आज इसलिए की गयी है कि आपसे इस नगर में एक ऐसा स्थान बनाने के लिए सहायता माँगी जाये, जहाँ हमारी अनाथ, आश्रयहीन बहनें, अपनी मान-मर्यादा की रक्षा करते हुए शान्ति से रह सकें। कौन ऐसा मुहल्ला है जहाँ ऐसी दस-पाँच बहनें नहीं हैं। उनके ऊपर जो बीतती है क्या आप अपनी आँखों से नहीं देखते? कम-से-कम अनुमान तो कर ही सकते हैं। वे जिधर आँखें उठाती हैं, उधर ही उन्हें पिशाच खड़े दिखायी देते हैं, जो उनकी दीनावस्था को अपने कुवासनाओं को पूरा करने का साधन बना लेते हैं। हमारी लाखों बहनें इस भाँति केवल जीवन-निर्वाह करने के लिए पतित हो जाती हैं। क्या आपको उन पर दया नहीं आती? मैं विश्वास से कहती हूँ कि अगर उन बहनों को रूखी रोटियाँ और मोटे कपड़ों का भी सहारा हो तो वे अन्त सयम तक अपने सतीत्व की रक्षा करती रहें। स्त्री हारे दर्जे की दुराचारिणी होती है। अपने सतीत्व से अधिक उसे संसार की किसी वस्तु पर गर्व नहीं होता, न वह किसी चीज को इतना मूल्यवान् समझती है।"[55]

'निर्मला' से पहले प्रेमचन्द ने 'सेवासदन' नामक उपन्यास में बताया था कि जिन कारणों से सुमन वेश्या-वृत्ति अपनाने के लिए विवश हुई उनमें दहेज-प्रथा भी एक महत्त्वपूर्ण कारण थी।

दहेज-प्रथा का अभिशाप निर्मला की जिन्दगी खराब तो करता ही है तोताराम के परिवार को भी छिन्न-भिन्न कर देता है। इसके पूर्व लिखे गये उपन्यास 'प्रतिज्ञा' में भी प्रेमचन्द दहेज प्रथा के विरोध में लिख चुके थे।

'कायाकल्प' में वे एक ऐसे आदर्श पात्र चक्रधर की रचना करते हैं जो अपनी माँ निर्मला से उग्र होकर कहता है, "अगर तुम मेरे सामने देने-दिलाने का नाम लोगी तो जहर खा लूँगा।"

निर्मला वाह रे, तो क्या पचीस वर्ष तक यों ही पाला-पोसा है? मुँह धो रख। चक्रधर तो बाजार में खड़ा करके बेच क्यों नहीं देती? देखो कै टके मिलते हैं।"[56]

'कायाकल्प' के चक्रधर के अलावा गोदान में भी प्रेमचन्द एक ऐसा ही सत्पात्र प्रस्तुत करते हैं जो दहेज का विरोध करता है। मथुरा नवयुवक है जब उसे यह पता चलता है कि सोना का पिता होरी दहेज देने में असमर्थ है और सोना मथुरा के विचार जानना चाहती है कि क्या बिना दहेज के सोना से विवाह करने के लिए तैयार है तो मथुरा जो अपने पिता का आदर करता था फिर भी इस विषय में पूरी निर्भीकता के साथ कहता है, "तुमको लेना-देना है, तो मेरा ब्याह मत करो, मैं अपना ब्याह जैसे चाहूँगा कर लूँगा।"

प्रेमचन्द दहेज-प्रथा जैसी कुरीति के कारणों और उसके विस्तार में ही नहीं गये हैं, उन्होंने इस सामाजिक कुरीति के प्रति जेहाद के लिए जहाँ तक युवकों में नैतिक दृढ़ता का संचार किया है और उनके सामने आदर्श पात्र उपस्थित किये हैं, वहीं दूसरी ओर युवतियों का भी वर्तमान समाज व्यवस्था के प्रति विद्रोह के लिए आह्वान किया है। एक लेख में प्रेमचन्द लिखते हैं, "अब तो इस अनीति की कोई दवा है तो यही कि बालिकाएँ स्वयं अपना भाग्य अपने हाथ में लें और विवाह के बन्धन में उस वक्त तक न पड़ें जब तक कोई ऐसा वर न मिले जो प्रेमभाव से उनके सामने माथा न टेके। जब बालिकाओं में यह आत्मसम्मान उदय होगा तभी इस जाति का उद्धार होगा। लड़कों और लड़कों के बापों को हमने बहुत देखा और उनसे आशा करना छोड़ दिया।"[57]

स्त्रियों की सामाजिक स्थिति में सुधार लाने के लिए प्रेमचन्द शिक्षा पर जोर देते हुए लिखते हैं, "हमें तो इसका एक ही इलाज नजर आता है और वह यह है, कि लड़कियों को अच्छी शिक्षा दी जाये और उन्हें संसार में अपना रास्ता अपने-आप बनाने के लिए छोड़ दिया जाये, उसी तरह जिस तरह हम अपने लड़के को छोड़ देते हैं। उनको विवाहित देखने का मोह हमें छोड़ देना चाहिए और जैसे युवकों के विषय में हम उनके पथ-भ्रष्ट हो जाने की परवाह नहीं करते, उसी प्रकार हमें लड़कियों पर भी विश्वास करना चाहिए। तब यदि वह गृहिणी जीवन बसर करना चाहेंगी, तो अपनी इच्छानुसार अपना विवाह कर लेंगी, अन्यथा अविवाहित रहेंगी। और सच पूछो तो यही मुनासिब भी है। हमें कोई अधिकार नहीं है कि लड़कियों की इच्छा के विरुद्ध केवल रूढ़ियों के गुलाम बनकर, केवल इस भय से कि खानदान का नाक न कट जाये, लड़कियों को किसी-न-किसी के गले मढ़ दें। हमें विश्वास

रखना चाहिए कि लड़के अपनी रक्षा कर सकते हैं, तो लड़कियाँ भी अपनी रक्षा कर लेंगी।''[58]

इन सुझावों को प्रेमचन्द लेखों के माध्यम से तो बताते ही हैं, साथ ही अपने पात्रों के माध्यम से भी कहलवाते हैं। 'कर्मभूमि' की सकीना कहती है, ''मैं शादी नहीं करना चाहती, बस। जब तक कोई ऐसा आदमी न हो, जिसके साथ मुझे आराम से जिन्दगी बसर होने का इत्मीनान हो, मैं यह सिरदर्द नहीं लेना चाहती। तुम मुझे ऐसे घर में डालने जा रही हो, जहाँ जिन्दगी तल्ख हो जायेगी। शादी की मन्शा यह नहीं है कि आदमी रो-रोकर दिन काटे।''[59]

इस प्रकार प्रेमचन्द दहेज-प्रथा के कारणों और उसके परिणाम के समस्त पहलुओं पर विचार करने के साथ-ही-साथ समाज को इस कुरीति से मुक्ति के लिए कानून का रास्ता दिखाते हैं लेकिन कानून की सफलता के प्रति उन्हें अविश्वास था इसलिए समाज के नैतिक मूल्यों में परिवर्तन की माँग करते हैं। उनका यह विश्वास है कि जब तक समाज के सामन्तवादी ढाँचे को तोड़ा नहीं जाता तब तक स्त्री की गुलामी बनी रहेगी। इन सारी बुराइयों को समाप्त करने के लिए स्त्री को आर्थिक रूप में स्वतन्त्र होना पड़ेगा। यह स्वतन्त्रता सामन्तवादी व्यवस्था में नहीं मिल सकती।

**नारी-जागृति के विविध स्वर :**

19वीं शताब्दी तक आते-आते स्त्री की दशा अत्यन्त शोचनीय हो गयी थी। पुरुषप्रधान सामन्तवादी व्यवस्था ने नारी के समस्त अधिकारों को छीनकर उसे घर की चहारदीवारी में बन्द कर दिया। 19वीं शताब्दी के राष्ट्रव्यापी पुनर्जागरण के परिणामस्वरूप स्त्री पर ढहते हुए अत्याचारों को आघात लगा। स्त्री-शिक्षा के प्रचार के साथ-साथ स्त्री-जीवन में मुक्ति की चेतना का जन्म हुआ। परिणामत: भारत की हिन्दू नारियों में अपनी स्थिति के प्रति असन्तोष का भाव तीव्र-से-तीव्रतर होता गया।

प्रेमचन्द स्त्री की इस दशा से क्षुब्ध थे। स्त्रियों को जिस दोहरे शोच का शिकार होना पड़ रहा था उससे वे पूरी तरह भिज्ञ थे। नारी की स्थिति के प्रति क्षोभ के कारण ही उनके साहित्य में स्त्री-जीवन के हर पहलू, उनके जीवन की प्रत्येक समस्या, उनके चरित्र का प्रत्येक पक्ष उनकी रचना में देखा जा सकता है, उनमें विद्यमान साहस, त्याग, सेवा, करुणा, दृढ़ता एवं संयम जैसे उच्च मानवीय गुणों के साथ-साथ ईर्ष्या, द्वेष, आभूषणप्रियता, रूढ़िवादिता, धर्मभीरुता, अन्धविश्वास जैसी दुर्बलताओं को भी चित्रित किया है। उन्होंने पूरे सामाजिक परिवेश के साथ स्त्री को चित्रित किया है। नारी के सन्दर्भ में इस सामाजिकता का आरम्भ परिवार से होता था जो प्रेमचन्द के लेखन का मुख्य आयाम है। इन पारिवारिक समस्याओं का क्षेत्र भी मध्यमवर्गीय समाज है, लेकिन आज के युग में संयुक्त परिवार टूट रहे हैं। एक सीमा तक प्रेमचन्द

पारिवारिक जीवन के प्रति मोहग्रस्त रहे हैं। इसलिए टूटते संयुक्त परिवारों को 'अलग्योझा', 'बड़े घर की बेटी' आदि में जोड़ते हुए दिखायी पड़ते हैं। संयुक्त परिवार का वर्णन प्रेमाश्रम में विशेष रूप से मिलता है। वे कौन-से प्रमुख कारण हैं जिनकी वजह से पारिवारिक सुख और शान्ति दुर्लभ हो गयी है, आदि विषयों पर प्रेमचन्द के उपर्युक्त उपन्यास में पर्याप्त प्रकाश डालते हैं। प्रेमचन्द ने बताया है कि चाहे वे संयुक्त परिवार निम्न वर्ग के हों और चाहे मध्यम वर्ग के दोनों की विश्रृंखलता का मूल कारण आर्थिक है। पारिवारिक झगड़ों की जड़ अर्थ ही है। प्रेमाश्रम में बहुत वर्षों से चले आते संयुक्त परिवार को आर्थिक कारणों से ही तोड़ना पड़ता है।

संयुक्त परिवार के प्रति उनके इस लगाव के कारण कई आलोचकों ने उनके नारी सम्बन्धी दृष्टि में अन्तर्विरोध देखा है। सेवा का मार्ग, शूद्रा, स्वर्ग की देवी, मर्यादा की देवी, शाप, रानी सारन्धा जैसी कहानियाँ तथा रंगभूमि, कर्मभूमि, ग़बन, गोदान जैसे उपन्यासों में प्रेमचन्द ने नारी चरित्रों की सेवा, करुण पवित्रता तथा क्षमा जैसे सामन्ती मूल्यों से विभूषित किया है। इससे यह प्रश्न उठ खड़ा होता है कि क्या प्रेमचन्द स्त्रियों के सामन्ती आदर्श को ही श्रेयस्कर समझते हैं? क्या वे नारी मुक्ति के पक्षधर नहीं थे। इस सम्बन्ध में 'प्रेमचन्द के अन्तर्विरोध और उनका सामाजिक आधार' विषय पर डॉ. नामवर सिंह का वक्तव्य द्रष्टव्य है, "अन्तर्विरोध होना बुरा नहीं है यह जीवन्तता का लक्षण है, पर यदि लेखक इसे सन्तुलित नहीं रख पाता, तो यह उन्हें तोड़ता भी है। प्रेमचन्द में अन्तर्विरोध थे, पर उनके युग में अन्य लेखकों, उदाहरणार्थ आचार्य रामचन्द्र शुक्ल और निराला से कम। उनमें अन्तर्विरोध अपेक्षाकृत कम ही नहीं बल्कि ऐसे अन्तर्विरोध भी नहीं है जो भारतीय समाज में बद्धमूल हैं। प्रेमचन्द ने तालस्ताय और गोर्की दोनों को पढ़ा था। उन पर इन दोनों का प्रभाव देखा जाता है, लेकिन यह भुला दिया जाता है कि वे इन दोनों महान लेखकों के अन्तर्विरोधों से मुक्त थे। तोल्सतोय का विकास उन्मुक्त जीवन-दृष्टि से धार्मिक आस्था की ओर हुआ था, जबकि प्रेमचन्द आर्यसमाज से शुरू करके मार्क्सवादी लेखकों द्वारा आयोजित प्रगतिशील लेखक संघ के सम्मेलन की अध्यक्षता तक पहुँचे थे। गोर्की समाजवादी यथार्थवाद के संस्थापकों में से थे, लेकिन वे लम्बे अर्से तक एक नये ईश्वर की तलाश में रहे, जिसके चलते लेनिन को उनका विरोध करना पड़ा था। प्रेमचन्द में इस तरह का कोई अन्तर्विरोध नहीं मिलता।[60]

पति-पत्नी के सम्बन्धों पर प्रेमचन्द ने प्राय: अपने प्रत्येक उपन्यास और बहुत-सी कहानियों में चर्चा की है। हिन्दू घरों में दाम्पत्य जीवन सम्बन्धित कई समस्याएँ, जिसका दहेज से सम्बन्ध है उठ खड़ी होती हैं। फलस्वरूप दाम्पत्य जीवन में सुख और आनन्द का अभाव हो जाता है। पति-पत्नी के सम्बन्धों में कटुता क्यों आ रही है, प्रेमचन्द ने इस सम्बन्ध में अनेक कारण बताये हैं। जैसे पति-उपेक्षा,

अधिकार भावना, अविश्वास, कलह, पुराने और नये विचारों का संघर्ष, स्त्री को समझने की कमी? पतिव्रत का एकांगी आदर्श आदि। 'प्रतिज्ञा' में सुमित्रा और कमलाप्रसाद का दाम्पत्य-जीवन पति-उपेक्षा के फलस्वरूप ही धीरे-धीरे विषाक्त हो उठता है।

पारिवारिक जीवन में अधिकार-साधना का यह आर्थिक पहलू कम या मात्रा में अधिकांश परिवारों में देखा जाता है। जहाँ स्त्री में सहनशीलता अधिक होती है, वहा ऊपरी शान्ति तो अवश्य पायी जाती है, पर वहाँ दाम्पत्य-जीवन का रस उपलब्ध नहीं हो सकता। तथा जिस परिवार के नारी वर्ग में चेतना है, वहाँ स्त्री-पुरुष में इस अधिकार भावना को लेकर प्राय: संघर्ष होते रहते हैं, जो कभी-कभी तो अप्रिय परिणामों के जनक बन जाते हैं। 'कायाकल्प' में रोहिणी का कथन हिन्दू नारी की विवशता का परिचायक है, "आपने मेरे साथ कोई अन्याय नहीं किया। आपने वही किया, जो सभी पुरुष करते हैं। और लोग छिपे-छिपे करते हैं, राजा लोग वही काम खुले-खुले करते हैं। स्त्री कभी पुरुषों का खिलौना है, कभी उनके पाँव की जूती। इन्हीं दो अवस्थाओं में उसकी उम्र बीत जाती है। यह आपका दोष नहीं, हम स्त्रियों को ईश्वर ने इसीलिए बनाया है। हमें सब चुपचाप सहना चाहिए, गिला या मान करने का दण्ड बहुत कठोर होता है और विरोध करना तो जीवन का सर्वनाश करना है।"[61] अनेक परिवारों में दाम्पत्य-जीवन की समस्या नये और पुराने आदर्शों के संघर्ष से जन्म लेती है। आधुनिक नारी अपने इस शोषण के विरुद्ध विद्रोह कर रही है। अब वह पतिदेव के आज्ञानुसार सिर के बल चलना अपना धर्म नहीं समझती। रंगभूमि की इन्दु एक ऐसी ही नारी है। इन्दु की माँ जाह्नवी पुराने आदर्श के अनुरूप बेटी को भी ढालना चाहती है पर इन्दु उसका खुला विरोध करती है। इन्दु अपनी माँ से कहती है, "आप मुझसे वह करने को कहती है, जो मेरे लिये असम्भव है।"

'कर्मभूमि' में सुखदा और अमरकान्त तथा नैना और मनिराम का वैवाहिक जीवन भी पूर्ण सन्तोषप्रद नहीं है। परस्पर स्वभाव भिन्नता के कारण इनके बीच एक प्रकार का असन्तुलन हो गया है। सुखदा में वास्तविक प्रेम और समर्पण का अभाव है। गाँधी जी की आँधी ने सुखदा और अमरकान्त दोनों को ऐसा बहा दिया कि दोनों में एक प्रकार का सन्तुलन हो सका। सुखदा वैभव-विलास की दुनिया ने हटकर अमरकान्त के त्याग और तपस्या के मार्ग पर चली आयी। अमरकान्त भी सुखदा के इस रूप पर प्रसन्न हो गया लेकिन मनिराम और नयना के दाम्पत्य जीवन का संघर्ष समाप्त न हो सका। नैना भी सुखदा की तरह राष्ट्र यज्ञ में आहुति देने के लिए आयी। लेकिन दोनों में समझौते के बजाय संघर्ष हो गया। इस संघर्ष का परिणाम यह हुआ कि मनिराम के हाथों नैना की मृत्यु हो गयी।

'गोदान' में गोविन्दी और चन्द्रप्रकाश खन्ना में भी प्रकृतिगत विषमता के कारण नहीं पटती। श्रीमती खन्ना राष्ट्रीय विचारों का गम्भीर महिला हैं जो खद्दर पहनती है और उनका पति खन्ना पूँजीपति है जो गरीब असामियों का शिकार करता है। दोनों में मतभेद का मुख्य कारण खन्ना की सम्पत्ति है। गोदान में मिस्टर खन्ना और गोविन्दी के दाम्पत्य जीवन की समस्या का समाधान तब हो जाता है जब खन्ना की सम्पत्ति नष्ट हो जाती है गोदान में ही आये हुए दूसरे जोड़े कुँवर दिग्विजय सिंह और रायसाहब की बेटी मीनाक्षी का भी एक जोड़ा है जिसका दाम्पत्य जीवन असफल है। यह समझौता इन दोनों में  नहीं हो पाता। मीनाक्षी नये जमाने से प्रभावित है। वह महिलाओं के क्लब में स्त्रियों के अधिकार के सम्बन्ध में चर्चा सुनती रही है। वहाँ ऐसी ही स्त्रियाँ जुटती थीं जिनकी अपने पुरुषों से नहीं पटती थी। नयी शिक्षा के कारण पुरानी मर्यादाओं की तोड़ डालना चाहती थी। कचहरी से मीनाक्षी को गुजारे की डिग्री भी मिलती है लेकिन वह इससे ही सन्तुष्ट नहीं होती है। वह अपने अपमान का बदला दिग्विजय सिंह को हण्टर जगाकर लेती है।

उनके अन्तिम उपन्यास 'मंगलसूत्र' में भी पुष्पा और सन्तकुमार के वैवाहिक जीवन में असन्तुलन है। पुष्पा यह मानने के लिए तैयार नहीं है कि स्त्री-पुरुष के घर में निठल्ली होकर आश्रय पाती है। वह सन्तकुमार से कहती है, "अब से कभी यह बात मुँह से न निकालना। अगर मैं तुम्हारी आश्रिता हूँ तो तुम भी मेरे आश्रित हो। मैं तुम्हारे घर में जितना काम करती हूँ, इतना ही काम दूसरों के घर करूँ, तो अपना निर्वाह कर सकती हूँ या नहीं, बोलो? तब मैं जो कुछ कमाऊँगी वह मेरा होगा। यहाँ मैं चाहे प्राण भी दे दूँ पर मेरा किसी चीज पर अधिकार नहीं। तुम जब चाहो मुझे घर से निकाल सकते हो।"[62] पुरुषप्रधान समाज, स्त्री के अधिकारों को समाप्त करने के लिए तरह-तरह के षड्यन्त्र रचता है। पुष्पा में वह अधिकार-बोध जागृत हो गया है। पुष्पा ऐसे ही पुरुषों पर आक्षेप करते हुए कहती है कि, "हम भी तो वहीं आत्मबल और शक्ति एवं कला प्राप्त करना चाहती है लेकिन तुम लोगों के मारे जब कुछ चलने पाये। मर्यादा और आदर्श और जाने किन-किन बहानों से हमें दबाने की और हमारे ऊपर अपनी हुकूमत जमाये रखने की कोशिश करते रहते हो।"[63]

केवल उपन्यासों में ही नहीं, बहुत-सी कहानियों में भी प्रेमचन्द क्रान्तिकारी स्त्री पात्रों की रचना करते हैं जो पुरुषों के अत्याचारों का विरोध और अपने अधिकारों के लिए माँग करती है। 'शान्ति' कहानी में सुन्नी और उसके पति में नहीं बैठती। स्त्री-पुरुष के पैरों की जूती नहीं है, उसे भी पुरुषों की तरह समान अधिकार मिलना चाहिए। सुन्नी की माँ अपनी बेटी की तरफ से स्त्री के अधिकारों और सम्मान की बात कहती है, "स्त्री-पुरुष में विवाह की पहली शर्त यह है कि दोनों सोलहों आने एक दूसरे के हो जायें। ऐसे पुरुष तो कम ही हैं, जो स्त्री को जौ भर विचलित होते

देखकर शान्त रह सकें, पर ऐसी स्त्रियाँ बहुत हैं, जो पति को स्वच्छन्द समझती हैं। सुन्नी उन स्त्रियों में नहीं है, वह अगर आत्म-समर्पण करती है तो आत्मसमर्पण चाहती भी है। और यदि पति से यह बात न हुई, तो वह उससे कोई सम्पर्क न रखेगी। चाहे उसका सारा जीवन रोते कट जाये।''[64] इसी कहानी में आगे सुन्नी विद्रोही स्वर में कहती है, ''मैं व्रत के बदले व्रत चाहती हूँ। जीवन का कोई दूसरा रूप मेरी समझ में नहीं आता। इस विषय में किसी तरह का समझौता करना मेरे लिये असम्भव है। नतीजे की मैं परवाह नहीं करती।''[65]

स्त्री-पुरुष की खुशामद करती रहे और पुरुष उससे बात भी न पूछे, यह चीज प्रेमचन्द के लिए असह्य थी। अपने एक पात्र से कहलवाते हैं, ''यह बात मेरे लिये असत्य थी कि कोई स्त्री अपने पति की इतनी खुशामद करने पर मजबूर हो जाये। पुरुष अगर स्त्री से उदासीन रह सकता है, तो स्त्री उसे क्यों नहीं ठुकरा सकती? यह दुष्ट समझता है कि विवाह ने एक स्त्री को उसका गुलाम बना दिया। वह उस अबला पर जितना अत्याचार चाहे करे, कोई उसका हाथ नहीं पकड़ सकता।....अगर उसे भय होता कि औरत भी उसकी ईंट का जवाब पत्थर से नहीं, ईंट से भी नहीं, केवल थप्पड़ से दे सकती है, तो उसे कभी इस बदमिज़ाजी का साहस न होता। बेचारी स्त्री कितनी विवश है। शायद मैं कुसुम की जगह होता, तो इस निष्ठुरता का जवाब इसकी दस गुनी कठोरता से देता।''[66]

नारी जाति के अधिकारों की माँग प्रेमचन्द सम्पादकीय टिप्पणियों के माध्यम से भी करते हैं। 'नारी-जाति के अधिकार' शीर्षक लेख में लिखते हैं, ''देवियाँ अपने स्वत्वों को लेकर ही रहेंगी। उन्हें हर एक विषय में पुरुषों के समान अधिकार होना चाहिए और इसका निर्णय देवियों पर ही छोड़ देना चाहिए कि वे अपने हितार्थ जो स्वत्व चाहें ले लें। (1) एक विवाह का नियम स्त्री-पुरुष दोनों ही के लिए समान रूप से लागू हो कोई पुरुष पत्नी के जीवन-काल में दूसरा विवाह न कर सके।

(2) पुरुष की सम्पत्ति पर अपनी पत्नी का पूरा अधिकार हो। वह उसे रेहन-वय जो कुछ चाहे कर सके।

(3) पिता की सम्पत्ति पर पुत्रों और पुत्रियों का समान अधिकार हो।

(4) तलाक का कानून जारी किया जाये और वह स्त्री-पुरुष दोनों ही के लिए समान हो।

(5) तलाक के समय स्त्री-पुरुष की आधी सम्पत्ति पाये और यदि मौरूसी जायदाद हो, तो उसका एक अंश।''[67]

प्रेमचन्द ने नारी-सम्बन्धी विचारों की ठोस अभिव्यक्ति गोदान में की है। ये विचार दर्शनशास्त्र के प्रोफेसर मिस्टर मेहता द्वारा व्यक्त होते हैं। यदि इन विचारों को प्रेमचन्द के विचार मान लिये जायें तो प्रेमचन्द के नारी-सम्बन्धी विचारों में

प्रतिगामिता का समावेश हो जाता है। मेहता स्त्री को पुरुष से श्रेष्ठ मानता है। वह क्षमा, त्याग और अहिंसा को जीवन के उच्चतम आदर्श घोषित करता है जिसे नारी प्राप्त कर चुकी है लेकिन पुरुषों को अभी प्राप्त करना बाकी है। वह वोट को नये युग का माया-जाल मानता है और स्त्रियों को उसके छलावे में न आने की सलाह देता है। वह नारी के पश्चिमी आदर्श को गलत मानता है। नारी स्वतन्त्रता को विलासिता का दूसरा रूप तथा घर से बाहर के जीवन को उच्छृंखलता समझता है। ये विचार स्पष्टत: प्रेमचन्द के विचार नहीं हो सकते नहीं तो उपर्युक्त उद्धरणों में आये हुए कथन की आवश्यकता नहीं होती। लेकिन यह तो सच है कि प्रेमचन्द नारी-सम्बन्धी मध्ययुगीन आदर्शों को पूरी तरह त्याग नहीं पाये थे। सतीत्व, मातृत्व, सेवा, करुणा जैसे आदर्शों के समक्ष पश्चिम द्वारा प्रचारित मूल्यों को भारतीय सन्दर्भ में पूरी तरह लागू करने में झिझक रहे थे। इसका एक कारण तो यह भी था कि प्रेमचन्द इन मूल्यों के दुष्प्रभावों को भी देख रहे थे। प्रेमचन्द ही नहीं वह युग ही नारी-स्वतन्त्रता और नारी अधिकारों को लेकर अन्तर्विरोध की स्थिति में था। प्रेमचन्द स्त्री-स्वतन्त्रता के तो पक्षधर थे लेकिन उच्छृंखलता के नहीं। अपने मध्यमार्गी रास्ते का परिचय उन्होंने एक स्त्री पात्र के माध्यम से दिया है, "मैं परदा नहीं चाहती, पुरुषों की गुलामी नहीं चाहती, लेकिन औरतों में जो गौरवशीलता और सलज्जता है, उसे नहीं छोड़ना चाहती। मैं किसी युवती को सड़क पर सिगरेट पीते देखती हूँ तो मेरे बदन में आग लग जाती है। उसी तरह आधी छाती का जम्फर भी मुझे नहीं सोहाता। क्या अपने धर्म की लाज छोड़ देने से ही साबित होगा कि हम बहुत फारवर्ड हैं।"[68]

प्रेमचन्द स्त्री-पुरुष के समान अधिकारों के पक्षधर थे। अगर पुरुष स्त्री के प्रति ईमानदार नहीं है, वह अपनी पत्नी को धोखा देता है, विलासिता में डूबा रहता है, पत्नी के प्रति अपने दायित्वों को स्वीकार नहीं करता तो ऐसे पुरुष की स्त्री को भी उनके साथ वैसा ही व्यवहार करना चाहिए। 'कायाकल्प' में रोहिणी कहती है, "सीता बनाने के लिए राम जैसा पुरुष चाहिए।" एक स्थल पर प्रेमचन्द स्त्री-पुरुष के अधिकार साम्य पर लिखते हैं, "जब तक स्त्री-पुरुष के अधिकार समान न होंगे, ऐसे आघात नित्य होते रहेंगे। दुर्बल को सताना कदाचित् प्राणियों का स्वभाव है। काटनेवाले कुत्ते से लोग दूर भागते हैं, सीधे कुत्ते पर बाल-वृन्द विनोद के लिए पत्थर फेंकते हैं।....सुखमय दाम्पत्य की नींव अधिकार साम्य पर ही रखी जा सकती है। इस वैषम्य में प्रेम का निवास हो सकता है, मुझे तो इसमें सन्देह है।"[69] 'जीवन का शाप' कहानी में उन्होंने स्त्री-पुरुष सम्बन्धों को आर्थिक पृष्ठभूमि में अंकित किया है। इन्होंने सतीत्व की पुरानी मान्यता पर प्रहार करते हुए स्त्री के अधिकारों को नवीन दिशा दी है। इस कहानी में प्रेमचन्द यह बताते हैं कि धन कैसे ऐयाशी की प्रवृत्ति को पनपाता है। धनी आदमी की पत्नी को अकेले जलने और कुढ़ने की बजाय विलासिता

का आनन्द लूटना चाहिए। ऐयाश मर्द की पत्नी यदि ऐयाश न हो, तो वह उसकी कायरता है—लतखोरपन है।

इस तरह प्रेमचन्द विपरीत स्थितियों में समझौता न करनेवाले नारी पात्रों की सर्जना तो करते ही हैं साथ ही पति से अलग स्वतन्त्र अस्तित्व की भी बात करते हैं। 'कुसुम' प्रेमचन्द की ऐसी ही नारी पात्र है जो पति को तरह-तरह से मनाना चाहती है लेकिन अन्त में उसका स्वाभिमान जागृत होता है, वह अपनी माँ से कहती है, ''ऐसे देवता का रूठे रहना ही अच्छा। जो आदमी इतना स्वार्थी, इतना दम्भी, इतना नीच है, उसके साथ मेरा निर्वाह न होगा। मैं कहे देती हूँ। वहाँ रुपये गये तो मैं जहर खा लूँगी। इसे दिल्लगी न समझना। मैं ऐसे आदमी का मुँह भी नहीं देखना चाहती। दादा से कह देना, और अगर तुम्हें डर लगता हो तो मैं खुद कह दूँ। मैंने स्वतन्त्र रहने का निश्चय कर लिया है।''[70]

अन्ततः यह कहने में सन्देह नहीं कि प्रेमचन्द की नारी-विषयक दृष्टि पूर्णतः प्रगतिशील है। कुछ अन्तर्विरोधों के बावजूद वे स्त्री-पुरुष के समान अधिकारों का समर्थन एवं स्त्री के हर तरह के शोषण का विरोध करते हैं स्त्री-पुरुष अधिकार साम्य की बात ही नहीं करते वरन् स्त्री की ओर से जोरदार शब्दों में उसके अधिकारों की माँग की वकालत करते हैं।

**अछूत :**

छुआछूत हिन्दू समाज का कोढ़ है। प्रेमचन्द ने हिन्दू समाज में पायी जानेवाली इस अमानवीय मान्यता को दूर करने और अछूत वर्ग के स्वाभिमान को जगाने का जीवनभर प्रयत्न किया है, जिन्हें हरिजनों के जीवन पर आधारित होने के कारण यह गौरव मिला। इसका सबसे बड़ा प्रमाण उनकी वे कालजयी रचनाएँ—'सद्गति', 'दूध का दाम', 'ठाकुर का कुआँ', 'मन्दिर', 'सवा सेर गेहूँ', 'आगा-पीछा', 'घासवाली', 'जुरमाना', 'लांछन', 'सौभाग्य के कोड़े' आदि कहानियाँ तथा 'ग़बन', 'रंगभूमि', 'कर्मभूमि' और 'गोदान' के वे प्रसंग द्रष्टव्य हैं, जिनमें अछूतों की जिन्दगी के हृदय-विदारक सन्दर्भ अंकित हैं। इन कहानियों तथा उपन्यासों में समाज के कमजोर वर्गों के प्रति समाज के शोषक वर्गों के सुलूक का प्रेमचन्द ने उद्घाटन किया है। 'कर्मभूमि' में तो विस्तार से अछूतों की समस्या को व्यापक स्तर पर उठाया गया है।

गाँधी जी अछूत समस्या को मुख्यतः धार्मिक या नैतिक समस्या मानते थे और अन्त तक यही मानते रहे लेकिन प्रेमचन्द इसे मुख्यतः एक आर्थिक समस्या मानते थे और इस बारे में उनकी यह मान्यता लगातार दृढ़ होती चली गयी। उनका कथन है कि, ''हरिजनों की समस्या केवल मन्दिर प्रवेश से हल होनेवाली नहीं है। उस

समस्या की आर्थिक बाधाएँ धार्मिक बाधाओं से कहीं कठोर हैं। आज शिक्षित हिन्दू समाज में ज्यादा से ज्यादा पाँच फीसदी रोजाना मन्दिर में पूजा करने जाते होंगे। पाँच फीसदी न कहकर अगर पाँच फी हजार कहा जाये तो उचित होगा। शिक्षित हरिजन भी मन्दिर प्रवेश को कोई महत्त्व नहीं देते....असल समस्या तो आर्थिक है। यदि हम अपने हरिजन भाइयों को उठाना चाहते हैं तो हमें ऐसे साधन पैदा करने होंगे जो उन्हें उठने में मदद दें। विद्यालयों में उनके लिए वजीफे करने चाहिए, नौकरियाँ देने में उनके साथ थोड़ी रियायत करनी चाहिए। हमारे जमींदारों के हाथ में उनकी दशा सुधारने के बड़े-बड़े उपादान हैं। उन्हें घर बनाने के लिए काफी जमीन देकर, उनसे बेगार लेना बन्द करके, उनसे सज्जनता और भलमनसी का बरताव करके वे हरिजनों की बहुत-कुछ कठिनाइयों को दूर कर सकते हैं। समय तो इस समस्या को आप ही हल करेगा, पर हिन्दू जाति अपने कर्त्तव्य से मुँह नहीं मोड़ सकती।''[71]

इसी तरह 23 जनवरी, 1933 के 'जागरण' में अस्पृश्यों की महत्त्वाकांक्षा शीर्षक सम्पादकीय में उन्होंने लिखा, ''हमारे पास कलंत आश्रम, जफराबाद के हरिजन सेवक श्री हरिजन दास कलंत का एक पत्र आया है जिसमें वे लिखते हैं कि, आज मैं वर्षों से हरिजनों की सेवा में ही प्राण लगा रहा हूँ, मेरा यह अनुभव है कि हरिजन मन्दिर-प्रवेश के लिए इतने उत्सुक नहीं हैं जितना आर्थिक दशा सुधारने के लिए वे चाहते हैं कि अपने गृह उद्योग द्वारा वे स्वतन्त्र हो जावें, उनकी माली हालत सुधरे इसलिए हम चाहते हैं कि मशीनरी की उत्पत्ति पर कर लगा दिया जाये, गृह उद्योग तभी पनपेगा और हम सुखी हो सकेंगे'' .....हरिजनों के इस उदार विचारों के लिए हम उन्हें बधाई देते हैं। फिर भी वे चाहें या न चाहें, हम उन्हें मन्दिर-प्रवेश का अधिकार देना ही चाहते हैं। रह गयी गृह-उद्योग की बात इस विषय में उनके विचारों का हम समर्थन करते हैं। जब उनके पास पैसा होगा तो भोजन भट्ट ब्राह्मण और भिक्षु-विप्र भी उनको उन्नत मानने लगेंगे।[72]

अनेक समाजसुधारक अछूतों को मन्दिर-प्रवेश करा देने में ही अछूतों की समस्या का समाधान देखते हैं। वास्तव में मन्दिर-प्रवेश से अछूतों के जीवन में कोई परिवर्तन नहीं आयेगा। उनकी मूल समस्या तो सामाजिक और आर्थिक उत्थान की है। जब तक समाज में अछूतों और उनके कामों के प्रति आदर-भाव उत्पन्न नहीं होता, तब तक उनके जीवन में कोई क्रान्ति नहीं आ सकती। प्रेमचन्द ने जहाँ प्रस्तुत समस्या के धार्मिक पहलू को छुआ है वहीं सामाजिक और आर्थिक पहलुओं को भी दृष्टि से ओझल नहीं होने दिया है। प्रेमचन्द अछूत समस्या को शुरू से ही एक प्रमुख राष्ट्रीय समस्या के रूप में देखने लगे थे। इसलिए उसके सामाजिक और आर्थिक पहलू पर जोर देना उनके लिए स्वाभाविक या पृथक् निर्वाचन के विरोध में गाँधी जी का यह वक्तव्य प्रेमचन्द के विचारों से बहुत-कुछ मेल खाता है, ''मैं जन्म

से अछूत न होते हुए भी कर्म से अछूत हूँ। मेरा दावा है कि मैं अछूत समझे जानेवाले लोगों का प्रतिनिधित्व कर सकता हूँ। स्पृश्य तथा अस्पृश्य का भेद निर्माण होते ही उन भाइयों की उन्नति की आशा ही नहीं की जा सकती है और इसीलिए उनके पृथक् निर्वाचन क्षेत्र का मैं जी–जान से विरोध कर रहा हूँ। मैं चाहता हूँ कि हिन्दू धर्म से अस्पृश्यता का कलंक साफ धुल जाये। इसी के लिए मैं जी रहा हूँ और आवश्यकता पड़े तो मरने के लिए भी तैयार हूँ। मैं स्पृश्य और अस्पृश्य लोगों को भाई–भाई की तरह गले मिलते देखना चाहता हूँ। अंग्रेज सरकार के जातीय निर्णय के कारण अस्पृश्यता की दानवी रूढ़ि को चिरन्तन रूप मिल जाने का डर पैदा हो गया है। रोगों के इन चिह्नों की ठीक–ठीक पहचान होने के कारण ही मैं इस विष को फौरन पहचान गया। हिन्दू धर्म ने अपने अछूत भाइयों के बारे में इतने पाप किये हैं कि उन पापों के परिमार्जन के लिए यदि मुझ जैसे सौ आदमी भी प्राण दे दें तो भी दुख की बात नहीं है....मेरे पास देने के लिए अपने प्राणों से अधिक और कुछ भी न होने के कारण मैं उन्हें वह देने के लिए तैयार हूँ।''[73] गाँधी जी द्वारा अछूतों के लिए पृथक् निर्वाचन के विरोध में आमरण अनशन शुरू किये जाने पर प्रेमचन्द ने सम्पूर्ण राष्ट्र के हित में इस अनशन के महत्त्व को रेखांकित किया था, 'धन्य हो महात्मा, राष्ट्र की सेवा में तुम पहले ही अपना सर्वस्व अर्पण कर चुके थे। एक प्राण रह गया था, उसे भी राष्ट्र ही को भेंट करने जा रहे हो। राष्ट्र का आदर्श मानव शरीर है जिसके मुँह, हाथ, उदर और पाँव ये चार अंग हैं। इनमें से किसी एक अंग के विच्छेद हो जाने से देह अपंग या निर्जीव हो जायेगी, हमारे शूद्र भाई इस देह रूपी राष्ट्र के पाँव ही कट जायें, तो देह की क्या गति होगी? इस अंग– विच्छेद की थोड़ी–बहुत पीड़ा प्रत्येक व्यक्ति को हुई, लेकिन वह हृदय जो सारे भारत की चेतना का केन्द्र है, इस पीड़ा से विकल हो उठा। उसे मर्मान्तक वेदना हुई और उसका चीत्कार संयम और अहिंसा को तोड़ता हुआ बाहर निकल आया। आज वह चीत्कार समस्त भारत के वायुमण्डल में प्रतिध्वनित हो रहा है।''[74]

तत्कालीन भारत में अछूत समस्या और मानव–मानव की समानता तथा राष्ट्रीय एकता की समस्या का ही एक अंग था। 18 दिसम्बर, 1932 को गाँधी जी ने 'हरिजन–दिवस' मनाने का आह्वान किया तो प्रेमचन्द ने अत्यन्त उत्साह के साथ 26 दिसम्बर, 1932 को 'जागरण' में 'पावन तिथि' शीर्षक के एक सम्पादकीय में अपने उद्‌गार व्यक्त किये। 18 दिसम्बर को भारत के इतिहास में बहुत दिनों तक याद रखा जायेगा, यह उस पावन पर्व का दिन था, जब हिन्दू समाज ने व्यावहारिक रूप से तत्त्व को स्वीकार कर लिया, जो सभी धर्मों का मूलतत्त्व है, और वह है मनुष्य मात्र को समता—रक्षाबन्धन ब्राह्मणों का पर्व है, विजयादशमी क्षत्रियों का, दीपावली वैश्यों का, होली शूद्रों का, लेकिन यह 'हरिजन दिवस' समस्त हिन्दू जाति

का पर्व होगा। यह वर्ण भेद को मिटाकर एकता के भावों को लगाने और पालनेवाला होगा। क्या आध्यात्मिक और क्या सामाजिक दृष्टि से कोई भी पर्व इसकी बराबरी कर सकता है? यह चिरकाल तक उस विजय की याद दिलाता रहेगा, जो दैवी शक्तियों ने आसुरी मनोवृत्तियों पर पायी। पृथक्ता और विच्छेद आसुरी मनोवृत्ति है। एकता और प्रेम दैवी सम्पदा है।''[75]

अछूत जातियों के साथ सदियों से अन्याय हुआ है। इस पाप का दायित्व सभी सवर्ण हिन्दुओं पर है और वह तब तक बना रहेगा जब तक वे अपने पूर्वजों के पापों का प्रायश्चित्त करते हुए इन जातियों को समानता के स्तर पर जीने योग्य परिस्थितियाँ पैदा नहीं करते। गाँधी जी ने जब जेल में अछूतों के मसले पर आमरण अनशन किया तो प्रेमचन्द ने सम्पादकीय में फिर लिखा, ''हम स्वीकार करते हैं, शूद्रों के साथ हमने अन्याय किया है, हमने उन्हें जी भरकर रौंदा, कुचला, दला। इस अन्याय ने जिस हृदय को सबसे ज्यादा दुखी किया है यह उसी तपस्वी का हृदय है, जिसने अपना जीवन दलित भाइयों की सेवा में व्यतीत किया है। आज वह देवता है कि उसके जीवन की सारी समस्या, सारी साधना धूल में मिली जा रही है। उसने जिस राष्ट्रीय एकता का भवन खड़ा करने के लिए एक-एक कंकड़ जमा किया था, वह सारी सामग्री उसकी आँखों के सामने बिखर जा रही है, मानो उसका जीवन ही निरर्थक हुआ जा रहा है।

उपर्युक्त उद्धरण में ध्यान देने योग्य बात यह है कि प्रेमचन्द शूद्रों और अछूतों या दलितों में अन्तर नहीं कर पाते। असल में शूद्र तो भारतीय वर्ण व्यवस्था का एक अंग है, जबकि अछूतों या दलितों को इस व्यवस्था में कभी शामिल ही नहीं किया गया, जब इन जातियों का अस्तित्व स्वीकार करने की मजबूरी आयी तो भी इन्हें पंचम वर्ण की संज्ञा दी गयी। इस मसले पर गाँधी जी और प्रेमचन्द के विचारों में महत्त्वपूर्ण अन्तर है। गाँधी जी द्वारा अछूत जातियों के प्रति सवर्णों द्वारा किये गये अन्याय की बात जरूर करते थे। गाँधी जी अछूतों के नैतिक, आध्यात्मिक, सामाजिक उन्नति पर जोर देते थे। लेकिन उन आर्थिक कमजोरियों पर ध्यान नहीं देते थे जिनके चलते इन जातियों की यह सामाजिक, नैतिक और आत्मिक दुर्दशा हो रही। इसके विपरीत प्रेमचन्द का बल अछूत समस्या के आर्थिक पक्ष पर ही विशेष रूप से था। अछूतों के आर्थिक शोषण के लिए उन्होंने धर्म के ठेकेदारों, पण्डों, पुरोहितों आदि को हमेशा आड़े हाथों लिया। ''अछूतों को मन्दिर में जाने देना पाप है' शीर्षक सम्पादकीय में वे लिखते हैं, अछूत के पैसे तो आप बेधड़क ले लेते हैं, अछूत कोई मन्दिर बनवाये आप दल-बल के साथ जायेंगे, तर माल खायेंगे—हाँ, अछूत ने उसे छुआ न हो दक्षिणा लेंगे, इसमें कोई पाप नहीं, न होना चाहिए, लेकिन अछूत मन्दिर में नहीं जा सकता इससे देवता अपवित्र हो जायेंगे। अगर आपके देवता ऐसे निर्बल

हैं कि दूसरों के स्पर्श से ही अपवित्र हो जाते हैं तो उन्हें देवता कहना ही मिथ्या है। देवता वह है जिसे छूते ही चाण्डाल भी पवित्र हो जाये। हिन्दू उसी को अपना देवता समझ सकता है। पतितों का उद्धार करनेवाले ठाकुर ही हमारे ठाकुर हैं। जो पतितों के दर्शन-मात्र से ही पतित हो जाये, ऐसे ठाकुर को हमारा दूर से ही नमस्कार है।''[76]

प्रेमचन्द ने अपनी सर्जनात्मक साहित्य में भी इन अछूत जातियों के धार्मिक, सामाजिक और आर्थिक शोषण का मार्मिक चित्र उपस्थित किया है। अछूत समस्या के धार्मिक पहलू तो 'मन्दिर' शीर्षक कहानी में कलात्मक स्तर पर चित्रित हैं। सुखिया एक अछूत स्त्री है अपने बीमार बेटे को तथा पूजा की सामग्री लेकर मन्दिर में पूजा करने के लिए आया है। धर्म के ठेकेदार पण्डे और समाज के उत्कृष्ट वर्ग उसे अपमानित करते हैं। एक भक्त जन ने कहा—'ठाकुर जी को पवित्र करने आयी है?'

सुखिया ने बड़ी दीनता से कहा—ठाकुर जी के चरन छूने आयी हूँ, सरकार। पूजा की सब सामग्री लायी हूँ।

पुजारी—कैसी बेसमझी की बात करता है रे, कुछ पगली तो नहीं हो गयी है? भला तू ठाकुर जी को कैसे छुएगा।

सुखिया को अब तक ठाकुरद्वारे में आने का अवसर न मिला था। आश्चर्य से बोला, सरकार वह तो संसार के मालिक हैं। उनके दरसन से तो पापी भी तर जाता है, मेरे छूने से उन्हें कैसे छूत लग जायेगा?

पुजारी—अरे तू चमाइन है कि नहीं रे?

सुखिया—तो क्या भगवान ने चमारों को नहीं सिरजा है? चमारों का भगवान कोई और है? इस बच्चे की मनौती है सरकार!''[77] इसी कहानी में समाज का उच्चवर्ण सुखिया को पीटता है और उसका बच्चा भी मर जाता है। ऐसी स्थिति में सीधी-सादी, पुजारी के सामने गिड़गिड़ानेवाली सुखिया चण्डी का रूप धारण कर लेती है। प्रेमचन्द सुखिया द्वारा अपने मन की व्यथा कहते हुए दिखायी पड़ते हैं, ''पापियों, मेरे बच्चे के प्राण लेकर अब दूर क्यों खड़े हो? मुझे भी क्यों नहीं उसी के साथ मार डालते? मेरे छू लेने से ठाकुर जी को छूत लग गयी। पारस को छूकर लोहा सोना हो जाता है, पारस लोहा नहीं हो सकता। मेरे छूने से ठाकुर जी अपवित्र हो जायेंगे! मुझे बनाया तो छूत नहीं लगी? लो अब कभी ठाकुर जी को छूने नहीं जाऊँगी। ताले में बन्द रखो, पहरा बैठा दो। हाय, तुम्हें दया छू भी नहीं गयी है! तुम इतने कठोर हो! बाल-बच्चेवाले होकर भी तुम्हें एक अभागिनी माता पर दया नहीं आयी! तिस पर धरम के ठेकेदार बनते हो! तुम सब-के-सब हत्यारे हो, निपट हत्यारे हो।'[78]

पृथक् निर्वाचन के प्रश्न पर प्रेमचन्द गाँधी जी के साथ थे। अपने सम्पादकीय में वे इस मुद्दे पर स्पष्ट शब्दों में कहते हैं, ''उस अन्याय के प्रायश्चित्त स्वरूप वह

क्या कुछ न करता, वह यहाँ तक राजी है कि दलितों के लिए शिक्षा और जायदाद की कोई शर्त न रखी, उनके हरेक बालिग स्त्री–पुरुष को निर्वाचन का अधिकार दे दो, शेष हिन्दू समाज के लिए निर्वाचन की जितनी कड़ी शर्त चाहे लगा दो, पर अछूतों को हिन्दुओं से अलग न करो, क्योंकि इससे केवल हिन्दू समाज की ही क्षति न होगी। अछूतों का अस्तित्व न रहेगा।'' वह देखते हैं कि दलित समाज का जीवन हिन्दू जाति पर इतना अवलम्बित है कि सरकार चाहे कुबेर का कोष लेकर आये तो भी उनकी रक्षा नहीं कर सकती। वे सम्मिलित निर्वाचन के प्रबल समर्थक थे, ''दलितों के उद्धार का सबसे उत्तम साधन है सम्मिलित निर्वाचन। यही उनके उत्थान का मूलमन्त्र है। उनमें शिक्षा का प्रचार होते अभी बहुत दिन लगेंगे। उसमें कालगति से जो कुसंस्कार आ गये हैं, उनका परिशोध भी समय लेगा। हिन्दू जाति से न्याय बहुत दूर हो चुका है। हाँ अभी उसने क्रियात्मक रूप नहीं धारण किया लेकिन अनुदारों की संख्या अभी बहुत ज्यादा है। इन सभी ग्रामों में अभी इस उदारता का, इस जागृति का प्रकाश नहीं फैलने पाया है। इन सभी साधनों को लम्बे रास्ते तय करने हैं। निकटतम मार्ग संयुक्त निर्वाचन ही है, जिसके सामने भेदभाव, यह भिन्नता, यह गर्व ठहर नहीं सकता।''[79]

गाँधी जी ने अछूतोद्धार आन्दोलन को इतने व्यापक स्तर पर चलाया था कि अछूतों के प्रति सवर्ण हिन्दुओं के दृष्टिकोण में अन्तर आ गया। इसके कुछ वर्ष पहले हिन्दुओं को अछूतों की कोई परवाह नहीं थी। वे ईसाई हो जायें, मुसलमान हो जायें, हिन्दुओं को कोई अन्तर नहीं पड़ता था, अब हिन्दू समाज अछूतों के प्रश्न पर चैतन्य हो गया। प्रेमचन्द को सवर्णों का यह दृष्टिकोण काफी अच्छा लग रहा था। दिल्ली के म्युनिसिपल चुनाव में अछूत उम्मीदवारों के पक्ष में जनमत के दबाव में दूसरों ने अपने उम्मीदवारों को वापस ले लिया। प्रेमचन्द ने उत्साह के साथ लिखा, ''अगर अब भी किसी को सन्देह हो कि हिन्दू अपने दलित भाइयों के साथ न्याय नहीं करना चाहते तो यह उसका अन्याय होगा। महात्मा गाँधी के अनशन ने जो जागृति पैदा की है, उसने हिन्दू समाज में क्रान्ति पैदा कर दी है और हमें विश्वास है कि वह समस्त हिन्दू जाति का एकीकरण करके ही शान्त होगी।''[80]

प्रेमचन्द का यह विश्वास सवर्णों ने बहुत जल्दी ही तोड़ दिया। पूना समझौते के बाद ही सवर्ण वर्ग ने अछूतों की अवहेलना करना शुरू कर दिया। इस पर प्रेमचन्द को गहरा क्षोभ हुआ। उनके इस सम्पादकीय से कितनी निराशा प्रकट होती है, ''वहाँ कई हरिजन भी जमा हो गये थे। वे कुएँ में जाकर उस स्त्री को निकाल लाने को तैयार हुए, लेकिन हरिजन कुएँ में कैसे जा सकता था? पानी अपवित्र हो जाता। नतीजा यह हुआ कि अभागिन स्त्री कुएँ में मर गयी। क्या छूत का भूत कभी हमारे सिर से उतरेगा।''[81] इसी विषय को आधार बनाकर 'ठाकुर का कुआँ' शीर्षक कहानी बहुत ही मार्मिक उन्होंने लिखी है। गंगी का पति जोखू बीमार है। घर में केवल एक लोटा

पानी है, उसमें से बदबू आ रही है गंगी पति को गन्दा पानी पीने से मना करती है और ठाकुर के कुएँ से पानी लाने के लिए कहती है। इस पर गंगी का पति आश्चर्यचकित हो जाता है। अपने मनोभावों के विद्रोह को प्रेमचन्द जोखू के शब्दों में इस प्रकार व्यक्त करते हैं, जोखू ने आश्चर्य से उसकी ओर देखा–दूसरा पानी कहाँ से लायेगी?

'ठाकुर और साहू के दो कुएँ तो हैं। क्या एक लोटा पानी न भरने देंगे?'

'हाथ–पाँव तुड़वा आयेगी और कुछ न होगा। बैठ चुपके से। ब्राह्मण देवता आशीर्वाद देंगे, ठाकुर लाठी मारेंगे, साहू जी एक के पाँच लेंगे। गरीबों का दर्द कौन समझता है। हम तो मर भी जाते हैं, तो कोई दुआर पर झाँकने नहीं आता, कन्धा देना तो बड़ी बात है। ऐसे लोग कुएँ में से पानी भरने देंगे?''[82]

कुएँ के पास पहुँचकर गंगी का मन इन सवर्णों के प्रति विद्रोह करने लगता है, ''गंगी का विद्रोही दिल रिवाजी पाबन्दियों और मजबूरियों पर चोटें करने लगा—हम क्यों नीच हैं और ये लोग क्यों ऊँच हैं? इसलिए कि ये लोग गले में तागा डाल लेते हैं? यहाँ तो जितने हैं, एक–से–एक छँटे हैं? चोरी ये करें, जाल–फरेब ये करें, झूठे मुकदमें ये करें। अभी इस ठाकुर ने तो उस दिन बेचारे गड़रिये की एक भेड़ चुरा ली थी और बाद में मारकर खा गया। इन्हीं पण्डित जी के घर में तो बारहो मास जुआ होता है। यही साहू जी तो घी में तेल मिलाकर बेचते हैं। काम करा लेते हैं, मजदूरी देते नानी मरती है। किस बात में हैं हमसे ऊँचे। हाँ, मुँह में हमसे ऊँचे हैं। हम गली–गली चिल्लाते नहीं कि हम ऊँचे हैं, हम ऊँचे! कभी गाँव में आ जाती हूँ, तो रसभरी आँखों से देखने लगते हैं। जैसे सब की छाती पर साँप लोटने लगता है, परन्तु घमण्ड यह कि हम ऊँचे हैं।''[83] डरती–डरती गंगी कुएँ की जगत पर पहुँचकर जल्दी से घड़ा कुएँ में डाल देती है। पानी से भरा घड़ा ऊपर आ जाता है तब तक ठाकुर का दरवाजा खुल जाता है। डर के मारे गंगी के हाथ से रस्सी छूट जाती है। गंगी भागती हुई पहुँचती है और देखती है कि जोखू वही गन्दा पानी पी रहा है।

उनकी दूसरी कहानी 'सद्‌गति' का कहना ही क्या है! कलात्मक दृष्टि से भी यह कहानी विश्व–साहित्य में स्थान पाने योग्य है। धर्म के ठेकेदार पण्डे दलितों का, अछूतों का शोषण कितनी निर्दयता के साथ करते हैं—ऐसे लोगों को प्रेमचन्द ने धज्जियाँ उड़ा दी है। दुखी के घर में कथा होनेवाली थी इसलिए पण्डित जी को बुलाना आवश्यक था। दुखी थोड़ी–सी घास नजराने में ले जाता है। पण्डित जी दुखी को झाड़ू लगाने, भूसा देने और लकड़ी चीरने जैसे बहुत–से काम बता जाते हैं। दुखी लकड़ी चीरते–चीरते थक जाता है तो पण्डित के घर में चिलम पीने के लिए आग माँगने जाता है। सवर्ण जातियाँ कितनी क्रूर होती हैं, दलितों पर किस कदर अन्याय

करती हैं। इसका परिचय इस उद्धरण से मिल सकता है। मालिक रचि के आग मिल जाये तो चिलम पी लें।

पण्डित जी भोजन कर रहे थे। पण्डिताइन ने पूछा यह कौन आदमी आग माँग रहा है?

पण्डित—अरे वही ससुरा दुखिया चमार है। कहा, थोड़ी-सी लकड़ी चीर दे। आग तो है, दे दो।

पण्डिताइन ने भवें चढ़ाकर कहा—'तुम्हें तो जैसे पोथी-पत्रे के फेर में धरम-करम किसी बात की सुधि ही नहीं रही। चमार हो, धोबी हो, पासी हो, मुँह उठाये घर में चला जाये। हिन्दू का घर न हुआ कोई सराय हुई। कह दो दाढ़ीजार से चला जाय, नहीं तो इस लुआठे से मुँह झुलस दूँगी। आग माँगने चले हैं।' दुखी पण्डित के दरवाजे पर लकड़ी चीरते-चीरते मर गया लेकिन पण्डित जी को दया नहीं आयी। उसकी मृत्यु पर पण्डित और पण्डिताइन का वार्त्तालाप हमें ब्राह्मणों, धर्म के ठेकेदारों के प्रति घृणा करना सिखाता है। प्रेमचन्द का उद्देश्य ही था शोषक चरित्रों का पर्दाफाश करना।'[84] आधी रात तक रोना-पीटना जारी रहा। देवताओं का सोना मुश्किल हो गया। पर लाश उठाने कोई चमार न आया और ब्राह्मण चमार की लाश कैसे उठाते! भला ऐसा किसी शास्त्र-पुराण में लिखा है? कहीं कोई दिखा दे।

पण्डिताइन ने झुँझलाकर कहा—"इन डाइनों ने तो खोपड़ी चाट डाली। सभी का गला भी नहीं फटता।

पण्डिताइन ने कहा—रोने दो चुड़ैलों को, कब तक रोयेंगी। जीता था, तो कोई बात न पूछता था। मर गया, तो कोलाहल मचाने के लिए सब-की-सब आ पहुँची।

पण्डिताइन—चमार का रोना मनहूस है।

पण्डित—हाँ बहुत मनहूस।

पण्डिताइन—अभी से दुर्गन्ध उठने लगी।

पण्डित—चमार था ससुरा कि नहीं। साध-असाध किसी का विचार है इन सबों को।

पण्डिताइन—इन सबों को घिन भी नहीं लगती।

पण्डित—भ्रष्ट हैं सब

रात तो किसी तरह कटी; मगर सबेरे भी कोई चमार न आया। चमारिनें भी रो-पीटकर चली गयीं। दुर्गन्ध कुछ-कुछ फैलने लगी।

पण्डित जी ने एक रस्सी निकाली। उसका फन्दा बनाकर मुरदे के पैर में डाला और फन्दे को खींचकर कस दिया। अभी कुछ-कुछ धुँधलका था। पण्डित जी ने रस्सी पकड़कर लाश को घसीटना शुरू किया और गाँव के बाहर तक घसीट ले गये। वहाँ से आकर तुरन्त स्नान किया, दुर्गापाठ पढ़ा और गंगाजल छिड़का।"[85]

गाँधी जी की तरह ही प्रेमचन्द भी यह मानते थे कि छुआछूत हिन्दू धर्म द्वारा समर्थित नहीं है। यह उनका प्रिय विषय था। धर्म के नाम पर छुआछूत को उचित बतानेवालों से वह किसी किस्म का समझौता कर ही नहीं सकते थे। उनका सारा जीवन इन संकीर्णतावादी और परोपजीवी तत्त्वों से अनवरत संघर्ष करने में जाता है। 'जागरण' में 'काशी का कलंक' शीर्षक अपने सम्पादकीय में प्रेमचन्द ने काशी के इन धर्मध्वजधारियों की बखिया उधेड़कर रख दी थी। बाहर की जनता समझती है कि काशी में कुछ बड़े धर्मनिष्ठ और शास्त्र-पारंगत तथा पुण्यात्मा पण्डित मौजूद हैं जो हिन्दू धर्म के तत्त्व और रहस्य को सूक्ष्म रीति से समझते हैं तथा संकट के समय उसकी रक्षा का उपाय करते हैं। किन्तु काशी की जनता खूब जानती है कि सनातनधर्मी और वर्णाश्रम धर्म के नाम पर होहल्ला मचाकर देश की सामाजिक जागृति और राजनीति की प्रगति में बाधा पहुँचाने और रोड़े अटकानेवाले काशीवासी पण्डित कितने पानी में हैं।''[86] 'अछूतों को मन्दिर में जाने देना पाप है' शीर्षक सम्पादकीय में उन्होंने स्पष्ट किया है कि धर्म और अछूत प्रथा का क्या सम्बन्ध है, 'धर्म का मूल तत्त्व आत्मा की एकता है। जो आदमी इस तत्त्व को नहीं समझता वह वेदों और शास्त्रों का पण्डित होने पर भी मूर्ख है। जो दुखियों के दुख से दुखी नहीं होते, जो अन्याय देखकर उत्तेजित नहीं होता, जो समाज में ऊँच-नीच, पवित्र-अपवित्र के भेद को बढ़ाता है, वह पण्डित होकर भी मूर्ख है।''[87] इसी बात को उन्होंने 'हरिजन दिवस' पर लिखे गये अपने सम्पादकीय 'पावन तिथि' में विस्तार से स्पष्ट किया है, 'संसार में जितने धर्म हैं उनमें, यही एक तत्त्व है जो सबमें पाया जाता है। उनमें तरह-तरह के भेद हैं, भाँति-भाँति की व्यवस्थाएँ हैं—कहीं माँस वर्जित है, कहीं इनमें से एक भी नहीं, कहीं एक ही ब्याह की व्यवस्था है, कहीं चार की, कहीं अनेक की, लेकिन इस भाईचारे के विषय में सभी एकमत हैं। इसका कारण यही है कि इस तत्त्व की उपेक्षा करके समाज में शान्ति नहीं रह सकती या तो किसी नये धर्म की सृष्टि होगी या कोई भयंकर विप्लव हो जायेगा। फ्रेंच क्रान्ति भी इसी भेदभाव का रुदन थी। मनुष्यमात्र में जो एक आत्मा व्याप्त है, वह उस विषमता को सहन नहीं कर सकती।''[88] इसी सम्पादकीय में आगे चलकर वह धर्मशास्त्रों के उन अंशों को ही चुनौती देते हैं जो छुआछूत का समर्थन करते हैं, ''जो धर्मशास्त्र, अहंकार, दम्भ और ऊँच-नीच का भेद सिखाते हैं, वह मान्य नहीं हो सकते। यह भेद ही ईश्वर-विमुख है और हमें विश्वास नहीं आता कि धर्मशास्त्र कोई ऐसी व्यवस्था कर सकते हैं, जो सर्वथा अन्यायसंगत और सर्वात्मा की व्यापकता की विरोधी हो। अवश्य ही ऐसी बातें हिन्दू धर्मद्रोहियों ने पीछे से बढ़ा दी है या तो वह क्षेपक है अथवा उनका अर्थ ठीक नहीं किया जा रहा है।''[89] प्रेमचन्द इस बात में भी विश्वास करते थे कि वर्णाश्रम व्यवस्था का छुआछूत से कोई लेना-देना नहीं है।

सनातनधर्म और वर्णव्यवस्था का नाम लेकर छुआछूत का समर्थन करनेवाले तत्त्वों का सीधा सम्बन्ध है, यह मानना पड़ेगा कि इन तत्त्वों पर जैसा प्रबल प्रहार प्रेमचन्द ने किया है वैसा गाँधी जी ने भी नहीं किया। गाँधी जी इन तत्त्वों के भी हृदय-परिवर्तन में विश्वास करते थे यह आक्रामकता प्रेमचन्द की मौलिक विशेषता है। गाँधी जी हृदय परिवर्तन के सिद्धान्त के प्रति अन्तिम समय तक आस्थावान् रहे जबकि प्रेमचन्द धर्म की कट्टरता और जनता पर इनके व्यापक दुष्प्रभाव को देखकर अन्ततः धर्म में अपना विश्वास पूरी तरह खो बैठे थे। अन्त तक आते-आते वह धर्म से ही नहीं, ईश्वर तक से विमुख हो चुके थे। जबकि गाँधी जी अन्तिम समय तक धार्मिक व्यक्ति बने रहे। अपने सम्पादकीय 'अछूतों को मन्दिर में जाने देना पाप है' में धर्म के नाम पर छुआछूत का औचित्य और अनिवार्यता सिद्ध करनेवालों को प्रेमचन्द इन शब्दों में फटकारते हैं, "इनफिटन-आरोही मार्तण्डी में एक पुरी के श्री 108 शंकराचार्य भी थे। इस निवृत्ति की उस प्रवृत्ति से तुलना कीजिये। वह संसार की सबसे महान् शक्ति के सामने न्याय के बल और आत्मा के विश्वास के साथ, एक जाति का उद्धार करने के लिए अग्रसर हो रही है, और यह न्याय को पैरों से कुचलती आत्मा की आँखों पर परदा डाले हुए, जाति के दलित और पीड़ित अंग को ठोकरें मार रही है, फिर क्यों न धर्म का संसार में ह्रास हो? क्यों न रूसवाले धर्म को अफीम का नशा समझें? और धर्म को कलंकित करनेवाले इन स्तम्भों का समाज से बहिष्कार कर दिया जाये।"[१०] प्रेमचन्द का विश्वास यहाँ तक था कि जब तक सवर्ण हिन्दू दलितों के प्रति अत्याचार करते रहेंगे, तब तक वे कभी स्वतन्त्र नहीं हो सकते। वे ये भी मानते थे कि जब तक छुआछूत हमारे देश से मिट नहीं जाता, तब तक किसी भी भारतवासी को विदेशों में सम्मान नहीं मिल सकता।

यद्यपि प्रेमचन्द अछूतों के लिए धार्मिक स्वतन्त्रता के जितने कायल थे उससे कई गुना अधिक आर्थिक स्वतन्त्रता के कायल थे। फिर भी अछूतों के मन्दिर-प्रवेश को लेकर प्रेमचन्द ने लगातार अपनी सम्पादकीय टिप्पणियों में जोरदार समर्थन किया।

'कर्मभूमि' में प्रेमचन्द ने मन्दिर-प्रवेश की घटना को बहुत व्यापकता के साथ चित्रित किया, और अन्ततः अछूतों की विजय दिखायी। मद्रास कौन्सिल में श्रीयुत सुब्बारायन के मन्दिर प्रवेशाधिकार सम्बन्धी बिल को पेश करने की इजाजत नहीं मिली। इस पर प्रेमचन्द ने सम्पादकीय में ब्रिटिश सरकार की कड़े शब्दों में निन्दा की। इस क्षेत्र में गाँधी जी के प्रयत्नों के परिणामस्वरूप बहुत-से सवर्णों ने अछूतों के लिए मन्दिर के द्वार खोल दिये। यह समाचार दलितों के पक्षधर प्रेमचन्द को बहुत अच्छा लगा। यह बात भी उनके सम्पादकीय से ही जाहिर होती है लेकिन शीघ्र ही प्रेमचन्द को लगा कि इतने मात्र से समस्या का समाधान नहीं हो सकता। छह महीने

बाद ही जब गाँधी जी ने दूसरा अनशन शुरू किया तो उसके कारणों का अनुमान लगाते हुए, उन्होंने लिखा, "महात्मा जी के व्रत तथा तप का एक बहुत बड़ा कारण यह भी है कि हरिजनों को मन्दिर-प्रवेश का अधिकार एक प्रकार से नहीं के बराबर मिला है। लाखों मन्दिरवाले इस महादेश में, कुछ मुट्ठी भर और केवल साधारण मन्दिर ही ऐसे हैं, जहाँ वे दर्शनार्थ जा सकते हैं। हम स्वयं किसी भी तर्क द्वारा यह बात नहीं समझ सकते कि हाड़-मांस की देहवाला, हिन्दू धर्म पर अभिमान करनेवाला कोई हरिजन काशी विश्वनाथ या किसी वैसे ही पवित्र मन्दिर में क्यों नहीं प्रवेश पा सकता, जबकि स्थान-स्थान पर मलमूत्र विसर्जन करनेवाला साँड़ मन्दिर में दर्शनार्थियों पर सींग चलाता हुआ स्वच्छन्दतापूर्वक घूम सकता है। इस प्रकार की हठधर्मी का अब युग नहीं है और उच्च वर्णवालों को ईश्वर को अपनी स्त्री के समान अपनी ही वस्तु समझने की मूर्खता का परित्याग करना चाहिए।"[91] लेकिन जल्दी ही उन्हें लगने लगा था कि मन्दिर-प्रवेश से अछूतों की समस्याओं का निदान होनेवाला नहीं है। इसलिए कुछ समय बाद उनकी राय यह बनी कि अस्पृश्यता-निवारण के काम में मन्दिर प्रवेश के प्रश्न को आवश्यकता से अधिक महत्त्व नहीं देना चाहिए।

'कर्मभूमि' में अछूत समस्या का एक पहलू मन्दिर-प्रवेश का है जो एक सीमा तक उनकी सामाजिक प्रतिष्ठा से सम्बद्ध है। मन्दिर-प्रवेश का प्रश्न प्रस्तुत उपन्यास में आगे चलकर एक आन्दोलन का रूप धारण कर लेता है। एक महीने से ठाकुरद्वारे में पं. मधुसूदन जी की कथा हो रही है। एक दिन सहसा पिछली पंक्ति में हंगामा हो जाता है। कथा बन्द हो जाती है। यह हंगामा मन्दिर में बैठे अछूतों को लेकर होता है। प्रेमचन्द धर्म के ठेकेदारों की वास्तविकता इन शब्दों में बयान करते हैं, "ब्रह्मचारी-लोग भगवान की कथा सुनने आते हैं कि अपना धर्म भ्रष्ट करने? भंगी-चमार जिसे देखो घुसा चला आया है। ठाकुर जी का मन्दिर न हुआ सराय हुई।...ब्रह्मचारी ने उसे एक जूता जमाते हुए कहा, "तू यहाँ आया क्यों? यहाँ से वहाँ एक दरी बिछी हुई है। सब-का-सब भरभण्ड हुआ कि नहीं? अब जाड़े-पाले में लोगों को नहाना-धोना पड़ेगा कि नहीं?"[92] आगे यह पता चलने पर कि मिठुआ रोज ठाकुरद्वारे में आता था, ब्रह्मचारी जी की प्रतिक्रिया इन शब्दों में व्यक्त होती है, "ब्रह्मचारी जी ने माथा पीट लिया ये दुष्ट यहाँ रोज आते थे। इसका छुआ हुआ प्रसाद लोग रोज खाते थे। इससे बढ़कर अनर्थ और क्या हो सकता है? धर्म पर इससे बड़ा आघात और क्या हो सकता है? धर्मात्माओं के क्रोध का वारापार न रहा। कई आदमी जूते ले-लेकर उन गरीबों पर पिल पड़े। भगवान के मन्दिर में भगवान के भक्तों के हाथों, भगवान के भक्तों पर पादुका प्रहार होने लगा।"[93] इस पर भला प्रेमचन्द चुप कैसे रहते? अपने मन के आक्रोश को डॉ. शान्तिकुमार के शब्दों में व्यक्त करता है, "आप लोगों ने हाथ क्यों बन्द कर लिये? लगाइये कस-कसकर और जूतों से क्या होता है, बन्दूकें

मँगाइये और धर्मद्रोहियों का अन्त कर डालिये। सरकार कुछ नहीं कह सकती। और तुम धर्मद्रोहियों, तुम सब-के-सब बैठ जाओ और जितने जूते खा सको, खाओ। तुम्हें इतनी खबर नहीं कि यहाँ सेठ महाजनों के भगवान रहते हैं। तुम्हारी इतनी मजाल कि इस भगवान के मन्दिर में कदम रखो। तुम्हारे भगवान कहीं किसी झोपड़े में या पेड़ तले होंगे। यह भगवान रत्नों के आभूषण पहनते हैं। मोहनभोग मलाई खाते हैं। चीथड़े पहननेवालों और चबेना खानेवालों की सूरत वह नहीं देखना चाहते।''[94]

प्रेमचन्द इन धर्म के तथाकथित ठेकेदारों से कहीं भी समझौता नहीं करते।

डॉ. शान्तिकुमार के मुख से चुनौती के स्वर में कहलाते हैं, ''अन्धे भक्तों की आँखों में धूल झोंककर यह हलवे बहुत दिन खाने को नहीं मिलेंगे महाराज, समझ गये। अब वह समय आ रहा है, जब भगवान भी पानी में स्नान करेंगे, दूध में नहीं।''[95]

दूसरे दिन से सवर्णों की कथा से अलग दलितों की कथा खुले मैदान में प्रारम्भ हुई। अछूतों की कथा का वर्णन प्रेमचन्द कितनी आत्मीयता के साथ करते हैं, ''थोड़ी देर में दरियाँ छोटी पड़ गयीं और थोड़ी देर और गुजरने पर मैदान भी छोटा पड़ गया। अधिकांश लोग नंगे बदन थे, कुछ लोग चीथड़े पहने हुए थे। उनके देह से तम्बाकू और मैलेपन की दुर्गन्ध आ रही थी। स्त्रियाँ आभूषण नहीं मैली-कुचैली धोतियाँ या लहँगे पहने हुए थीं। रेशम और सुगन्ध और चमकीले आभूषणों का कहीं नाम न था, हृदयों में दया की, धर्म का, सेवाभाव का त्याग था। नये आनेवालों को देखते ही लोग जगह घेरने को पाँव न फैला लेते थे, न ताकते थे, जैसे कोई शत्रु आ गया हो; बल्कि और सिमट जाते थे और खुशी से जगह दे देते थे।''[96]

अछूत समस्या का यह धार्मिक पहलू है जिसे प्रेमचन्द ने 'कर्मभूमि' में विस्तार से चित्रित किया है और अछूतों की विजय दिखायी है। लेकिन अछूत समस्या कोई मन्दिर-प्रवेश की ही समस्या नहीं है। वास्तव में इससे अछूतों की आर्थिक-स्थिति में कोई अन्तर नहीं आता। प्रेमचन्द ने अछूत समस्या के दूसरे पहलुओं पर भी दृष्टि डाली है। अछूतों की सामाजिक और आर्थिक दशा को लेकर भी प्रेमचन्द ने 'कर्मभूमि' में अपने विचारों की अभिव्यक्ति की है। अछूतों के रहन-सहन का स्तर जितना भयावह गाँवों में है, उतना ही नगरों में। 'कर्मभूमि' में दलित वर्ग के मकानों की समस्या को भी उठाया गया है। नगर की सरकारी संस्थाएँ धनिकों की सुख-सुविधा पर ही ध्यान देती हैं। गरीबों पर कोई ध्यान नहीं देता। नगर की सभी दलित जातियाँ इस उपेक्षा और अत्याचार के विरुद्ध संगठित होकर अपने जीवनयापन का स्तर ऊँचा उठाने के लिए आन्दोलन करती हैं। इन जातियों में चमार हैं, धोबी हैं, मेहतर हैं, नाई हैं, कहार हैं। अब दलितों में भी जागृति की लहर दौड़ चुकी है। वह

अब अपने अधिकारों के विषय में समझने लगे हैं, 'हाकिमों से जो कुछ कहना-सुनना था, कह-सुन चुके, किसी ने भी कान न दिया।....हम जितना ही दबेंगे यह बड़े आदमी उतना ही दबायेंगे। आज तुम्हें तय करना है कि तुम अपने हक के लिए लड़ने को तैयार हो या नहीं।''[97] मुरली खटिक विद्रोही स्वर में कहता है, ''किसी को तो महल और बँगला चाहिए हमें कच्चा घर भी न मिले। मेरे घर में पाँच जने हैं। उनमें से चार आदमी महीने भर से बीमार हैं। उस काल कोठरी में बीमार न हों तो क्या हों। सामने से गन्दा नाला बहता है। साँस लेते नाक फटती है।''[98] अछूतों की आर्थिक स्थिति कितनी भयावह है उसका चित्र प्रेमचन्द बड़े ही कारुणिक शब्दों में उपस्थित करते हैं, ''अमर झोपड़ी में गया, तो उसका हृदय काँप उठा मानो दरिद्रता छाती पीट-पीटकर रो रही है और हमारा उन्नत समाज विलास में मग्न है। उसे रहने को बँगला चाहिए, सवारी को मोटर। इस संसार का विध्वन्स क्यों नहीं हो जाता।''[99] इसी प्रकार चमारों की सामाजिक स्थिति का चित्रण प्रेमचन्द अछूत बच्चों के मुख से करवाते हैं। अमर चमार बालकों से पूछता है, 'कहाँ पढ़ने जाते हो? बालक ने नीचे का होंठ सिकोड़कर कहाँ—कहाँ जाये, हमें कौन पढ़ायेगा? मदरसे में कोई जाने तो देता नहीं। एक दिन दादा हम लोगों को लेकर गये थे। पण्डित जी ने नाम लिख लिया; पर हमें सबसे अलग बैठा दिये थे। सब लड़के हमें चमार-चमार कहकर चिढ़ाते थे। दादा ने नाम कटा दिया, जब तक शिक्षा का प्रचार नहीं होता तब तक उनके सामाजिक स्तर को ऊँचा नहीं उठाया जा सकता, अशिक्षित दशा में, उनमें पाये जानेवाले दोष भी नहीं मिट सकते एवं उनकी आर्थिक स्थिति भी नहीं सुधर सकती। जहाँ प्रेमचन्द अछूतों के स्वाभिमान की पूरी रक्षा करते हैं वहाँ उनमें पाये जानेवाले दोषों पर भी प्रकाश डालते हैं। मृत गौ का मांस खाने का प्रश्न भी सामने आता है। चमारों में पूर्व संस्कारों के कारण मृत गाय का मांस खाना साधारण बात थी। इसके अलावा बहुत-सी ऐसी बुराइयाँ इन अछूतों में होती हैं, जिसके कारण ये समाज बहिष्कृत होते हैं। प्रेमचन्द ने इस पहलू पर लिखा है। चमड़े का काम करने अथवा जूते बनाने से कोई जाति निकृष्ट नहीं होती। निकृष्ट होती है वह मरी गाय का मांस खाने से, मदिरा पीने से तथा इसी तरह के दूसरे निषिद्ध कार्यों के करने से। मरी गाय का मांस यदि दो-चार चमार खाना छोड़ देंगे तो इससे उनकी बिरादरी के साथ चमार तो सुधर नहीं जाते। दो-चार का हृदय-परिवर्तन करा देने से इन सामाजिक बुराइयों से छुटकारा नहीं मिल सकता।

प्रेमचन्द सामाजिक क्रान्ति को अपने कथा-साहित्य का मुख्य मुद्दा बनाते हैं। 'गोदान' में सिलिया चमारिन अन्त में मातादीन की ब्याहता बन जाती है। अस्पृश्यता का ब्राह्मण के साथ रोटी-बेटी का सम्बन्ध स्थापित होने में हजार-हजार वर्षों से दलित-शोषित वर्ग का दिवास्वप्न चित्रित किया है।

प्रेमचन्द ने अपनी सम्पादकीय टिप्पणियों, कहानियों और उपन्यासों में जाति-प्रथा के ऊपर व्यापक स्तर पर विचार व्यक्त किये हैं। सैद्धान्तिक स्तर पर प्रेमचन्द जाति-प्रथा के विरोधी न थे लेकिन जन्म से जाति निर्धारित होने और जाति के आधार पर ऊँच-नीच के प्रेमचन्द घोर विरोधी थे। धीरे-धीरे प्रेमचन्द जाति-प्रथा की व्यर्थता को समझने लगे थे। यह स्थिति उस समय आती है जब प्रेमचन्द गाँधीवादी दर्शन से दूर और मार्क्सवादी दर्शन के करीब पहुँचने लगे थे। गाँधी जी जाति-प्रथा की बुराइयों को समझते थे, उसमें सुधार के पक्षधर भी थे लेकिन उसकी व्यर्थता की चेतना से रहित थे। प्रेमचन्द ने जाति नाम के प्रयोग का विरोध किया है। उनका कहना है कि इन जाति नामों के कारण हमारा मानसिक क्षितिज संकीर्ण होता है और हमारी राष्ट्रीय भावना दुर्बल पड़ती है। गाँधी और प्रेमचन्द दोनों अछूतों के पक्षधर थे लेकिन उग्रता के प्रश्न को लेकर अन्तर दिखायी पड़ता है। गाँधी जी अछूतों के ऐतिहासिक शोषण पर अधिक और अपने समय के शोषण पर कम जोर देते हैं। वह सवर्णों को अपना शत्रु न समझकर अपना मित्र ही समझना चाहते थे। वह अन्त समय तक सवर्णों के हृदय-परिवर्तन में विश्वास करते रहे। प्रेमचन्द ऐतिहासिक शोषण के साथ-साथ, वर्तमान शोषण के भी विरोधी थे। सवर्णों के विरोध में उनका स्वर अत्यन्त उग्र हो जाता था। अछूतोद्धार महात्मा जी का प्रिय कार्य था, इसलिए उनको अछूतों का शुभचिन्तक, हितैषी या उत्साही समर्थक कहा जा सकता है जबकि प्रेमचन्द को उनके प्रबल पक्षधर की संज्ञा दी जा सकती है। निर्बलों के प्रति उनकी पक्षधरता इस उद्धरण से सिद्ध होती है, "हमारा आदर्श सदैव से यह रहा है कि जहाँ धूर्तता और पाखण्ड और सबलों द्वारा निर्बलों पर अत्याचार देखो, उसको समाज के सामने रखो, चाहे हिन्दू हो, पण्डित हो, मुसलमान हो या कोई हो, इसलिए हमारी कहानियों में आपको पदाधिकारी, महाजन, वकील और पुजारी गरीबों का खून चूसते हुए मिलेंगे और गरीब किसान, मजदूर, अछूत, दरिद्र उनके आघात सहकर भी अपने धर्म और मनुष्य को हाथ से जाने न देंगे, क्योंकि हमने उन्हीं में सबसे ज्यादा सच्चाई और सेवाभाव पाया है।"

प्रेमचन्द की दृष्टि मुख्यरूप से राष्ट्रीय थी। उन्होंने अछूत समस्या को भी राष्ट्रीय परिप्रेक्ष्य में रखकर भारतीय मुक्ति आन्दोलन की एक कड़ी के रूप में देखा है। अछूत समस्या के विषय में प्रेमचन्द काफी दिनों तक और काफी हद तक, गाँधी जी के विचारों और व्यक्तित्व से बहुत अधिक प्रभावित रहे, लेकिन धीरे-धीरे उनके मन में यह बात स्पष्ट होती रही कि यह एक ऐसी समस्या है जिसका निदान कानून या हृदय- परिवर्तन से नहीं हो सकता। और न गाँधी जैसे कई सौ महापुरुषों के बलिदान से ही हो सकता है। इसका उन्मूलन करने के लिए तो समाज में मूलगामी परिवर्तनों की अपेक्षा होगी। उस समय के प्रगतिशील चिन्तक का, जिनमें पण्डित जवाहरलाल

नेहरू भी शामिल थे, यही विचार था और धीरे-धीरे प्रेमचन्द के मन में भी यह बात घर करती जा रही थी क्योंकि प्रेमचन्द गाँधी जी की तुलना में अधिक गतिशील, स्वतन्त्र और व्यावहारिक चिन्तक थे। इसलिए प्रेमचन्द ने उस हद तक तो गाँधी जी का समर्थन किया जिस हद तक वे हरिजन-समुदाय को भारत के मुक्ति-संग्राम की मुख्य धारा में लाने का उपयोगी काम कर रहे थे। जैसे ही उन्हें एहसास हुआ कि अछूत-समस्या को लेकर कांग्रेस एक ऐसी स्थिति में फँस गयी है जिससे न तो यह समस्या ही हल हो सकती है, और न देश की लड़ाई को आगे बढ़ाया जा सकता है। वे ऐसे निष्कर्षों पर पहुँचने लगे कि देश की आजादी के बिना इस समस्या और इस तरह की अन्य समस्याओं को सुलझाना असम्भव है। इस प्रकार धीरे-धीरे प्रेमचन्द गाँधीवादी दर्शन से दूर पड़ते गये और मार्क्सवादी दर्शन के नजदीक पहुँचते गये। 1934 से पहले की सम्पादकीय टिप्पणियों में वे गाँधी जी से असहमति व्यक्त करते हुए कुछ दिखायी पड़ते हैं। धीरे-धीरे ये मतभेद स्पष्ट होते गये और अपने जीवन में अन्तिम दिनों तक यानी 1933-34 के आस-पास वे गाँधी जी का नाम लेकर उनकी आलोचना करने लगे थे। जनवरी, 1934 में उन्होंने लिखा, "अभी उस दिन महात्मा जी ने कहा है कि हमारे पापों के कारण ही यह भूकम्प हुआ है और उनकी धारणा में अछूत कहलानेवाले मनुष्यों के साथ दुर्व्यवहार ही महापाप है। इसी प्रकार वर्णाश्रम स्वराज संघवाले महात्मा जी को कोसते हैं और कहते हैं कि अछूतों को मन्दिर-प्रवेश कराने के पाप का ही परिणाम वह भूकम्प है।"[100]

गाँधी जी में प्रेमचन्द की आस्था धीरे-धीरे समाप्त हो रही थी। इसका प्रमाण यह उद्धरण है, "अब यह मान लेना पड़ेगा कि जिस चीज को महात्मा जी भीतर की आवाज कहते हैं, जिसका मतलब यह होता है कि उसके गलत होने की सम्भावना नहीं, वह बहुत भरोसे की चीज नहीं है। क्योंकि उसने एक से ज्यादा अवसरों पर गलती की है। भविष्य में राजनीति को राष्ट्रहित की दृष्टि से देखना होगा।"[101]

प्रेमचन्द-साहित्य के विस्तृत अध्ययन से स्पष्ट होता है कि अछूतों के प्रति उनकी पक्षधरता सम्पूर्ण भारतीय वाङ्मय में अद्वितीय और क्रान्तिकारी है।

**हिन्दू-मुस्लिम साम्प्रदायिकता :**

बीसवीं सदी के भारत में साम्प्रदायिक संघर्षों का जो सिलसिला शुरू हुआ वह मूलतः ब्रिटिश साम्राज्यवाद की देन है। 1857 के पहले कोई साम्प्रदायिक झगड़ा दृष्टिगोचर नहीं होता। मुस्लिम शासकों के साथ कई शताब्दियों तक हिन्दुओं को रहना पड़ा था लेकिन इस प्रकार के संघर्षों की झलक अतीत में नहीं मिलती। अत्याचार, विध्वंस और लूट भारतीय जनमानस के लिए कोई अनहोनी अथवा अकल्पनीय नहीं थी। लेकिन एक समूची जाति, दूसरी समूची जाति के खून की प्यासी हो जाये, यह भारतीय इतिहास की पूर्णतः अपरिचित घटना है। मुसलमान और मुगल शासकों ने

एशियाई प्रारूपवाले भारतीय सामन्तवाद को यथावत् स्वीकार किया था और भारत को अपना ही देश मान लिया था। इनके ठीक उलटे अंग्रेज भारत की सम्पत्ति लूटने के लिए भारत आये थे। भारत देश से उनका लगाव कभी भी नहीं हो पाया।

अंग्रेज शासकों ने अपने शासनकाल में सम्प्रदायवाद का जो विष बोया था, उसका प्रभाव आज, अंग्रेजों के शासन के समाप्त होने के पैंतालीस वर्ष बाद भी कायम है। पाकिस्तान बनने और आजादी हासिल होने के बाद यह आशा की गयी थी कि यह विष शमित हो जायेगा लेकिन साम्प्रदायिकता का ज़हर आज भी सम्पूर्ण भारतीय जनमानस को विषाक्त किये हुए है। इससे यह अर्थ लगाना गलत न होगा कि शासक तो बदल गये, लेकिन शासनतन्त्र वही-की-वही बना रहा। 'जान' की जगह 'गोविन्द' तो गद्दी पर बैठ गया, किन्तु शासन-पद्धति में कोई अन्तर न आया। महात्मा गाँधी ने मानवता के आधार पर इस प्रश्न को हल करने की कोशिश की लेकिन वह पूरी तरह से असफल रहे। गाँधी जी का विचार था कि यदि लोग अपने-अपने धर्म को ईमानदारी के साथ पालन करें तो, उनके बीच साम्प्रदायिक विद्वेष उत्पन्न हो ही नहीं सकता, क्योंकि कोई भी धर्म किसी अन्य धर्मावलम्बियों के साथ विद्वेष करना नहीं सिखाता। सैद्धान्तिक स्तर पर यह बात सही हो सकती है, किन्तु व्यावहारिक रूप में यह नितान्त बकवास साबित हुई। स्वतन्त्रता-आन्दोलन के दौरान साम्प्रदायिक भावनाओं को उभारने के पीछे अंग्रेजों की राजनीति को समाज के प्रबुद्ध लोगों ने समझा था लेकिन आजादी के बाद के भारत में साम्प्रदायिकता का जहर फैलने में किसका हाथ है, इस बात को भी समझने की आवश्यकता है।

प्रेमचन्द की सम्प्रदायवाद की समझ वैज्ञानिक अथवा ऐतिहासिक थी, यह तो नहीं कहा जा सकता लेकिन इस प्रश्न पर उनकी सोच गाँधी जी से एकदम भिन्न थी। उन्हें धर्म के व्यावहारिक रूप की पूरी समझ थी और एक सचेतन बौद्धिक व्यक्ति की भाँति वे इसे एकदम निरर्थक ही नहीं, मनुष्य-मनुष्य के बीच दीवार खड़ी करनेवाला समझते हैं। उनके 'प्रेम की बेदी' नाटक में एक पात्र कहता है, "आज दौलत जिस तरह आदमियों का खून बहा रही है, उसी तरह, उससे ज्यादा बेदर्दी धर्म ने आदमियों का खून बहाकर की।....दौलत वही कर रही है, जिसकी उससे आशा थी, लेकिन धर्म तो प्रेम का सन्देश लेकर आता है और काटता है आदमियों के गले। वह मनुष्यों के बीच ऐसी दीवार खड़ी कर देता है, जिसे पार नहीं किया जा सकता है।"

मध्ययुगीन सन्तों और सूफियों ने हिन्दू-मुस्लिम भेदभाव दूर करने में काफी सहायता पहुँचायी थी। सन्तों की इस परम्परा को आगे बढ़ाने के लिए कोई योग्य उत्तराधिकारी मिलने की बात तो दूर रही, उलटे अंग्रेजों के 'फूट डालो और राज करो' जैसी नीति ने साम्प्रदायिकता का जहर भारतवासियों में हमेशा-हमेशा के लिए

भर दिया। जिसकी ज्वाला आज भी कितने लोगों को अपने अन्दर समेटे हुए है। हिन्दुओं और मुसलमानों को आपस में लड़ाकर अंग्रेजों ने भारत में अपने शासन की नींव मजबूत की और कूटनीतिक तौर-तरीकों से ऐसी भयावह स्थिति पैदा कर दी कि उक्त समस्या दिन-पर-दिन उलझती ही चली गयी। हिन्दू-मुस्लिम साम्प्रदायिकता का आधार धार्मिक नहीं है, बल्कि राजनीतिक है जो दोनों कौमों के बीच एकता स्थापित करने के मार्ग में रोड़े अटकाती रही है। यदि राजनीतिक पहलू इसके मूल में नहीं होता तो केवल धर्म के कारण इन दो जातियों में इतना वैमनस्य कभी नहीं बढ़ता। भारत में अनेक धर्मों को माननेवाले रहते हैं लेकिन उनमें इस स्तर की कटुता नहीं है जितनी कि हिन्दू और इस्लाम धर्म के माननेवालों में है।

प्रेमचन्द ने साम्प्रदायिकता की समस्या को सम्पादकीय टिप्पणियों तथा कहानियों और उपन्यासों में स्थान दिया है। भारतीय मुक्ति आन्दोलन के रास्ते में हिन्दू-मुसलमान अलगाव एक बहुत बड़ी समस्या है इसलिए इसकी गहराई में जाना प्रेमचन्द जैसे युगद्रष्टा साहित्यकार के लिए स्वाभाविक ही था। साम्राज्यवाद के आगमन के साथ-ही-साथ हिन्दुओं और मुसलमानों में शिक्षा-दीक्षा आदि क्षेत्रों में इतना ज्यादा अन्तर आ गया कि जिसके परिणामस्वरूप दोनों कौमों में साम्प्रदायिकता की भावना और भी तीव्र हो गयी। इसी बात को रजनी पाम दत्त ने अपनी पुस्तक 'आज का भारत' में बहुत अच्छे ढंग से व्याख्यायित किया है, "साम्राज्यवाद की छत्रच्छाया में भारतीय शिक्षितों के मध्यवर्ग और व्यापारियों के पूँजीपति वर्ग का जो उदय हुआ उसमें मुसलमान पिछड़ गये। सन् 1881 की जनगणना के अनुसार मुसलमान 19.7 प्रतिशत और हिन्दू 74 प्रतिशत थे। प्रशासन की भाषा जब तक फारसी रही तब तक मुसलमान शिक्षित वर्ग का सरकारी सेवाओं में वर्चस्व बना रहा लेकिन जब अंग्रेजी प्रशासन और अदालतों की अनिवार्य भाषा हुई तो मुसलमान उस दौड़ में पिछड़ गये। इसके विपरीत हिन्दू मध्यवर्ग ने अंग्रेजी शिक्षा प्राप्त कर अपनी शक्ति बढ़ायी। मुम्बई, कोलकाता और मद्रास में अर्थात् हिन्दूबहुल क्षेत्रों के उत्तर में मुस्लिमबहुल क्षेत्रों की तुलना में व्यापार, व्यवसाय तथा शिक्षा का विकास काफी पहले शुरू हो गया था। 1882 में हण्टर कमीशन की रिपोर्ट से पता लगता है कि विश्वविद्यालय की शिक्षा के मामले में औसतन मुसलमानों का अनुपात 3-65 प्रतिशत था। आज भी मुसलमानों की तुलना में हिन्दुओं में साक्षर लोगों की संख्या ज्यादा है। इसलिए भारतीय बुर्जुवा वर्ग का उदय होने के साथ-साथ ऐसे भेदभावों के लिए परिस्थितियाँ तैयार हो गयीं जो बहुत आसानी से साम्प्रदायिक रूप धारण कर सकती थीं।[102] इसी पुस्तक में आगे मुसलमानों की स्थिति हिन्दुओं की तुलना में क्यों हीनतर रही—इस पर उन्होंने प्रकाश डाला है, "भारतीय बुर्जुवा वर्ग में हिन्दू ही अधिक थे और उसमें भी एक वर्ग विशेष के गुजराती मारवाड़ी बनिये। मुसलमानों

में पेटी-बुर्जुवा नहीं के बराबर था। व्यापार और दूकानदारों को सम्पन्न मुसलमान-बनिया-बक्कालों का काम समझते थे और उससे घृणा करते थे। मुसलमानों का ऊपरी वर्ग जिसका मुख्य आधार बड़े जमींदारों में था, व्यापारिक एवं औद्योगिक पूँजीपति वर्ग की उन्नति को देखकर खुश नहीं हुआ क्योंकि उसे ऐसा लगता था कि यह उन्नति हिन्दुओं की या हिन्दू बनियों की उन्नति है। इसे वे बड़ी खतरनाक स्थिति मानते थे।'[103]

हिन्दुस्तान में जब अंग्रेजों ने सामन्तवाद विरोधी प्रगतिशील भूमिका अदा की तो हिन्दू मध्यवर्ग अंग्रेजों के निकट था। धार्मिक संकीर्णता और मुस्लिम-सामन्ती-राज्य के अन्तिम अवशेष समाप्त हो जाने की वजह से मुसलमान हिन्दुओं की अपेक्षा अंग्रेजों से ज्यादा नफरत करते थे। बाद में जब अंग्रेजों ने सामन्तवाद से समझौता किया तब मुसलमान अंग्रेजों के निकट आये क्योंकि मुसलमानों में सामन्ती तत्त्व अधिक थे। उनमें पूँजीवादी तत्त्वों का अभाव था, जबकि हिन्दुओं में पूँजीवादी प्रगतिशील तत्त्व अधिक थे, कांग्रेस ऐसे ही पूँजीवादी मध्यवर्ग के तबके की जमात थी।

ब्रिटिश साम्राज्य का सुदृढ़ आधार भारत के राजे-रजवाड़े, जमींदार और बुद्धिजीवी वर्ग के प्रतिक्रियावादी हिस्से थे किन्तु इन तीनों को स्वामिभक्ति के बावजूद वह स्वयं को सुरक्षित महसूस नहीं करते थे। सन् '31 की जनगणना के आधार पर भी चार हजार भारतीयों के बीच में अंग्रेजों की संख्या एक थी। 1857 को साम्राज्यवादी भुला नहीं पाते थे, जब अंग्रेजों के झुण्ड गाजर-मूली की तरह काट दिये गये थे। इस प्रतिक्रियावादी विदेशी शासन के राजतन्त्र की सुरक्षा के लिए यह जरूरी था कि वह जनता में फूट डालकर अपना सामाजिक आधार तैयार करे। लेकिन इस तरह का सामाजिक आधार प्रगतिशील तत्त्वों में नहीं मिल सकता था, क्योंकि वे साम्राज्यवाद के विरुद्ध तने रहते थे। यह आधार उन्होंने प्रतिक्रियावादी तत्त्वों के बीच से ही तैयार किया। साम्प्रदायिक वैमनस्य पैदा करके उन्होंने इसका मोहरा मुस्लिम प्रतिक्रियावादी वर्ग को बनाया। कांग्रेस मध्यवर्ग का प्रतिनिधित्व कर साम्राज्यवाद के लिए चुनौती न बन सके इसलिए मध्यवर्ग को बाँटना उसके हित में था, "भारतीयों के राष्ट्रीय आन्दोलन को दुर्बल करने के लिए ब्रिटिश साम्राज्यवादियों ने 'फूट डालो और राज करो' की नीति अपनाकर मुस्लिम मध्यवर्ग और हिन्दू मध्यवर्ग के बीच द्वन्द्वों को उजागरकर मुसलमानों को हिन्दुओं के खिलाफ खड़ा करने का रास्ता अपनाया।"[104]

कांग्रेस की स्थापना साम्राज्यवाद के प्रतिनिधि ह्यूम की अगुवाई में हुई थी किन्तु कांग्रेस बहुत जल्दी ही ब्रिटिश साम्राज्यवाद के प्रतिकूल हो गयी। नतीजा यह हुआ कि ब्रिटिश शासक कांग्रेस से रुष्ट हो गये। प्रारम्भ के वर्षों में मुसलमानों का झुकाव

कांग्रेस की ओर था किन्तु 1893 के बाद उसमें गिरावट आती गयी। इसी सम्बन्ध में प्रसिद्ध इतिहासकार अयोध्या सिंह लिखते हैं, "सुनिश्चित रूप से इसका एक खास कारण सर सैय्यद अहमद वगैरह का और ब्रिटिश शासकों की मेहरबानी से 1890 के बाद होनेवाले हिन्दू-मुस्लिम दंगों, गो-वध विरोधी आन्दोलन, हिन्दी-उर्दू विरोध आदि भी एक हद तक कांग्रेस से मुसलमानों को अलग रखने में सहायक हुए।"[105]

गरम दलीय राजनीति के उग्रराष्ट्रवाद ने साम्प्रदायिकता को उभाड़ने में अहम् भूमिका अदा की। इस सम्बन्ध में सव्यसाची 'भारत की स्वाधीनता का इतिहास' में लिखते हैं, "अगर तिलक, विपिनचन्द्र पाल और लाला लाजपत राय वगैरह ने धार्मिक और सामाजिक मामलों में वही रूख अपनाया होता जो नरम दलवालों ने अपनाया था तो सैय्यद अहमद और ब्रिटिश शासकों का किसी भी प्रकार का विरोध मुसलमानों को भी बड़ी संख्या में कांग्रेस में शामिल होने से न रोक पाता।"[106]

उग्रवादी नेताओं के पुनरुत्थावादी विचारों ने मुस्लिम लीग की स्थापना की और पृथक् निर्वाचन की माँग को बढ़ावा दिया। अंग्रेजी साम्राज्यवाद ने प्रतिनिधि संस्थाओं के निर्वाचन के मामले को इस तरह पेश किया कि साम्प्रदायिक विद्वेष को बढ़ावा मिले। मताधिकार शिक्षा और सम्पत्ति के आधार पर दिया गया, जहाँ मुसलमान वर्ग हिन्दुओं की तुलना में पीछे छूट जाता था, "यही वजह थी कि पृथक् निर्वाचन की माँग को मुसलमानों के बीच प्रेरणा मिली। इन स्थितियों से सरकार के लिए फूट के बीज बोना और दोनों सम्प्रदायों के बीच निहित विरोधों को सामने लाकर-समूची राजनीति प्रणाली का ढाँचा तैयार करना आसान हो गया।"[107]

जिस समय गरम दलीय राजनीति बुलन्दी पर थी, उस समय प्रेमचन्द पर आर्यसमाज का विशेष प्रभाव था। प्रेमचन्द कभी भी रूढ़िवादी मान्यताओं के कायल नहीं रहे। वे समय और परिस्थिति के अनुसार पुराने विचारों से मुक्त होते गये और नये विचारों को ग्रहण करते गये। इसी चिन्तन-प्रक्रिया के तहत वह प्रारम्भ में आर्यसमाज फिर गाँधीवाद और फिर मार्क्सवाद से प्रभावित हुए थे। गरम दल के नेता पुनरुत्थानवादी विचारों से आक्रान्त थे। प्रेमचन्द भी ठीक इसी समय आर्यसमाज की मान्यताओं के कायल थे, यह उनके उर्दू उपन्यासों 'असरारे-मआविद' और 'हमखुर्मा व हमसबाब' में लक्षित होता है। किन्तु वे कहीं भी पुनरुत्थानवादी विचारों से प्रभावित नहीं लगते, जबकि 'गरम दल' वालों की राजनीतिक लाइन के वे कट्टर समर्थक थे। प्रेमचन्द के अभिन्न मित्र दयानारायण निगम लिखते हैं, "प्रेमचन्द का राजनीतिक झुकाव गरम दल की तरफ था। अहमदाबाद कांग्रेस देखने हम लोग साथ-ही-साथ गये और एक ही जगह ठहरे लेकिन वह मिस्टर तिलक के तरफदार थे और मैं मिस्टर गोखले और सर फिरोजशाह का हामी था। इसका कारण गरम दलवालों की अनुनय-विनय, आवेदन-निवेदन और समझौतावादी राजनीतिक लाइन

थी, जिसके प्रेमचन्द विरोधी थे। प्रेमचन्द न बराबर की लड़ाई में समझौते के खयाल को सुबहे की नजर से देखते थे। उनका खयाल था कि कड़ी जद्दोजहद के बगैर कुछ हासिल न होगा और वह उसके लिए अवाम को जल्द-से-जल्द तैयार करने की तरफ थे। उनका ख्याल था कि हुकूमत के सख्त टक्कर लिये बगैर काम न चलेगा।''[108]

प्रेमचन्द गरम दलियों की राजनीतिक लाइन से प्रतिबद्ध होकर भी उदारवादियों की सामाजिक प्रगतिशीलता के पक्षधर थे। जमाना में उन्होंने स्वदेशी आन्दोलन और गोखले की समाज-सुधार नीति का समर्थन किया। वे 'सोशल रिफार्म्स लीग' के पुनरुत्थानवाद विरोधी क्रिया-कलापों से पूरी तरह सहमत थे। पुनरुत्थानवादी दौर में साम्प्रदायिकता की भावना और भी तेज हो गयी थी। इस विद्वेष को प्रेमचन्द अपने उपन्यास 'सेवासदन' में इन शब्दों में व्यक्त करते है, ''इस वक्त उर्दू का झगड़ा, गोकशी का मसला, जुदागाना इन्तखाब, सूद का मुआविजा कानून, इन सबसे तास्सुब मजहबी को भड़काने में मदद ली जा रही है।''[109] भारतीय मुक्ति आन्दोलन के प्रथम सोपान में उग्रवादी नेताओं के सामाजिक समस्याओं के प्रति प्रतिगामी दृष्टिकोण के कारण साम्प्रदायिकता का अंकुरण हुआ और यह विष-वृक्ष दिन-प्रतिदिन बढ़ता ही चला गया साथ ही मुक्ति की परिकल्पना और भी दूर होती चली गयी। स्वराज्य के सम्बन्ध में गाँधी जी स्पष्ट नहीं थे। उनके यहाँ स्वराज्य व्याख्या से परे अनिर्वचनीय था। नेहरू ने स्वराज्य के सम्बन्ध में गाँधी की अस्पष्टता का उल्लेख करते हुए लिखा, ''हमारे अधिकांश नेताओं के लिए स्वराज्य का मतलब आजादी से कम कोई चीज था। गाँधी जी इस चीज के बारे में ऐसे अस्पष्ट थे कि क्या कहना और मजा यह कि पसन्द भी नहीं करते थे कि कोई उसके बारे में सफाई से सोचे।''[110]

सन् '20 में गाँधी जी के नेतृत्व में असहयोग आन्दोलन का सूत्रपात हुआ। गाँधी ने मुख्यरूप से दो प्रमुख समस्याओं को अपने जन-आन्दोलन का आधार बनाया। किसानों में जागरण की चेतना पैदा करना और हिन्दू-मुस्लिम एकता कायम करना। इस काल में हिन्दू-मुस्लिम एकता प्रबल होती हुई दिखायी पड़ रही थी। गाँधी जी वर्ग-संघर्ष के विरोधी और वर्ग समन्वय के पक्षधर थे। उनके न चाहने पर भी किसानों-मजदूरों का आन्दोलन सामन्तवाद, पूँजीवाद और साम्राज्यवाद के विरोध में बदल गया। परिणामस्वरूप मजदूरों और किसानों ने शोषक वर्गों के प्रति तीव्र आक्रोश व्यक्त किया। स्थान-स्थान पर किसानों का विद्रोह उठ खड़ा हुआ। कई स्थानों पर गोलियाँ भी चलीं। गाँधी जी ने हिंसा का सवाल उठाकर आन्दोलन को बीच में ही रोक दिया। आन्दोलन को अचानक बीच में ही रोक देने से कांग्रेस में फूट पड़ गयी। 1922 में जब गाँधी जी ने असहयोग आन्दोलन बन्द किया तो खिलाफत कमेटी के सभी नेताओं ने इस तरह संघर्ष को रोक देने का विरोध किया।

आन्दोलन जब अपनी चरम परिणति पर था और संयुक्त, राष्ट्रीय आन्दोलन के नेता के रूप में गाँधी जी नेतृत्व कर रहे थे तब ऐसे समय में उन पर यह महान् जिम्मेदारी थी कि वह अपने को जाति, वर्ण, वर्ग तथा सम्प्रदाय के भावों से ऊपर उठकर स्वयं को राष्ट्रीय नेता के रूप में प्रस्तुत करें। लेकिन दुर्भाग्य यह कि

12 अक्टूबर, 21 को 'यंग इण्डिया' में उन्होंने एक लेख में स्पष्ट लिखा, "मैं अपने को सनातनी हिन्दू मानता हूँ, क्योंकि—

(1) मैं वेदों, उपनिषदों, पुराणों और समस्त हिन्दू शास्त्रों में विश्वास करता हूँ। और इसीलिए अवतारों तथा पुनर्जन्म में भी मेरा विश्वास है।

(2) मैं वर्णाश्रम धर्म में विश्वास करता हूँ। इसे मैं उन अर्थों में मानता हूँ जो पूरी तरह वेदसम्मत हैं।

(3) मैं प्रचलित अर्थों से कहीं अधिक व्यापक अर्थ में गाय की रक्षा में विश्वास करता हूँ।

(4) मूर्ति-पूजा में मेरा विश्वास नहीं है।

(5) मैंने किसी मुसलमान-ईसाई के घर पानी और फल के अतिरिक्त कुछ भी ग्रहण नहीं किया है।

गाँधी जी अपने को शुद्ध हिन्दू मनोवृत्तियों से युक्त मानते थे। हिन्दू-मुस्लिम एकता के लिए सारी कोशिशों के बावजूद वे हिन्दू-मुस्लिम एकता के लिए अपील करते समय हिन्दू को 'हम लोग' और मुसलमानों को 'ये लोग' कहते थे।[111] मुसलमानों को भड़कानेवाला दूसरा वक्तव्य अनजाने ही आन्दोलन वापस लेने के ग्यारह दिन बाद 23 फरवरी, 1922 को उन्होंने 'यंग इण्डिया' में दिया, "भारत की स्वतन्त्रता से अधिक महत्त्व मेरे लिये अपनी मुक्ति का है। मैं पहले हिन्दू हूँ और देशभक्त बाद में।"[112]

यह बात गौरतलब होगी कि जिस समय मुस्लिम लीग का जन्म हुआ उस समय कलकत्ता के कांग्रेस अधिवेशन में जिन्ना शामिल हुए थे। कांग्रेस के मंच से उनका पहला भाषण मुसलमानों के लिए अलग प्रतिनिधित्व या विशेष सुविधाओं के विरोध में था। लेकिन गाँधी जी की धार्मिक रूढ़िवादिता ने जिन्ना को कांग्रेस से अलग होने के लिए बाध्य किया। असहयोग आन्दोलन जब पूरे जोर पर था उसी समय जिन्ना कांग्रेस से अलग हो गये। कुछ इसी तरह की मन:स्थिति में जिन्ना को कहना पड़ा होगा, "मेरे लिये सबसे पहले इस्लाम है। अदना-से-अदना मुसलमान मेरी नजर में गाँधी से अधिक पवित्र है।"[113]

गाँधीजी से जब कभी स्वराज्य को परिभाषित करने के लिए कहा गया वह इसे टालते रहे। असहयोग आन्दोलन की समाप्ति के उपरान्त, जून, 1922 में खिलाफत कमेटी और जमियत-उल-उलमा' का एक संयुक्त अधिवेशन लखनऊ में हुआ।

जिसमें यह प्रस्ताव पास किया गया कि "भारत और मुसलमानों दोनों के हित में यह है कि कांग्रेस घोषित लक्ष्य में 'स्वराज्य' शब्द के स्थान पर 'पूर्ण स्वतन्त्रता' शब्द को रख दिया जाये। दुर्भाग्यवश उन दिनों कांग्रेस के नेताओं ने इस प्रस्ताव का विरोध किया और उसके पक्ष में यह तर्क दिया कि इससे कांग्रेस के संविधान में बुनियादी परिवर्तन हो जायेगा।"[114]

गाँधी जी जब कभी 'स्वराज्य' को परिभाषित करने बैठते तो उसे एक धार्मिक पहेली बना देते। देशे की जनता की आर्थिक और राजनैतिक माँगों को वे धार्मिक और आध्यात्मिक रूप देकर प्रस्तुत करते। उनका कहना था कि राजनीति को ईश्वर-विश्वास और मजहब के आधार पर चलाओ।

राजनीति में धर्म की अनावश्यक दखलअन्दाजी से क्षुब्ध होकर नेहरू जी ने लिखा, "हमारी राजनीति में जिस तरह धार्मिकता का अंश बढ़ता जा रहा है, हिन्दुओं और मुसलमान दोनों में, उससे मैं कभी-कभी परेशान हो जाया करता था। मुझे यह चीज बिलकुल अच्छी न लगती थी। बहुत-सी बातें जो मौलवी, मौलाना और स्वामी और इस किस्म के लोग अपने भाषणों में कहते थे मुझको बहुत अफसोसनाक मालूम होती थी। उनका इतिहास और समाजशास्त्र और अर्थशास्त्र सब-कुछ मुझको गलत मालूम होता था और जिस तरह से वे लोग हर चीज को धर्म का रंग देते थे, उनके कारण सफाई से किसी सवाल पर सोच सकना असम्भव हो जाता था। यहाँ तक कि गाँधी जी के कुछ शब्द भी मुझे बेतरह खटकते थे जैसे रामराज।"[115]

गाँधी जी के यहाँ स्वराज्य चाहे जितना अपरिभाषित रहा हो लेकिन प्रेमचन्द के यहाँ स्वराज्य का मतलब किसान-मजदूर जनता का राज है। प्रेमचन्द का 'स्वराज्य' की परिकल्पना एकदम स्पष्ट है, "हम स्वराज्य चाहते हैं, उन गूँगे, बेजबान आदमियों के लिए जो दिन-दिन दरिद्र होते जा रहे हैं।"

"अगर स्वराज्य आने पर भी सम्पत्ति का यही प्रभुत्व रहे और पढ़ा-लिखा समाज यों ही स्वार्थान्ध बना रहे तो मैं कहूँगा कि ऐसे स्वराज्य का न आना ही अच्छा। अंग्रेजी महाजनों की धनलोलुपता और शिक्षितों का हित ही आज हमें पीसे डाल रहा है। जिन बुराइयों को दूर करने के लिए लोग आज प्राणों को हथेली पर लिये हुए हैं उन्हीं बुराइयों को क्या प्रजा इसलिए बढ़ायेगी कि वे विदेशी नहीं स्वदेशी हैं? कम-से-कम मेरे लिये तो स्वराज्य का यह अर्थ नहीं कि जान की जगह गोविन्द बैठ जाये।"[116]

मुक्ति आन्दोलन की उत्ताल तरंगों के जनोन्मुखी प्रवाह को बुर्जुवा नेतृत्व किस तरह गुमराह कर रहा था इस बात को प्रेमचन्द बहुत पहले ही समझ गये थे। 1921 के 'जमाना' में प्रकाशित 'वर्तमान आन्दोलन के रास्ते में रुकावटें' लेख में उन्होंने बुर्जुवा सामन्ती स्वार्थों के विपरीत मजदूर किसानों के स्वार्थों के आधार पर आन्दोलन

में पड़ती दरारों को रेखांकित किया, "ज्यादा कठिन और हिम्मत को तोड़ने वाला यह स्वार्थों का टकराव है, जिसके एक तरफ जमींदार और पूँजीपति हैं और दूसरी तरफ काश्तकार और मजदूर....कांग्रेस पहले भी मध्यवर्ग का आन्दोलन थी, जिसमें जमींदार और पूँजीपति साथ-साथ थे। अधिकांश संख्या वकीलों, प्रोफेसरों और पत्रकारों की थी जो न पूँजीपति हैं और न जमींदार। हाँ उस वक्त किसानों मजदूरों में चूँकि राजनीतिक चेतना पैदा न हुई थी इसलिए कांग्रेस भी स्पष्ट रूप में उनके अधिकारों और उनकी माँगों को आगे न रखती थी....कांग्रेस में जनता का अंश प्रधान हो गया है.....जगह-जगह किसान सभाएँ, मजदूर सभाएँ कायम हो गयी हैं और उनके काम करनेवाले अक्सर ही कांग्रेस के ही कार्यकर्त्ता हैं।"

जिस प्रकार प्रेमचन्द अपने उपन्यासों, कहानियों और सम्पादकीय टिप्पणियों में 'भारतीय मुक्ति आन्दोलन' के राजनीतिक, आर्थिक, धार्मिक तथा सामाजिक सभी पहलुओं की व्याख्या की है, उसी तरह उनमें हिन्दू-मुस्लिम समस्या का भी समावेश किया है। प्रेमचन्द ने साम्प्रदायिक सद्भावना की सृष्टि में महत्त्वपूर्ण भूमिका अदा की है। बुर्जुवा राजनैतिक नेतृत्व जहाँ भ्रमित था वहीं प्रेमचन्द उसका स्पष्ट जनवादी व्यवस्था प्रस्तुत कर रहे थे। 'सेवासदन', 'कायाकल्प' और 'कर्मभूमि' में इस समस्या को उन्होंने बड़ी खूबसूरती के साथ उठाया है। 'कायाकल्प' का प्रारम्भ ही हिन्दू-मुस्लिम सौहार्द के वातावरण में होता है। प्रेमचन्द हिन्दू-मुस्लिम एकता के जबरदस्त समर्थक थे। उपन्यासों के अतिरिक्त कहानियों में भी उन्होंने इस प्रश्न को उठाया है। साम्प्रदायिक सद्भाव की सृष्टि के लिए उन्होंने 'हिंसा परमोधर्मः' और 'मन्दिर और मस्जिद', 'मुक्तिधन' जैसी कहानियाँ लिखीं।

आर्यसमाज के शुद्धि आन्दोलन से परेशान होकर प्रेमचन्द ने 'मनुष्यता का अकाल' लेख लिखा। उसका छपना था कि चारों तरफ तहलका मच गया। मुसलमानों ने उसे हाथों हाथ लिया और हिन्दू समुदाय गुस्से से आग बबूला हो गया। इसी समय 'कायाकल्प' में उन्होंने साम्प्रदायिक वैमनस्य को तिक्त भाव से व्यक्त किया। इस उपन्यास में यह समस्या गाय की कुरबानी को मुख्य विषय बनाकर उपस्थित की गयी है। आगरा शहर में गाय की कुरबानी पर दंगा हो जाता है। इस साम्प्रदायिक विद्वेष के कारणों पर प्रेमचन्द ने प्रकाश डाला है, 'जरा-जरा-सी बात पर दोनों दलों के सिरफिरे जमा हो जाते और दो-चार के अंग-भंग हो जाते। कहीं बनिये ने डण्डी मार दी और मुसलमानों ने उसकी दुकान पर धावा बोल दिया। कहीं किसी जुलाहे ने किसी हिन्दू का घड़ा छू लिया और मोहल्ले में फौजदारी हो गयी। एक मोहल्ले में मोहन ने कदीम का कनकौआ लूट लिया और इसी बात पर मुहल्ले भर के हिन्दुओं के घर लुट गये, दूसरे मुहल्ले में दो कुत्तों की लड़ाई पर सैकड़ों आदमी घायल हुए क्योंकि एक सोहन का कुत्ता था दूसरा सईद का। निज के रगड़े-

झगड़े साम्प्रदायिक संग्राम के क्षेत्र में खींच लिए जाते थे। दोनों ही मजहब के नशे में चूर थे। सुबह को ख्वाजा साहब हाकिम जिला को सलाम करने जाते, शाम को बाबू यशोदानन्दन। दोनों देवताओं के भाग जागे। जहाँ कुत्ते निद्रोपासना किया करते थे, वहाँ पुजारी जी की भाँग घुटने लगी। मसजिदों के दिन फिरे। मुसलमानों ने अबाबीलों को बेदखल कर दिया। जहाँ साँड़ जुगाली करता था वहाँ पीर साहब की हँड़िया चढ़ी। हिन्दुओं ने महावीर दल बनाया, मुसलमानों ने अलीगोल सजाया। ठाकुरद्वारे में ईश्वर कीर्त्तन की जगह नबियों की निन्दा होती। मसजिदों में नमाज की जगह देवताओं की दुर्गति होती। ख्वाजा साहब ने फतवा दिया जो मुसलमान किसी हिन्दू औरत को निकाल ले जाये उसे एक हजार हजों का सबाब होगा। यशोदानन्दन ने काशी के पण्डितों की व्यवस्था मँगायी कि मुसलमान का वध एक लाख गोदानों से श्रेष्ठ है।'[117]

साम्प्रदायिक दंगों के चाहे जो भी कारण हों पर उनको तीव्रता धर्म के नाम पर मिलती है। अच्छे-समझदार लोग धार्मिक भावावेश में आकर हिंसक बन जाते हैं, पथभ्रष्ट हो जाते हैं। 'कायाकल्प' में ख्वाजा महमूद जिन्हें हिन्दू फरिश्ता समझते थे, जो हिन्दू-मुसलमानों की मिली-जुली सेवा-समिति के सदस्य थे। मौलवी दीन मुहम्मद साहब की तकरीर में इतने उत्तेजित हो जाते हैं कि कुरबानी को लेकर होनेवाले दंगे का नेतृत्व करने लगते हैं। यशोदानन्द उनकी इस कायापलट पर अपना मत प्रकट करता है, "अगर महमूद में सचमुच यह कायापलट हो गयी है तो यही कहूँगा कि धर्म से ज्यादा द्वेष पैदा करनेवाली वस्तु संसार में नहीं है।"[118] क्या हिन्दू भी उत्तेजित हो जाते हैं। स्वयं यशोदानन्दन जिसने अभी तक मानसिक सन्तुलन नहीं खोया था, चुनौती के स्वर में कहता है, 'ख्वाजा महमूद के द्वार पर कुरबानी होगी। उनके द्वार पर इसके पहले या तो मेरी कुरबानी हो जायेगी, या ख्वाजा मुहम्मद की।' और ताँगे में बैठकर वे तुरन्त रंगभूमि पर पहुँच जाते हैं। चक्रधर और ख्वाजा की बातचीत द्वारा प्रेमचन्द साम्प्रदायिक सौहार्द का स्वरूप प्रस्तुत करते हैं। 'चक्रधर मैं एक खुदा का कायल हूँ। वही सारे जहान का खालिक और मालिक है। फिर और किस पर ईमान लाऊँ।

ख्वाजा-वल्लाह तब तो तुम सच्चे मुसलमान हो। हमारे हजरत को अल्लाह ताला का रसूल मानते हो?

चक्रधर-बेशक मानता हूँ, उनकी इज्जत करता हूँ और उनकी तौहीद का कायल हूँ।

ख्वाजा—हमारे साथ खाने-पीने से परहेज तो नहीं करते?

चक्रधर—जरूर करता हूँ, उसी तरह जैसे किसी ब्राह्मण के साथ खाने से परहेज करता हूँ। अगर वह पाक-साफ न हो।

ख्वाजा—काश, तुम जैसे समझदार तुम्हारे और भी भाई होते। मगर यहाँ तो लोग हमें मलिच्छ कहते हैं। यहाँ तक कि हमें कुत्तों से भी नाचीज समझते हैं। उनकी थालियों में कुत्ते खाते हैं, पर मुसलमान उनकी गिलास में पानी नहीं पी सकता।.....अब कुछ-कुछ उम्मीद हो रही है कि शायद दोनों कौमों में इत्तेफाक हो जाये।''[119]

इसी उपन्यास में हिन्दू और मुसलमानों के बीच विद्वेष कम हो और प्रेम तथा सौहार्द बढ़े इसलिए अहल्या से ख्वाजा महमूद कहते हैं, ''दोनों कौमों में कुछ लोग हैं, जिनकी इज्जत और साख दोनों को लड़ाते रहने पर ही कायम है। बस वह एक-न-एक शिगूफा छोड़ा करते हैं। मेरा तो यह कौल है कि हिन्दू रहो, चाहे मुसलमान रहो, खुदा के सच्चे बन्दो रहो। सारी सूबियाँ किसी एक ही कौम के हिस्से में नहीं आतीं; सभी हिन्दू राक्षस हैं, न सब मुसलमान देवता; इसी तरह न सभी हिन्दू काफिर हैं, न सभी मुसलमान मोमिन। जो आदमी दूसरी कौम से जितना नफरत करता है समझ लीजिये कि वह खुदा से उतनी ही दूर है।''[120]

प्रेमचन्द साम्प्रदायिक समस्या के समाधान के लिए भी अपने उपन्यासों में सुझाव देते हैं। जनता को धर्म की सही शिक्षा मिलनी चाहिए। बिना इसके उनमें साम्प्रदायिक सौहार्द से ऊपर उठने की भावना नहीं आ सकती। चक्रधर के माध्यम से प्रेमचन्द स्वयं अपना विचार प्रकट करते हैं; जब तक हम सच्चे धर्म का अर्थ न समझेंगे, हमारी यही दशा होगी। मुश्किल यह है कि जिन महान् पुरुषों से अच्छी धर्मनिष्ठा की आशा की जाती है, ये अपने अशिक्षित भाइयों से भी बढ़कर उद्दण्ड हो जाते हैं। मैं तो नीति को धर्म समझता हूँ और सभी सम्प्रदायों की नीति एक-सी है। अगर अन्तर है तो बहुत थोड़ा। हिन्दू, मुसलमान, ईसाई, बौद्ध सभी महात्माओं का समान आदर करना चाहिए। वे मानव जाति के निर्माता हैं। जो इनमें से किसी का अनादर करता है, या उनकी तुलना करने बैठता वह अपनी मूर्खता का परिचय देता है। बुरे हिन्दू से अच्छा मुसलमान उतना ही अच्छा है, जितना बुरे मुसलमान से अच्छा हिन्दू। देखना यह चाहिए कि यह कैसा आदमी है। न कि यह कि वह किस धर्म का आदमी है। संसार का भावी धर्म सत्य, न्याय और प्रेम के आधार पर बनेगा। हमें अगर संसार में जीवित रहना है तो अपने हृदय में इन्हीं बातों का संचार करना पड़ेगा।''[121]

गाँधी जी द्वारा अपने को बार-बार हिन्दू एलान करने पर प्रेमचन्द गर्व नहीं, शर्मिन्दगी महसूस करते थे। 'प्रेमचन्द घर में' शिवरानी जी लिखती हैं, धार्मिक रूप से वे अपने को हिन्दू एलान कर गर्व नहीं शर्मिन्दगी महसूस करते थे। यों कि वे कहते थे, जिस धर्म में रहकर लोग दूसरे का छुआ पानी ही नहीं पी सकते उस धर्म में मेरे लिये गुन्जाइश कहाँ? मेरी समझ में नहीं आता कि हिन्दू धर्म किस पर टिका हुआ? प्रेमचन्द अपने को हिन्दू नहीं इनसान कहते थे। इसी पुस्तक में इसका उल्लेख है।

एक बार शिवरानी जी ने पूछा, 'आप मुसलमानों की ओर हैं या हिन्दुओं की ओर? वे बोले, "मैं एक इनसान हूँ और जो इनसानियत रखता हो, इनसान का काम करता हो, मैं वही हूँ और उन्हीं लोगों को चाहता हूँ।....मेरे लिये दोनों ये हिन्दू-मुसलमान बराबर हैं।"

प्रेमचन्द और गाँधी की समझ का मूल अन्तर इसी बिन्दु पर है। गाँधी जी आजीवन धर्म, ईश्वर, सत्य, अहिंसा की माला जपते रहे और अनशन कर अपनी आत्मशुद्धि करते रहे। वे हमेशा समस्याओं के ऊपरी ढाँचे पर चोट करते रहे जबकि प्रेमचन्द समाज के मूल ढाँचे पर ही प्रहार करते हुए दिखायी पड़ते हैं। गाँधी जी ने धर्म के नाम पर प्रचलित पाखण्डों, अन्धविश्वासों और अनाचारों पर भी कभी उँगली नहीं उठायी, वे अछूतों की समस्या का हल भी मन्दिर-प्रवेश तथा वर्णाश्रम धर्म के ही अन्तर्गत ढूँढ़ते तथा साम्प्रदायिक विद्वेष का उपचार भी धर्म से ही करते रह गये जबकि प्रेमचन्द के मन में ईश्वर तथा धर्म के नाम पर प्रचलित पाखण्डों, अन्धविश्वासों और अनाचारों पर बड़ा ही गहरा क्षोभ था। वे इन्हें जड़ से खोद निकालने के लिए उतावले थे। उनका यह विश्वास था कि जब तक इन्हें उखाड़ फेंका नहीं जायेगा, समाज आगे नहीं बढ़ सकता। इसलिए वे लगातार इन पर अपनी पूरी शक्ति तथा दृढ़ता से चोटें करते रहे। साम्प्रदायिक समस्या के ऊपर प्रेमचन्द कितनी गहराई से सोचते थे यह बात इस उद्धरण से प्रकट होती है, "आज कौन हिन्दू है, जो हिन्दू-मुस्लिम एकता के लिए जी-जान से काम कर रहा हो, जो उसे हिन्दुस्तान की सबसे महत्त्वपूर्ण समस्या समझता हो, जो स्वराज्य के लिए एकता की बुनियादी शर्त समझता हो। कौम का यह दर्द, यह टीस, यह तड़प आज हिन्दुओं में कहीं दिखायी नहीं देती। दस-पाँच हजार मलकानों को शुद्ध करके लोग फूले नहीं समाते, मानो अपने लक्ष्य पर पहुँच गये। अब स्वराज्य हासिल हो गया। हमें याद नहीं आता कि आज तक किसी हिन्दू ने वैसे पवित्र ऊँचे भाव व्यक्त किये हों, जो इस राम-लखन की जोड़ी ने जेल से निकलते ही, रो-रोकर भीगी-भीगी आँखों से निकलती हुई दर्द की एक आवाज की तरह व्यक्त किये हैं। यह है वह राष्ट्रीय भावना, जो राष्ट्रों के बेड़े पार करती है, उनकी नैया किनारे लगाती है।"[122] इसी लेख में आगे लिखते हैं, 'हिन्दुओं में इस वक्त गम्भीर नेताओं का अकाल है। हमारा नेता वह होना चाहिए, जो गम्भीरता से समस्याओं पर विचार करनेवाला हो, उन्होंने यह देख लिया था कि इन साम्प्रदायिक संगठनों के पीछे जमींदारों, राजाओं और सेठ-महाजनों का हाथ था और वे अपने स्वार्थ के लिए हिन्दू-मुसलमानों में साम्प्रदायिकता का जहर फैला रहे थे। 1924 में लगातार हिन्दू-मुस्लिम दंगे हुए। दिल्ली, गुलबर्गा, नागपुर, लखनऊ, इलाहाबाद में दंगों से सारा देश काँप गया। इस दौरान प्रेमचन्द ने जितनी रचनाएँ लिखीं प्रायः सभी साम्प्रदायिक सद्भावना के लिए समर्पित थी। 'बौड़म', 'हजरतअली',

'मन्दिर और मसजिद', 'हिंसा परमोधर्मः', 'मुक्तिधन' आदि कहानियाँ 'कर्बला' और 'प्रेम की वेदी' नाटक और साम्प्रदायिकता और संस्कृति, नबी का नीति निर्वाह, 'अच्छी-बुरी साम्प्रदायिकता' आदि लेख लिखकर प्रेमचन्द ने साम्प्रदायिक सद्भावना को पुनर्स्थापित करने की पूरी कोशिश की। इस दौर में लिखे गये उनके उपन्यास 'रंगभूमि' और 'कायाकल्प' में भी इस समस्या को जगह-जगह उठाया गया है।

कर्बला नाटक की भूमिका में वे लिखते हैं, "हिन्दू-मुस्लिम वैमनस्य का एक कारण यह भी है कि हम हिन्दुओं को मुसलिम महापुरुषों के सच्चरित्रों का ज्ञान नहीं। जहाँ किसी मुसलमान बादशाह का जिक्र आया, कि हमारे सामने औरंगजेब की तसवीर खिंच गयी। लेकिन अच्छे और बुरे चरित्र समाजों में सदैव होते आये हैं और होते रहेंगे।"

'कायाकल्प' में यशोदानन्दन की पत्नी बागेश्वरी कहती हैं, "न मुसलमानों के लिए दुनिया में कोई ठौर-ठिकाना है, न हिन्दुओं के लिए। दोनों इसी देश में रहेंगे और इसी देश में मरेंगे। फिर आपस में क्यों लड़ते-मरते हो? क्यों एक दूसरे को निगल जाने पर तुले हुए हो न तुम्हारे निगले वे निगले जायेंगे न उनके निगले तुम निगले जाओगे। मिल-जुलकर रहो, उन्हें बड़े होकर रहने दो, तुम छोटे ही होकर रहो।"

प्रेमचन्द-साहित्य में हिन्दू-साहित्य एकता के बड़े मार्मिक चित्र विद्यमान हैं। 'कर्मभूमि' में लाला समरकान्त और सलीम के भोजन करने का दृश्य हमारे घायल हृदय में प्रेम का संचार करता है। प्रेमचन्द ने इस प्रसंग को बड़ी खूबसूरती के साथ अभिव्यक्त किया है।

अभिप्राय यह कि साम्प्रदायिक विद्वेष भारतीय मुक्ति आन्दोलन के मार्ग की ऐसी बड़ी बाधा है, जिसके चलते देश शान्ति और सुख से नहीं रह सकता। देश के आत्मसम्मान और स्वातन्त्र्य की रक्षा के लिए ही नहीं वरन् उसे बाह्य और आन्तरिक शोषण से बचाने के लिए भी साम्प्रदायिक सौहार्द पहली शर्त है। प्रेमचन्द ने इस सच्चाई के हर पहलू को अच्छी तरह देखा, समझा और आत्मसात् किया था। यही कारण है कि उनके कथानकों में बार-बार इसका उल्लेख हुआ है। ऐसी कथा-परिस्थितियाँ निर्मित की हैं, ऐसे चरित्रांकन किये हैं जिनमें इस समस्या का निदान और हल दोनों मौजूद हैं। वे इस समस्या की जड़ों तक पहुँचने के लिए भारतीय समाज के बुनियादी ढाँचे से लेकर दोनों सम्प्रदायों के आर्थिक-सांस्कृतिक जीवन के व्यावहारिक पक्ष की व्याख्या करते हैं और चाहते हैं कि दोनों अपनी सम्पूर्णता के साथ मिल-जुलकर देश का निर्माण करें। महत्त्वपूर्ण बात यह है कि उन्हें इस समस्या के पूरे सन्दर्भ की गहरी समझ है और वे इससे जुड़े दोनों सम्प्रदायों के जीवन के रेशे-रेशे को जगाते हैं।

'साम्प्रदायिकता और संस्कृति' लेख में वे साम्प्रदायिकता का मखौल इस प्रकार उड़ाते हैं, "साम्प्रदायिकता सदैव संस्कृति की दुहाई दिया करती है। उसे अपने असली रूप में निकलते शायद लज्जा आती है। इसलिए वह गधे की भाँति जो सिंह की खाल ओढ़कर जंगल के जानवरों पर रोब जमाता फिरता है, संस्कृति का खोल ओढ़कर आती है। हिन्दू अपनी संस्कृति को कयामत तक सुरक्षित रखना चाहता है, मुसलमान अपनी संस्कृति को। दोनों ही अपनी-अपनी संस्कृति को अछूती समझ रहे हैं, यह भूल गये हैं कि अब न कहीं मुस्लिम संस्कृति है, न कहीं हिन्दू संस्कृति, न कोई अन्य संस्कृति। अब संसार में केवल एक संस्कृति है, और वह है आर्थिक संस्कृति। मगर हम आज भी हिन्दू-मुस्लिम संस्कृति का रोना रोये चले जाते हैं। हालाँकि संस्कृति का धर्म से कोई सम्बन्ध नहीं। आर्य संस्कृति है, ईरानी संस्कृति है, अरब संस्कृति है। किन्तु ईसाई संस्कृति और मुस्लिम-हिन्दू संस्कृति नाम की कोई चीज नहीं।"

प्रेमचन्द अपने जीवन के अन्तिम वर्षों में इस निष्कर्ष पर पहुँच चुके थे कि वर्ण-चेतना को जागृत कर ही इस साम्प्रदायिकता के जहर का प्रभाव हमेशा के लिए खत्म किया जा सकता है। अपने 'स्वराज्य के रास्ते में रुकावटें' लेख में प्रेमचन्द आगाह किया, "हिन्दू-मुस्लिम-एकता का मसला निहायत नाजुक है और पूरी एहतियात और धीरज और जब्त में काम न लिया गया, तो वह स्वराज्य के आन्दोलन के रास्ते में सबसे बड़ी रुकावट साबित होगी।"

प्रेमचन्द बहुमत की साम्प्रदायिकता को आक्रामक और अल्पमत की साम्प्रदायिकता को रक्षात्मक मानते थे, इसलिए उन्होंने हिन्दुओं से ज्यादा राजनैतिक धैर्य रखने का अपील की। उन्होंने साम्प्रदायिकता को उभारने में इतिहास की गलत व्यवस्था को भी एक कारण माना और इस साम्प्रदायिक इतिहास को पाठ्य-पुस्तकों से निकाल देने की उनकी हार्दिक इच्छा थी। 'वह मुबारक दिन होगा जब हमारी पाठशालाओं में यह इतिहास उठा दिया जायेगा।'[123]

स्वामी श्रद्धानन्द की एक नौजवान मुसलमान ने जिहाद के अन्धे जोश में हत्या कर दी। उनकी स्मृति में प्रेमचन्द जी ने श्रद्धांजलि अर्पित करने के बाद, 'आर्य समाजी' साम्प्रदायिकता पर करारा प्रहार किया, "स्वामी जी ने हिन्दुओं और मुसलमानों के आपस के झगड़े की मुख्तसर तारीख लिखी है। झगड़े हमेशा होते रहे हैं। हिन्दुओं की बौद्धों और जैनियों से खूब लड़ाइयाँ हुईं, मुसलमानों की बौद्धों से, बौद्धों की बौद्धों से, हिन्दुओं की हिन्दुओं से। गरज कि जातिगत और धर्मगत लड़ाइयाँ परम्परा से होती चली आ रही है। मगर कोशिश यह होनी चाहिए कि हम उन झगड़ों को भूल जायें, न कि गड़े मुर्दे उखाड़-उखाड़कर विरोध की आग और भड़काते रहें।"[124]

शिवरानी प्रेमचन्द के अनुसार प्रेमचन्द कहते थे कि, "जिस धर्म में रहकर लोग दूसरे का छुआ पानी नहीं पी सकते, उस धर्म में मेरे लिये गुंजाइश कहाँ? मेरी समझ में नहीं आता कि हिन्दू धर्म किस पर टिका हुआ है।"[125]

प्रेमचन्द के धर्म निरपेक्ष दृष्टिकोण की अभिव्यक्ति उनके रचनात्मक-साहित्य और लेखों में समान रूप से हुई है। एक बार उनकी पत्नी ने उनसे पूछा कि आप मुसलमानों की ओर हैं या हिन्दुओं की ओर? जवाब में उन्होंने कहा, मैं एक इनसान हूँ और जो इनसानियत रखता हो, इनसान का काम करता हो, मैं वही हूँ और मैं उन्हीं लोगों को चाहता हूँ। मेरे दोस्त हिन्दू हैं तो मेरे कम दोस्त मुसलमान भी नहीं हैं और इन दोनों में मेरे नजदीक कोई खास फर्क नहीं है। मेरे लिये दोनों बराबर हैं।"[126]

प्रेमचन्द जी गाय को आर्थिक दृष्टि से उपयोगी मानते थे। धार्मिक भावना के साथ नहीं जोड़ पाते थे। गाय विषयक रूढ़िग्रस्त धारणा के वे कायल नहीं थे। उनका कहना था, "गोकशी के मामले में हिन्दुओं ने शुरू से अब तक एक अन्यायपूर्ण ढंग अख्तियार किया है। हमको अधिकार है कि जिस जानवर को चाहें पवित्र समझें लेकिन यह उम्मीद रखना कि दूसरे धर्म को माननेवाले भी उसे वैसा ही पवित्र समझें, खामखाह दूसरों से टकराना है। गाय सारी दुनिया में खायी जाती है, उसके लिए क्या आप सारी दुनिया की गर्दन मार देने के काबिल समझेंगे?

अगर हिन्दुओं को अभी तक यह जानना बाकी है कि इनसान किसी हैवान से कहीं ज्यादा पवित्र प्राणी है, चाहे वह गोपाल की गाय हो या ईसा का गधा, तो उन्होंने अभी सभ्यता की वर्णमाला भी नहीं समझी। हिन्दुस्तान जैसे कृषिप्रधान देश के लिए गाय का होना एक वरदान है, मगर आर्थिक दृष्टि के अलावा उसका और कोई महत्त्व नहीं।"[127]

जाहिर है कि प्रेमचन्द साम्प्रदायिक पुनरुत्थानवाद के कट्टर विरोधी थे। ऐसी हर कोशिश को प्रेमचन्द ने डटकर विरोध किया। 'इण्डियन सोशल रिफार्म' नाम के पत्र में डॉ. आलम ने 'ऐण्टी कम्युनल लीग' की आलोचना की जब यह फरमाया कि 'साम्प्रदायिकता अच्छी भी है और बुरी भी है। बुरी साम्प्रदायिकता को उखाड़ना चाहिए, मगर अच्छी साम्प्रदायिकता वह है जो अपने क्षेत्र में बड़ी उपयोगी काम कर सकती है। उसकी क्यों अवहेलना की जाये।" तब प्रेमचन्द ने उन्हें लताड़ते हुए कहा, 'अगर साम्प्रदायिकता अच्छी हो सकती है तो पराधीनता भी अच्छी हो सकती है, मक्कारी भी अच्छी हो सकती है, झूठ भी अच्छा हो सकता है, क्योंकि पराधीनता में जिम्मेदारी से मुक्ति मिलती है। मक्कारी से अपना उल्लू सीधा किया जाता है और झूठ से दुनिया को ठगा जाता है। हम तो साम्प्रदायिकता को समाज का कोढ़ समझते

हैं जो हर एक संस्था में दलबन्दी कराती है और अपना छोटा-सा दायरा बना सभी को उससे निकाल देती है।'[128]

स्पष्ट है कि प्रेमचन्द हिन्दू-मुस्लिम एकता का जो स्वप्न देखते थे, वह उनके जीवनकाल में साकार न हो सका। साम्प्रदायिकता ने आज देश की एक और अखण्डता को विखण्डन के कगार पर ला खड़ा किया है। नवजागरण के नकारात्मक तत्त्वों ने अन्ध धार्मिकता का रूप धारण कर हमारे राजनीति और सामाजिक चिन्तन को इस हद तक कुण्ठित और साकार कर दिया है कि आगे का मार्ग देश की जनता की आँखों से ओझल हो गया है। यह बताने की आवश्यकता नहीं है कि आजादी के बाद से साम्प्रदायिकता की आग निरन्तर आगे ही बढ़ती गयी है। कितनी ही बेगुनाह जाने हर वर्ष इस आग में होम होती रही हैं। अभी 6 दिसम्बर को बावरी मस्जिद के विध्वंस के बाद तो सारा देश ही साम्प्रदायिक दंगों की लपेट में आ गया था। बम्बई और गुजरात में इन दंगों की भयावहता ने भारतीय जन-मानस को दहला दिया है। देश की पारम्परिक सर्वधर्म समभाव की परिकल्पना के सामने प्रश्नचिह्न ही नहीं लग गया वरन् देश की अस्मिता दाँव पर लग गयी है। ऐसे में प्रेमचन्द के विशाल रचनात्मक साहित्य और सामाजिक चिन्तन का महत्त्व हमारे सामने और भी उजागर हो गया है। शायद सारे देश में वे अकेले रचनाकार हैं जिनका सारा सृजन हिन्दू-मुस्लिम सम्प्रदायों की गंगा-जमुनी एकता का प्रतीक है। आज देश के सामने उपस्थित वे सारे कठिन सवाल जो लोगों के लिए पहेली बने हुए हैं, उन सबके उत्तर प्रेमचन्द के साहित्य में वर्तमान हैं। कथावस्तु से लेकर चरित्रांकन और भाषा तक उन्होंने साम्प्रदायिक एकता, समरसता और सद्भाव की एक मिली-जुली संस्कृति का ऐसा सृजन किया है जिसके कन्धे की तो बात ही छोड़िये घुटने तक भी बड़ी-बड़ी विभूतियाँ नहीं पहुँचती। आज वे देश के राजनेताओं, विचारकों तथा समाजसेवियों तथा समस्त भारतीय जनता के सामने प्रकाशस्तम्भ की तरह प्रत्यक्ष हैं। निश्चय ही वे भारतीय मुक्ति संग्राम के अजेय योद्धा हैं।

**धर्म :**

धर्म की उत्पत्ति के सम्बन्ध में भौतिकवादी दर्शन के प्रणेता मार्क्स का कथन है कि, 'धार्मिक पीड़ा साथ-ही-साथ वास्तविक पीड़ा की अभिव्यक्ति तथा वास्तविक पीड़ा के खिलाफ विरोध-प्रदर्शन दोनों हैं। धर्म उत्पीड़ित प्राणी की आह है। एक हृदयहीन दुनिया का वह हृदय है, उसी तरह किसी आत्माविहीन स्थिति की वह आत्मा है। वह जनता की अफीम है। 'मार्क्स धर्म को अफीम मानते हैं, उसके पीछे सतर्क विचारों की झड़ी-सी लगाते चलते हैं। धर्म को माध्यम बनाकर शोषक वर्ग गरीबों का, अनैतिकता की सीमा तक शोषण करता है इसलिए मार्क्स के दर्शन में एक आदर्श राज्य की परिकल्पना में धर्म को बहिष्कृत कर दिया गया है। धर्म की आलोचना का

मुख्य आधार यह है कि मनुष्य धर्म बनाता है, धर्म मनुष्य को नहीं बनाता, दूसरे शब्दों में, धर्म ऐसे मानव का आत्मचेतना तथा आत्मानुभूति है जिसने या तो अभी तक अपना अता-पता नहीं पाया है या जो उसे पाकर अपने को फिर खो बैठा है। परन्तु मानव कोई ऐसा प्राणी नहीं है जो दुनिया से बेखबर और कटा हुआ है। यह दुनिया मनुष्यों से ही बनी है। इसी के अन्तर्गत राज्य आते हैं, समाज आते हैं। धर्म भी इसी दुनिया का आम सिद्धान्त है। धर्म मानव के मूलभूत सार की कोई सच्ची असलियत नहीं है इसलिए धर्म के विरुद्ध संघर्ष अप्रत्यक्ष रूप से उस दूसरी दुनिया के विरुद्ध संघर्ष है जो धर्म को आत्मा मानता है।

जनता के वास्तविक सुख के लिए आवश्यक है कि उसके मिथ्या सुख धर्म का उन्मूलन किया जाये। जी. टामसन धर्म की परिभाषा करते हुए लिखते हैं, "धर्म की परिभाषा यह कहकर की जा सकती है कि वह ऐसे विश्वासों और अनुष्ठानों का संगठित समुदाय है, जिनकी मूलभूत पूर्व मान्यता यह है कि यह विश्व किसी ऐसी अति-प्राकृतिक शक्ति अथवा व्यक्ति के नियन्त्रण में चल रहा है जिस पर प्रार्थनाओं और भेंटों से असर डाला जा सकता है और जिसे ज्ञान से नहीं, श्रद्धा से जाना जा सकता हैं आज जितने भी निम्नतम स्तर के वनचर जन समुदायों के बारे में जानकारी है, उनमें से किसी के कोई देवता नहीं थे और वे नहीं जानते थे कि प्रार्थना और भेंट किस चिड़िया का नाम है। इसी प्रकार जब हम आज के सभ्य जन-समुदायों में से किसी के भी प्राक्-इतिहास में उतरते हैं तो एक ऐसी मंजिल आती है, जहाँ देवता नहीं, प्रार्थनाएँ नहीं, भेंटें नहीं—इस मंजिल पर हमें दर्शन होते हैं केवल जादू के।'[129]

ऐतिहासिक विकास के दौरान वैज्ञानिक ज्ञान की प्रतिक्रियास्वरूप यथार्थ की गलत व्यवस्था के रूप में धर्म की उत्पत्ति हुई। विज्ञान का विकास दिन-पर-दिन बढ़ता ही गया लेकिन धर्म अपनी जड़ें बहुत गहरायी में जमाये हुए आज भी हमारे समाजों में व्याप्त है।

धर्म की उत्पत्ति को समझे बिना उसके सार तत्त्व तक नहीं पहुँचा जा सकता है, जैसे धर्म की उत्पत्ति क्यों हुई और समाज के जीवन और विकास में इसने क्या भूमिका अदा की!

धर्म न तो ईश्वरीय ज्ञान का भण्डार है और न किसी विशेष अति-प्राकृतिक जगत् का प्रतिबिम्ब है, चेतना के अन्य बिम्ब रूपों की भाँति धर्म सामाजिक मानव की चेतना में यथार्थ का प्रतिबिम्ब है, और आकाश की नहीं, इस धरती की उपज है। धर्म किसी भी दृष्टि से मनुष्य की जन्मजात विशेषता नहीं है। मनुष्य जन्म से कोई धार्मिक चेतना या भावना लेकर नहीं आता। लेकिन यह भी कहना सही नहीं है कि धर्म की उत्पत्ति अचानक हो गयी अथवा धर्म अफीम का नशा है अथवा कुछ चालबाज लोगों ने अनपढ़, भोली-भाली जनता को बेवकूफ बनाया—तभी से धर्म

की उत्पत्ति हुई। इसमें सन्देह नहीं कि ज्ञानाभाव से धर्म को सहायता मिलती है और चालबाजी तथा धर्म का चोली-दामन का साथ है, मगर धर्म का असली स्रोत कहीं और है। वह स्रोत है समाज। धर्म का उदय उत्पादन शक्तियों के विकास के लिए निश्चित स्तर पर ही हुआ है। हर काल में उत्पादन के विकास के स्तर से केवल यही नहीं जाहिर होता है कि किस हद तक मनुष्य प्रकृति पर हावी है, बल्कि यह भी कि वह किस हद तक उसके अधीन है। मार्क्स लिखते हैं, "प्रकृति के साथ मनुष्य के व्यवहार पर और उत्पादन की उस क्रिया पर प्रकाश डालते हैं, जिससे वह अपना जीवन-निर्वाह करता है, और इस तरह वह उसके सामाजिक सम्बन्धों तथा उनसे पैदा होनेवाली मानसिक अवधारणाओं के निर्माण की प्रणाली को भी खोलकर रूप देती है। यहाँ तक कि धर्म का इतिहास लिखने में भी यदि इस भौतिक आधार को ध्यान में नहीं रखा जाता, तो ऐसा प्रत्येक इतिहास आलोचनात्मक दृष्टि से वंचित हो जाता है।"[130]

...समस्त धर्म मानवों के मन में उन बाह्य शक्तियों की अपरूप प्रतिच्छाया, जिसमें पार्थिव शक्तियाँ अति प्राकृतिक शक्तियों का रूप धारण कर लेती हैं।"[131]

प्रारम्भिक स्थिति में धर्म प्राकृतिक शक्तियों का भयात्मक एवं रहस्यवादी विवशताओं का प्रतिफलन रहा लेकिन जैसे-जैसे सभ्यता और संस्कृति का विकास हुआ, उस अवस्था में अनेकानेक देवताओं के समस्त प्राकृतिक तथा सामाजिक गुण एक सर्वशक्तिशाली ईश्वर में स्थानान्तरित हो गये। यह ईश्वर निराकार मानव का ही एक प्रतिबिम्ब बना।

मनुष्य अपार्थिव शक्तियों को अपना नियामक समझकर उन्हें प्रसन्न करना चाहता है। उनकी पूजा करता है, जिससे कि वे उसे आनेवाली नाना प्रकार की विपत्तियों से सुरक्षित रखें और उन आपदाओं को उनके शत्रुओं पर प्रक्षिप्त कर दें। धर्म इन अपार्थिव शक्तियों को सम्बोधित करता है और उनसे सम्पर्क स्थापित की विधि खोजता है। इन विधियों से मनुष्य भगवान से सहायता, परामर्श, आश्वासन, सहानुभूति, दया आदि की प्रार्थना करता है। इस प्रक्रिया में एक विशिष्ट वर्ग के लोग पण्डे-पुरोहित, पादरी-मुल्ला आदि इन्सान और भगवान के बीच बिचौलियों की भूमिका अदा करते हैं। समाज, सम्प्रदाय, परिवार आदि में मनुष्य के आचरण और क्रियाकलाप का नियमन विभिन्न निर्देशों, निषेधों, आदेशों, उपदेशों के माध्यम से होता है जो ईश्वर के नाम से दिये जाते हैं और इसलिए पवित्र समझे जाते हैं।

शोषक वर्ग के लिए धर्म शोषण का हथियार है और शोषितों के लिए काल्पनिक सुख। दीन'दुखी-बेसहारा लोगों को धर्म ही एक ऐसा बिन्दु है जहाँ उन्हें पनाह मिलती है क्योंकि समाज के ये बेसहारा लोग अपने दुख-दर्द की समाप्ति के लिए धर्म की ही शरण में जाते हैं।

जो लोग जीवन भर अभावों में जीवन व्यतीत करते हैं, उन्हें धर्म इहलौकिक जीवन में विनम्र होने और धैर्य रखने की तथा परलोक-सुख की आशा से सान्त्वना प्राप्त करने की शिक्षा देता है। लेकिन जो लोग दूसरों के श्रम से जीवित रहते हैं, उन्हें धर्म इस जीवन में दयालुता का व्यवहार करने की शिक्षा देता है। इस प्रकार उन्हें शोषक के रूप में अपने सम्पूर्ण अस्तित्व का औचित्य सिद्ध करने का प्रमाण प्रस्तुत करते हैं और अपने को स्वर्ग का अधिकारी समझता है। साम्यवादी राजनीतिज्ञ लेनिन 'समाजवाद और धर्म' शीर्षक लेख में लिखते हैं, "धर्म जनता के लिए अफीम है। धर्म एक प्रकार की आत्मिक शराब है जिसमें पूँजी के गुलाम अपनी मानव प्रतिमा को, अपने थोड़े-बहुत मानवोचित जीवन की माँग को डुबा देते हैं।"[132]

शोषित अवाम के पक्षधरों का यह पुनीत कर्त्तव्य है कि "जनता के मिथ्या सुख के रूप में धर्म का उन्मूलन करें क्योंकि वह उसके वास्तविक सुख के लिए आवश्यक है।'[133]

सामान्यतया धर्म समाज में दो रूपों में प्रचलित होता है—आन्तरिक और बाह्य। ये दोनों रूप केवल हिन्दू धर्म में नहीं अपितु विश्व के सभी धर्मों में मिलते हैं। धर्म के बाह्य रूप में कुछ आडम्बर भी होते हैं। इन आडम्बरों में ही आगे चलकर कुछ कुप्रथाएँ भी आकर मिल जाती हैं। इसके बाद प्राय: ऐसा होता है कि धर्म का वास्तविक रूप तो पीछे छूट जाता है और इन कुप्रथाओं और कुछ मिथ्याचारों का ही स्वार्थी लोग प्रचार करने और उनकी आड़ में भोली-भाली जनता को ठगने का कार्य करने लग जाते हैं। प्रेमचन्द ने धर्म के बाह्य रूप का खण्डन किया है। इसकी प्रेरणा उन्हें स्वामी दयानन्द सरस्वती से मिली। प्रेमचन्द ने अपने सम्पूर्ण साहित्य में धार्मिक आडम्बरों-मूर्तिपूजा, दान, व्रत आदि का विरोध किया है परिवर्तनकामी प्रेमचन्द यथास्थिति के विरोधी थे। उनके विचारों में समय और परिस्थितियों के अनुसार क्रमश: परिवर्तन होते चले गये हैं। प्रारम्भ में वे आर्यसमाज के दर्शन से प्रभावित हुए हैं। जब उन्हें गाँधी जैसा दार्शनिक मिला तब वे गाँधीवादी विचारधारा के कायल हो गये। जीवन के अन्तिम वर्षों में पूर्णरूपेण साम्यवादी मान्यताओं के समर्थक ही नहीं प्रचारक भी हो गये।

ईश्वर के नाम पर कुछ लोग यथास्थिति को सार्वभौम और शाश्वत सिद्ध करते हैं। क्योंकि व्यावहारिक रूप से ईश्वर की धारणा द्वारा उन्हें लोगों को दास बनाये रखने में सुविधा होती है। ईश्वर की अवधारणा को सौन्दर्य देकर उन जंजीरों को आकर्षक बनाने की कोशिश की जाती है जिससे वे मजदूरों और किसानों को जकड़ते हैं। ईश्वर की अवधारणा प्रतिक्रियावादी है, क्योंकि उसने हमेशा सामाजिक अनुभूतियों को कुण्ठित किया है। और उन्हें लुभाया है तथा हमेशा जीवित रखने की जगह मृत को प्रतिष्ठित किया है। यह धारणा हमेशा दासता की प्रतीक रही है। इसने हमेशा

शोषित वर्ग को धार्मिक रूढ़ियों में जकड़कर उसे शोषकों की महानता की आस्था के साथ जोड़ा है।

यथार्थवादी प्रगतिशील और परिवर्तन की प्रेमचन्द के पात्र यथास्थिति के आधारपुंजों को विशृंखलित करते हैं और ईश्वर की दयालुता पर सन्देह व्यक्त करते हैं। किसी सर्वज्ञ ईश्वर में उनका विश्वास नहीं था। यद्यपि वे अपनी वास्तविकता को प्रकट नहीं करते थे, पर यह धारणा उनके मन में दृढ़ हो गयी थी कि प्राणियों के जन्म-मरण, दुख-सुख, पाप-पुण्य में कोई ईश्वरीय विधान नहीं है। उनका खयाल था कि अपने अहंकार में मनुष्य ने अपने को इतना महान बना लिया है कि प्रत्येक काम की प्रेरणा ईश्वर की ओर से होती है। अगर ईश्वर के विधान इतने अज्ञेय हैं कि मनुष्य की समझ में नहीं आते तो लोग ईश्वर में विश्वास ही क्यों करते हैं।

गाँधी जी आजीवन धर्म, ईश्वर, सत्य, अहिंसा का राग अलापते रहे और अनशन कर अपनी आत्मशुद्धि करते रहे। वे लगातार ऊपरी ढाँचे से टकराते रहे। यहाँ तक कि उन्होंने धर्म के नाम पर प्रचलित पाखण्डों, अन्धविश्वासों और अनाचारों पर भी कभी उँगली नहीं उठायी। लेकिन प्रेमचन्द के मन में ईश्वर तथा धर्म के नाम पर प्रचलित पाखण्डों, अन्धविश्वासों और अनाचारों पर बड़ा गहरा क्षोभ था। वे इन्हें जड़ से समाप्त करने के लिए उतावले थे। एक सचेत बुद्धिवादी की तरह वे सोचते थे कि जब तक इन धार्मिक रूढ़ियों, पाखण्डों को उखाड़ फेंका नहीं जायेगा। समाज आगे नहीं बढ़ सकता। इसलिए वे लगातार इन पर अपनी पूरी शक्ति तथा दृढ़ता से चोटें करते रहे। उदाहरण के लिए—

"भगवान मन का भूत है, जो इनसान को कमजोर कर देता है, ईश्वर का आधार अन्धविश्वास है और जो इस अन्धविश्वास में पड़े तो रही-सही अक्ल भी मारी जाती है।"[134]

शिवरानी देवी से वार्त्तालाप के दौरान ईश्वर की सत्ता में अविश्वास प्रकट करते हैं, "ईश्वर पर विश्वास नहीं होता कि अगर सचमुच ईश्वर है तो क्या दुखियों को दुख देने में ही उसे मजा आता है? फिर भी लोग उसे दयालु कहते हैं। वह सबका पिता है। फल-फूला बाग उजाड़कर वह देखता और खुश होता है। दया तो उसे आती नहीं। लोगों को रोते देखकर शायद खुशी होती है। जो अपने आश्रितों के दुख पर दुखी न हो, वह कैसा ईश्वर।"[135]

प्रेमचन्द अपने जीवन के अन्तिम दिनों में अपने प्रिय मित्र जैनेन्द्र से भी ईश्वर के सम्बन्ध में बहुत देर-देर तक बहस करते थे। जैनेन्द्र प्रश्न पूछते, प्रेमचन्द उन्हें जवाब देते। इस विषय पर जैनेन्द्र से पत्र-व्यवहार भी हुआ। 9 दिसम्बर, 1935 को प्रेमचन्द ने जैनेन्द्र को लिखा—

"ईश्वर पर विश्वास नहीं आता तो कैसे श्रद्धा होती। तुम आस्तिकता की ओर जा रहे हो, जा ही नहीं रहे बल्कि भगत बन गये हो मैं सन्देह से पक्का नास्तिक होता जा रहा हूँ।"[136]

एक अवसर पर तो वे बिलकुल साफ–साफ शब्दों में ईश्वर के अस्तित्व में अविश्वास व्यक्त करते हुए दिखायी पड़ते हैं।

"जब तक संसार में यह व्यवस्था है मुझे ईश्वर पर विश्वास नहीं आने का, अगर मेरे झूठ बोलने से किसी की जान बचती है तो मुझे कुछ भी संकोच न होगा। मैं प्रत्येक कार्य को उसके मूल कारण से परखता हूँ जिससे दूसरों का भला न हो, जिसमें दूसरों का नुकसान हो, वही झूठ है।"[137]

जीवन के अन्तिम दिनों में ईश्वर के सम्बन्ध में प्रेमचन्द जैनेन्द्र से अपने विचार व्यक्त करते हैं, "जैनेन्द्र लोग ऐसे समय ईश्वर को याद किया करते हैं। मुझे भी याद दिलायी जाती है पर अभी तक मुझे ईश्वर को कष्ट देने की जरूरत नहीं मालूम हुई।'[138]

"जैनेन्द्र मैं कह चुका हूँ, मैं परमात्मा तक नहीं पहुँच सकता। मैं उतना विश्वास नहीं कर सकता। कैसे करूँ जब देखता हूँ बच्चा बिलख रहा है, रोगी तड़प रहा है। यहाँ भूख है, क्लेश है, ताप है। तब इस दुनिया में मुझे ईश्वर का साम्राज्य नहीं दीखे तो यह मेरा कसूर है। मुश्किल तो है कि ईश्वर को मानकर उसे दयालु भी मानना होगा, मुझे वह दयालुता नहीं दीखती, तब उस दया–सागर में विश्वास कैसे हो!"[139]

सदियों से मजदूर वर्ग ईश्वर की सत्ता में विश्वास करता चला आया है और उसे सहृदय के रूप में देखता रहा है। तीर्थों का स्मरण करते हुए प्रेमचन्द ने लिखा, "मैक्सिम गोर्की के अनुसार मजदूरों ने ईश्वर को एक सफल सहृदय मजदूर के रूप में देखा, इसके बाद जब ईश्वर और देवताओं की सृष्टि का गौरव मजदूर सेवकों के हाथ से निकलकर धनी स्वामियों के हाथ में आ गया तो ईश्वर और देवता भी मजदूरों की श्रेणी से निकलकर महाजनों और राजाओं की श्रेणी में जा पहुँचे, जिसका काम अप्सराओं के साथ विहार करना, स्वर्ग के सुख लूटना और दुखियों पर दया करना था। भारत में तो मजदूर देवताओं का कहीं पता नहीं है, यहाँ के देवता तो शंख, चक्र, गदा, पद्म धारण करते हैं। कोई फरसा लिये पापियों का कत्लेआम करता फिरता है, कोई बैल पर चढ़ा, भंग चढ़ाये, भभूत रमाये ऊल–जलूल फिरता नजर आता है, जाहिर है ऐसे ऐश पसन्द या सैलानी देवताओं की सृष्टि करनेवाले मजदूरों पर धन का प्रभुत्व हो चुका था और जमीन पर कुछ लोग अधिकार जमाकर राजा बन बैठे थे।"[140]

प्रेमचन्द यह मानते हैं कि ईश्वर और धर्म में आस्था अशिक्षित और अर्द्धशिक्षित जनता की अवैज्ञानिक चेतना के कारण ही है लेकिन साथ–साथ यह भी मानते हैं कि, "दुखी, आशा में ईश्वर पर भक्ति रखता है, सुखी, भय में। दुखी पर जितना ही अधिक दुख पड़े, उसकी भक्ति बढ़ती जाती है, सुखी पर दुख पड़ता है तो वह विद्रोह करने लगता है। वह ईश्वर को भी अपने धन के सामने झुकाना चाहता है।"[141]

ईश्वर के नाम पर समाज में पण्डे-पुजारी भोली-भाली जनता को ठग रहे हैं। जिस प्रकार जमींदार के आश्रितों की संख्या बहुत होती है उसी तरह ईश्वर के नाम पर पण्डे-पुजारी जैसे परजीवी लोग तो पलते ही हैं, उसके अलावा ईश्वर से छोटे देवताओं का भी पालन-पोषण होता है। महाजनों और सामन्तों द्वारा निर्मित ईश्वर उन्हीं की तरह अत्याचारी होता है। जिस तरह शोषक अपने आश्रितों के प्रति उदार है उसी तरह उनका ईश्वर भी उनके प्रति उदार ही रहता है। इसी विषय को लेकर प्रेमचन्द लिखते हैं, "ईश्वर के नाम पर उनके उपासकों ने भूमण्डल पर जो अनर्थ किये हैं, और कर रहे हैं, उन्हें देखते इस विद्रोह को बहुत पहले उठ खड़ा होना चाहिए था। आदमियों के रहने के लिए शहरों में स्थान नहीं है, मगर ईश्वर और उनके मित्रों और कर्मचारियों के लिए बड़े-बड़े मन्दिर चाहिए। आदमी भूखों मर रहे हैं मगर ईश्वर अच्छा-से-अच्छा खायेगा, अच्छे से अच्छा पहनेगा और खूब विहार करेगा।"[142]

तत्कालीन हिन्दू समाज की धार्मिक स्थिति का अवलोकन करते हुए प्रसिद्ध इतिहासकार आर. सी. मजुमदार ने बतलाया है कि उस युग की हिन्दू-जनता के धर्म का अर्थ था कर्मकाण्ड की दासता। हिन्दू जाति कर्मकाण्ड की उलझनों में फँस चुकी थी। समाज में पुरोहितों की एक जाति ही बन गयी थी। जिस समय से धर्म की ज्ञानपरक बातें ओझल हो जाती हैं, वहाँ तन्त्र-मन्त्र, जादू-टोना, भूत-प्रेत अपना अड्डा जमा लेते हैं। प्रेमचन्दयुगीन भारत में ज्ञान-शून्य हिन्दू जनता ऐसे ही कुसंस्कारों से जकड़ी हुई थी। इन्हीं रूढ़ियों से निरन्तर प्रेमचन्द लड़ते रहे और मृत्यु-शय्या पर भी इन विषयों पर चिन्तन, विचार-विमर्श करते रहे।

प्रेमचन्द के समय में ब्रह्मसमाज, आर्यसमाज, प्रार्थनासमाज जैसे सामाजिक और धार्मिक सुधार आन्दोलन उठ खड़े हुए थे। प्रेमचन्द जैसा सचेतन कलाकार भला इन सुधार आन्दोलनों की हवा से बेअसर कैसे रह जाता। धार्मिक पाखण्डों के विरुद्ध प्रेमचन्द में आर्यसमाजी जोश था लेकिन उसकी पुनरुत्थानवादी विचारधारा से वे पूर्णत: सहमत थे। प्रारम्भ में प्रेमचन्द नरम दलीय नेता मेहता और गोखले के समर्थक थे, बाद में उग्रपन्थी राजनीतिक बालगंगाधर तिलक, विपिनचन्द्र पाल, लाला लाजपत राय के अनुगामी हो गये लेकिन इनकी सामाजिक और धार्मिक मामलों पर पुनरुत्थानवादी मान्यताओं से भी वे पूर्णत: असहमत थे। महादेव रानाडे की सोशल रिफार्म लीग का उन पर जबर्दस्त असर पड़ा था। जीवन की यात्रा में जो कुछ प्रगतिशील मिला उसे प्रेमचन्द आत्मसात् करते गये, "राजनीतिक क्षेत्र में जितना वर्ग संघर्ष तेज होता गया, उतना ही उन्हें यह ज्ञात होता गया कि यह स्वर्ग, नरक, ईश्वर और प्रारब्ध सब अमानवीय विधान हैं और इसका आशय शोषण व्यवस्था को बनाये रखना है।"[143] उन्होंने सामाजिक बदलाव को सचेतन प्रक्रिया की तरह देखा। अन्धविश्वास और धर्म एक ही सिक्के के दो पहलू हैं। विहार के भूकम्प को

गाँधी जी ने सनातनियों के पापों का परिणाम बताया, इस पर प्रेमचन्द ने एक वैज्ञानिक की तरह विचार व्यक्त करते हुए गाँधी जी का खुलकर विरोध किया, "अभी उस दिन महात्मा जी ने कहा कि हमारे पापों के कारण ही यह 'भूकम्प हुआ है और उनकी धारणा में अछूत कहलानेवाले मनुष्यों के साथ दुर्व्यवहार ही महापाप है। इसी प्रकार वर्णाश्रम स्वराज्य संघवाले महात्मा को कोसते हैं और कहते हैं कि अछूतों को मन्दिर में प्रवेश के पाप का ही परिणाम यह भूकम्प है। यदि आस्तिकता भूकम्प का कारण बतलाती है, तो यह प्रश्न हो सकता है कि क्या सचमुच परमात्मा ने विहार में वास्तविक पापियों को ही दण्ड दिया है जितने प्राणी भूकम्प में मरे, क्या वे महान पापी थे? और यहाँ इस देश में जो बड़े-बड़े पापाचारी और गरीबों का रक्त चूसनेवाले, बड़ी-बड़ी तोंदवाले, बड़े-बड़े तिलकधारी ढोंगी पड़े हुए हैं, क्या परमात्मा उन्हें नहीं देख पाता? अस्तु ये सब व्यर्थ की बातें हैं। भली-भाँति विचार करने पर मालूम हो जाता है कि भूकम्प किसी पाप-पुण्य के कारण नहीं हुआ, वह प्रकृति की एक लीला है और भूगर्भ की वैज्ञानिक प्रकृति का एक परिणाम है।"[144]

सूर्यग्रहण और चन्द्रग्रहण प्रकृति की स्वाभाविक क्रियाएँ हैं। इनके वैज्ञानिक कारण हैं लेकिन धार्मिक रूढ़ियों से जकड़े भारतीय समाज में हिन्दू जनता के कारण इन प्राकृतिक क्रियाओं को धर्म से जोड़कर उस दिन लाखों की संख्या में स्नान करती हैं। इस विषय पर क्षुब्ध प्रेमचन्द लिखते हैं, "साल में दो-चार बार सूर्य और चन्द्र पर राहु के हमले होते हैं, पर जिन पर हमले होते हैं, उनका तो बाल भी नहीं बाँका होता, हाँ, सौ-दो सौ आदमियों पर उनका क्रोध उतर जाता है। जिस पेट में सूर्य और चन्द्र को निगल जाने की शक्ति है, वह तो भूमण्डल के निवासियों को इस तरह चट कर सकता है जैसे ऊँट के मुँह में जीरा। सौ-दो-सौ को ही निगलकर वह सन्तोष कर लेता है, वह उसकी भलमनसी है। ग्रहण स्नान और सोमवती स्नान और लाखों तरह के स्नानों की बला हिन्दुस्तान के सिर से कभी टलेगी भी या नहीं, समझ में नहीं आता। आज भी संसार में ऐसे अन्धविश्वास की गुंजाइश है तो वह भारत में। अब भी करोड़ों आदमी यही समझते हैं कि सूरज भगवान और चन्द्र भगवान पर संकट आता है और उस संकट पर गंगा स्नान करना प्रत्येक प्राणी का धर्म है। कितने अच्छे खासे लोग भी इसी आस्था में गंगा में डुबकियाँ लगाते हैं, मानो यही स्वर्ग-द्वार हो।"[145]

अजमेर में दयानन्द निर्वाण अर्द्ध-शताब्दी मनायी गयी थी। जिसमें काफी पैसा खर्च किया गया था। प्रेमचन्द इस तरह के उत्सवों का विरोध करते थे। उनका कहना था कि जिस देश में करोड़ों लोग भूखे हैं, वहाँ इस तरह धार्मिक उत्सवों में पैसा बहाने का कोई औचित्य नहीं है। 'अजमेर में श्री दयानन्द निर्वाण अर्द्ध-शताब्दी'

शीर्षक लेख में लिखते हैं, "देश में जब ऐसी आर्थिक दशा फैली हुई है कि करोड़ों मनुष्यों को एक वक्त सूखा चना भी मयस्सर नहीं, दस हजार का घी और सुगन्ध जला डालना न धर्म है, न न्याय।"[146]

प्रेमचन्द एक जागरूक कलाकार होने के नाते देश-विदेश की खबरों से वाकिफ रहते थे। उन्होंने सामाजिक परिवर्तन को खुली आँखों से देखा और कर्मभूमि में गजनवी से कहलवाया, "मजहब का दौर खत्म हो रहा है, बल्कि यों कहो कि खत्म हो गया है सिर्फ हिन्दुस्तान में इसकी कुछ जान बाकी है। यह मुआशयात का दौर है। अब कौम में दार व नदार, मालिक और मजदूर अपनी-अपनी जमातें बनायेंगे।"[147]

गोदान के वामपन्थी बुद्धिजीवी प्रो. मेहता के माध्यम से प्रेमचन्द ने अपने विचारों की ही अभिव्यक्ति की है, "किसी सर्वज्ञ ईश्वर में उनका विश्वास न था यद्यपि वह अपनी नास्तिकता को प्रकट नहीं करते थे पर यह धारणा उनके मन में दृढ़ हो गयी थी कि प्राणियों के जन्म-मरण, दुख-सुख, पाप-पुण्य में कोई ईश्वरीय विधान नहीं है। उनका ख्याल था कि अपने अहंकार में मनुष्य ने अपने को इतना महान बना लिया है कि उसके प्रत्येक काम की प्रेरणा ईश्वर की ओर से होती है। इसी तरह टिड्डियाँ भी ईश्वर को उत्तरदायी ठहराती होंगी जो अपने मार्ग में समुद्र आ जाने पर अरबों की संख्या में नष्ट हो जाती हैं। अगर ईश्वर के विधान इतने अज्ञेय हैं कि मनुष्य की समझ में नहीं आते तो उन्हें मानने से ही मनुष्य को क्या सन्तोष मिल सकता है।"[148]

हमारे समाज से धार्मिक विश्वास समाप्त होने में कई सदियों का समय लग जायेगा। नास्तिकता का प्रचार तब तक सम्भव नहीं है जब तक जनता सचेत नहीं हो जाती। इस विषय पर अपनी पत्नी से बातचीत के दौरान कहते हैं, "नास्तिकता का प्रचार तब तक सम्भव नहीं, जब तक जनता सचेत नहीं हो जाती, और फिर जो जनता सदियों से भगवान पर विश्वास किये चली आ रही है, वह एकाएक अपने विचार बदल सकती है? अगर यकायक जनता को कोई भगवान से अलग करना चाहे तो सम्भव नहीं।"[149]

वर्गीय समाज में धर्म शोषण का एक बड़ा हथियार है। जमींदार और पूँजीपति जो लूट की सम्पत्ति को छिपाने के लिए तथा जनता को गुमराह करने के लिए मन्दिर बनवाते हैं और मन्दिर जाकर भगवान के प्रति भक्ति का प्रदर्शन करते हैं उनका ख्याल यह होता है कि इससे जनता उनके वास्तविक चेहरे से परिचित नहीं हो सकेगी। जिस व्यवस्था में धार्मिक शोषण इस सीमा तक बढ़ा हो कि मन्दिर ही लूट का मालिक हो, पुजारी ही जमींदार हो तो फिर धर्म की ओट में लूट का क्या कहना? 'असरारे मआविद' (देवस्थान का रहस्य) के बाबा त्रिलोकीनाथ के व्यक्तित्व का चित्रांकन प्रेमचन्द व्यंग्यात्मक शैली में करते हैं, "....यह जो आप महन्त जी के माथे पर लाल निशान देख रहे हैं, ये चन्दन के निशान नहीं बल्कि

इस बात को सिद्ध कर रहे हैं कि हजरत ने न्याय और धर्म का खून कर डाला है। आज जो इनके गले में मोहनमाला देख रहे हैं, वह असल में लोक का फन्दा है जो आपको खूब कसकर पकड़े हुए है। सिर पर तिरछी रखी हुई टोपी आपकी अक्ल के तिरछेपन को जाहिर कर रही है। आपके शरीर पर रंग-बिरंगी मिर्जई नहीं है, बल्कि अन्धविश्वासों का सब्जबाग दिखाने का यन्त्र है जो आपके हृदय के अन्धकार के भीतरी कालेपन के ऊपर पर्दे की तरह पड़ा हुआ है या बुद्धओं को लाल दरवाजा दिखाने का औजार है जो भीतर की कालिमा को संन्यास और वैराग्य के पर्दे में छिपा रहा है, या धोखे की टट्टी है जो भक्तों को जाल में फँसाने के लिए फैलायी गयी है।''[150]

'कर्मभूमि' के जमींदार महन्त आशाराम भी त्रिलोकीनाथ की परम्परा में आते हैं। आशाराम धर्म की आड़ में क्या गुल खिलाते हैं, यह देखते ही बनता है। उनकी असलियत का बयान प्रेमचन्द इन शब्दों में करते हैं, ''वह साधुओं की एक गद्दी के महन्त थे, उनका सारा कारोबार का श्री बाँकेबिहारी लेन-देन करते थे और बत्तीस रुपये सैकड़े से कम सूद न लेते थे। वही मालगुजारी वसूल करते थे, वही रेहननामें-बैनामें लिखते थे। श्री बाँकेबिहारी की रकम दबाने का किसी को साहस न होता था और न अपनी रकम के लिए कोई दूसरा आदमी उनसे कड़ाई कर सकता था। श्री बाँके बिहारी को रुष्ट करके उस इलाके में रहना कठिन था। महन्त आशाराम के यहाँ दस-बीस मोटे-ताजे साधु स्थायी रूप से रहते थे, वह अखाड़े में दण्ड पेलते, भैंस का ताजा दूध पीते, सन्ध्या को दूधिया भाँग छानते और गाँजे-चरस की चिलम तो कभी ठण्डी ही न होने पाती थी। ऐसे बलवान जत्थे के विरुद्ध कौन सर उठाता? महन्त जी का अधिकारियों में खूब मान था। श्री बाँके बिहारी जी उन्हें खूब मोतीचूर के लड्डू और मोहनभोग खिलाते थे उनके प्रसाद से कौन इनकार कर सकता था। ठाकुर जी संसार में आकर संसार की रीति पर चलते थे।''[151]

आगे पुनः प्रेमचन्द महन्त जी के व्यक्तित्व की भव्यता का वर्णन करते हैं, ''महन्त जी एक सोने की कुर्सी पर बैठे हुए थे जिस पर मखमली गद्दा था, उनके इर्द-गिर्द भीड़ लगी हुई थी जिसमें महिलाओं की संख्या ही अधिक थी, सभी धुले संगमरमर के फर्श पर बैठी हुई थीं। पुरुष दूसरी ओर बैठे थे। महन्त जी पूरे छह फीट के विशालकाय सौम्यपुरुष थे। अवस्था कोई पैंतीस वर्ष की थी। गोरा रंग, दुहरी देह, तेजस्वी मूर्ति, काषाय वस्त्र तो थे, किन्तु रेशमी। वह पाँव लटकाये बैठे हुए थे। भक्त लोग जाकर उनके चरणों को आँखों से लगाते थे, पूजा चढ़ाते थे और अपनी जगह पर आ बैठते थे।''[152]

भोली-भाली जनता को ठगनेवाले धूर्त पुरोहितों की प्रेमचन्द-साहित्य में एक विशाल परम्परा मिलती है। उपन्यासों, कहानियों में ऐसे पात्रों का पर्दाफाश तो किया

ही गया है साथ में अपने नाटकों में भी ठगनेवाले धूर्तों को उन्होंने फटकारा है। 'संग्राम' नाटक में सबलसिंह की पत्नी धूर्त्त, पाखण्डी चेतनदास को फटकारती हुई कहती है, "मुझे मोक्ष पद प्राप्त हो या न हो, यह ज्ञान अवश्य प्राप्त हो गया कि तुम धूर्त्त, कुटिल, भ्रष्ट, दुष्ट और पापी हो। तुम्हारे इस भेष का अपमान नहीं करना चाहती, पर यह समझ रखो कि तुम सरल स्त्रियों को इस भाँति दगा देकर अपनी आत्मा को नरक की ओर ले जा रहे हो।'[153]

शोषक वर्ग की ईश्वर भक्ति स्वार्थ-प्रेरित है, जो दुनिया को मूर्ख बनाने की एक चाल है। प्रेमचन्द इन धूर्त भक्तों को बेपर्द करते चलते हैं। 'गोदान' के राय अमरपाल सिंह पर प्रेमचन्द ने सव्यंग्य लिखा, "अपने पिता से सम्पत्ति के साथ-साथ उन्होंने राम की भक्ति भी पायी थी। रायसाहब की यह भक्ति होरी जैसे किसानों को मूर्ख बनाने के लिए है परन्तु किसानों की भावी पीढ़ी का प्रतिनिधि गोबर तो सचेत है। वह जानता है, यह सब धूर्तता है निरी मोटमर्दी है। किसके बल पर यह भजनभाव दान होता है किसानों के बल पर और मजदूरों के बल पर। यह पाप का धन पचे कैसे? इसलिए दान-धर्म करना पड़ता है।.....एक दिन खेत में ऊख गोड़ना पड़े तो सारी भक्ति भूल जाये।'[154]

पूँजीपति वर्ग धर्म का आडम्बर एक सुरक्षात्मक आवरण के लिए करता है। 'रंगभूमि' का जानसेवक, पूँजीपति वर्ग का ही प्रतिनिधि है। "क्या तुम समझते हो कि मैं और मुझ जैसे हजारों आदमी जो नित्य गिरजे जाते हैं, भजन गाते हैं, आँखें बन्द करके ईश प्रार्थना करते हैं धर्मानुराग में डूबे हुए हैं? कदापि नहीं। अगर अब तक तुम्हें नहीं मालूम तो अब मालूम हो जाना चाहिए कि धर्म स्वार्थ-संगठन है।"[155]

"जहाँ धर्म से व्यापार में सहायता मिलती है, वहाँ धर्म ग्राह्य है और जहाँ धर्म व्यापार के आड़े आता है, वहाँ त्याज्य है, अथवा धर्म तो व्यापार का शृंगार है।"[156]

जानसेवक को किसी ईश्वर में विश्वास नहीं है। उसे हर रविवार को गिरजा इसलिए जाना पड़ता है अन्यथा उसके व्यापार पर इसका बुरा असर पड़ेगा अपनी बेटी सोफिया से भी यही कहता है कि कोई जरूरी नहीं कि ईश्वर में भक्ति हो तभी गिरजा जाओ। गिरजाघर न जाने से समाज में अपमान होता है इसलिए दिखाने के लिए ही गिरजा जाना आवश्यक है। "अविश्वास होने पर भी मैं रविवार को सौ काम छोड़कर गिरजे अवश्य जाता हूँ। न जाने से समाज में अपमान होगा, उसका मेरे व्यवसाय पर बुरा असर पड़ेगा।"[157]

प्रेमचन्द ने धर्म के बाह्य रूप का खण्डन किया। इसकी प्रेरणा उन्हें स्वामी दयानन्द सरस्वती से मिली। इन्हीं से प्रेरित होकर उन्होंने मूर्तिपूजा, दान, व्रत आदि का विरोध किया। 'दान' शब्द हमारे समाज में किस रूप में प्रचलित है, 'रंगभूमि' में प्रेमचन्द उसके बारे लिखते हैं। "दान आलस्य का मूल है और आलस्य सब पापों

का मूल है। इसलिए दान ही सब पापों का मूल है, कम-से-कम पोषक तो अवश्य ही है। दान नहीं, अगर जी चाहता हो तो मित्रों को एक भोज दे दो।''[158]

'शान्ति' कहानी में व्रत शब्द का उपहास वे इस तरह करते हैं। इस प्रकार (उपवास या व्रत करके) शरीर को कष्ट देने से क्या लाभ? कृष्ण महापुरुष अवश्य थे और उनकी पूजा करना हमारा कर्त्तव्य है, पर इस गाने-बजाने से क्या फायदा? इस ढोंग का नाम धर्म नहीं है। धर्म का सम्बन्ध सच्चाई और ईमान से है, दिखावे से नहीं।[159]

प्रेमचन्द का विश्वास था कि ''जो भी आज धर्म के नाम पर हो रहा है, सब अन्धविश्वास है। यह सब मूर्खों को बहकाने के तरीके हैं।''[160] किन्तु इसका तात्पर्य नहीं कि प्रेमचन्द धर्म और उसकी शक्ति में विश्वास नहीं रखते वे धर्म के बाह्याडम्बर का विरोध करते हुए भी धर्म की शक्ति में विश्वास रखते हैं, ''धर्म में वह शक्ति है जो अन्त:करण में ओजस्वी विचारों को पैदा करती है। हाँ, इस विचार को कार्य में लाने के लिए एक पवित्र आत्मा की आवश्यकता है। नहीं तो वे ही विचार क्रूर और पापमय हो जाते हैं।''[161]

प्रेमचन्द धर्म का अर्थ कर्त्तव्य से लेते थे। जो अपने कर्त्तव्य का पालन ईमानदारी के साथ करता है, उनकी दृष्टि में वही सबसे बड़ा धार्मिक है, वही पूज्य और ईश्वर के निकट है। वे जन्मना उच्च और निम्न जाति की प्रचलित जाति-व्यवस्था को नहीं मानते। उनका आदर्श पात्र अमरकान्त उनके इसी जीवन दर्शन को निम्नांकित शब्दों में व्यक्त करता है, ''मैं जात-पाँत नहीं मानता माता जी! जो सच्चा है, वह चमार भी हो, तो आदर के योग्य है, जो दगाबाज झूठा, लम्पट हो, वह ब्राह्मण भी हो तो आदर के योग्य नहीं।''[162] इसी बात को गोदान का ब्राह्मण पात्र मातादीन आत्मा के शुद्ध हो जाने पर पवित्रभाव से कहता है—''मैं ब्राह्मण नहीं चमार ही रहना चाहता हूँ। जो अपना धरम पाले वही ब्राह्मण, जो धरम से मुँह मोड़े वही चमार है।'[163]

प्रेमचन्द के सम्पूर्ण वाङ्मय से धर्म के सम्बन्ध में उनके विचारों का आकलन करने पर यह निष्कर्ष निकलता है कि प्रेमचन्द धर्म के बाह्याडम्बर अर्थात् उसके विकृत रूप के विरोधी थे धर्म के आन्तरिक एवं वास्तविक रूप अर्थात् त्याग, सेवा, शुद्धाचार, सत्य, अहिंसा और प्रेम के वे सदा ही समर्थक रहे। उनकी दृष्टि में इन्हीं गुणों को अपने जीवन में अपनाकर इनका नि:स्वार्थ भाव से पालन करना ही धर्म है। उनके समूचे साहित्य में ऐसा एक भी पात्र हमें नहीं मिलता जो नास्तिक हो। प्रेमचन्द का ईश्वर निराकार होता हुआ भी दयालु है।

उपर्युक्त विवेचन से स्पष्ट है कि प्रेमचन्द वैज्ञानिक चेतना से सम्पन्न लेखक थे। इस चेतना के प्रयोग में अन्तर्विरोध और उलझाव हो सकते हैं किन्तु मूलाधार

प्रगतिशील है। वे श्रमजीवी जनता के सच्चे हिमायती हैं। जनता के सुख-दुख के सहगामी हैं, जन-भावनाओं का आदर करते हैं। उनकी अटूट जनवादी निष्ठा पर हंसराज रहबर का कथन उचित ही जान पड़ता है, "प्रेमचन्द जन-भावनाओं को एक आस्तिक श्रद्धा के साथ अंकित करते थे, क्योंकि वे जानते थे कि शोषित जनता के पास एक धर्म ही तो है जो उसे भीषण दरिद्रता में जीने का बल प्रदान करता है। यदि उनसे यह विश्वास भी छीन लिया जाये तो फिर उनके पास और कौन-सा सहारा रह जायेगा।"[164]

पूँजीपति वर्ग धर्म का प्रदर्शन, धन के लिए करता है। ऊपर से वह दिखाता है कि उसकी आस्था धर्म में है लेकिन वास्तविकता ठीक इसके विपरीत होती है। प्रेमचन्द ने ऐसे ही पूँजीपति का मखौल उड़ाते हुए लिखा है, "जब पुनपुनवाला को मिलों में उसकी ऊख की खरीद होने लगी, जब उसकी आढ़तों में उसका अनाज या सन तोला जाने लगा, तब उसे अनुभव हुआ कि सेठ जी बाहर से जितने बड़े धर्मात्मा और देशभक्त हैं, भीतर से उतने ही लुटेरे और बन्धुद्रोही भी हैं और धन और देश-प्रेम का यह सारा आडम्बर उन्होंने केवल अपना स्वार्थ सिद्ध करने के लिए रच रखा है।"[165]

ऐसे पूँजीपतियों का पर्दाफाश प्रेमचन्द ने कहानियों में भी किया है। झूठे धर्म-प्रेम का अन्यतम उदाहरण है 'डामुल का कैदी'। मिल मालिक खूबचन्द ने अन्य धनियों की भाँति एक मन्दिर बनवाया था। ठाकुर जी की पूजा करने के लिए एक पुजारी नौकर भी रख लिया था। पुजारी ने आकर सेठ जी से कहा, "सरकार बड़ा विलम्ब हो गया। ठाकुर जी का भोग तैयार है।" यह सुनकर सेठ जी ने क्रोध भरी आँखों से देखकर कहा, "देखते नहीं, क्या कर रहा हूँ, यह भी एक काम है, खेल नहीं। तुम्हारे ठाकुर जी सब-कुछ न दे देंगे। पेट भरने पर ही भक्ति सूझती है। घण्टे-आध-घण्टे का देर हो जाने से ठाकुर जी भूखों न मर जायेंगे।"[166]

प्रेमचन्द के सम्पूर्ण साहित्य में ऐसे छद्मवेशी पूँजीपतियों की एक लम्बी कतार है। चाहे 'असरारे-मआविद' के बाबा त्रिलोकीनाथ हों या 'कर्मभूमि' के आशाराम, चाहे 'गोदान' के अमरपाल सिंह हों या 'डामुल का कैदी' कहानी के सेठ खूबचन्द, चाहे 'गोदान' के उद्योगपति मिस्टर खन्ना हों या 'रंगभूमि' के जानसेवक, सेठ पुनपुनवाला हों या शापूर जी, सब एक ही थैली के चट्टे-बट्टे हैं। इनका दान-पुण्य सब ढोंग है। दूसरों के श्रम पर पलनेवाले इन पूँजीपतियों के प्रति प्रेमचन्द ने आक्रोश व्यक्त किया है। ऐसे धनिकों के सम्बन्ध में प्रेमचन्द का दृढ़ विश्वास है कि वे दान, धर्म अथवा दया से प्रेरित होकर नहीं बल्कि यश प्राप्ति के लिए ऐसा करते हैं। 'संग्राम' नाटक में उन्होंने लिखा है, "धनीजन पुण्य भी करते हैं, दान भी करते हैं। दुखी आदमियों पर दया भी करते हैं, देश में बड़ी-बड़ी धर्मशालाएँ, सैकड़ों

पाठशालाएँ, चिकित्सालय, तालाब, कुएँ उनकी कीर्ति-स्तम्भ के रूप में खड़े हैं। उनके दान से सदाव्रत चलते हैं। अनाथों और विधवाओं का पालन होता है, साधुओं और अतिथियों का सत्कार भी होता है। कितने ही विशाल मन्दिर खुले हुए हैं। विद्या की उन्नति हो रही है, लेकिन उनकी अपकीर्तियों के सामने उनकी सुकीर्तियाँ अँधेरी रात में जुगनूँ की चमक के समान हैं, जो अन्धकार को और भी गहन बना देती है। पाप की कालिख दान और दया से धुलती नहीं, मेरा तो यह अनुभव है कि धनी जन पवित्र भावों से प्रेरित हो ही नहीं सकते उनकी दानशीलता, उनकी शक्ति, उनकी उदारता, उनकी दानवत्सलता वास्तव में उनके स्वार्थ को सिद्ध करने का साधन मात्र है। इसी टट्टी की आड़ में वे शिकार खेलते हैं।''[167]

पण्डित मोटेराम शास्त्री और पण्डित चिन्तामणि प्रेमचन्द के प्रिय पात्र रहे हैं। इन दोनों पात्रों के ऊपर प्रेमचन्द ने कई कहानियाँ लिखी हैं। टकेपन्थी मोटेराम शास्त्री हमारे समाज से चिपके हुए हैं। वे लोगों की धार्मिक भावनाओं का शोषण करते हैं। लोगों को यथास्थितिवाद का पोषक बनाते हैं। सन्तोष का उपदेश देते हैं। शोषकों की महानता के प्रति लोगों को आस्थावान् बनाते हैं और शोषकों के शिकंजे को मजबूत करते हैं। ऐसे धर्मोपजीवी चरित्रों का अन्वेषण और उद्घाटन प्रेमचन्द ने बार-बार किया है। 'निमन्त्रण', 'मोटेराम शास्त्री', 'मनुष्य का परमधर्म', 'गुरुमन्त्र' कहानी में पण्डित मोटेराम शास्त्री की धूर्तता तथा उनकी लालच की कथावस्तु बनाकर प्रेमचन्द भोली-भाली जनता को आगाह करते हैं कि हमें ऐसे धर्मद्रोहियों, पाखण्डियों से बचना चाहिए जो उदरपूर्ति के लिए कुछ भी कर सकते हैं।

प्रेमचन्द अपने समय के समाज को देखकर इस निष्कर्ष पर पहुँचे थे कि समाज में जितनी अनीति है, उसमें सबसे अधिक धार्मिक स्थलों पर है। इसलिए उन्होंने 'हिन्दू समाज के वीभत्स दृश्य' नाम से तीन लेख लिखे और इनमें हिन्दू मन्दिरों तथा हिन्दू जनता में फैले अन्धविश्वासों और रूढ़ियों पर आघात किया है साथ ही दुख भी व्यक्त किया है। हिन्दू समाज में व्याप्त अन्धविश्वासों से जनता को जागृत करने के लिए इन बुराइयों के विषय में टिप्पणी करते हुए लिखते हैं, "बाबा ने संसार को त्याग दिया, माया पर लात मार दी और क्या चाहिए। अब वह ज्ञान के भण्डार हैं, पहुँचे हुए फकीर हैं, हम उनके पागलपन की बातों में मनमानी बारीकियाँ ढूँढ़ते हैं, उनको सिद्धियों का आगार समझते हैं। फिर क्या है, बाबा जी के पास मुराद माँगनेवालों की भीड़ जमा होने लगती है। सेठ-साहूकार, अमले फैले, बड़े-बड़े घरों की देवियाँ उनके दर्शनों को आने लगती हैं। कोई यह नहीं सोचता कि एक मूर्ख, दुराचारी, लम्पट आदमी क्या लँगोटी लगाने से सिद्ध हो सकता है। सिद्धि क्या इतनी आसान चीज है। हममें मस्तिष्क से काम लेने की मानो शक्ति ही नहीं रही। दिमाग को तकलीफ नहीं देना चाहते। भेड़ों की तरह एक दूसरे के पीछे दौड़े चले जाते हैं,

कुएँ में गिरे या खन्दक में, इसका गम नहीं। जिस समाज में मूढ़ता का ऐसा प्रकोप हो, उनको सँभलते बहुत दिन लगेंगे।''[168]

प्रेमचन्द धूर्त साधुओं और बाबाओं के चरित्र और रूढ़िग्रस्त जनता के क्रियाकलापों का विस्तार से चित्रण करते हैं। बाबा जी संसार मिथ्या है, का उपदेश देने लगते हैं, उधर घी, शक्कर और आटे की झड़ी लग जाती है, लकड़ियों के कुन्दे गिरने लगते हैं, कुछ भक्त लोग इन त्यागियों के लिए कुटी बनाना शुरू कर देते हैं और मर्द भक्तों से कहीं अधिक संख्या स्त्री भक्तों की होती है। कोई लड़के की मुराद लेकर आती है, कोई अपने पति को किसी सौतिन के रूप फाँस में से छुड़ाने के लिए। जिन लफंगों को दो आने रोज की मजूरी भी न लगती, वे ही हिन्दुओं के इस अन्धविश्वास के कारण खूब तर माल उड़ाते हैं, खूब नशा पीते हैं और खूब मौज करते हैं और चलते वक्त सौ-पचास रुपये कोई ब्रह्मभोज कराने या भण्डारा चलाने के लिए वसूल कर लेते हैं। समाज-सेवा का कोई-न-कोई आधार यह लोग जरूर खोज कर लेते हैं। कोई मन्दिर बनवाने का व्रत ठाने बैठा है, कोई तालाब खुदवाने का, कोई पाठशाला खोलने का और कुछ न हुआ तो तीर्थयात्रा है ही! ये लोग बार-बार यही प्रयत्न करते हैं कि समाज अन्धविश्वास के गर्त में मूर्च्छित पड़ा रहे। चेतने न पाये, हमें खूब चकाचक माल खिलाओ, स्वर्ग में तुम्हें बढ़िया माल मिलेगा, इस हाथ दो उस हाथ लो, स्वर्ग का रूप भी इतना मोहक खींच रखा है कि लोगों की कल्पना शक्ति इनसे मात खा जायेगी। मर्त्यलोक में जो कुछ दुर्लभ है, यह सब यहाँ गली-गली मारा फिरता है। ऐसे सुख के लिए किसी भिक्षुक को थोड़ा-सा भोजन करा देना या किसी देवता को जल चढ़ा देना या किसी नदी में एक डुबकी लगा देना कौन खुशी में स्वीकार न करेगा। जब मोक्ष इतनी आसानी से मिल सकता है तो कठिन साधना की क्या आवश्यकता है।

इन धर्म के ठेकेदार महन्तों का ऐश्वर्य राजाओं से भी बढ़कर है। उनके पास बड़ी-बड़ी जमींदारियाँ हैं। उनके कृत्य घृणास्पद हैं। और आज बड़ी-बड़ी जमींदारियों के मालिक कितने ही महन्त हैं। उनकी लेन-देन की कोठियाँ चलती हैं, तरह-तरह के व्यवसाय होते हैं और बहुधा उन्हीं दानियों की सन्तानें, जिन्होंने जायदाद महन्तों को दान दी थीं, आज इन्हीं महन्तों से कर्ज लेती हैं। इनका भोग-विलास और ऐश्वर्य हमारे राजाओं को भी लज्जित कर सकता है। उस जायदाद का उपभोग अब इसके सिवा कुछ नहीं है कि मुस्टण्डे खायँ, डण्ड पेलें और व्यभिचार करें। राष्ट्र के उत्थान या जाग्रति में वे भी एक बहुत बड़ी बाधा हैं। अन्धविश्वासी जनता अब भी उन पर श्रद्धा रखती है। वे उसे एक चुटकी राख से स्वर्ग में दाखिल कर सकते हैं। ऐसी विभूति और किसके पास है? इन महन्तों के दुराचार, ऐयाशी और पैशाचिकताओं की खबरें कभी-कभी प्रकाश में आ जाती हैं तो मालूम होता है कि इनका कितना पतन हो गया है।'[169]

इसी लेख में प्रेमचन्द आगे इन पाखण्डियों की सर्वत्र व्यापकता पर टिप्पणी करते हैं, "जिधर देखिये धर्म के ढोंग का बाजार गर्म है। गली-गली पुजारी और भिक्षुक पूरे नगर के नगर इन्हीं जीवों से आबाद हैं, जिनका इसके सिवा कोई उद्यम नहीं कि धर्म का ढोंग रचकर बेवकूफ भक्तों को ठगें।"[170]

दुनिया के सारे समाजों में कुछ-न-कुछ धार्मिक रूढ़ियाँ वर्तमान हैं लेकिन हमारे भारतीय समाज में तो इन रूढ़ियों का कसाव इतना दृढ़ है कि इनसे छुटकारा पाने में कई शताब्दियाँ बीत जायेंगी, तब भी इनसे मुक्ति पाना सम्भव नहीं है। ये धार्मिक रूढ़ियाँ सामाजिक विकास के रास्ते में अवरोध पैदा करती हैं। जब कभी इन रूढ़ियों के विरुद्ध आवाज उठायी जाती है, उनको समाप्त करने का प्रयास किया जाता है तो धर्म के ठेकेदारों में खलबली मच जाती है और वे सभी एकजुट होकर विरोध करते हैं। इन धर्मद्रोहियों ने भारतीय संस्कृति तथा धर्म के अच्छे पहलुओं को भी दूषित कर डाला है। धर्म में स्थित प्रगतिशील तत्त्वों को भी मजाक का विषय बना रखा है। 'हिन्दू समाज में वीभत्स दृश्य' शीर्षक लेख में हिन्दू धर्म में मृत्यु के पश्चात् किये जानेवाले संस्कारों पर खेद प्रकट करते हैं। 'धर्म के नाम पर कैसे-कैसे पाखण्ड किये जाते हैं, वह पिण्डदान और महापात्रों के नखरे और वह बिरादरीवालों का मूँछों पर ताव देकर दावतें उड़ाना-सारी लीला हिन्दू संस्कृति को हास्यास्पद बना देती है।'[171]

प्रेमचन्द हिन्दू समाज के परम पवित्र तथा माननीय मन्दिरों की ओर दृष्टिपात करते हैं तो उनका हृदय काँप उठता है। इन पवित्र स्थलों में व्याप्त भ्रष्टाचार को प्रेमचन्द ने 'हिन्दू समाज के वीभत्स दृश्य : मन्दिरों पर एक दृष्टि' में इस तरह उधेड़कर रख दिया जिससे साफ जाहिर है कि यदि उनका वश चलता तो ऐसे तत्त्वों को एक दिन में समाप्त कर डालें। 'जहाँ से मुक्ति की, ज्ञान की आत्मसाधन की तथा तपस्या की पवित्र धारा बहकर लोगों के जीवन को सुन्दर और सुखकर बनाना चाहिए थी वहाँ आज दुराचार, पापाचार, धृष्टता तथा दुष्कृत्यों का केन्द्र देखकर आत्मा रो उठती है। उन्हें देखकर एक जोरदार प्रश्न उठता है, कि क्या यही मन्दिर है? क्या यही भगवान का निवास है।"[172]

इसी लेख में उन पुजारियों और महन्तों की भ्रष्टता का उल्लेख वे इस प्रकार करते हैं, 'यह बात अब तक किसी से छिपी नहीं है कि मन्दिरों की आड़ में आज बड़े-बड़े लज्जाजनक कृत्य हो रहे हैं। पुजारियों का, महन्तों का और धर्मगुरुओं का जीवन भयानक विलासिता से भरा हुआ है। वे मन्दिरों की आड़ में जघन्य कर्म करते नहीं शर्माते। ईश्वर को गाना सुनाकर खुश रखने के लिए उन्हें वेश्याएँ चाहिए। इस बहाने से अपनी राक्षसी कामना को पूर्ण करते और अपने जीवन को विलास-वासना और पतन के गहरे गड्ढे में डाल देते हैं तिस पर भी हिन्दू समाज के लिए वे पूज्य हैं, माननीय हैं और देवता तुल्य हैं, क्योंकि वे पुजारी हैं, महन्त हैं और धर्मगुरु हैं।

प्रतिदिन अनेक भोली-भाली तथा धर्मभीरु युवतियाँ पुण्य कमाने के लिए मन्दिरों में पहुँचती हैं और वे उन ईश्वर के प्रतिनिधि के द्वारा या उनके संकेत भाव से गायब कर दी जाती हैं और उनकी काम वासना की शिकार बन जाती हैं।''[173]

इन टकेपन्थियों के कुकर्मों से उनके विकृत धर्मोपजीवी आवरण के हाथों हमारा सामाजिक अहित ही नहीं राष्ट्रीय अहित हो रहा है। यह वर्णाश्रम स्वराज्य संघ के हथकण्डों से जाहिर है। ऐसी असामाजिक, अराष्ट्रीय, अमानुषी भावनाओं के प्रति जितनी ही घृणा फैलायी जाये, वह थोड़ी है।[174] प्रेमचन्द अपने को गौरवान्वित महसूस करते यदि उनमें इतनी शक्ति होती कि वह अपना सारा जीवन हिन्दू जाति की पुरोहितों, पुजारियों, पण्डों और धर्मोपजीवी कीटाणुओं से मुक्त कराने में अर्पण कर देते। ''हिन्दू जाति का सबसे घृणित कोढ़, सबसे लज्जाजनक कलंक यही टकेपन्थी दल हैं जो एक विशाल जोंक की भाँति उसका खून चूस रहा है।''[175] आजकल धर्म तो धूर्तों का अड्डा बना हुआ है। इस निर्मल संसार में एक से एक बड़े मगरमच्छ पड़े हुए हैं।''[176]

प्रेमचन्द के सम्पूर्ण साहित्य का अध्ययन करने के पश्चात् इस निष्कर्ष पर पहुँचना पड़ता है कि उनके लिए ईश्वर धर्म, भाग्य, देवता जैसे शब्द मिथ्या थे। धर्म के ठेकेदारों, टकेपन्थी ब्राह्मणों पर लिखते समय उनकी लेखनी बहुत तेज हो जाती थी जिसके परिणामस्वरूप उनके समय के कुछ लोगों ने उन्हें ब्राह्मणद्रोही और घृणा के प्रचारक जैसी उपाधियों से विभूषित किया। लेकिन प्रेमचन्द के अध्येताओं को यह भ्रम नहीं होना चाहिए कि प्रेमचन्द ब्राह्मण जाति से घृणा करते थे, उनका जाति, वर्ण जैसे शब्दों में विश्वास ही नहीं था। ब्राह्मण जाति से नहीं बल्कि समाज को ठगनेवाले धूर्तों, पाखण्डियों, धर्म के ठेकेदारों से उन्हें चिढ़ थी। 'घृणा के प्रचारक प्रेमचन्द' जैसी उपाधि को प्रेमचन्द ने कभी नापसन्द नहीं किया। उनका कहना था कि ''यदि मुझमें और शक्ति होती तो मैं सारा जीवन इन धर्म-ध्वजारोहियों के प्रति घृणा का प्रचार करने में लगा देता। 'साहित्य और कला में घृणा की उपयोगिता' शीर्षक लेख में व्यक्त उनके विचारों से उपर्युक्त बात की पुष्टि होती है। 'जीवन में जब घृणा का इतना महत्त्व है तो साहित्य उसकी उपेक्षा कैसे कर सकता है जो जीवन का ही प्रतिबिम्ब है।.....साहित्य की सृष्टि ही इसलिए हुई कि संसार में जो सुन्दर है, और इसलिए कल्याणकर है, उसके प्रति मनुष्य में प्रेम उत्पन्न हो और जो असुन्दर है और इसलिए असत्य है। उससे घृणा। साहित्य और कला का यही मुख्य उद्देश्य है। सुन्दर और असुन्दर का संग्राम ही साहित्य का इतिहास है। प्राचीन साहित्य, धर्म और ईश्वर द्रोहियों के प्रति घृणा और उनके अनुयायियों के प्रति श्रद्धा और भक्ति के भावों की सृष्टि करता रहा है। नवीन साहित्य समाज का खून चूसनेवालों, रंगे सियारों, हथकण्डेबाजों और जनता के अज्ञान से अपना स्वार्थ सिद्ध करनेवालों के विरुद्ध उतने ही जोर से आवाज उठा रहा है और दीनों-दलितों, अन्याय के हाथों सताये हुओं

के प्रति उतने ही जोर से सहानुभूति उत्पन्न करने का प्रयत्न कर रहा है।''[177]

प्रेमचन्द अपनी कथायात्रा के अनेक पड़ावों से गुजरते हुए अन्तिम पड़ाव पर पहुँचते-पहुँचते सारे भ्रमों को पीछे छोड़ चुके थे। अन्तिम अपूर्ण उपन्यास 'मंगलसूत्र' में प्रेमचन्द इस निष्कर्ष पर पहुँच चुके हैं कि धर्म के टकेपन्थी ठेकेदारों के समक्ष देवता बनने का काम नहीं है, अब वह समय आ गया है कि हथियार उठा लेना चाहिए। क्योंकि दैवी कल्पनाओं ने ही शोषण के चक्र को मजबूत किया है, ''यहाँ देवता बनने की जरूरत भी नहीं, क्योंकि देवताओं ने ही भाग्य और ईश्वर और भक्ति की मिथ्या धारणाएँ फैलाकर इस अनीति को अमर बनाया है। मनुष्य ने अब तक इसका अन्त कर दिया होता या समाज का ही अन्त कर दिया होता, जो इस दशा में जिन्दा रहने से कहीं अच्छा होता, इसलिए न्याय के लिए लड़ना होगा। लड़े बिना निस्तार नहीं। मनुष्य में मनुष्य ही बने रहो। याद रखो तुम दरिन्दों के बीच में रह रहे हो अत: लाजिमी है कि दरिन्दों के बीच में उनसे लड़ने के लिए हथियार बाँधना पड़ेगा। उनके पंजों का शिकार बनना देवतापन नहीं जड़ता है।''[178]

## सन्दर्भ


1. प्रेमचन्द : रंगभूमि, पृ. 193
2. प्रेमचन्द : संग्राम, पृ. 144-145
3. वही, पृ. 145
4. वही, पृ. 145
5. वही, पृ. 146
6. पीजेण्ट्स एण्ड वर्कर्स मूवमेण्ट इन इण्डिया, पृ. 1
7. चिट्ठी-पत्र, भाग-1, पृ. 93
8. विविध प्रसंग, भाग-1, पृ. 7
9. वही, पृ. 268-269
10. प्रेमचन्द और उनका युग : डा. रामविलास शर्मा, पृ. 47-48
11. प्रेमचन्द : प्रेमाश्रम, पृ. 52
12. प्रेमचन्द : गोदान, पृ. 292
13. प्रेमचन्द : कर्मभूमि, पृ. 117
14. मानसरोवर भाग-8, पृ. 70
15. प्रेमचन्द : गोदान, पृ. 174
16. प्रेमचन्द : प्रेमाश्रम, पृ. 433
17. मानसरोवर, भाग-1, पृ. 157
18. प्रेमचन्द : गोदान, पृ. 7
19. प्रेमचन्द : गोदान, पृ. 184
20. प्रेमचन्द : प्रेमाश्रम, पृ. 262
21. मानसरोवर, भाग-8, पृ. 300

22. प्रेमचन्द : प्रेमाश्रम, पृ. 142
23. रजनी पामदत्त : भारत वर्तमान और भावी, पृ. 94
24. रजनी पामदत्त : भारत वर्तमान और भावी, पृ. 95–96
25. मानसरोवर, भाग–4, पृ. 27
26. मानसरोवर, भाग–8, पृ. 35–36
27. प्रेमचन्द : गोदान, पृ. 184
28. मानसरोवर, भाग–4, पृ. 22
29. प्रेमचन्द : गोदान, पृ. 21
30. वही, पृ. 87
31. वही, पृ. 117
32. वही, पृ. 108–109
33. मानसरोवर, भाग–1, पृ. 116
34. मानसरोवर, भाग–4, पृ. 200
35. मानसरोवर, भाग–1, पृ. 17
36. प्रेगचन्द : गोदान, पृ. 11–12
37. वही, पृ. 90
38. वही, पृ. 181
39. मानसरोवर, भाग–2, पृ. 19
40. डॉ. रामविलास शर्मा : प्रेमचन्द और उनका युग, पृ. 32
41. प्रेमचन्द : सेवासदन, पृ. 41
42. वही, पृ. 40
43. वही, वही
44. डॉ. रामविलास शर्मा : प्रेमचन्द और उनका युग, पृ. 36
45. प्रेमचन्द : सेवासदन, पृ. 246
46. वही, पृ. 188
47. विविध प्रसंग, खण्ड-2, पृ. 335
48. डॉ. रामविलास शर्मा : प्रेमचन्द और उनका युग, पृ. 40
49. प्रेमचन्द : वरदान, पृ. 115
50. प्रेमचन्द : प्रतिज्ञा, पृ. 26
51. विविध प्रसंग, भाग-तीन, पृ. 264
52. प्रेमचन्द : प्रतिक्षा, पृ. 14-15
53. वही, पृ. 43
54. वही, पृ. 70
55. वही, पृ. 87-88
56. प्रेमचन्द : कायाकल्प, पृ. 16-17
57. विविध प्रसंग : भाग-तीन, पृ. 256
58. वही, पृ. 260
59. प्रेमचन्द : कर्मभूमि, पृ. 106-107
60. साम्य : प्रेमचन्द स्मृति विशेषांक, पृ. 11
61. प्रेमचन्द : कायाकल्प, पृ. 375-376

62. प्रेमचन्द : मंगलसूत्र, पृ. 12
63. वही, पृ. 14
64. मानसरोवर, भाग-एक, पृ. 107-108
65. वही, पृ. 110
66. मानसरोवर, भाग-दो, पृ. 10-11
67. विविध प्रसंग, भाग-तीन, पृ. 250
68. मानसरोवर, भाग-एक, 343
69. वही, भाग-दो, पृ. 17-18
70. वही, पृ. 24
71. विविध प्रसंग, भाग-दो, पृ. 455
72. वही, पृ. 457-458
73. राष्ट्रपिता महात्मा गाँधी : ना. रा. अभ्यंकर, पृ. 38-39
74. विविध प्रसंग : भाग-दो, पृ. 437
75. वही, भाग-दो, पृ. 452
76. वही, पृ. 448-449
77. मानसरोवर (भाग-5) मंदिर, पृ. 8
78. वही, पृ. 93
79. विविध प्रसंग (भाग-दो) पृ. 436
80. वही, पृ. 451
81. वही, पृ. 447
82. प्रेमचन्द : ठाकुर का कुआँ, पृ. 140 (मानसरोवर भाग-एक)
83. वही, पृ. 141
84. प्रेमचन्द : सद्गति, पृ. 21 (मानसरोवर भाग-4)
85. वही, पृ. 25-26 (मानसरोवर भाग-4)
86. विविध प्रसंग : भाग-दो, पृ. 443
87. वही, पृ. 447
88. वही, पृ. 452
89. वही, पृ. 452
90. वही, पृ. 447
91. वही, पृ. 466
92. प्रेमचन्द : कर्मभूमि, पृ. 169
93. वही, पृ. 169-170
94. वही, पृ. 170
95. वही, पृ. 171
96. वही, पृ. 266-267
97. वही, पृ. 267
98. वही, पृ. 148
99. वही, पृ. 152
100. विविध प्रसंग, भाग-दो, पृ. 233
101. वही, पृ. 258

102. रजनी पामदत्त : आज का भारत, पृ. 465
103. वही, पृ. 465
104. अयोध्या सिंह : भारत का मुक्ति-संग्राम, पृ. 218
105. वही, पृ. 214
106. सव्यसाची : भारत की स्वाधीनता का इतिहास, पृ. 498
107. रजनी पामदत्त : आज का भारत, पृ. 463
108. अमृतराय : कलम का सिपाही, पृ. 220
109. प्रेमचन्द : सेवासदन, पृ. 285
110. सव्यसाची : भारत की स्वाधीनता का इतिहास, पृ. 103
111. यशपाल : बात-बात में बात, पृ. 102
112. वही, पृ.1
113. रजनी पामदत्त, आज का भारत, पृ. 472
114. पं. जवाहरलाल नेहरू : आत्मकथा, पृ. 218
115. अमृतराय : कलम का सिपाही, पृ. 455
116. प्रेगचन्द : आहुति, कहानी
117. प्रेमचन्द : कायाकल्प, पृ. 256
118. वही, पृ. 30
119. वही, पृ. 39-40
120. वही, पृ. 427
121. वही, पृ. 227
122. विविध प्रसंग (भाग-दो), पृ. 352
123. प्रेमचन्द : विविध प्रसंग-2, अच्छी और बुरी साम्प्रदायिकता, पृ. 153
124. अमृतराय : कलम का सिपाही, पृ. 362
125.
126. शिवरानी प्रेमचन्द : प्रेमचन्द घर में, पृ. 115
127. प्रेमचन्द : मनुष्यता का अकाल, जमाना, अप्रैल, 1924
128. प्रेमचन्द : विविध प्रसंग (भाग-तीन) अच्छी और बुरी साम्प्रदायिकता, पृ. 152-153
129. देवीप्रसाद चट्टोपाध्याय : भारतीय दर्शन : सरल परिचय, पृ. 113
130. कार्ल मार्क्स : पूजा, खण्ड-1, पृ. 423
131. एंगेल्स : ड्यूरिंग मत खण्डन, पृ. 194-195
132. लेनिन : समाजवाद और धर्म, पृ. 3-4
133. मार्क्स और एंगेल्स, धर्म, पृ. 52
134. शिवरानी प्रेमचन्द : प्रेमचन्द घर में, पृ. 91
135. वही, पृ. 229
136. अमृतराय : कलम का सिपाही, पृ. 644
137. हंसराज रहबर : प्रेमचन्द : जीवन, कला और कृतित्व, पृ. 145
138. अमृतराय : कलम का सिपाही, पृ. 644
139. प्रेमचन्द स्मृति : पृ. 89
140. अमृतराय : कलम का सिपाही, पृ. 560
141. प्रेमचन्द : कर्मभूमि, पृ. 156

142. साहित्य की प्रगति : विविध प्रसंग, भाग-तीन, पृ. 54
143. हंसराज रहबर : प्रेमचन्द : जीवन, कला और कृतित्व, पृ. 259
144. प्रेमचन्द : प्रलयंकर दिवस, हंस, जनवरी, 1934
145. संकलित (अमृतराय) विविध प्रसंग (भाग-दो) पृ. 149
146. वही, पृ. 150
147. प्रेमचन्द : कर्मभूमि, पृ.
148. प्रेमचन्द : गोदान, पृ. 290
149. शिवरानी देवी प्रेमचन्द : प्रेमचन्द घर में, पृ. 99
150. प्रेमचन्द : असरारे मआविद (देवस्थान रहस्य), पृ. 5
151. प्रेमचन्द : कर्मभूमि, पृ. 1
152. वही, 1
153. प्रेमचन्द : संग्राम, पृ. 154
154. प्रेमचन्द : गोदान, पृ.
155. प्रेमचन्द : रंगभूमि, पृ. 83
156. वही, पृ. 83
157. वही, पृ. 83
158. प्रेमचन्द : रंगभूमि, परि.-3, पृ. 44
159. शान्ति : मानसरोवर भाग-7, पृ. 95
160. प्रेमचन्द घर में : पृ. 91
161. अमावस्या का रात्रि : मानसरोवर-6, पृ. 215
162. प्रेमचन्द : कर्मभूमि, पृ. 142
163. प्रेमचन्द : गोदान, पृ. 289
164. हंसराज रहबर : प्रेमचन्द : जीवन, कला और कृतित्व,पृ.
165. प्रेमचन्द : अन्धा पूँजीवाद, विविध प्रसंग, खण्ड-3, पृ. 333
166. प्रेमचन्द : मानसरोवर, भाग-दो, पृ. 235
167. प्रेमचन्द : संग्राम, पृ. 189-190
168. अमृतराय : विविध प्रसंग, भाग-दो, पृ. 157
169. वही, पृ. 158-159
170. वही, पृ. 159
171. वही, भाग-तीन, पृ. 156-157
172. वही, पृ. 160
173. वही, पृ. 160
174. वही, पृ. 59
175. अमृतराय : कलम का सिपाही, पृ. 530-531
176. हंसराज रहबर : जीवन कला और कृतित्व, पृ. 301
177. विविध प्रसंग : भाग-तीन, पृ. 57
178. प्रेमचन्द : मंगलसूत्र, पृ. 58

# प्रेमचन्द और पूँजीवाद

प्रेमचन्द-साहित्य में समाज और उसकी तत्कालीन अवस्था का व्यापक चित्रण तथा विश्लेषण हुआ है। उन्होंने भारतीय जीवन के विविध पहलुओं को देखा और परखा था। उसकी कोई भी समस्या उनसे अनजानी नहीं थी। जीवन भर वे उन्हीं समस्याओं का निदान और समाधान अपने साहित्य के माध्यम से खोजते रहे।

पूँजीवादी व्यवस्था में श्रम का शोषण अवश्यम्भावी है। इसके लिए शोषण-तन्त्र उसे सामन्तवाद से विरासत में मिला है। अपने रचनाकाल के प्रारम्भ से ही प्रेमचन्द का ध्यान इस शोषण तन्त्र के विविध पहलुओं पर टिका हुआ था। इस व्यवस्था के विरोधी होने से पूर्व वे व्यक्तिगत सम्पत्ति के विरोधी थे। वे अपने प्रारम्भिक लेखन से अन्तिम दौर के लेखन तक की लम्बी यात्रा में पूँजीशाहों और पूँजीवादी सभ्यता के विरोध में थे। 'गोदान' और 'मंगलसूत्र' तक आते-आते वे इस निष्कर्ष पर पहुँच चुके थे कि समाज की वर्तमान व्यवस्था अन्याय, विषमता और अत्याचार पर आधारित है। अन्ततः 'महाजनी सभ्यता' शीर्षक लेख में उन्होंने धन और व्यवसाय पर आधारित नारकीय समाज-व्यवस्था की अमानवीयता का सशक्त शैली में उद्‌घाटन किया।

पूँजीवादी व्यवस्था जिस शोषणतन्त्र को विकसित करती है उसके नौकरशाही, कानून और व्यवस्था की रक्षक पुलिस, नगरों के उच्च-मध्यवर्गीय डॉक्टर, वकील, प्रोफेसर, पत्रकार और राजनैतिक दलों के नेता वर्ग सभी समाहित हैं और किसान-मजदूर जनता का दोहन करते हैं। देश का विधान और कानून इसमें कोई बाधा नहीं डाल सकता, क्योंकि वह उन्हीं की रक्षा के लिए उन्हीं द्वारा निर्मित होता है। प्रेमचन्द साहित्य में पूँजीवादी व्यवस्था के शोषणतन्त्र के इन्हीं पक्षों पर प्रकाश डाला जायेगा।

प्रेमचन्द पूँजी और पूँजीवाद के प्रति अपनी प्रतिक्रिया की स्पष्ट अभिव्यक्ति अपने लेखन के (1919) दूसरे चरण के आरम्भ में 'नया जमाना : पुराना जमाना' लेख में लिखते हैं। इस लेख में 'नये जमाने' यानी पूँजीवादी व्यवस्था के मनुष्य विरोधी पहलुओं की जैसी बखिया उधेड़ी गयी है, उससे स्पष्ट लगता है कि इस नये चरण में प्रेमचन्द को अपनी रचनादृष्टि में परिवर्तन की आवश्यकता महसूस होने लगी थी।

'नया जमाना : पुराना जमाना' में पूँजीवादी व्यवस्था के दोषों के बारे में व्यक्त उनके विचार बहुत-कुछ तालस्ताय से प्रभावित हैं। वे मशीनों को, नये प्रकार के उद्योग-धन्धों व बाजार व्यवस्था को देहातों के उजड़ने और शहरों के बसने को एक ऐसे किसान की शंको भरी नजर से देखते हैं जो इस नयी व्यवस्था के, अपने सन्दर्भ में होनेवाले फौरी नुकसान से घबड़ाकर, इसके सकारात्मक पक्ष को नहीं देख पाता। वह इसे सामन्तवाद से अधिक विकसित अवस्था के रूप में नहीं स्वीकार पाता। प्रेमचन्द की अन्तर्ग्राही दृष्टि पूँजी की गुलामी और भयंकर स्वार्थपरता को बहुत अच्छी तरह समझती है। उपर्युक्त लेख और इस दौर में लिखे प्रेमाश्रम में यत्र-तत्र संकेतित विचारों को ध्यान में रखा जाये तो स्पष्ट हो जाता है कि प्रेमचन्द के लिए बोल्शेविज्म, मार्क्सवाद का यथार्थ न होकर, किसान चेतना से प्रेरित पूँजीवाद का शत्रु एक विचार था।

समाजवाद के प्रति उनका झुकाव ज्यों-ज्यों बढ़ता गया, उसी अनुपात में वे पूँजीवाद के विरुद्ध होते गये। धीरे-धीरे उन्हें इस तथ्य का भी अनुभव होता जा रहा था कि भारत के राजनीतिक क्षितिज और कांग्रेस पर भी पूँजीपतियों की गिरफ्त कितनी मजबूत है। और इसी के साथ उनको यह अहसास भी होता जा रहा था कि कांग्रेस उन आशाओं को शायद ही पूरा कर सके। जो उसकी मुक्ति की अवधारणा से उत्पन्न हुई थी। भारतीय पूँजीपतियों के प्रति उनका कैसा रुख था, इसे स्पष्ट करने के लिए दो-एक उदाहरण काफी होंगे। जागरण में 'जापान के माल का बहिष्कार' शीर्षक से अपने सम्पादकीय में वे लिखते हैं, "बम्बई के मिल-मालिकों ने जापानी कपड़े का बहिष्कार-बिल पास कराके रास्ता साफ कर लिया। अब उन्हें अख्तियार है जितने कपड़े चाहें बेचें और जितना लाभ चाहें उठायें। उनकी बला खर्च में किफायत करे। भारत की जनता नंगी तो रहेगी नहीं, लेकिन जापान ने भारत की रुई बन्द कर दी तो यहाँ के मिल-मालिक उस रुई को खरीदने का जिम्मा लेते हैं? और किसान का माल न बिका तो वह कपड़ा कैसे खरीदेगा?....पर यह तो डेमोक्रेसी है, यहाँ जनता के हानि-लाभ का क्या जिक्र? यहाँ तो मिल-मालिकों का प्राधान्य है। रिआया जाय जहन्नुम में। जापान दोनों ओर का भाड़ा तथा 40 फीसदी चुंगी देकर भी, अपना माल भारत से सस्ता बेच सकता है और यहाँ के मिलवाले अपना माल सस्ता बेचने की फिक्र नहीं करते। उनके हलवे माड़े में कमी नहीं हो सकती। उन्हें अच्छा मुनाफा अवश्य चाहिए, चाहे वह जनता के रक्त से ही क्यों न मिले।"[1] इसी वर्ष अर्थात् 1933 में उन्होंने 'अन्धा पूँजीवाद' शीर्षक से 'जागरण' में एक और सम्पादकीय लिखा, जिसमें उन्होंने भारतीय पूँजीपतियों के प्रति अपनी घृणा और भी स्पष्ट तथा तीखे शब्दों में व्यक्त की, "भारतीय पूँजीपतियों की नृशंसता इतनी बढ़ गयी है कि बिहार सरकार को हस्तक्षेप करना पड़ा है और उसने एक सरकुलर निकालकर मिल के प्रबन्धकों को चेतावनी दे दी है कि वे ऊख की खरीद के दर लिखकर नगर के मुख्य-मुख्य स्थानों पर लगा दें, जिससे किसानों को कोई धोखा न दे सके। बिहार

सरकार ने शक्कर के बाजार दर और शक्कर की तैयारी की लागत आदि का परता मिलाकर यह हिसाब लगाया है कि तैंतीस–चालीस में ऊख की खरीद सात आने मन के हिसाब से होनी चाहिए,....हमें आशा है कि हमारे प्रान्त में भी किसानों को पूँजीपतियों के पंजे से बचाने की कोशिश की जाये। अब किसान–समाजों के कार्यकर्त्ताओं का यह काम है कि वह मिलवालों पर कड़ी निगाह रखें और किसी को बेराह चलता देखें तो सरकार को सूचना दें। यह आशा करना कि पूँजीपति किसानों की हीनदशा से लाभ उठाना छोड़ देंगे, कुत्ते से चमड़े की रखवाली करने की आशा करना है। इस खूँखार जानवर से अपनी रक्षा करने के लिए हमें स्वयं सशस्त्र होना पड़ेगा।'[2]

प्रेमचन्द वर्गीय समाज में धन के महत्त्व को समझते हैं अत: धनी व्यक्ति के सुखी और सम्मानित होने तथा नेक इन्सानों के दुखी होने का उल्लेख 'सज्जनता का दण्ड' और 'बौड़म' कहानियों में करते हैं। प्रेमचन्द ने व्यक्तिवादी मनोवृत्ति तथा व्यक्तिगत सम्पत्ति की आधारशिला पर खड़ी वर्गीय व्यवस्था का तीव्र विरोध किया। व्यक्तिवादी इस सामाजिक अन्याय को अपनी स्वार्थपरता के कारण देखकर भी अनदेखा कर देता है, वह आत्मकेन्द्रित दृष्टि से केवल अपनी सुरक्षा की चिन्ता करता है। अपने लिये अच्छी आय, लाभदायक पद और उच्च जीवन–स्तर जुटाकर, वह आत्म–तुष्ट हो जाता है। प्रेमचन्द इस व्यक्तिवादी दृष्टिकोण पर जमकर प्रहार करते हैं, 'वह (व्यक्तिवादी) रोज मार्ग में ईंटें पड़ी देखता है और बचकर निकल जाता है। रात में कितने लोगों को ठोकर लगती होगी, कितनों के हाथ–पैर टूटते होंगे, उनका ध्यान उसे नहीं आता। मगर एक दिन जब वह खुद रात को ठोकर खाकर अपने घुटनों को फोड़ लेता है तब उसकी निवारण शक्ति हठ करने लगती है और वह सारे ढेर को मार्ग से हटाने पर तुल जाता है।''

प्रूधों ने व्यक्तिगत सम्पत्ति को चोरी कहा है। मार्क्स भी व्यक्तिगत सम्पत्ति को अभिशाप समझते थे। लेकिन प्रेमचन्द का व्यक्तिगत सम्पत्ति के सन्दर्भ में अभिव्यक्त यह विचार कम क्रान्तिकारी नहीं हैं, ''जब तक सम्पत्ति पर व्यक्तिगत अधिकार रहेगा, तब तक मानव समाज का उद्धार नहीं हो सकता......जब तक सम्पत्ति समाज का संगठन न होगा, तब तक सम्पत्ति के व्यक्तिवाद का अन्त न होगा, संसार को शान्ति न मिलेगी.....कुछ लोग समाज के इस आदर्श को वर्गवाद या क्लासवाद कहकर अपने मन में भीषण रूप खड़ा कर लिया करते हैं। जिनके पास धन है, जो लक्ष्मीपुत्र हैं, जो बड़ी–बड़ी कम्पनियों के मालिक हैं, वे इसे हौआ समझकर आँखें बन्द करके, गला फाड़कर चिल्लाते हैं लेकिन शान्त मन से देखा जाये तो असम्पत्तिवाद की शरण में आकर उन्हें भी शान्ति और विश्राम प्राप्त होगा, जिसके लिए वे (पूँजीपति या धनी लोग) सन्तों या संन्यासियों की सेवा किया करते हैं, फिर भी उनके हाथ नहीं आते।'[3]

सारी बुराइयों, समस्त अनाचारों की जड़ यही व्यक्तिगत सम्पत्ति है। सन् '36 में, 'महाजनी सभ्यता' नामक लेख लिखते हुए प्रेमचन्द अपने अनुभवों का निचोड़ रखते हैं, "जहाँ धन की कमोबेशी के आधार पर असमानता है, वहाँ ईर्ष्या, जोर-जबरदस्ती, बेईमानी, झूठ, मिथ्या अभियोग, आरोप, वेश्यावृत्ति, व्यभिचार और सारी दुनिया की बुराइयाँ अनिवार्य रूप से मौजूद हैं। जहाँ धन का आधिक्य नहीं, अधिकांश मनुष्य एक ही स्थिति में हैं, वहाँ जलन क्यों हो और जब्र क्यों हो, झूठे मुकदमें क्यों चलें और चोरी, डाके की वारदातें क्यों हों। यह सारी बुराइयाँ तो दौलत की देन हैं, पैसे के प्रसाद हैं, महाजनी सभ्यता ने इनकी सृष्टि की है। वही इनको पालती है और यह भी चाहती है कि जो दलित-पीड़ित और विजित हों वे इसे ईश्वरीय विधान समझकर सन्तुष्ट रहें। व्यक्तिगत सम्पत्ति ही सारी बुराइयों की जड़ है। अन्यत्र भी प्रेमचन्द स्पष्ट लिखते हैं, "व्यक्तिगत सम्पत्ति सारी बुराइयों की जड़ है, उसने मनुष्य को शैतान बना दिया है। इसलिए मानवता और मानव-मूल्यों को प्रतिष्ठित करने के लिए और मनुष्य के बीच प्रेमपूर्ण सम्बन्ध कायम करने के लिए सम्पत्ति की प्रथा का अन्त जरूरी है।"

पूँजीवाद की आधारशिला व्यक्तिगत पूँजी है। 1933 तक आते-आते प्रेमचन्द पूँजीवाद के प्रति अपनी शत्रुता को स्पष्ट रूप से समझ चुके थे, "जब तक सम्पत्ति मानव-समाज के संगठन का आधार है, संसार में अन्तरराष्ट्रीयता का प्रादुर्भाव नहीं हो सकता। राष्ट्रों-राष्ट्रों की, भाई-भाई की, स्त्री-पुरुष की लड़ाई का कारण यही सम्पत्ति है। संसार में जितना अन्याय और अत्याचार है, जितना द्वेष और मालिन्य है, जितनी मूर्खता और अज्ञानता है, उसका मूल रहस्य यही विष की गाँठ है। जब तक सम्पत्ति पर व्यक्तिगत अधिकार रहेगा तब तक मानव-समाज का उद्धार नहीं हो सकता। मजदूरों के काम का समय घटाइये, बेकारों को गुजारा दीजिये। जमींदार और पूँजीपतियों के अधिकारों को घटाइये, मजदूरों और किसानों के स्वत्वों को बढ़ाइये, सिक्के का मूल्य घटाइये, इस तरह के चाहे आप कितने सुधार करें, लेकिन यह जीर्ण दीवार इस टीप-टाप से खड़ी नहीं रह सकती। इसे नये सिरे से गिराकर उठाना होगा।'[4] इसी सम्पादकीय में आगे चलकर वे लिखते हैं, "सम्पत्ति ने मनुष्य को अपना क्रीतदास बना दिया है। उसकी सारी मानसिक आत्मिक और दैहिक शक्ति केवल सम्पत्ति के संचय में बीत जाती है। मरते दम भी हमें यह हसरत रहती है कि हाय इस सम्पत्ति का क्या हाल होगा। इस सम्पत्ति के लिए जीते हैं, उसी के लिए मरते हैं, हम विद्वान् बनते हैं, सम्पत्ति के लिए, गेरुएँ वस्त्र धारण करते हैं, सम्पत्ति के लिए। घी में आलू मिलाकर हम क्यों बेचते हैं? दूध में पानी क्यों मिलाते हैं? भाँति-भाँति के वैज्ञानिक हिंसा यन्त्र क्यों बनाते हैं? वेश्याएँ क्यों बनती हैं, और डाके क्यों पड़ते हैं? इसका एकमात्र कारण सम्पत्ति है। जब सम्पत्तिहीन समाज का संगठन न होगा, जब तक सम्पत्ति व्यक्तिवादी का अन्त न होगा, संसार को शान्ति न मिलेगी।'[5] यही

नहीं इसी सम्पादकीय में वे यह भी स्वीकार करते हैं, "संसार का जितना अकल्याण लक्ष्मी ने किया है, उतना शैतान ने भी नहीं किया। यह देवी नहीं डायन है।'

अपने जीवन के आखिरी लेख 'महाजनी सभ्यता' में व्यक्तिगत सम्पत्ति की समाप्ति पर प्रेमचन्द अपनी प्रसन्नता इन शब्दों में व्यक्त करते हैं, "धन्य है वह सभ्यता जो मालदारी और व्यक्तिगत सम्पत्ति का अन्त कर रही है और जल्दी या देर से दुनिया उसका पदानुसरण अवश्य होगा।"

प्रेमचन्द को समझने के लिए उनके साहित्य के साथ-साथ, उनकी विचारधारा के क्रमिक विकास को भी समझना चाहिए। उनके विचारों का प्रवाह उनके लेखों और टिप्पणियों में है। मात्र 'रचना की राह' से उन्हें समझने का प्रयत्न करनेवालों की आलोचना एकांगी, अन्तर्मुखी और मूल्यहीन हो जाती है। फिर भी उनकी कृतियों के महत्त्व को इस सन्दर्भ में अस्वीकार नहीं किया जा सकता।

'शूद्रा', 'मन्दिर', 'मन्त्र' आदि कहानियों में मानवीय पात्रों का सृजन करके वे यह भी घोषित कर देते हैं कि महाजनी सभ्यता के अमानवीयकरण के मौजूदा दौर में भी अच्छे इन्सान गरीबों और शूद्रों में ही उपलब्ध हो सकते हैं।

प्रेमचन्द सामन्ती पूँजीवादी शोषण-उत्पीड़न के साथ उस राजसत्ता को भी पहचानते थे जो समता, न्याय और जनतन्त्र के नाम पर शोषक शासक वर्ग की रक्षा करती है। यही नहीं प्रेमचन्द के राज्यों की निर्वाचित कांग्रेस सरकारों का भी आचरण देखा था और वे राजनीति में धन के प्रभाव को भी महसूस कर रहे थे अत: जनतन्त्र की असलियत धनतन्त्र को, जिसे हम आज तक समझ नहीं पाये हैं, प्रेमचन्द आजादी के पहले ही समझ गये थे—"मुझे अब इस डेमोक्रेस्ट में भक्ति नहीं रही। मेरा बस चले तो कौन्सिलों में आग लगा दूँ। जिसे हम डेमोक्रेसी कहते हैं, व्यवहार में बड़े-बड़े व्यापारियों और जमींदारों का राज्य है, और कुछ नहीं। चुनाव में वही बाजी मार ले जाते हैं जिनके पास रुपये हैं।"[6]

चुनाव, असेम्बली, मन्त्रिमण्डल, न्यायपालिका, पुलिस, अफसर, आदि के मायाजाल को समझकर प्रेमचन्द 'मंगलसूत्र' में हथियार उठाने तक की बात करने लगते हैं, "यहाँ देवता बनने की जरूरत नहीं है। मनुष्यों में मनुष्य बनना पड़ेगा, दरिन्दों के बीच उनसे लड़ने के लिए हथियार बाँधना पड़ेगा। उनके पंजों का शिकार बनना देवतापन नहीं जड़ता है।" महाजनों, महन्तों, सेठों के शोषण, उत्पीड़न से श्रमजीवी जनता की मुक्ति के लिए अपने अन्तिम दिनों में प्रेमचन्द क्रान्तिकारी का पैगाम लेकर सामने आते हैं, 'अब वह क्रान्ति से ही देश का उद्धार समझता था—ऐसी क्रान्ति जो सर्वव्यापक हो, जो जीवन के मिथ्या आदर्शों का, झूठे सिद्धान्तों का, परिपाटियों का अन्त कर दे, जो एक नये युग की प्रवर्तक हो, एक नयी सृष्टि खड़ा कर दे, जो मिट्टी के असंख्य देवताओं को तोड़-फोड़कर चकनाचूर कर दे, जो मनुष्य को धन और धर्म के आधार पर टिकनेवाले राज्यों के पंजे से मुक्त कर दे।"[7]

धन-लोलुपों और महाजनों के प्रति प्रेमचन्द की आस्था इस कदर उठ चुकी थी कि 'साहित्य का उद्देश्य' नामक लेख लिखते समय यहाँ तक लिख जाते हैं कि, 'जिन्हें धन-वैभव प्यारा है, साहित्य-मन्दिर में उनके लिए स्थान नहीं है।'

पूँजीपति स्वदेशी हों या विदेशी, प्रेमचन्द की दृष्टि में दोनों एक हैं, दोनों अग्राह्य हैं। आहुति कहानी में प्रेमचन्द एक पात्र से कहलवाते हैं, "अगर स्वराज्य आने पर भी सम्पत्ति का यही प्रभुत्व रहे और पढ़ा-लिखा समाज यों ही स्वार्थान्ध बना रहे, तो मैं कहूँगी, कि ऐसे स्वराज्य का न आना ही अच्छा है। अंग्रेजों, महाजनों की धनलोलुपता और शिक्षितों का स्वहित आज हमें पीसे डाल रहा है। जिन बुराइयों को दूर करने के लिए आज हम प्राणों को हथेलियों पर लिये हुए हैं, उन्हीं बुराइयों को क्या प्रजा इसलिए सिर चढ़ायेगी कि वे विदेशी नहीं स्वदेशी है। कम-से-कम मेरे लिये तो स्वराज का यह अर्थ नहीं है कि जान की जगह गोविन्द बैठ जायें। मैं समाज की ऐसी व्यवस्था देखना चाहती हूँ, जहाँ कम-से-कम विषमता को आश्रय न मिल सके।"[8]

'ताँगेवाले की बड़' कहानी में भी प्रेमचन्द धनिक वर्ग में अपना अविश्वास प्रकट करते हैं। ताँगेवाला जुम्मन साह कहता है कि स्वराज्य गरीब लायेंगे, अमीर नहीं, 'हुजूर जब वक्त आयेगा तो हमीं इक्के-ताँगेवाले स्वराज हाँककर लायेंगे, मोटर पर स्वराज हरगिज नहीं आयेगा।"[9] कांग्रेस के नेताओं के समझौतावादी तथा पूँजीवादी चरित्र के बारे में मुन्शी जी को कोई भ्रम नहीं रह गया था। वे उनके बारे में लिखते हैं, "ये ऊँचे लोग कभी कुछ हासिल नहीं कर सकते। वे विदेशी शराब के बिना जिन्दा नहीं रह सकते। उनके घर पर जाओ तो देखोगे कि वहाँ कुछ भी भारतीय नहीं है, उनके पास हैण्डलूम के दस-बीस कुर्ते तो जरूर मिलेंगे, जिन्हें वे आवाम पर असर कायम करने के लिए सिलवाते हैं, अन्यथा उनके घरों में विदेशी सामान ही मिलेगा। हर स्तर पर वे ऐयाशी में गहरे धँसे हुए हैं और उनका दावा है कि देश बचायेंगे। तुम देश को क्या बचाओगे? पहले खुद को बचाओ। तुम आजादी की बात कहते हो तो तुम्हारी आँखों के सामने किस आजादी की तसवीर उभरती है? तुम्हारी इस आजादी से देश की साधारण जनता को क्या मिलने वाला है? तुम दिन में पाँच बार खानेवाले लोग हो, लेकिन गरीब किसान को दिन में एक बार भी खाने के लिए चना मयस्सर नहीं। आज तुम सत्ता से दूर हो, तब भी तुम ऐयाशी से जी रहे हो, लेकिन कल जब तुम सत्तारूढ़ होगे तो तुम गरीबों को पीसकर नहीं निगल जाओगे।"[10]

निष्कर्षत: यह कहने में कोई संकोच नहीं कि पूँजी और पूँजीवाद के खिलाफ प्रेमचन्द ने जो संघर्ष अपने लेखन के द्वितीय चरण से अर्थात् 'नया जमाना : पुराना जमाना' से शुरू किया था उसकी परिणति 'गोदान', 'मंगलसूत्र', 'महाजनी सभ्यता' के साथ उनकी 'कफ़न' जैसी अनेक कहानियों में हुई, जो निस्सन्देह प्रेमचन्द के सृजन और चिन्तन की श्रेष्ठतम उपलब्धियाँ हैं।

**ब्रिटिश पूँजीवादी हित :**

16वीं सदी से लेकर 20वीं सदी के उत्तरार्द्ध के अन्तिम चरण तक इंग्लैण्ड और यूरोप के सामाजिक विकास की मंजिल पूँजीवाद की है। पूँजीवाद के विकास की कई अवस्थाएँ हैं। माल तैयार करना, लाभ पर उसे बेचने का काम तो बहुत पहले से होता था पर वह बड़े पैमान पर मुनाफा कमाने के लिए न किया जाता था। विनिमय के लिए पहले भी सोना-चाँदी या सिक्को का प्रयोग होता था, पर तब लोगों का धन एक जगह बटोरकर बैंकों के माध्यम से उद्योग-धन्धों और व्यापार में लगाने के लिए बड़ी-बड़ी रकमें उधार देने की व्यवस्था न थी। पूँजीवाद के प्रारम्भिक दौर में माप से चलनेवाली मशीनें न थीं। उत्पादन के औजार पुराने होते थे। कारीगर बहुधा अपने घर पर ही काम करते थे। कारीगर जो माल बनाता था, उस पर उसका अधिकार नहीं होता था। व्यापारी पेशगी धन देकर कारीगर की श्रमशक्ति पहले ही खरीद चुका होता था, वही उसके बनाये माल का मालिक होता है। प्रारम्भिक पूँजीवाद का स्वरूप यही था। इसे इतिहासकारों ने 'दस्तकारी पूँजीवाद का नाम दिया है।'

बाद में चलकर माप से चलनेवाली मशीनों का उपयोग हुआ, तब कारखाने में काम करनेवाले मजदूर के लिए, पुराने कारीगर की तरह, हाथ से मेहनत करना, जरूरी नहीं रह गया। उत्पादन अब और भी बड़े पैमाने पर होने लगा। लाभ भी बेइन्तहा बढ़ता गया। इंग्लैण्ड में इस तरह की मशीनी उत्पादन 18वीं सदी के उत्तरार्द्ध में शुरू हुआ। इसे 'औद्योगिक क्रान्ति' के नाम से जाना जाता है।

पूँजीवाद के विकासक्रम में अगली मंजिल व्यापारिक पूँजीवाद की थी। अपने इस रूप में चाहे व्यापार हो, चाहे माल की पैदावार, पूँजीवाद का एक गुट, दूसरे गुट को दबाकर अपनी शक्ति बढ़ाने की कोशिश करने लगा। व्यापारिक पूँजीवाद के युग में इजारेदार कम्पनियों का निर्माण और उनकी शक्ति का प्रसार हुआ है। ईस्ट इण्डिया कम्पनी ऐसी ही एक कम्पनी थी। ये कम्पनियाँ इतनी सशक्त होती हैं कि राजसता को अपना समर्थन देने के लिए मजबूर कर देती हैं। राजसत्ता से पूँजीपतियों का गठबन्धन पूँजीवाद की खास विशेषता है। राजसत्ता जो कानून बनाती है, उनका मुख्य उद्देश्य व्यापारियों का, विशेष रूप से इजारेदार कम्पनियों का हित-साधन होता है। इस युग में एक देश के व्यापारी दूसरे देश के व्यापारियों से युद्ध करते थे जो देश पिछड़े हुए थे, उनके निवासियों को लूटने और गुलाम बनाने के लिए युद्ध करते थे। व्यापारिक पूँजीवाद के युग में लूट और व्यापार में ज्यादा फर्क नहीं था। इंग्लैण्ड के व्यापारी का समुद्र पर जाते हुए स्पेन के जहाज को लूट लेना अनैतिक नहीं था। पिछड़े हुए देशों का माल लूट लेना तो कोई संकोच की बात ही नहीं थी।

व्यापारिक पूँजीवाद ने औद्योगिक पूँजीवाद के जन्म के लिए आवश्यक परिस्थितियाँ पैदा कर दीं। औद्योगिक पूँजीवाद के युग में व्यापार बड़े पैमाने पर बढ़ा। बैंकपति और व्यापारी की तुलना में उद्योगपति शक्तिशाली होता गया। आर्थिक शक्ति के सूत्र

अब उसके हाथ में थे। व्यापारियों का एकाधिकार समाप्त हुआ, सामन्ती अवशेष और भी कमजोर हो गये। उद्योगपतियों ने इज़ारेदार व्यापारियों और सामन्तों से समझौता किया। पूँजीपतियों और राज्य-सत्ता का गठबन्धन और मजबूत हुआ।

व्यापारिक पूँजीवाद की तुलना में औद्योगिक पूँजीवाद की प्रधानता बहुत कम समय तक रही। 1975 तक महाजनी पूँजीवाद का युग प्रारम्भ हो गया था। 1914 के प्रथम विश्वयुद्ध के समय तक इंग्लैण्ड का महाजनी पूँजीवाद राज्यसत्ता पर हावी हो चुका था।

पूँजीवाद की अवस्थाओं में भारत का सम्बन्ध इंग्लैण्ड से बना रहा लेकिन आर्थिक और राजनीतिक सम्बन्ध उस समय शुरू हुए जब व्यापारिक पूँजीवाद की प्रधानता थी। इस दौर में इंग्लैण्ड के उद्योग-धन्धे ऐसी अविकसित अवस्था में थे कि इंग्लैण्ड के उद्योगपति भारत में अपना माल बेचने की स्थिति में नहीं थे। माल का निर्यात भारत से होता था, इंग्लैण्ड में उसका आयात होता था। भारतीय माल के बदले उपयुक्त सामग्री देने लायक इंग्लैण्ड के उद्योग-धन्धे नहीं थे, इसलिए उस देश की सोना-चाँदी तब तक भारत आता रहता था, जब तक आयात-निर्यात का भुगतान सन्तुलन ठीक नहीं हो जाता था। दोनों देशों का यह सम्बन्ध 19वीं सदी के दूसरे दशक में बदला। तब तक इंग्लैण्ड में औद्योगिक क्रान्ति सम्पन्न हो चुकी थी। आगे चलकर भारत का माल खरीदने के लिए यूरोप के व्यापारियों में लड़ाइयाँ हुईं। उसमें इंग्लैण्ड की विजय हुई। जब इंग्लैण्ड औद्योगिक विकास का चरम मन्जिल पर पहुँच गया तब उसने अपने माल की बिक्री के लिए भारत के बाजार को इस्तेमाल करने में अंग्रेजों ने आर्थिक साधनों के साथ-साथ राजनीतिक और सैनिक साधनों का प्रयोग करना शुरू किया। वे राज्य-विस्तार पर उतर आये और जब वे राजनीतिक रूप से मजबूत हो गये, तब उन्होंने अपने देश में भारतीय माल की बिक्री पर रोक लगा दी और भारत में अपने माल की बिक्री की मनमानी छूट दे दी। राज्यशक्ति के सहारे उन्होंने यहाँ के व्यापारियों को खुली होड़ से बाहर कर दिया और यहाँ के उद्योग-धन्धों को तबाह करने का मुहिम चलाकर उन्हें नष्ट कर दिया।

भारत में अंग्रेज सौदागरों के आगमन के समय आत्मनिर्भर ग्रामसमाज व्यवस्था थी। एशिया के दूसरे देशों की तरह भूमि व्यक्तिगत सम्पत्ति न थी। जमीन का मालिक न तो कोई सामन्त सरदार था और न किसान। उसका मालिक ग्रामसमाज था। ऊपर निरंकुश राजा बैठा था और नीचे ग्रामसमाज। राजा सामन्त सरदारों को ग्रामसमाज से कर वसूलने के लिए नियुक्त करता था जबकि यूरोप में सामन्त सरदार सर्वेसर्वा थे। वे भूमि और भूमि पर बसनेवालों के मालिक थे। उनके अधिकार की भूमि में रहनेवाले लोग अर्थदास थे। भारत के आत्मनिर्भर ग्रामसमाज व्यवस्था के कारण ही भारतीय इतिहास में होनेवाले परिवर्तनों का यहाँ के ग्रामसमाज पर कोई प्रभाव नहीं पड़ा। इस छोटी इकाई की संरचना को सुदृढ़ता पर सर चार्ल्स मेटकाफ का कथन

वास्तविक स्थिति का ज्ञान कराता है, "ग्राम समुदाय छोटे-छोटे गणतन्त्र हैं। अपनी जरूरत की सारी चीजें इन्हें अपने यहाँ प्राप्त हैं और विदेशी सम्बन्धों से ये मुक्त हैं। जहाँ कुछ भी स्थायी नहीं, वहाँ ये जैसे अकेले अमर हैं। राजकुल लुढ़कते रहे, क्रान्तियाँ होती रहीं, हिन्दू, पठान, मुगल, मराठा, सिख, अंगरेज क्रमश: मालिक बनते रहे लेकिन ग्राम समुदाय यथापूर्व बने रहे।"[11]

इस ग्रामसमाज व्यवस्था में उद्योग-धन्धों और पूँजी के विकास की स्थिति बहुत अच्छी थी। दस्तकारी और अन्य अनेक लघु उद्योगों का इतना विकास हुआ, जितना यूरोप में नहीं हो पाया। अंग्रेजों के भारत-प्रवेश के समय भी भारत अत्यन्त समृद्ध देश था और आर्थिक विकास की दृष्टि से संसार के देशों के बीच उसकी एक सुनिश्चित जगह थी। भारतीय उद्योगों का बना माल सारी दुनिया में भारतीय जहाजों से जाता था। भारतीय उद्योगों के बारे में बी. एफ. कैलबर्टन ने लिखा है, "तीव्र बुद्धि सूक्ष्म योग्यता और सर्जनात्मक प्रतिभा के फलस्वरूप भारतीय उद्योग पाश्चात्य देशों से अपेक्षाकृत आगे बढ़े हुए थे। शुरू की उन शताब्दियों में, जब पाश्चात्य नौपरिवहन सर्वथा अविकसित था, भारत ने भारी बोझ ढोनेवाले जहाज बनाये थे। वस्त्र-निर्माण हिन्दुस्तान का प्रमुख उद्योग था, और यहाँ के सूती और रेशमी कपड़ों की सारी दुनिया में तारीफ और माँग थी। 13वीं-14वीं और 15वीं शताब्दियों में धातु-कार्य, प्रस्तर शिल्प, शक्कर, नील और कागज के भी उद्योग विकसित थे। कुछ भागों में काष्ठकर्म, मृत्तिका-पात्र और चर्मकार्य आदि उद्योग भी पल्लवित हुए। देश के कई हिस्सों में रँगाई प्रमुख उद्योग था। कुछ भागों में जरी का काम और कसीदा का काम पूर्णता के चरमबिन्दु तक विकसित था। खानों से राँगा, पारा और कुछ हद तक लोहा निकालने और शीशे के निर्माण कार्य भी महत्त्वपूर्ण और विकसित उद्योग थे। बहुत-सारे यात्रियों ने भारत में निर्मित लोहे और यहाँ के रासायनिक उद्योग की प्रशंसा की है। चीन की तरह भारत में भी चीनी मिट्टी के बर्तनों का उद्योग काफी विकसित था। गजदन्त के कंगन, अँगूठी, पांसा, मनका, पलँग और अन्य अनेक चीजें बनती थीं और सारी दुनिया में खासकर यूरोप में इनकी बड़ी माँग थी। बेशकीमती पत्थरों पर किये गये काम में भी बड़ी कुशलता का परिचय मिलता है।"[12]

इसी तरह के अनेकों प्रमाण मिलते हैं जिनसे स्पष्ट पता चलता है कि अंग्रेजों के आने के पहले हमारे यहाँ गाँवों और शहरों दोनों में उद्योगों का विकास हो चुका था, लेकिन इनका स्वरूप घरेलू था जो ज्यादातर कृषि से सम्बन्धित थे। वे उद्योग स्थानीय आवश्यकताओं की पूर्ति करते थे और बहुत-सा माल दूसरे देशों में व्यापारियों के जरिये भेजते थे। कहने का तात्पर्य यह कि यहाँ व्यापारी पूँजीपति वर्ग पैदा हो चुका था लेकिन औद्योगिक पूँजीपति वर्ग अभी पैदा न हो पाया था। इसी बीच, भारतीय व्यापारी पूँजीपतियों के शक्तिशाली होने के पहले ही फ्रांसीसी, ब्रिटिश तथा अन्य यूरोपीय सशस्त्र, शक्तिशाली पूँजीपतियों के गुट भारत आ पहुँचे और भारत

पर आर्थिक तथा राजनीतिक अधिकार के लिए उनके बीच भयंकर प्रतियोगिता आरम्भ हो गयी। इस प्रतियोगिता में ब्रिटिश पूँजीपति सफल हुए और उनका आधिपत्य स्थापित हो गया। सदियों से चली आ रही भारतीय समाज-व्यवस्था का विघटन होने लगा। ब्रिटिश विजेता पूँजीवादियों ने अपने देश में सामन्तवाद को ध्वस्त कर आधुनिक पूँजीवादी समाज की स्थापना की थी। इन नये विजेताओं के भाप के इंजन और मुक्त व्यापार ने भारत के चरखे और करघे को तोड़ डाला जो ग्रामसमाज व्यवस्था के मुख्य आधार थे। ब्रिटिश औद्योगिक पूँजी ने भारत को लूटने की प्रक्रिया 1813 से तेज कर दी इस लूट में कितनी तीव्रता थी इसे मार्क्स के शब्दों से जाना जा सकता है। 'सन् 1816 और 1818 के बीच ग्रेट ब्रिटेन से हिन्दुस्तान भेजे जानेवाले सूत का परिमाण 5,200 गुना बढ़ गया। 1824 में अंग्रेजी मलमल का हिन्दुस्तान की निर्यात ज्यादा-से-ज्यादा दस लाख गज रहा होगा पर 1837 में यह बढ़कर 6 करोड़ 40 लाख गज से भी ज्यादा हो गया। साथ ही ढाका की आबादी 1,50,000 से कम होकर 20,000 रह गयी। ब्रिटिश शासन का सबसे बुरा परिणाम यही नहीं था कि हिन्दुस्तान के ऐसे नगर जो कपड़े के उद्योग के लिए प्रसिद्ध थे, तबाह हो गये, ब्रिटिश माल और विज्ञान ने हिन्दुस्तान के एक सिरे से दूसरे सिरे तक कृषि उत्पादन तथा हस्त उद्योग के समागम को जड़ से उखाड़ फेंका।

उन दिनों भारत कपड़ा उद्योग के लिए विख्यात था। सबसे पहले ज्यादा शुल्क लगाकर और फिर कानून बनाकर उन्होंने भारतीय कपड़े को ब्रिटेन के बाजार से निकाल बाहर किया फिर यूरोप और अन्य देशों के बाजार से भारत के बाजार पर ब्रिटिश पूँजीपतियों के कारखानों में बना कपड़ा छा गया। इसी तरह भारत के रेशमी और ऊनी कपड़े, लोहे, काँच, चमड़े, चीनी आदि के उद्योग नष्ट किये गये। जो भारत पहले अपने उद्योगों का तैयार माल ब्रिटेन और अन्य देशों को भेजता था, वह अब ब्रिटेन के कारखानों के तैयार माल का बाजार बन गया और उन्हें कच्चा माल भेजने लगा। अंग्रेज अपनी सुविधा के लिए 1853 में रेल का निर्माण शुरू किया। इसके निर्माण का प्रधान उद्देश्य भारत के कच्चे माल को बन्दरगाहों तक देश के अन्दर के हिस्सों से ले जाना था। रेलवे निर्माण पर बेइन्तहा पूँजी खर्च की गयी जो भारतीय जनता से वसूल की गयी। इसी समय से भारत के प्रधान उद्योगों—कपड़ा मिलों, कोयला खानों और चटकलों का विकास आरम्भ हुआ।

भारत में आधुनिक उद्योग के विकास के पहले ब्रिटिश पूँजी नील और चाय के उद्योगों में लगी थी। औद्योगिक विकास के साथ भारतीयों ने भी इस क्षेत्र में प्रवेश किया। औद्योगिक विकास के बावजूद भी यहाँ खेती पर निर्भर करनेवालों की प्रतिशत दिन-पर-दिन बढ़ता गया। इसका कारण भारत में लघु उद्योगों का नष्ट हो जाना था। प्रधानत: विदेशी कारखानों के माल ने यहाँ के लघु उद्योगों की कमर तोड़ दी। उनमें लाखों-करोड़ों लोग बेरोजगार हो गये और अपनी जीविका के लिए खेती पर निर्भर

करने लगे। ब्रिटिश पूँजी कोयला खानों, चटकलों, रेलवे और चायबागानों के अलावा सड़कों, नहरों, डाक-तार आदि में लगी थी और भारत का शोषण कर रही थी। इस शोषण को और सुनियोजित करने और भारत के औद्योगिकीकरण को अपने नियंत्रण में रखने के लिए, ब्रिटिश-पूँजीपतियों ने यहाँ बैंक स्थापित कर महाजनी पूँजीवादी को जन्म दिया।

उन्नीसवीं सदी में भारत पर ब्रिटेन का औद्योगिक पूँजी का आधिपत्य था। बीसवीं सदी में उसकी जगह, भारत पर ब्रिटेन की बैंक-पूँजी या महाजनी पूँजी का आधिपत्य कायम हुआ। उन्नीसवीं सदी में औद्योगिक पूँजी जिस विशेष ढंग से भारत का शोषण करती थी अर्थात् लूटमार के पुराने तरीके भी जारी थे, उनका रूप भी बदल गया था। लूट का पैसा जिसे 'खिराज' कहा जाता था निरन्तर ब्रिटेन जाता रहा। 20वीं सदी में वह और भी तेजी से बढ़ा। आधुनिक काल में इंग्लैण्ड के द्वारा भारत का शोषण बहुत ज्यादा बढ़ गया। औद्योगिक पूँजी के बाद बैंक-पूँजी द्वारा भारत का शोषण बीसवीं सदी की नयी मंजिल थी। रेल-निर्माण और चाय, काफी तथा रबड़ के बागानों और चन्द छोटे-छोटे कारखानों के विकास के साथ-साथ उन्नीसवीं सदी के उत्तरार्द्ध में अंग्रेज पूँजीपति बड़े तेजी से अपनी निजी पूँजी भारत में लगाने लगे। इसी काल में अंग्रेजों ने अपने अनेक निजी बैंक भी भारत में खोले। लेकिन यदि यह देखा जाय कि यह पूँजी किन व्यवसायों में लगी हुई थी, तो साफ पता चल जाता कि भारत में ब्रिटिश पूँजी निर्यात का यह मतलब कतई न था कि भारत में आधुनिक उद्योग-धन्धों का विकास हो गया था। अंग्रेजों की अधिकतर पूँजी ऐसे कामों में लगी थी जिनसे केवल उनको भारत में अपना व्यापार फैलाने में और कच्चे मालों के भण्डारण तथा अंग्रेजी माल के बाजार के रूप में उसका शोषण करने में मदद मिलती थी, अथवा जिन कामों का औद्योगिक विकास से कोई सम्बन्ध न था। 1914 तक भारत के साथ व्यापार करनेवाली व्यापारी कम्पनियों, कारखानेदारों और जहाजी कम्पनियों को कुल मिलाकर जितना मुनाफा होता था, उससे कहीं ज्यादा बड़ी रकम यहाँ लगी हुई ब्रिटिश पूँजी के मुनाफे तथा सीधे खिराज के रूप में चली जाती थी। अर्थात् बीसवीं सदी में बैंक-पूँजी द्वारा भारत का शोषण ही इस देश की लूट का मुख्य रूप बन गया था। देश की अर्थ-व्यवस्था के सभी निर्णायक महत्त्व के स्थानों पर अंग्रेजी बैंक-पूँजी का कब्जा था। इसलिए प्रत्येक भारतीय व्यवसाय उसकी दया पर निर्भर था। आज भी हमारे देश में ब्रिटिश पूँजी लगी हुई लेकिन इसका स्वरूप उससे भिन्न है।

## नवोदित भारतीय पूँजीवाद :

प्रेमचन्द साहित्य में पूँजीवाद के विकास की सभी मंजिलों को देखा जा सकता है। 'पंचपरमेश्वर' जैसी कहानियाँ भारतीय ग्रामसमाज के गौरव को प्रकट करती हैं तो वहीं 'रंगभूमि' गाँव के छिन्न-भिन्न होने तथा औद्योगिक पूँजीवाद के आगमन की

सूचना देता है और 'गोदान' में प्रेमचन्द महाजनी के नागफाँश का पर्दाफाश करते हैं। 'गोदान' में भारतीय पूँजीवाद अपनी सारी बुराइयों के साथ चित्रित हुआ है। समय-समय पर लिखे गये लेखों से पूँजीवाद के सम्बन्ध में प्रेमचन्द के विचारों को समझने में और भी मदद मिलती है।

प्रेमचन्द के कथा-साहित्य में समाज के विराट क्षेत्र का विस्तृत चित्रण और गम्भीर विश्लेषण प्राप्त होता है। उन्होंने भारतीय जीवन के विविध पहलुओं को देखा और परखा था। उसकी कोई भी समस्या उनसे अनजानी नहीं थी। जीवन भर अपने देश की उन समस्याओं का निदान और समाधान अपने साहित्य के माध्यम से खोजते रहे। 'गोदान' और 'मंगलसूत्र' तक आते-आते वे इस निष्कर्ष पर पहुँच चुके थे कि समाज की वर्तमान व्यवस्था अन्याय, विषमता और अत्याचार पर आधारित है। 'महाजनी सभ्यता' शीर्षक लेख में उन्होंने धन और व्यवसाय पर आधारित इस नारकीय सामाजिक-व्यवस्था की अमानवीयता को सशक्त शैली में उद्घाटित किया। प्रेमचन्द लिखते हैं—"धन लोभ ने मानव भावों को पूर्णरूप से अपने आधीन कर लिया है। कुलीनता और शराफत, गुण और कमाल की कसौटी पैसा है। जिसके पास पैसा है वह देवतास्वरूप है, उसका अन्तःकरण कितना ही काला क्यों न हो, साहित्य, संगीत और कला सभी धन की देहली पर माथा टेकनेवालों में हैं। यह हवा इतनी जहरीली है कि इसमें जीवित रहना कठिन होता जा रहा है। डॉक्टर और वकील हैं कि वह बिना लम्बी फीस लिये बात नहीं करते। वकील और बैरिस्टर हैं कि वह मिनटों को अशर्फियों से तौलते हैं। गुण और योग्यता की सफलता उसके आर्थिक मूल्य के हिसाब से मानी जा रही है। मौलवी साहब और पण्डित जी भी पैसेवालों के बिना पैसों के गुलाम हैं, अखबार उन्हीं के राग अलापते हैं। इस पैसे ने आदमी के दिलोदिमाग पर इनता कब्जा जमा लिया है कि उसके राज्य पर किसी ओर से भी आक्रमण कठिन दिखायी देता है। वह दया और स्नेह, सच्चाई और सौजन्य का पुतला मनुष्य दया, ममताशून्य जड़ यन्त्र बनकर रह गया है। इस महाजनी सभ्यता ने नये-नये नीति नियम गढ़ लिये हैं जिन पर आज समाज की व्यवस्था चल रही है। उनमें से एक यह है कि समय ही धन है। पहले समय जीवन था। उसका सर्वोत्तम उपयोग विद्या-कला अर्जन का अथवा दीन-दुखीजनों की सहायता था। अब उसका सबसे बड़ा सदुपयोग पैसा कमाना है। डॉक्टर साहब हाथ मरीज की नब्ज पर रखते हैं और निगाह घड़ी की सूई पर, उनका एक-एक मिनट अशर्फी है। रोगी ने अगर केवल एक अशर्फी नजर की है, तो वह उसे मिनट से ज्यादा वक्त नहीं दे सकते। रोगी अपनी दुख गाथा सुनाने के लिए बेचैन है, पर डॉक्टर साहब का उधर बिलकुल ध्यान नहीं। उन्हें उससे जरा भी दिलचस्पी नहीं। उनकी निगाह में उस व्यक्ति का अर्थ केवल इतना ही है, कि वह उन्हें फीस देता है। वह जल्द-से-जल्द नुस्खा लिखेंगे और दूसरे रोगी को देखने चले जायेंगे। मास्टर साहब पढ़ाने आते हैं, उनका

एक घण्टा वक्त बँधा है। वह घड़ी सामने रख लेते हैं जैसे ही घण्टा पूरा हुआ, वह उठ खड़े हुए। लड़के का सबक अधूरा रह गया है तो रह जाये, उनकी बला से, वह घण्टे से अधिक समय कैसे दे सकते हैं क्योंकि समय रुपया है। इस धन लोभ ने मनुष्यता और मित्रता का नाम शेष कर डाला है। पति को पत्नी या लड़कों से बात करने की फुर्सत नहीं, मित्र और सम्बन्धी किस गिनती में हैं। जितनी देर वह बात करेगा, उतनी देर में तो कुछ कमा लेगा। कुछ कमा लेना ही जीवन की सार्थकता है। शेष सब कुछ समय का नाश है। बिना खाये-पीये काम नहीं चलता, बेचारा इससे लाचार है और इतना समय नष्ट करना ही पड़ता है।''[13]

पूँजीवादी सभ्यता का आधार श्रम का शोषण है। यह शोषण तन्त्र उसे सामन्तवाद से विरासत में मिला है। प्रेमचन्द ने अपने रचनाकाल के प्रारम्भ से ही इस शोषण-तन्त्र के विविध पक्षों को ध्यान से देखा था। पूँजीवादी शोषण तन्त्र का उल्लेख 'रंगभूमि' और 'गोदान' में विस्तार से आया है लेकिन अन्यत्र भी प्रेमचन्द की दृष्टि से पूँजीपति वर्ग नहीं बच सका है। पूँजीवाद के समर्थक अर्थशास्त्री अपने ग्रन्थों में इस भ्रम की सृष्टि करते हैं कि पूँजीपति को धन उसके परिश्रम और व्यवसाय-कौशल के कारण मिलता है और इस प्रकार उसका लाभांश न्यायसंगत है। 'कर्मभूमि' में प्रेमचन्द ने इस तर्क के खोखलेपन को प्रदर्शित किया है जब वैभव और सम्पन्नता की प्रेमी 'सुखदा' कहती है कि व्यवसाय के लिए बड़ा परिश्रम करना पड़ता है तो अमरकान्त धनिकवर्ग की परजीविता की पोल खोलते हुए कहते हैं, ''मैं तो दादा को गद्दी पर बैठे रहने के सिवाय कुछ करते नहीं देखता। और भी जो बड़े-बड़े सेठ साहूकार हैं, उन्हें भी फूलकर कुप्पा होते ही देखा है। रक्त और मांस तो मजदूर ही जलाते हैं। 'व्यापारी वर्ग लाभांश के बढ़ाने के लिए अनेक हथकण्डे इस्तेमाल करते हैं। इन्हें वे धार्मिकता और नैतिक भावना के विरुद्ध नहीं मानते। पूँजीवादी व्यवस्था इस प्रकार नैतिकता के दोहरे मानदण्ड लेकर चलती है और धर्म महज आडम्बर, प्रदर्शन-बाह्याचार और पाखण्ड मात्र बनकर रह जाता है। व्यापारी समरकान्त के इस दोहरे चरित्र को प्रेमचन्द 'कर्मभूमि' में प्रदर्शित करते हैं।

''व्यापार-नीति में सन या कपास में कचरा भर देना, घी में आलू या घुइयाँ गबड़ देना औचित्य से बाहर न था, पर बिना स्नान किये वे मुँह में पानी न डालते थे। इन चालीस वर्षों में शायद ही कोई दिन हुआ हो कि उन्होंने सन्ध्या समय की आरती न की हो और तुलसीदल माथे पर चढ़ाया हो।''

शोषण पूँजीवाद का अनिवार्य सिद्धान्त है क्योंकि उसके बिना मोटे लाभांश का संचय नहीं हो सकता इसलिए उदारता और न्याय की मानवीय भावनाओं के लिए पूँजीपति वर्ग में कोई स्थान नहीं है। 'गोदान' के मिल मालिक खन्ना इस बात को स्पष्ट करते हैं, ''यह तो व्यापार है कोई सदाव्रत नहीं कि सब-कुछ मजदूरों को ही बाँट दिया जाये। हिस्सेदारों को यह विश्वास दिलाकर रुपये लिये गये थे कि इस काम

में पन्द्रह-बीस सैकड़े का लाभ है, अगर उन्हें अब दस सैकड़े भी न मिलें तो डाइरेक्टरों को और विशेषकर मिस्टर खन्ना को बेईमान ही तो समझेंगे।''[14]

पूँजीवादी व्यवस्था जिस शोषणतन्त्र को विकसित करती है उसके अनेक पक्ष हैं। शासनतन्त्र या नौकरशाही, कानून और व्यवस्था की रक्षक पुलिस, नगरों के उच्च-मध्यवर्गीय डॉक्टर, वकील, प्रोफेसर, पत्रकार और राजनीतिक दलों के नेता वर्ग सभी इनके अंग हैं, जो सामान्य किसान-मजदूर और जनता का दोहन करते हैं। देश का विधान और कानून इसमें कोई बाधा नहीं डालता। 'गोदान' में प्रेमचन्द पूँजीपति खन्ना के मित्रों में सामन्तवादी व्यवस्था के प्रतिनिधि रायसाहब, उच्चमध्यवर्गीय डॉक्टर मालती, प्रोफेसर मेहता, पत्रकार ओंकारनाथ, वकील श्यामबिहारी तंखा तथा राजनीतिक मिर्जा खुर्शीद हैं। राजतन्त्र पुलिस, कानून सभी को पूँजीपति खन्ना को सहयोग देते हुए दिखाया गया है। इससे साफ जाहिर होता है कि प्रेमचन्द की दृष्टि एकदम साफ थी। वे पूँजीवाद के नाग-फाँश को समझ रहे थे। पूँजीपति की चारित्रिक विशेषताओं को मि0 खन्ना के चरित्र में देखा जा सकता है। व्यापार के सामने मित्रता उनके लिए कुछ नहीं होता। रायसाहब खन्ना के पास आर्थिक सहायता के लिए जाते हैं तो खन्ना मित्र से नहीं बल्कि एक पूँजीपति की हैसियत से सारे सम्बन्धों को ताक पर रख देते हैं। प्रेमचन्द लिखते हैं, 'बैंक की जो स्थिति है वह मैंने आपके सामने रख दी। बैंक ने एक तरह से लेन-देन का काम बन्द कर दिया है। मैं कोशिश करूँगा कि आपके साथ खास रिआयत की जाये लेकिन व्यापार, व्यापार है। यह आप जानते ही हैं। पर मेरा कमीशन क्या रहेगा।''[15]

आगे पुन: खन्ना रायसाहब के प्रति सहानुभूति दिखाते हुए कहते हैं, ''मैंने भी सदैव आपको अपना बड़ा भाई समझा है और अब भी समझता हूँ। कभी आपसे कोई पर्दा नहीं रखा, लेकिन व्यापार एक-दूसरा क्षेत्र है। यहाँ कोई किसी का दोस्त नहीं, कोई किसी का भाई नहीं। जिस तरह मैं भाई के नाते आपसे यह नहीं कह सकता कि मुझे दूसरों से ज्यादा कमीशन दीजिये, उसी तरह आपको भी मेरे कमीशन में रिआयत के लिए आग्रह न करना चाहिए। मैं आपको विश्वास दिलाता हूँ कि मैं जितनी रिआयत आपके साथ कर सकता हूँ, उतनी करूँगा। कल आप दफ्तर के वक्त आयें और लिखा-पढ़ी कर लें। बस बिजनेस खत्म।''[16]

पूँजीपति के लिए बिजनेस के आगे मित्रता का कोई मूल्य नहीं है, उसी प्रकार सामाजिक प्रतिष्ठान का भी उसे खयाल नहीं होता। एक-एक पैसे को दाँत से पकड़ता है। रायसाहब मिस्टर खन्ना के यहाँ बैंक से पैसे ऊधार लेने की बात कर ही रहे थे कि इसी बीच मिस्टर मेहता महिला व्यायामशाला के लिए चन्दा माँगने पहुँच जाते हैं। सामन्ती मनोवृत्ति के रायसाहब पैसा न होने के बावजूद अपनी प्रतिष्ठा के अनुरूप पाँच हजार देने को तैयार हैं लेकिन पूँजीवादी व्यक्ति किस तरह व्यक्तिवादी हो जाता है। उसे समाज कल्याण और प्रतिष्ठा जैसी चीजें बेमाना लगती हैं। खन्ना रायसाहब

को दया भाव से देखते हैं और उन पर व्यंग्य करते हैं, "यह लोग राजे-महाराजे ठहरे, यह इन कामों में दान न दें, तो कौन दे?" प्रेमचन्द ढहते हुए सामन्तवाद और उभरते हुए पूँजीवाद को देख रहे थे इसलिए दोनों के चरित्रों की भिन्नता को स्पष्ट कर सके हैं। पूँजीपति इतना स्वार्थी होता है कि वह केवल अपने तक सीमित होता है। उससे सहायता की आशा नहीं की जा सकती। इसी वर्ग चरित्र पर 'अन्धा पूँजीवाद' में प्रेमचन्द लिखते हैं, "यह आशा करना कि पूँजीपति किसानों की दीन दशा से लाभ उठाना छोड़ देंगे, कुत्ते से चमड़े की रखवाली करने की आशा करना है। इस प्रकार ऐसे खूँखार जानवर से अपनी रक्षा करने के लिए हमें स्वयं सशस्त्र होना पड़ेगा।"

'राष्ट्रीयता और अन्तरराष्ट्रीता' लेख में सम्पत्ति को सारी बुराइयों की जड़ बताते हुए लिखते हैं, "जब तक सम्पत्ति मानव-समाज के संगठन का आधार है, संसार में अन्तरराष्ट्रीयता का प्रादुर्भाव नहीं हो सकता। राष्ट्रों-राष्ट्रों की, भाई-भाई की, स्त्री-पुरुष की लड़ाई का कारण यही सम्पत्ति है। संसार में जितना अन्याय और अनाचार है, जितना द्वेष और मालिन्य है, जितनी मूर्खता और अज्ञानता है उसका मूल रहस्य यही विष की गाँठ है। जब तक सम्पत्ति पर व्यक्तिगत अधिकार रहेगा, तब तक मानव-समाज का उद्धार नहीं हो सकता। मजदूरों के काम का समय घटाइये, बेकारों का गुजारा दीजिये, जमींदारों और पूँजीपतियों के अधिकारों को घटाइये, मजदूरों और किसानों के स्वत्वों को बढ़ाइये, सिक्के का मूल्य घटाइये, इस तरह के चाहे जितने सुधार आप करें, लेकिन यह जीर्ण दीवार इस टीप-टाप से नहीं खड़ी रह सकती। इसे नये सिरे से गिराकर उठाना होगा।

संसार आदि काल से लक्ष्मी की पूजा करता चला आता है। जिस पर यह प्रसन्न हो जाये उसके भाग्य खुल जाते हैं। उसकी सारी बुराइयाँ माफ कर दी जाती हैं, लेकिन संसार का जितना अकल्याण लक्ष्मी ने किया है, उतना शैतान ने नहीं किया। ये देवी नहीं, डायन है।

सम्पत्ति ने मनुष्य को अपना क्रीतदास बना लिया है। उसकी सारी मानसिक, आत्मिक और दैहिक शक्ति केवल सम्पत्ति के संचय में बीत जाती है। मरते दम भी हमें यही हसरत रहती है कि हाय इस सम्पत्ति का क्या हाल होगा।"[17]

'गोदान' में खन्ना और गोविन्दी में नहीं पटती। न पटने के कारणों में सम्पत्ति ही वह विष है जो पति-पत्नी को एक-दूसरे से दूर किये है। प्रेमचन्द लिखते हैं, "और सम्पत्ति की यह दीवार दिन-दिन ऊँची होती जाती थी और दम्पत्ति को एक-दूसरे से दूर और पृथक् करती जाती थी। खन्ना अपने ग्राहकों के साथ जितना मीठा और नम्र था, घर में उतना ही कटु और उद्दण्ड। अक्सर क्रोध में गोविन्दी को अपशब्द कह बैठता, शिष्टता उसके लिए दुनिया को ठगने का एक साधन थी मन का संस्कार नहीं।"[18]

एक लेख में प्रेमचन्द ने व्यापारिक पूँजीवाद के चरमोत्कर्ष की स्थिति का भी बयान किया हैं किस तरह एक राष्ट्र दूसरे राष्ट्र के माल पर प्रतिबन्ध लगा रहा है आपस में संघर्ष कर रहा है। इन सारी बुराइयों का और राग–द्वेष का कारण पूँजी ही है, 'इस व्यवसाय और व्यापार के युग में राष्ट्रों में लड़ाइयों का मुख्य कारण आर्थिक हुआ करता है। हरेक राष्ट्र चाहता है कि यह अधिक–से–अधिक नफे में रहे। इसलिए वह तरह–तरह से अन्य देशों के माल को अपने देश में आने से रोकता है। इसका नतीजा यह होता है कि आपस में वैमनस्य बढ़ता है।....'क्रॉन्फ्रेन्सें किये जाओ, जनता का धन फूँके जाओ अवसर मिले तो दस–बीस लाख गरीबों को तोप का शिकार भी बना दो, लेकिन जब तक कृत्रिम साधनों से व्यापार को संभालने की चेष्टा होती रहेगी और जब तक बड़े–बड़े मिल–मालिक और पूँजीपति बने रहेंगे, शान्ति न होगी।'[19] पूँजीपति वर्ग इतना स्वार्थी है कि जिसकी बदौलत वह बड़ा आदमी बना है उसी के स्वार्थ पर कुठाराघात करता है। अपढ़ किसानों के लिए देशी और विदेशी पूँजीपति में कोई अन्तर न था। भारतीय पूँजीपति धर्म की आड़ लेकर जनता का शोषण करता है। प्रेमचन्द– साहित्य में लाला समरकान्त हों या सेठ पुनपुनवाला या मिस्टर खन्ना ये सभी दोहरा व्यक्तित्व रखते हैं। ये पूँजीपति वैष्णव तिलक और हिन्दू धर्म के प्रति श्रद्धा तथा अपनी कीर्त्ति को उजागर करनेवाले धर्मशालों मन्दिरों और पाठशालों के माध्यम से सरल किसानों का विश्वास प्राप्त कर लेते हैं। इन किसानों का विश्वास तब टूटता है जब भारतीय पूँजीपतियों के मिलों में अपना गन्ना बेचने जाते हैं अथवा जब उनकी आढ़तों में अनाज या सन तौलवाते हैं। तब किसानों को पता चलता है कि सेठ जी बाहर से जितने बड़े धर्मात्मा और देशभक्त हैं, भीतर से उतने ही लुटेरे। विदेशी पूँजीपति इन सेठ जी से कहीं अधिक सच्चे और सज्जन हैं। स्वदेशी की आड़ में पूँजीपति वर्ग किस तरह लूट मचाये है, इसकी कहानी प्रेमचन्द स्वयं कहते हैं, "अगर ग्राह से त्या गकी आशा की जाती है, तो मिल के करोड़पति मालिकों को क्यों कुछ त्याग करने की प्रेरणा नहीं होती। यह तो सरासर जबर्दस्ती है कि गरीब ग्राहक एक की जगह सवा खर्च करें और धनवान् मिल ओनर दोनों हाथों से अपना घर भरें। इस बेकारी के जमाने में आदमी को एक–एक पैसे की तंगी हैं मजूरी भी सस्ती हो गयी है, कच्चा माल भी सस्ता हो गया है, पर कपड़े का दाम ज्यों–का–त्यों है। ग्राहक यदि एक का सवा देता है, तो यह निश्चित है कि वह अपना कोई दूसरा जरूरी खर्च कम कर देता है। दूसरा खर्च यहाँ पेट के सिवा और है ही क्या। हम पेट काटकर महँगा स्वदेशी माल खरीदते हैं। उधर मिल–मालिक उसी तरह शान से जीवन का सुख भोग रहा है। उसके विलास में कोई कमी नहीं की जा सकती। वह तो यही चाहता है कि भारत में और कहीं का माल न आने पाये और वह अपनी चीज के मुँह माँगे दाम खड़े करें, लेकिन यह नीति बहुत दिन नहीं चल सकती, और न जनता को हमेशा मुगालते में रखा जा सकता है। अगर मिल–मालिकों की

लोलुपतायों ही बढ़ती रही, तो जनमत की धारा पलट जायेगी और फिर परिस्थिति को सँभालना कठिन हो जायेगा। स्वदेशी राष्ट्र के प्रति व्रत है और इस व्रत का पालन दोनों ओर से होना चाहिए। मिल-मालिकों का कर्त्तव्य है कि वे अपने माल को उसी त्याग भाव से सस्ता बेचने का उद्योग करें, जिस त्याग भाव से ग्राहक उनका माल खरीदता है।''[20]

बहुत स्थलों पर ऐसा लगता है कि प्रेमचन्द उद्योग-धन्धों का और मिलों का खुलना अच्छा नहीं मानते। इसी आधार पर बहुत-से आलोचकों ने आलोचना की है कि बहुत-से मसलों में प्रेमचन्द अन्तर्विरोध के शिकार हैं। समाज विकास की प्रक्रिया में अदिम दास युग के बाद सामन्त-युग और सामन्त-युग के बाद औद्योगिक युग और औद्योगिक युग के बाद पूँजीवाद का आगमन स्वाभाविक है, फिर प्रेमचन्द को औद्योगिकीकरण का विरोध नहीं करना चाहिए। लेकिन इस तरह की भ्रामक धारणा आलोचकों को नहीं पालनी चाहिए। प्रेमचन्द की सम्पूर्ण आत्मा दलित वर्ग की रक्षा में लगी जान पड़ती है। समाज का सर्वाधिक शोषित वर्ग किसान मजदूर पूँजीपतियों के शोषण का शिकार हो रहे थे। यह बात उनके लिए असह्य थी इसलिए बार-बार अपनी रचनाओं और लेखों में धनिक वर्ग की आलोचना और दलित वर्ग के प्रति सहानुभूति व्यक्त करते हुए दिखायी पड़ते हैं। 'शक्कर मिलों की धूम' शीर्षक लेख में किसानों के प्रति सहानुभूति और मिल-मालिकों के प्रति आक्रोश व्यक्त करते हुए लिखते हैं, लेकिन मिल का यह भूत उसका रक्त चूस लेता है, उसी तरह जिस तरह लंकाशायर के मिल ने उसके जुलाहों का और कोरियों का खून चूस लिया है। मिलवाले गिनती में थोड़े हैं। वह जब चाहें आपस में संगठन करके ऊख की दर मद्दी कर सकते हैं और वास्तव में ऐसा हो भी रहा है। किसान आपस में संगठित नहीं हो सकते। लाखों-करोड़ों का संगठित होना असम्भव-सा ही है। इसलिए वे मिलवालों की दया पर पलने के लिए मजबूर हैं। बेचारे अपनी या भाड़े की गाड़ी पर ऊख लादकर लाते हैं, जाड़े-पाले में कई-कई दिन मिल के अहाते में किसी पेड़ के नीचे पड़े रहते हैं और मिल के दलालों को खासी रिश्वत देकर तब अपनी ऊख तुलवा पाते हैं और मिलें दनादन खुल रही हैं। और देश में उन्नति हो रही है। जो धन लाखों-करोड़ों के हाथ में जाता था, वह अब थोड़े व्यवसायियों के हाथों में जमा हो रहा है, मगर इसकी दवा किसी के पास नहीं है। भारतवाले मिल न खोलें तो अंग्रेज आकर खोलेंगे। किसानों के लिए कहीं शरण नहीं है। उनमें अधिकतर तो मिलवालों से पेशगी रुपये लेकर अपनी गुलामी का पट्टा लिखा लेते हैं। इसका इलाज कुछ नहीं। व्यवसाय का यह युग है और हम चाहें या न चाहें उसके चक्कर से बच नहीं सकते।'[21]

व्यापारिक पूँजीवाद के आतंक को प्रेमचन्द खूब समझ रहे थे इसलिए अपने लेखों में बार-बार इसकी चर्चा करते हैं, ''इस व्यापार-युग में ग्राहक का कोई मूल्य

नहीं, जो कुछ है वह व्यापारी है। ग्राहक का अस्तित्व केवल इसलिए है कि वह व्यापारियों की थैलियाँ भरे। व्यापारी को अधिकार है, जितने दाम चाहे लें, उसके लिए कोई रोक नहीं, कोई कैद नहीं। वह सौ फीसदी, दो सौ फीसदी, पाँच सौ फीसदी, जितना नफा ले सके ले, कोई उसका हाथ पकड़नेवाला नहीं।....थोड़े से पूँजीपतियों के लाभ के लिए राष्ट्र पर कर बढ़ा दिया जाता है और राष्ट्र किसी से इसकी फरियाद नहीं कर सकता। जो भूखों रहा है उसे रुपये की चीज सवा रुपये में खरीदने के लिए मजबूर होना पड़ता है केवल इसलिए कि मिल–मालिक को परता नहीं पड़ रहा है। ...इस व्यापार–युग में ग्राहकों की कौन सुनता है।''[22]

**औद्योगिकीकरण :**

भारतीय इतिहास को उलटकर देखने पर हमारे देश में छोटे–छोटे उद्योग–धन्धें अंग्रेजों के आगमन के पूर्व से ही मौजूद मिलते हैं। प्रेमचन्द–साहित्य में औद्योगिकीकरण की समस्या का आधुनिक रूप ही मिलता है, इसलिए यहाँ आधुनिक औद्योगिक युग पर ही विचार करना तर्कसंगत होगा। भारत में स्थित प्राचीन उद्योग–धन्धों को जड़ से नेस्तानाबूद कर अंग्रेजों ने भारत को खेतिहर उपनिवेश बना दिया। अंग्रेजों की इस नीति से न केवल पुराने औद्योगिक केन्द्र और नगर वीरान हो गये और उनकी आबादी उजड़कर गाँवों में भर गयी, वरन् सबसे बड़ी बात यह हुई कि पुरानी ग्रामीण अर्थव्यवस्था का आधार ही नष्ट हो गया। इस तरह जो भारत, खेती और उद्योग–धन्धों की मिली–जुली व्यवस्था का देश था उसे जबर्दस्ती ब्रिटेन के कल–कारखानेवालों ने पूँजीवाद का खेतिहर उपनिवेश बना दिया।

ढहते हुए सामन्तवाद और उभरते हुए पूँजीवाद की कथा तो प्रेमचन्द–साहित्य का मुख्य विषय है ही इसके अतिरिक्त पूँजीवाद के प्रारम्भिक स्वरूप औद्योगिकीकरण पर भी 'रंगभूमि', 'गोदान' तथा छिटपुट कुछ कहानियों में चर्चा मिलती है जिसके आधार पर कुछ आलोचकों ने यह आरोप लगाया है कि जहाँ प्रेमचन्द कुछ मुद्दों पर प्रगतिशील हैं और सामाजिक विकास और परिवर्तन में विश्वास हैं। रखते वहाँ औद्योगीकरण के सम्बन्ध में उनके विचार प्रतिगामी लगते हैं। वे गाँधी जी की तरह गाँवों की ओर मुड़ जाने के पक्ष में नहीं हैं, फिर भी गाँधी जी की यंत्र–युग के सम्बन्ध में उनके विचार अच्छे नहीं हैं। गाँधी जी कहते हैं, 'वर्तमान सभ्यता का मुख्य चिह्न यंत्र है। यान्त्रिकता महापाप है।' बम्बई की मिलों के मजदूर गुलाम बन गये हैं। मिलों में काम करनेवाली औरतों की हालत दर्दनाक है और 'रंगभूमि' में प्रेमचन्द भी सूरदास से नये मजदूरों के बारे में कहलाते हैं, ''वे सारी बस्ती में फैले हुए हैं और रोज उधम मचाते हैं। हमारे मुहल्ले में किसी ने औरतों को नहीं छेड़ा था, न कभी इतनी चोरियाँ हुईं, न कभी इतने धड़ल्ले से जुआ हुआ, न शराबियों का हुल्लड़ रहा। जब तक मजदूर लोग काम पर नहीं आ जाते, औरतें घरों से पानी लेने नहीं निकलतीं।

रात को इतना हुल्लड़ होता है कि नींद नहीं आती।'' मशीन-युग के साथ आयी इस अनैतिकता से गाँधी और प्रेमचन्द ही नहीं मार्क्स भी सहमत जान पड़ते हैं। किन्तु वे इसे परिणाम मानते हैं। मनुष्य को जानवरों की जिन्दगी देने का सारा उत्तरदायित्व तो पूँजीवादी व्यवस्था पर है। मार्क्स के अभिन्न मित्र एंगेल्स ने इसकी बड़ी स्पष्ट तसवीर देते हुए लिखा है, 'आज समाज असंख्य गरीबों के साथ जैसा व्यवहार कर रहा है, वह खून खौला देनेवाला है। उन्हें शहरों में भेड़ियाधँसान ढंग से खींचा जा रहा है, जहाँ वे गाँवों की हवा से अधिक गन्दी हवा का व्यवहार करते हैं। जहाँ वे रहते हैं, वहाँ हवा पानी तक का कष्ट है....एक-एक कमरे में दर्जनों की भीड़ इकट्ठा रहती है जिनमें नीचे सीलन और ऊपर टपके रहते हैं। ....सारांश में सूअरों के रहने के स्थान से ज्यादा गन्दे इनके रहने के स्थान हैं....शराबखोरी और व्यभिचार निर्बाध चलते हैं।' लेकिन जहाँ परिस्थितियों की इन वास्तविकताओं के कारण गाँधी गाँवों की ओर लौटना चाहते हैं और यहाँ तक कहते हैं कि, 'मैनचेस्टर के कपड़े के व्यवहार से हम केवल अपना आर्थिक नुकसान करते हैं, लेकिन हिन्दुस्तान के औद्योगिकीकरण से हम जो पैसा बचायेंगे वह अपने नैतिक कल्याण की कीमत पर....हम घरों में पैदा हुए कपास की बत्ती बनायेंगे और मिट्टी के दीपों का उपयोग करेंगे।' वहाँ मार्क्सवादी और उनके साथ प्रेमचन्द परिस्थिति की वास्तविकता से मुख नहीं मोड़ पाते। वे औद्योगिकीकरण को मानव सभ्यता के लिए अनिवार्य मानते हैं और जितना ही अधिक वे अनुभव करते हैं, उतना ही अधिक वे सचेष्ट होकर उसके अभिशाप को दूर करने में लग जाते हैं। औद्योगिकीकरण के प्रति उनका विरोधात्मक रुख 'रंगभूमि' के बाद फिर कभी प्रकट नहीं हुआ। 'गोदान' में खन्ना की मिल जलाकर प्रेमचन्द ने यह जरूर बतलाना चाहा है कि औद्योगिकीकरण ने मानवता की मूल वृत्तियों पर परदा डाल दिया है जिसके कारण मनुष्य के अन्दर विद्यमान दया, प्रेम आदि भावों के रस सूख गये हैं। इस मशीनी-युग में धन ही सब-कुछ है। मानवोचित गुणों का धन के सामने कोई महत्त्व नहीं है।

औद्योगिक अनैतिकता के सम्बन्ध में 'रंगभूमि' और 'गोदान' में व्यापक रूप से चर्चा तो आयी ही है इसके अतिरिक्त अप्रासंगिक रूप से 'प्रेमाश्रम' में भी इसकी चर्चा हुई है। रायसाहब से जब किसी कम्पनी का प्रतिनिधि हिस्से लेने का अनुरोध करता है, तब प्रेमचन्द रायसाहब का उस एजेण्ट से वार्त्तालाप को सप्रयोजन प्रस्तुत करते हैं और औद्योगिकीकरण पर अपने विचार तार्किक तर्कसंगत ढंग से उपस्थित करते हैं।

''पसीने की कमाई खानेवालों का दिवाला नहीं निकलता दिवाला उनका निकलता है, जो दूसरों की कमाई खा-खाकर मोटे पड़ते हैं। भाग को सराहो कि सहर में हो, किसी गाँव में होते तो मुँह में मक्खियाँ आती-जातीं। मैं तो उन सबों को पापी समझता हूँ, जो औने-पौने करके, इधर का सौदा उधर बेचकर अपना पेट पालते हैं।

सच्ची कमाई उन्हीं की है जो छाती फाड़कर धरती से धन निकालते हैं।''[23]

औद्योगिकीकरण की भयावहता को प्रेमचन्द अच्छी तरह समझ रहे थे इसमें उन्हें थोड़ा भी सन्देह नहीं था कि उद्योग-धन्धों के खुलने से मजदूरों और किसानों को लाभ होगा तथा उनका शोषण बन्द हो जायेगा लेकिन इस युग में किसानों और मजदूरों का शोषण और बढ़ गया ऐसा प्रेमचन्द का अनुभव था। 'शक्कर मिलों की धूम' शीर्षक लेख में किसानों के शोषण का चित्र इन शब्दों में प्रस्तुत करते हैं, ''आजकल शक्कर मिलों की धूम है। जिन इलाकों में ऊख पैदा होती है वहाँ आये दिन नयी मिलें खुलती जा रही हैं। सुनते हैं, जावा चीन पर आयात-कर लग जाने के कारण यहाँ के कारखानों को खूब नफ़ा हो रहा है। किसी-किसी मिल को तो साढ़े तीन रुपये मन का नफा हो रहा है। भला ऐसा नफा देखकर व्यापारी समाज की लार क्यों न टपक पड़े। लेकिन व्यापारी समाज को इन मिलों से फायदा हो जाये, किसानों को सरासर नुकसान-ही-नुकसान है। मिल के मुकाबले में वह शक्कर तैयार नहीं कर सकते और गुड़ की शक्कर के मुकाबले में खपत नहीं। उनके लिए इसके सिवा कोई और रास्ता ही नहीं रह जाता कि ऊख लाकर मिल में पटक दें और जो कुछ हाथ लगे उसे भागते भूत की लँगोटी समझकर अपनी तकदीर ठोकते हुए घर की राह लें। अभी तो वह अगहन से ही ऊख की पेराई में लगा रहता है और फागुन तक यह क्रम जारी रहता है। इतने दिनों उसे रोज थोड़ा-बहुत रस पीने को मिल जाता था।...गुड़ के बगैर उसका निबाह नहीं हो सकता, लेकिन मिल का यह भूत उसका रक्त चूस लेता है, उसी तरह जैसे लंकाशायर के मिलों ने उसके जुलाहों और कोरियों का खून चूस लिया है। मिलवाले गिनती में थोड़े हैं। यह जब चाहें आपस में संगठन करके ऊख की दर मद्दी कर सकते हैं और वास्तव में ऐसा हो भी रहा है। किसान आपस में संगठित नहीं हो सकते। लाखों-करोड़ों का संगठित होना असम्भव-सा ही है। इसलिए वे मिलवालों की दया पर पलने के लिए मजबूर हैं। बेचारे अपनी या भाड़े की गाड़ी पर ऊख लादकर लाते हैं, जाड़े-पाले में कई-कई दिन मिल के हाते में किसी पेड़ के नीचे पड़े रहते हैं और मिल के दलालों को खासी रिश्वत देकर तब अपनी ऊख तुलवा पाते हैं, और मिलें दनादन खुल रही हैं। और देश में उन्नति हो रही है। जो धन लाखों-कराड़ों के हाथ में जाता था, वह अब घोड़े से व्यवसायियों के हाथों में जमा हो रहा है, मगर इसकी दवा किसी के पास नहीं। भारतवाले मिल न खोलेंगे तो अंग्रेज आकर खोलेंगे। किसानों के लिए कहीं शरण नहीं है। उनमें अधिकतर तो मिलवालों से पेशगी रुपये लेकर अपनी गुलामी का पट्टा लिखा लेते है। इसका इलाज कुछ नहीं। व्यवसाय का युग है और हम चाहें या न चाहें उसके चक्कर में बच नहीं सकते।''[24]

वास्तव में प्रेमचन्द उद्योगों और औद्योगिकीकरण के विरोधी नहीं थे, वे पूँजीवादी औद्योगिक प्रकृति के कट्टर विरोधी थे। इसी कारण 'जान सेवक' और 'खन्ना' जैसे

पात्रों के माध्यम से उन्होंने पूँजीवादी वर्ग का नग्नचित्रण करके उनकी कुप्रवृत्तियों पर कुठाराघात किया। जान सेवक और खन्ना दोनों सारे मानवीय मूल्यों से परे चित्रित किये गये हैं। वस्तुत: प्रेमचन्द ने औद्योगिक व्यवस्था की पतनशीलता का विरोध किया है। आलोचकों का यह मत भ्रामक है कि औद्योगिकीकरण के सम्बन्ध में उनके विचार प्रतिगामी थे।

प्रेमचन्द ने औद्योगिकीकरण की समस्या को उपन्यासों में ही नहीं कहानियों तथा सम्पादकीय व लेखन में भी उठाया है। उनका उद्देश्य औद्योगिक अनैतिकता के शिकार चरित्रों का उद्घाटन कर उनके प्रति घृणा की अभिव्यक्ति करना उतना नहीं, जितना कि औद्योगिकरण से उत्पन्न चारित्रिक दोषों और अमानवीयता का विरोध करना है। आलोचकों का प्रेमचन्द और गाँधी की एक ही विचार बिन्दु के इर्द-गिर्द घूमते हुए बताना उचित नहीं जान पड़ता। प्रेमचन्द दलित शोषितों के पहरुआ थे इसलिए उनकी आवाज की तल्खी उन्हीं स्थलों पर सर्वाधिक दिखायी पड़ती है, जहाँ वे शोषित अपमानित वर्ग की उपेक्षा देखते हैं। इसलिए औद्योगिकीकरण पर प्रेमचन्द की आलोचनात्मक दृष्टि को लेकर उन्हें इस विशेष मुद्दे पर प्रतिगामी कहना, आलोचकों का उनके व्यक्तित्व और कृतित्व का सतही समझ का परिणाम ही कहा जायेगा।

**मजदूर :**

भारत में मजदूर आन्दोलन की शुरुआत करीब सवा सौ वर्ष पहले हुई थी। लेकिन एक संगठित आन्दोलन के रूप में उसका इतिहासक्रम पहले महायुद्ध के बाद से ही आरम्भ होता है। उन्नीसवीं सदी के आठवें दशक तक देश में कल कारखाने खड़े हो गये, तभी से मजदूरों के संगठित संघर्ष और हड़तालों का सिलसिला शुरू हुआ।

इतिहासकारों की आम धारणा है कि भारत में मजदूर आन्दोलन का इतिहास 1886 में बम्बई के मजदूरों की एक सभा से प्रारम्भ हुआ। यद्यपि यह प्रारम्भिक दौर की शुरुआत थी फिर भी उस जमाने के मजदूर अपने संघर्षों में एक-दूसरे का जिस तरह साथ देते थे और उनमें प्रारम्भिक ढंग की जैसी वर्ग चेतना उत्पन्न हो गयी थी, उसे कम करके नहीं आँका जा सकता। डी. एच. बुकानन ने अपनी पुस्तक 'भारत में पूँजीवादी व्यवसाय का विकास' में लिखा है, "मालिकों के मुकाबले में मजदूर सर्वशक्तिमान् मालूम पड़ते हैं, हालाँकि उनकी कोई यूनियन नहीं है, मगर मालिकों के खिलाफ एक हो जाने में उन्हें कोई कठिनाई नहीं होती।"[25] 1905 से 1910 के दौरान लड़ाकू राष्ट्रीय आन्दोलन की लहर के साथ मजदूर आन्दोलनों ने भी उल्लेखनीय विकास किया।

प्रथम महायुद्ध खत्म होने के बाद, भारत की परिस्थितियाँ, रूसी क्रान्ति तथा

सारी दुनिया में उठनेवाली क्रान्तिकारी लहर ने भारत के मजदूर वर्ग को भी जाग्रत किया। तभी से भारत में आधुनिक ढंग के मजदूर आन्दोलन का श्रीगणेश हुआ। 1920 में अखिल भारतीय यूनियन कांग्रेस की स्थापना हुई। खास-खास उद्योगों तथा औद्योगिक केन्द्रों का अधिकतर ट्रेड यूनियनें इसी काल में बनीं। भारत के आधुनिक मजदूर आन्दोलन ने इसी लड़ाकू जमाने में जन्म दिया। 1926-27 तक देश में समाजवादी विचारों का व्यापक रूप से प्रसार हो गया। मजदूर और किसान संगठनों के रूप में मजदूर वर्ग के राजनीतिक और समाजवादी संघों का एक नया प्रारम्भिक रूप देश में यत्र-तत्र दिखायी देने लगा। पहली मजदूर किसान पार्टी फरवरी, 1926 में बनी। 1927 में पहली बार बम्बई में मई-दिवस मजदूरों के त्योहार के रूप में मनाया गया। मई दिवस का मनाया जाना भारत के मजदूर आन्दोलन के इतिहास में एक ऐसे नये युग का आरम्भ है, जो आगामी वर्षों में अन्तरराष्ट्रीय मजदूर आन्दोलन के चेतनापूर्ण स्वरूप की सूचना देता है। विख्यात मेरठ केस में मजदूर आन्दोलन के सूत्र अन्तरराष्ट्रीय आन्दोलन की परम्पराओं से जुड़ गये। इस मुकदमें में पहली बार इंग्लैण्ड के मजदूरों के तीन प्रतिनिधि भारतीय मजदूरों के साथ कटघरे में खड़े हुए और बाद में उनके साथ कैदखाने गये। मजदूर वर्ग को अन्तरराष्ट्रीय एकता का वह एक ऐसा ऐतिहासिक प्रदर्शन था जिसे दुनिया ने देखा। इसने पुरानी दीवारों को तोड़ दिया और जो ब्रिटेन तथा भारत की जनता के बीच भाईचारे के लिए बहुत महत्त्वपूर्ण मार्ग-प्रशस्त किया।

मेरठ के मुकदमें के बाद कुछ साल तक भारत के मजदूर आन्दोलन को बड़ी कठिनाइयों का सामना करना पड़ा। द्वितीय महायुद्ध तक पहुँचते-पहुँचते मजदूर आन्दोलनों ने एक लम्बा सफर तय कर लिया था। 1939 में दूसरे महायुद्ध के छिड़ जाने पर, भारत के स्वतन्त्रता आन्दोलन तथा भारतीय मजदूर वर्ग के इतिहास में एक निर्णायक अध्याय का श्रीगणेश हुआ। राष्ट्रीय आन्दोलन के नेतागण अभी टालमटोल करने में ही लगे थे कि मजदूर वर्ग ने साम्राज्यवादी युद्ध के विरोध में संघर्ष का शुभारम्भ कर दिया। बम्बई में साम्राज्यवादी युद्ध के विरोध में 1939 की 90 हजार मजदूरों की हड़ताल दुनिया की पहली युद्ध-विरोधी मजदूर हड़ताल थी। मजदूर-वर्ग जो अभी तक भारत की साम्राज्य-विरोधी शक्तियों का एक मजबूत और संगठित अंग था अब इन शक्तियों के अगुवा के रूप में सामने आ गया।

द्वितीय विश्वयुद्ध के दौरान अनेकानेक समस्याओं के होने के बावजूद मजदूर आन्दोलन ने जो प्रगति की और जो सफलताएँ प्राप्त कीं, वे सदा अविस्मरणीय बनी रहेंगी। युद्ध समाप्त होते-होते देश का मजदूर आन्दोलन साम्राज्यवाद से लड़नेवाला सबसे संगठित, अनुशासनबद्ध और दृढ़ संगठन बन गया था। राष्ट्रीय आन्दोलन के मुख्य नेताओं में साम्प्रदायिक मतभेद बहुत तीव्र होते गये थे, लेकिन मजदूर आन्दोलन में हिन्दू, मुसलमान और अछूत सब एकजुट थे और यह एकता बराबर कायम रही।

राष्ट्रीय एवं सामाजिक मुक्ति के लिए आगे जो लड़ाइयाँ हुईं, मजदूर वर्ग ने उनमें सबसे आगे बढ़कर, प्रथम स्थान प्राप्त कर लिया।

भारत में उभरता हुआ मजदूर वर्ग और मजदूर आन्दोलनों की सशक्त बुनियाद तथा उसके विशाल सैलाब का संक्षिप्त उल्लेख करने के पश्चात् प्रेमचन्द का दृष्टि में मजदूर वर्ग और मजदूर आन्दोलन तथा उनकी नियति को मद्देनज़र रखते हुए संक्षिप्त उल्लेख आवश्यक है। रूसी क्रान्ति विश्व राजनीति में एक परिवर्तनकारी परिस्थिति तो पैदा ही करता है साथ-ही-साथ मजदूर और किसान वर्ग के लिए एक प्रेरणास्पद आशाप्रद सन्देश भी देती है। प्रेमचन्द की दृष्टि रूस पर तो थी ही लेकिन रूसी क्रान्ति पर विशेष रूप से थी। क्यों न हो? क्योंकि रूसी क्रान्ति का प्रभाव श्रमिकों पर पड़ना शुरू हो गया था। श्रमिकों की एक अखिल भारतीय संस्था भी खड़ी हो चुकी थी। किसानों और मजदूरों के हितों के संरक्षण के लिए क्षेत्रीय संस्थाएँ भी बन रही थीं। इस प्रकार किसानों और मजदूरों के बीच जागरण और वह भी रूसी क्रान्ति के ढंग का जागरण पूरे बल के साथ फैलाने का काम आरम्भ हो गया था।

प्रेमचन्द अपने युग और परिवेश से बड़ी गहराई से जुड़े हुए थे इसलिए हमारे देश की अर्थव्यवस्था को भी गहराई से समझा-सोचा और आर्थिक विषमता से उत्पन्न जीवन की अनेक समस्याओं को बखूबी चित्रित किया। उन्होंने आर्थिक विभिन्नता के मर्मस्पर्शी करुण चित्र ही अंकित नहीं किये; अपितु उन समस्याओं के मूल कारणों को भी उद्घाटित किया और इस दूषित अर्थव्यवस्था से छुटकारा पाने के लिए उपाय भी सुझाये हैं। उन्होंने अपने कथा-साहित्य में, कथानक व पात्रों के माध्यम से आर्थिक विषमता के विविध पक्षों को, उसके दुष्परिणामों को हृदयगामी बनाकर प्रस्तुत किया है, सम्पादकीय लेखों में आर्थिक चिन्तन को स्पष्ट अभिव्यक्ति की है।

प्रेमचन्द को अपने समय की भारतीय अर्थव्यवस्था के मुख्यत: दो आधार दिखायी दिये थे। पहला था खेती, जिससे किसान जुड़ा हुआ था और दूसरा उद्योग-धन्धे जिसका सम्बन्ध मजदूर वर्ग से था। इसी कारण उन्होंने अपने कथा-साहित्य में किसान और मजदूर-वर्ग के जीवन की समस्याओं को अत्यन्त सहृदयता और बारीकी से अंकित किया।

किसानों की आर्थिक समस्या के साथ औद्योगिकीकरण से उत्पन्न मजदूरों के शोषण की समस्या को भी प्रेमचन्द ने बड़ी गम्भीरता से उठाया है। 'ग़बन' व 'प्रेमाश्रम' में इसकी ओर संकेत मात्र किया गया था किन्तु 'रंगभूमि', 'कर्मभूमि', 'गोदान' में इसका विशद चित्रण है। औद्योगिकीकरण और मजदूर समस्या को प्रेमचन्द ने 'डामुल का कैदी' तथा 'बौड़म' कहानी में बड़ी तल्खी से चित्रित किया है। 'हंस' और 'जागरण' जैसे पत्रों की सम्पादकीय टिप्पणियाँ भी इस समस्या से अछूती नहीं हैं।

प्रेमचन्द के समय में राष्ट्रीय पूँजीपति वर्ग उभरकर सामने आने लगा था। उसके साथ मजदूर वर्ग भी अस्तित्व में आ गया था। प्रेमचन्द की दृष्टि किसान पर केन्द्रित था इसलिए नये समाज में उन्होंने मजदूर वर्ग की भूमिका को भी ठीक से नहीं समझा। वे जनवाद से समाजवाद की ओर उन्मुख हो रहे थे, पर समाज के समाजवादी विश्लेषण से वे अच्छी तरह परिचित न थे। इसी कारण उन्होंने किसानों का जितना महत्त्व समझा, उतना मजदूरों का नहीं। प्रेमचन्द ने देहाती सर्वहारा अर्थात् खेत-मजदूर वर्ग का वर्णन तो किया है लेकिन खेत-मजदूर उनके यहाँ वर्ग के रूप में उभरते हुए नहीं दिखलायी पड़ते।

'रंगभूमि' का नायक सूरदास अपनी जमीन पर कारखाना लगाने का विचार करता है। प्रेमचन्द के प्रस्तुतीकरण से स्पष्ट है कि वे औद्योगिकीकरण के विरोधी नहीं थे बल्कि सूरदास का अपने जमीन के प्रति प्रेम दिखाकर देशभक्ति का सन्देश देना चाहते थे। इस प्रकार 'गोदान' में खन्ना द्वारा खोली गयी चीनी मिल में हड़ताल ही नहीं कराते, वरन् उसमें आग लगवाकर पूँजीवाद के उस घिनौने स्वरूप को स्पष्ट करते हैं जो अपने जन्म से ही उत्पादक वर्ग का शोषण आरम्भ कर चुका था। वे पूँजीपति वर्ग को मिटाना नहीं चाहते, पर इतना जरूर चाहते थे कि कच्चा माल पैदा करनेवाले किसानों और कारखानों में काम करनेवाले मजदूरों का उनके द्वारा शोषण न हो।

'रंगभूमि' में राजा साहब औद्योगिक व्यवस्था की अच्छाइयों की ओर सूरदास का ध्यान ले जाते हैं। सूरदास उनसे सहमत तो हैं लेकिन किसान से मजदूर बनते हुए उसे कुछ अच्छा नहीं लग रहा है, अपना प्रतिरोध इस प्रकार व्यक्त करता है, "सरकार, बहुत ठीक कहते हैं, मुहल्ले की रौनक जरूर बढ़ जायेगी, रोजगारी लोगों को फायदा भी खूब होगा लेकिन जहाँ यह रौनक बढ़ेगी, वहाँ ताड़ी-शराब का भी तो परचार बढ़ जायेगा, कसबियाँ भी तो बस जायेंगी। परदेशी आदमी हमारी बहू-बेटियों को घूरेंगे, कितना अधरम होगा। दिहात के किसान अपना काम छोड़कर मजूरी के लालच से दौड़ेंगे, यहा बुरी-बुरी बातें सीखेंगे और अपने बुरे आचरन गाँव में फैलायेंगे।....सरकार, मुझे इस कुकरम और अधरम से बचाये।"[26]

'गोदान' में वे मजदूरों की अस्तव्यस्त जिन्दगी और गरीबी की चर्चा करते हुए यह प्रश्न उठाते हैं कि मिल-मालिक अन्धे होकर उनका शोषण करते हैं। उनकी जिन्दगी के बारे में वे लिखते हैं—"वे गन्दी दुर्गन्धयुक्त और टूटी-फूटी झोंपड़ियों में रहते हैं। उनको देखते ही उबकाई आती है। वे ऐसे कपड़े पहनते हैं जिनसे हम अपने जूते भी साफ करना नहीं पसन्द करेंगे। वे ऐसा खाना खाते हैं, जिसे हमारा कुत्ता भी नहीं खायेगा। मैंने उनके जीवन में भाग लिया है। आप उनकी रोटियाँ छीनकर अपने हिस्सेदारों का पेट भरना चाहते हैं।"[27]

'गोदान' ही में अन्यत्र प्रेमचन्द औद्योगिकीकरण के परिवेश में किसान गोबर के चरित्र में होनेवाले परिवर्तन को इन शब्दों में व्यक्त करते हैं, "गोबर ने खोंचे से

निराश होकर शक्कर के मिल में नौकरी कर ली थी। मिस्टर खन्ना ने पहले मिल से प्रोत्साहित होकर हाल में यह दूसरा मिल खोल दिया था। गोबर को वहाँ बड़े सबेरे जाना पड़ता और दिन भर के बाद जब वह दिया-जले घर लौटता, तो उसकी देह में जरा भी जान न रहती। घर पर भी उसे इससे कम मेहनत न करनी पड़ती थी; लेकिन यहाँ उसे जरा भी थकान न होती थी। बीच-बीच में वह हँस-बोल भी लेता था। फिर उस खुले हुए मैदान में उन्मुक्त आकाश के नीचे जैसे उसकी क्षति पूरी हो जाती। वहाँ उसकी देह चाहे जितना काम करे मन स्वच्छन्द रहता था। यहाँ देह की उतनी मेहनत न होने पर भी जैसे उस कोलाहल, उस गति और तूफानी शोर का उस पर बोझ-सा लदा रहता था। यह शंका भी बनी रहती थी न जाने कब डाँट पड़ जाये। सभी श्रमिकों की यही दशा थी। सभी ताड़ी या शराब में अपनी दैहिक थकान और मानसिक अवसाद को डुबाया करते थे। गोबर को भी शराब का चस्का पड़ा। घर आता है तो नशे में चूर और पहर रात गये। और आकर कोई-न-कोई बहाना खोजकर झुनिया को गालियाँ देता, घर से निकालने लगता, कभी-कभी पीट भी देता है।''[28]

प्रेमचन्द ने अपने साहित्य में ग्रामीणों की व्यापक दरिद्रता और औद्योगिक क्षेत्रों का केन्द्रित पीड़ा का ब्योरेवार वर्णन किया है। 'गोदान' तक पहुँचते-पहुँचते उनकी दृष्टि अत्यधिक प्रखर हो गयी थी तथा भारतीय राजनीति में मजदूर आन्दोलन की बाढ़ आ गयी थी इसलिए उस उपन्यास में प्रेमचन्द ने औद्योगिकीकरण और पूँजीपवाद की विसंगति बारीकी से पकड़ा और मजदूरों की समस्याओं, उनकी आदतों तथा उनकी नियति को विस्तार से अभिव्यक्त किया है। 'रंगभूमि' लिखते समय वे मजदूरों के संगठन को कमजोर बताते हैं, क्योंकि तब तक भारतीय राजनीति में मजदूरों ने अपनी एका को नहीं पहचाना है। मिल की नौकरी ने उन्हें जानवरों की तरह जिन्दगी बिताने पर मजबूर किया है। वे अपनी पुरानी परम्पराएँ खो रहे हैं और नयी अभी बन नहीं पायी हैं।

'गोदान' तक आते-आते मजदूर अपनी समस्याओं के हल के लिए हड़ताल का सहारा लेने लगते हैं। उनमें संगठन की भावना भी आ जाती है। खन्ना की मिल के मजदूर अपनी माँगों के लिए हड़ताल करते हैं। हड़ताल में मजदूरों की पराजय तो दिखाते हैं लेकिन मिल-मालिक खन्ना को भी आर्थिक आघात पहुँचा है। मिल में आग लगने से उद्योगपति खन्ना को दूसरी मिल की स्थापना करनी पड़ती है और उसमें सस्ते दर पर नये मजदूरों की भर्ती होती है और पुराने बेकार हो जाते हैं इस तरह वे मिस्टर खन्ना के प्रति अपना असन्तोष व्यक्त करते हैं। और किसानों तथा मजदूरों के संगठन की बात सोचने लगते हैं।

'कर्मभूमि' में लाला समरकान्त गरीबों पर हो रहे अन्याय का कारण उनका परस्पर संगठित न होना ही मानते हैं, वे कहते है, ''जो भूखे मरते हैं, चीथड़े पहनकर और पुआल में सोकर दिन काटते हैं, उनका एक पैसा भी दबाना अन्याय है। जब

हम और तुम दो–चार घण्टे आराम से काम करके आराम से रहना चाहते हैं, जायदादें बनाना चाहते हैं, शौक की चीजें जमा करते हैं तब क्या अन्याय नहीं है कि जो लोग स्त्री समेत अठारह घण्टे रोज काम करें वह कपड़े को तरसें? बेचारे गरीब हैं, तेजवान हैं, अपने को संगठित नहीं कर सकते इसलिए सभी छोटे–बड़े उन पर रौब जमाते हैं।''[29]

'रंगभूमि' से लेकर 'गोदान' तक प्रेमचन्द मजदूरों की विवश और लाचार जिन्दगी का जो स्वरूप प्रस्तुत करते हैं वह उस समय की राजनीति के दिग्गज नेता भी स्वीकार करते हैं। 1926 में ट्रेड यूनियन कांग्रेस के छठे अधिवेशन के सभापति श्री वी. वी. गिरि ने अपने भाषण में कहा था, ''बम्बई के केन्द्रीय मजदूर बोर्ड के चरित्र–सुधार मण्डल ने जो सुन्दर काम किया है, मैं बड़ी उत्साह से आपका ध्यान उसकी ओर आकर्षित करता हूँ।...मण्डल को इस उद्देश्य से शुरू किया गया था कि वह मजदूरों की बुरी आदतें छोड़ने में मदद दे और उन्हें ईमानदारी, शान्ति और सन्तोष का जीवन बिताने के लिए प्रोत्साहित करें...सामाजिक कार्यकर्त्ता मजदूर बस्तियों में जा–जाकर शराब और दूसरी बुरी आदतों के दोषी मजदूरों को बताते हैं। मजदूरों की इसी प्रकार की शिक्षा की आवश्यकता है और यही वह चीज है जो उसे सामाजिक और आर्थिक दोनों दृष्टियों से बेहतर इनसान बना सकेगी।''[30]

'गोदान' '36 से पहले का उपन्यास है। 'गोदान' लिखते समय तक भारतीय राजनीति में मजदूर संगठनों की अपनी अहमियत बन चुकी थी। मेरठ की गिरफ्तारियों के बाद कुछ साल तक भारत के मजदूर आन्दोलन को बड़ी कठिनाइयों का सामना करना पड़ा था। अलग–अलग हड़तालों का सिलसिला जारी था। 1929, 30, 31 में एक लाख से ज्यादा मजदूरों ने हड़तालों में भाग लिया। 1934 की बड़ी लहर के लिए इन हड़तालों ने आधार तैयार किया। भयानक दमन के बावजूद कपड़ा मजदूरों की हड़ताल बम्बई में अप्रैल से जून तक चली यह इस बात का स्पष्ट प्रमाण था कि मजदूर वर्ग ने अपनी बिखरी हुई शक्ति को फिर से समेट लिया था। अपनी एकता कायम कर ली थी। 'गोदान' में मजदूरों का एक संगठित रूप पाठक के सामने उपस्थित होता है कि किन्तु वह संगठन हिंसक क्रान्ति की दिशा में बढ़ता हुआ दिखायी पड़ता है। प्रेमचन्द को ऐसे संगठन और संगठन के कार्य में हानि ही दिखायी पड़ती है। मजदूर संगठन का एक दूसरा रूप 'डामुल का कैदी' नामक कहानी में भी प्रेमचन्द ने उपस्थित किया है। यह संगठन उचित संचालन के कारण अहिंसक बनता जा रहा है। आन्दोलन के संचालकों का लक्ष्य प्रतिपक्षी को हानि न पहुँचाकर उसके हृदय–परिवर्तन द्वारा अपनी माँगों को स्वीकार कराना है। मजदूर संगठन की दृढ़ता उस युवक के इन शब्दों में प्रतिबिम्बत होता है जो उनका नेता है। सेठ खूबचन्द जी एक मिल के मालिक हैं। उनके चरित्र पर प्रेमचन्द इस प्रकार टिप्पणी करते हैं। ''वह मजूरी घटाने पर तुले हुए हैं, चाहे कोई काम करे या न करे। इस मिल से इस

साल दस लाख का फायदा हुआ है। यह हम लोगों की मेहनत का फल है, फिर भी हमारी मजदूरी काटी जा रही है। धनवानों का पेट कभी नहीं भरता, हम निर्बल हैं, निस्सहाय हैं, हमारी कौन सुनेगा? व्यापार-मण्डल उनकी ओर है, सरकार उनकी ओर है, मिल के हिस्सेदार उनकी ओर हैं, हमारे कौन हैं? हमारा उद्धार तो भगवान ही करेंगे।''[31] इस कहानी में मजदूर नेता मिल मालिक खूबचन्द के विरोध में अपने संगठन की दृढ़ता को इन शब्दों में अभिव्यक्त करता है, ''वही भक्तराज हमारी मजूरी घटा रहे हैं। मिल में अगर घाटा हो तो हम आधी मजदूरी पर काम करेंगे लेकिन जब लाखों का लाभ हो रहा हो तो किस नीति से हमारी मजूरी घटायी जा रही है। हम अन्याय नहीं सहते। प्रण कर लो कि किसी बाहरी आदमी को घुसने न देंगे, चाहे वह अपने साथ फौज लेकर ही क्यों न आये। कुछ परवाह नहीं, हमारे ऊपर लाठियाँ बरसें, गोलियाँ चलें.....।''[32]

उपन्यासों और कहानियों के अतिरिक्त सम्पादकीय टिप्पणियों में भी उन्होंने मजदूर समस्या और उनके अमोघ अस्त्र हड़ताल के सम्बन्ध में अपना विचार व्यक्त किया है, ''कांग्रेस के पास विशेष साधन न होने के कारण वह सरकार का क्रियात्मक विरोध नहीं कर सकती। अत: निषेधात्मक विरोध कर रही है। फलत: उसे हड़ताल जैसी चीजों का बार-बार आवाहन करना पड़ता है। लाचार अथवा दुर्बल के लिए हड़ताल करने से उसका महत्त्व जाता रहता है और एक दिन का हड़ताल का प्रभाव गरीबों पर बहुत बुरा पड़ता है। रोज कुआँ खोदने और रोज पानी पीनेवालों की तो मरन हो जाती है। अतएव इस प्रकार के कार्यों की मनाही कर दी जायेगी। अब इनका विशेष महत्त्व नहीं है।''[33] किन्तु इसका तात्पर्य यह नहीं कि वे अहिंसक आन्दोलन, प्रदर्शन या जुलूस मात्र के भी विरोधी थे, बल्कि वे जुलूस निकालकर अहिंसक ढाँचा से अपने असन्तोष एवं विरोध को एक संगठित रूप में प्रदर्शित करने के पक्षपाती थे। वे लिखते हैं कि ''लोग कहते हैं कि जुलूस निकालने से क्या होता है। इससे यह सिद्ध होता है कि हम जीवित हैं, अटल हैं और मैदान से हटे नहीं हैं। हमें अपनी हार न माननेवाले आत्माभिमानी का प्रमाण देना था। हमें यह दिखाना था कि हम गरीब और अत्याचारों से भयभीत होकर अपने लक्ष्य से हटनेवाले नहीं और हम उस व्यवस्था का अन्त करके रहेंगे, जिसका आधार स्वार्थपरता और खून पर है।''[34] 'बम्बई के मजूदरों की हड़ताल' शीर्षक लेख में प्रेमचन्द ने मजदूर समस्या पर प्रकाश डाला है। वे लिखते हैं, ''बम्बई के मजूरों की हड़ताल अभी तक जारी है, और उसका क्षेत्र दिन-दिन बढ़ता जाता है। नागपुर और दिल्ली में कई मिलें बन्द हो गयी हैं। सरकार ने बम्बई में मजूरों के प्रमुख नेताओं को हिरासत में ले लिया है और मजूरों पर कई बार लाठी चार्ज हो चुके हैं और गोलियाँ भी चली हैं। हुल्लड़बाजी तो कोई सरकार पसन्द न करेगी और उसे रोकना उसका काम है। वह मानी हुई बात है कि ऐसी हड़तालों में कुछ-न-कुछ हुल्लड़बाजी होना लाजिमी है

और स्वेच्छा से हड़ताल करनेवाले की तादाद कभी बहुत ज्यादा नहीं होती, लेकिन सरकार का काम हुल्लड़बाजी को रोकना ही नहीं है बल्कि इसकी तहकीकात भी करना है कि मजूरों की शिकायतें क्या हैं, और वह जा हैं या बेजा। मजूरों को हुल्लड़बाजी से कोई प्रेम नहीं है और न वे अकारण अपने सिर फोड़वाने और गोली खाने के लिए तैयार हो जाते हैं। फरजी शिकायत के बल पर कोई भी नेता इतनी बड़ी हड़ताल नहीं कर सकता, और हो भी तो बहुत जल्द ठण्डी हो जाती। जब सरकार इन झगड़ों में दखल देती है तो उसे दोनों तरफ की दलीलें सुननी चाहिए। हम यह मान लेते हैं कि नेताओं ने न उभाड़ा होता तो मजदूर दबे-दबाये अपना काम करते रहते और हर तरह की सख्ती सहते जाते, लेकिन नेता वही होता है जो गरीबों और मजूरों के दु:ख से केवल दु:खी होकर न रह जाये, बल्कि उसके निवारण के उपाय भी बताये। मजूरों की मजूरी घटायी जा रही है, और यह कहा जा रहा है कि मालिकों को लाभ नहीं हो रहा है। इसका फैसला कौन करे कि वास्तव में लाभ हो रहा है या नहीं। सम्भव है मालिक को आशानुसार लाभ न होता हो और वह इसे हानि समझता हो.....अब वह जमाना नहीं रहा जब मजूर अपनी दशा को अपने भाग्य के अधीन समझकर सन्तुष्ट हो जाते थे। मजूर सब अपनी दशा और भाग्य को सुधारना चाहता है और उसका प्रयत्न करता है। मजूरों ने अन्य देशों में कैसे-कैसे अधिकार प्राप्त कर लिये हैं, इससे वे बेखबर नहीं हैं। वह अपना खून-पसीना एक करके भी भर पेट अन्न नहीं पाता, उल्टे उसकी मजूरी काटी जाती है मिल के पूँजीपति, डाइरेक्टर और मैनेजिंग एजेण्ट कुछ नफा न होने पर भी शान और सुख से दनदना रहे हैं, तो उसका खून खौल उठता है और वह इस व्यवस्था को जड़ से खोद डालना चाहता है, जिसमें ऐसा अन्याय सम्भव है, चाहे इस कोशिश में उसकी जान ही पर क्यों न बन आये। वह यह नहीं देख सकता कि उसकी मेहनत की कमायी पर दूसरे मौज करें और वह मुँह ताकता रहे। तो उसे तभी सन्तोष हो सकता है कि मिल के प्रबन्ध में उसके प्रतिनिधि भी और लाभ में उसका भी भाग रहे। वह सहकारी आयोजन ही अब इस समस्या को हल कर सकता है, दूसरा कोई उपाय नहीं।''[35]

बहुत से आलोचकों की धारणा है कि वस्तुत: प्रेमचन्द का औद्योगिकीकरण का विरोध सामन्ती और प्रतिक्रियावादी मनोवृत्ति का परिचायक है लेकिन यह वास्तविकता नहीं है। प्रेमचन्द शोषित वर्ग के पक्षधर कथाकार हैं। उद्योग द्वारा मजदूरों के शोषण और उन पर हो रहे जुल्म को देखकर वे तिलमिला जाते हैं। अपनी इसी कड़ुवाहट के कारण वे मजदूरों के आचरण, संस्कार तथा चरित्र को अच्छी दृष्टि से नहीं देखते। पूँजीपतियों द्वारा मजदूरों का शोषण उसी प्रकार हो रहा है जैसे जमींदार किसानों का शोषण करते हैं। समाज की स्थापना के साथ ही सर्वहारा वर्ग की अपनी अहमियत हो गयी है। साथ ही बदलाव की इस नयी दृष्टि पर प्रेमचन्द बेहद प्रसन्न हैं। वे लिखते हैं, 'निश्चय ही नयी सभ्यता ने

व्यक्ति-स्वातन्त्र्य के पंजे, नाखून और दाँत तोड़ दिये उसके राज्य में अब एक पूँजीपति लाखों मजदूरों का खून पीकर मोटा नहीं हो सकता। उसे अब यह आजादी नहीं कि अपने नफे के लिए साधारण आवश्यकता की वस्तुओं के दाम चढ़ा सकें। दूसरे, अपने माल की खपत कराने के लिए युद्ध करा दें।''[36]

प्रेमचन्द एक दूरदर्शी कथाकार थे। 1927 में जबकि किसानों और मजदूरों का संगठन प्रारम्भिक स्तर पर था तभी उन्होंने 'जमाना' में एक लेख लिखकर किसानों और मजदूरों के एके की ताकत को पहचान लिया था। इन दोनों को शोषण करनेवाला मशीनरी को सचेत करते हुए वे लिखते हैं, ''यह ध्यान में रखना चाहिए कि मजदूर और किसान एक होकर जो चाहे कर सकते हैं। उनकी शक्ति असीम है। वे जब तक बिखरे हुए हैं, वे घास के टुकड़े हैं, एक होकर जहाज को खींचने वाले रस्से हो जायेंगे। अब वह जमाना नहीं रहा कि पूँजीपति 75 फीसदी मुनाफा बाँट लें और मजदूरों को जिन्दगी की जरूरतें भी नसीब न हों। वे हवा और रोशनी से भी वंचित रहें। पूँजीपति तो पेरिस और स्विट्ज़रलैण्ड की सैर करें और मजदूर को सुबह से शाम तक सर उठाने की मोहलत न मिले।''[37] किसान और मजदूर की उपयोगिता से भी प्रेमचन्द अपरिचित नहीं हैं। उनकी ही खुशहाली पर देश की खुशहाली निर्भर करती है। दोनों का पारस्परिक सम्बन्ध है। दोनों ही भारत देश की बुनियाद हैं। 'किसान और मजदूर में अधिक फर्क नहीं है। आज कारखाने में जो मजदूर काम कर रहे हैं वे सब या तो स्वयं ही गाँवों से आये हैं अथवा किसान के बेटे हैं। किसान और मजदूर दोनों ही देश की जनसंख्या के लिए रोज काम में आनेवाली जरूरत की चीजों के उत्पादन में लगे हैं। किसान जो उपजाता है, उससे मजदूर का पेट भरता है, उसमें काम करने की ताकत आती है। मजदूर जो उत्पादन करता है उससे किसान परिवार का तन ढकता है।....देश के इन दो उत्पादकों—किसानों और मजदूरों की उपेक्षा करके समाज जिन्दा नहीं रह सकता, सुखी नहीं हो सकता। यह दोनों खुशहाल हों, सुखी रहें, यह देखना देश के शासकों और बुद्धिजीवियों का पहला कर्त्तव्य है।' एक बार फिर कहना पड़ रहा है कि प्रेमचन्द दूरदर्शी कथाकार थे। आनेवाला समय मजदूरों का होगा यह बात उन्होंने 'पुराना जमाना : नया जमाना' नामक लेख में लिखा—''मगर नये जमाने ने एक नया पन्ना पलटा है। आनेवाला जमाना किसानों और मजदूरों का है। दुनिया की रफ्तार इसका साफ सबूत दे रही है। हिन्दुस्तान इस हवा से बेअसर नहीं रह सकती। हिमालय की चोटियाँ उसे इस हमलें से नहीं बचा सकतीं। जल्द या देर से, शायद जल्द ही हम जनता को केवल मुखर ही नहीं अपने अधिकारों की माँग करनेवाले के रूप में देखेंगे और तब वह अपनी किस्मतों की मालिक होगी। तब आपको अपनी बेइंसाफियाँ याद आयेंगी और आप हाथ मलकर रह जायेंगे।''[38]

**महाजनी सभ्यता का दुश्चक्र :**

बीसवीं सदी के आरम्भ तक उत्पादन और पूँजी का संकेन्द्रन बहुत बढ़ गया था, विभिन्न पूँजीवादी देशों में स्थायी इजारेदारियाँ बन गयी थीं। पूँजीवाद की खुली प्रतियोगिता का युग समाप्त हो गया था। उसका स्थान इजारेदारियों के युग ने ले लिया था। बैंकों की इस नयी भूमिका पर विचार करते हुए लेनिन ने लिखा है, "जैसे-जैसे बैंकों का कारोबार विकसित होता है और बहुत थोड़े-से संस्थानों में संकेन्द्रित हो जाता है, वैसे-वैसे बैंकों का रूपान्तरण होता है और छोटे-छोटे बिचवानी बने रहने के बजाय वे शक्तिशाली इजारेदारियों का रूप धारण कर लेते हैं जिनके हाथ में उस देश की और कई देशों के सभी पूँजीपतियों और छोटे व्यवसायियों का लगभग सभी नकद पूँजी और साथ ही उत्पादन के साधनों तथा कच्चेमाल के स्रोतों का अधिकांश भाग होता है। अनेक छोटे-छोटे बिचवानियों का मुट्ठी भर इजारेदारों में रूपान्तरित हो जाना पूँजीवादी साम्राज्यवाद में पूँजीवाद के रूपान्तर की एक मौलिक प्रतिक्रिया का द्योतक है।"[39]

उन्नीसवीं सदी के अन्त और बीसवीं सदी के आरम्भ में बड़े-बड़े बैंकों की जमा रकम बढ़ती गयी, छोटे-छोटे बैंकों की घटती गयी। कालक्रम से छोटे बैंक बड़े बैंकों के पेट में चले गये और उनकी शाखा बन गये। 1915 में बड़े बैंकों की शक्ति इतनी बढ़ गयी कि जर्मनी पर मात्र 300 बैंक कर्मियों का शासन हो गया। फ्रांस के तीन बड़े बैंकों ने चालीस साल के अन्दर सारे देश में अपना जाल फैला दिया।

अमरीका में कहने को नौ किन्तु दरअसल केवल दो बड़े बैंक प्रथम महायुद्ध के पहले रह गये थे जिनके कब्जे में 11 अरब मार्क की पूँजी थी।

इस प्रकार हम देखते हैं कि बीसवीं सदी के आरम्भ तक विभिन्न पूँजीवादी देशों में बड़े-बड़े बैंक पैदा हो गये। बैंकों की नयी भूमिका सम्बन्ध का सबसे बड़ा महत्त्व उद्योगों के साथ उनके घनिष्ठ सम्बन्ध में है। बीसवीं सदी के आरम्भ तक यह प्रक्रिया पूँजीवादी देशों में पूरी हो गयी थी। बैंकों और उद्योगों के विलयन से एक नयी किस्म की पूँजी का जन्म हुआ। इस पूँजी को ही महाजनी पूँजी या वित्तीय पूँजी कहते हैं। इस नयी पूँजी की उत्पत्ति के बारे में लेनिन ने लिखा है, "उत्पादन का संकेन्द्रण, उससे उत्पन्न होनेवाली इजारेदारी, बैंक का उद्योगों के साथ मिल जाना या उनकी परस्पर विलयन हो जाना यह है महाजनी पूँजी के जन्म का इतिहास और यही इस शब्द का सार है।"[40]

बैंकों और उद्योगों के परस्पर सम्बन्ध स्थापित होने के साथ ही एक प्रक्रिया और भी हुआ करती है। वह है इन दोनों का घनिष्ठ सम्बन्ध राज्य के साथ स्थापित होना। बड़े-बड़े सरकारी अफसरों और मन्त्रियों तक को खरीदा जा रहा है और उन्हें इनके जिम्मेदार पदों पर बैठाया जाता है। अपनी इस स्थिति के कारण महाजनी पूँजी बड़े

पूँजीवादी देशों में सर्वेसर्वा बन गयी। उसके मुट्ठी भर मालिकों के हाथ में अर्थनीतिक और साथ ही राजनीतिक शक्ति भी आ गयी। इन मुट्ठीभर लोगों का राज विभिन्न पूँजीवादी देशों में स्थापित हुआ। उन्होंने अपना जाल दूसरे देशों में भी फैलाया।

इस प्रकार बीसवीं शताब्दी के आरम्भ से पूँजीवाद का पुराना युग शेष हुआ और एक नया युग महाजनी पूँजी के आधिपत्य का युग आरम्भ हुआ। लेनिन इस नये युग के प्रारम्भ पर इस प्रकार लिखते हैं, "बीसवीं शताब्दी का आरम्भ उसका सूचक है जहाँ पुराना पूँजीवाद नये पूँजीवाद की दिशा में, आमतौर पर पूँजी के प्रभुत्व से महाजनी पूँजी की दिशा में मुड़ गया।"[41] पुराने पूँजीवाद और आधुनिक पूँजीवाद के अन्तर को लेनिन इस प्रकार बताते हैं—"पुराने पूँजीवाद नये जमाने में जबकि खुली प्रतियोगिता का राज था, माल का निर्यात उसकी विशेषता थी। आधुनिक पूँजीवाद में इजारेदारियों का राज है, पूँजी का निर्यात उसकी विशेषता है।"[42]

महाजनी पूँजी का दुश्चक्र यहीं तक सीमित नहीं रहा। इन महाजनी पूँजी के ठेकेदारों ने पूँजी निर्यात किये जानेवाले देशों को अपना उपनिवेश बनाया। यहाँ से औपनिवेशिक साम्राज्यवाद का प्रारम्भ होता है। उपनिवेश पहले भी थे। बड़े-बड़े सम्राटों ने दूसरे देश जीतकर अपने उपनिवेश बनाये थे। लेकिन उनकी औपनिवेशिक नीति और इजारेदारों और महाजनी पूँजी की औपनिवेशिक नीति में बड़ा अन्तर है। यहाँ तक कि इनके पहले के पूँजीवाद की औपनिवेशिक नीति भी इनकी औपनिवेशिक नीति से भिन्न थी। इजारेदारों को उपनिवेशों की जरूरत सिर्फ बाजार के लिए नहीं कच्चेमाल और खनिज पदार्थों के लिए तथा अपनी पूँजी लगाने के लिए भी थी। महाजनी पूँजी स्वतन्त्रता नहीं चाहती थी, वह आधिपत्य चाहती थी। महाजनी पूँजी को उपनिवेशों की आवश्यकता अपने अस्तित्व रक्षा के लिए, अपने देश की जनता को खुश रखने के लिए भी पड़ती थी। इस सम्बन्ध में अयोध्या सिंह लिखते हैं, "इजारेदारों और महाजनी पूँजी को उपनिवेशों की जरूरत एक अन्य बात के लिए भी थी। उनके शोषण के खिलाफ उनके ही देश की जनता का असन्तोष बढ़ रह था। वह किसी वक्त विद्रोह का रूप धारण कर सकता था। उपनिवेशों की लूट का एक छोटा-सा भाग उनको नाना प्रकार की सुविधाओं के रूप में देकर, उसके एक हिस्से को उन उपनिवेशों में नौकरियाँ देकर जनता के असन्तोष को दबाने के लिए भी उन्हें उपनिवेश जरूरी जान पड़े।"[43] उपनिवेश की आवश्यकता ब्रिटेन को क्यों पड़ी, इसका जिक्र लेनिन अपनी पुस्तक में ब्रिटेन के राजनेता तथा महाजनी पूँजी के अधिपति ऐसिद रोड्स की स्वीकारोक्ति का उद्धरण देकर बताते हैं, 'कल मैं लन्दन के ईस्ट एण्ड में गया और बेरोजगारों की एक सभा में शामिल हुआ। मैंने क्रोध भरे भाषण सुने सिर्फ 'रोटी, रोटी और रोटी की पुकार थी। घर लौटते समय मैंने सारे दृश्य पर गौर किया और साम्राज्यवाद के महत्त्व के बारे में मेरा विश्वास पहले से ज्यादा पक्का हो गया।...ब्रिटेन के 4 करोड़ निवासियों को खूँखार गृहयुद्ध से बचाने

के लिए हम उपनिवेशवादी राजनेताओं को नये देश हासिल करने चाहिए, ताकि अतिरिक्त आबादी को वहाँ बसाया जा सके, कारखानों और खदानों में उनके द्वारा पैदा किये गये माल के नये बाजार मिल सकते जैसा कि मैंने हमेशा कहा है, साम्राज्य रोटी-दाल का सवाल है। अगर आप गृहयुद्ध से बचना चाहते हैं तो आपको साम्राज्यवादी बनना पड़ेगा।''[44]

प्रेमचन्द ने अपने लेखन के अन्तिम दौर में इसी महाजनी पूँजी के कुचक्र को बड़ी सच्चाई और कड़ुआहट के साथ महसूस किया था। इसी कारण उनमें 1919 तक आते-आते गुणात्मक परिवर्तन दिखायी पड़ने लगे। उनका लेखन इसका सबसे बड़ा साक्षी है। फरवरी, 1919 में प्रेमचन्द ने पूँजीवादी सभ्यता और घोर व्यक्तिवादी और सब-कुछ बटोरकर पुरी दुनिया को भूखा मार देनेवाले अमानवीय चरित्र का उद्घाटन करते हुए जमाना में एक लम्बा लेख लिखा। यह एक तरह से महाजनी सभ्यता की भूमिका है। पुराने जमाने की सभ्यता और नयी महाजनी सभ्यता के जीवन-मूल्यों के अन्तर को प्रेमचन्द इस लेख में इस प्रकार उद्घाटित करते हैं, ''पुराने जमाने में सभ्यता का अर्थ आत्मा की सभ्यता और आचार की सभ्यता होता था। वर्तमान युग में सभ्यता का अर्थ है स्वार्थ और आडम्बर। उसका नैतिक पक्ष छूट गया। उसकी सूरत बदलकर अब वह हो गयी है जिसे हमारे पुराने लोग असभ्यता कहते थे।......उस समय सभ्य कहलाने के लिए यह जरूरी नहीं था कि आपका बैंक में इतना हिस्सा हो।....सभ्यता से उनका अभिप्राय नैतिक, आध्यात्मिक, हार्दिक था। उस समय वह व्यक्ति सभ्य था, जिसका आधार पवित्र हो, जो धैर्यवान् हो, गम्भीर हो, हंसमुख हो, विनयशील हो।''[45]

नये जमाने ने एक नया पन्ना पलटा है। राष्ट्रीयता की भावना का जन्म नये जमाने की देन है। स्वार्थपरता ही उसका धर्म है। उसका सब-कुछ है, सारी मानवीय भावनाएँ और नैतिक प्रश्न इस हवस के पुतले के आगे सिर झुका देते हैं। यह कल और मशीनों का युग है और राष्ट्र इस युग की सबसे स्पष्ट अभिव्यक्ति है। यह दैव जैसी मशीन दिन-रात पागलों जैसी तेजी मगर सिपाहियों जैसी पाबन्दी के साथ चलती रहती है। कोई इनके घेरे में आ जाय तो उसे देखते-देखते निगल जायेगी, उसे पीस डालेगी। वह किसी पर दया नहीं करती, किसी के साथ रिआयत नहीं करती। वह एक भीमकाय रोलर जिसमें व्यापार और प्रभुत्व की दो लाल-लाल आँखें घूर-घूरकर बेखबर लोग को चेतावनी देती है कि खबरदार सामने न आना वर्ना पलक झपकते भर में मर जाओगे। इस आधुनिक राष्ट्र ने संसार में एक रक्तारक्त जीवन संघर्ष छेड़ दिया है।'[46]

प्रेमचन्द यथार्थवादी कथाकार हैं इसलिए वे नये जमाने के दोनों पक्षों को स्वीकार करते हैं। नये जमाने के परिवर्तनों के प्रति आशान्वित हैं। इसी में वे आगे लिखते हैं, ''इस नये जमाने में एक ऐसा रौशन पहलू भी है जो उन दागों को किसी

हद तक ढक देता है और वह बेजबानों की ताकत का औजार है। वह भी आराम और खुशहाली और निश्चिन्तता की माँग करता है। वह भी अच्छे मकानों में रहना चाहता है, अच्छे खाने खाना चाहता है और मनोरंजन के लिए आवश्यक अवकाश की माँग करता है और वह अपने दाग को ऐसे प्रभावशाली ढंग से प्रकट करने लगता है कि अधिकारी वर्ग उससे नखरे नहीं कर सकता वह पूँजी की दुश्मन है, व्यक्तिगत सम्पत्ति की जड़ खोदनेवाला और व्यापारियों की जत्थेधारी का हत्यारा। यह सच है कि वह भी अपने प्रभाव का क्षेत्र भौगोलिक सीमाओं के अन्दर रखना चाहता है, मगर अपनी अमलदारी में बराबर और सच्चाई का समर्थक है। वह अपने राष्ट्र को एक अकेली सत्ता बनाना चाहता है। हर व्यक्ति के लिए एक-जैसा अवसर, एक-जैसी सुविधाओं, एक-जैसे साधनों की माँग करता है। सबकी एकता, उसके जेहाद का नारा है। वह ऊँच-नीच को मिटाकर सारी जमीन को समतल बनाने की कोशिश करता है। वह ऐसी राज्य-व्यवस्था स्थापित करना चाहता है कि जो धनोपार्जन के समस्त साधन अपने हाथ में रखे और हर व्यक्ति को उसकी मेहनत और योग्यता के अनुरूप बराबर बाँटे। वह जमींदारों को एक गन्दी और बेकार चीज़ समझता है और उनकी सम्पत्ति को उनके कब्जे से निकालकर जनता के कब्जे में रखना चाहता है। संक्षेप में वह सारी सम्पत्तियों, कारखानों और रेलों, जहाजों पर एक विशेष व्यवस्था के द्वारा जनता के अधिकार की माँग करता है। और कौन कह सकता है कि यह काम बेहद मुश्किल नहीं है। व्यक्तिगत अधिकार का विचार मनुष्य के स्वभाव का अंग हो गया है। यह उसकी सबसे सशक्त प्रेरक शक्ति है। इसी पर उसके जिन्दगी के सारे मनसूबे सारे इरादे, सारी इच्छाएँ कायम हैं।'' व्यक्ति की सत्ता दुष्कर है। पूँजी और सम्पत्ति से खूनी लड़ाइयाँ लड़नी पड़ेगी और यद्यपि रंग-ढग से मालूम होता है कि उसकी इस लड़ाई में हार हो गयी है लेकिन उसका असर जिन्दा है और बढ़ता जायेगा। पूँजी उसे अपने काबू में रखने के लिए कुछ और रिआयतें करेगी, कुछ बल खायेगी, कुछ नाज उठायेगी, उससे लड़ाई करके अपनी हस्ती खतरे में न डालेगी।''[47]

महाजनी सभ्यता के दुश्चक्र की व्याख्या प्रेमचन्द 1919 के इस लेख में शुरू करके अपने लेखन के अन्तिम दिनों तक उस पर सोचते, विचारते और लिखते रहे। उस दौर के लेखन को देखकर यह स्पष्ट आभास लगने लगता है कि प्रेमचन्द की गाँधीवादी चेतना पीछे छूटने लगी थी। प्रेमचन्द पूँजीवादी राज्य और समाजव्यवस्था की विभीषिका को स्पष्ट देखने लगे थे। 'रंगभूमि' में प्रभुसेवक से कहलवाते हैं, ''सरकार यहाँ न्याय करने नहीं आयी है भाई, राज्य करने आयी है। न्याय करने से उसे कुछ मिलता है? कोई समय वह था जब न्याय को राज्य की बुनियाद समझा जाता था। अब वह जमाना नहीं है। अब व्यापार का राज्य है और जो इस राज्य को स्वीकार न करे उसके लिए तारों का निशाना मारनेवाली तोपें हैं।''[48]

मेहता के इस कथन से महाजनी पूँजी की शक्ति का स्पष्ट रूप सामने आता है, 'मुझे आपसे कोई शिकायत नहीं है खन्ना जी! आप अभी इस काम में नहीं शरीक होना चाहते, न सही, लेकिन कभी-न-कभी जरूर आयेंगे। लक्ष्मीपतियों के बदौलत ही हमारी बड़ी-बड़ी संस्थाएँ चलती हैं। राष्ट्रीय आन्दोलन को दो-तीन साल तक किसने इतनी धूमधाम से चलाया! इतनी धर्मशालाएँ और पाठशालाएँ कौन बनवा रहा है? आज शासन का सूत्र बैंकरों के हाथ में है। सरकार उनके हाथ का खिलौना है। मैं भी आपसे निराश नहीं हूँ।''[49]

'गोदान' के पश्चात् 'मंगलसूत्र' लिखा गया। उसका शिल्प उपन्यास, जीवनी, आत्मकथा, लम्बी कहानी आदि विधाओं का मिश्रण-सा हो गया है। यह कृति पूँजीवादी व्यवस्था की अमानवीय और पाशवीकरण करनेवाली ताकत का पूरा लेखा-जोखा करती है। ''धन, धर्म और समुदाय को अपने पंजों में जकड़ लेता है। गृहस्थी को चौपट करता रहा है। किसानों, अछूतों तथा नारियों को गुलाम बनाता रहा है। अब वह वैयक्तिक तथा पारिवारिक सम्बन्धों के बीच स्नेह को मिटाकर लेन-देन लागू करता है—'मियाँ-बीबी में बिजनेस, बाप-बेटे में बिजनेस। सारे मानवीय, आध्यात्मिक और सामाजिक नेह नाते समाप्त।''[50]

तत्कालीन सामाजिक, आर्थिक स्थितियों को उजागर करने के लिए प्रेमचन्द ने 'हंस' के सितम्बर 1936 के आखिरी अंक में 'महाजनी सभ्यता' शीर्षक एक लेख लिखा। इसमें उन्होंने जहाँ एक ओर वर्तमान समाज की स्थिति का यथार्थ चित्रण खींचा और सोवियत रूस की समाज-व्यवस्था की प्रशंसा की वहीं दूसरी ओर जागीरदारी सभ्यता की अच्छाइयों का भी उल्लेख किया। इस बात पर खेद प्रकट किया है कि महाजनी सभ्यता के दुश्चक्र ने दया और स्नेह, सच्चाई और सौजन्य के पुतले मनुष्य को एकदम ममता-शून्य, जड़-यन्त्र बना दिया है। प्रेमचन्द मानव को उसके मौलिक रूप में देखना चाहते थे। उसमें जो विकृति आ गयी है उसका मूल कारण धन-लिप्सा धन-संगह है जिसे महाजनी सभ्यता ने बढ़ाया है। अत: वे इस महाजनी सभ्यता को मिटा देना चाहते थे।

''इस महाजनी सभ्यता में सारे कामों की गरज महज पैसा होता है। किसी देश पर राज्य किया जाता है तो इसलिए कि महाजनों-पूँजीपतियों को ज्यादा नफा हो। इस दृष्टि से मानो आज दुनिया में महाजनों का ही राज्य है। मनुष्य समाज दो भागों में बँट गया है। बड़ा हिस्सा तो मरने और खपनेवालों का है, और बहुत ही छोटा हिस्सा उन लोगों का, जो अपनी शक्ति और प्रभाव से बड़े समुदाय को बस में किये हुए हैं। इन्हें इस बड़े भाग के साथ किसी तरह की हमदर्दी नहीं, जरा भी रू-रियायत नहीं। उनका अस्तित्व केवल इसलिए है कि अपने मालिकों के लिए पसीना बहायें, खून गिराये और चुपचाप इस दुनिया से विदा हो जायें।''[51] ऐसा लगता है कि जैसे अपने जीवन के अन्तिम दौर के इस लेख को प्रेमचन्द ने अपनी विचारधारा के दस्तावेज के रूप में प्रस्तुत किया हो।

## सन्दर्भ

1. विविध प्रसंग, भाग-दो, पृ. 162
2. वही, पृ. 232-233
3. मदनलाल : गोर्की और प्रेमचन्द, पृ. 40
4. विविध प्रसंग, भाग-दो, राष्ट्रीयता और अन्तर्राष्ट्रीयता, पृ. 335
5. वही, पृ. 235
6. प्रेमचन्द : गोदान, पृ.
7. प्रेमचन्द : कर्मभूमि
8. प्रेमचन्द : आहुति, पृ.
9. प्रेमचन्द : गुप्तधन, भाग-दो, पृ. 186
10. प्रेमचन्द : गुप्तधन, भाग-दो, पृ. 186
11. ए. आर. देसाई : भारतीय राष्ट्रवाद की सामाजिक पृष्ठभूमि, पृ. 6
12. वही, पृ. 12-13
13. प्रेमचन्द : महाजनी सभ्यता, पृ.
14. प्रेमचन्द : गोदान, पृ. 238
15. वही, पृ. 196
16. वही
17. विविध प्रसंग, भाग-दो, पृ. 335
18. प्रेमचन्द गोदान, पृ. 159
19. विविध प्रसंग, भाग-दो, पृ. 310-311
20. वही, भाग-तीन, पृ. 165
21. वही, भाग-तीन, पृ. 169
22. वही, भाग-तीन, पृ. 172-173
23. प्रेमचन्द : रंगभूमि, पृ.
24. विविध प्रसंग भाग-तीन, पृ. 168-169
25. भारत में पूँजीवादी व्यवसाय का विकास : डी0 एच0 बुकानन, पृ. 425
26. प्रेमचन्द : रंगभूमि, पृ. 88
27. प्रेमचन्द : गोदान, पृ. 240
28. प्रेमचन्द : गोदान, पृ. 230
29. प्रेमचन्द : कर्मभूमि, पृ. 342-343
30. रजनीपाम दत्त : भारत वर्तमान और भावी, पृ. 208
31. मानसरोवर : भाग-दो, डामुल का कैदी, पृ. 237
32. वही, पृ. 237
33. विविध प्रसंग, भाग-दो, (हड़ताल शीर्षक) पृ. 489
34. जुलूस कहानी मानसरोवर भाग-6, पृ. 14-15
35. विविध प्रसंग भाग-दो बम्बई के मजूरों की हड़ताल, पृ. 511-512

36. प्रेमचन्द : महाजनी सभ्यता, उत्तरार्द्ध, पृ.
37. विविध प्रसंग-भाग-एक, पुराना जमाना नया जमाना, पृ. 268
38. लेनिन चुनी रचनाएँ भाग-एक, पृ. 649
39. अयोध्या सिंह : साम्राज्यवाद का उदय और अस्त, पृ. 13
40. लेनिन की चुनी रचनाएँ, भाग-एक, पृ. 662
41. वही, पृ. 673
42. अयोध्या सिंह : साम्राज्यवाद का उदय और अस्त, पृ. 22
43. लेनिन की चुनी रचनाएँ, पृ. 687
44. विविध प्रसंग भाग-एक, पुराना जमाना, नया जमाना, पृ. 258
45. वही, पृ. 258
46. वही, पृ. 264-265
47. प्रेमचन्द : रंगभूमि, पृ. 387
48. प्रेमचन्द : गोदान, पृ. 198-199
49. वही, पृ. 199
50. प्रेमचन्द : मंगलसूत्र, पृ.
51. हंस सितम्बर, 1936, महाजनी सभ्यता, पृ.

# प्रेमचन्द और ब्रिटिश साम्राज्यवाद

"साम्राज्यवाद पूँजीवाद के विकास की वह अवस्था है जिसमें पहुँचकर इजारेदारियों तथा वित्तीय पूँजी का प्रभुत्व दृढ़ रूप से स्थापित हो चुका है, जिस अवस्था में पूँजी का निर्यात अत्यधिक महत्त्व ग्रहण कर चुका है, जिस अवस्था में अन्तरराष्ट्रीय ट्रस्टों के बीच दुनिया का बँटवारा आरम्भ हो गया है, जिस अवस्था में सबसे बड़ी पूँजीवादी ताकतों के बीच पृथ्वी के समस्त क्षेत्रों का बँटवारा पूरा हो चुका है।"[1]

पूँजीवाद के साम्राज्यवाद में परिवर्तन की लम्बी प्रक्रिया है। यह प्रक्रिया 1860 ई. के लगभग शुरू होती है। बीसवीं शताब्दी के आरम्भ तक पूँजीवाद ने निश्चित तौर पर साम्राज्यवाद का रूप धारण कर लिया और सारी दुनिया पर हावी हो गया।

भारत में आधुनिक साम्राज्यवाद उन्नीसवीं सदी में ब्रिटेन की औद्योगिक पूँजी के रूप में वर्तमान था। बीसवीं सदी में औद्योगिक पूँजी के स्थान पर बैंक-पूँजी का आधिपत्य कायम हुआ। बीसवीं सदी में बैंक-पूँजी द्वारा भारत की लूट का मुख्य रूप बन गया था।

शोषण का पुराना आधार बहुत तेजी से मिट रहा था लेकिन उसी के साथ बैंक-पूँजी के शोषण से होने वाले मुनाफे का नया आधार बनता और फैलता जा रहा था। साम्राज्यवाद के बढ़ते आतंक ने औद्योगिकीकरण की गति को मन्द कर दिया था और आगे चलकर बाद के वर्षों में तो साम्राज्यवाद भारत के औद्योगिक विकास का खुल्लमखुल्ला विरोध करने लगा। किसानों से 'खिराज' के रूप में लिया गया टैक्स देश की खेतिहर आबादी को हद से ज्यादा गरीब बनाता जा रहा था। उसकी वजह से भारतीय उद्योगों में बने हुए माल के लिए देश का बाजार बेहद तंगदस्त हो गया था। भारत में उद्योग-धन्धों का सवाल खेती के सवाल से अलग करके हल नहीं किया जा सकता और खेती को साम्राज्यवादियों ने शोषण का मूल आधार बना लिया था। साम्राज्यवाद का सदा यही उद्‌देश्य रहा कि किसी भी तरह भारत में ब्रिटिश

साम्राज्यवादी स्वार्थों को कायम रखा जाये, उसकी रक्षा की जाये तथा उनको और मजबूत बनाया जाये। भारत में अंग्रेजों ने जितनी भी वैधानिक योजनाएँ लागू की है अथवा राजनीतिक दाँव-पेंच किये, उन सबका मुख्य उद्देश्य यही था।

आधुनिक संसार में साम्राज्यवादी प्रभुत्व का सबसे बड़ा और महत्त्वपूर्ण आधार भारत की दासता रही है। सदियों से इस विशाल देश की सम्पत्ति और साधन इसके निवासियों का जीवन और श्रम पश्चिम के पूँजीवादियों के हस्तक्षेप, छूट और शोषण के मुख्य लक्ष्य थे। साम्राज्यवादियों के शिकंजे से भारत की मुक्ति इसी कारण एशिया की गुलाम कौमों के लिए आजादी का प्रेरणास्रोत साबित हुआ।

भारतीय समाज और राजनीति में व्याप्त तमाम समस्याएँ औपनिवेशिक शासन का दुष्परिणाम थीं। दूसरे महायुद्ध के समाप्त होते-होते भारतीय जनमानस में साम्राज्यवाद विरोधी-चेतना इस हद तक विकसित हो चुकी थी कि अंग्रेजों को मजबूर होकर भारत से अपना प्रत्यक्ष शासन और सैनिक कब्जा समाप्त करना पड़ा। लेकिन भारत की जनता के साधनों तथा जीवन पर से साम्राज्यवाद के दाग अभी भी हटाये नहीं जा सके। साम्राज्यवाद से विरासत के रूप में जो आम सामाजिक, आर्थिक और सरकारी ढाँचा मिला था वह आज भी कायम है।

ब्रिटिश साम्राज्यवाद की भूमिका को समझने के लिए भारतीय परम्परागत अर्थ-व्यवस्था को समझना अनिवार्य है। भारत को समझने की कुंजी यहाँ की ग्राम-व्यवस्था है। ग्राम-व्यवस्था का सबसे अच्छा और स्पष्ट वर्णन मार्क्स ने पूँजी में इस प्रकार किया है, "अपने में पूर्ण, इन बस्तियों में उत्पादन का संगठन बहुत ही सरल ढंग से किया जाता है। ये बस्तियाँ लगातार एक ही ढंग की बस्तियों को जन्म देती रहती हैं और जब कोई बस्ती अकस्मात् बरबाद हो जाती है, तो उसी जगह पर और उसी नाम से, वैसे ही दूसरी बस्ती उठ खड़ी होती है, एशियाई समाजों में जो कभी कोई परिवर्तन नहीं होता दिखायी देता, उसकी कुंजी इन बस्तियों में उत्पादन के संगठन की यह सरलता ही है। एशियाई समाजों की अपरिवर्तनशीलता के बिलकुल विपरीत एशियाई राज्य लगातार बिगड़ते और बनते रहते हैं और हुकूमत करनेवाले राजवंशों में होनेवाले परिवर्तन तो मानो कभी रुकते ही नहीं। पर राजनीति के आकाश में जो तूफानी बादल उठते हैं, वे समाज के आर्थिक तत्त्वों के ढाँचे को नहीं छू पाते।"[2]

अभेद्य परम्परागत भारतीय आर्थिक ढाँचे को ब्रिटिश साम्राज्यवाद ने आमूल चकनाचूर कर दिया। अंग्रेजों से पूर्व विदेशी विजेताओं ने यहाँ के आर्थिक आधार को छुआ तक नहीं और अन्त में उसी में घुल-मिल गये। भारत ने विदेशी पूँजीवाद की जीत, यूरोप में पूँजीवाद की जीत से भिन्न थी। भारत में पुराने ढाँचे के ध्वस्त होने के पैमाने पर नयी शक्तियों का उदय नहीं हुआ। इसीलिए ब्रिटिश शासनकाल में

भारतीय जनता के दुखों के साथ एक विशेष प्रकार की उदासी आ मिली, क्योंकि उसकी 'पुरानी दुनिया तो बिछुड़ गयी थी, मगर नयी का कहीं पता भी नहीं था।''

ब्रिटिश साम्राज्यवाद के शोषण और स्वरूप की नवीनता का बोध मार्क्स को भारतीय इतिहासकारों और समाजशास्त्रियों से बेहतर था। अंग्रेजों से पूर्व आये विदेशियों और अंग्रेजों का तुलनात्मक स्वरूप और भारतीय आर्थिक ढाँचे को मार्क्स इस प्रकार अभिव्यक्त करते हैं, हिन्दुस्तान में अनेक गृहयुद्ध छिड़े हैं, विदेशी आक्रमण हुए हैं, क्रान्तियाँ हुई हैं, देश को विदेशियों ने बार-बार जीता है, अकाल पड़े हैं, एक के बाद दूसरी होनेवाली घटनाएँ ऊपर से देखने में भले ही अजीबोगरीब ढंग से पेचीदा, जल्दी-जल्दी होनेवाली और सत्यानाशी मालूम पड़ती हों, परन्तु वे हिन्दुस्तान में सतह के नीचे नहीं जाती थीं। लेकिन इंग्लैण्ड ने तो भारतीय समाज के पूरे ढाँचे को ही तोड़ डाला है, और उसके पुनर्निर्माण के अभी तक कोई चिह्न नहीं दिखायी दे रहे हैं। पुरानी दुनिया का इस तरह बिछुड़ जाना और नयी का कहीं पता न लगना—यह हिन्दुस्तानियों के वर्तमान दुखों पर एक विशेष प्रकार की उदासी की परत चढ़ा देता है, और ब्रिटिश शासन के नीचे हिन्दुस्तान को उसकी समस्त प्राचीन परम्पराओं और उसके सम्पूर्ण पुराने इतिहास से काट देता है।''[3]

विश्व साम्राज्यवाद की मूल पिपासा आर्थिक है, यह प्रेमचन्द की समझ में बखूबी आ चुका था। पूँजी को ही वे सारी बुराइयों की जड़ मानते हैं। इस समस्या का विश्लेषण स्पष्ट ही उनके रचनात्मक साहित्य की अपेक्षा सम्पादकीय टिप्पणी जैसे वैचारिक कृतित्व में अधिक हुआ है। रचनाकार व्यक्तित्व के ये दोनों पक्ष यहाँ एक-दूसरे के पूरक हो जाते हैं। विश्व बाजार में बढ़ते हुए आर्थिक संघर्ष को ये साम्राज्यवाद का घिनौना स्वरूप बताते हैं। 1933 में 'आर्थिक संघर्ष' शीर्षक टिप्पणी में लिखते हैं—

''इस व्यवसाय और व्यापार के युग में राष्ट्रों में लड़ाइयों का मुख्य कारण आर्थिक हुआ करता है। हरेक राष्ट्र चाहता है कि वह अधिक-से-अधिक नफे से रहे। इसलिए यह तरह-तरह से अन्य देशों के माल को अपने देश में आने से रोकता है। इसका नतीजा यह होता है आपस में वैमनस्य बढ़ता है और एक दिन बारूद में आग लग जाती है।.....खैर इस तरह की आर्थिक खींचतान एक-न-एक दिन रंग लायेगी। जब से ओटावा सम्मेलन हुआ है, यह संघर्ष और भी प्रचण्ड हो गया है। इंग्लैण्ड ने सोचा होगा—हमीं ने अपनी माँ का दूध पीया है, और राष्ट्रों में तो बुद्धू बसते हैं। जब अमरीका ने सोने का बन्धन उठा दिया तो चारों ओर हाय-हाय मची हुई है और मिस्टर रामज़े मैकडोनल्ड दौड़े हुए अमेरिका गये हैं। आर्थिक सम्मेलन की तैयारियाँ हो रही हैं। कान्फ्रेन्सें किये जाओ, जनता का धन फूँके जाओ, अवसर मिले तो दस-बीस लाख गरीबों को तोप का शिकार भी बना दो, लेकिन जब तक कृत्रिम साधनों

से व्यापार सँभालने की चेष्टा होती रहेगी और जब तक बड़े-बड़े मिल-मालिक और पूँजीपति बने रहेंगे, शान्ति न होगी।''[4]

प्रेमचन्द ने भारत में ब्रिटिश सत्ता की साम्राज्यवादी कूटनीति को बहुत गहराई से समझा था। यही कारण था कि वे धीरे-धीरे अपने समकालीन समाज की वस्तुगत परिस्थितियों से निरन्तर जुड़ते गये और देश में चल रहे स्वतन्त्रता आन्दोलन के प्रति उनका आदर्शात्मक रुख समाप्त होता गया। साम्राज्यवाद के साथ ही सामन्तवाद, पूँजीवाद, जातिवाद, सम्प्रदायवाद के विरुद्ध उनका रचनात्मक संग्राम निरन्तर तेज होता गया।

प्रेमचन्द-युग तक आते-आते पूँजीवाद अपनी प्रगतिशील भूमिका खोकर सम्पूर्ण विश्व में विस्तारवादी, युद्धोन्मादी साम्राज्यवाद की शक्ल अख्तियार कर चुका था। भारत उस समय ईस्ट इण्डिया कम्पनी के अधिकार से निकलकर सीधे ब्रिटिश साम्राज्यवाद के औपनिवेशिक शासन के अधीन था। साम्राज्यवाद की विकराल लपटों में पूरा विश्व घिरता जा रहा था। दिन-प्रतिदिन घटनेवाली घटनाएँ सम्पूर्ण विश्व में अशान्ति का वातावरण फैला रही थीं। यह सब प्रेमचन्द जैसे सचेतन रचनाकार के लिए मामूली बात न थी। 1933 के जागरण में 'अशान्ति' शीर्षक टिप्पणी में विश्व साम्राज्यवाद के मूलभूत स्वरूप की झलक ही नहीं उसके घृणात्मक चरित्र का पर्दाफाश करते हुए वे लिखते हैं, ''आज समूचा विश्व चीन हो रहा है। मनुष्यों के स्थान पर राजा हैं। जागीरदारों के स्थान पर राज्यों के राजनैतिक नेता हैं और लुटेरों के स्थान पर शासकों का उच्छृंखल दल है। छोटा-सा राज्य माण्टीकार्लो भी चाहता होगा कि लन्दन की गद्दी उसे मिले और ब्रिटेन समूचे विश्व को अपना उपनिवेश, समूचे बाजार को अपना दास और समूचे राज्यों को अपना चेला बनाना चाहता है। फ्रांस वाले एक-दूसरे के रक्त के प्यासे हैं। स्पेन में एक प्रजातन्त्र है, हिटलर-तन्त्र है। जापान मंचूरिया ही नहीं, चीन को ही हड़प लेना चाहता है।'[5]

पूँजीवाद के साम्राज्यवाद में परिवर्तित होने की प्रक्रिया को प्रेमचन्द का बतौर लेखक अपनी रचनाओं में अभिव्यक्ति देना तथा बतौर सम्पादक अपनी वाणी की तल्खी द्वारा बैंक-पूँजी के नाग-फाँस की सही पहचान उन्हें कराना भारतीय मुक्ति आन्दोलन का रहनुमा बना देता है, और उसमें ब्रिटिश साम्राज्यवाद की जड़ को समूल उखाड़ फेकने का दृढ़ संकल्प भी लक्षित होता है। अपने जीवन के अन्तिम वर्षों में प्रेमचन्द साम्राज्यवाद, सामन्तवाद और पूँजीवाद के गठबन्धन को साफ-साफ देखने लगे थे। 1932 के जागरण में ब्रिटिश साम्राज्यवाद के प्रतिनिधि मि. चर्चिल के चरित्र को बेनकाब करते हुए लिखते हैं, ''हमारे स्वराज्य की कुंजी है केन्द्रीय उत्तरदायित्व और हमारे विधाता वही हमें नहीं देना चाहते। मि. चर्चिल तो उसके विरोध में इतने गर्म हो गये कि जनसत्ता को ही कोसने लगे, 'आपने फरमाया' जनसत्ता

'संसार में असफल सिद्ध हो चुकी है, संसार एकाधिकार की ओर तेजी से दौड़ा जा रहा है, फिर भारत में जनसत्तात्मक शासन की क्या जरूरत है? संसार के कई राष्ट्रों में एकाधिपत्य ने अवश्य आसन जमाया है, लेकिन ऐसा क्यों हुआ? इसीलिए कि देश में साम्राज्यवाद का जोर हुआ और थोड़े-से पूँजीपतियों की हानि-लाभ के निमित्त बड़े-बड़े महाभारत होने लगे। प्रजा के प्रतिनिधि प्रजा की ओर से आँखें बन्द करके पूँजीपतियों के पक्ष में समर्थन करने लगे।''[6]

'हंस' और 'जागरण' में लिखे लेख, सम्पादकीय टिप्पणियाँ उनकी सजग पत्रकारिता का आईना है। कोई भी देश हो, कहीं की कोई घटना हो, विश्व राजनीति के पटल पर जहाँ भी उन्हें अन्याय, शोषण से पीड़ित मानवता की आर्त्त पुकार सुनायी पड़ी, वहीं वे कलम के सच्चे सिपाही की हैसियत से, उनकी पक्षधरता और उनके शोषण के प्रति घृणा को लेकर उपस्थित दिखायी पड़ते हैं। जर्मनी में यहूदियों पर हो रहे अत्याचार को वे साम्राज्यवादी शोषण का घृणित रूप मानते थे, इसलिए यूरोपीय संस्कृति को कोसते ही नहीं बल्कि उसके प्रति घृणा भी व्यक्त करते हुए लिखते हैं, ''यूरोपियन संस्कृति की तारीफें सुनते-सुनते हमारे कान पक गये। उनको अपनी सभ्यता पर गर्व है। हम एशियावाले तो मूर्ख हैं, बर्बर हैं, असभ्य हैं, लेकिन जब हम उन सभ्य देशों की पशुता देखते हैं तो जी में आता है यह उपाधियाँ सूद के साथ क्यों न उन्हें लौटा दी जायें। उनकी वानरीय मनोवृत्ति ने अभी तक उनका पिण्ड नहीं छोड़ा।''

भारत की राजनीतिक मुक्ति के मुख्य सरोकार के साथ साम्राज्यवादी मुक्ति का प्रश्न प्रेमचन्द के लेखन में स्वत: जुड़ जाता है। प्रेमचन्द के पूर्ववर्ती भारतेन्दु, बालमुकुन्द गुप्त आदि जहाँ साम्राज्यवाद के दमनचक्र को भारत की परिधि में ही देख रहे थे, वहीं प्रेमचन्द विश्व में बढ़ती साम्राज्यवाद की व्यापक परिधि में भारत की साम्राज्यवादी शोषण-प्रक्रिया को स्पष्ट पहचान रहे थे। वे साम्राज्यवाद के अन्त के प्रति सुनिश्चित थे। वे जापान की साम्राज्यवादी नीति की आलोचना ही नहीं करते वरन् चीन के पक्ष से 1933 में 'जापान के हौसले' शीर्षक टिप्पणी में लिखते हैं, ''पश्चिमवालों को चीन के मिटने का तो गम नहीं, लेकिन यह भय अवश्य है, कि कहीं चीन पर जापान का अधिकार हो गया तो फिर एशिया में यूरोपवालों के लिए कोई भविष्य न रह जायेगा। बल्कि यों कहो कि योरोप के प्रभुत्व का अन्त हो जायेगा। मगर याद रहे कि चाहे चीन पर जापान का आधिकार हो या न हो, यूरोप के प्रभुत्व के दिन गिने हुए हैं। जिस माल की खपत पर योरोप का प्रभुत्व आधारित है, उसका बाजार दिन-दिन उसके हाथ से निकलता जा रहा है। अभी तक तो भारत और चीन दो उल्लू उसके हाथ में थे। मगर चीन निकल गया तो अकेला भारत रह जायेगा, और भारत पूरे यूरोप का पेट नहीं भर सकता। लंकाशायर की आधी मिलें अभी से

बन्द हैं। जो शेष हैं, वह भी दस-बीस साल में बन्द हो जायेंगी और यही हल और करघा रह जायेगा।''[7]

भारत की राजनीतिक मुक्ति के मूल स्वर के साथ आर्थिक मुक्ति प्रेमचन्द के चिन्तन और साहित्य में निरन्तर दृष्टिगत होती है। साम्राज्यवाद की बुनियाद पूँजीवाद पर टिकी हुई है ऐसी स्थिति में जनसत्ता का स्वरूप पूँजीवादी और साम्राज्यवादी नीतियों से अलग नहीं हो सकता था। इस बात को प्रेमचन्द बहुत साफ-साफ देख रहे थे। ऐसी स्थिति में आमतौर पर जनसत्ता थैलीशाहों  की गुलाम हो जाती है। ऐसे जनतन्त्र से तो एकतन्त्र अधिक अच्छा है। पूँजीवाद सामन्तवाद और साम्राज्यवाद के गठबन्धन को उद्घाटित और विरोध का प्रेमचन्द का अपना एक ऐसा नजरिया है जो हिन्दी साहित्य जगत में पहली बार दिखायी पड़ता है।

ब्रिटिश साम्राज्यवाद की चालें साधारण आदमी की समझ से बाहर थीं। समय पर बात बदलना और अन्याय और अत्याचार को भी न्याय तथा दयालुता की दुहाई में रँग देना, अवसर के अनुरूप किसी बात का कुछ और अर्थ लगा लेना—यह सब भारत में साम्राज्यवाद की लाक्षणिक विशेषताएँ थीं। भारतीय मुक्ति संग्राम के जुझारू तेवर को समाप्त करने के लिए साम्राज्यवादियों ने कभी पृथक्करण की नीति अपनायी, कभी सम्प्रदायवाद की जड़ों को खुराक दी, कभी सामन्ती और पूँजीवादी हितों की आड़ में अपने अस्तित्व को बनाये रखने का षड्यन्त्र रचा। यह सब चाहे समकालीन राजनीतिज्ञों की समझ में न आया हो लेकिन उनके बारे में प्रेमचन्द की समझ एकदम साफ थी। बर्मा पृथक्करण की नीति ब्रिटिश साम्राज्यवादियों का वह धारदार हथियार था, जिसका प्रयोग अंग्रेज पहले भी कई बार कर चुके थे। प्रेमचन्द साम्राज्यवाद के मूल चरित्र को स्पष्ट करते हुए लिखते हैं, ''ब्रिटिश राजनीति की यही सच्चाई है, वह सीधी-सादी चाल है, यही न्याय है—एक महादेश के प्राचीन अंग को काटकर, उसे घायल कर देने की सच्चाई है, और इसी सच्चाई के साथ हमारे 'संघ' निर्माण की चेष्टा का श्रीगणेश हुआ।''[8]

जापान की साम्राज्यवादी नीति की आलोचना करते हुए 1933 के जागरण में प्रेमचन्द 'हुआपेकू' शीर्षक टिप्पणी में लिखते हैं, ''कोई देश प्रत्येक साम्राज्यवादी देश का अन्त देखते हुए भी इतिहास से कैसे आँखें मूँद सकता है, इसका उदाहरण है जापान, और जापान से आज उतनी ही नफरत करते हैं जितने का वह पात्र है। इसीलिए हम बार-बार कहते हैं कि यह कैसे सम्भव है कि जापान भारत की सहानुभूति की आशा करे। भारत और चीन का साथ हजारों वर्षों का है। चीन के प्रति भारत के हृदय में जो आदर, जो श्रद्धा, जो सद्भाव तथा जो प्रेम है, वह भारतीय ही जानता है। जापान एक नयी शक्ति है और चीन तथा भारत ने जापान के अभ्युदय को अपने छोटे भाई की तरक्की की निगाह से, सहानुभूति से देखा था—और वही

जापान आज अपने बड़े भाई का गला काटना चाहता है कि चीन के समूचे महादेश पर अपना अधिकार जमा ले और भारत के समूचे महादेश पर अपना व्यापारिक राज्य जमा ले। भारत चीन की तरह दुर्बल और अशक्त नहीं है। यह जापान का स्वप्न है और हम जापान को सचेत कर देना चाहते हैं कि भारत में जापानी माल की बिक्री केवल इसलिए नहीं घट रही है कि सरकार चुंगी लगा रही है, पर इसलिए भी कम हो रही है कि जनता ने एक आततायी देश का माल खरीदना पाप समझना शुरू कर दिया है। जापान का सारा दारोमदार व्यापार पर निर्भर करता है और यदि अभी तक वह अन्धा नहीं हुआ है, तो भूल कर रहा है।''[9]

एक ओर लन्दन में हो रहे आर्थिक सम्मेलन की वास्तविकता को प्रेमचन्द स्पष्ट करते हैं तो दूसरी ओर गेहूँ की पैदावार कम करके मन्दी के दौर को खत्म करने के लिए हो रहे सम्मेलन में साम्राज्यवादी अंग्रेजों की अर्थनीति पर चुटकी लेते हैं, ''हमें यह सब सुनकर विस्मय होता है। खाने की चीज भी इतनी इफरात में हो सकती है कि उसकी पैदावार कम की जाय, हमें इस पर विश्वास नहीं आता। जिस देश के अस्सी फीसदी निवासी साल के तीन सौ साठ दिनों में आधे-चौथाई पेट खाकर दिन काट देते हों, उसे इस पर विश्वास आ ही कैसे सकता है। अगर गेहूँ ऐसा ही अजीरन हो रहा है और मारा-मारा फिर रहा है, तो करोड़-दो-करोड़ टन भारत क्यों नहीं भेज दिया जाता? यहाँ के भूखे खाकर गेहूँ के व्यापारियों को कोटि-कोटि धन्यवाद देंगे।''[10]

साम्राज्यवाद के विकास की मंजिलें प्रेमचन्द को साफ-साफ दिखायी पड़ रही थीं। यूरोप में सामन्तवाद के अन्त और पूँजीवाद की 'चरम अवस्था' में यूरोपीय पूँजीवाद ने भारतीय सामन्तवाद के साथ नापाक समझौता कर लिया था तथा इस तरह मरणासन्न सामन्तवाद को नये सिरे से जिलाकर साम्राज्यवादियों ने भारत में अपने औपनिवेशिक शासन और सर्वतोन्मुखी शोषण के आधार को मजबूत, व्यापक और स्थायी बनाने की कोशिश की। यही कारण है कि प्रेमचन्द के साहित्य और पत्रकारिता दोनों में सामन्त विरोधी, पूँजीवाद और साम्राज्यवाद-विरोधी राष्ट्रीय मुक्ति का प्रबल स्वर गूँजता सुनायी देता है। पूँजीवाद और साम्राज्यवाद के गठबन्धन पर 18 सितम्बर, 1933 के जागरण में बेबाक और बेलौस टिप्पणी करते हुए लिखते हैं, ''डिमाक्रेसी केवल एक दलबन्दी होकर रह गयी है। जिनके पास धन था, जिनकी जबान में जादू था, जो जनता को सब्जबाग दिखा सकते थे, उन्होंने डिमोक्रेसी की आड़ में सारी शक्ति अपने हाथ में कर ली। व्यवसायवाद और साम्राज्यवाद उस सामूहिक स्वार्थपरता के भयंकर रूप थे, जिन्होंने संसार को गुलाम बना डाला और निर्बल राष्ट्रों को लूटकर अपना घर भरा और आज तक वही नीति चली जा रही है।''[11]

साम्राज्यवाद और पूँजीवाद के नापाक इरादों को इससे बेहतर ढंग से उद्घाटित करने का काम न तो पहले प्रेमचन्द से किसी साहित्यकार ने किया और न बाद में।

9 अक्टूबर, 1933 के 'जागरण' में लिखते हैं, "यह साम्राज्यवाद की विपत्ति है जिससे संसार त्राहि-त्राहि कर रहा है। यह किसकी बुलायी हुई है? इन्हीं कुबेर के गुलामों की। यह जो चुंगियों की प्रत्येक देश ने दीवारें खड़ी कर ली हैं, यह किसकी कृपा है? इन्हीं पूँजीपतियों की। यह जो बड़ी-बड़ी लड़ाइयाँ होती हैं, जिसमें खून की नदियाँ बह जाती हैं इनका जिम्मेदार कौन है? यही लक्ष्मी के उपासक। संसार इनके भोग का क्षेत्र है। सारी राज्यव्यवस्था, यह बड़ी-बड़ी सेनाएँ, ये जंगी बेड़े, ये हवाई जहाजों की परें इन्हीं व्यापारियों के फायदे के लिए तो हैं! ये संसार के स्वामी हैं, पार्लामेण्ट और सिनेट-सिण्डिकेट तो उनके खिलौने हैं। भारत भी उनकी मायाजाल में फँसा हुआ अपनी किस्मत को रो रहा है।"[12]

एक पत्रकार की हैसियत से प्रेमचन्द की नजर विश्व राजनीति में घटनेवाली एक-एक घटना पर लगी होती थी। खास तरह से जो भारतीय सामाजिक, राजनीतिक और आर्थिक मुक्ति से जुड़ी होती थी। अंग्रेजी फ़ासिस्ट दल की नीति के साम्राज्यवादी रवैये के प्रति आक्रोश व्यक्त करते हुए वे लिखते हैं, "भारत को चार खोटी-खरी सुना देना तो अंग्रेजों की शिष्टता का एक अंग है। हिन्दुस्तान में किरण्टे लौंडे भी हिन्दुस्तानियों की ओर जब देखते हैं तो तिरछी आँखों से ही; लेकिन अंग्रेजी फ़ासिज़्म के संस्थापक सर ओसवाल्ड को शायद जल्द मालूम हो जायेगा कि फ़ासिज़्म स्थायी वस्तु नहीं है, वह कम्युनिज़्म के समीप आते-आते एक दिन उसी में विलीन हो जायेगी।"[13] प्रेमचन्द-साहित्य में साम्राज्यवाद से राजनीतिक मुक्ति का एक अन्तहीन सिलसिला चलता है। जहाँ इतिहासकारों को तत्कालीन भारतीय सामाजिक-संघर्ष और राजनीति को समझने की दृष्टि मिल सकती है। प्रेमचन्द की दृष्टि में मुक्ति की वास्तविक तसवीर तभी बनेगी जब देश आर्थिक रूप से मुक्त होगा। आर्थिक मुक्ति का सवाल भारत में सीधे किसान से जुड़ा हुआ है क्योंकि इस देश की नब्बे फीसदी जनता गाँवों में रहती है, उसका सम्बन्ध खेत से है। साम्राज्यवाद, किसान और अर्थ के अन्त:सम्बन्ध को स्पष्ट करने के लिए कार्ल मार्क्स का यह कथन महत्त्वपूर्ण है, "इस प्रकार औपनिवेशिक देशों में साम्राज्यवाद जो काम करता है, वे सारे काम भारत में बड़ी बेरहमी के साथ और बड़े मुकम्मिल ढंग से किये गये। किसान ज़मीन के मालिक नहीं रहे, बल्कि लगान देकर दूसरे की ज़मीन पर खेती करनेवाले काश्तकार बन गये और जैसे-जैसे क्रिया और आगे बढ़ी वैसे-वैसे किसानों का एक निरन्तर बढ़ता हुआ हिस्सा भूमिहीन, खेत मजदूरों में या ग्रामीण सर्वहारा के नये वर्ग में शामिल हो गया; और यहाँ तक कि खेती पर निर्भर रहनेवाला आबादी का एक-तिहाई से ज्यादा भाग खेत-मजदूर बन गया।"[14]

भारत में साम्राज्यवाद के आगमन के प्रारम्भिक दौर में किसानों में बार-बार बेचैनी पैदा हुई और उनके विद्रोह हुए। ये विद्रोह अलग-अलग साहूकारों और जमींदारों से बदला लेने के लिए स्वतः स्फूर्त ढंग से होते थे। उन्नीसवीं सदी के उत्तरार्द्ध में जो किसान-विद्रोह हुए उनमें सबसे महत्त्वपूर्ण 1855 का सन्थाल विद्रोह और 1857 का दकन विद्रोह था।

1914-18 के प्रथम विश्व युद्ध के बाद और विशेषकर संसार-व्यापी अर्थ-संकट के बाद किसानों की बेचैनी अभूतपूर्व गति से बढ़ी, और अधिकाधिक उग्र रूप धारण करती गयी। भारत की खेती अर्थ-व्यवस्था का पहले से ही दम निकला हुआ था, ऊपर से संसारव्यापी अर्थ-संकट ने तो किसानों की कमर तोड़ डाली थी। फलस्वरूप लगान बढ़ाने, कर्जदार को गुलाम बनाने और किसानों की ज़मीन छीनने की जो क्रिया शुरू हुई उसका परिणाम भारत के सभी भागों में किसान आन्दोलन के जन्म के रूप में प्रकट हुआ।

उपनिवेशिक भारत में किसान सर्वाधिक दयनीय प्राणी था। व भारत उपनिवेशिक में किसान की हालत सबसे दयनीय थी। तत्कालीन समाज में किसान सबका नया चारा था। प्रेमचन्द जी मार्क्स के मत से पूरी तरह सहमत दिखायी पड़ते हैं। वह भी किसान को भारतीय समाज का मूल आधार मानते हैं। समाज का मूल उत्पादक किसान है, उसी की उन्नति से देश की उन्नति सम्भव है। प्रेमचन्द साम्राज्यवाद विरोधी संघर्ष में किसान की भूमिका को निर्णायक मानते हैं, लेकिन वे यह भी मानते हैं कि राष्ट्रीय पार्टियाँ और आधुनिक बुद्धिजीवी ही किसानों का नेतृत्व कर सकते हैं।

उपनिवेशवाद के विरोध में फ्रेंज मेनन का मत है कि, ''उपनिवेशिक देशों के मात्र किसान ही क्रान्तिकारी होते हैं, क्योंकि उनके पास सोचने खोने के लिए कुछ नहीं होता जबकि पाने के लिए बहुत-कुछ होता है।''[15]

प्रेमचन्द की रचनाओं में साम्राज्यवाद से किसानों के संघर्ष का चित्रण उतना नहीं हुआ है, जितना उनकी बदहाली का। साम्राज्यवाद के शोषण के मूल आधार किसान थे। अंगेजी राज में किसानों पर कर्जे का बोझ बढ़ता ही गया। साम्राज्यवाद के प्रशंसक लोग किसानों के कर्ज के पीछे उनकी निजी कमजोरियों तथा सामाजिक समारोहों में धन के अपव्यय को मानते हैं लेकिन तथ्यों का विश्लेषण करने पर पता चलता है कि भारत में किसानों के कर्जे की चक्की में पिसने का मूल कारण खेती है, लगान है।

साहूकार, महाजन और कर्ज भारतीय समाज के लिए कोई नये सत्य नहीं हैं लेकिन साम्राज्यवाद के विस्तार के साथ साहूकारों और महाजनों के अधिकारों में इंग्लैण्ड के कानून के तहत इज़ाफा हो गया, जिसके अनुसार कर्जदारों को जेल में भी बन्द किया जा सकता है और जमीन एक आदमी के हाथ से निकलकर दूसरे

आदमी के हाथ में जा सकती है। इन कानूनों से पुलिस और अदालत की पूरी ताकत साहूकारों के साथ थी। साहूकार पूँजीवादी और साम्राज्यवादी शोषण की आवश्यक धुरी बन गया। सम्भवत: साम्राज्यवाद के आगमन के प्रारम्भिक दौर में किसानों का गुस्सा साहूकारों पर उतरा। लेकिन बहुत जल्द किसानों को मालूम हो गया कि साहूकार के पीछे साम्राज्यवाद की पूरी ताकत खड़ी है। साहूकार साम्राज्यवाद की शोषण-व्यवस्था का एक ऐसा पुर्जा है, जो उत्पादन के केन्द्र-बिन्दु पर ही काम करता है।''[16]

साम्राज्यवाद शोषण के तहत यदि किसान किसी तरह भूमिहीन खेत-मजदूर होने से बच गया तो उसे सरकार की मालगुजारी का बोझ, जमींदार के लगान का बोझ और साहूकार के सूद का बोझ ढोना पड़ता था। यह भारत को खेती और किसान का मुख्य सवाल है।

महान फ्रांसीसी-क्रान्ति के पहले फ्रांस के किसानों की दशा का वर्णन करते हुए कार्लाइल ने लिखा था, ''विधवा अपने बच्चों का पेट भरने के लिए जंगल में जड़ें चुन रही है और होटल के बरामदें में नजाकत के साथ लेटे हुए चिकने-चुपड़े भद्र पुरुष के पास एक ऐसा जादू है जिससे वह बुढ़िया की यह तीसरी जड़ छीन लेगा, और कहेगा कि यह लगान और कानून का जादू है।''[17]

भारत में ब्रिटिश साम्राज्यवाद के शोषण का जादू और भी चमत्कारिक है। रजनी पामदत्त उस जादू के चमत्कार का वर्णन करते हुए लिखते हैं, अंग्रेजी राज में भारत ने इससे भी बड़ा एक जादू देखा। यहाँ किसान के पास तीन में से केवल एक जड़ बचती थी और दो जड़ें भद्रपुरुष के पास पहुँच जाती थीं।[18]

साम्राज्यवाद के इसी जादू ने प्रेमचन्द को प्रभावित किया। अपनी अन्तिम कालजयी रचना 'गोदान' में साम्राज्यवाद के अन्तहीन शोषण की लम्बी डोर को वे मूर्त करते हुए लिखते हैं, 'यहाँ तो जो किसान है, वह सबका नरम चारा है। पटवारी को नजराना और दस्तूरी न दे, तो गाँव में रहना मुश्किल। जमींदार के चपरासी और कारिन्दों का पेट न भरे तो निबाह न हो। थानेदार और सिपाही तो जैसे उसके दामाद हैं। जब उनका दौरा गाँव में हो जाये, किसानों का धरम है, वह उनका आदर-सत्कार करें, नगर-नयाज दें, नहीं एक रिपोर्ट में गाँव-का-गाँव बँध जायेगा। कभी कानूनगो आते हैं, कभी तहसीलदार, कभी जण्ट, कभी कलक्टर, कभी कमिश्नर किसानों को उनके सामने हाथ बाँधे हाजिर रहना चाहिए। उनके लिए रसद चारे, अण्डे, मुर्गे, दूध, घी का इन्तजाम करना चाहिए।''[19]

प्रेमचन्द ने अपनी रचनाओं में साम्राज्यवादियों द्वारा राष्ट्रीय शोषण का चित्रण मुख्य रूप से किया है। उनके चित्रण की शैली सीधी न होकर घुमावदार है। यह

घुमावदार शैली प्रेमचन्द की ईजाद की हुई नहीं थी, बल्कि साम्राज्यवाद के शोषण की प्रक्रिया का स्वरूप ही घुमावदार था। कोई और समझे या न समझे, प्रेमचन्द सामन्ती पूँजीवादी और साम्राज्यवादी तिहरे गठबन्धन को और उसके द्वारा किसानों के शोषण के लिए रचे जा रहे षड्यंत्र को स्पष्ट देख रहे थे। उन्होंने साम्राज्यवाद के शोषण के मुख्य लक्ष्य किसान को ही अपनी रचनाओं में प्रमुख स्थान दिया। किसान के शोषकों की एक कड़ी के रूप में वे साम्राज्यवाद के वास्तविक मुखौटे को निरन्तर बेनकाब करते रहे। उन्होंने किसान के शोषण का वास्तविक कारण ब्रिटिश साम्राज्यवाद को ही माना, उन्हीं के कारण जमींदार और सूदखोर तथा इनकी नौकरशाही उनका शोषण कर रही थी। वे साम्राज्यवाद विरोधी थे इसलिए किसानों का पक्ष उनके लिए अत्यन्त स्वाभाविक था।

प्रेमचन्द की रचनाओं में साम्राज्यवादी शोषण के आर्थिक, सामाजिक और मानवीय स्वरूप का ही प्राधान्य है। उनके सर्जनात्मक साहित्य के सतही अध्येता उन्हें सामन्तवाद विरोधी घोषित करते हैं। प्रश्न उठता है कि जमींदारी प्रथा का विरोध क्या सिर्फ सामन्तवाद का विरोध है, या उसमें साम्राज्यवाद विरोध भी शामिल है? भारत की भूमि व्यवस्था और आजादी का इतिहास इस बात का गवाह है कि जमींदार अथवा सामन्तवर्ग की सृष्टि अंग्रेजों ने की थी।

अंग्रेजों के शासनकाल में भारत में कुल पाँच सौ तिरसठ देशी रियासतें थीं, इन राजाओं और नवाबों को छोटे-मोटे मामलों में जो चाहे करने की छूट थी लेकिन असली राजनीतिक ताकत अंग्रेजों के हाथ में रहती थी। जैसा कि मार्क्स ने 1853 में ही लिख दिया था, "देशी राजा और नवाब मौजूदा घृणित अंग्रेजी शासन व्यवस्था के दृढ़ स्तम्भ हैं और भारत की उन्नति के रास्ते की सबसे बड़ी बाधा हैं।"[20]

इन जमींदारों की सृष्टि यहाँ अंग्रेजों ने की थी। अपने शासन को स्थायी बनाये रखने के लिए उन्हें भारतीय समाज के एक वर्ग का समर्थन प्राप्त करना आवश्यक था। इस सामाजिक और राजनीतिक समर्थन के लिए जमींदारों को खड़ा किया गया। अंग्रेजों की इस नीति पर रजनी पामदत्त की टिप्पणी महत्त्वपूर्ण है, "जहाँ तक 1857 के विद्रोह के नेतृत्व का प्रश्न है कि वह सामन्ती शक्तियों का, देश के पुराने शासकों का विदेशी प्रभुत्व की बढ़ती हुई लहर को रोकने के लिए आखिरी प्रयत्न था। विद्रोह तो कुचल दिया गया, लेकिन अंग्रेजों ने उससे सबक सीख लिया। उसके बाद से ही सामन्ती शासक अंग्रेजी राज्य के प्रमुख प्रतिद्वन्द्वी नहीं रह गये। इसी काल में अधिकाधिक सामन्ती तत्त्वों का सहारा लेने और देशी राजाओं और नवाबों तथा उनकी रियासतों को अंग्रेजी शासन के स्तम्भ के रूप में कायम रखने की नीति अपनायी गयी।"[21]

1858 में महारानी की घोषणा में इस नयी नीति का एलान कर दिया गया कि "हम देशी राजाओं और नवाबों के अधिकारों, प्रतिष्ठा और सम्मान का अपने अधिकारों, प्रतिष्ठा और सम्मान जैसा ही आदर करेंगे"

इस नीति का क्या उद्देश्य था, यह लार्ड कैनिंग ने 1860 में बहुत साफ-साफ बता दिया, "सर जॉन मैलकाल्म ने बहुत पहले यह कहा था कि अगर भारत को अंग्रेजी जिलों में बाँट दिया गया तो कुदरत का तकाज़ा है हमारा साम्राज्य पचास साल भी नहीं टिक पायेगा, लेकिन अगर हमने कुछ देशी रियासत को बिना राजनीतिक ताकत के अपने शाही हथियारों के रूप में बनाये रखा तो जब तक समुद्रों पर हमारे जहाजों की धाक रहेगी, तब तक हम भारत में भी बने रहेंगे।"[22]

जैसे-जैसे भारत में मुक्ति आन्दोलन आगे बढ़ा, वैसे-वैसे ब्रिटिश साम्राज्यवादी, देशी राजाओं के साथ गठबन्धन करने और राष्ट्रीय आन्दोलन विरोध में उनको खड़ा करने की नीति पर अधिकाधिक जोर देने लगे। देशी और नवाबों के प्रधान सरकार प्रचारक प्रोफेसर रसब्रुक विलियम्स ने 1930 में साम्राज्यवाद और सामन्तवाद के गठबन्धन की मजबूती पर इस प्रकार टिप्पणी थी, "देशी रियासतों के शासक अंग्रेजी हुकूमत के साथ अपने सम्बन्ध के प्रति बड़े वफादार हैं, उनमें से बहुत-से तो अंग्रेजी इन्साफ और अंग्रेजी तलवार पर ही हैं। अठारहवीं सदी के और उन्नीसवीं सदी के शुरू के हिस्से में जो लड़ाइयाँ लड़ी गयी थीं, उनमें अगर अंग्रेजों ने अनेकों देशी राजाओं और नवाबों की मदद न की होती तो आगे चलकर जो उलट-फेर होगा, उसमें भी इन राजाओं और नवाबों की वफादारी और मुहब्बत से ब्रिटेन को बड़ी मदद मिलेगी।"[23]

जमींदारों की सृष्टि साम्राज्यवाद की नीति के अन्तर्गत हुई थी। और इनका विरोधी साम्राज्यवाद की नीतियों का विरोधी था। जमींदारों का सम्बन्ध सीधे किसानों से जुड़ता इसलिए साम्राज्यवाद और सामन्तवाद के गठबन्धन का परिणाम किसान ही अधिक भुगतता। इसलिए प्रेमचन्द-साहित्य में किसान ही साम्राज्यवादी शोषण के केन्द्र में रहा। किसान की हित कामना प्रेमचन्द साहित्य में सर्वत्र मुखर है। वे लिखते हैं, "जमींदार, व्यापारी, उद्योगपति, सरकारी नौकर और मजदूर-किसान सब अंग्रजों की शोषण-पद्धति के शिकार हैं। लेकिन किसानों के लिए तो अस्तित्व का संकट उपस्थित हो गया है। स्वराज्य के बिना किसान जिन्दा नहीं रह सकते। शेष वर्गों के हितार्थ सरकार कानून पास करती रहती है परन्तु किसानों पर लगान बढ़ती जाती है। सख्तियाँ बढ़ती जाती हैं। कौन्सिलों में उनके हितों का कोई रक्षक नहीं। ....मजदूरों के संगठन हैं। सरकारी नौकरों ने भी अपने-अपने दल संगठित कर लिये, जमींदारों और महाजनों का दल भी व्यवस्थित है, मगर किसानों का कोई संघ नहीं। उनकी शक्ति बिखरी हुई है। अगर उन्हें संगठित करने की कोशिश की जाती है, तो सरकार जमींदार, सरकारी, मुलाजिम और महाजन सभी भन्ना उठते हैं। चारों ओर से हाय-

हाय मच जाती है। बोल्शेविज्म का हौआ बनाकर उस आन्दोलन को जड़ से खोदकर फेंक दिया जाता है। इसलिए यह कहना गलत नहीं है कि स्वराज्य किसानों की माँग है, उन्हें जिन्दा रखने के लिए आवश्यक है, अनिवार्य है।'[24]

साम्राज्यवाद के संरक्षण में पल रहे सामन्तवाद के किसान शोषण की प्रवृत्ति की सही पहचान प्रेमचन्द रखते हैं। वे जिस किसी भी समस्या पर विचार करते हैं, उसकी पृष्ठभूमि में कहीं-न-कहीं किसान अवश्य होता है। सामन्तवाद के मुख्य स्तम्भ जमींदारों के अस्तित्व के मिटने की भविष्यवाणी करते हुए वे लिखते हैं, "ऐसा मुफ्तखोर निकम्मी, लुटेरी आरामतलब संस्था बहुत दिन जीवित नहीं रह सकती, चाहे वह अष्टधातु के किले में ही क्यों न अपने को बन्द कर ले। जनता आज किसी का शिकार नहीं बनना चाहती। जमींदार हो या साहूकार, सरकार हो या मिल-मालिक उसे किसी से दुश्मनी नहीं है, उसमें दुश्मनी करने की भी शक्ति नहीं, वह असंगठित है, दीन है, पराधीन है। कोई दल अपने को संगठित करके उस पर आतंक जमा सकता है। लेकिन कोई यह चाहे कि उसे अपना शिकार भी बना।ये और उससे ओट भी लें, उसे ठोकर भी जमाये और उससे पाँव भी दबवायें तो उसे लज्जित होना पड़ेगा।"[25]

सामन्तवादी और साम्राज्यवादी समाज के जमींदारों की प्रकृति में बहुत अन्तर है। साम्राज्यवाद समाज में जमींदारों का अस्तित्व साम्राज्यवादियों की कृपा पर निर्भर करता है। कहने को तो वह कहते हैं कि प्रजा मेरे पैरों की धूल है। मुझे अधिकार है कि उसके साथ जैसा उचित समझूँ, वैसा सलूक करूँ। किसी को हमारे और हमारी प्रजा के बीच बोलने का हक नहीं है। वास्तविकता यह है कि जमींदार किसान का शोषण तो करते हैं, लेकिन हकीकत यह है कि शोषण का यह धन उनके पास न रहकर किसी-न-किसी तरह साम्राज्यवाद का आहार बन जाता है, 'बलिदान' कहानी के जमींदार ओंकारनाथ कहते हैं कि "तुम समझते होगे कि हम ये रुपये लेकर अपने घर में रख लेते हैं और चैन की बंसी बजाते हैं। लेकिन हमारे ऊपर जो कुछ गुजरती है, हमीं जानते हैं। कहीं यह चन्दा, कहीं वह इनाम। इनके मारे कचूमर निकल जाता है। बड़े दिन में सैकड़ों रुपये डालियों में उड़ जाते हैं। जिसे डाली न दो, वही मुँह फुलाता है। जिन चीजों के लिए लड़के तरसकर रह जाते हैं, उन्हें बाहर से मँगाकर डालियों में सजाता हूँ। उस पर कानूनगो आ गये, कभी तहसीलदार, कभी डिप्टी साहब का लश्कर आ गया। सब मेरे मेहमान होते हैं। अगर न करूँ तो नक्कू बनूँ और सबकी आँखों का काँटा बन जाऊँ। साल में हजार-बारह सौ मोदी को इसी रसद-खुराक के मद में देने पड़ते हैं। यह सब कहाँ से आये? बस, यही जी चाहता है कि छोड़कर निकल जाऊँ। लेकिन हमें परमात्मा ने इसलिए बनाया है कि एक से रुपया सताकर लें और दूसरे को रो-रोकर दें, यही हमारा काम है।"[26]

साम्राज्यवाद के वास्तविक मुखौटे का पर्दाफाश करते हुए 'समरयात्रा' कहानी में प्रेमचन्द लिखते हैं, "खेतों का लगान बरसाती नाले की तरह बढ़ता जाता है, आप चूँ नहीं करते। अमले और अहलाकार आपको नोचते रहते हैं, आप जबान नहीं हिलाते। इसका यह नतीजा हो रहा है कि आपको लोग दोनों हाथों से लूट रहे हैं, पर आपको खबर नहीं। आपके हाथों से सभी रोजगार छिनते जाते हैं, आपका सर्वनाश हो रहा है, पर आप आँख खोलकर नहीं देखते। पहले लाखों भाई सूत कातकर, कपड़े बुनकर गुजर करते थे। अब सब विदेश से आता है। यहाँ नमक बनाना जुर्म है। आपके देश में इतना नमक है कि सारे संसार का दो सौ साल तक उससे काम चल सकता है, पर आप सात करोड़ रुपये सिर्फ नमक के लिए देते हैं। आपके ऊसरों में, झीलों में नमक भरा पड़ा है, आप उसे छू नहीं सकते। शायद कुछ दिन में आपके कुओं पर भी महसूल लग जाये, क्या आप अब भी यह अन्याय सहते रहेंगे।"[27]

प्रेमचन्द साम्राज्यवादी राजव्यवस्था के पुलिस, अफसर, जमींदार आदि को अपनी रचनाओं के दायरे में पात्र के रूप में लाकर तत्कालीन सामाजिक स्थितियों का ऐसा वर्णन करते हैं जो भारतीय जनता विशेष रूप में किसानों के अन्तहीन शोषण का दस्तावेज है। हजारों वर्ष तक आनेवाली पीढ़ियाँ उनकी रचनाओं द्वारा साम्राज्यवाद के घिनौने चेहरे पहचानने के लिए उनकी रचनाओं पर निर्भर करेंगी।

जिस प्रकार जमींदार से ज्यादा जमींदार का कारिन्दा किसानों पर अत्याचार करता है, उसी प्रकार अफसर से ज्यादा अफसरी शान उसके मातहतों में होती थीं। प्रेमचन्द ब्रिटिश नौकारशाही के शोषण और अन्याय का चित्रण 'गबन', 'गोदान', 'कर्मभूमि' उपन्यासों में और अनेक कहानियों में करते हुए उसके मूल चरित्र को उद्‌घाटित करते जाते हैं। साथ ही उसके प्रति 'बलराज', 'वीरसिंह', 'गोबर' जैसे उग्र पात्रों की संरचना द्वारा विरोध करते हुए भी दिखायी देते हैं। प्रेमचन्द के साहित्य-लेखन के इस बुनियादी स्वरूप के वैशिष्ट्य पर रामविलास शर्मा अपनी प्रसिद्ध पुस्तक 'भारत में अंग्रेजी राज और मार्क्सवाद' में लिखते हैं, 'जमींदारी-महाजनी शोषण का रक्षक है अंग्रेजी राज' जहाँ भी जमींदारों-महाजनों के हित का नाश होता हो, जहाँ भी उनके शोषण के विरोध में किसान सिर उठाते हैं, वहाँ इस महाजनों और जमींदारों की रक्षा के लिए पुलिस और फौज आ जाती है।"[28] वर्मा जी ने यह सब नहीं लिखा किन्तु प्रेमचन्द ने सब लिखा है। इसीलिए महाजनों और जमींदारों के वंशज और उन वंशजों के चाकर आज भी प्रेमचन्द को क्षमा करने के लिए तैयार नहीं हैं। यही कारण है कि साम्राज्यवादी और सामन्तवादी शोषण की जटिल प्रक्रिया के स्पष्टद्रष्टा प्रेमचन्द का सम्पूर्ण साहित्य भारतीय मुक्ति आन्दोलन और ब्रिटिश साम्राज्यवाद से मुक्ति का ऐतिहासिक दस्तावेज बन गया है। हिन्दी के प्रसिद्ध

आलोचक डॉ. नामवर सिंह लिखते हैं, "प्रेमचन्द के हाथों हिन्दी उपन्यास साम्राज्यवाद और सामन्तवाद के खिलाफ संघर्ष का एक शक्तिशाली हथियार बन गया।"[29]

## सन्दर्भ


1. लेनिन : संकलित रचनाएँ, खण्ड-1, पृ. 411
2. रजनी पामदत्त : भारत वर्तमान और भावी, पृ. 38
3. वही, पृ. 39
4. प्रेमचन्द : विविध प्रसंग, भाग-दो, पृ. 310-311
5. वही, पृ. 299
6. वही, पृ. 289-290
7. वही, पृ. 305
8. वही, पृ. 207
9. वही, पृ. 313
10. वही, पृ. 314
11. वही, पृ. 324
12. वही, पृ. 326
13. वही, पृ. 329
14. वही, पृ. 242
15. रजनी पामदत्त : भारत वर्तमान और भावी, पृ. 87
16. and it is clear that in the colovoial countries, the peasants alon are revolutionary, For they have nothing to lose and every thing to gain' the wreatehed of the earth." प्रेमचन्द और किसान : रामवक्ष, पृ. 177
17. रजनी पामदत्त : भारत वर्तमान और भावी, पृ. 97
18. प्रेमचन्द : गोदान, पृ. 292
19. रजनी पामदत्त : भारत वर्तमान और भावी, पृ. 233
20. वही, पृ. 234
21. वही, पृ. 239
22. प्रेमचन्द : विविध प्रसंग, भाग-दो, पृ. 42
23. वही, भाग-तीन, पृ. 505
24. वही, मानसरोवर, भाग-8, पृ. 70
25. वही, भाग-7, पृ. 70
26. डॉ. रामविलास शर्मा : भारत में अँगरेजी राज और मार्क्सवाद, पृ. 292
27. नामवर सिंह : 'धरातल' (सम्पादक : डॉ. नन्दकिशोर नवल) का संयुक्तांक, पृ. 9-10

# उपसंहार

रचनाकार का मूल्य रचनाकार की परिकल्पना में सन्निहित होता है। रचना-कर्म से पूर्व बड़े रचनाकार अपनी एक दृष्टि निर्धारित करते हैं। इस परिप्रेक्ष्य में प्रेमचन्द के लेखक को रखने पर उनकी रचना-दृष्टि भारतीय मुक्ति की परिकल्पना में ही सन्निहित है। प्रेमचन्द के सम्पूर्ण कृतित्व को भारतीय मुक्ति-आन्दोलन की महागाथा कहा जाये तो शायद यह अत्युक्ति नहीं होगी।

1907 से लेकर 1936 तक के भारतीय जीवन-सन्दर्भों का उनके द्वारा प्रस्तुत सर्वांगीण चित्रण का केन्द्र-बिन्दु भारतीय जनता की मुक्ति की प्रबल आकांक्षा है। वे मानते थे कि साहित्यकार "देशभक्ति और राजनीति के पीछे चलनेवाली सच्चाई नहीं, बल्कि उससे आगे मशाल दिखाती हुई चलनेवाली सच्चाई है।"[1]

भारतीय राष्ट्रीय मुक्ति आन्दोलन के सन्दर्भ में उनके इस कथन का विशेष अर्थ इसलिए है कि साहित्य से राजनीतिज्ञों के विचारों का अनुगमन करने की आशा की जाती है लेकिन प्रेमचन्द इस भ्रम को वैचारिक और रचनात्मक दोनों स्तरों पर तोड़ते हैं। सन् 1930 ई. में बनारसीदास चतुर्वेदी को एक पत्र लिखते हुए प्रेमचन्द अपनी अभिलाषाओं की सूचना इन शब्दों में देते हैं, "मेरी अभिलाषा बहुत सीमित है। इस समय सबसे बड़ी अभिलाषा यही है कि हम अपने स्वतन्त्रता-संग्राम में सफल हों। मैं दौलत और शोहरत का इच्छुक नहीं हूँ। खाने को मिल जाता है। मोटर और बँगले की मुझे हबिस नहीं है। हाँ, यह जरूर चाहता हूँ कि दो-चार उच्चकोटि की रचनाएँ छोड़ जाऊँ लेकिन उनका उद्देश्य स्वतन्त्रता प्राप्ति ही हो।"[2] प्रेमचन्द के वैचारिक और सर्जनात्मक लेखन में सैकड़ों ऐसे स्थल हैं जिनका निष्कर्ष यही है। उनकी मुख्य चिन्ता भारतीय जनता की मुक्ति थी। अपने समय के रवीन्द्र, शरत्, इकबाल, भारती जैसे महान् लेखकों के बीच भारतीय मुक्ति आन्दोलन के लिए समर्पित उनका लेखन सूर्य के प्रकाश की तरह है।

इनकी साहित्यिक यात्रा का हर पड़ाव भारतीय मुक्ति के विविध सन्दर्भों से निरन्तर

जुड़ा रहा है। उनके लेखन एवं चिन्तन के पड़ावों में विकासमान सामाजिक सन्दर्भों के अनुरूप वैचारिक एवं गुणात्मक परिवर्तन स्पष्ट रूप से लक्षित किया जा सकता है। 1922 में गाँधी द्वारा असहयोग आन्दोलन के एकाएक बन्द कर दिये जाने पर देश साम्प्रदायिक विभीषिका की चपेट में आ गया। कांग्रेस नो-चेंजर्स और प्रो-चेन्जर्स दो गुटों में विभक्त हो गयी। आगे चलकर प्रो-चेंजर्स दक्षिणपन्थ और वामपन्थ में विभक्त हो गये। दक्षिणपन्थी स्वायत्त शासन की माँग कर रहे थे और वामपन्थीपूर्ण स्वाधीनता की। आगे चलकर स्वराज्य पार्टी की विजय हुई। गाँधी ने स्वराजियों के सामने आत्मसमर्पण कर दिया। इससे स्पष्ट होता है कि भारतीय राजनीति से जुड़े 'स्वराज्य' शब्द से प्रेमचन्द उन्हीं वर्षों में प्रभावित हुए। क्योंकि 1922 के बाद के साहित्यिक और वैचारिक लेखन में इस शब्द का वे बार-बार प्रयोग करते हैं। लेकिन इसका अर्थ उनके लिए मात्र राजनीतिक स्वतन्त्रता ही नहीं है। वे राजनीतिक, आर्थिक और सामाजिक मुक्ति के लिए इसका प्रयोग कर रहे थे। गौर करने की बात है कि, स्वराज्य शब्द प्रेमचन्द की मुक्ति की व्यापक परिकल्पना के लिए पर्याप्त नहीं था फिर भी वे इसे ग्रहण करते हैं। सम्भवत: उनके वैचारिक जगत में गाँधी और गाँधीवाद के प्रति उभरती अनास्था और भारतीय जननीति में होनेवाले परिवर्तनों से निरन्तर जुड़े रहने के कारण 1922 के बाद की रानजीति में वे स्वराजियों से अत्यधिक निकटता महसूस करते हैं। इसीलिए वे स्वराज्य शब्द का प्रयोग अपने समकालीन समाज-सुधारकों, राजनीतिज्ञों और स्वराज की कल्पना करनेवाले नेताओं से आगे बढ़कर, राजनीतिक लड़ाई को आर्थिक, सामाजिक, सांस्कृतिक लड़ाई का स्वर प्रदान करते हैं।

तात्पर्य यह कि स्वराज्य को वे कभी भी मात्र राजनीतिक स्वतन्त्रता के अर्थ में ग्रहण नहीं करते। वे इसे हमेशा मानव-मुक्ति के व्यापक अर्थ से जोड़ते हैं। इसी कारण उनकी परिकल्पना में किसान, मजदूर, नारी और अछूत उनके साहित्य के मुख्य कथातत्त्व हैं। इन शोषित वर्गों की मुक्ति की धारणा महज राजनीतिक मुक्ति से पूरी नहीं हो सकती थी, अत: प्रेमचन्द इस लड़ाई को आर्थिक, सामाजिक और सांस्कृतिक मुक्ति के रूप में देखते हैं। उन्होंने कहा भी है कि सामाजिक-आर्थिक मुक्ति के बिना पूर्णमुक्ति सम्भव नहीं है। किसानों का आधा लगान माफ कर देने के साथ ही अन्धविश्वासों और पण्डे-पुरोहितों के जुल्म से मुक्ति भी जरूरी है। इसी कारण उनके द्वारा प्रयुक्त शब्द 'स्वराज्य' में व्यापकता और गहराई है। इसीलिए हमने 'स्वराज्य' के स्थान पर 'मुक्ति' शब्द का प्रयोग किया है जो प्रेमचन्द की स्वराज्य सम्बन्धी अवधारणा के लिए बीज शब्द है।

प्रेमचन्द इस राजनीतिक, सामाजिक, आर्थिक मुक्ति के लिए संघर्ष में किसानों को प्राथमिकता देते हैं। वे किसान और मजदूर में अधिक फर्क नहीं देखते इसलिए दोनों की संगठित शक्ति में उनका अटूट विश्वास है। उनका मानना था कि मुक्ति इन्हीं के संघर्ष से प्राप्त होगी। शिक्षित वर्ग, पूँजीपति, जमींदार इस संघर्ष में अपनी हित रक्षा में लगे रहेंगे।

यह कथन 1921 के 'जमाना' का है, "यह ध्यान में रखना चाहिए कि मजदूर और किसान एक होकर जो चाहे कर सकते हैं। उनकी शक्ति असीम है। वे जब तक बिखरे हुए हैं, घास के टुकड़े हैं, एक होकर जहाज को खींचनेवाले रस्से हो जायेंगे। अब वह जमाना नहीं रहा कि पूँजीपति 75 फीसदी मुनाफा बाँट लें और मजदूरों को जिन्दगी की जरूरतें भी नसीब न हों। हवा और रोशनी से भी वंचित रहें। पूँजीपति तो पेरिस और स्विट्जरलैण्ड की सैर करें और मजदूर को सुबह से शाम तक सिर उठाने की मोहलत न मिले। जमींदार और तालुकेदार साहब तो ऐश मनावें, शिकार खेलें, दावतें दें और किसानों को रोटियाँ भी नसीब न हों। उनकी कमाई, नजराने, बेगार, हरी डाँड, चुल्हाई, खटियाई वगैरह की सूरतों में जमींदार के लिए ऐश का सामान जुटायें। बहरहाल इन वर्गों के विरोध की बहुत अधिक आशंका है और स्वराज्य के आन्दोलन में उनका बाधा उपस्थित करना तय बात है।"[3]

यद्यपि प्रेमचन्द के समय तक मजदूर–वर्ग संगठित शक्ति के रूप में सामने नहीं आया था लेकिन प्रेमचन्द बीसवीं शताब्दी के दूसरे दशक में ही भलीभाँति समझ चुके थे किसानों–मजदूरों की संगठित शक्ति ही साम्राज्यवाद, पूँजीवाद तथा सामन्तवाद के गठजोड़ को ध्वस्त करके राष्ट्र की सही मुक्ति का आधार बन सकती है। जिसे उन्होंने 1919 ई. के अपने लेख 'पुराना जमाना : नया जमाना' में बड़े स्पष्ट शब्दों में कहा था— "आनेवाला जमाना अब किसानों और मजदूरों का है। प्रेमचन्द जी ने 'हंस' के 1932 के लेख में भारतीय मुक्ति की और भी व्यापक परिकल्पना की थी, 'हम पद के लिए, अधिकार के लिए स्वराज्य नहीं चाहते। हम स्वराज्य चाहते हैं उन गूँगे बेजबान आदमियों के लिए, जो दिन–दिन दरिद्र होते जा रहे हैं। अगर आज सभी अंग्रेज अफसरों की जगह हिन्दुस्तानी हो जायें तब भी हम स्वराज्य से उतनी ही दूर रहेंगे, जितने इस वक्त हैं। हमारा उद्देश्य तो तभी पूरा होगा जब हमारी दरिद्र, क्षुधित, वस्त्रहीन जनता की दशा कुछ सुधरेगी।"

प्रेमचन्द के साहित्य में सैकड़ों स्थल ऐसे मिलते हैं, जहाँ उनकी दृष्टि में स्वराज्य का मूल मन्तव्य आर्थिक मुक्ति से जुड़ा हुआ है। उनकी दृष्टि में स्वराज्य का अर्थ केवल यही नहीं कि अंग्रेज भारत छोड़कर चले जायें। वरन् यह कि शोषक वर्ग से जनता को मुक्ति मिले। लोगों को सावधान करते हुए वे लिखते हैं, "याद रखिये, हमें अंग्रेज जाति से स्वराज्य नहीं लेना है, हमें अपने ही भाइयों से, अपने ही देश–बन्धुओं से स्वराज्य लेना है, हमें अपनी शक्तियाँ नौकरशाही से सत्याग्रह करने में नहीं, अपने भाइयों से सत्याग्रह करने में लगानी चाहिए। जन–सम्मति को अपनी ओर फेर लेना स्वराज्य–प्राप्ति का मुख्य साधन है, नहीं, बल्कि स्वयं स्वराज्य है। हम इस लक्ष्य के जितना ही निकट होते जायेंगे उतना ही स्वराज्य के निकट होते जायेंगे।"[4]

'कातिल' कहानी में अवैधानिक शासन को निर्मूल करने में ही वास्तविक मुक्ति की

परिकल्पना करते हुए क्रान्तिकारी धर्मवीर की माँ कहती है, "क्या तुम समझते हो, अंग्रेजों को कत्ल कर देने से हम आजाद हो जायेंगे? हम अंग्रेजों के दुश्मन नहीं, हम इस राज्यप्रणाली के दुश्मन हैं। अगर यह राज्यप्रणाली हमारे भाई-बन्दों ही के हाथों में हो और उसका बहुत बड़ा हिस्सा है भी तो हम उसका भी विरोध करेंगे—यह एक-एक ओहदेदार, एक हजार गरीबों का हिस्सा खा जाता है। देश की सम्पत्ति एक-न-एक बहाने निकलती चली जाती है और हम गरीब होते जाते हैं। हम इस अवैधानिक शासन को बदलना चाहते हैं।"[5] 'आहुति' कहानी में रूपमणि के द्वारा प्रेमचन्द स्पष्ट शब्दों में स्वराज्य का आईना पेश करते हैं—अगर स्वराज्य आने पर भी सम्पत्ति का यही प्रभुत्व रहे और पढ़ा-लिखा समाज यों ही स्वार्थान्ध बना रहे, तो मैं कहूँगी, ऐसे स्वराज्य का न आना ही अच्छा। अंग्रेजी महाजनों की धनलोलुपता और शिक्षितों का स्वहित ही आज हमें पीसे डाल रहा है। जिन बुराइयों को दूर करने के लिए आज हम प्राणों को हथेली पर लिये हुए हैं, उन्हीं बुराइयों को क्या प्रजा इसलिए सिर चढ़ायेगी कि ये विदेशी नहीं स्वदेशी हैं? कम-से-कम मेरे लिये तो स्वराज्य का अर्थ नहीं है कि जान की जगह गोविन्द बैठ जायें। मैं समाज की ऐसी व्यवस्था देखना चाहती हूँ, जहाँ कम-से-कम विषमता को आश्रय न मिल सके।"[6]

प्रेमचन्द के स्वराज्य की परिकल्पना में आर्थिक मुक्ति की बात बार-बार और जोरदार शब्दों में की गयी है। आर्थिक मुक्ति की अनिवार्यता पर जोर देते हुए 'जागरण' में 1933 में लिखते हैं, "अधिकांश भारतीय स्वराज्य इसलिए नहीं चाहते कि अपने देश के शासन में उनकी आवाज ही पहले सुनी जाय, पर स्वराज्य का अर्थ उनके लिए आर्थिक स्वराज्य होता है। अपने प्राकृतिक साधनों पर अपना अधिकार, अपनी प्राकृतिक उपजों पर अपना नियन्त्रण, अपनी वस्तुओं का स्वच्छन्द उपभोग और अपनी पैदावार पर अपनी इच्छानुसार मूल्य लेने का स्वत्व यही उनकी सबसे बड़ी, सबसे पहली, सबसे उत्कृष्ट माँग है। यह स्वराज्य का अंग नहीं, स्वराज्य इसी माँग का अर्थ है।"[7] जागरण की इसी टिप्पणी में स्वराज्य की मीमांसा करते हुए कह जाते हैं कि 'स्वराज्य का अर्थ केवल आर्थिक स्वराज्य है।"

प्रेमचन्द की दृष्टि में डोमिनियन स्टेट्स का तब तक कोई अर्थ नहीं है जब तक सम्पत्ति पर भारतीयों का अधिकर नहीं होता। नवम्बर, 1930 में 'हंस' में लिखते हैं, "अगर रुपये की थैली और फौज पर सरकार का अधिकार रहा, तो डोमिनियन स्टेट्स का कोई अर्थ न होगा।"[8] प्रेमचन्द की स्वराज्य की परिकल्पना में आर्थिक मुक्ति अनिवार्य थी। ब्रिटिश साम्राज्यवाद के आर्थिक शोषण का मूल आधार भारत ही था। इसलिए अंग्रेज भारत को राजनीतिक मुक्ति देने की बात पर हमेशा कतराते रहे। ब्रिटिश साम्राज्यवाद की आर्थिक समृद्धि का मुख्य स्रोत होने के साथ ही अंग्रेजों की साम्राज्य-विस्तार की उत्कट आकांक्षा का केन्द्रीय बिन्दु भारत ही था। इन्हीं सन्दर्भों का विवरण देते हुए प्रेमचन्द

'सुदिन अथवा कुदिन' शीर्षक टिप्पणी में लार्ड रादर मियर के भाषण को रेखांकित करते हुए लिखते हैं, "भारत ब्रिटिश साम्राज्य की धुरी की कील है। यदि हम भारत खो देंगे, तो साम्राज्य डूब जायेगा। पहले उसका आर्थिक अंग डूबेगा, फिर राजनैतिक....हम बिना भारत के सिंगापुर पर या मलाया राज्य पर अधिकार कर, शासन न कर सकते और इन दो स्थानों के बिना हम आस्ट्रेलिया या न्यूजीलैण्ड कभी न पाते।"[9] इन्हीं परिस्थितियों में प्रेमचन्द की स्वराज्य की परिकल्पना आर्थिक मुक्ति की अपरिहार्य आवश्यकता के रूप में विकसित होती है।

इस प्रकार यह स्पष्ट है कि प्रेमचन्द की कामना में स्वराज्य का आर्थिक पक्ष सर्वाधिक मुखर रहा है। लेकिन इसका यह तात्पर्य नहीं कि वे राजनीतिक मुक्ति को अनिवार्य नहीं समझते थे। सर्वांगीण मुक्ति की परिकल्पना का स्वरूप उनके यहाँ इन शब्दों में अभिव्यक्त हुआ है, "देश को अपनी सारी सामाजिक, आर्थिक और राजनैतिक बीमारियों की एक ही अमोघ ओषधि देख पड़ रही है, और वह 'स्वराज्य' है।"[10]

अपने युग के अन्य साहित्यकारों की भाँति प्रेमचन्द भी देशभक्त और साम्राज्यवाद विरोधी थे। विदेशी और भारतीय शोषकों से भारत की सम्पूर्ण मुक्ति उनकी सबसे बड़ी आकांक्षा थी। भारतीय मुक्ति की जिस समस्या से प्रेमचन्द जीवन-पर्यन्त संघर्ष करते रहे, उसके सम्बन्ध में उनकी समझ हमेशा एक-सी नहीं रही। इस सन्दर्भ में उनके लेखन में निरन्तर बदलाव की अभिव्यक्ति को इससे पहले के अध्यायों में रेखांकित करने का प्रयास किया है। बल्कि स्वराज्य की स्पष्ट अवधारणा ने ही प्रेमचन्द को समय-समय पर वैचारिक चिन्तन में बदलाव के लिए विवश किया है। भारत की सवाङ्गीण मुक्ति के लिए जब जहाँ जो भी विचारधारा उपयोगी लगी, उसे उन्होंने बेझिझक ग्रहण किया। साहित्य राजनीति के आगे मशाल लेकर चलने वाली सच्चाई है। जैसा उनका कथन स्पष्ट बताता है कि साहित्यकार का दायित्व राजनीतिज्ञ से अधिक है। भारतीय मुक्ति आन्दोलन के सम्बन्ध में प्रेमचन्द के इस कथन का विशेष महत्त्व है। उनके साहित्य को राजनीतिज्ञों के विचारों का अनुवर्तन प्रेमचन्द को ग्राह्य नहीं था। इसलिए उनके साहित्य को कांग्रेस के आन्दोलन का अनुवाद समझना भूल होगी। इस तथ्य का साक्षी प्रेमचन्द का सम्पूर्ण साहित्य है। प्रेमचन्द के सृजनात्मक विकास के तीन मुख्य पड़ाव हैं। पहले दौर की शुरुआत 'दुनिया का सबसे अनमोल रतन' जैसी कहानियों से होती है। इस दौर में प्रेमचन्द ने आर्यसमाज के सिद्धान्तों से जो भी समाज राष्ट्र के लिए हितकर समझा, जैसे राष्ट्र के लिए त्याग और आत्मबलिदान की भावना आदि लोगों के सामने प्रस्तुत किया। भारतीय राजनीति में यह ऐसा दौर था जिसमें शहादत को सर्वाधिक महत्त्व दिया गया। इसी दौर में प्रेमचन्द ने राजपूतों के राष्ट्र-प्रेम और वीरता की अनेक कहानियाँ लिखीं। कुछ आलोचक इन कहानियों में पुनरुत्थानवादी रुझान को देखते हैं लेकिन यह प्रेमचन्द की भारतीय मुक्ति के प्रति प्रतिद्धता ही रेखांकित होती है।

प्रेमचन्द के लेखन के पहले दौर के समय आर्यसमाज का आन्दोलन चल रहा था।

प्रचारक घूमते रहते थे। शास्त्रार्थ होते थे। बाल-विवाह की बुराइयाँ उठायी जाती थीं। ऐसे में वे प्रेमचन्द बड़ी तेजी से आर्यसमाज की ओर झुकें हैं। इनका यह झुकाव अत्यन्त स्वाभाविक था, क्योंकि जिन बुराइयों के खिलाफ आर्यसमाज लड़ रहा था, उन्हीं बुराइयों का भुगतान वह खुद अपनी जिन्दगी में कर रहे थे। कुल मिलाकर अमृतराय का यह कथन ध्यान देने योग्य है। 'सोशल रिफार्म में उनकी जान बसती थी।'

प्रेमचन्द आर्यसमाज से जुड़ते अवश्य हैं लेकिन उसकी कट्टर नीतियों का समर्थन नहीं करते। आर्यसमाज के प्रगतिशील तत्त्व जो भारत की सामाजिक और सांस्कृतिक मुक्ति के लिए उपादेय थे, मात्र उन्हें ही ग्रहण करते हैं। 'साहित्य का उद्देश्य' में उन्होंने स्पष्ट कहा, "मैं तो आर्यसमाज को जितना धार्मिक संस्था समझता हूँ, उतनी ही तहजीबी (सांस्कृतिक) संस्था भी मानता हूँ। कौमी जिन्दगी की समस्याओं को हल करने में उसने जिस दूरदर्शिता का सबूत दिया है, उस पर हम गर्व कर सकते हैं। हरिजनों के उद्धार में पहले आर्यसमाज ने कदम उठाया। लड़कियों की शिक्षा की जरूरत को सबसे पहले उसने समझा। वर्णव्यवस्था को जन्मगत न मानकर कर्मगत सिद्ध करने का सेहरा उसके लिए है। जातीय भेदभाव और खान-पान के छूत-छात और चौके-चूल्हे की बाधाओं को मिटाने का गौरव उसी को प्राप्त है। यह ठीक है कि ब्रह्मसमाज ने इस दिशा में पहले पदार्पण किया, पर वह थोड़े-से अंग्रेजी पढ़े-लिखों तक ही सीमित रहा। इन विचारों को जनता तक पहुँचाने का बीड़ा आर्यसमाज ने उठाया। अन्धविश्वास और धर्म के नाम पर किये जानेवाले हजारों अनाचारों की कब्र उसने खोदी....समाज के मानसिक और बौद्धिक धरातल को आर्यसमाज ने जितना उठाया है, शायद ही भारत की किसी अन्य संस्था ने उठाया हो।"[11] प्रेमचन्द के इस कथन से स्पष्ट है कि वे आर्यसमाज को भारत की सामाजिक और सांस्कृतिक मुक्ति के साधन के रूप देख रहे थे, इसीलिए उनके समर्थक रहे और इसीलिए उनके लेखन का पहला दौर राष्ट्रवादी, सामाजिक, सांस्कृतिक चेतना से ओतप्रोत है।

प्रथम दौर में भी प्रेमचन्द और स्वामी दयानन्द की समझ में कुछ मूलभूत अन्तर दृष्टिगत होते हैं। प्रेमचन्द ने हिन्दू संगठनों के शुद्धि-आन्दोलन के खिलाफ आवाज उठायी और यह शिकायत की कि एक भी कांग्रेसी नेता खुलकर उनका विरोध नहीं कर रहा है। "मगर अफसोस के साथ कहना पड़ता है कि कांग्रेस ने भी समान रूप से इन आन्दोलनों से अलग रहने के बावजूद व्यक्तिगत रूप से उनमें शामिल होने में कुछ भी उठा नहीं रखा। इतना ही नहीं, एक भी जिम्मेदार कांग्रेसी नेता ने एलान करके इस आन्दोलन के खिलाफ आवाज बुलन्द करने का साहस नहीं किया पण्डित मोतीलाल नेहरू, पण्डित जवाहरलाल नेहरू, लाला लाजपत राय, भगवानदास, श्रीप्रकाश, जिनसे ज्यादा नैतिक साहस से काम लेने की आशा की जा सकती थी, मगर इन सभी लोगों ने एक रोज अपने विरोध और अपनी आशंका को व्यक्त करके, दूसरे रोज उसका

खण्डन कर दिया और डंके की चोट पर यह कहा कि शुद्धि और संगठन के बारे में हमने जो ख्याल जाहिर किया था वह गलतफहमियों पर आधारित था।"[12] तात्पर्य यह कि प्रेमचन्द का ऐसे वैचारिक घालमेल में विश्वास न था वे भारतीय जनता की मुक्ति के लिए साहसिक विचार–परम्परा के कायल थे इसी कारण वे आर्यसमाज से गाँधी और गाँधीवाद से आमूल सामाजिक बदलाव तक पहुँचते हैं। इसी कारण वे आन्दोलन के नेता–वर्ग की समझ से टकराते हैं।

प्रेमचन्द–साहित्य का दूसरा दौर 1917 के बाद शुरू होता है। यह रूसी क्रान्ति का वर्ष है, जिसका प्रभाव प्रेमचन्द ने भरपूर ग्रहण किया। इससे भारतीय मुक्ति आन्दोलन में और नया मोड़ आया। कांग्रेस द्वारा चलाये गये राष्ट्रीय आन्दोलन के साथ प्रेमचन्द की सहानुभूति आरम्भ से ही थी।

1920 तथा 1930 में गाँधी के आह्वान पर जिस प्रकार विशाल पैमाने पर साम्राज्यवाद से मुक्ति की चेतना अपने सीमित आधार को तोड़कर गाँवों तक पहुँच गयी थी। इससे प्रभावित होकर प्रेमचन्द ने राष्ट्रीय आन्दोलन में उन्हें सबसे विश्वसनीय माना। वे लिखते हैं, "मैं महात्मा गाँधी को सबसे बड़ा मानता हूँ उनका भी उद्देश्य यही है कि मजदूर और किसान सुखी हों। वह इन लोगों को आगे बढ़ाने के लिए आन्दोलन मचा रहे थे। मैं लिखकर उनको उत्साह दे रहा हूँ, महात्मा गाँधी हिन्दू–मुसलमानों की एकता चाहते हैं, तो मैं भी हिन्दी और उर्दू को मिलाकर हिन्दुस्तान बनाना चाहता हूँ।"[13] उनके इस कथन से दो बातें स्पष्ट हैं कि गाँधी के अनुयायी बनने के मूल कारणों में किसान–मजदूरों के कल्याण की चेतना और हिन्दू–मुस्लिम एकता की आकांक्षा ही प्रधान थी। प्रेमचन्द ने अवध के किसानों को नजदीक से देखा था। गाँवों में जमींदारी और ताल्लुकेदारी के रूप में फलती–फूलती, तमाम रूढ़ियों से ग्रस्त आर्थिक, सामाजिक, राजनीतिक व्यवस्था हर स्तर पर सामान्य जनता का शोषण कर रही थीं। प्रेमचन्द इस सारे परिदृश्य के संवेदनशील द्रष्टा ही नहीं, अनेक अंशों में भोक्ता भी थे। इसी कारण स्वराज्य आन्दोलन में कौन लोग नहीं शामिल हैं और क्यों इसे अच्छी तरह समझ रहे थे—हाँ, हम यह मानने को तैयार हैं कि हमारे खानबहादुर साहबान, जिनकी संख्या ईश्वर की दया से अंग्रेजों की असीम कृपा होने पर भी बहुत ज्यादा नहीं, बेशक हमारे साथ नहीं है। खाँ साहब नहीं हैं, तो रायसाहब भी तो नहीं हैं। यों कहिये कि यह उन लोगों का आन्दोलन है, जो अपने सारे संकटों का मोचन एकमात्र स्वराज्य को समझते हैं। जो गरीब हैं, भूखे हैं, दलित हैं या जो गैरत से भरा हुआ, देशाभिमान से चमकता हुआ हृदय रखते हैं और यह देखकर जिनका खून खौलने लगता है कि कोई दूसरा हमारे ऊपर शासन करे। इसमें न हिन्दू की कैद है, न मुसलमान की।"[14]

प्रेमचन्द के लिए सामन्तवाद विरोध, साम्राज्यवाद का विरोध था। उनकी यह स्थापना, उन्हें समाज सुधारकों और गाँधीवादी परिधि ही नहीं 1929 में स्वराज्य की

कल्पना करनेवालों से भी आगे ले जाती है। इस समय जब गाँधी जी किसानों और जमींदारों के बीच वर्ग समन्वय की बात सोचते थे, प्रेमचन्द सामन्तों को साम्राज्यवादियों के साथ जोड़कर, उनके मुकाबले में देश के गरीबों, भूखों, दलितों को खड़ाकर वर्गसंघर्ष की बात करने लगे थे। स्वराज्य की कल्पना सदैव स्पष्ट रही। वे स्वराज्य आन्दोलन को उन लोगों का आन्दोलन बताते हैं, जो मात्र स्वराज्य को अपने सारे संकटों का समाधान बताते हैं। गाँधी जी से जब कभी स्वराज्य को परिभाषित करने को कहा गया, वह टालते रहे। रजनी पामदत्त लिखते हैं, "असहयोग आन्दोलन की समाप्ति के उपरान्त जून, 1922 में खिलाफत कमेटी और जमियत-उल-उलमा का एक संयुक्त अधिवेशन लखनऊ में हुआ, जिसमें यह प्रस्ताव पास किया गया कि भारत और मुसलमान के हित में यह है कि कांग्रेस के घोषित लक्ष्य में 'स्वराज्य' शब्द के स्थान पर 'पूर्ण स्वाधीनता' शब्द को रख दिया जाये, दुर्भाग्यवश कांग्रेस के नेताओं ने इस प्रस्ताव का विरोध किया और अपने विरोध के पक्ष में यहाँ तक कह दिया कि इसमें कांग्रेस के संविधान में बुनियादी परिवर्तन हो जायेगा।"[15]

स्वराज्य की जगह पूर्ण स्वाधीनता कर देने से कांग्रेस के संविधान में बुनियादी परिवर्तन हो जायेगा, इसका मतलब तो यह है कि कांग्रेस की बुनियाद में ही पूर्ण स्वाधीनता की बात नहीं थी और स्वराज्य का आशय कुछ और ही था जिसे न तो कांग्रेस ने और न गाँधी जी ने ही कभी ठीक से परिभाषित किया। जब कभी गाँधी जी स्वराज्य को परिभाषित करने बैठे तो उसे धार्मिक पहेलियों में उलझा दिया। जनता की आर्थिक और राजनैतिक माँगों को धार्मिक और आध्यात्मिक रूप देकर वे इसे इस प्रकार पेश करते हैं, 'राजनीति को ईश्वर-विश्वास और मजहब के आधार पर चलाओ!'

राजनीति में धर्म के अनधिकृत प्रवेश से क्षुब्ध होकर नेहरू जी ने लिखा, "हमारी राजनीति में जिस तरह धार्मिकता का अंश बढ़ता जा रहा है, हिन्दुओं और मुसलमानों में, उसमें मैं कभी-कभी बहुत परेशान हो जाया करता था। मुझे यह चीज बिलकुल अच्छी नहीं लगती थी। बहुत-सी बातें जो मौलवी और मौलाना और स्वामी और इस किस्म के लोग अपने भाषणों में कहते थे, मुझको बहुत अफसोसजनक मालूम होती थी। उनका इतिहास और समाजशास्त्र और अर्थशास्त्र सब-कुछ मुझको गलत मालूम होता था और जिस तरह से वे लोग हर चीज को धर्म का रंग देते थे, उनके कारण सफाई से किसी सवाल पर सोच सकना असम्भव हो जाता था। यहाँ तक कि गाँधी जी के कुछ शब्द मुझे बेतरह खटकते थे, जैसे रामराज।"[16]

जवाहरलाल नेहरू का निम्नलिखित कथन स्वराज्य के नेतावर्ग और गाँधी के अन्तर्विरोध को पूरी तरह स्पष्ट करता है, "इस तरह हम चल रहे थे अनिश्चित से, पर अपने भीतर गहरा आवेग लिये हुए। कर्म का उल्लास हमें मजबूती से पकड़े था, पर अपने लक्ष्य की ओर से इस तरह आँखें मूँद रखी थीं। यह ठीक है स्वराज्य का नाम

लेते ही हम सबकी सरस्वती जाग उठती थीं, मगर हममें से शायद हर एक के पास इस शब्द का अपना अलग अर्थ था। ज्यादातर नौजवान इसका मतलब राजनीतिक स्वाधीनता या ऐसा ही कुछ समझते थे, और जनतान्त्रिक ढंग की शासन–प्रणाली और यही अपने भाषणों में कहा करते थे। हममें से बहुत से यह भी सोचते थे कि इसका लाजिमी नतीजा यह होगा कि वह बोझ कुछ कम हो जायेगा, जिससे नीचे आज मजदूर और किसान पिस रहे हैं। लेकिन यह स्पष्ट था के हमारे अधिकांश नेताओं के लिए स्वराज्य का मतलब आजादी से कोई कम चीज था। गाँधी जी इस चीज के बारे में ऐसे अस्पष्ट थे कि क्या कहना और मजा यह है कि वे यह पसन्द भी न करते थे कि कोई इसके बारे में सफाई से सोचे।''[17]

गाँधी जी के यहाँ स्वराज्य परिभाषित न हो, फिर भी जवाहरलाल, गाँधी जी की इच्छा के खिलाफ कुछ बोलने की धृष्टता न कर सकते थे। लेकिन प्रेमचन्द के यहाँ स्वराज्य का मतलब स्पष्ट है और गाँधी जी की सूझ–बूझ की प्रशंसा करते हुए भी स्वराज्य के बारे में वे स्पष्ट बातें करते हैं। ''हम वह स्वराज्य चाहते हैं कि जिसमें हमें राष्ट्र की इच्छानुसार परिवर्तन और सुधार करने का अधिकार हो, जिसमें हमारे ही धन पर पलनेवाले कर्मचारी हमीं को कुत्ता न समझें, जिसमें हम अपनी संस्कृति का निर्माण आप कर सकें। हम वह स्वराज्य चाहते हैं; जिसमें हम भी उसी तरह रह सकें, जैसे फ्रांस और इंग्लैण्ड में लोग रहते हैं।....हम वह स्वराज्य चाहते हैं, जिसमें स्वार्थ और लूट प्रधान न हो, नीति और धर्म प्रधान हो।''[18]

उनका यही नीतिसंगत वैषम्य उन्हें राजनीतिज्ञों से आगे ले जाता है। महात्मा जी ने 12 फरवरी, 1922 को चरमबिन्दु पर पहुँचे असहयोग–आन्दोलन को अचानक रोक दिया और 23 फरवरी, 1922 को 'यंग इण्डिया' में लिखा कि ''भारत की स्वाधीनता से अधिक महत्त्व मेरे लिये अपनी मुक्ति का है। मैं पहले हिन्दू हूँ और देशभक्त बाद में।''[19]

भारतीय मुक्ति आन्दोलन के नेता के रूप में गाँधी की छवि 'यंग इण्डिया' के उस लेख से धूमिल होती गयी है जब वे खुलेआम कहते हैं, ''मैं अपने को सनातनी हिन्दू कहता हूँ।'' इसके अतिरिक्त जैसे एक हिन्दू नेता के रूप में हिन्दुओं को 'हम लोग' और मुसलमानों को 'ये लोग' से सम्बोधन करते हैं।

महात्मा जी के हिन्दुत्व के इस एलान के बाद ही मुहम्मद अली जिन्ना ने कहा, 'मेरे लिये सबसे पहले इस्लाम है। अदना–से–अदना मुसलमान मेरी नजर में गाँधी से अधिक पवित्र है।'[20]

इस प्रकार साम्प्रदायिकता का विषैला ज्वर सर्वत्र फैल गया। गाँधी की सारी कोशिशें नाकाम हो गयीं। साम्प्रदायिकता का प्रश्न सामने आ गया और स्वराज्य का प्रश्न उससे ढक गया। राजनैतिक नेतृत्व की इस प्रतिगामिता के बाद भी प्रेमचन्द अडिग रहे। उनके

सम्पूर्ण साहित्य में हर प्रकार के सम्प्रदायवाद का विरोध निरन्तर होता रहा। उन्होंने इसके लिए 'बौड़म', 'मन्दिर और मस्जिद', 'हिंसा परमोधर्म', 'मुक्तिधन' जैसी कहानियाँ, कायाकल्प जैसा उपन्यास, 'कर्बला' नाटक, 'हजरत अली', 'नबी का नीति निर्वाह' आदि लेख लिखकर साम्प्रदायिक सौहार्द को पुनर्स्थापित करने की कोशिश की।

'शिवरानी जी के मजहब के सवाल पर जवाब देते हुए उन्होंने कहा, "अवश्य मेरे लिये कोई मजहब नहीं है। मेरा कोई खास मजहब नहीं हैं।"[21]

इसका कारण बताते हुए कहते हैं, "धर्म से ज्यादा द्वेष पैदा करनेवाली वस्तु संसार में दूसरी नहीं है।"[22]

फिर वे 'प्रेम की वेदी' में धर्म के सात्त्विक स्वरूप को स्पष्ट करते हुए लिखते हैं, "आज दौलत जिस तरह आदमियों का खून बहा रही है, उसी तरह, उससे ज्यादा बेदर्दी से धर्म ने आदमियों का खून बहाकर की है। दौलत कम-से-कम इतनी निर्दयी नहीं होती, इतनी कठोर नहीं होती। दौलत वही कर रही है जिसको उससे आशा थी, लेकिन धर्म तो प्रेम का सन्देश लेकर आता है और काटता है आदमियों के गले। वह मनुष्यों के बीच ऐसी दीवार खड़ी कर देता है, जिसे पार नहीं किया जा सकता।"[23]

प्रेमचन्द के अनुसार साम्प्रदायिकता फैलानेवाले नवाब और जमींदार थे, जो उसके द्वारा किसानों को बाँटते थे। उनका विचार था कि जब राजनीतिक आन्दोलन ठप होता है तो साम्प्रदायिकता में उभार आ जाता है।

भारतीय मुक्ति आन्दोलन की तीसरा मुख्य मुद्दा अछूतोद्धार का था। यहाँ भी प्रेमचन्द गाँधी के इस कार्यक्रम से प्रभावित होते हैं और उनके संकल्प की प्रशंसा करते हुए लिखते हैं, "धन्य हो महात्मा! राष्ट्र की सेवा में तुम पहले ही अपना सर्वस्व अर्पण कर चुके थे। एक प्राण रह गया था उसे भी राष्ट्र को ही भेंट करने जा रहे हो।"[24]

इस अटूट श्रद्धा में भी वैषम्य का बिन्दु वर्तमान था। गाँधी जी अछूतोद्धार को नैतिक अथवा आध्यात्मिक मानते थे लेकिन प्रेमचन्द प्रारम्भ से ही इसे सामाजिक मुक्ति की एक बड़ी समस्या के रूप में देखते थे और उसे सुलझाने के लिए आर्थिक मुक्ति को आवश्यक मानते थे।

गाँधी जी ने साम्राज्यवादियों के पृथक् निर्वाचन का विरोध तो किया लेकिन प्रेमचन्द की तरह की तल्खी उनके विचारों में नहीं थी, उस महान् आत्मा की तपस्या ने, ब्रिटेन के महान् राजनीतिज्ञों के द्वारा तैयार की हुई उस सुदृढ़ दीवार को जो हिन्दू को अलग करने के लिए बड़े गहन कौटिल्य के सीमेण्ट से तैयार की गयी थी, विध्वंस कर दिया। छूत-अछूत का वह मसला, जो आगामी गृहयुद्ध का संकेत कर रहा था, और इसीलिए ब्रिटिश राजनीतिज्ञों ने जिसकी नींव दृढ़ किया था, हल हो गया।"[25]

गाँधी जी की तरह प्रेमचन्द यह मानते थे कि छुआछूत हिन्दू धर्म के अनुकूल नहीं है। यह उनका प्रिय विषय था। अपने सम्पादकीयों में उन्होंने बार-बार यह बात दुहरायी

है। धर्म के नाम पर छुआछूत को उचित बतानेवालों से वह किसी किस्म का समझौता कर ही नहीं सकते थे। 'काशी का कलंक', 'अछूतों को मन्दिर में जाने देना पाप है', 'पावन तिथि' शीर्षक सम्पादकीय टिप्पणियों में वे परोपजीवी तत्त्वों से अनवरत संघर्ष करते देखे जाते हैं।

वर्णाश्रम व्यवस्था का छुआछूत से कोई सम्बन्ध नहीं है, इस बात में भी वे गाँधी जी से सहमत थे। लेकिन इन तत्त्वों के प्रति आक्रामकता प्रेमचन्द की मौलिक विशेषता थी और गाँधी इन तत्त्वों के हृदय-परिवर्तन में विश्वास रखते थे। हृदय-परिवर्तन की सम्भावना के प्रति आश्वस्त होने के कारण गाँधी जी अन्त तक धार्मिक व्यक्ति बने रहे लेकिन प्रेमचन्द संस्थागत धर्म में अपना विश्वास पूरी तरह खो बैठे। अपने अन्त तक आते-आते तो वह धर्ममात्र से ही नहीं, ईश्वर तक से विमुख हो चुके थे।

अस्पृश्यता-निवारण में शुरू में गाँधी जी के प्रभाव से मन्दिर-प्रवेश को प्रेमचन्द ने उत्साह के साथ स्वागत किया लेकिन जल्दी ही उन्हें लगने लगा था कि मन्दिर-प्रवेश से अछूतों की समस्याओं का निदान होनेवाला नहीं है। गाँधी जी से असहमत होते हुए लिखते हैं, "किसी भी तर्क द्वारा हम यह नहीं समझ सकते कि अस्पृश्यता-निवारण आन्दोलन में मन्दिर-प्रवेश को एक अनिवार्य स्थान क्यों दिया जा रहा है।"[26] वे आगे लिखते हैं, "हरिजनों की समस्या मात्र मन्दिर-प्रवेश से हल होने वाली नहीं है। उस समस्या को आर्थिक बाधाएँ धार्मिक बाधाओं से कहीं कठोर हैं। ...असल समस्या तो आर्थिक है, यदि हम अपने हरिजन भाइयों को उठाना चाहते हैं तो हमें चाहिए कि नौकरियाँ देने में उनके साथ थोड़ी-सी रियायत की जाये।"[27] वे धीरे-धीरे कांग्रेस के उस हिस्से की ओर आकृष्ट हो रहे थे जो वामपन्थी विचारधारा का था। प्रेमचन्द ने जवाहरलाल नेहरू की आर्थिक नीति पर जागरण में एक छोटा-सा सम्पादकीय लिखकर गाँधी से अपनी असहमति और नेहरू के प्रति सहमति व्यक्त किया, "आपकी नीति यही है कि जिससे भारत के गरीब आदमी को दैहिक और मानसिक भोजन और समान अवसर मिले। आप पूँजीपतियों के फायदे के लिए चाहे देश के हों चाहे विदेश के, गरीबों और मजदूरों का पीसा जाना नहीं देख सकते और यही आपकी नीति है। इसके सिवा अगर कोई अर्थ-नीति है तो वह धनवानों की, स्वार्थियों की मोटी तोंदवालों की नीति है।...वह लोग जो जवाहरलाल जी की इस नीति से चौंक उठे हैं, नित्य गरीब कुचले जाते हैं, पर उन्हें कभी यह बात नहीं खटकती। कांग्रेस इन पूँजीपतियों की नीति का समर्थन करके राष्ट्रीय संस्था नहीं बन सकती।"[28]

धीरे-धीरे राजनीतिक सवालों पर भी प्रेमचन्द के साहित्यिक और वैचारिक लेखन में स्वतन्त्रता आन्दोलन के नेतृत्व से असहमति व्यक्त होने लगी। डोमिनियन की माँग, फेडरेशन की माँग, दलित और अल्पसंख्यक वर्ग के अलग निर्वाचन की माँग, यहाँ तक कि नेताओं के हर कार्य के प्रति वे शंकालु ही नहीं रहे, वरन् उनका विरोध करने लगे।

जिस प्रकार डोमिनियन का वास्तविक अर्थ उन्हें स्पष्ट था उसी प्रकार भारतीय मुक्ति के नेताओं द्वारा अन्वेषित 'फेडरेशन' शब्द भी उनकी समझ में खूब आ रहा था। हमारे राजनीतिज्ञों ने साम्राज्यवादियों की चालों को समझने में कई बार भूलें भी की हैं लेकिन प्रेमचन्द से ऐसी गलती की कोई सम्भावना ही नहीं है। 'डोमिनियन' की भाँति 'फेडरेशन' में अपनी अनास्था व्यक्त करते हुए वे लिखते हैं, "जो कुछ रही-सही आशा थी, उसका फेडरेशन ने चिराग गुल कर दिया। धन्य है वह मस्तिष्क, जिसने फेडरेशन की कल्पना की। सुनने में तो ऐसा मालूम होता है, कि वह विधान संयुक्त राज्य अमेरिका के नमूने पर रचा जा रहा है; पर वास्तव में यह केवल राष्ट्र को चिरकाल तक दासता में जकड़े रखने का एक चमत्कारपूर्ण साधन है। राजाओं को 1/3 जगहें दे दी जायेंगी। मुसलमान भाई एक लिये ही बैठे हैं। बाकी 1/3 में अछूत, दलित, हिन्दू, ईसाई, सिख, जमींदार, व्यापारी, किसान, स्त्री और न जाने कितने विशेषाधिकारों के लिए स्थान दिया जायेगा। राष्ट्र का अन्त हो गया।"[29]

1930 के आस-पास से प्रेमचन्द के लेखन का तीसरा दौर शुरू होता है। यह गाँधीवादी मान्यताओं से उनके मोहभंग का काल है। इस दौर में कांग्रेस के भीतर समझौते की प्रवृत्ति जोर मार रही थी और कांग्रेसी नेता असेम्बली की सीटों की छीना-झपटी में लग गये थे। इसी समय प्रेमचन्द बहुत तेजी से गाँधीवादी मान्यताओं से दूर साम्यवादी विचारधारा की ओर झुकते जा रहे। इस दौर का उनका रचनात्मक लेखन गाँवों के सबसे निचले स्तर के लोगों के जीवन की बदहाली का स्पष्ट आईना है। इस दौर में प्रेमचन्द भारतीय मुक्ति के लिए अपनाये जा रहे तरीकों के प्रति पूरी तरह से अनास्थावान् हो चले थे। इसीलिए होरी की त्रासदी में कहीं भी हृदय-परिवर्तन और आत्मा की आवाज जैसे हथकण्डों के दर्शन नहीं होते। 'कफ़न' कहानी में घीसू और 'माधव' की मानवीय संवेदनशून्यता पर हमें शंकालु नहीं होना चाहिए वरन् यह समझना चाहिए कि प्रेमचन्द सच्चाइयों से आमने-सामने हो गये हैं। इस दौर में गाँधी जी बहुत पीछे छूट जाते हैं और भारतीय मुक्ति संग्राम के नेताओं की कलई उखड़ने लग जाती है।

द्वितीय गोलमेज कान्फ्रेन्स की समाप्ति पर देश की सम्पूर्ण राजनीति ही उन्हें धोखा लगती है। वे बड़ी पीड़ा के साथ लिखते हैं, "कमेटी और तहकीकातों से असली बात को टालते रहना राजनीति की पुरानी चाल है।"[30]

9 अक्टूबर, 1936 के जागरण में 'कांग्रेस और सोशलिज्म' शीर्षक टिप्पणी में गाँधीवाद से दूर होते हुए प्रेमचन्द, पण्डित नेहरू और गाँधी के राजनीतिक आदर्शों के अन्तर को इस प्रकार बयान करते हैं, "महात्मा जी महात्मा हैं, जवाहरलाल महात्मा नहीं, हम और आप जैसे मनुष्य हैं। अहिंसा पण्डित जवाहरलाल नेहरू के लिए और महात्मा जी के सिवा सम्पूर्ण भारत के लिए केवल एक नीति है, धर्म नहीं, विश्वास नहीं, हमारा

ख्याल है कि यह खुला हुआ भेद है। रहा सोशलिज्म, वह तो महात्मा जी और पण्डित जवाहरलाल में केवल मात्रा का भेद है। महात्मा जी तो सोशलिज्म से भी आगे बढ़े हुए हैं, कम्युनिज्म से भी वह अपरिग्रहवादी हैं। पण्डित जी सोशलिस्ट हैं, उनके साथ कांग्रेस का बहुत बड़ा भाग सोशलिस्ट है।....बीसवीं सदी सोशलिज्म की सदी है। जो सम्भव है, आगे चलकर कम्युनिज्म का रूप धारण कर ले। भारत जैसे देश में जहाँ आबादी का बड़ा हिस्सा गरीबों का है, जिनमें पढ़े-अनपढ़े सब तरह के मजदूर हैं, सोशलिज्म के सिवा उनका आदर्श हो ही क्या सकता है? आज कांग्रेस पार्टी में रेफरेण्डम हो तो हमारा ख्याल है कि बहुमत सोशलिज्म का होगा, पर इसके एक ही दो कदम पीछे कम्युनिज्म भी नजर आयेगा। पण्डित जवाहरलाल सोशलिस्ट हैं, जैसे प्राय: सभी कांग्रेसमैन हैं—व्यवहार से हों या न हों, पर विचार से अवश्य हैं और सोशलिस्ट जायदादवालों का दोस्त नहीं होता, चाहे दुश्मन न हो।''[31]

समाजवादी प्रेमचन्द पूँजीवादी व्यवस्था के दिनोंदिन विरोधी होते गये। धीरे-धीरे प्रेमचन्द इस तथ्य से भी ज्ञान और अनुभव द्वारा परिचित होते गये कि भारत के राजनीतिक क्षितिज पर, यहाँ तक कि कांग्रेस पर, भी पूँजीपतियों का वर्चस्व स्थापित होता जा रहा है। और इसी के साथ उनका यह एहसास भी तेज होता जा रहा था कि कांग्रेस उन आशाओं को शायद ही पूरा कर सके जो वह उससे अब तक आशा कर रहे थे।

1934 के जागरण में 'ठेलम ठेला' शीर्षक से सम्पादकीय लिखकर प्रेमचन्द पहली बार खुलकर गाँधी से अपनी असहमति प्रकट करते हैं, ''कांग्रेस में आजकल कुछ वैसी ही ठेलम ठेला हो रही है। महात्मा गाँधी सत्याग्रह के आरम्भ होने की सारी जिम्मेदारी कार्यकर्त्ताओं पर रखते हैं। कार्यकर्त्ता इसे उनकी ज्यादती बताकर अपनी जिम्मेदारी को उन पर ठेलते हैं। महात्मा जी को आज से तेरह साल पहले सोच लेना चाहिए था कि जिन लोगों के हाथ में यह अमोघ अस्त्र दे रहे हैं वे इसे चला सकते हैं या नहीं। अगर उस वक्त उन्होंने कार्यकर्त्ताओं को समझने में गलती की, तो इसकी जिम्मेदारी कार्यकर्त्ताओं पर सोलहों आने क्यों रखी जाये? कार्यकर्त्ताओं ने अपनी बुद्धि और पहुँच के अनुरूप उस अस्त्र को चलाने की कोशिश की। क्या महात्मा जी ने उस वक्त यह समझा था कि वे सभी देवता हैं? अगर वे मानव स्वभाव से इतने बेखबर हैं तो यह उनका कसूर है जो एक राष्ट्र के नेता में बहुत बड़ा कसूर है।''[32] गाँधी और प्रेमचन्द के बीच मतभेद के बीज पहले से मौजूद थे। कालक्रम से ये मतभेद स्पष्ट होते गये। 1933-34 के आस-पास वे गाँधी जी का नाम लेकर उनकी आलोचना करने लगे थे।

जनवरी, 1934 में उन्होंने लिखा, ''अभी उस दिन महात्मा जी ने ही कहा है कि हमारे पापों के कारण ही यह भूकम्प हुआ है और उनकी धारणा में अछूत कहलानेवालें मनुष्यों के साथ दुर्व्यवहार ही महापाप है। इसी प्रकार वह स्वराज्यवाले महात्मा जी को कोसते हैं और कहते हैं कि अछूतों को मन्दिर में प्रवेश कराने के पाप का ही परिणाम

यह भूकम्प है।''[33] यह बात वही प्रेमचन्द कह रहे हैं जो कुछ ही वर्ष पहले गाँधी को भारत की मुक्ति का मसीहा मानते थे। समाजवाद के प्रति दिनोंदिन दृढ़ होती आस्था ने भारतीय मुक्ति के नेतावर्ग और खास तौर से गाँधी जी के प्रभाव से प्रेमचन्द मुक्त हो चुके थे।

महात्मा गाँधी जिन आदर्शों के बल भारतीय राजनीति और जनमानस में स्थान बना पाये थे, उन स्थापनाओं के प्रति भी प्रेमचन्द अनास्थावान् ही नहीं हो चुके थे वरन उसे बेकार की चीज मानने लगे थे। 'कातिल' कहानी के नायक धर्मवीर द्वारा प्रेमचन्द अपनी अनास्था को इन शब्दों में व्यक्त करते हैं, ''मुझे उम्मीद नहीं है कि पिकेटिंग और जुलूसों से हमें आजादी हासिल हो सकती है। यह तो अपनी कमजोरी और बेबसी का साफ एलान है। झण्डियाँ निकालकर और गीत गाकर कौमें नहीं आजाद हुआ करतीं। यहाँ के लोग अपनी अकल से काम नहीं लेते। एक आदमी ने कहा—इस तरह स्वराज्य मिल जायेगा। बस आँखें बन्द करके उसके पीछे हो लिये। वह आदमी गुमराह है और दूसरों को भी गुमराह कर रहा है। लोग दिल में इस ख्याल से खुश हो लें कि हम आजादी के करीब आते-जाते हैं। मगर मुझे तो काम करने का यह ढंग बिलकुल बच्चों का खेल-सा मालूम होता है। लड़कों के रोने-धोने और मचलने पर खिलौने और मिठाइयाँ मिला करती हैं। वही इन लोगों को मिल जायेगा। असली चीज तभी मिलेगी जब हम उसकी कीमत देने को तैयार होंगे।''[34]

गाँधी जी के हृदय-परिवर्तन और आत्मा की आवाज जैसी लटकों के प्रति शुरू के दिनों में प्रेमचन्द पूरी तरह आश्वस्त थे, लेकिन अपने वैचारिक और सर्जनात्मक विकास के तीसरे और अन्तिम दौर में गाँधी जी के द्वारा इजाद चमत्कारिक जादू से इस कदर मुक्त हो गये थे कि उनके इस स्वघोषित चमत्कारों का मजाक उड़ाने में उन्हें जरा भी उलझन नहीं हुई, ''अब यह मान लेना पड़ेगा कि जिस चीज को महात्मा जी भीतर की आवाज कहते हैं, जिसका मतलब यह होता है कि उसके गलत होने की सम्भावना नहीं, वह बहुत भरोसे की चीज नहीं, क्योंकि उसने एक से ज्यादा अवसरों पर गलती की हैं भविष्य में राजनीति को राष्ट्रहित से देखना होगा।[35] गाँधीवाद से मुक्ति की घोषणा करते हुए प्रेमचन्द लिखते हैं, 'मैं गाँधीवादी नहीं हूँ....मैं अब करीब-करीब बोल्शेविक उसूलों का कायल हो चुका हूँ।'

गाँधी और गाँधीवाद से मुक्ति के साथ कांग्रेस के नेताओं के समझौतावाद और पूँजीवादी चरित्र के बारे में प्रेमचन्द किसी भ्रम में नहीं रह गये थे। उनका विश्वास काउन्सिलों और असेम्बलियों में भी नहीं रहा। इन्हें गरीब जनता की कमाई पर जीनेवाले परजीवी वर्ग के रूप में देखते हैं—हम तो कहते हैं कि यह कौन्सिल और असेम्बली सब व्यर्थ ही नहीं विनाशकारी हैं। देश उन पर करोड़ों रुपये साल खर्च करता है। हजारों आदमी वहाँ सब काम-धन्धा छोड़कर चिल्लाते हैं। क्या फायदा! सब तोड़ दो, वाइसराय को डिक्टेटर बना दो। तब कम-से-कम रुपये तो बचेंगे, किसानों का बोझ तो हल्का

होगा, टैक्स तो कम हो जायेगा।''[36]

कांग्रेस के नेताओं के पूँजीवादी तथा समझौतावादी चरित्र के बारे में प्रेमचन्द की समझ एकदम साफ हो चुकी थी। सूक्ष्मद्रष्टा की तरह प्रेमचन्द उनके चरित्र का उद्घाटन करते हुए लिखते हैं—''ये ऊँचे लोग कुछ हासिल नहीं कर सकते। वे विदेशी शराब के बगैर जिन्दा नहीं रह सकते। हर स्तर पर वे एयाशी में गहरे धँसे हुए हैं और उनका दावा है कि वे देश बचायेंगे। तुम देश को क्या बचाओगे? पहले खुद को बचाओ। तुम आजादी की बात कहते हो, तो तुम्हारी आँखों के सामने किस आजादी की तसवीर है? तुम्हारी इस आजादी से देश की साधारण जनता को क्या मिलनेवाला है? तुम दिन में पाँच बार खानेवाले लोग हो, लेकिन गरीब किसान को दिन में एक बार भी खाने के लिए चना मयस्सर नहीं। आज तुम सत्ता से दूर हो, तब भी तुम एयाशी से जी रहे हो, लेकिन कल जब तुम सत्तारूढ़ होगे तो तुम गरीबों को पीसकर उन्हें निगल जाओगे।''[37]

कितने अनुभवों, कितने विचारों, कितने संघर्षों को पार कर, स्वराज्य के कितने आन्दोलनों, कांग्रेस के कितने रूपों, सुधारों-समझौतों को देखकर प्रेमचन्द अन्त में अपना विश्वास समाजवादी दर्शन में प्रतिष्ठित करते हैं।

इस सन्दर्भ में 1936 में 'भारत' में प्रेमचन्द को, भारतीय मुक्ति और राजनीतिज्ञों के रहनुमा, प्रतिनिधि साहित्यकार के रूप में देखनेवाले निराला जी की टिप्पणी महत्त्वपूर्ण है—''हिन्दी के युगान्तर साहित्य के सर्वश्रेष्ठ रत्न, अन्तर्प्रान्तीय ख्याति के हिन्दी के प्रथम साहित्यिक, प्रतिकूल परिस्थितियों से निर्भीक वीर की तरह लड़नेवाले उपन्यास संसार के एकच्छत्र सम्राट् रचना-प्रतियोगिता में विश्व के अधिक-से-अधिक लिखनेवाले मनीषियों के समकक्ष, आदरणीय, श्रीमान् प्रेमचन्द जी महाव्याधि से ग्रस्त होकर शय्याशायी हो रहे हैं।.....मैं जब बाबू राजेन्द्र प्रसाद और पण्डित जवाहरलाल नेहरू जैसे राष्ट्र के समादृत नेताओं को देखता हूँ तो साथ-साथ मुझे भी प्रेमचन्द जी की याद आती है, मेरा हृदय भक्ति मुक्ति और आनन्द से पूर्ण हो जाता है। मैं देखता हूँ राजनीति के सामने साहित्यकार का सर नहीं झुका बल्कि और ऊँचा है।...अपने अध्यवसाय से शिक्षा प्राप्त करनेवाले प्रेमचन्द जी, साहित्य की साधना में यहाँ-वहाँ भटकनेवाले प्रेमचन्द जी, फिर भी एकनिष्ठ होकर दिन-पर-दिन, महीने-पर-महीने, वर्ष-पर-वर्ष साधना करनेवाले प्रेमचन्द जी बड़े बहुत बड़े हैं।''[38]

## सन्दर्भ

1. प्रेमचन्द और उनका युग : डॉ. रामविलास शर्मा, पृ. 157
2. प्रेमचन्द : चिट्ठी-पत्री, भाग-दो, पृ. 77
3. प्रेमचन्द : विविध प्रसंग, भाग-दो, पृ. 29-30

4. वही, पृ. 36
5. वही, गुप्तधन भाग-दो, 'कातिल', पृ. 96
6. वही, कफ़न, हंस प्रकाशन, पृ. 105
7. प्रेमचन्द : विविध प्रसंग, भाग-दो, पृ. 152-153
8. वही, पृ. 70
9. वही, पृ. 177
10. वही, पृ. 76
11. प्रेमचन्द : साहित्य का उद्देश्य, पृ. 186-187
12. प्रेमचन्द : विविध प्रसंग, भाग-दो, पृ. 352
13. शिवरानी देवी : प्रेमचन्द घर में
14. प्रेमचन्द : विविध प्रसंग, भाग-दो, पृ. 48
15. रजनी पामदत्त : आज का भारत, पृ. 472
16. नेहरू : आत्मकथा, पृ. 218
17. वही, पृ. 219
18. प्रेमचन्द : विविध प्रसंग, भाग-दो, पृ. 91
19. यशपाल, बात-बात में बात, पृ. 102
20. वही, पृ. 73
21. शिवरानी देवी : प्रेमचन्द घर में, पृ. 115-116
22. प्रेमचन्द : कायाकल्प, पृ. 31
23. प्रेमचन्द : प्रेम की वेदी
24. प्रेमचन्द : विविध प्रसंग, भाग-दो, पृ. 440
25. वही,
26. वही, पृ. 466
27. वही, पृ. 455
28. वही, पृ. 220-221
29. वही, पृ. 90-91
30. वही, पृ. 86
31. वही, पृ. 217
32. वह, पृ. 257-258
33. वही, पृ. 233
34. प्रेमचन्द : गुप्तधन, भाग-दो, पृ. 95
35. प्रेमचन्द : विविध प्रसंग, भाग-दो, पृ. 258
36. वही, पृ. 301
37. साम्य—प्रेमचन्द विशेषांक, पृ. 15
38. वही, युगान्तर साहित्य के रतन प्रेमचन्द—निराला, पृ. 158

# सन्दर्भ ग्रन्थ सूची

1. अमृतराय : प्रेमचन्द : कलम का सिपाही
2. अमृतराय (सम्पादित) : प्रेमचन्द : चिट्ठी-पत्री
3. अयोध्या सिंह : भारत का मुक्ति संग्राम
4. अयोध्या सिंह : साम्राज्यवाद का उदय और अस्त
5. आचार्य नरेन्द्रदेव : राष्ट्रीयता और समाजवाद
6. इन्द्र विद्यावाचस्पति : भारतीय स्वाधीनता संग्राम
7. इन्द्रनाथ मदान : प्रेमचन्द एक विवेचन
8. ए. आर. देसाई : भारतीय राष्ट्रवाद की सामाजिक पृष्ठभूमि
9. ए. डब्ल्यू. ह्यूम : फादर आफ दि इण्डियन नेशनल कांग्रेस
10. कमलकिशोर गोयनका : प्रेमचन्द विश्वकोष
11. कार्ल मार्क्स : भारत का प्रथम स्वतन्त्रता संग्राम
12. कार्ल मार्क्स : फ्रेडरिक एंजेल्स : धर्म
13. कार्ल मार्क्स : पूँजी प्रथम भाग
14. के0 दामोदरन : भारतीय चिन्तन परम्परा
15. जवाहरलाल नेहरू : गाँधी जी और आज का भारत
16. जवाहरलाल नेहरू : विश्व इतिहास की झलक
17. जवाहरलाल नेहरू : मेरी कहानी
18. डी. एच. बुकानन : भारत में पूँजीवादी व्यवसाय का विकास
19. दयानरायण निगम : प्रेमचन्द की बातें; शचीरानी गुर्टू द्वारा सम्पादित
20. देवीप्रसाद चट्टोपाध्याय : भारतीय दर्शन सरल परिचय
21. पट्टाभिसीतारमैया : कांग्रेस का इतिहास
22. प्रेमचन्द : मंगलाचरण
23. प्रेमचन्द : वरदान
24. प्रेमचन्द : सेवासदन
25. प्रेमचन्द : प्रेमाश्रम
26. प्रेमचन्द : रंगभूमि

27. प्रेमचन्द : कायाकल्प
28. प्रेमचन्द : निर्मला
29. प्रेमचन्द : प्रतिज्ञा
30. प्रेमचन्द : ग़बन
31. प्रेमचन्द : कर्मभमि
32. प्रेमचन्द : गोदान
33. प्रेमचन्द : मंगलसूत्र
34. प्रेमचन्द : संग्राम
35. प्रेमचन्द : कर्बला
36. प्रेमचन्द : मानसरोवर, भाग-एक, 2, 3, 4, 5, 6, 7, 8
37. प्रेमचन्द : गुप्तधन (सम्पादित अमृतराय) भाग-एक, 2
38. प्रेमचन्द : चिट्ठी-पत्री, भाग-एक,2
39. प्रेमचन्द : विविध प्रसंग, भाग-एक, 2, 3
40. प्रेमचन्द : कुछ विचार
41. फ्रेडरिक एंजिल्स : साहित्य का उद्देश्य
42. बालमुकुन्द गुप्त : चिट्ठे और खत
43. भारतेन्दु हरिश्चन्द्र : भारतेन्दु नाटकावली
44. महात्मा गाँधी : सम्पूर्ण गांधी वाङ्मय
45. मदनगोपाल : कलम का मजदूर
46. महावीरप्रसाद द्विवेदी : सम्पत्तिशास्त्र
47. महेन्द्र भटनागर : समस्याप्रधान उपन्यासकार : प्रेमचन्द
48. यशपाल : बात-बात में
49. रजनी पामदत्त : आज का भारत
50. रजनी पामदत्त : भारत वर्तमान और भावी
51. रामवक्ष : प्रेमचन्द और किसान
52. रामविलास शर्मा : भारत में अँगरेजी राज और मार्क्सवाद
53. रामविलास शर्मा : हिन्दी कविता की प्रगतिशील भूमिका
54. रामविलास शर्मा : भारतेन्दु हरिश्चन्द्र
55. रामविलास शर्मा : प्रेमचन्द और उनका युग
56. रामविलास शर्मा : महावीरप्रसाद द्विवेदी और हिन्दी नवजागरण
57. रामरतन भटनागर : प्रेमचन्द-एक अध्ययन
58. रामदीन गुप्त : प्रेमचन्द और गांधीवाद
59. राजेश्वर गुरु : गोदान-एक अध्ययन
60. रामचन्द्र शुक्ल : हिन्दी साहित्य का इतिहास
61. लक्ष्मीसागर वार्ष्णेय : आधुनिक हिन्दी साहित्य
62. लेनिन : संकलित रचनाएँ खण्ड-1
63. लेनिन : समाजवाद और धर्म

64. विपिनचन्द्र : आधुनिक भारत
65. विनायक दामोदर सावरकर : 1857 का भारतीय स्वतन्त्रता समर
66. शिवरानी देवी : प्रेमचन्द घर में
67. एस. नटराजन : ए सेन्चुरी आफ रिफार्म्स इन इण्डिया
68. सव्यसाची : भारत की स्वाधीनता का इतिहास
69. शचीरानी गुर्टू (सम्पादन) : प्रेमचन्द और गोर्की
70. सुन्दरलाल : भारत में अंग्रेजी राज
71. सुभाषचन्द्र बोस : दि इण्डियन स्ट्रगल
72. सुमित सरकार  माडर्न इण्डिया
73. हंसराज रहबर : प्रेमचन्द जीवन, कला और कृतित्व

## पत्र-पत्रिकाएँ

1. अभ्युदय
2. आलोचना : प्रेमचन्द विशेषांक
3. आलोचना : उपन्यास विशेषांक
4. आजकल : प्रेमचन्द अंक
5. उत्तरार्द्ध : प्रेमचन्द विशेषांक
6. उत्तरगाथा : साम्प्रदायिकता विशेषांक
7. उत्तर प्रदेश : प्रेमचन्द स्मृति विशेषांक
8. कलम  प्रेमचन्द विशेषांक
9. कल्याण : नारी अंक
10. माधुरी
11. सुधा
12. चाँद : महिला विशेषांक
13. हंस : प्रेमचन्द स्मृति अंक

●●●